本课题研究曾先后得到中国科学院、国家科技部
和国家自然科学基金的资助，特此鸣谢！

中国现代化报告 2007

——生态现代化研究

中国现代化战略研究课题组
中国科学院中国现代化研究中心

北京大学出版社
PEKING UNIVERSITY PRESS

内 容 简 介

本报告系统分析了世界现代化的生态效应和生态现代化的300年历史，完成了世界生态现代化的34年定量评价，归纳了36个基本事实和6条历史经验，介绍了欧洲生态现代化理论，阐述了广义生态现代化的基本原理，提出了促进我国生态现代化建设的10条建议，包括中国生态现代化路径图、绿色发展道路、国家生态安全战略等。报告内容丰富，资料详实，可以为国家宏观决策提供有价值的参考信息，也可供对生态现代化有兴趣的读者参考。

图书在版编目(CIP)数据

中国现代化报告.2007：生态现代化研究/中国现代化战略研究课题组，中国科学院中国现代化研究中心编.—北京：北京大学出版社，2007.1

ISBN 978-7-301-11321-9

Ⅰ.中… Ⅱ.①中… ②中… Ⅲ.现代化建设-研究报告-中国-2007 Ⅳ.D61

中国版本图书馆CIP数据核字(2006)第142561号

书　　　名：中国现代化报告2007——生态现代化研究
著作责任者：中国现代化战略研究课题组　中国科学院中国现代化研究中心
责 任 编 辑：周月梅
标 准 书 号：ISBN 978-7-301-11321-9/F·1522
出 版 发 行：北京大学出版社
地　　　址：北京市海淀区成府路205号　100871
网　　　址：http://www.pup.cn
电　　　话：邮购部62752015　发行部62750672　编辑部62752021　出版部62754962
电 子 邮 箱：zpup@pup.pku.edu.cn
印　刷　者：北京大学印刷厂
经　销　者：新华书店
850毫米×1168毫米　16开本　30.5印张　840千字
2007年1月第1版　2007年2月第2次印刷
印　　　数：8001—14000册
定　　　价：62.00元

中国现代化战略研究课题组

顾　问

周光召　中国科学院
成思危　全国人大常委会
路甬祥　中国科学院
徐冠华　国家科学技术部
陈佳洱　国家自然科学基金委员会
许智宏　北京大学
李主其　全国人大财经委员会
郭传杰　中国科学院

课题组组长

何传启　中国科学院中国现代化研究中心
　　　　北京同响时代现代化管理咨询中心

课题组成员(按姓氏笔画为序)

于维栋　中共中央办公厅调研室
马　诚　中国科学院遗传与发育生物学研究所
刘细文　中国科学院文献情报中心
朱庆芳　中国社会科学院社会学研究所
吴述尧　北京同响时代现代化管理咨询中心
张　凤　中国科学院规划战略局
李　宁　美国关岛大学公共管理学院
李泊溪　国务院发展研究中心
杜占元　国家科学技术部农村科技司
杨重光　中国社会科学院城市与环境研究中心
邹力行　国家开发银行
陈　丹　中国科学院文献情报中心
陈永申　国家国有资产管理局
胡志坚　国家科学技术部政策法规与体制改革司
赵学文　国家自然科学基金委员会
郗小林　中国工程院研究室
黄　黔　中国国际工程咨询公司、国务院研究室原司长
董正华　北京大学世界现代化进程研究中心
谢文蕙　清华大学经济管理学院
裘元伦　中国社会科学院欧洲研究所
靳　京　中国科学院中国现代化研究中心

序　一

地球是人类的共同家园。地球的资源环境，为人类提供了生命支持、物质和文化服务。随着科技进步、人口增长和生活水平提高，人类的物质需求也在飞速增长，并将逼近地球的承载极限。如果不改变传统发展模式，地球环境有可能发生不可逆退化，人类有可能最终损毁自己生存的自然基础。探索人与自然和谐发展的新模式，已经成为人类的共同挑战。

我国是一个人均主要资源低于世界平均水平的发展中国家，资源和生态环境压力都很大。目前，我国正处于工业化和城市化快速发展的时期，经济发展、社会进步、自然资源和生态环境保护的需求都非常旺盛和紧迫。科学地处理经济发展与生态环境保护的关系，实现经济与生态环境的双赢，关系到我国现代化建设的成败。研究和借鉴发达国家的成功经验，树立和落实科学的发展观，改变传统的资源密集型发展模式，探索资源节约和环境友好型发展道路，既十分紧迫又意义十分重大。

我院现代化研究中心的科学家，瞄准国家战略需求，大胆探索现代化建设的新课题。在过去的几年里，他们采用自然科学与社会科学相结合的综合研究方法，每年研究一个主题，每年完成一本报告，每年提出一些建议。今年报告的主题是生态现代化研究，探索经济发展与生态环境保护协调耦合的新途径，相信会引起大家的关注和讨论。

生态现代化研究是经济现代化和社会现代化研究的姐妹篇，它保持了前几年报告的特点，又在几个方面取得新进展。首先，通过对世界现代化的生态效应和生态现代化的300年历史的实证分析，归纳出36个基本事实和6条历史经验等。其次，在系统介绍欧洲生态现代化理论的基础上，提出广义生态现代化的基本原理、基本要求和基本路径等。其三，建立生态现代化的定量评价模型，完成了对世界131个国家1970～2004年的生态现代化评价，发现有58个国家已经进入生态现代化。其四，完成我国34年生态现代化评价，提出中国生态现代化路径图和10条政策建议等。本报告结构严谨，分析系统，资料详实，富有创意，对落实科学发展观，构建和谐社会和促进现代化研究与建设等，都有较大参考价值和启发意义。

2002年成立以来，我院现代化研究中心不断取得新成果，可喜可贺！

我预祝他们再接再厉，继续为我国现代化做出基础性、战略性、前瞻性的贡献。

全国人大常委会副委员长　中国科学院院长 路甬祥

2006年11月18日

序　　二

科学技术进步是创先、争先的过程，只有第一，没有第二。要成为第一，就必须站在世界科学技术的前沿，取得对人类文明进展有意义、有价值的科学发现或技术发明。要做到这一点，人们就必须充分认识世界科技的趋势，学习先行者的经验，借鉴成功者的精华，站在巨人们的肩上，不断地攀登科技的新高峰。

中华民族是富有创新精神、也展现过创新风采的民族，中国古代科技的辉煌历史就是一个明证。而近代中国的落伍，恰恰是创新能力此消彼长的结果。创新国家的崛起、不创新国家的落后的事例时刻在警示着我们：创新就是民族的灵魂、民族的未来。今年初，党和国家着眼于现代化建设的全局，提出了提高自主创新能力、建设创新型国家的战略目标。这是全社会都应付之行动的历史使命。广大科技工作者要抓住当前中国科技事业发展的大好机遇，在建设创新型国家的征程上，奋发有为，建功立业，努力贡献更多更好的创新成果。

看到中国现代化战略研究课题组刚刚完成的《中国现代化报告2007》（初稿），我既欣赏又欣慰——欣赏于他们的研究花开成果，欣慰于他们的勤恳得到回报。在过去的七年里，课题组成员在现代化研究领域默默耕耘，坚持不懈，大胆探索，勇于创新。他们年年都有进步和积累，其研究成果和建言献策，深受学界和社会的普遍关注。

今年报告的主题是生态现代化研究，探索现代化建设与自然环境的关系。由于我国处于工业化和城市化快速发展的阶段，经济发展、资源供应和环境保护的压力都比较大。相对而言，生态环境问题对于当今的中国是更为长期性、复杂性和迫切性的问题，需要全社会予以深切地关注。对生态现代化的深入研究，为我国科学地统筹好发展与环保的关系展示了一个新思路。

课题组系统分析了世界现代化的生态效应和生态现代化的300年历史，完成了世界生态现代化的34年定量评价，归纳了36个基本事实和6条历史启示，介绍了欧洲生态现代化理论，阐述了广义生态现代化的基本原理，提出了促进我国生态现代化建设的10条建议，包括中国生态现代化路径图、绿色发展道路、国家生态安全战略等。报告内容丰富，既有对过去经验的总结，也有对当代热点和焦点问题的深入分析研究，以及一些好的政策建议。相信《报告》的出版，可以为国内外同样主题的研究和政策制定提供有价值的参考，并为当前全国上下落实科学发展观、建设创新型国家、构建和谐社会等重要工作提供助益。

预祝课题组在现代化研究方面再接再厉，不断推出新成果，迈着坚实的步伐，走向世界的前列。

科学技术部部长

2006年11月20日

前　言

国家现代化有两个客观环境，一个是自然环境，一个是国际环境。国家现代化的成败，不仅决定于自身的现代化建设，而且与自然环境和国际环境的关系非常紧密。研究国家现代化与自然环境的相互作用，探索现代化与自然环境双赢的理论和途径，无疑有重要意义。

在国际上，关于人类与自然的相互关系的理论和思想，流派众多，文献浩瀚。在众多理论中，20 世纪 80 年代德国学者胡伯提出的生态现代化理论（Huber 1985），已经成为发达国家的环境社会学的一个主要理论。生态现代化要求采用预防和创新原则，推动经济增长与环境退化脱钩，实现经济与环境的双赢。在过去 20 多年里，许多发达国家选择了生态现代化，并取得显著成效。目前，发达国家的生态现代化理论和实践，都处于发展阶段。

20 世纪 90 年代以来，发达国家经济持续增长，环境明显改善；发展中国家则面临经济发展和环境保护的双重压力；国际环境贸易和国际环境协议数量快速增长，环境外交引人关注。在这个过程中，有些国家的学者，推动国内环境立法和生态转型，倡导国际环境合作；有些国家的学者，强调资源环境的承载力和地球生态负荷超载；有些国家的学者，在资源环境方面采用双重标准，要求发展中国家保护环境和节约资源，发达国家则保持较高的资源消费水平和人均生态足迹；有些国家的学者，轻信和传播外国学者的片面观点，无意之中误导社会。在激烈的国际竞争中，头脑清醒，明辨是非，选择科学合理的发展战略，是每一个国家都面临的重大挑战。作为一个 13 亿人口的国家，中国面临的国际竞争和国际压力就更加明显。

实现现代化是我们坚定不移的国家目标。目前，我国处于现代化建设“三步走”发展战略的第三阶段，工业化、城市化和环境保护的压力都非常大。如何科学地处理经济发展、社会建设与自然环境的关系，已经成为一个日益重要的问题。我国是一个发展中国家。借鉴发达国家生态现代化的成功经验，采用生态现代化理论的基本原理，解决我国现代化建设与环境保护的关系问题，将是一个比较科学而且行之有效的选择。中国人民有权享受发达国家人民享受的物质和文化生活。

《中国现代化报告》前六本报告主题分别是：现代化与评价、知识经济与现代化、现代化理论、地区现代化、经济现代化和社会现代化。本报告的主题是“生态现代化研究”。本报告借鉴生态科学、环境科学、生态经济学、环境经济学和新现代化等的研究成果，采用类型学和定量评价等方法，研究生态现代化的原理和方法，拓展欧洲的生态现代化理论。

本报告是经济现代化和社会现代化研究的姐妹篇，主要目的有三个：(1) 为研究生态现代化现象提供一些事实（现代化的生态效应和生态转型的事实）；(2) 为研究生态现代化理论提供一种思路（欧洲生态现代化理论的扩展和应用）；(3) 为解决经济与环保的矛盾和促进生态现代化建设提供可供选择的建议。

本报告是课题组当前研究水平的集中反映，主要结果包括如下几点：

(1) 采用时序、截面和案例分析相结合的方法，分析了世界现代化的生态效应和生态现代化 300 年历史进程（1700～2001 年），归纳了生态现代化的 36 个事实和 6 条经验等。

(2) 建立了生态现代化的定量评价模型，对世界 131 个国家 34 年（1970～2004 年）的生态现代化进行了评价，发现有 58 个国家已经进入生态现代化。

(3) 采用定量评价方法，对中国 34 年的生态现代化进程进行了评价，同时对 2004 年和 2000 年的中国地区生态现代化进行了评价，获得了一些基础信息和事实。

(4) 系统介绍欧洲生态现代化理论，并将欧洲生态现代化理论扩展成广义生态现代化理论。提出广义生态现代化的基本原理，包括广义生态现代化的 4 层涵义、15 个基本特点、10 个基本原理、10

个基本原则、4 个基本要求、3 条基本路径和动力模型等。

(5) 系统分析中国生态现代化的国际差距,提出了中国生态现代化的路径图,包括生态现代化的运河路径、战略目标、基本任务和监测指标等,归纳出 10 条建议等。

(6) 完成 2004 年世界现代化评价,包括世界 131 个国家的第一次现代化实现程度、第二次现代化指数和综合现代化水平指数;完成中国和地区 2005 年第一次现代化评价。

本报告和前六本报告一样,都注意了如下几个方面:

(1) 有限目标。现代化是动态的和综合的,涉及人类生活各个领域的深刻变化。本报告仅对经济、社会、环境和知识领域现代化进行评价,没有涉及政治和文化等领域的现代化。

(2) 评价方法的科学性。现代化评价是对一个非线性大系统的动态过程进行评价,评价方法包括定性评价、定量评价和综合评价等。基于目前的条件,本报告采用定量评价。

(3) 评价指标的合理性。选择评价指标有四个原则:其一,具有代表性的关键指标,避免指标相互重叠;其二,可以获得连续的官方统计数据,避免随机波动;其三,具有可比性,能够反映发展水平;其四,对评价指标进行相关性分析,保证指标的合适性。

(4) 评价数据的权威性和一致性。评价数据采用国际权威机构和官方统计机构公布的数据;其中,世界现代化评价以世界银行的《世界发展指标 2005》的系列数据为基本数据来源,中国地区现代化评价以《2005 年中国统计年鉴》的系列数据为基本数据来源。

(5) 评价结果的相对性。世界现代化进程评价,不同国家统计方法和统计指标有一定差异;有些年份有些国家数据不全等,这些对评价结果有一定影响。故评价结果是相对的。

(6) 评价结果的客观性。本报告的数据来源是权威的,评价方法没有采用"加权系数",减少了人为因素的影响;计算全部由计算机完成,评价结果具有连续可比性。影响现代化的因素很多,评价结果更多反映一种趋势。在分析和引用结果时,要非常慎重。

生态现代化评价面临许多困难。许多国家的环境统计数据非常有限,而且许多评价指标是非线性的,这些对评价结果都有比较大的影响。尽管采用了一些技术措施,来降低评价的误差,但是,评价误差是客观存在的。生态现代化阶段分析,目前尚没有理想的方法。所以,关于生态现代化评价的结果,需要慎重对待。中国地区生态现代化评价,采用世界生态现代化评价模式,包括 30 个评价指标。由于地区环境统计数据比较少,许多指标没有统计数据,所以,本书的评价结果仅供参考。

本研究始终得到中国现代化战略研究课题组顾问们的热情关怀、爱护和指导。全国人大常委会副委员长、中国科学院路甬祥院长和国家科技部徐冠华部长分别为本报告撰写序言。特此,向诸位顾问表示衷心的感谢和诚挚的敬意!

本研究得到国家科技部、国家自然科学基金委员会和中国科学院有关领导和部门的大力支持。国家自然科学基金、国家科技部和中国科学院还先后给予研究资助。本课题得到中国科学院中国现代化研究中心理事会的大力支持。中国科学院文献情报中心和北京同响时代现代化管理咨询中心给予了许多的帮助。北京大学出版社在很短时间内完成了本报告的编辑出版工作。特此,课题组向有关领导、单位、学者及有关工作人员表示诚挚的谢意!

本报告是集体劳动的成果。报告的前言、综述、第一、第二、第三、第四章和附录一由何传启执笔,第五章和其他附录由张凤执笔;课题组对报告内容进行了多次讨论和修改。

本报告包含 400 多张图表和大量数据,在处理过程中难免出现遗漏和错误;有些观点只是一家之言。敬请读者随时与我们联系,不吝赐教。我们将不断改进和提高研究质量。

中国现代化战略研究课题组　中国科学院中国现代化研究中心

2006 年 10 月 22 日

目　录

图表目录

综　述

从诞生的那一天开始，我们就生活在自然环境之中。自然环境为我们提供了生命支持、物质和文化服务。没有自然环境，就没有人类文明。随着人口增长和生活水平的提高，如果按照传统发展模式，人类的物质需求将逐步逼近自然环境的承载极限，自然环境有可能发生不可逆退化。事实上，人类已经拥有毁灭地球的强大能力，而地球已经越来越不堪人类的需求重负。在世界现代化进程中，如何科学地处理自然环境、经济发展和社会变迁的相互关系，实现文明进步与自然环境的互利耦合，是一个无法回避和日益突出的问题。

目前，关于人类与自然的相互关系的理论和思想，流派众多，学术文献浩如烟海。在众多理论中，20 世纪 80 年代德国学者胡伯提出的生态现代化理论（Huber 1985），已经成为发达国家的环境社会学的一个主要理论。生态现代化要求采用预防和创新原则，推动经济增长与环境退化脱钩，实现经济与环境的双赢。在过去 20 多年里，许多发达国家选择了生态现代化，并取得显著成效。我们相信，他山之石可以攻玉，生态现代化同样适合于中国。

一、世界生态现代化的历史事实

生态现代化是现代化的一个重要领域，是现代化与自然环境的一种互利耦合，是世界现代化的一种生态转型。生态现代化大约是 20 世纪 70 年代开始的。虽然生态现代化只有 30 多年历史，但现代化的生态效应，从工业革命以来就存在，约有 300 年历史。本报告对现代化的生态效应和生态现代化的 300 年（1700～2001 年）历史进程进行时序分析、截面分析和案例分析；分析范围涉及 3 个领域（生态响应、生态经济和生态社会）和 4 个方面（生态效率、生态结构、生态制度和生态观念），分析内容包括长期趋势、世界前沿、国际差距和统计分析等。时序分析的国家样本为 15 个（8 个发达国家和 7 个发展中国家），2001 年截面分析的国家样本为 131 个和 102 个生态变量，其他截面样本为当年有数据的主要国家。本报告归纳了 36 个基本事实和 6 条历史经验等。

1. 世界现代化的生态效应和生态现代化的 36 个基本事实

（1）生态响应领域的 10 个基本事实：18 世纪以来，人口规模和人口密度在上升，化石能源生产和生态足迹在增大，人均耕地、草地和淡水资源在下降，人均森林资源和生物多样性在下降，人均钢铁产量从上升到下降，人均矿产生产具有地域多样性，人均空气污染从上升到下降，人均工业废水 BOD（生化需氧量）从上升到下降，温室气体排放在增加，但部分国家已经下降；19 世纪以来自然保护区在增加等。

（2）生态经济领域的 10 个基本事实：18 世纪以来，物质生产效率和土地生产率在上升，物质经济的比例在下降，人均物质产值在上升；20 世纪以来，谷物单产和现代有机农业在上升，农业化肥使用强度从上升到下降，经济能源和资源密度从上升到下降，单位 GDP 的 CO_2 排放从上升到下降，废物循环利用率在上升，自然资源消耗比例具有地域差异，环境库兹涅茨曲线（EKC）现象在上升等。

（3）生态社会领域的 10 个基本事实：18 世纪以来物质劳动力比例在下降；19 世纪以来，人均服务收入在上升，长寿人口比例在上升，城市安全饮水和卫生设施普及率在上升，农村安全饮水和卫生设施普及率在上升；20 世纪以来，城市废水处理率在上升，城市空气污染从上升到下降，人均城市废物在上升，能源使用效率从下降到上升，环境风险具有地域差异等。

（4）生态现代化的 6 个基本事实：20 世纪以来，生态效率和生态结构在持续变化，生态制度和生态观念在持续变化，生态转型具有高度的不平衡性和不同步性，国际环境协议和国际污染转移有全球性影响，经济发展与许多人均自然资源的相关性不显著，自然资源的生产和消费模式具有品种和地域差异等。例如，在 20 世纪后 40 年里，人口规模、人均国土面积、人均农业用地和人均草地面积等，与人均国民收入没有显著关系；2001 年，人均可耕地面积、人均淡水资源、人均森林资源和人均矿产生产等，与人均收入没有显著关系；但人均能源生产与人均收入显著正相关，人口密度与人均收入正相关。

上述事实只是生态现代化的部分事实。在过去的 20 多年里，发达国家经济继续增长，环境明显改善，经济合作与发展组织（OECD）国家经济与环境指标脱钩率达到 52％。

2. 世界生态现代化的 6 个历史经验

如果从 1972 年联合国首次人类环境大会算起，生态现代化已经有 30 多年历史。在过去的 30 多年里，生态现代化在争论和冲突中前行。特别是在发达国家，如一些西欧和北欧国家，生态现代化的进步是明显的。世界生态现代化的历史经验具有启发意义。

（1）生态现代化是一种历史必然。随着地球人口密度的增加，人类的物质需求和废物排放，都将逐步逼近自然环境可以承受的极限。虽然技术进步可以部分缓解环境压力，但仅有技术进步是不够的。人类生活模式和现代化模式的生态转型，是必须的。随着全球化和发达国家生态现代化的进步，发展中国家将不可回避生态现代化的国际和国内压力，所以，生态现代化逐步成为一种不可逆转的世界潮流。

（2）生态现代化不会一帆风顺。生态现代化，需要理性处理经济与环境的关系。随着经济波动和环境变化，人们的观念也会发生变化。当经济衰退时，环境意识会受到挑战。当环境危机时，经济增长会受到质疑。是要汽车，还是要蓝天，在不同条件下有不同的答案。当然，既有汽车，又有蓝天，那是最好的。生态现代化一直是在争论中前行。

（3）生态现代化需要创新和学习。生态现代化要求环境友好的技术创新和制度创新，要求生态合理的结构转变和模式转变。在这个过程中，观念的变化是关键。在生态现代化的先行国家，创新和观念变化是本质所在。在生态现代化的后行国家，学习和观念变化是重点，地域性创新也是必不可少的。创新和学习，是推动生态现代化的两个杠杆。

（4）生态现代化需要国内合作。生态现代化是一次生态革命，涉及经济、社会、政治、文化、环境管理和个人行为的生态合理的转变。人类文明史上的每一次革命，都引发社会利益的重新分配和激烈的社会冲突。生态革命也一样。政府、企业、社会、环境保护组织等，都面临生态革命的冲击。他们既是变革的力量，也是变革的对象；他们需要改变别人，也需要改变自己。冲突与合作，就在所难免。在 20 世纪 60 和 70 年代，冲突和对抗是环境运动的突出特征。20 世纪 80 年代以来，环保冲突在继续，但环保合作已经成为主流。环境议程的全民合作和民主参与，是生态现代化的一个典型特征。

（5）生态现代化需要国际合作。太阳系只有一个地球，人类都生活在地球上。地球的大气循环、水循环、碳循环、物质流动和能量流动等，都是在全球范围内进行的，它们跨越了国界，超越了民族。全球气候变化、臭氧层破坏、空气污染扩散、废物污染转移、生物多样性保护、自然资源和能源的合理开发和利用等，都需要全球公民的通力合作。虽然全球的平等合作还是一个口号，但许多领域的国际合作已经展开。

（6）生态现代化没有最佳模式。从世界范围来看，生态现代化可以分为三大类型。首先，欧洲的生态现代化，比较具有“理想主义”的特征。绝大多数欧洲国家的国土面积比较小，受国际环境的影响比较大，而且西欧国家具有优良的学术传统。他们首先提出生态现代化理论，推动欧盟的环境合作，并积极向世界其他国家传播生态现代化。其次，北美的生态现代化，比较具有“实用主义”的特征。北美国家,地大物博,自然条件得天独厚。他们首先提出工业生态学,推动环境立法和环境治理,关注生物多样性保护,重视环境质量和经济增长,理论创新相对比较少。其三,发展中国家的生态现代化,比较具有"现实主义"的特征。发展中国家,多数结合本国国情,有选择地推进生态现代化,政府和科学界的作用比发达国家更为突出。其中,有些国家选择综合生态现代化,有些国家选择经典现代化的生态修正。

20 世纪 90 年代以来,发达国家经济增长和环境改善,发展中国家则面临经济发展和环境保护的双重压力,国际环境贸易和环境外交非常活跃。在这个过程中,有些学者强调资源环境的承载力和世界现代化的生态转型;有些学者采用双重标准,要求发展中国家保护环境和节约资源,发达国家则保持较高的资源消费水平和人均生态足迹。在国际竞争中,发达国家处于有利地位,发展中国家需要明辨是非,避免落入世界发展的"持续贫困陷阱"。

二、世界生态现代化的基本原理

生态现代化理论是关于现代化与自然环境的相互作用的一种理论,诞生于 20 世纪 80 年代(Young 2000)。但生态现代化的思想源头,可以追溯到很早。事实上,人类的诞生,就是人类的"动物祖先"与自然环境相互作用的结果。20 世纪 70 年代以来,工业化国家普遍发生社会制度和生产模式的环境改革和生态转型。生态现代化理论,试图去解释和描述这个转型过程的性质、内涵和动力(Mol 2001)。生态现代化研究大致有三个发展阶段。

1. 欧洲的生态现代化理论

荷兰学者摩尔认为,最先是 20 世纪 80 年代早期,少数西欧国家如德国、荷兰和英国,首次提出生态现代化理论(Mol 2001)。这种理论主要以欧洲经验为基础,描述一种新模式:追求经济有效、社会公正和环境友好的发展。这是经济和环境的双赢模式;经济增长与环境保护相互协调,经济增长与环境压力脱钩(Christoff 1996, Young 2000, Andersen 2002)。

关于生态现代化,目前没有统一定义。一般而言,它大致有四层含义:

首先,生态现代化是一种环境社会学理论,提供环境改革的一种社会学解释;

其次,生态现代化是理解和分析技术密集的环境政策和生态转型的新范式(框架);

其三,生态现代化是对发达国家 80 年代以来环境和经济改革相关进步的真实反映;

其四,生态现代化是一种社会变迁理论,描述环境意识引发的经济和社会转型过程,包括生产和消费模式、环境和经济政策、现代科技、政府管理和现代制度的生态转变等。

生态现代化的核心是预防、创新和结构转变。它有六个要点:

① 现代工业社会需要持续的生态重构,建立生态现代性。这种生态重构,是生态和环境意识引发的社会实践和制度的转型和改革。尽管目前的生态转型过程还不能说是线性的和不可逆的,但是在一定程度上它们是永存的和很难倒退的(Mol 2001)。

② 在生态重构中,要发挥现代科技和市场经济的联合作用。现代科学技术是生态改革的核心机制,同时强调在生态改革中经济和市场动力的重要性,市场经济鼓励的、政府促进的工业创新能够促进环境保护。

③ 正确对待环境挑战。不仅把环境挑战看成是危机,也看做是机会;把减少污染看成是加强经济竞争力的工具,而不是要求额外地增加和维持昂贵的末端处理技术;生态现代化可以看成是环境敏感技术的机会(Christoff 1996)。

④ 建立新的环境议程。通过建立新的环境议程,超越各种冲突和利益,形成环境议程联盟,管理自然资源和环境风险,解决经济增长和相应的环境管理的常规矛盾。

⑤ 建立前瞻的和预防的环境政策。采用预防原理，促进环境改革，推动宏观经济结构、生产和消费模式、技术结构和环境政策等的长期结构变化。

⑥ 采用工业生态学原理，建立参与式的战略环境管理(Huber 2000)。

2. 广义生态现代化的特征和规律

广义生态现代化理论，是欧洲生态现代化理论在世界范围和现代化意义上的拓展和应用，是生态现代化研究的“第三代理论”。它认为，现代社会的环境问题，绝大多数是人为的。解铃还需系铃人。人为的问题，需要人来解决。生态现代化，不是简单地从污染治理入手，而是从改变人的行为模式出发，通过改变经济和社会发展模式，达到环境保护和经济发展双赢的目的。广义生态现代化的本质是：高效低耗、无毒无害、脱钩双赢、互利共生。

(1) 广义生态现代化是一个高度综合的概念

首先，生态现代化是现代生态和环境意识引发的世界现代化的生态转型，是现代化与自然环境的一种互利耦合；它包括从物质经济向生态经济、物质社会向生态社会、物质文明向生态文明的转变，自然环境和生态系统的改善，生态效率和生活质量的持续提高，生态结构、生态制度和生态观念的深刻变化，以及国际竞争和国际地位的明显变化等。

其次，生态现代化是一个长期的、有阶段的历史过程，从20世纪70年代到21世纪末，生态现代化大致包括相对非物化和绿色化、高度非物化和生态化、经济与环境双赢、人类与自然互利共生等四个阶段。当然，这种划分是相对的。

其三，生态现代化是一场持续100多年的国际竞赛，包括不同国家追赶、达到和保持世界先进水平的国际竞赛，以及国内生态效率、生态结构、生态制度和生态观念的变化。

其四，生态现代化具有绝对和相对两个视角。如果说，生态现代化的国内进程是绝对生态现代化，那么，生态现代化的国际地位变化过程就是相对生态现代化。生态现代化，既是国内现代化与自然环境的良性耦合，又是现代化与自然环境相互作用领域的国际竞争。

简而言之，生态现代化 = 生态进步 × 经济生态化 × 社会生态化 × 国际竞争。

(2) 广义生态现代化具有15个基本特征、10个基本原则和3条基本路径等

广义生态现代化的15个基本特征是：相对可预期的、全球的、长期的、复杂的、进步的、转型的、系统的、渐进的、不平衡的、很难逆转的世界趋势、非物化、绿色化、生态化、经济与环境双赢、人类与自然互利共生。

广义生态现代化的10个基本原则是：预防原则、创新原则、效率原则、不等价原则、非物化原则、绿色化原则、生态化原则、民主参与原则、污染付费原则、经济和环境双赢原则。此外，自然科学、技术科学、社会科学、人文科学和综合学科的许多原则和原理，如热力学第一定律和第二定律等，也适用于生态现代化。

广义生态现代化的3条基本路径是：全面生态现代化路径、综合生态现代化路径和经典现代化的生态修正。生态现代化具有路径依赖性和起点依赖性，没有最佳模式。

(3) 广义生态现代化的基本要求是“三化一脱钩”

首先，非物化(轻量化)。基本内涵是高效低耗和高品低密。高效：提高物质生产率、资源生产率、能源生产率、土地生产率等。低耗：降低经济和社会的物质消耗、资源消耗、能源消耗、碳能消耗等。高品：提高经济的服务比例、文化比例、信息和知识比例、经济品质和生活品质等。低密：降低经济和社会的物质密度、资源密度、能源密度、碳能密度等。

其次，绿色化。基本内涵是无毒无害和清洁健康。无毒：降低对环境和健康的有毒物和有毒废物的生产和排放，无毒化、低排放和污染治理等。无害：降低对环境和健康的有害物和有害废物的生产和排放,无害化、低排放和环境治理等。清洁:发展环保技术、清洁生产、绿色产品、绿色能源、绿色交通和绿色生活,减少排放等。健康:提高经济和社会中环境友好、人体无害、安全优质的绿色要素的比例等。

其三,生态化。基本内涵是预防创新和循环双赢。预防:预防原则——发展生态农业、生态工业、生态旅游、生态城镇、保护自然和生物资源等。创新:创新原则——环境友好的知识创新、技术创新和制度创新,提升生态效率和生态文化等。循环:循环经济——提高废物再循环、再利用、再制造和废物处理率等。双赢:双赢原则——经济发展的同时,加强生态重建,降低生态退化,实现经济和环境双赢等。

其四,经济与环境退化脱钩。基本内涵是逆向脱钩和正向耦合。逆向脱钩指经济增长与环境退化脱钩,包括:经济发展与物质需求增长脱钩、经济发展与自然资源消耗增长脱钩、经济发展与能源消耗增长脱钩、经济发展与环境污染增长脱钩、经济发展与生态退化脱钩等。正向耦合指经济发展与环境进步良性耦合等。

三、中国生态现代化的战略思考

世界生态现代化的起步时期,正是中国的改革开放时期,中国工业化和城市化进入快车道,中国现代化建设取得明显进展。于是,工业现代化的环境压力、生态现代化的环保需要,成为中国现代化的双重挑战。摆在我们面前的有三条路:第一条路,重复发达工业国家走过的老路,先污染、后治理、再转型;第二条路,直接采用发达工业国家目前的做法,全面实行生态现代化所要求的生态转型;第三条路,采用综合生态现代化原理,协调推进绿色工业化、绿色城市化和生态现代化。综合考虑国际和国内条件,我们认为,综合生态现代化是一条合理路径。依据这条路径可以预计,中国生态现代化水平将在2050年前后达到世界中等水平。

1. 中国生态现代化的国际比较

首先,中国121个生态指标与世界水平的比较。2001年中国人均草地面积、环保投入比例等15个指标与发达国家大体相当;中国城市安全饮水比例等13个指标与世界平均水平大体相当。2001年中国国土生产率和城市空气污染(SO_2浓度)等40个指标与发达国家水平的相对差距超过5倍,工业能耗密度和农村卫生设施普及率等26个指标与发达国家水平的相对差距超过了2倍,城市废物处理率等40个指标与发达国家水平的相对差距小于2倍。

其次,中国24个主要生态指标与主要国家的比较。目前,中国与主要发达国家的最大相对差距,自然资源消耗比例等3个指标超过100倍,淡水生产率等5个指标超过50倍,工业废物密度等4个指标超过10倍,农业化肥密度等11个指标超过2倍。例如,2003年中国自然资源消耗比例,大约是日本、法国和韩国的100多倍,是德国、意大利和瑞典的30多倍,是美国和英国的2倍多;2002年中国工业废物密度大约是德国的20倍、意大利的18倍、韩国和英国的12倍、日本的11倍、法国和瑞典的4倍;2002年中国城市空气污染程度,大约是法国、加拿大和瑞典的7倍多,是美国、英国和澳大利亚的4倍多,是日本、德国、意大利、韩国和巴西的2倍多。中国农牧业造成的生态退化也远远超过发达国家。

其三,中国生态现代化指数的国际比较。生态现代化指数是生态进步、生态经济和生态社会的30个生态指标的综合评价结果,可以大致反映国家生态现代化的相对水平。2004年,中国处于生态现代化的起步期,中国生态现代化指数为42分,排世界98个主要国家的第84位,排全部118个国家的第100位。2004年中国生态现代化指数与高收入国家平均值相比,绝对差距为57分。这与中国处于工业化的发展期有关。

2. 中国生态现代化的10个挑战

在21世纪前50年，中国生态现代化将面临10个挑战。首先，提高全民现代生态意识，加速从物质社会向生态社会转变。其次，加速经济发展模式的生态转型，提高经济生态化水平。其三，加速消费模式的生态转型，鼓励绿色消费。其四，制定国家能源战略，防止能源危机的剧烈爆发。其五，建立长效预防机制，降低自然灾害的影响。其六，建立生态补偿机制，让现代化惠及全体国民。其七，提高环境信用水平，建设环境责任制。其八，充分利用全球化的机遇，开发国际资源和市场。其九，落实《全国生态环境建设规划》，加速西部地区的生态现代化。其十，树立科学的发展观，建设资源节约和环境友好型社会。

没有现代生态意识，就没有生态现代化。普及生态知识，提升全体国民现代生态意识，是中国生态现代化的成败关键。现代生态意识，以现代生态科学、环境科学、经济科学和生态现代化理论为基础，提倡高效低耗、高品低密、无毒无害、清洁安全、循环节约、公平双赢、绿色生产、绿色消费、预防创新和健康环保，主张谁污染谁付费、谁受益谁监督、谁签字谁负责和谁渎职谁受罚，反对资源浪费、环境污染、生态破坏和超量消费，努力实现经济发展与环境退化的完全脱钩、社会进步与环境进步的良性耦合、人类与自然的互利共生。

3. 中国生态现代化的战略选择

在未来50年，中国生态现代化，可以以生态经济、生态社会和生态意识为三个突破口，以轻量化、绿色化、生态化、经济增长与环境退化脱钩的"三化一脱钩"为主攻方向，努力完成现代化模式的生态转型，实现环境管理从"应急反应型"向"预防创新型"的战略转变。在21世纪前50年，我们建议采取如下10个措施，促进中国生态现代化建设。

（1）组织研制和实施中国生态现代化和地区生态现代化的路径图

中国生态现代化的路径图，是中国生态现代化的战略目标和运河路径的一种集成，其主要内容包括：中国生态现代化的运河路径、战略目标、基本任务、监测指标、生态进步监测、生态经济监测、生态社会监测和战略措施等八个部分。

首先，中国生态现代化的运河路径：依据综合生态现代化原理，协调推进生态现代化和综合现代化，协调推进绿色工业化、绿色城市化、知识化、轻量化、绿色化和生态化，先后实现经济发展与环境退化绝对脱钩、经济与环境双赢，迎头赶上发达国家生态现代化水平；在2050年达到生态现代化的世界中等水平，在21世纪末达到生态现代化的世界先进水平。

其次，中国生态现代化的战略目标：在21世纪前50年达到生态现代化的世界中等水平，实现经济增长与环境退化的绝对脱钩，基本实现生态现代化，生态现代化水平进入世界前40名；在21世纪后50年，实现经济与环境的互利耦合，达到生态现代化的世界先进水平，实现全面生态现代化，生态现代化水平进入世界前20名。

其三，中国生态现代化的基本任务：在21世纪，我们需要完成三项基本任务。第一项：中国生态现代化的国际水平要上三个台阶。中国生态现代化的国际水平，在2020年左右从低等水平升级为初等水平，在2050年前升级为中等水平，在2100年前升级为世界先进水平。第二项：中国生态现代化的历史进程要前进三个阶段。中国生态现代化的历史进程，在2000年为生态现代化起步期，在2030年前后进入发展期，在2050年左右达到成熟期，在2080年左右达到生态现代化的稳定期。第三项：中国生态现代化水平的世界排名提高80位左右。中国生态现代化指数世界排名，21世纪前50年提高40位左右，后50年再提高40位。

其四，中国生态现代化的监测指标：生态进步、生态经济和生态社会监测的36个指标。中国社会现代化和经济现代化各有36个监测指标。中国现代化建设，共有108个监测指标。

其五,中国生态现代化的生态进步监测:包括环境质量和土地质量的12个指标,21世纪前50年的总目标、分阶段目标(2010～2020～2030～2040～2050)和任务。

其六,中国生态现代化的生态经济监测:包括生态效率和生态结构的12个指标,21世纪前50年的总目标、分阶段目标(2010～2020～2030～2040～2050)和任务。

其七,中国生态现代化的生态社会监测:包括绿色家园和绿色生活的12个指标,21世纪前50年的总目标、分阶段目标(2010～2020～2030～2040～2050)和任务。

其八,中国生态现代化的战略措施:包括三个突破:生态经济、生态社会和生态意识;三个布局:领域布局、地理布局和科技布局;三个安全:资源安全、能源安全和环境安全等。

未来20年(2010～2030)是中国生态现代化的非常关键的时期。在此期间,中国工业化和城市化将逐步完成,人口规模将达到最大值,资源需求和环境压力有可能达到最大值。建议成立战略专家组,研究未来20年的中国生态现代化战略和地区战略。

(2) 采用绿色发展道路,控制和降低新增的环境污染

绿色发展道路的原则是:高效低耗、高品低密、高标低排、无毒无害、清洁健康等,实现绿色工业化、绿色城市化和环境保护的互利耦合,达到发展和环保双赢的目的。

首先,走绿色工业化道路。《中国现代化报告2005》阐述了新型工业化的特点。简单地说,新型工业化是传统工业化的信息化、知识化、绿色化和生态化修正,是工业化、工业信息化、工业知识化、工业绿色化、工业生态化和全球化的系统整合。通过实施新型工业化战略,走绿色工业化道路,降低新建工业的环境压力。绿色工业化有10项具体要求和措施。

其次,走绿色城市化道路。《中国现代化报告2006》提出新型城市化战略,建议城市化、郊区化、城市信息化、城市知识化、城市绿色化、城市生态化和国际化的协调发展,建设城乡平衡的绿色家园。通过实施新型城市化战略,走绿色城市化道路,降低和控制新增加的城市污染。绿色城市化有10项具体要求和措施。

其三,同时实施其他绿色工程,如绿色家园工程和绿色消费工程等。

(3) 继续实施污染治理和传统工业改造工程,清除历史遗留的环境污染

继续实施重点地区和重点产业的环境污染综合防治工程。首先,在传统工业和污染工业集中的地区和流域,实施污染治理工程,清除历史遗留环境污染,并控制和减少新的污染。其次,传统工业,特别是资源密集、能源密集和污染密集的传统工业,需要进行工业流程的环保再造,以控制和降低工业污染。其三,继续实施污染总量控制和排放许可证制度。其四,建立有毒物和污染物排放的企业档案和企业排行榜,并定期向社会公布。

(4) 继续推进天然林保护等生态建设工程,定期开展全国生态系统评价

继续推进天然林保护、封山育林和人工造林等,提高森林覆盖率;在2050年森林覆盖率达到35%左右,在2100年达到40%左右。推进自然保护区建设,完善"退耕还林"工程,保护天然草原,建设优质草地,推进生态脆弱地区的综合治理,全面落实《全国生态环境建设规划》等。

(5) 积极促进生态城市、生态城区、生态园区和生态农村建设

生态城市建设有六个重点。第一,生态城市和生态城区规划。第二,生态城区改造和生态新城建设。第三,提高城市废物和废水处理能力,改善城市环境。第四,提高城市绿化率,发展清洁能源和绿色交通。第五,鼓励城市居民采用轻量化、绿色化和生态化的生活方式。第六,鼓励城市采用环保模范城市、模范人居环境、环境优美乡镇等环境标准。

生态农村建设包括六个方面。第一,继续实施"生态家园富民行动计划"和农村沼气工程,发展清洁能源,推进乡村清洁工程。第二,继续推进"农村改水和改厕工程",提高乡村安全饮水和卫生设施普及率。第三,继续完善"退耕还林"工程和自然保护区建设,提高乡村的生态质量。第四,改善乡村能源和交通结构,提高乡村生活质量。第五,发展生态农业、有机农业和草地农业等,提高农民收入。第六,加快城市化进程,降低农村人口密度和农村环境压力等。

(6) 发展三个生态产业:生态农业、环保产业和循环经济产业

生态农业可以分为四个层次。第一,鼓励农户、农场、牧场和农业企业发展生态农业、有机农业、自然农业或草地农业等。第二,鼓励专业化的生态农业区或生态农业乡镇的发展。第三,发展有机食品和绿色食品产业。第四,鼓励生态农业县的发展等。

环保产业可以分为四个方面。第一,鼓励废物资源利用和可再生能源的发展。第二,鼓励环保技术开发、环保技术服务和商业服务的发展。第三,促进生产和提供环保产品和服务的企业的发展。第四,鼓励环保工业园的发展。所有环保产业,需要提高自身的资源生产率、降低能耗物耗和废物排放。

循环经济产业的发展,可以分四个方面。第一,鼓励企业提高废物的再利用、再制造和再循环。第二,鼓励废物收集服务业的发展,鼓励建立废物分类回收站点和废物回收网。第三,鼓励废物综合利用企业的发展。第四,鼓励循环经济园和生态工业园的发展等。

(7) 建立三个生态制度:生态补偿制度、关键岗位环境责任制和关键项目环境风险评价制度

根据生态学原理和中国生态系统特点,划分中国的生态系统功能服务区。研究制定《国家地区开发法》,使区域开发建立在法治基础之上。加强国家自然保护区建设,提高自然保护区的比例。在中央、省和市级财政建立三级生态补偿基金,研究制定科学合理的生态补偿机制,确保各级保护区的当地居民,能够达到国家或所在省市的平均生活水平;而且生活水平能够与国家平均水平或所在省市的平均水平基本同步提高。同时要预防依赖心理的产生。

保护环境,人人有责。岗位不同,责任有别。建议适时修订国家《环境保护法》,建立关键岗位环境责任制。关键岗位,上岗签订关键岗位环境责任书,离岗签署关键岗位环境审计书,关键岗位环境责任 20 年内有效。

建立关键项目环境风险等级评价制度。基本内容包括:第一,在环境影响评价的基础上,识别出具有较大环境风险的关键项目(包括具有较大规模的项目);第二,定期对关键项目进行环境风险评价,评价周期可以考虑为 5 年到 10 年(特别关键项目每 5 年评估一次);第三,关键项目的关键岗位,采用关键岗位环境责任制。

(8) 实施三项生态工程:绿色家园工程、绿色服务工程和绿色消费工程

在现有城区和乡镇人口密集区,实施绿色家园工程,普及安全饮水和卫生设施,提高生活废水和废物处理率,提高人均绿化面积,提高清洁能源比例,逐步达到安全饮水、卫生设施、废水处理和废物处理率的百分之百,空气质量达到国家一级标准,彻底改善人居环境。

实施绿色服务工程,鼓励现代绿色服务业的发展,促进经济的轻量化、绿色化和生态化。基本内容包括:第一,加快绿色服务业的发展;第二,降低服务业的能源和资源消耗;第三,提高服务业的劳动和资源生产率;第四,改善和提高服务业的工作环境质量;第五,控制和降低服务业的废物和有毒有害物的排放;第六,促进服务业废物的循环利用等。

实施绿色消费工程,鼓励企业开发和生产绿色产品(如有机食品等)和绿色服务,鼓励有经济能力和环保意识的居民购买和消费绿色产品和绿色服务,鼓励政府机构采用绿色采购政策,是扩大绿色市场的基础工程。绿色消费工程的关键是诚信。绿色生产者必须保证绿色产品质量,政府和市场必须形成防止"假冒绿色产品"的机制,绿色消费者才会愿意支付绿色消费的"绿色费用"。

(9) 制定三个生态战略:国家资源安全战略、国家能源安全战略和国家环境安全战略

国家资源安全战略包括:世界自然资源定期评估,中国自然资源定期评估,中国自然资源的重要级别评定,战略资源的保护和国家储备,国际资源合作战略,战略资源安全战略等。我们建议,降低关键自然资源和初级产品的进口关税,平均关税从2004年的10%下调到1%;调整外汇储备结构,将一定比例的外汇储备从"货币储备"调整为"战略资源储备";建立关键资源的消费和占用的累进税制,抑制资源浪费。

国家能源安全战略包括:世界能源储备和能源市场的定期评估,中国能源资源和能源市场的定期评估,中国能源战略储备工程,中国能源供给平衡的调配方案,能源危机的应急预案,可再生能源和新能源计划,清洁能源和能源技术指南,能源国际合作战略等。

国家环境安全战略包括:世界环境状况和趋势定期评价,我国周边国家环境状况和趋势定期评价,国际环境贸易定期评价,中国环境状况和生态系统的定期评价,中国重点地区和重点产业环境质量定期评价;中国环境安全战略和中国环境国际合作战略;自然灾害的预警和救助预案,国际和国内环境危机的应急预案,重大环境治理行动计划等。

(10) 组建三个政府机构:国家环境部、国家能源部和国家地区开发署

环境安全重要性日益上升,环境问题牵涉面比较广,环境污染的社会影响比较大,而且环境管理的政府责任非常重大。建议组建国家环境部,统筹国家的气候和大气环境、水环境、森林和生物环境、工业环境和人居环境等有关工作,制定和实施国家环境安全战略。

《中国现代化报告2005》从经济现代化的角度,建议成立国家能源部。从生态现代化和能源安全战略的角度考虑,需要组建国家能源部,组织制定和实施国家能源安全战略。

《中国现代化报告2004》从地区现代化的角度,建议成立国家地区开发署。从生态现代化的角度分析,需要组建国家地区开发署,指导和协调地区的生态现代化建设。

如果全面完成上述各项任务,2050年的中国生态现代化将达到世界中等水平。中国经济发展与环境退化将完全脱钩,人居环境质量将达到主要发达国家水平;安全饮水和卫生设施普及率、城市生活废水和废物处理率、工业废水和废物处理率均基本达到100%,资源和物质生产率提高10到30倍,工业和经济废物密度下降90%左右,工业和经济能源密度下降80%左右;全国60%人口拥有环境优雅的绿色家园,60%城市拥有国家一级标准的空气质量,典型生态系统的生态效率和服务功能完全恢复;全国大约三分之一的国土为森林覆盖(约35%),三分之一的国土为农业用地(约36%),其他三分之一的国土为建设用地和其他自然景观;其中建设用地约占国土面积的9%,其他自然景观占20%。

如果在2050年完成上述目标,那么,在21世纪末,中国赶上发达国家水平,全面实现生态现代化的概率将达到约30%。如果全面实现生态现代化,中国自然环境和人民生活将发生翻天覆地的变化。届时,中国的天是蓝色的天,中国的水是清澈的水,中国的山是自然的山,中国的人是健康的人;中国将成为世界上最具魅力的国家之一。

山青水清空气清,人美物美生活美。不是桃源,胜似桃源。

四、世界现代化评价

1. 世界生态现代化指数

本期报告完成世界131个国家1970～2004年的生态现代化评价。由于许多国家的环境统计数据非常有限,这种评价只有参考意义。2004年有118个国家获得评价结果。

2004年,生态现代化指数排名世界前10位的国家依次为:瑞士、瑞典、奥地利、丹麦、德国、法国、芬兰、英国、荷兰和意大利。

2004年,瑞士等15个国家处于生态现代化的世界先进水平,西班牙等37个国家处于世界中等水平，巴西等 40 个国家属于初等水平，中国等 26 个国家属于世界较低水平。中国排 118 个国家的第 100 位。

2004 年，德国等 58 个国家进入生态现代化。其中，德国等 10 个国家进入生态现代化的发展期，约占国家样本数的 8 %；美国等 48 个国家进入起步期，约占国家样本数的 41 %。

在 20 世纪 70 年代，荷兰等 7 个国家先后进入生态现代化；在 80 年代，意大利等 11 个国家先后进入生态现代化；在 90 年代，韩国等 40 个国家先后进入生态现代化。在过去的 34 年里，大约有 58 个国家进入生态现代化，约占 118 个样本国家的 49 %。

2．2004 年世界现代化指数

2004 年，瑞典等 24 个国家进入第二次现代化，约占国家样本总数的 18 %，与 2003 年的比例相同；有 30 个国家全面完成第一次现代化，41 个国家基本实现第一次现代化，已经完成和基本实现第一次现代化的国家约占国家样本数的 54 %，比 2003 年提高 2 个百分点。

2004 年，瑞典等 20 个国家属于发达国家，意大利等 25 个国家属于中等发达国家，中国等 40 个国家属于初等发达国家，印度等 46 个国家属于欠发达国家。

2004 年，第二次现代化指数排名世界前 10 名的国家是：瑞典、美国、丹麦、芬兰、日本、瑞士、澳大利亚、德国、比利时和英国。

3．2005 年中国现代化指数

2005 年中国第一次现代化实现程度达到 87 %。2004 年，中国第一次现代化实现程度为 86 %，排世界 108 个国家的第 55 位；中国第二次现代化指数为 39 分，排世界 108 个国家的第 51 位；综合现代化水平指数为 35 分，排世界 108 个国家的第 59 位。

2005 年，中国 34 个省级地区中，香港、澳门和台湾地区已经完成第一次现代化；北京等 7 个地区第一次现代化实现程度超过 90 %，福建等 14 个地区第一次现代化实现程度达到 80 %至 89 %。北京和上海有 9 个指标达到第一次现代化标准，天津和浙江有 8 个指标达标，江苏、辽宁和黑龙江有 7 个指标达标，广东、福建、山东、吉林和山西有 6 个指标达标。2005 年和 2004 年相比，重庆等 11 个地区全国排名上升，湖北等 9 个地区全国排名下降。

如果京、津、沪、港、澳、台地区不参加排名，2005 年第一次现代化实现程度排名前 10 位的地区为：浙江、江苏、广东、辽宁、福建、重庆、山东、黑龙江、吉林和山西。

目前，我国处于工业化、城市化和现代化的快速发展时期，经济和环境压力都比较大。生态现代化理论，为科学地处理现代化与自然环境的耦合关系提供了一种选择。如果我们共同努力，就有可能成功，就有可能实现现代化与自然环境的双赢，迎头赶上世界先进水平。届时，中国人民将像其他发达国家的人民一样，享受高质量的丰富的物质和文化生活。

中国现代化战略研究课题组　中国科学院中国现代化研究中心

2006 年 10 月 21 日

上篇　生态现代化研究

人有三个家：家庭、国家和地球；
如失去家庭，生活就将无依无靠，
如失去国家，生活就将四处漂泊，
如失去地球，生活就将不复存在。

所以，我爱我家是人类的一种本能。但有些时候，提高小家庭生活水平的需要，会与保护大家庭地球环境的需要发生冲突，特别是过去三百年间冲突在加剧。显然，世界现代化，既需要我们用知识促进发展，也需要我们用智慧协调关系。人类与自然、社会与环境、经济与生态的关系，是我们无法回避的重要问题。事实上，人类与自然的关系（图一），从人类诞生以来就客观存在，并在不断演化，只是我们经常有意或无意地忽略了它。到今天，人类已经拥有毁灭地球的强大能力，而地球却越来越不堪人类的需求重负。我们不能漠然对待，也不能心存侥幸，而应该科学地和人道地对待地球，理性地处理发展与环境的关系。当然，本报告的探索是初步的，希望引起更多的研究和讨论。真理越辩越明，而事实则胜于雄辩。

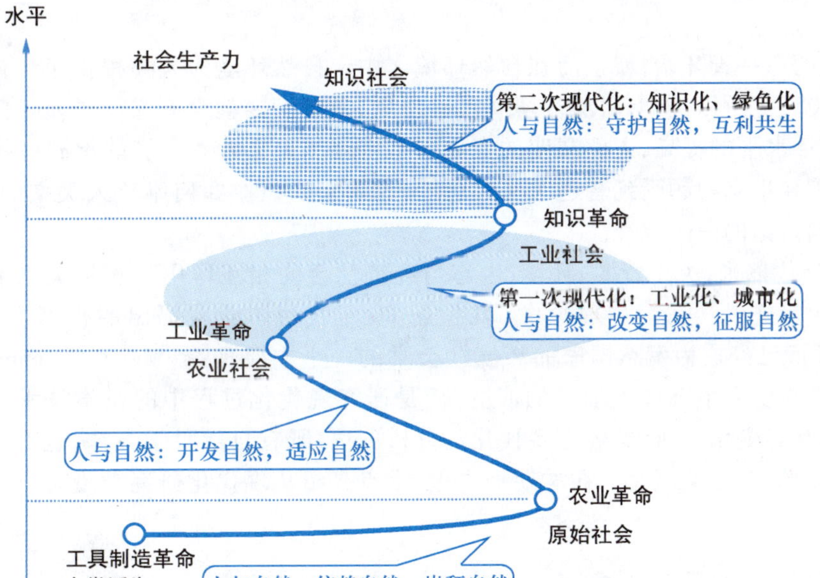

图一　人类与自然的关系的演变示意图

注：人类文明中轴发生了三次转换，形成四个时期，每个时期文明结构不同。坐标横轴为社会生产力结构，纵轴为社会生产力水平。横轴刻度：原始社会时期为农业与狩猎采集劳动力之比，农业社会时期为狩猎采集与农业劳动力之比，工业社会时期为工业与农业劳动力之比，知识社会时期为工农业与知识产业劳动力之比。圆圈代表工具制造革命、农业革命、工业革命和知识革命（包含信息革命和生态革命）等。

第一章　世界生态现代化的客观事实

人往高处走,水往低处流。人类的发展不可阻挡,世界的现代化不会停止。我们不能因为今天的需要而毁坏明天的基础,也不能因为幻想明天会更美好而放弃今天的努力。人类发展和世界现代化,既需要科学知识,也需要自然资源,更需要科学方法。我们的生活,需要我们自己去争取;我们的未来,需要我们自己去创造。

根据自然科学的质量和能量守恒定律,自然界的物质和能量,既不会产生,也不会消灭,只会从一种形式转化为另一种形式。这就是说,自然资源是有限的。如果人口增长不停,人类需求的增长就不会停止,获取物质和能量的努力就不会停止。如何协调人类需求增长与自然资源有限的矛盾,就成为决定人类前途和命运的挑战。从古至今,这个矛盾就无时无刻不在影响人类的行为,尽管有时我们似乎忘记了它的存在。从现代化研究的角度看,如何解决这个矛盾,属于自然环境与人类发展的关系研究(图一)。借用欧洲科学家的观点,这种研究可以称为“生态现代化”研究。本章的重点是分析世界生态现代化的历史事实,为丰富和扩展“生态现代化理论”积累知识,并为协调生态和现代化的关系寻求启示。

第一节　生态现代化的分析方法

人类从诞生的那一天开始,就生活在自然环境之中。自然环境为人类提供了生命支持、物质和文化服务(MEA 2005)。所以,没有自然环境就没有发展,没有发展就没有文明进步。随着人口的增长、技术的进步和生活水平的提高,人类文明的发展需求将逐步逼近自然环境的承载极限。20 世纪 60 年代以来,自然环境和生态问题受到普遍关注,就是一种历史必然。如何维持人类文明和自然环境的协同进化,成为人们讨论的一个焦点。

20 世纪 70 年代以来,关于资源、环境、生态与经济社会的相互作用和相互关系的研究,出现了许多学派,积累了大量文献。在众多理论中,20 世纪 80 年代德国学者提出的生态现代化理论(Huber 1982, 1985,1991),已经成为发达国家的环境社会学的一个主要理论(Mol and Sonnenfeld 2000)。生态现代化研究,不是研究生态或生态学的演变,而是研究现代化过程中的科学技术、经济社会和自然环境的相互作用及其变化。所以,生态现代化的分析方法,既有自然科学方法,也有社会科学方法,更多是一种跨学科的综合交叉研究。在本期报告里,重点介绍从现代化研究角度,进行生态现代化研究的一般方法。

一、生态现代化的研究对象

生态现代化研究是现代化研究的一个重要领域和方面(图 1-1)。从宏观层面考虑,现代化研究一般以国家为基本单元(Martinelli 2005)。国家现代化受到两个环境因素的制约:自然环境和国际环境(图 1-2)。国家现代化与自然环境的关系研究,可以简称为“生态现代化”研究;国家现代化与国际环境的关系研究,属于“国际现代化”的研究范畴。生态现代化,一方面是国家现代化的组成部分,另一方面是一个独立研究领域;它的研究范围包括地区、国家和世界现代化与生态环境的关系等。关于国际现代化,今后将专题研究。

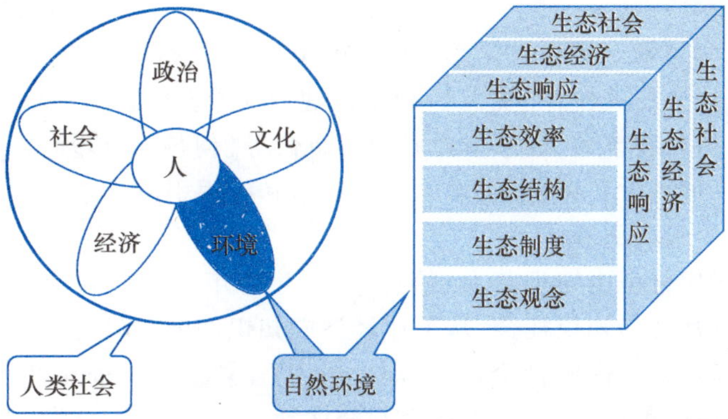

图 1-1　生态现代化研究的宏观结构示意图

注：(1) 关于人类社会的科学研究，可以分为六个主要研究领域，即经济、社会、政治、文化、环境和个人(行为科学)等。六个领域既是相对独立的，又是高度相互依存和交叉的。其中，环境指人类社会的自然环境和国际环境，本报告重点研究自然环境。如果没有说明，本报告的环境一般指自然环境。(2) 环境是一个相对宽泛的概念，一般指某个客观主体的周围要素和相互作用的总和。离开特定主体，环境就不存在。任何物体，都有其周围环境；任何物体，又是其他物体的环境要素。(3) 在环境科学中，人类是主体，人类周围的生物和非生物都是环境。(4) 在生态学中，环境指某个生物体或生物群体的周围要素的总和，包括生物的和非生物的。生态学是研究有机体与其周围环境相互关系的科学(孙儒泳等 2002)。(5) 如果把“生态”理解为“生物与环境的一种相互作用关系”的简称，那么，“生态”和“环境”是两个交叉的概念，但两者的侧重点是不同的。环境科学与生态科学有部分交叉，但两者的研究范围、研究重点和研究角度有所不同。(6) 欧洲学者所谓的“生态现代化”研究(Mol and Sonnenfeld 2000)，不是纯粹的环境科学或生态科学研究，而是研究经济发展、社会变迁与生态环境的耦合关系。(7) 关于生态现代化，目前尚没有统一的定义，它的内涵和范围仍然在发展之中。(8) 本图所列的生态现代化研究的宏观结构，是适用于本报告的一种可操作性界定；也许它的内容是不完备的，但作为一个分析框架，仍是有意义的。

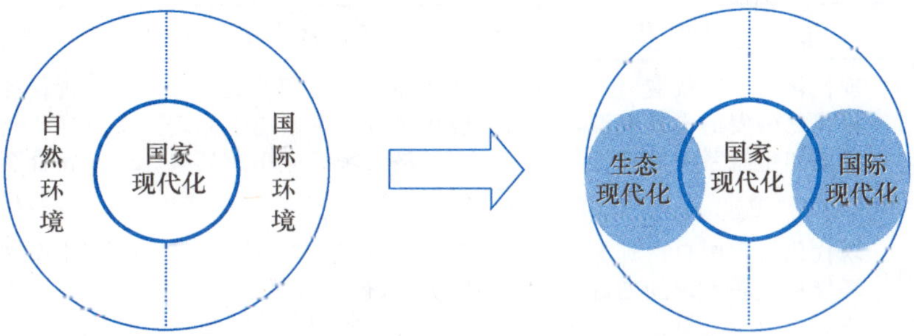

图 1-2　生态现代化与国家现代化关系的一种示意图

1. 生态现代化的研究内容

关于生态现代化，迄今没有统一定义(Young 2000)。所以，生态现代化的研究内容，也没有统一规定。我们认为，生态现代化是现代化的一个重要方面，是第二次现代化的一个重要组成部分。一般而言，生态现代化是世界现代化进程中的一次生态革命，它是生态学原理的全面渗透和广泛应用所引发的现代化模式的一种生态转型。关于现代社会的生态革命、生态转型、生态重建和环境改革已有许多文献(Macy 1998, Forster 2005, Mol 2001)。

根据第二次现代化理论(何传启 1999, 2003)，在 18 至 21 世纪期间，世界现代化包括第一次现代化和第二次现代化。其中，第一次现代化是从农业社会向工业社会、从农业经济向工业经济的转变，是由工业革命引发的，主要特点是工业化、城市化、民主化、福利化、流动化和专业化等，其副作用包括资源环境破坏和生态退化等。第二次现代化是从工业社会向知识社会、从工业经济向知识经济的转变，是由知识革命引发的，主要特点是知识化、信息化、绿色化、生态化、全球化和多样化等，其副作用包括国际差距的扩大等。

发达国家的知识革命与第二次现代化是 20 世纪 70 年代开始的。与此同时，发达国家的资源环境和生态问题开始引起社会的关注，环境保护和生态建设、生态革命和生态转型逐步启动，全球化也出现高潮。知识革命包括科技革命、信息革命和学习革命等（何传启 1999）。如果考虑到生态学是一门科学，生态学原理是一种科学知识；生态学原理的渗透和应用引发生态革命；那么，生态革命可以看成是知识革命的一个重要组成部分。

简要地说，第二次现代化是由知识革命、信息革命、生态革命和全球化共同推动的。第二次现代化包括三个转变：从工业社会向知识社会、从工业经济向知识经济的转变，从物质社会向生态社会、从物质经济向生态经济的转变，从国家社会向全球社会、从国家经济向全球经济的转变。其中，信息革命和生态革命是知识革命的组成部分，生态社会和全球社会是知识社会的两个"侧面"，生态经济和全球经济是知识经济的两个"侧面"。

本报告关注世界现代化过程的生态革命和生态转型，它既包括经济的生态转型（生态经济）、社会的生态转型（生态社会）、政治的生态转型（绿色政治）、文化的生态转型（生态观念）和个人行为模式的生态转型等，也必然会引起全球的自然环境的变迁。世界现代化过程很复杂，其中的生态响应、生态经济和生态社会，及其相应的生态技术与效率、生态组织与结构、生态制度与政治、生态观念与文化，就构成生态现代化的基本研究对象。

生态现代化研究的基本内容是：生态变迁、生态经济、生态社会和现代化的耦合关系；它有两个研究维度：第一是分领域维度，包括生态响应、生态经济和生态社会等三大领域；第二是分层次维度，包括生态效率、生态结构、生态制度和生态观念等四个层次（表 1-1）。

表 1-1　生态现代化研究的结构矩阵

	生　态　响　应	生　态　经　济	生　态　社　会
基本范畴	现代化的生态效应 现代化引发的自然资源、环境和生态系统的变迁	现代经济的生态转型 现代化过程中生态学原理在经济领域的应用及其引发的深刻变化	现代社会的生态转型 现代化过程中生态学原理在社会领域的应用及其引发的深刻变化
生态效率与技术	现代化过程中自然资源、环境和生态系统的变迁	生态农业、生态工业、绿色服务、绿色经济等	生态城市、生态农村、绿色能源交通、绿色社会、生态安全等
生态结构与组织	资源环境和生态的结构	生态经济的结构和组织	生态社会的结构和组织
生态制度与政治	资源环境和生态的制度	生态经济的制度和政治	生态社会的制度和政治
生态观念与文化	资源环境和生态的观念	生态经济的观念和文化	生态社会的观念和文化

注：本表内容可能不完备，适用于本报告的分析。生态学中关于生态效率有专门定义（孙儒泳等 2002）。在本报告里，简要地说，生态效率是一个宽泛的概念，指现代化过程中与资源、环境和生态相关的各种效率；生态结构指现代化过程中与资源、环境和生态相关的各种结构；生态制度和生态观念等，可以类推。

2. 生态现代化的研究范围

生态学原理的全面应用所引发的世界现代化的生态转型是全方位的，也是渐进的过程。它不仅涉及经济、社会、政治、文化和行为方式的生态转变，也涉及自然资源、自然环境和生态系统的变化。这些变化分别是人类社会变迁的不同方面。

在人类社会的科学研究中，经济、社会、政治、文化、行为方式、自然资源、自然环境和生态的变迁研究，都是独立的研究领域，分别属于不同学科；同时，它们又是部分交叉的（图 1-1）。而且，人类社会的变迁是始终存在的，特别是工业革命以来，这种变迁在加速。显然，我们不能把这些变迁以及研究，都纳入生态现代化的研究范畴。

以经济领域为例。简要地说，经济现象的研究，属于经济学范畴；工业革命以来的经济发展、经济转型和国际经济竞争的综合研究，属于经济现代化研究；生态学原理在经济领域的应用及其引发的变化，属于生态经济学范畴；现代化过程中经济的生态转型以及生态经济的现代化，属于生态现代化研究的内容。社会、政治、文化、环境等领域的研究，可以类推（图 1-3）。此外，生态、环境和资源，是三个既独立又关系紧密的概念（表 1-2）。在某种程度上，它们是高度交叉的概念。为了陈述的方便，可以适度简化它们的关系（图 1-3）。

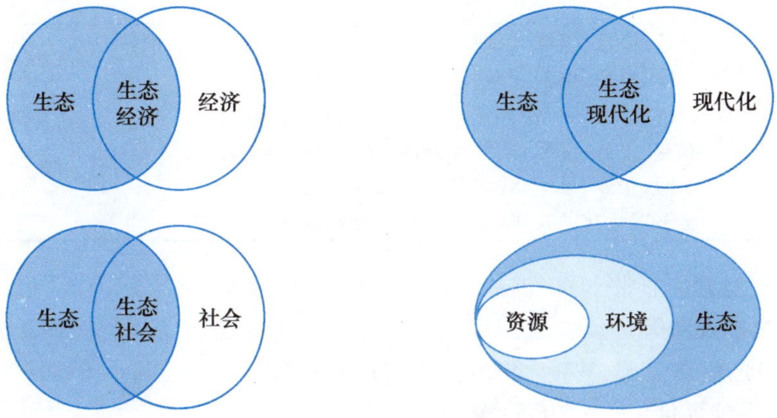

图 1-3　生态与经济社会现代化关系和生态与资源环境关系的一种简化示意图

表 1-2　生态与环境和资源的关系

自然资源	自然环境	生态和生态系统
1. 可再生、不可耗竭的资源 太阳能及其衍生物 （潮汐能、风能和水能） 降雨和降雪、水、大气 2. 可再生、可耗竭的资源 生物资源（森林、鱼类、动物等） 蓄水层的水（含地热等） 土壤、自然景观等 3. 不可再生、可循环或可恢复的资源 金属矿物、其他元素矿物 4. 不可再生、使用就消耗的资源 化石能源 （石油、天然气、煤炭）	1. 环境要素 空气、气候、臭氧层 光、热、水、生物、土地 矿物、有毒物、废弃物等 2. 环境系统 城市环境、农村环境 大气、水、陆地环境 地理、地质和宇宙环境等 3. 环境问题 全球气候变暖 环境污染、环境灾害 资源破坏和耗竭 生物多样性下降等	1. 生态学（生态因子和环境） 生态因子、能量和物质环境 （气候、土壤、地形和生物） 种群、群落、生物圈 2. 生态系统（典型生态系统） 食物链、能量流、物质循环、 海洋、海岛、沿海、淡水、 森林、旱地、山地、极地、 城市、耕地生态系统等 3. 生态服务（生态系统服务） 供给服务：食物、木材等 支撑和调节服务：气候等 文化服务：文化和观赏服务

注：自然资源指人类活动需要的物质、能源和自然条件的总和。自然环境指人类活动的周围自然要素及其相互作用的总和。生态学研究生物体与周围环境的相互关系。生态因子指环境要素中对生物起作用的因子。生态系统指在一定空间里的所有生物与其环境组成的一个开放系统。生态系统的支撑和调节服务功能包括：生物调节、养分循环、气候和空气质量变化、传染病调节、废物处理和脱毒、自然灾害调节等。

参考资料：丽丝 2005．OECD 2001b．孙儒泳等 2005．MEA 2005．

在本报告里，生态现代化的研究范畴是：世界现代化过程的生态转型，包括经济、社会、政治、文化、环境和个人行为模式的生态转型。其中，“环境的生态转型”指现代化过程中从环境破坏向环境保护和环境管理、从生态退化向生态恢复和生态建设的转变等。

二、生态现代化的多维分析方法

世界现代化是一个多维的复杂过程，涉及人类活动的方方面面（图 1-1）。生态现代化既是现代化的一个方面，又是一个多学科交叉的研究领域。生态现代化研究有多种研究尺度，可以分层次、分领域、分专题进行（表 1-3）。

表 1-3 生态现代化的研究尺度

研究尺度	研 究 内 容	举 例
空间	县域、市域、省域、区域、国家、全球的生态现代化	荷兰生态现代化
时间	某年、短期、中期、长期、历史的生态现代化	2000 年生态现代化
领域	经济、社会、政治、文化、环境等领域的生态现代化	经济的生态现代化
专题	农业、工业、交通、能源等方面的生态现代化	农业的生态现代化
机构	家庭、企业、组织、政府等的生态现代化	企业的生态现代化
技术	生态现代化的技术、管理、法规、评价等	生态系统评价

生态现代化研究的方法非常丰富，例如，模型方法、案例分析、统计分析、定量评价、定性分析、比较分析、社会调查、实验观测等。比较有影响的方法有：压力-状态-反应模型（图 1-4）、社会代谢和物质流分析（WRI 2000）、生态足迹（WWF 2000）、真实进步指数（Venetoulis and Cobb 2004）、工业生态学（Huber 2000）、生态系统评价（MEA 2005）等。

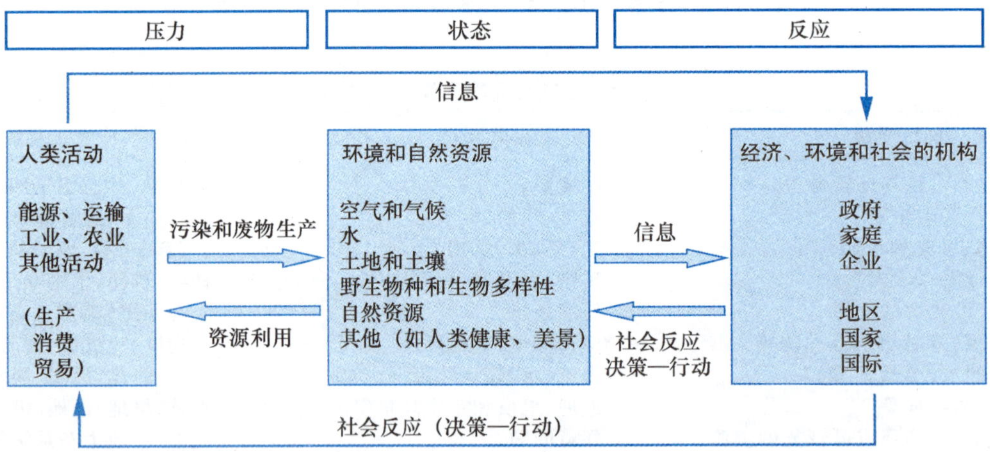

图 1-4 压力-状态-反应模型

资料来源：OECD 2003.

在压力-状态-反应模型（PSR 模型）中，压力指人类活动产生的环境压力，状态指环境和资源的状态，反应指政府、企业和个人对环境状态的反应，它们形成一个反馈调节环。在人类活动过程中，环境与经济、环境与社会、经济与社会之间的相互作用都是双向的（图 1-5）。物质流分析既有总物质流分析，也有经济过程的物质生命周期分析（图 1-6）。

这些方法，为生态现代化研究提供了分析工具。但是，它们都是单项分析技术。生态现代化研究不仅需要单视角分析，也需要综合研究。从现代化研究的角度看，现代化的坐标分析，是以上述方法为基础的一种综合分析。下面重点介绍生态现代化的坐标分析方法。

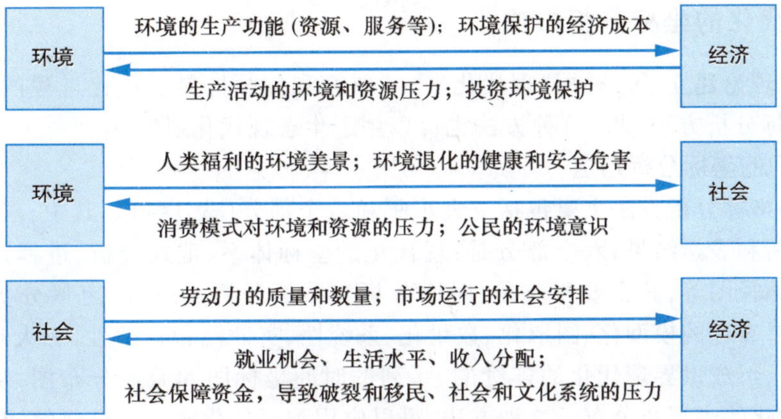

图 1-5　经济-社会-环境的相互作用模型
资料来源：OECD 2001b.

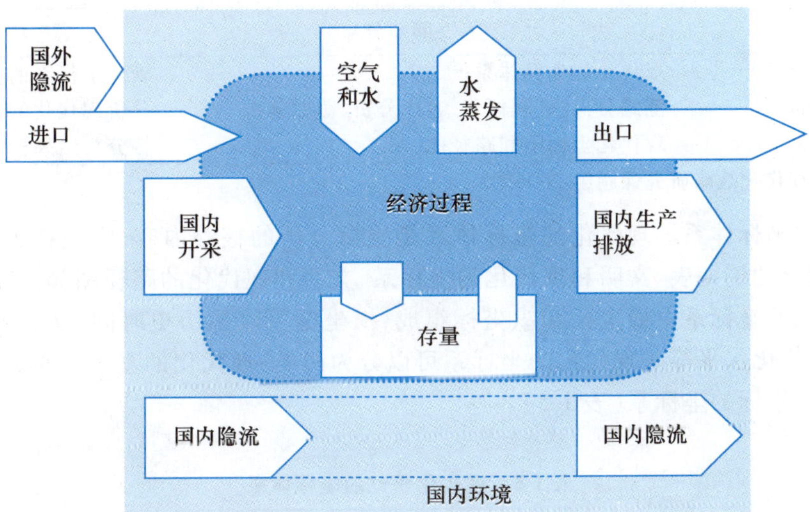

直接物质投入（DMI）= 国内开采 + 进口

物质总需求（TMR）= DMI + 国内隐流 + 国外隐流

净增存量（NAS）= DMI − DPO − 出口

国内总排放（TDO）= DPO + 国内隐流

国内生产排放（DPO）= DMI − NAS − 出口

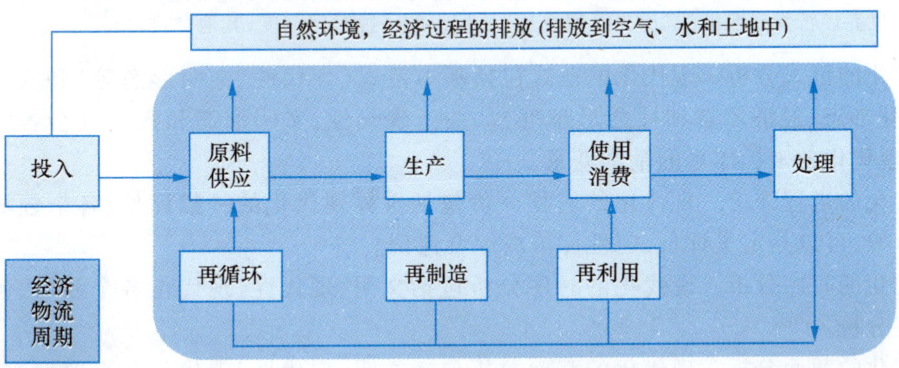

图 1-6　物质流分析模型
资料来源：European Communities 2001, World Resources Institute 2005.

三、生态现代化的坐标分析方法

第二次现代化理论建立了一种用“现代化坐标”研究和刻画世界现代化进程的研究方法，简称为“现代化研究的坐标分析方法”[①]。这种方法也可以用于生态现代化研究。

1. 现代化研究的坐标分析方法

现代化研究的坐标分析方法主要包括三大步骤和六个部分(表 1-4)。其中，三大步骤分别是：建立坐标系、变量分析和表达结果；六个部分是：现代化的坐标体系、范式分析、进程评价、时序分析、截面分析、坐标图和路径图等；其主要特点是：时序分析与截面分析相结合，定量分析与定性分析相结合，分析方法和结果表达的模型化、图形化、数量化、系统性、实证性和科学性，三大步骤和六个部分相互关联和相互支持，形成世界现代化的连续的、系列的时间坐标图和截面分布图，从而相对直观和系统地刻画世界现代化的进程和分布。这种方法，可以应用到现代化研究的全部领域。

表 1-4 现代化研究的坐标分析方法

序号	主要步骤	六 个 部 分	注 释
1	建立坐标系	现代化的坐标体系	确定坐标系的横坐标和纵坐标
2	变量分析	范式分析、进程评价、时序分析、截面分析	分析现代化的各种变量
3	表达结果	现代化坐标图和路径图	将分析结果标记到坐标系上

资料来源：中国现代化战略研究课题组 2006.

(1) 现代化的坐标体系。现代化的坐标体系是坐标分析的核心内容，它包括人类文明进程的时间表、文明和现代化的周期表、文明和现代化的坐标系、文明和现代化的路径图等。

文明和现代化的坐标系由横坐标和纵坐标组成，横坐标可以是历史时间、文明时间等，纵坐标可以是文明水平、现代化水平等。现代化的坐标系可以分为四类：现代化的基本坐标系、各个领域、各个层次和各个现代化指标的坐标系(表 1-5)。

表 1-5 现代化研究的坐标体系

	基本坐标系	分 领 域 的 坐 标 系
纵坐标	文明水平、现代化水平等	经济、社会或文化的现代化水平、某个现代化指标水平等
横坐标	历史时间、文明时间等	历史时间、文明时间、经济时间、社会时间、社会生产力等

注：历史时间指自然的物理时间，文明时间指根据人类文明发展前沿的“历史时间轨迹”所标识的一种时间刻度，经济时间指根据世界经济发展前沿的“历史时间轨迹”所标识的一种时间刻度，其他类推。

(2) 现代化的范式分析。现代化的范式包括基本范式(现代性、文明形态等)和人类社会各领域的范式(如文化形态、经济形态和社会形态等)。关于现代性、文明形态和人类社会各领域的范式分析，可以成为现代化的坐标体系的基本变量。

(3) 现代化的进程评价。现代化的进程评价包括世界现代化的一般评价、各个领域和各个层次的现代化评价等，可以是定量评价、定性评价或综合评价。

(4) 现代化的时序分析。现代化的时序分析包括文明、现代性、现代化各个领域、各个层次和各种指标的时序分析。

(5) 现代化的截面分析。现代化的截面分析包括文明、现代性、现代化各个领域、各个层次和各

① 中国现代化战略课题组. 2006. 中国现代化报告 2006：社会现代化研究. 北京：北京大学出版社.

种指标的截面分析。

（6）现代化的坐标图和路径图。如果将现代化进程评价、时序分析、截面分析和范式分析的结果，标记在现代化的坐标系里，就可以构成现代化的坐标图、路径图等。现代化的坐标图和路径图，既有基本图，也有各个领域和指标的分解图，它们可以组成一个现代化的坐标图和路径图的系统，从而多层次、多角度、全方位地表征世界现代化的进程和分布。

2. 生态现代化研究的坐标分析方法

生态现代化研究，可以直接使用上述的坐标分析方法。下面简述其要点。

（1）生态现代化的坐标体系

生态现代化的坐标体系是坐标分析的核心内容，它包括文明时间表、文明周期表、生态现代化坐标系和路径图等（详见第二章）。生态现代化的坐标系由横坐标和纵坐标组成。

纵坐标的刻度：生态现代化水平或某个指标的水平。数据来自范式分析、时序分析、截面分析和定量评价的结果。关于生态现代化评价方法，将在第四章专门分析。

横坐标的刻度：文明时间等。文明时间指根据人类文明发展前沿的“历史时间轨迹”所标识的一种时间刻度（表 1-6）。

表 1-6　文明时间与历史时间的对照表

文明时间	历史时间	文明时间	历史时间
原始文化时代	250 万年前～公元前 4000 年	工业文明时代	1763～1970 年
起步期	250 万年前～20 万年前	起步期	1763～1870
发展期	20 万年前～4 万年前	发展期	1871～1913
成熟期	4 万年前～1 万年前	成熟期	1914～1945
过渡期	1 万年前～公元前 4000 年	过渡期	1946～1970
农业文明时代	公元前 4000 年～公元 1763 年	知识文明时代（生态转型）	1970～2100 年
起步期	公元前 4000 年～500 年	起步期	1970～1992
发展期	公元前 500 年～公元 618 年	发展期	1993～2020
成熟期	公元 618～1500 年	成熟期	2020～2050
过渡期	1500～1763 年	过渡期	2050～2100

参考资料：何传启 1999.

在世界上，不同国家都采用统一的历史时间；但是，在同一历史时间内，不同国家可能处于不同的文明时间。历史时间好比人的生物年龄，文明时间好比人的生理年龄。对于走在人类文明前列的国家，文明时间可能与历史时间是一致的；对于后进国家，文明时间与历史时间是不一致的。例如，2000 年，美国处于知识文明社会，许多非洲国家处于农业文明社会。

（2）生态现代化研究的分析变量

生态现代化研究的基本内容是生态变迁、生态经济、生态社会和现代化的耦合关系。所以，可以根据前面提到的压力-状态-反应模型（图 1-4）、经济-社会-环境相互作用模型（图 1-5）和物质流分析模型（图 1-6）的原理，选择生态现代化的分析变量。生态指标选择，需要考虑三个因素：政策意义和使用价值、便于分析和可以测量（表 1-7）。

生态现代化的变量，也是一种社会变量。根据它们的长期趋势和变化的特点不同，可以分为六种类型的变量（表 1-8）。（1）上升变量：有些变量随时间而上升，其数值会发生短期波动，有的数值是开放的，有的数值是有限的。(2) 下降变量：有些变量随时间而下降，其数值会发生短期波动，有的数值有一定大小(比例)限制，有的数值是开放的。(3) 转折变量：有些变量经历上升和下降(或者下降和上升)两个阶段。(4) 长期波动变量：有些变量长期在一定范围内波动，运动没有明显的方向性，趋势很平缓。(5) 随机变量：有些变量的变化是随机的，趋势不明显。(6) 地域变量：变化趋势存在明显的地域差异和多种形式。

表 1-7 生态和环境指标的选择原则

政策意义和实用价值	便于分析	可以测量
1. 反映环境状态、环境压力和社会反应 2. 简明，容易表达，能够显示时间趋势 3. 反映环境和人类活动的变化 4. 提供国际比较的基础 5. 能够表达国家或地区层面的环境问题 6. 有边界或引用价值，用户能够评价其意义	1. 有较好的科技理论基础 2. 有国际标准和指标合法性的国际共识 3. 与经济模型、预测和信息系统有关	1. 数据可获得，或者能够用合理的成本获得数据 2. 有充分的文件(数据记录)和确信质量的数据 3. 有可靠的定期更新的数据

资料来源：OECD 2001a.

表 1-8 生态变量的趋势分类(根据长期趋势和变化特点)

类型	长期趋势和变化特点	举例	变化模式
上升变量	长期上升，数值开放 短期波动，与社会水平相关	资源生产率	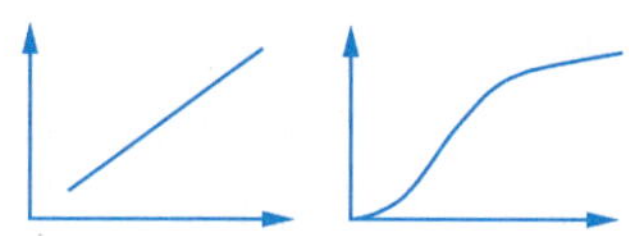
	长期上升，数值有极限 短期波动，与社会水平相关	清洁饮水率	
下降变量	长期下降，数值"开放" 短期波动，与社会水平相关	人口出生率	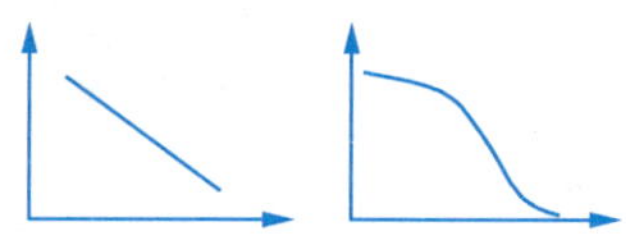
	长期下降，数值趋向极限 短期波动，与社会水平相关	人均土地面积	
转折变量	先升后降 与社会阶段相关	工业污染密度	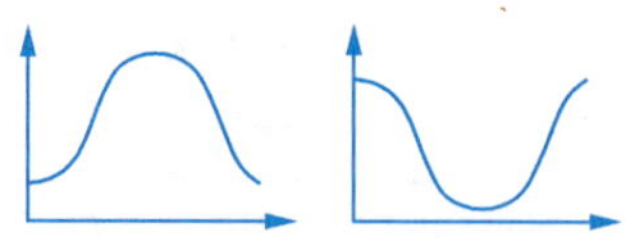
	先降后升 与社会阶段相关	森林覆盖率	
波动变量	长期波动，趋势平缓 与社会状态相关	收入增长率	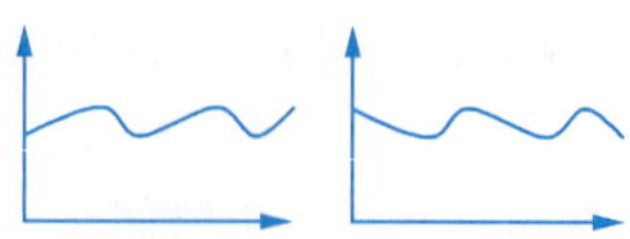
	周期性波动，趋势平缓 与变量性质相关	降雨量变化	
随机变量	偶然发生，随机变化 与科技和自然变化等相关	自然灾害 技术创新	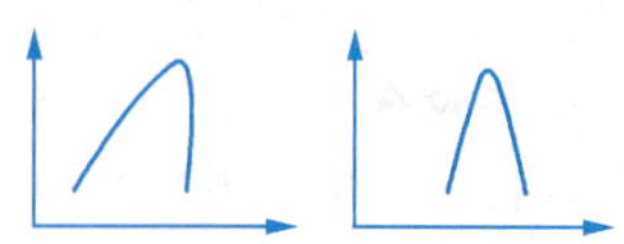
地域变量	全球趋势存在明显的地域和国家差异，有升降等多种形式	人均矿产产量 资源结构	

如果考虑到上升和下降变量，部分达到或趋向数值饱和（达到或趋向极限值），那么，还有第七类变量，即数值饱和变量。数值饱和变量，国际差距会越来越小，最后，不同国家的指标都趋向极限值。所以，数值饱和变量，不宜作为国际比较和评价的指标。

很显然，波动变量和随机变量的国际可比性较差，上升变量和下降变量的国际可比性较好，转折变量、地域变量和数值饱和变量的政策意义较好，后五类变量是分析的重点。

（3）生态现代化研究的时序分析方法

生态现代化的时序分析，旨在通过比较不同国家的生态现代化指标的时间系列数据和变化，揭示生态现代化的长期趋势及其变化规律。它的基本内容包括：

首先，选择分析的变量。生态现代化研究包括两个研究维度（表 1-1）。第一个维度是分领域维度，包括生态响应、生态经济和生态社会三个分领域。第二个维度是分层次维度，包括四个研究层次，它们分别是生态效率、生态结构、生态制度和生态观念等。生态现代化的时序分析，可以按照前面介绍的原则，从不同领域和不同层次的角度，选择分析变量。

其次，选择分析的时间范围。要了解生态现代化的全过程，时间跨度应覆盖生态现代化的全过程。如果从 20 世纪 70 年代算起，生态现代化只有 30 多年时间。为了了解工业革命以来的生态变迁和生态现代化，本报告时序分析的时间跨度为 300 年（1700～2001 年）。

其三，选择分析样本。为了便于与经济和社会现代化研究进行比较，本期报告时序分析选用的国家样本，与前两期报告的国家样本完全相同。我们选择 15 个国家（表 1-9）作为基本样本（8 个发达国家和 7 个发展中国家），它们的国民收入（GNI）约占世界总收入的 78 %，人口约占世界总人口的 62 %。部分指标时序分析选用世界平均值或世界总量。

表 1-9　生态现代化的时序分析的国家样本（2001 年）

国家	人均收入（美元）	国民收入占世界比例（%）	人口占世界比例（%）	国家	人均收入（美元）	国民收入占世界比例（%）	人口占世界比例（%）
美国	34280	32.44	4.65	墨西哥	5530	1.95	1.62
日本	35610	13.58	2.07	巴西	3070	1.56	2.81
德国	23560	5.93	1.34	俄罗斯	1750	0.97	2.36
英国	25120	4.63	0.96	中国	890	3.68	20.75
法国	22730	4.24	0.97	印度尼西亚	690	0.45	3.41
加拿大	21930	2.19	0.51	印度	460	1.53	16.84
澳大利亚	19900	1.16	0.32	尼日利亚	290	0.12	2.12
意大利	19390	3.49	0.95	合计		77.92	61.68

数据来源：世界银行 2003.

其四，采集和建立生态现代化变量的时间序列数据和资料。一般而言，生态效率和生态结构的时序分析为定量分析，采用比较权威的部门的统计数据，数据来源见后面的“数据资料来源”；生态制度和观念的时序分析为定性分析，应注意选用比较科学客观的研究资料。

其五，分析和比较不同国家生态现代化变量的长期趋势。

其六，分析生态现代化的世界前沿、国际差距的长期趋势和变化规律等。

（4）生态现代化研究的截面分析方法

生态现代化截面分析，主要目的是揭示生态现代化的基本结构及其变化规律，主要内容包括如下

方面(以 2001 年为例):

首先,选择分析变量。2001 年截面的生态现代化变量包括生态效率、生态结构、生态制度和生态观念等四个层次的变量。其中,生态效率和生态结构是定量的,生态制度和生态观念是定性的。由于篇幅和时间的限制,我们不可能对全部变量进行分析。

按照前面介绍的生态指标的选择原则,借鉴"联合国环境指标"(UN 2005)、经济合作与发展组织"环境退化与经济增长脱钩指标"(OECD 2002)、"联合国环境署千年生态系统评价"(MEA 2005)等,选择了截面分析的生态变量;其中,定量分析包括生态效率和结构的 12 组 100 个变量(表 1-10)。定性分析包括生态制度和观念的分析等。

其次,选择分析的国家和国家分组。生态现代化的截面分析,可以包括全部国家(有数据的国家)。为便于表述截面特征,应对国家进行分组,并计算每组的特征值。本报告根据人均国民收入(人均 GNI)对国家分组(表 1-11),分组方法与经济现代化研究是一致的。

表 1-10　2001 年生态现代化截面分析的 100 个变量

变　量	解释和单位	变　量	解释和单位
(1) 自然资源		**(4) 生态农业**	
人均国土面积	万平方米/人	农业土地生产率	农业增加值/农业用地,美元/公顷
人均国家保护区	保护区面积/人,平方米/人	农业淡水生产率	农业增加值/农业用水,美元/立方米
人均耕地面积	可耕地面积/人,公顷/人	谷物生产效率	谷物产量/收获面积,千克/公顷
人均森林面积	森林面积/人,千平方米/人	化肥使用效率	谷物产量/化肥用量,吨/吨
人均淡水资源	可再生水资源/人,立方米/人	农业用水强度	农业用水/可耕地面积,立方米/公顷
人均能源资源	能源生产/人,千克油/人	谷物生产水耗	农业用水/谷物产量,立方米/千克
人均矿产资源	矿产生产/人,美元/人	化肥使用强度	化肥用量/可耕地,千克/公顷
(2) 自然环境		农药使用强度	农药用量/可耕地,千克/公顷
人均温室气体	温室气体排放/人,吨/人	耕地利用强度	谷物生产用地/可耕地,%
人均 CO_2 排放	CO_2 排放/人,吨/人	有机农业比例	有机农业用地/农业用地,%
人均空气污染	SO_2 和 NO_2 排放/人,千克/人	人均原木产量	原木生产/人,立方米/人
人均废水排放	工业废水 BOD/人[a],千克/人	人均渔业产量	渔业产量/人,千克/人
淡水工业污染	工业废水 BOD/可再生水资源,百万分之	**(5) 生态工业**	
农业用地比例	耕地作物草地面积/国土面积,%	工业能源效率	工业的增加值/能耗,美元/千克油
(3) 生态系统		工业资源效率	工业的增加值/用水,美元/立方米
人口密度	人/平方公里	工业能源密度	工业能源/工业增加值,千克油/万美元
人均生态压力	人均生态足迹,公顷/人	工业用水密度	工业用水/工业增加值,立方米/万美元
国家保护区比例	国家保护区面积/国土面积,%	工业物质密度[b]	钢铁水泥生产/工业增加值,千克/万美元
水资源利用比例	年用水/可再生水资源,%	工业废物利用	铜和铅的循环利用率,%
耕地面积比例	耕地/国土面积,%	工业废物排放	工业废物/工业增加值,千克/万美元
草地面积比例	草地/国土面积,%	工业废气排放	工业 CO_2/工业增加值,千克/万美元
森林覆盖率	森林面积/国土面积,%	工业废水排放	工业废水 BOD/增加值,千克/万美元
森林变化率	森林覆盖率的变化率,%	工业水污染率	工业废水 BOD/工业用水,万分之
生物多样性	受威胁高等动植物比率,%		

（续表）

变　　量	解释和单位
(6) 绿色服务	
环保投入强度	环保投入/GDP,%
服务业能源密度	服务业的能耗/增加值,千克油/万美元
服务业物质密度[b]	木材消费/服务业增加值,立方米/万美元
服务业废物利用	纸和纸板循环利用,%
初级产品进口税	简单平均关税,%
绿色生态旅游	国际旅游收入/人,美元/人
(7) 绿色经济	
物质经济比例	工农业的增加值/GDP,%
物质经济效率	工农业的增加值/劳动者,美元
人均物质产值	工农业的增加值/人,美元
土地资源生产率	GDP/国土面积,2000年美元/平方公里
淡水资源生产率	GDP/用水量,美元/立方米
矿物资源生产率	GDP/铝消费,美元/千克
经济物质生产率	GDP/直接物质投入,美元/千克
人均物质投入	直接物质投入/人,吨/人
经济物质密度	物质直接投入/GDP,吨/美元
经济资源密度[b]	铜的消费/GDP,千克/万美元
经济能源密度	能源消费/GDP,千克油/美元
经济技术密度	居民专利申请数/GDP,项/亿美元
经济废物密度	CO_2 排放/GDP,千克/2000年价美元
循环经济	铝和锌的循环利用率,%
资源消耗比例	资源消耗价值/GNI,%
环境损失比例	环境损失价值/GNI,%
(8) 生态城市	
城市安全饮水比例	%
城市卫生设施比例	%
城市废水处理率	%
城市废物处理率	%
人均城市废物排放	千克/人
城市空气污染	颗粒物浓度,微克/立方米
城市空气污染	SO_2 和 NO_2 浓度,微克/立方米
(9) 生态农村	
农村人口密度	农村人口/可耕地,人/平方公里
农村安全饮水比例	%
农村卫生设施比例	%
(10) 绿色能源交通	
能源使用效率	GDP/能源消费,美元/千克油
电力使用效率	GDP/电力消费,美元/千瓦时
电力传输损耗	%
可再生能源比例	%
能源空气污染	SO_2 和 NO_x 排放/能源消费,克/千克油
交通经济效率	GDP/汽车,美元/辆
交通能源消耗	公路能源消耗/汽车,千克/辆
交通空气污染	公路CO排放/汽车,千克/辆
(11) 绿色社会	
预期健康寿命	岁
长寿人口比例	超过65岁人口/总人口,%
5岁前儿童死亡率	5岁前儿童死亡率,‰
成人死亡率	15～60岁成人死亡率,‰
物质劳动力比例	工农业劳动力/总劳动力,%
服务收入比	服务业增加值/工农业增加值
人均服务收入	服务业增加值/人,美元/人
服务消费比例	服务消费/家庭总消费,%
人均服务消费	家庭服务消费/人,美元/人
人均物质消费	糖消费/人,千克/人
人均家庭能源消费	家庭能源消费/人,千克油/人
人均生活用水	生活和社会用水/人,立方米/人
(12) 生态安全	
粮食安全	谷物产量/人,千克/人
能源安全	能源消费/人,千克油/人
资源安全(水源)	淡水消费/人,立方米/人
环境安全(风险)	自然灾害受灾人数/万人

注:a 工业废水BOD指工业废水的生物化学需氧量,简称工业有机废水污染,后同。b 用单种物质或资源与增加值之比代表。

参考资料:联合国主要环境指标(UN 2005)、OECD环境指标(OECD 2003)、OECD环境压力与经济增长脱钩指标(OECD 2002)、环境表现指数(YCELP 2006)、环境可持续指数(YCELP 2005)、环境压力指数(EUROSTAT 2000)、生态足迹(WWF 2000)、环境经济综合核算(UN 2003)、物质流分析(WRI 2005)、真实进步指数(Venetoulis and Cobb 2004)、生态系统评价(MEA 2005)、世界发展指标(WB 2005)等。

表 1-11　2001 年截面分析的国家分组

	分组号	1	2	3	4	5	6	7	8	9	合计
分组标准	人均 GNI	小于 300	301～500	501～1000	1001～3000	3001～5120	5121～10000	10001～20000	20001～30000	大于 30001	—
分组结果	国家(个)	24	17	16	27	15	7	8	11	5	130
	人均 GNI	216	416	706	1742	3867	7310	15524	23545	34890	—

注:数据来自世界银行《世界发展指标 2003》光盘。2001 年人均 GNI 的世界平均值为 5120 美元,高收入国家平均值为 26510 美元,中等收入国家平均值为 1860 美元,低收入国家平均值为 430 美元。

其三,采集和建立变量的时间截面数据和资料。定量分析应采用比较权威的部门的统计数据,数据来源见后面的"数据资料来源";定性分析应注意选用比较客观的研究资料。

其四,定量分析需要计算每组国家某个变量的"特征值"。计算方法大致有三种:"中值法"、"平均值法"和"回归分析法"。本报告采用第二种方法——未加权平均值法。

$$X_{ij} = \sum x_{ij}/n_{ij}$$

其中,X_{ij} 为第 i 组国家第 j 个变量的"特征值";$\sum x_{ij}$ 为第 i 组国家第 j 个变量的每个国家的数值的加和;n_{ij} 为国家个数,即第 i 组国家第 j 个变量的具有数据的国家个数。

其五,分析社会生产力与生态现代化变量的"特征关系"。分析各组国家、大国和小国社会生产力与生态效率、生态结构、生态制度和观念的相互关系。

其六,分析不同截面的生态现代化指标的世界前沿、国际差距的变化等。

第二节　生态现代化的时序分析

生态现代化的时序分析,是对现代化的生态转型的全过程的时间序列数据和资料进行分析,试图去发现和归纳生态现代化的客观事实和基本规律。在本报告里,生态现代化的时序分析,以四个层次为主轴,以三个领域为横轴。由于资料和数据等原因,关于人类与自然关系、生态制度和观念的时序分析是定性的,关于生态效率和结构的时序分析是定量的。

一般而言,生态现代化的起源可以追溯到 20 世纪 70 年代末和 80 年代初(Young 2000)。尽管生态现代化只有 30 多年历史,但是,人类发展与自然环境的关系,却是一个古老的话题。在某种程度上,今天的环境问题,可能就是昨天发展的后果;而今天的发展,可能就是明天环境问题的原因。环境问题是一个累积的历史问题,环境研究既要分析现状,也要分析历史原因。所以,有必要拓展时序分析的历史尺度。我们将在三个时间尺度上进行分析。首先是人类文明的历史尺度(从人类诞生到目前);其次是工业文明的历史尺度(18 世纪 60 年代到 20 世纪 60 年代);其三是生态转型(或生态文明)的历史尺度(20 世纪 70 年代以来)。

一、人类与环境关系的历史分析

地球上的所有生命,都离不开物质和能源,人类也是如此。人类所需要的物质和能源,来自于自然环境。这就意味着,人类与环境的关系,是贯穿人类历史长河的一个永恒主题。自然环境,既影响我们的生产和生活方式,也影响经济和社会的结构,还关系国家和民族的命运。在过去的漫长岁月里,人与自然的关系,在不同历史时期和不同地域有不同认识。人们从全球范围对人类与自然关系的关注始于 20 世纪 50 年代,1972 年是现代环境主义的重要里程碑(UNEP 2002),80 年代提出了生态现代化理论等。我们从人类对自然的影响、自然对人类的影响、环境对国家的影响等三个角度，分析人类与自然关系的历史演变。

1. 人类活动对自然环境的影响

关于人类活动对自然环境的影响有大量文献和理论模型（图 1-7）。“在工业革命前，环境退化在千百年中以非常缓慢的方式进行着，在相对局部的范围内发生。然而，快速增长的工业化社会的累积行动引发了更加复杂的环境问题。”（UNEP 2000）。1998 年美国《科学》杂志发表文章，介绍人类活动对地球影响的 6 个结论①：

（1）有 1/3～1/2 的陆地面积已经被人类活动所改变；

（2）从工业革命以来，大气的二氧化碳体积分数（含量）提高了 30%；

（3）人工固氮的总量已经超过天然固氮总量；

（4）被人类利用的地表淡水，已经超过可利用总量的 50%；

（5）近 2000 年来，地球上大概有 1/4 的鸟类物种已经灭绝；

（6）接近 2/3 的海洋渔业资源，已经过度捕捞或耗尽。

人类活动还生产了大量不易分解的新化合物如 DDT 等，并释放到大自然中，但这些新化合物的生物学后果和相互作用，大部分是未知的。特别是那些与生长、发育和遗传相关的化学物品，有毒和有害的物质，都与人类健康休戚相关（孙儒泳等 2002）。

这些化学的、物理的和生物的变化，正在改变地球生态系统和生态系统的服务功能。例如：全球气候的变化、臭氧层的破坏、生物多样性的损失、生态系统的结构和功能的改变、土地利用的变化、环境质量的退化、自然资源的减少和退化等（图 1-7）。

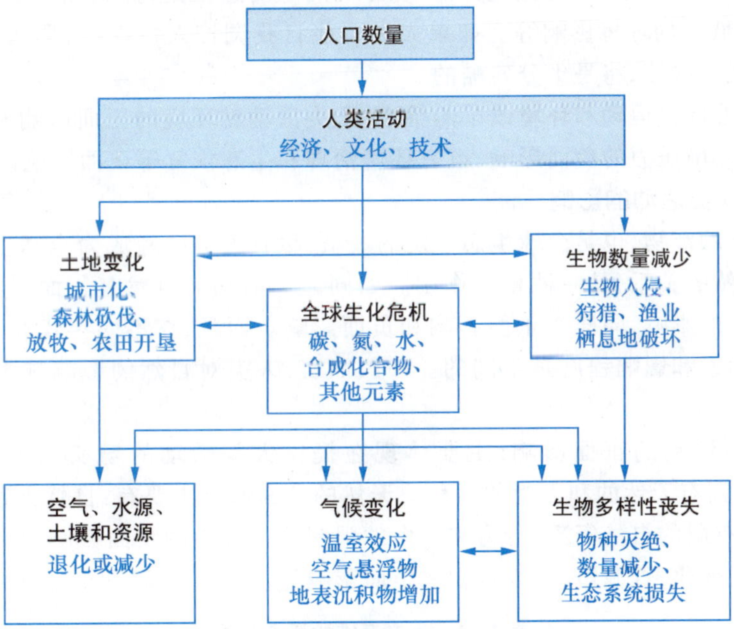

图 1-7　人口数量对自然系统影响的理论模型

资料来源：艾伦比 2005.

① Lubchenco, J. 1998. Entering the Century of the Environment. Science, 279 (5350): 491—497. 转引自：孙儒泳等. 2002. 基础生态学. 北京：高等教育出版社. 262.

人类活动对环境的影响，受人口数量、富裕程度和技术等因素的影响。

人类活动的环境影响的主方程为（陶在朴 2003）：

$I = P \times A \times T$ 或环境影响 = 人口 × 人均 GDP ×（环境影响/GDP）= 人口 ×（环境影响/人口）

其中，I(Impact)为环境影响；P(Population)为人口数；A(Affluence)为富裕程度（生活水平），可用人均 GDP 代表；T 为技术因素，可用单位 GDP 的环境影响代表。

在过去 1000 年里，世界人口和人均 GDP 都在增长（表 1-12），特别是工业革命以来，增长都加快了，环境影响迅速扩大。在过去 100 年里，世界人口增长了约 3 倍，人均 GDP 增长了约 4 倍。假设，2001 年单位 GDP 的环境影响与 1900 年相同，那么，2001 年人类活动对环境的影响，大约是 1900 年的 19 倍，环境影响增长了大约 18 倍。

表 1-12　世界人口和世界人均 GDP 的增长

年	元年	1000	1500	1700	1820	1900	1950	2000	2050	2100
人口	2.3	2.7	4.4	6.0	10	16	25	61	89	91
人均 GDP	444	435	565	615	667	1262	2110	6041	9730	13535

注：人口单位为亿，2050 年和 2100 年人口为中间方案预测值。人均 GDP 单位为 1990 年国际美元。2000 年人均 GDP 的数据，为 2001 年的数值。2050 年和 2100 年人均 GDP 的数据，是按 1950～2001 年人均 GDP（1990 年国际美元）数据的线性回归方程进行的预测，得到的数值。

资料来源：UN 2004. 麦迪森 2003.

根据联合国的预测（UN 2004），21 世纪世界人口可能继续增长，2050 年将达到约 89 亿，2100 年达到 91 亿（中间方案）。可以预计，未来人均 GDP 也将继续增长。所以，在 21 世纪，控制人类活动的环境影响将是全球性挑战。减少人类活动的环境影响的主要途径是，控制和减少人口规模、降低单位 GDP 的环境影响、降低人均环境影响等。如果人类不能自我调控人口规模，那么，就只能由大自然来调控了。大自然的人口调控，将是十分残酷的。

人们注意到，随着环保运动和环境改革的推进，人类活动对环境的正面影响开始出现。人类活动对环境的影响，既有环境压力的负面影响，也有环境治理和生态恢复等正面影响。

2. 自然环境对人类活动的影响

人类是自然进化的产物，也是全球生态系统的成员，尽管人类已经成为全球生态系统的实际管理者。所以，人类与自然的关系，是一种相互作用。如同人类活动对自然有正面影响和负面影响一样，自然环境对人类活动的影响，同样有正面影响和负面影响。而且，在不同年代和不同地区，自然环境对人类活动的影响因素和影响程度是不同的。一般而言，人类对自然的影响越大，那么，自然对人类的反作用也越大。

自然环境对人类活动的正面影响，主要体现在提供人类活动的场所和生态系统的服务功能（表 1-13）；负面影响则有天然的和人为的两种。天然的负面影响主要有：自然灾害、传染病、局部的恶劣气候和生存环境、有限的自然资源、行为和自由的限制等。人为的负面影响主要有：环境污染、生态退化、土地退化、气候变化、资源短缺、人造物的负面影响等。

表 1-13　生态系统的服务功能

功能分类	主　要　服　务　功　能
支撑服务	养分循环、土壤形成、初级生产、光合作用、空气和气候等
供给服务	食物、淡水、木材、纤维、燃料、药物、生物多样性产生的新产品和新工业等
调节服务	调节气候和空气、调节水源、净化水质、调控疾病、调控病虫害、自然灾害的调控等
文化服务	美学价值、精神价值、教育功能、观赏功能等

资料来源：MEA 2005.

3. 绿色世界史——环境变化与文明兴衰

地球上的自然环境存在极大的地域差异，而且，不同地区的国家和民族，在处理发展与自然的关系的时候，认识和做法也是不同的。于是，就产生了不同的结果（表 1-14）。世界环境史和环境社会学研究，已经成为热门课题。英国历史学家庞廷的《绿色世界史》一书，讲述了环境与文明兴衰的历史故事。“人类靠着开发地球上的各种资源而繁荣，直到这些资源不再能够维持一个社会的人口，这就导致它的衰败，最终是这个社会的崩溃。”①

表 1-14 文明兴衰与环境变化

文明衰落和环境灾害		环境变化
农业时代文明衰落	苏美尔文明的衰落（公元前 7000 年～公元前 1800 年）	美索不达米亚（今伊拉克的两河流域），灌溉农业，土地盐碱化和水涝，导致苏美尔农业文明的瓦解
	玛雅文明的衰落（公元前 2500 年～公元 900 年）	中美洲（今墨西哥等）玛雅人采用集约农业，索取过多，水土流失，粮食减少，资源竞争，是文明消亡的原因
	古罗马文明的衰落（公元前 50 年～公元 450 年）	利用北非生产粮食，集约耕作导致荒漠化和沙漠化。国内砍伐森林，环境退化，粮食不足，加速帝国崩溃
工业时代环境灾害	德国的化学污染（生物减少）（1800 ～ 1900 年）	19 世纪的德国化学工业，严重地污染了莱茵河，1765 年产量丰富的鲑鱼，到 1914 年已变得十分稀少
	美国中部的沙尘暴（土地退化）（1886 ～ 1940 年）	中部大草原的农田开垦，干旱和风暴，导致沙尘暴的频率增加和规模扩大，1935 ～ 1939 年约有 30 万难民逃离家园
	英国伦敦的烟雾（空气污染）（1800 ～ 1962 年）	伦敦的煤烟污染可追溯到 13 世纪，19 世纪严重恶化，1952 年 12 月连续 5 天烟雾，导致约 4000 人死亡

参考资料：UNEP 2000，庞廷 2002，沃斯特 1999，Haas 2003.

二、生态效率与结构的时序分析

人类文明与自然环境的相互作用，必然有一系列的结果产生，而且是动态的。我们可以通过对自然环境和人类文明的状态识别，来分析这些结果。首先，将分析领域分为三个：自然环境对现代化的生态响应、人类文明的经济转型（生态经济）和社会转型（生态社会）；其次，将四个分析层次分为两个集合：生态效率和结构、生态制度和观念的时序分析。下面先讨论生态效率和结构。关于生态制度和观念的时序分析，将在第三部分专门进行。

在本报告里，生态效率指现代化过程中与资源、环境和生态相关的各种过程的效率，生态结构指现代化过程中与资源、环境和生态相关的各种组织和结构；它们是现代化与自然环境相互作用的物理体现。现在分析的是有统计数据的那部分变化。本章第一节介绍了时序分析的方法和国家样本，这里讨论其结果。前面提到，生态效率和结构的时序分析，有工业文明时期（1760 ～ 1960 年）和生态转型时期（1970 年以来）两个历史尺度，以后者为重点。

1. 生态效率变迁的长期趋势

在过去 300 年里，世界现代化与自然环境的相互作用，导致了生态系统内部的巨大变化，也引发了现代化模式的生态转型，包括生态效率的变迁（表 1-15）。当然，变化的进程是不同步的，存在很大的国际差距和地域差异。特别是，发达国家已经完成工业化并进入生态转型时期，而发展中国家尚没

① 庞廷. 2002. 绿色世界史：伟大文明的衰落. 王毅、张广学译. 上海：上海人民出版社. 封底.

有完成工业化,两者的差距和差异是非常明显的。

表 1-15　1700～2001 年生态效率变迁的基本事实

<table>
<tr><th colspan="2" rowspan="2">历史时间</th><th colspan="4">生 态 变 量</th><th rowspan="2">长期趋势和特点</th></tr>
<tr><th>18 世纪</th><th>19 世纪</th><th>1900～1970 年</th><th>1970～2001 年</th></tr>
<tr><td rowspan="5">生态响应</td><td rowspan="5">资源
环境
生态</td><td colspan="4">人口密度、人均化石能源生产、人均生态足迹等</td><td>上升,短期波动</td></tr>
<tr><td colspan="4">人均国土面积、人均耕地面积、人均草地面积、人均淡水资源、生物多样性、人均森林面积等</td><td>下降,短期波动</td></tr>
<tr><td colspan="4">森林砍伐率、人均工业废水 BOD 排放、人均空气污染、人均钢铁生产等</td><td>先升后降,波动</td></tr>
<tr><td></td><td></td><td></td><td>—</td><td>先降后升,波动</td></tr>
<tr><td></td><td colspan="3">人均能源生产、人均矿产生产、人均 CO_2 排放等</td><td>混合,有升有降</td></tr>
<tr><td rowspan="6">生态经济</td><td rowspan="6">生态农业
生态工业
绿色服务
绿色经济</td><td colspan="4">土地生产率、谷物单产、物质经济效率、人均物质产值等</td><td>上升,短期波动</td></tr>
<tr><td></td><td></td><td colspan="2">废物循环利用率等</td><td>上升,短期波动</td></tr>
<tr><td></td><td></td><td></td><td>—</td><td>下降,短期波动</td></tr>
<tr><td></td><td colspan="3">化肥使用强度、工业有机废水排放强度、经济资源密度、经济能源密度、CO_2 排放/GDP 等</td><td>先升后降,波动</td></tr>
<tr><td></td><td></td><td></td><td>—</td><td>先降后升,波动</td></tr>
<tr><td></td><td></td><td colspan="2">人均木材生产、矿产生产率等</td><td>混合,有升有降</td></tr>
<tr><td rowspan="5">生态社会</td><td rowspan="5">生态城市
生态农村
绿色能源交通
绿色社会
生态安全</td><td colspan="4">人均服务收入、人均能源消费、人均废物排放等</td><td>上升,短期波动</td></tr>
<tr><td></td><td colspan="3">儿童死亡率、成人死亡率</td><td>下降,短期波动</td></tr>
<tr><td></td><td></td><td colspan="2">城市空气污染等</td><td>先升后降,波动</td></tr>
<tr><td></td><td></td><td colspan="2">能源效率等</td><td>先降后升,波动</td></tr>
<tr><td></td><td></td><td colspan="2">电力使用效率、农村人口密度等</td><td>混合,有升有降</td></tr>
</table>

参考资料:World Bank 2005, OECD 2004, FAO 2005, UN 1954, 1964, 1986, 2005, UNEP 2000.

注:混合变量包括两个部分:(1) 地域变量,有升有降和地域差异;(2) 趋势不明的变量,有升有降。

本章第一节把生态变量分为七大类:上升变量、下降变量、转折变量、波动变量、随机变量、地域变量和数值饱和变量。由于波动变量和随机变量的国际可比性较差,所以,本报告重点分析其他五类变量。下面分别刻画各个领域生态效率的长期趋势。

(1) 生态响应领域生态效率的长期趋势

上升变量:人口数量、人口密度(图 1-8)、人均化石能源消费、人均生态足迹等。

下降变量:人均国土面积、人均可耕地面积(图 1-9)、人均草地面积(图 1-10)、人均淡水资源、生物多样性、人均森林面积等。

转折变量:森林砍伐率、人均钢铁产量(图 1-11)、人均水泥产量(图 1-12)、人均工业废水 BOD 排放、人均空气污染等。

混合变量:人均 CO_2 排放量(图 1-13)、人均糖产量(图 1-14)、人均能源生产量、人均矿产产量、人均铝产量(图 1-15)、人均铜产量、人均铅产量、人均锌产量等。

饱和变量:略。

(2) 生态经济领域生态效率的长期趋势

上升变量:农业土地生产率、谷物生产单产(图 1-16)、有机农业比例、人均国际旅游收入、物质经济生产率(图 1-17)、人均物质产值、国土生产率、废物循环利用率(图 1-18)等。

下降变量:略。

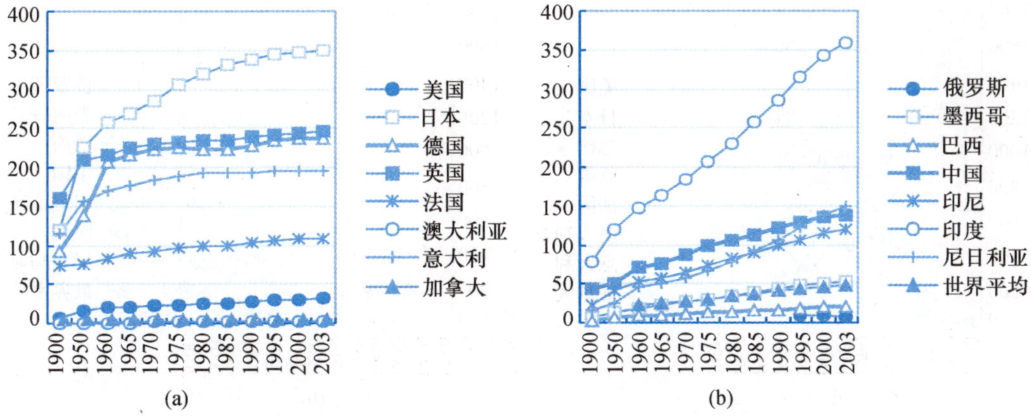

图 1-8　1900～2003 年人口密度的变化趋势(人/平方公里)

注:时间坐标在 1950 年前和后的时间刻度为 10 年,其余为 5 年。

资料来源:World Bank 2005,麦迪森 2001.

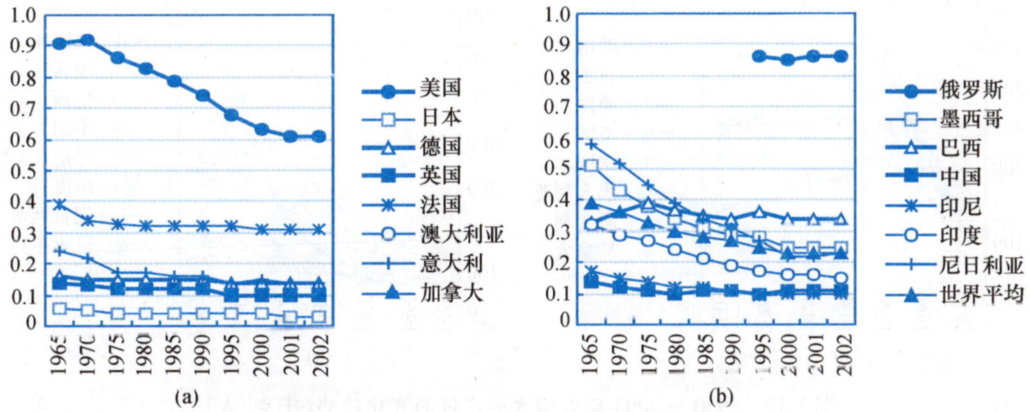

图 1-9　1965～2002 年人均可耕地面积的变化趋势(公顷/人)

注:澳大利亚和加拿大 2000 年人均耕地分别约为 2.6 和 1.5 公顷。

资料来源:World Bank 2005.

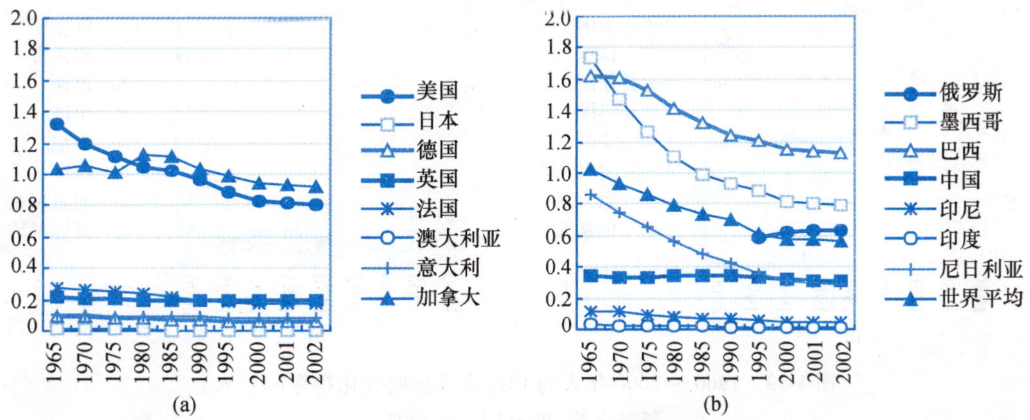

图 1-10　1965～2002 年人均草地面积的变化趋势(公顷/人)

注:澳大利亚 2000 年人均草地约为 21 公顷。

资料来源:World Bank 2005.

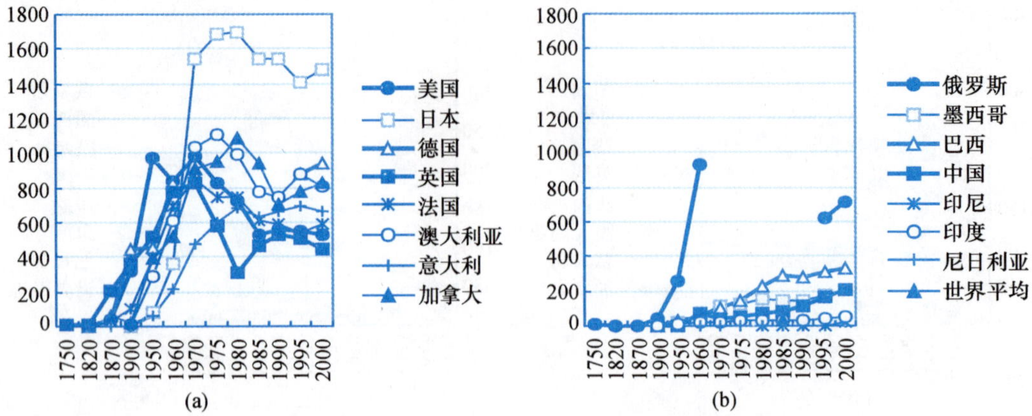

图 1-11　1750～2000 年人均钢铁产量的变化趋势(千克/人)

资料来源:UN 1954,UN 1964,UN 2003,米切尔 2002.

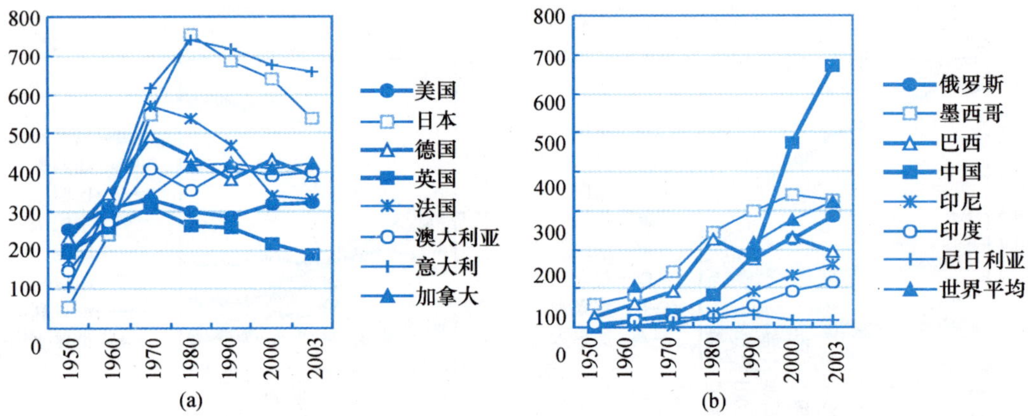

图 1-12　1950～2003 年人均水泥产量的变化趋势(千克/人)

资料来源:UN 1954,UN 1964,UN 2003,米切尔 2002.

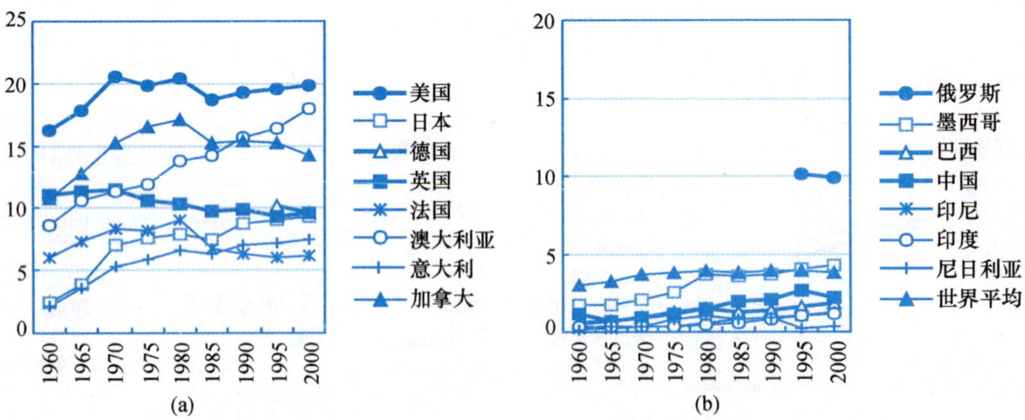

图 1-13　1960～2000 年人均 CO_2 排放量的变化趋势(吨/人)

资料来源:World Bank 2005.

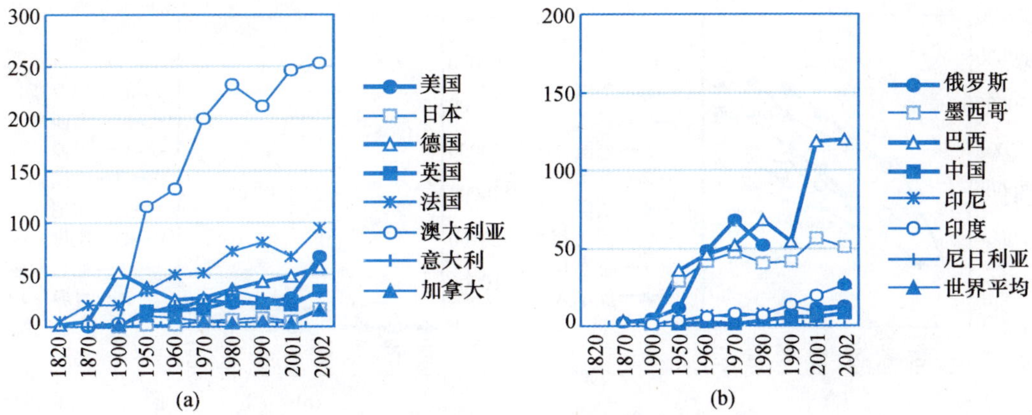

图 1-14　1820～2002 年人均糖产量的变化趋势(千克/人)

资料来源:World Bank 2005,UN 1964,1986,1996,米切尔 2002.

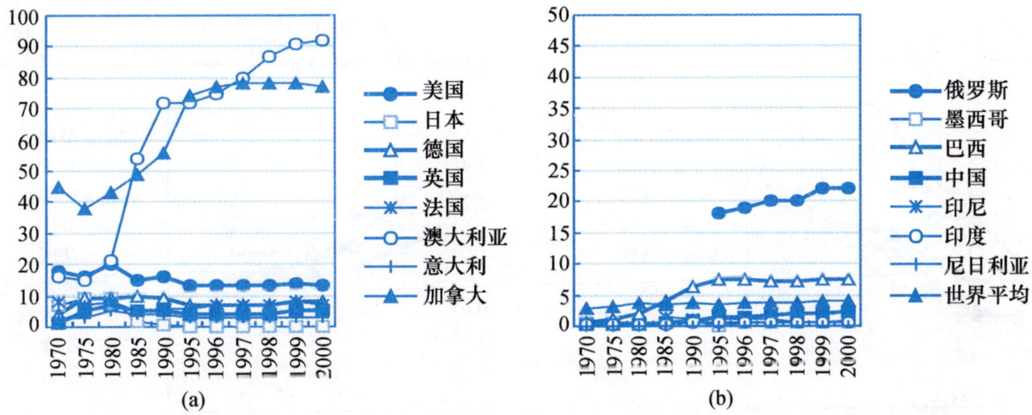

图 1-15　1970～2000 年人均铝产量的变化趋势(千克/人)

资料来源:UN 2003.

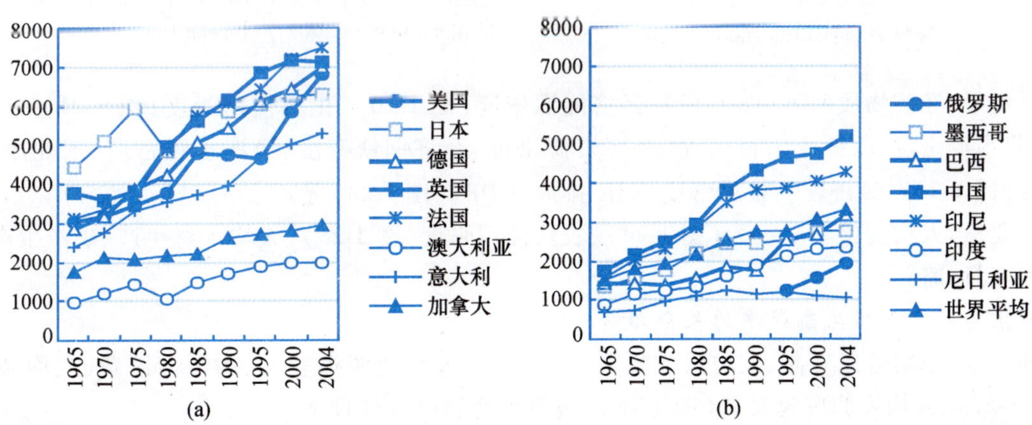

图 1-16　1965～2004 年谷物生产单产的变化趋势(千克/公顷)

数据来源:World Bank 2005.

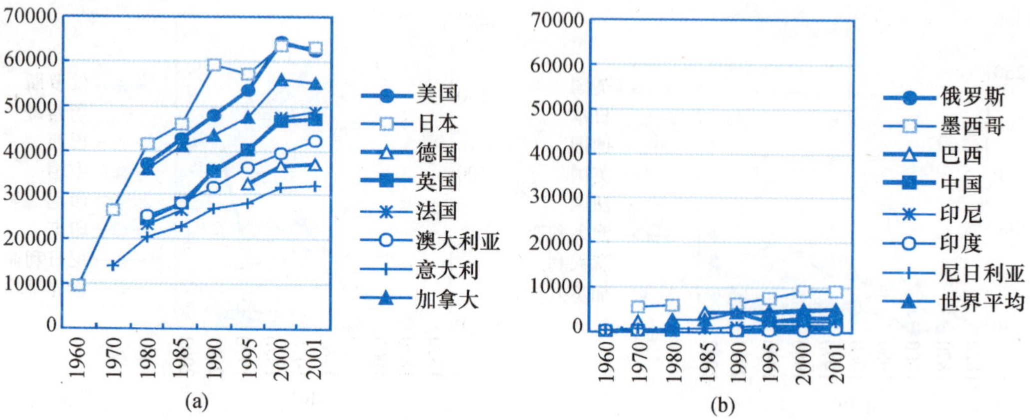

图 1-17　1960～2001 年物质经济生产率的变化趋势(物质产业增加值/劳动力,2000 年价美元)

注:物质产业为工农业总和。

数据来源:World Bank 2005.

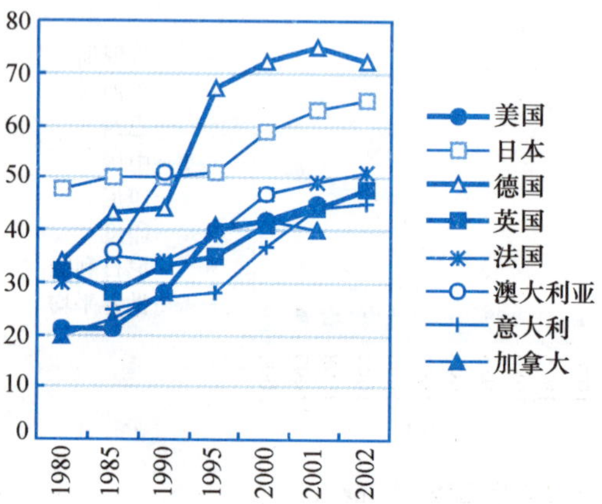

图 1-18　1980～2002 年废物循环利用率(%)

注:为纸和纸板循环利用率。

资料来源:OECD 2004.

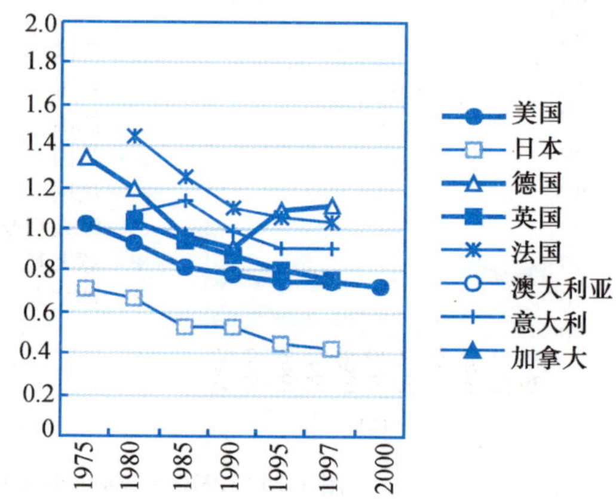

图 1-19　1975～2000 年经济物质密度(千克/美元)

注:经济物质密度为 DMI/GDP, 2000 年价美元。

数据来源:WRI 2005, European Communities 2001.

转折变量:经济物质密度(图 1-19)、经济能源密度(图 1-20)、化肥使用强度(图 1-21)、工业钢铁密度、工业水泥密度、服务业木材密度、经济资源密度、经济钢铁密度、经济水泥密度、工业废水 BOD 排放强度(图 1-22)、经济废气排放密度(CO_2 排放/GDP)(图 1-23)等。

混合变量:人均直接物质投入(图 1-24)、农药使用强度(图 1-25)、人均木材生产、矿产生产率等。

饱和变量:略。

(3) 生态社会领域生态效率的长期趋势

上升变量:预期健康寿命、人均服务收入(图 1-26)、人均能源消费、人均电力消费、人均城市废物排放(图 1-27)、人均家庭废物排放(图 1-28)、城市废物和废水处理率等。

下降变量:儿童死亡率、成人死亡率等。

转折变量:城市空气污染、能源效率、电力传输损耗率等。

混合变量:农村人口密度(图 1-29)、电力使用效率(图 1-30)、人均粮食产量(图 1-31)、人均粮食供应量、人均糖消费量、人均木材(锯木)消费量、人均铝消费量、人均铜消费量、人均铅消费量、人均镍消费量、人均锡消费量、人均锌消费量等。

饱和变量：略。

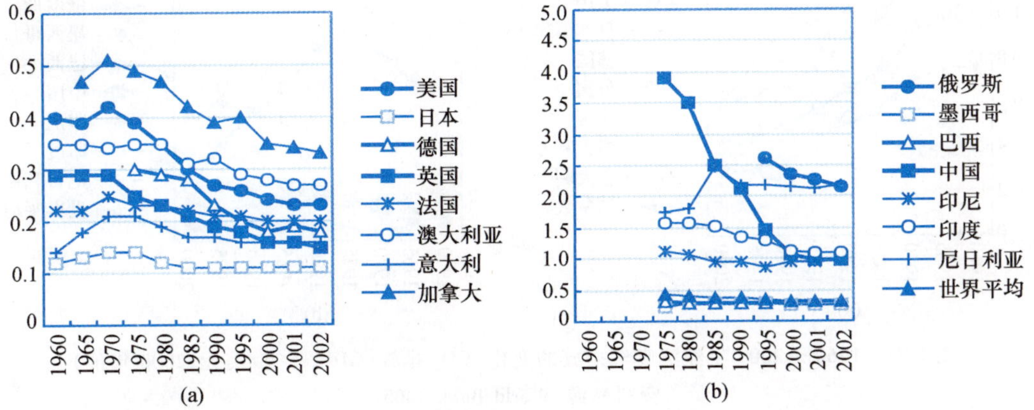

图 1-20　1960～2002 年经济能源密度的变化(千克油/美元，2000 年价格)

资料来源：World Bank 2005.

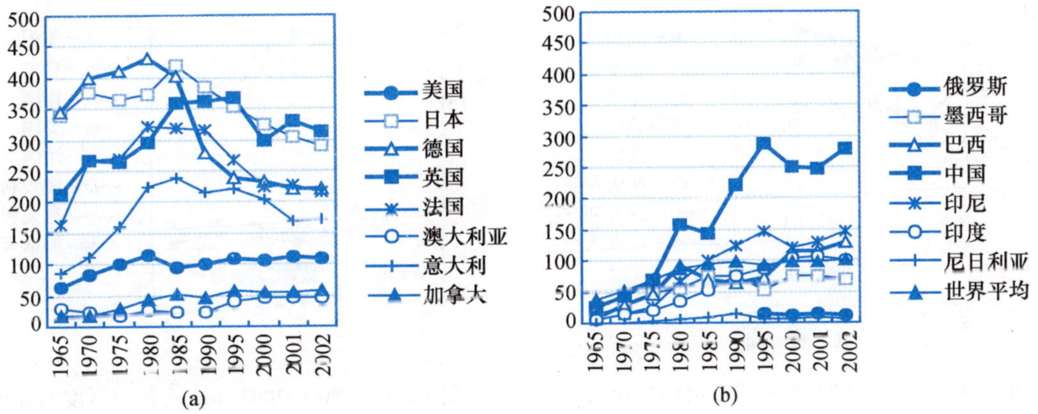

图 1-21　1965～2002 年化肥使用强度的变化(千克/公顷)

资料来源：World Bank 2005.

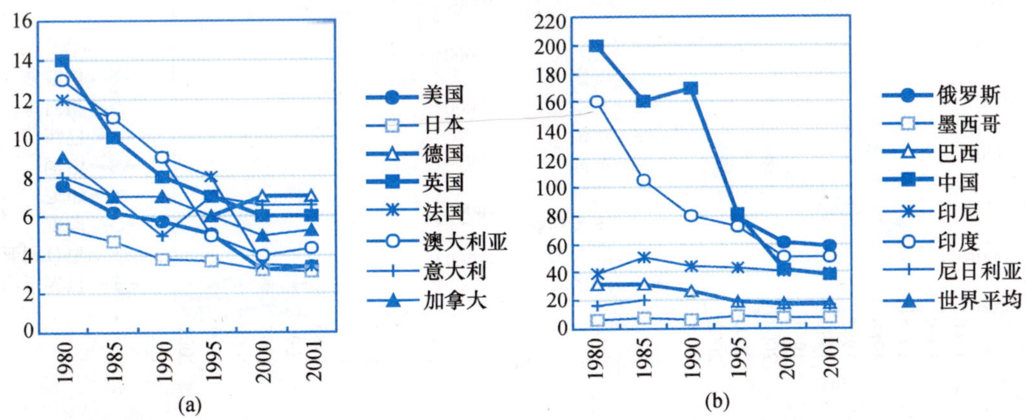

图 1-22　1980～2001 年工业废水 BOD 排放强度的变化(千克/万美元，2000 年价格)

资料来源：World Bank 2005.

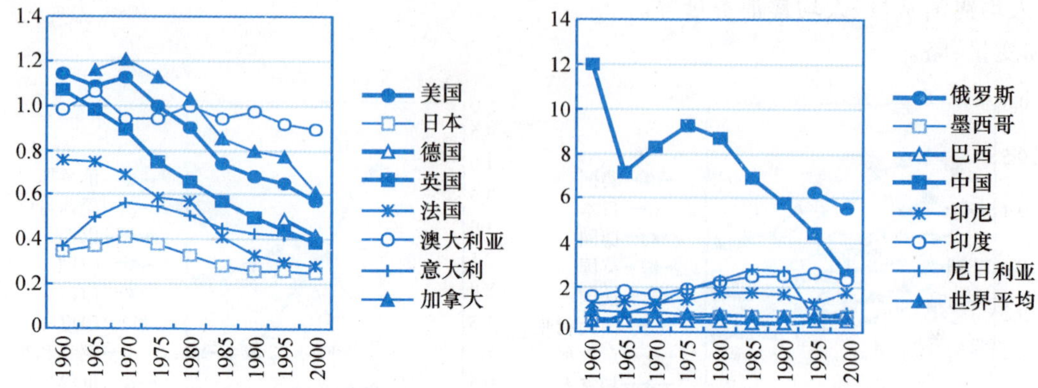

(a) (b)

图 1-23 1960～2000 年经济废气排放的变化(CO_2 排放/GDP,千克/美元,2000 年价)

资料来源:World Bank 2005.

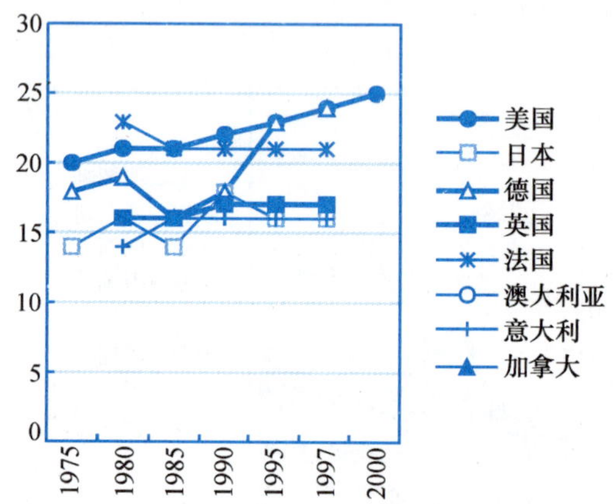

图 1-24 1975～2000 年人均直接物质投入(吨/人)

数据来源:WRI 2005,European Communities 2001.

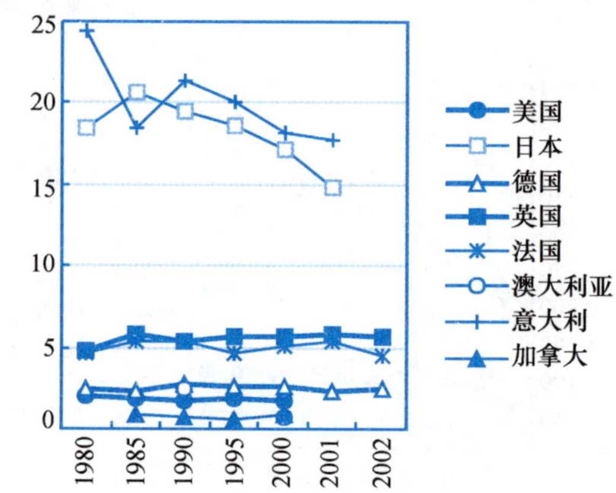

图 1-25 1980～2002 年农药使用强度的变化(千克/公顷)

数据来源:OECD 2004.

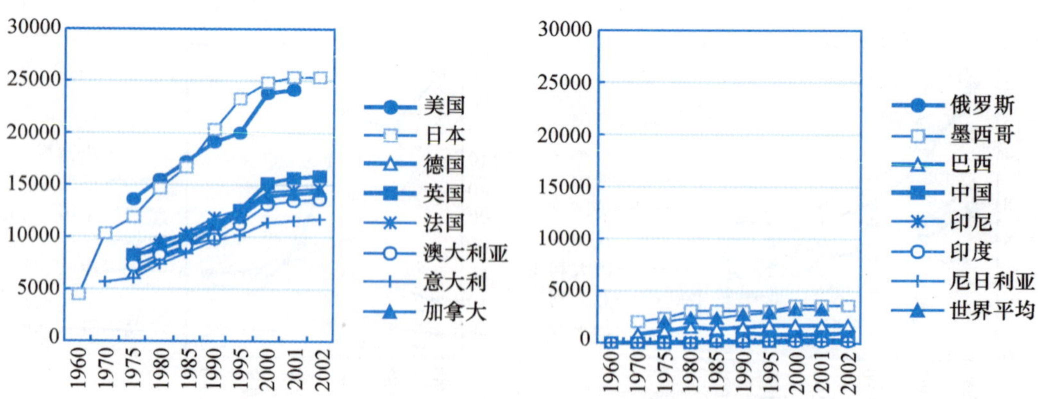

(a) (b)

图 1-26 1960～2002 年人均服务收入的变化(2000 年价美元)

资料来源:World Bank 2005.

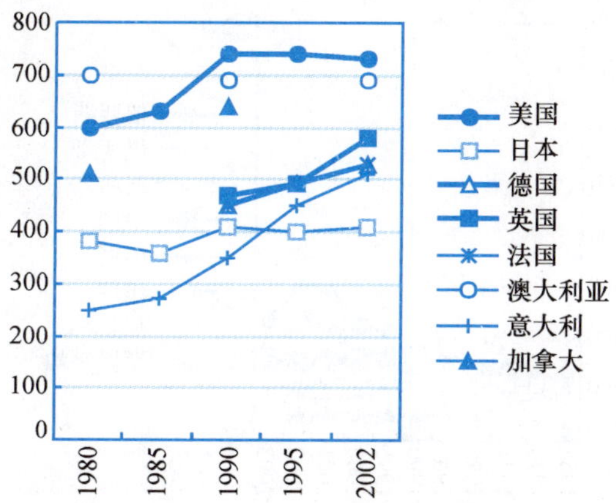

图 1-27　1980～2002 年人均城市废物排放（千克/人）

资料来源：OECD 2004.

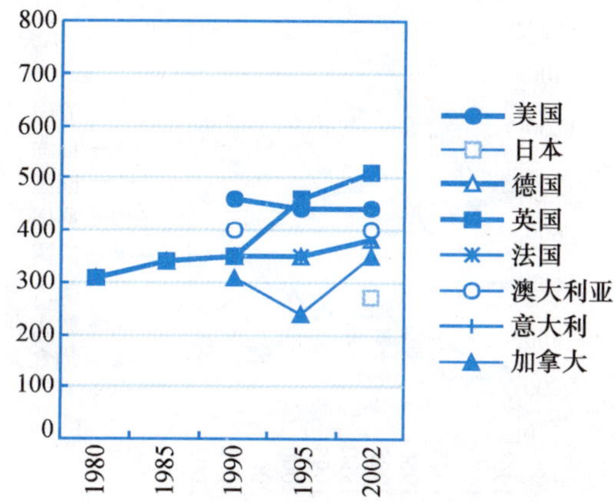

图 1-28　1980～2002 年人均家庭废物排放（千克/人）

资料来源：OECD 2004.

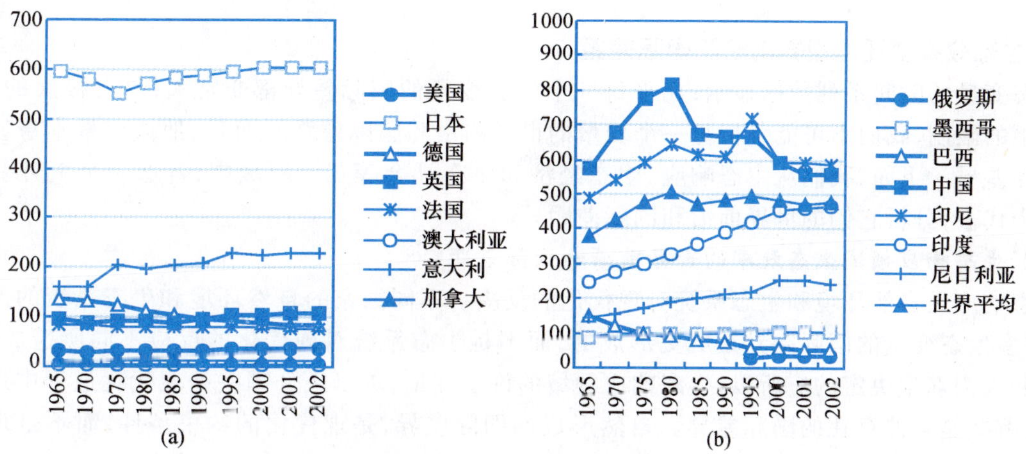

图 1-29　1965～2002 年农村人口密度的变化（人/平方公里可耕地）

资料来源：World Bank 2005.

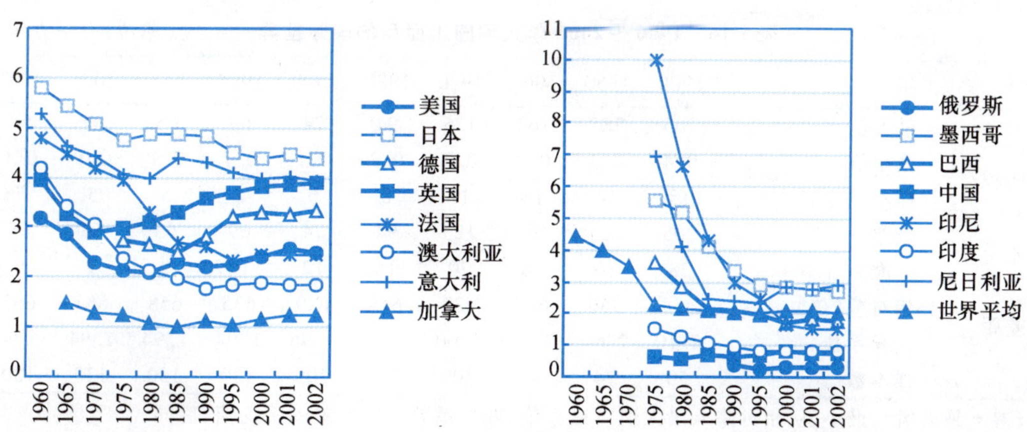

图 1-30　1960～2002 年电力使用效率的变化（美元/千瓦时，2000 年价美元）

资料来源：World Bank 2005.

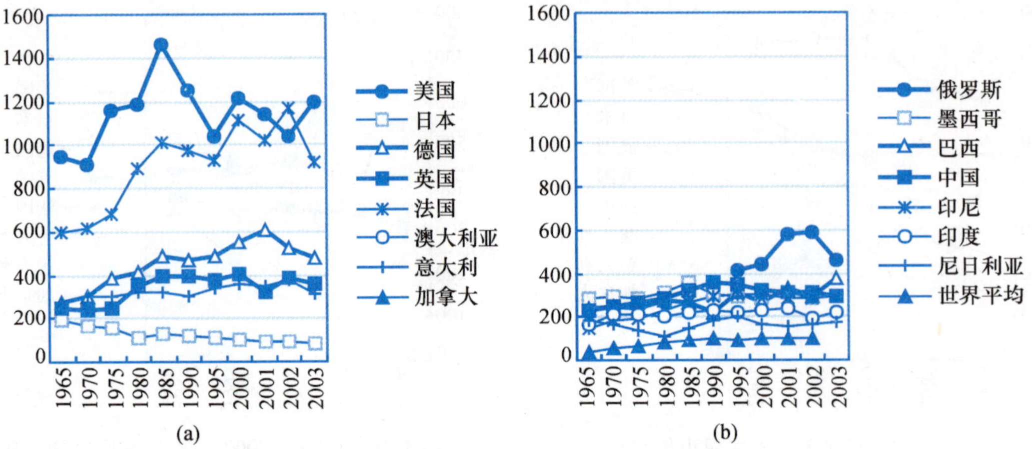

图 1-31 1965～2003 年人均粮食产量的变化(千克/人)

注:澳大利亚和加拿大 2000 年人均粮食产量分别为 1796 和 1658 千克。

资料来源:World Bank 2005.

2. 生态效率变迁的世界前沿和国际差距

生态变量的时间系列数据显示,几乎每一个生态变量的国际差异都非常大,具有极大的多样性。由于篇幅的限制,我们不可能分析每一个变量的世界前沿和国际差距。而且,地域变量本身就存在地域和国际差异。下面,我们从生态响应、生态经济和生态社会等三个领域中,各选一个上升变量或下降变量为代表,分析它们的世界前沿和国际差距。

(1) 生态响应领域生态效率的世界前沿和国际差距

生态响应是自然环境和生态系统对现代化的反应。不同国家的自然环境和生态系统的差异是巨大的,许多生态变量的国际差异是历史形成的,而不是生态系统对现代化的反应不同所造成的,有些是自然和人为双重决定的。所以,生态响应领域的许多变量,难以区分哪些是现代化过程中形成的国际差距,哪些是自然存在的国际差异。自然形成的国际差异,是现代化的约束条件,而不是现代化的后果。这里,分析人均国土面积指标的国际差异(表 1-16)。它反映了世界用有限的土地,不仅养活越来越多的人口,而且提高了人类的生活水平。

表 1-16 1900～2003 年人均国土面积的国际差异 (单位:万平方米/人)

	年	1900	1950	1960	1970	1980	1990	1995	2000	2001	2002	2003
人均国土面积	最大值	205	285	163	125	94	74	69	65	65	64	63
	最小值	0.4	0.3	0.3	0.2	0.2	0.1	0.1	0.1	0.1	0.1	0.1
	样本平均值	18	14	13	10	8	6	5	5	5	5	5
绝对差距	极差	205	284	163	125	94	74	69	65	65	64	63
	标准差	38	36	26	20	16	12	10	9	9	9	9
相对差距	相对差(倍)	458	850	648	637	618	629	635	658	663	667	670
	变异系数	2.10	2.64	2.01	2.00	1.97	1.95	1.94	1.94	1.94	1.94	1.94
	样本数	50	74	109	109	109	109	130	130	130	130	130

注:极差 = 最大值 - 最小值,相对差 = 最大值 ÷ 最小值,变异系数 = 标准差 ÷ 平均值,后同。

数据来源:World Bank 2005.

首先,人均国土面积的世界前沿。人均国土面积的变化决定于两个因素:历史形成的国土面积和人口规模,人口自然增长率。第一个因素是一种“历史因素”,第二个因素是“人为因素”。人均国土面积的变化,不能简单地识别什么是“世界前沿”。

其次,人均国土面积的国际差异。不同国家的国土质量是不同的,有些国家可耕地和草原面积比较大,有些国家沙漠和高山面积比较大。如果不考虑质量因素,只考虑规模,那么,世界不同国家的人均国土面积相差巨大,2003 年最大相对差距约为 670 倍。人均国土面积最大的国家为人均 63 万平方米,最小的国家约为人均 1 千平方米。

其三,人均国土面积的国家地位的转移。利用马尔可夫链原理分析国家地位的转移概率(表 1-17)。在 1950 年到 2003 年的 53 年里,17 %的人均国土面积最多的国家降级,25 %的人均国土面积最小的国家升级。

表 1-17 1950 ～ 2003 年人均国土面积的国家分组及其转移概率(马尔可夫链分析)

1950 年		2003 年的分组和国家个数				53 年的转移概率(%)				
分组	国家个数	1	2	3	4	1	2	3	4	合计
1	18	15	3			83	17			100
2	18	4	9	4	1	22	50	22	6	100
3	18		1	8	9		6	44	50	100
4	20			5	15			25	75	100
样本数	74	19	13	17	25					

注:国家分组是根据国家数目的平均分组;第 1 组是人均国土面积最大的国家;第 4 组是人均国土面积最小国家。人均国土面积和世界排名的变化,与人口自然增长率紧密相关。

(2) 生态经济领域生态效率的世界前沿和国际差距

生态经济的变迁,既与国家的自然环境和经济水平有关,也与国家的经济活动有关。生态经济的生态效率的时序变化的共性特点有:物质经济生产率提高、资源和能源生产率提高、废物循环利用率提高、经济资源密度、物质密度和能源密度下降、经济废物密度下降等。这里,选用物质经济生产率指标为代表,分析其前沿、差距和转移概率(表 1-18、表 1-19)。

表 1-18 1960 ～ 2001 年物质经济生产率的世界前沿和国际差距

(单位:2000 年价格美元)

年		1960	1970	1980	1985	1990	1995	2000	2001
世界前沿(最大值)		15888	30102	64942	46573	59087	76181	85830	87403
世界末尾(最小值)		150	120	187	345	128	115	110	122
	样本平均值	2923	4548	10592	16416	9625	9661	9828	9966
绝对差距	极差	15738	29982	64756	46228	58959	76065	85720	87281
	标准差	3749	6825	14107	14844	14505	15413	16851	17165
相对差距	相对差(倍)	106	250	348	135	462	660	782	718
	变异系数	1.28	1.50	1.33	0.90	1.51	1.60	1.71	1.72
	样本数	28	66	57	37	88	104	126	126

数据来源:World Bank 2005.

表 1-19 1970～2001 年物质经济生产率的国家分组及其转移概率(马尔可夫链分析)

1970 年		2001 年的分组和国家个数				31 年平均转移概率(%)				
分组	国家个数	1	2	3	4	1	2	3	4	合计
1	16	14	2			88	12			100
2	16	3	11	2		19	69	12		100
3	16	1	3	8	4	6	19	50	25	100
4	18			4	14			22	78	100
样本数	66	18	16	14	18					

注:国家分组是根据国家数目的平均分组。第 1 组是生产率最高的国家,第 4 组是最低的国家。

首先,物质经济生产率的世界前沿。按 2000 年不变价格计算,从 1960 年到 2001 年,在分析样本国家中,物质经济生产率的最大值,从大约 15900 美元提高到 87400 美元。

其次,物质经济生产率的国际差距。在过去的 41 年里(1960～2001 年),物质经济生产率的最大绝对差距,按 2000 年不变价格计算,从大约 15700 美元扩大到 87200 多美元,扩大了约 5 倍;最大相对差距,从 100 多倍扩大到 700 多倍。

其三,物质经济生产率的国家地位的转移概率。利用马尔可夫链原理分析国家地位的转移概率(表 1-19)。在 1970 年到 2001 年的 31 年里,12 %的高生产率国家(物质经济生产率最高组的国家)降级,22 %的低生产率国家(物质经济生产率最低组的国家)升级。

(3) 生态社会领域的世界前沿与国际差距

生态社会的变迁,既与国家自然环境和社会水平有关,也与国家社会政策和消费模式有关。生态社会的生态效率的时序变化的共性特点有:平均预期健康寿命延长、儿童和成人死亡率下降、物质劳动力比例下降、人均服务收入提高、可再生能源比例提高、城市废物处理率提高、城市废水处理率提高、空气污染下降、人均物质消费具有地域差异等。下面,选择人均服务收入指标为代表,分析其世界前沿、国际差距和转移概率(表 1-20、表 1-21)。

表 1-20 1960～2002 年人均服务收入的世界前沿和国际差距

(单位:2000 年价格美元)

	年	1960	1970	1975	1980	1985	1990	1995	2000	2001	2002
世界前沿	(最大值)	4448	10921	13634	15596	17232	20427	23241	24844	25293	25351
世界末尾	(最小值)	7	31	22	27	29	31	24	15	14	14
	样本平均值	837	1300	2320	2601	2588	2584	2683	3051	3110	2986
绝对差距	极差	4441	10891	13612	15569	17203	20395	23217	24828	25279	25337
	标准差	1096	2415	3416	3851	4165	4430	4701	5395	5496	5242
相对差距	相对差(倍)	666	357	631	577	590	650	961	1613	1828	1833
	变异系数	1.31	1.86	1.47	1.48	1.61	1.71	1.75	1.77	1.77	1.76
	样本数	30	69	83	92	100	117	125	126	126	125

数据来源:World Bank 2005.

表 1-21　1970～2002 年人均服务收入的国家分组及其转移概率(马尔可夫链分析)

1970 年分组	1970 年国家个数	2002 年的分组和国家个数 1	2	3	4	32 年平均转移概率(%) 1	2	3	4	合计
1	17	13	4			76	24			100
2	17	1	10	6		6	59	35		100
3	17		3	9	5		18	53	29	100
4	18			5	13			28	72	100
样本数	69	14	17	20	18					

注:国家分组是根据国家数目的平均分组,第 1 组是最高收入组,第 4 组是最低收入组。

首先,人均服务收入的世界前沿。在分析样本国家中,人均服务收入的最大值,按 2000 年不变价格计算,从大约 4400 美元提高到 25000 美元。

其次,人均服务收入的国际差距。在过去的 42 年里(1960～2002 年),人均服务收入的最大绝对差距,按 2000 年不变价格计算,从大约 4400 美元扩大到 25000 多美元,扩大了约 5 倍;最大相对差距,从 600 多倍扩大到 1800 多倍。

其三,人均服务收入的国家地位的转移概率。利用马尔可夫链原理分析国家地位的转移概率(表 1-21)。在 1970 年到 2002 年的 32 年里,24 %的高服务收入国家(人均服务收入最高组的国家)降级,28 %的低服务收入国家(人均服务收入最低组的国家)升级。

3. 生态结构变迁的长期趋势

前面讲到,生态结构指现代化过程中与资源、环境和生态相关的各种组织结构。在过去 300 年里,世界现代化与自然环境的相互作用,导致了生态系统内部的巨大变化,也激发了现代化模式的生态转型,生态结构的变化就是其主要内容(表 1-22)。当然,变化的进程是不同步的,存在很大的国际差距和地域差异。国际差距和差异,既与国家的自然条件和发展水平有关,也与国家的应对生态转型的态度和行为有关。发达国家已经完成工业化并进入生态转型时期,而发展中国家尚没有完成工业化,两者的差距和差异十分明显。

表 1-22　1700～2001 年生态结构变迁的基本事实

历史时间		生态变量 18 世纪	19 世纪	1900～1970 年	1970～2001 年	期趋势和特点
生态响应	资源 环境 生态		国家保护区比例、淡水资源利用比例等			上升,短期波动
					—	下降,短期波动
				空气污染(SO_2、NO_x、颗粒物、VOC 排放量)等		先升后降,波动
		森林覆盖率等				先降后升,波动
			可耕地比例、草地比例、农业用地比例等			混合,有升有降
生态经济	生态农业 生态工业 绿色服务 绿色经济				有机农业比例	上升,短期波动
		物质经济比例、农业用水比重等				下降,短期波动
			工业废水 BOD 排放量等			先升后降,波动
					—	先降后升,波动
				耕地使用、环保投入、资环损耗等		混合,有升有降

（续表）

		生态变量				期趋势和特点
历史时间		18 世纪	19 世纪	1900～1970 年	1970～2001 年	
生态社会	生态城市 生态农村 绿色能源交通 绿色社会 生态安全		城市安全饮水和卫生设施比例、农村安全饮水和卫生设施比例、城市废水处理率、电力消费比例、长寿人口比例、服务收入比等			上升，短期波动
		物质劳动力比例、农村人口比例等				下降，短期波动
					—	先升后降，波动
		可再生能源比例等				先降后升，波动
				能源进口比例、环境安全等		混合，有升有降

注：混合变量包括两个部分：(1) 地域变量，有升有降和地域差异；(2) 趋势不明的变量，有升有降。

参考资料：World Bank 2005，OECD 2004，FAO 2005，UN 1954，1964，1986，2005，UNEP 2000.

(1) 生态响应领域生态结构的长期趋势

上升变量：国家保护区比例、淡水资源利用比例等。

下降变量：略。

转折变量：空气污染物（图 1-32）、森林覆盖率等。

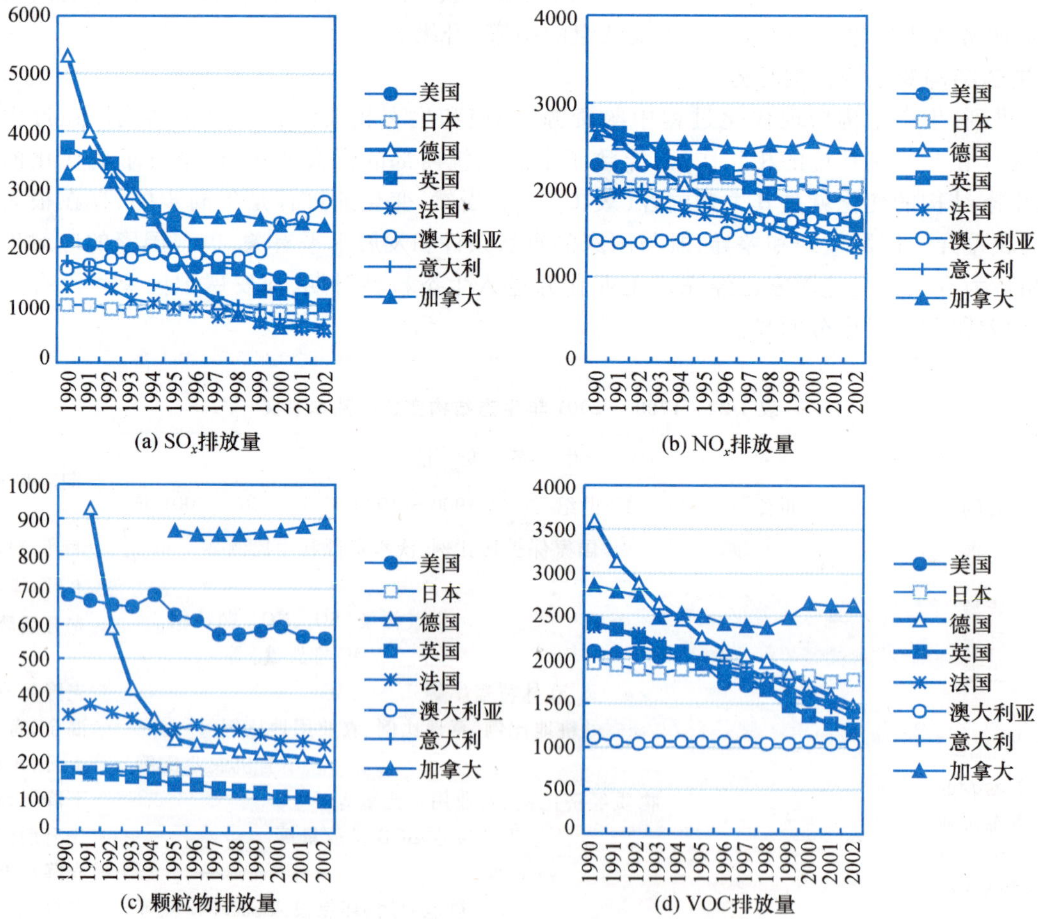

图 1-32　1990～2002 年发达国家空气污染物的变化（SO_x、NO_x、颗粒物和 VOC 排放总量）（单位为千吨，美国为万吨）

资料来源：OECD 2004.

混合变量:CO_2 排放量(图 1-33)、温室气体排放量(图 1-34)、可耕地比例、草地比例、多年生作物用地比例、农业用地比例(图 1-35)等。

饱和变量:略。

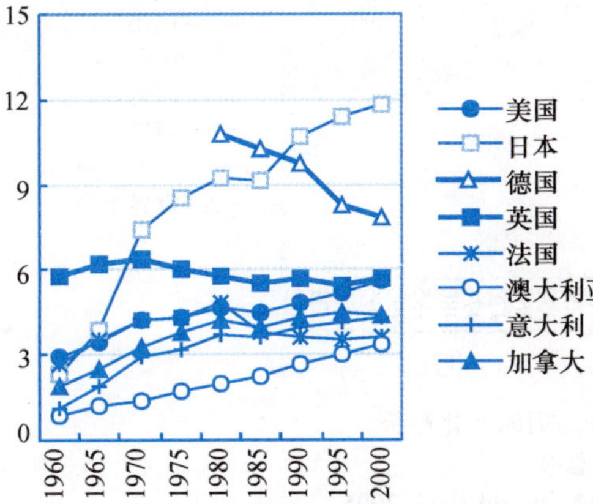

图 1-33 1960～2002 年发达国家 CO_2 排放量

(单位为亿吨,美国为 10 亿吨)

资料来源:World Bank 2005.

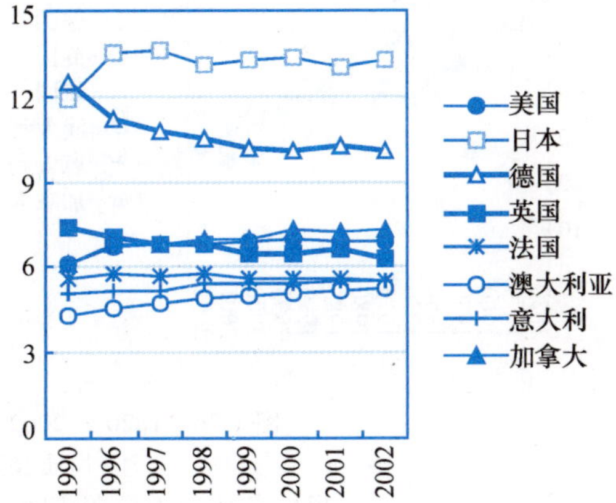

图 1-34 1960～2002 年发达国家温室气体排放量

(单位为亿吨,美国为 10 亿吨)

资料来源:OECD 2004.

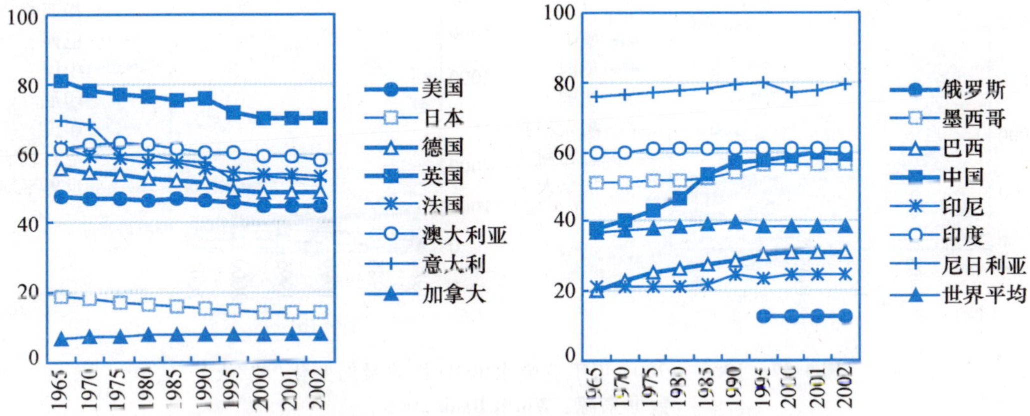

图 1-35 1965～2002 年农业用地比例的变化(农业用地占国土面积的比例,%)

注:农业用地包括可耕地、多年生作物用地和草地。

资料来源:World Bank 2005.

(2) 生态经济领域生态结构的长期趋势

上升变量:有机农业比例提高等。

下降变量:农业用水比重、物质经济比例(图 1-36)等。

转折变量:工业废水 BOD 排放量(图 1-37)等。

混合变量:耕地使用强度(图 1-38)、环保投入、资源消耗比例(图 1-39)、环境损失比例(图 1-40)、海洋渔业比例、水产养殖比例等。

饱和变量:略。

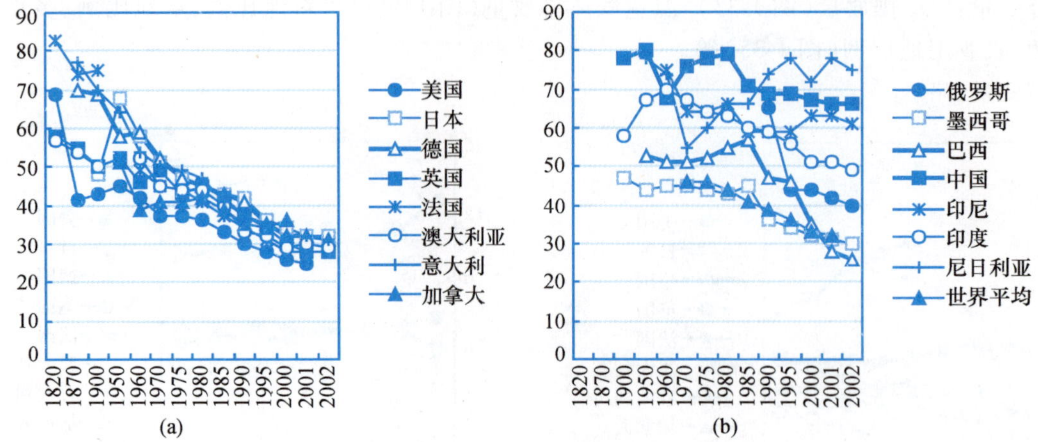

图 1-36　1820～2002 年物质经济比例的变化趋势

注:物质经济指工农业总和。

资料来源:库兹涅茨 1999,米切尔 2002, World Bank 2005.

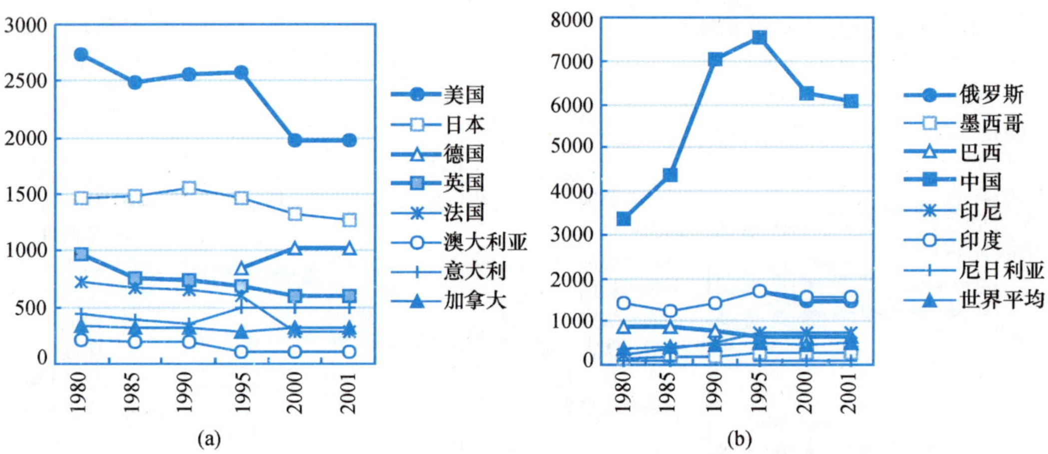

图 1-37　1980～2001 年工业废水 BOD 排放量的变化(吨/天)

数据来源: World Bank 2005.

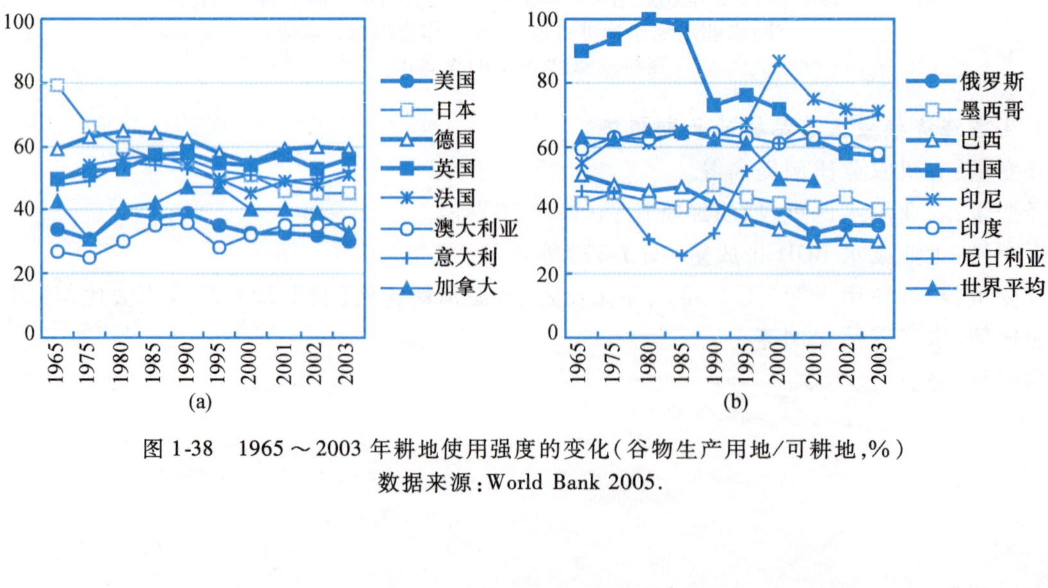

图 1-38　1965～2003 年耕地使用强度的变化(谷物生产用地/可耕地,%)

数据来源:World Bank 2005.

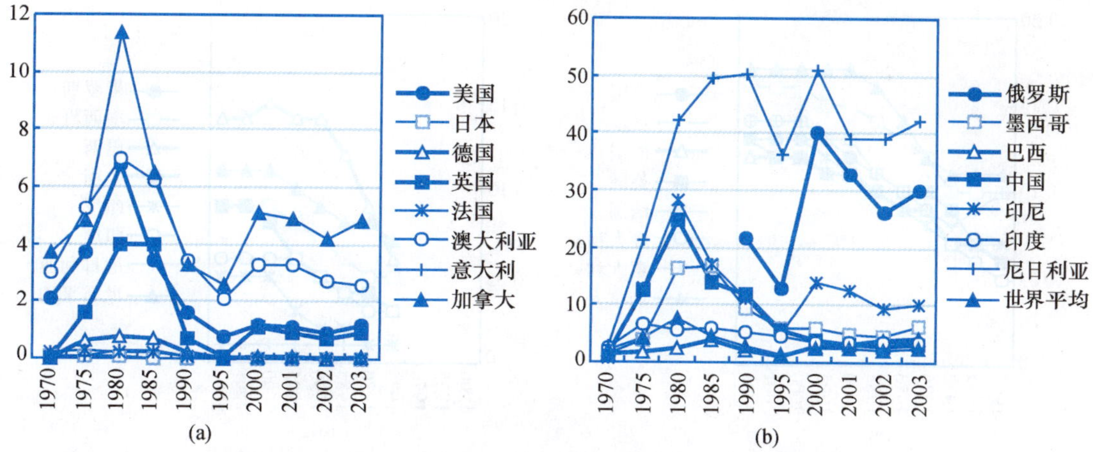

图 1-39　1970～2003 年资源消耗比例的变化(资源消耗/GNI,%)
资料来源:World Bank 2005.

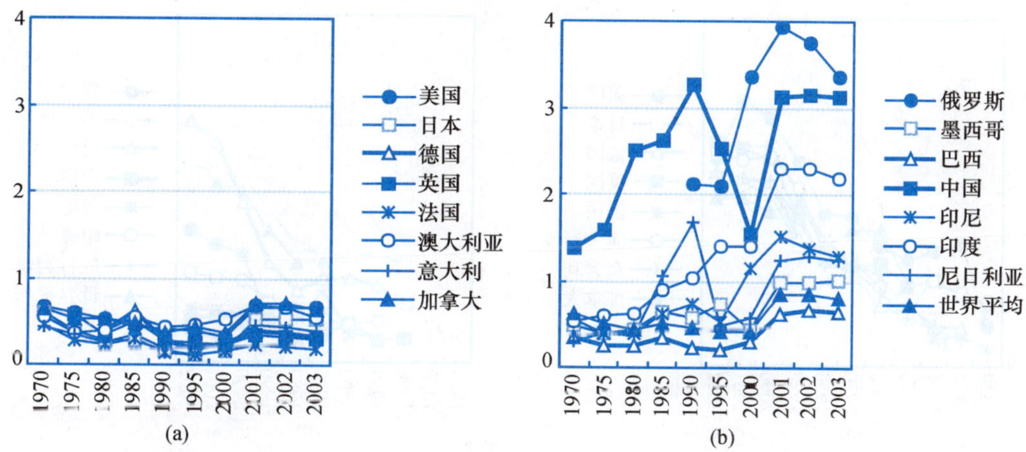

图 1-40　1970～2003 年环境损失比例的变化(环境损失/GNI,%)
资料来源:World Bank 2005.

(3) 生态社会领域生态结构的长期趋势

上升变量:城市安全饮水和卫生设施比例、农村安全饮水和卫生设施比例、城市废水处理率、电力消费比例(图 1-41)、长寿人口比例、服务收入比(图 1-42)等。

下降变量:物质劳动力比例(图 1-43)、农村人口比例等。

转折变量:可再生能源比例等。

混合变量:能源进口比例、粮食安全、能源安全、环境安全等。

饱和变量:20 世纪发达国家的一些生态变量的数值已经饱和,如城市安全饮水和卫生设施比例、城市废水处理率等,它们的数值已经达到或接近极限值(100%)。

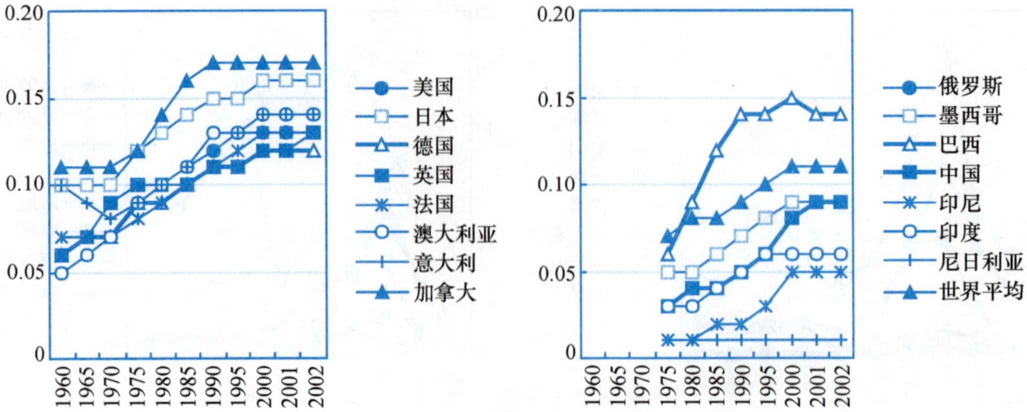

(a) (b)

图 1-41 1960～2002 年电力消费比例的变化(人均电力消费/人均能源消费,%)
换算系数:1 千瓦时 = 3600 kJ,1 千克油 = 41868 kJ,1 千瓦时 = 0.086 千克油。
资料来源:World Bank 2005.

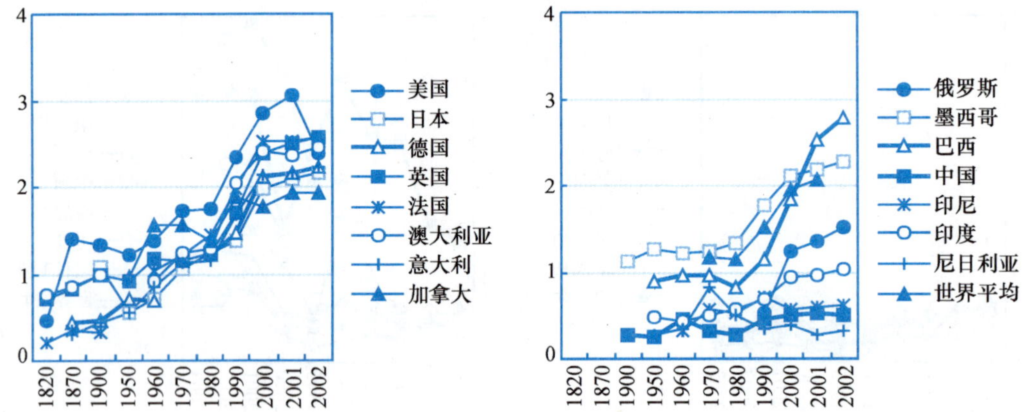

(a) (b)

图 1-42 1820～2002 年服务收入比的变化(服务业增加值/工农业增加值)
资料来源:库兹涅茨 1999,米切尔 2002, World Bank 2005.

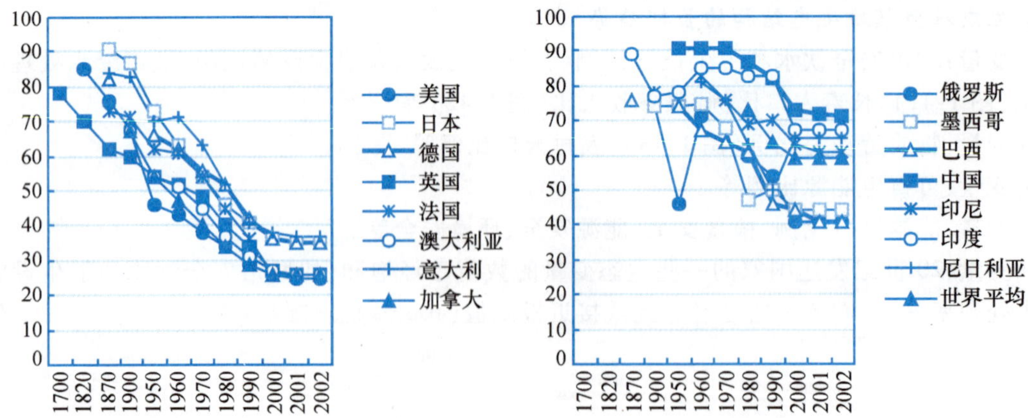

(a) (b)

图 1-43 1700～2002 年物质劳动力比例的变化(物质劳动力/总劳动力,%)
注:物质劳动力为工农业劳动力之和。
资料来源:库兹涅茨 1999,米切尔 2002, World Bank 2005.

4．生态结构变迁的世界前沿和国际差距

在过去的300年里，生态结构的变迁是不同步的，生态结构变化的世界前沿、国际差距和国际地位的变化存在很大的多样性。由于篇幅有限，我们不能对每一个指标的世界前沿和国际差距进行分析，只能以少数指标为代表。详细分析请参考本章第三节截面分析的结果。

（1）生态响应领域生态结构的国际差异

国家的自然环境是历史形成的，生态响应形成的生态结构变化，部分是人为的变化，部分是历史的延续。这里选用农业用地比例指标为代表，分析其变化（表1-23和表1-24）。

表1-23　1965～2002年农业用地比例的国际差异

	年	1965	1970	1975	1980	1985	1990	1995	2000	2001	2002
农业用地比例（%）	（最大值）	86	86	86	86	85	85	85	88	90	91
	（最小值）	6.3	6.4	6.8	7.0	7.1	7.2	7.4	7.3	7.3	7.3
	样本平均值	42	43	43	44	45	45	46	47	47	47
绝对差距	极差	80	80	79	79	78	78	77	81	82	84
	标准差	21	21	20	20	20	20	20	20	20	20
相对差距	相对差（倍）	13.7	13.4	12.7	12.4	12.0	11.8	11.5	12.2	12.3	12.5
	变异系数	0.49	0.48	0.47	0.47	0.46	0.45	0.43	0.43	0.43	0.43
	样本数（个）	102	102	102	102	103	103	124	124	124	124

表1-24　1965～2002年农业用地比例的国家分组及其转移概率（马尔可夫链分析）

1965年		2002年的分组和国家个数				37年转移概率（%）				
分组	国家个数	1	2	3	4	1	2	3	4	合计
1	25	17	8			68	32			100
2	25	6	12	7		24	48	28		100
3	25	1	4	17	3	4	16	68	12	100
4	27			3	24			11	89	100
样本数	102	24	24	27	27					

注：国家分组是根据国家数目的平均分组，第1组是农业用地比例最高组，第4组是最低组。

首先，农业用地比例的世界前沿。农业用地比例的变化决定于两个因素：历史形成的国土质量；土地利用的改变。第一个因素是一种“历史因素”，第二个因素是“人为因素”。农业用地比例的变化，难以判断什么是“世界前沿”，更多是国际差异。

其次，农业用地比例的国际差异。不同国家的国土结构是不同的，有些国家可耕地和草原面积比较大，有些国家森林和水体面积比较大。如果不考虑结构因素，只考虑比例变化，那么，世界不同国家的农业用地比例相差比较大，2002年最大相对差距约为12倍。农业用地比例最大的国家约为91％，最小的国家约为7％。

其三，农业用地比例的国家地位的转移。利用马尔可夫链原理分析国家地位的转移概率（表1-24）。在1965～2002年的37年里，32％的农业用地比例最大的国家降级，11％的农业用地比例最

小的国家升级。土地使用的改变是明显的。

(2) 生态经济领域生态结构变化的世界前沿与国际差距

生态经济领域的生态结构的时序变化的主要特点是:物质经济比例下降、有机农业比例上升等。这里选用物质经济比例指标为代表,分析其变化(表1-25和表1-26)。

表1-25 1900～2003年物质经济比例的世界前沿和国际差距

	年	1900	1950	1960	1970	1980	1990	2000	2001	2002	2003
世界前沿	(最小值)	43	36	22	31	28	24	25	25	23	22
世界末尾	(最大值)	78	89	93	81	79	95	80	83	80	84
	样本平均值	58	60	55	54	54	53	50	48	47	46
绝对差距	极差	36	53	71	50	51	71	55	58	56	62
	标准差	11	11	13	11	11	13	13	13	13	13
相对差距	相对差(倍)	2	2	4	3	3	4	3	3	3	4
	变异系数	0.19	0.18	0.23	0.20	0.20	0.23	0.26	0.27	0.28	0.28
	样本数	16	41	89	93	95	121	128	128	127	126

表1-26 1960～2002年物质经济比例的国家分组及其转移概率(马尔可夫链分析)

1960年		2002年的分组和国家个数				42年转移概率(%)				
分组	国家个数	1	2	3	4	1	2	3	4	合计
1	21	10	10	1		48	48	4		100
2	21	7	7	4	3	33	33	19	15	100
3	21	7	4	7	3	33	19	33	15	100
4	23			9	14			39	61	100
样本数	86	24	21	21	20					

注:国家分组是根据国家数目的平均分组,第1组是物质经济比例最低组,第4组是最高组。

首先,物质经济比例的世界前沿。在生态经济中,物质经济比例越低,经济水平越高。在过去103年里,物质经济比例从43%下降到22%。

其次,物质经济比例的国际差异。2003年,物质经济比例最大相对差距约为4倍;物质经济比例最低的国家约为22%,最高的国家约为84%。

其三,物质经济比例的国家地位的转移。利用马尔可夫链原理分析国家地位的转移概率(表1-26)。在1960～2002年的42年里,52%的物质经济比例最低组的国家降级,39%的物质经济比例最高组的国家升级。经济结构的变化是剧烈的。

(3) 生态社会领域的生态结构的世界前沿与国际差距

生态社会领域的生态结构的时序变化的特点是:安全饮水和卫生设施比例提高、长寿人口比例提高、服务收入比提高、现代可再生能源比例提高、物质劳动力比例下降等。这里选用长寿人口比例(65岁及以上人口比例)指标为代表,分析其变化(表1-27、表1-28)。

表 1-27 1900～2003 年长寿人口比例的世界前沿和国际差距

	年	1900	1950	1960	1970	1980	1990	2000	2001	2002	2003
世界前沿	(最大值)	9	12	12	14	16	18	18	18	19	19
世界末尾	(最小值)	2	3	2	2	1	1	2	2	2	2
	样本平均值	5	7	5	6	6	6	7	7	7	7
绝对差距	极差	7	9	10	12	15	17	17	17	17	17
	标准差	2	3	3	3	4	4	5	5	5	5
相对差距	相对差(倍)	5	5	6	8	13	15	12	11	11	10
	变异系数	0.46	0.44	0.54	0.61	0.67	0.68	0.68	0.69	0.69	0.69
	样本数	12	18	130	131	131	131	131	131	131	131

表 1-28 1960～2003 年长寿人口比例的国家分组及其转移概率(马尔可夫链分析)

1960 年		2003 年的分组和国家个数				43 年转移概率(%)				
分组	国家个数	1	2	3	4	1	2	3	4	合计
1	32	28	3		1	88	9		3	100
2	32	4	18	9	1	13	56	28	3	100
3	32		7	15	10		22	47	31	100
4	34			8	26			24	76	100
样本数	130	32	28	32	38					

注:国家分组是根据国家数目的平均分组,第 1 组是长寿人口比例最大组,第 4 组是最小组。

首先,长寿人口比例的世界前沿。在过去 103 年里,长寿人口比例从 9 %上升到 19 %。这从一个角度说明,在 20 世纪里,人类生活质量获得巨大进步。

其次,长寿人口比例的国际差异。2003 年,长寿人口比例最大相对差距约为 10 倍;长寿人口比例最大的国家约为 19 %,最小的国家约为 2 %。

其三,长寿人口比例的国家地位的转移。利用马尔可夫链原理分析国家地位的转移概率(表 1-28)。在 1960～2003 年的 43 年里,12 %的长寿人口比例最大的国家降级,24 %的长寿人口比例最小的国家升级。社会结构的变化同样是显著的。

三、生态制度和观念的时序分析

环境社会学家的生态现代化研究,生态制度和观念的变化是研究重点。在生态现代化过程中,生态效率和结构的变化,必然伴随生态制度和观念的变迁。有些时候,它们是基本同步的,但更多时候它们是不同步的。没有生态制度和观念的演变,就没有全面的生态现代化。

根据制度经济学家的观点(诺思 1999),制度是规范人类行为的规章、程序、伦理道德和习俗的集合。在本报告里,生态制度和观念,指现代化过程中与资源、环境和生态问题相关的各种制度和观念,包括法律、规定、文化规范、伦理道德和社会习俗等。生态制度和观念的变迁是非常复杂的,发生在不同层次和不同时空里;即使在同一个国家,不同领域和不同地区的生态制度与观念的变迁,也可以是不同步的。本章第一节关于文明时间的分析,为生态制度和观念的时序分析提供了一个合适的框架。

1. 生态制度的时序分析

在很大程度上,人类活动的实质是改变物质和信息。物质是自然环境的物理要素,信息是关于自然环境的信号和知识。随着知识的积累,人类逐步形成了与自然环境的一种互动关系,当这种关系成为人类知识的组成部分,并被有关成员所遵循和传递的时候,生态制度就诞生了。所以说,生态制度的演变,是人类文明进程的一个重要组成部分。但是,关于生态和环境制度演变的学术研究,仍然十分缺乏。目前,我们的认识还十分有限。下面根据十分有限的资料,简要介绍生态制度的历史沿革。

(1) 生态制度的历史演变

从人类诞生到20世纪末,人类文明先后出现了三种基本形态,它们是原始文化、农业文明和工业文明;目前,人类文明的发展前沿已经进入知识文明阶段。知识文明是一种新文明,它既包括文明的知识革命,也包括文明的生态转型,或者说生态文明的崛起。当然,这种新文明仍处在生长发育之中,它的美丽面纱要到21世纪末才能全部揭开。

很显然,在文明进程的不同阶段,人类的生产方式和生活模式是不同的,利用和消费的自然资源也不同,产生的生态和环境问题的性质、规模和后果也是不同的,关于生态和环境的知识和认识也不同,于是形成了不同的生态和环境制度(表1-29)。由于缺少系统的理论和历史研究,我们对不同文明阶段的生态和环境制度的认识还很不够。希望有更多的学者关注这个问题,寻求和揭示文明兴衰的生态原因和历史启示。

表1-29 人类文明史上生态制度的代表性特征(举例)

文明时间	原始文化时代	农业文明时代	工业文明时代	知识文明时代
历史时间	人类诞生至 公元前4000年	公元前4000年至 公元1763年	公元1763年至 1970年	1970年至 2100年
生产方式	集体狩猎采集	农业手工生产	工业化大生产	知识化和绿色化生产
生活模式	狩猎采集、迁徙	游牧、农耕定居	工业化城市生活、流动	全球化信息生活、流动
资源利用	野生动植物	土地、森林、水等	土地、矿产、生物资源等	自然资源、信息和知识等
资源消费	食物、木材、水等	粮食、木材、水等	能源、生物、工业原料等	自然资源、知识和信息等
生态问题	自然灾害	土地和森林退化	环境污染、资源退化等	全球变化、生态安全等
资源制度	自由获取	私有、国家所有	资源市场、公共物品	资源和环境的资产化
环境制度	略	水利制度等	城市和工业环境制度	国内和国际环境制度
生态制度	略	保护森林等	国家保护区和公园	保护区制度、国际公约
极端后果	原始部落的毁灭	古代文明的崩溃	局部重大伤亡和损失	全球性生态灾难

注:每个时代又分为四个阶段,每个阶段的特点也是不同的。本表内容是举例性的,而不是完备的分析。

(2) 现代生态制度的变迁

虽然环境问题是一个古老问题,但是,环境问题引起社会关注是工业革命期间的事情;环境问题引发全球关注是20世纪70年代。关于环境的法规和制度,可以追溯到工业革命时期。例如,工业革命的先行国家——英国,在19世纪初就开始环境立法(表1-30)。19世纪以来,生态和环境制度的变化,可以大致分为四个阶段(表1-31)。特别是在过去的20多年里,世界环境法律体系出现了两个趋势(艾伦比2005):第一是环境法规数量和国际环境协议也大量增加(图1-44、图1-45);第二是各种环保主义的"非政府组织(NGOs)"的成长,它们已成为国际环保的实际力量。发达国家的环境制度已经趋向成熟(表1-32)。

表 1-30　英国和美国的环境法规(空气和水污染防治)

年	英国环境立法	领域	年	美国环境立法	领域
1821	烟尘防止法	空气	1899	河流和港口法案	水
1853	伦敦法	空气	1937	洪水控制法案	水
1863	制碱业管理法	空气	1965	水资源计划法案	水
1866	环境卫生法	空气	1969	国家环境政策法案	
1875	公共健康法	空气	1972	水污染法案	水
1876	河流污染防止法	水	1972	公园和水道安全法案	水
1906	制碱业等工业管制法	空气	1974	饮水安全法案	水
1926	公共健康-烟尘污染防止法	空气	1977	清洁空气法案修正案	空气
1936	公共健康法(修订)	空气	1977	清洁水法案	水
1951	河流污染防止法(修订)	水	1978	土壤和水资源保护法案	水
1956	清洁大气法	空气	1986	饮水安全法案修正案	水
1974	污染防止法	水	1990	清洁空气法案修正案	空气

资料来源:饭岛伸子 1999,艾伦比 2005.

表 1-31　OECD 国家的环境政策的演变

阶　段	时　期	主 要 特 点
先行者探索	1800～1970	OECD 成立前,先行国家(如英国和美国)的环境立法和环境改革
命令与控制	1970～	针对环境问题立法,要求企业清除污染、强制义务、环境监管等
市场调节	1980～	采用市场手段,预测和治理、税收和收费、交易许可、价格政策等
综合管理	1990～	战略性规划、监管和经济手段、自愿协议、消费取向、环境评价等

参考资料:饭岛伸子 1999,格雷德尔,艾伦比 2003.

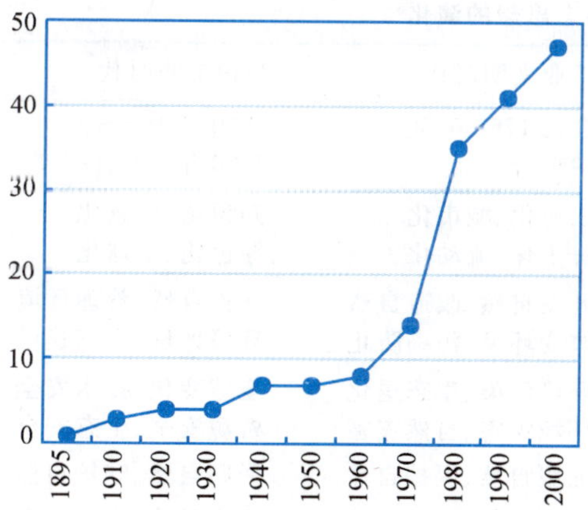

图 1-44　美国环境法案的数量
注:根据原表计算数量。
资料来源:艾伦比 2005.

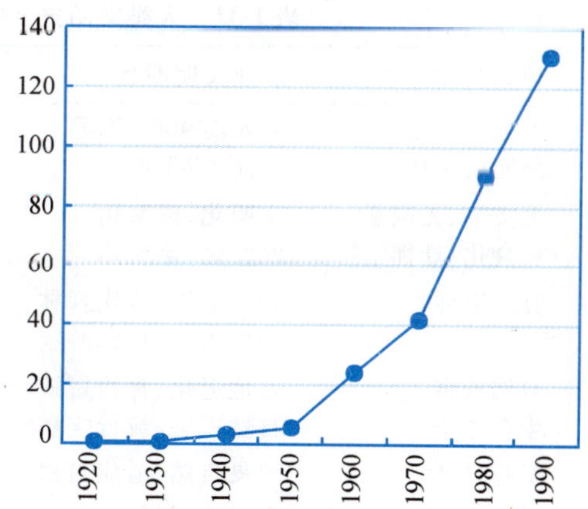

图 1-45　国际环境协议的数量
注:根据原图计算数量。
来源:Choucri and Accord 1993. 转引自:艾伦比 2005.

表 1-32　OECD 国家的环境政策工具

分　　类	制　度　和　政　策　工　具
指令和控制	许可证、环境质量标准、排放标准、过程标准、生产标准、限制预告、禁止等
经济手段	罚款、生态税、可出售的排放许可、可出售的配额、环境补贴、存放—归还系统、绩效契约、非服从收费、资源定价、环境核算、生态审计等
责任和损害赔偿	严格的责任规定、赔偿基金、强制的污染保险、扩展的生产者责任等
教育和信息	公众教育、技术信息扩散、非服从的认可、生态标识、奖励等
自愿行动	单方承诺、公众志愿计划、环境研究与发展、生命周期分析等
管理和规划	谈判协议、环境管理系统、区域开发规划、土地利用规划、环境影响评价等

资料来源：OECD 2001a，格雷德尔，艾伦比 2003.

2. 生态观念的时序分析

生态观念的变化体现在三个层面，其一是学术思想层面——生态思想的变迁；其二是社会规范层面——生态伦理的变化；其三是国家政策层面——生态制度的变化。上面已经讨论了生态制度，生态和环境伦理需专门研究（贾丁斯 2002），下面讨论生态思想的演变。

（1）生态思想的历史演变

生态思想的历史演变，可以大致分为两个层次来表述。第一是生态学理论的形成和发展，第二是社会生态意识的变化。前者是一门学科的演变，后者更多是生态哲学的变迁。

生态学理论的形成和发展是一个漫长历史过程，大致可以分为四个时期（张金屯主编 2002）：生态学的知识积累时期（17 世纪以前）、生态学理论建立时期（17～19 世纪）、生态学理论大发展时期（20 世纪 50 年代前）和现代生态学理论时期（20 世纪 60 年代以来）。

生态意识的变迁，与人类文明进程和生产活动紧密相关（表 1-33），需要分时期的表述。

表 1-33　人类文明史上的生态思想的演化

文明时代	原始文化时代	农业文明时代	工业文明时代	知识文明时代
历史时间	人类诞生至 公元前 4000 年	公元前 4000 年至 公元 1763 年	公元 1763 年至 1970 年	1970 年至 2100 年
文明进步	无文字、无国家 社会化、迁徙	文明化、国家化 农业化、定居化	工业化、城市化 民主化、流动化	知识化、信息化 绿色化、全球化
生态活动	自然崇拜	开发土地、砍伐森林 兴修水利、草原游牧	开发自然、改造自然 改变环境、污染防止	守护自然、管理环境 环境评价、生态建设
生态问题	自然灾害 生存竞争	土地退化、食物短缺 自然灾害、流行疾病	环境污染、生态退化 环境灾害、自然灾害	全球变化、技术安全 资源安全、生态安全
生态意识	崇拜自然	敬畏自然、适应自然	征服自然、保护自然	回归自然、守护自然
生态理论	无	自然论、气候论 天人合一等	生态学、环境社会学等	生态经济、生态社会 生态现代化等
生态特征	原始自然	农田化、森林减少 局部土地退化	环境污染、森林减少 局部资源和环境退化	生态运动、绿色化 生态化、互利共生

在原始文化时代，野生动植物和气候，是人类生存的物质基础。人类需要与其他动物竞争，同时对大自然的认识非常有限。自然崇拜，就成为原始部落的基本观念。

在农业文明时代，人类活动依赖于土地和气候。原始农业，基本是一种自然农业，部分地区是灌溉农业。农业产量，很大程度上决定于土壤条件和天气，基本上是“靠天吃饭”。自然灾害和传染疾病的流行,进一步加深了人们对大自然的敬畏。除了伐木开荒、修建水利和防洪设施外,人类的基本观念是顺应自然,做到“天人合一”。造福成都平原的“都江堰”工程,修建于公元前250年(约2250年前),可谓农业文明时代的一个伟大的生态工程。

在工业文明时代,人类的科学技术得到大发展,自然的神秘面纱逐步被揭开,生产活动需要自然资源,但又不依赖于生活所在地的自然资源。在经济利益的驱使下,人们肆意开发自然资源,随意排放工业垃圾,大规模改造自然结构。在人类文明的历史长河里,似乎一夜之间,人类从大自然的子民,变成大自然的主人。向大自然殖民,向大自然索取;征服自然、改造自然、人定胜天、天随人愿等观念,成为流行观念。尽管在物质利益至上的工业文明时代,也有一些具有远见的思想家,在思考人类与自然的关系。例如,《塞尔波恩的自然史》(怀特 1789)、《瓦尔登湖》(梭罗 1854)、《人和自然》(Marsh 1864)和《人与地球》(Shaler 1910)等。这些思想观念,或者成为人类生态学的养分,或者成为生态运动的思想源泉。

在知识文明时代,人类开始全面反省人与自然的关系。20世纪70年代以来,环境污染、资源短缺、生态退化等生态问题,先后进入人们的视线,引起国际社会的关注。越来越多的人认识到,如果地球变成不适合人类居住的星球,那么,人类将成为宇宙的流浪者。如果在地球生态毁灭前没有掌握移民宇宙的技术,那么,人类将彻底毁灭。于是,环保主义、生态主义、自然主义、反工业化、反生产力等带有浓厚生态意识的思潮,开始在社会上流行。新的生态观念大量涌现,例如,环境社会学、环境经济学、生态社会学、生态经济学、工业生态学、代谢理论、生物多样性、动物权利、稳态经济、可持续发展、风险社会、反思现代性、生态现代化和第二次现代化理论等;在未来,新的观念还会不断产生。人类与自然和谐共处、协同进化,回归自然、守护自然、互利共生等生态意识,逐步赢得大众的支持。

(2) 现代生态观念的变迁

在过去的100年里,环境和生态意识、环境和生态改革、生态重建和生态转型,逐步成为世界潮流(表1-34)。但是,现代环境和生态观念的崛起,是20世纪70年代以来的现象。从污染治理、环境保护到生态转型,无疑代表了现代生态观念变化的主方向。

表1-34 环境意识和环境改革的三次浪潮

	第一次浪潮	第二次浪潮	第三次浪潮
开始时间	1900年	1970年	20世纪80年代后期
核心意识	自然保护	增长极限	全球变化
关注焦点	自然和濒危物种保护	增长和开采的最小化	可持续发展
地理范围	工业化国家	工业化国家	全世界
主要结果	保护区和濒危物种保护	国家环保署、环境立法、环保NGOs	关于生产和消费的现代制度的生态改革
关于环境的主要社会理论	—	非工业化、新马克思主义	生态现代化

资料来源:Mol 2001.

3. 简短的小结

现代化过程的生态响应和生态转型,大约有300年历史。但是,全球的环境管理和生态转型,是20世纪70年代以来的世界现象。在这个过程中,不同国家的认识不同,行为不同,结果也不同。国家模式的生态转型、人类社会的生态公平,将是无法回避的两大挑战。

第三节 生态现代化的截面分析

生态现代化的截面分析，是对生态现代化的历史过程的关键时期的截面数据和资料进行分析，试图去发现和归纳生态现代化的客观事实和基本规律。截面分析的结果应该与时序分析结果进行交叉检验和对照，以确认结果的真实性。在本期报告里，我们选择人口超过100万和统计数据相对完整的国家作为分析样本；分析变量按两个维度设计：分层次维度，包括生态效率、生态结构、生态制度和生态观念等4个层次；分领域维度：包括生态效应、生态经济和生态社会等3大领域；分析内容包括基本特征、世界前沿和国际差距等，时间跨度为300年（1700～2001年）。需要特别注意的是，生态现代化是20世纪70年代开始的（Young 2000），关于18～19世纪和20世纪前60年的截面分析，旨在加深对生态现代化历史过程的认识；而且，具有18～19世纪生态相关数据的国家比较少。

一般而言，生态效率和结构的截面分析多为定量分析，生态制度和观念的截面分析多为定性分析。所以，需要对它们分别进行。前两年的中国现代化报告关于经济和社会截面分析，选择了8个历史截面（1700、1750、1820、1870、1900、1960、1980和2001年），并以2001年截面为重点。为便于比较，本报告同样选择这8个历史截面，进行生态现代化的截面分析。本节第一和第二部分专门分析生态效率和结构的截面特征；第三部分集中分析生态制度和观念的截面特征。本章第一节介绍了截面分析的方法，下面讨论截面分析的主要结果。

一、生态现代化的2001年截面

2001年截面分析，重点分析生态响应、生态经济和生态社会等3个领域的生态效率和生态结构的基本特征、世界前沿和国际差距；包括12组100个变量。

概括起来说，生态变量与人均国民收入的特征关系有三种类型：

第一种类型：正相关性。有些生态变量的数值的变化，与人均国民收入的变化是同方向运行的，它们的数值随着人均国民收入的提高而增大。而且，不同变量与人均国民收入的相关程度不一样，分为正相关、显著正相关和非常显著正相关三个等级。

第二种类型：负相关性。有些生态变量的数值的变化，与人均国民收入的变化是反方向运行的，它们的数值随着人均国民收入的提高而减少。而且，不同变量与人均国民收入的相关程度不一样，同样分为负相关、显著负相关和非常显著负相关三个等级。

第三种类型：没有显著关系。有些生态变量的数值的变化，与人均国民收入的变化没有显著关系，它们与人均国民收入的相关性不显著。不同变量与人均国民收入的相关程度不同；有些与人均国民收入部分相关，但没达到显著程度；有些与人均国民收入完全没有关系。

第一种和第二种类型的生态变量，分别是上升变量和下降变量，它们的数值可能会波动，但变化的长期趋势是清楚的。它们的数值变化，反映了生态现代化的某些特征；这些变量可以作为生态现代化的评价指标和政策参考指标。第三种类型的生态变量，有些是地域变量、转折变量、波动变量或随机变量，有些是世界趋势尚不明朗的变量。

根据人均国民收入（人均GNI）大小，我们把第1、2、3组国家统称为低收入国家（人均GNI低于1000美元），第4、5、6组国家统称为中收入国家（人均GNI为1000～10000美元），第7、8、9组国家统称为高收入国家（人均GNI高于10000美元）。

1. 生态响应领域的2001年截面特征

生态响应指资源、环境和生态系统对现代化的反应。生态响应领域包括自然资源、自然环境和生态系统等 3 个小领域。虽然这种划分会有一些交叉,但为刻画生态响应的变化提供了一个工作框架。我们选择 29 个变量进行比较。不同变量的"变化过程"以及与人均国民收入的特征关系是不同的(表 1-35 和表 1-36);许多指标的变化是波动的,而不是平滑的。

表 1-35 2001 年生态响应领域生态变量与人均国民收入的特征关系

国家分组	1	2	3	4	5	6	7	8	9	相关系数	显著性
人均 GNI	216	416	706	1742	3867	7310	15524	23545	34890		
(1) 自然资源											
人均国土面积	4.0	8.2	3.6	4.5	4.2	3.8	6.4	4.1	2.3	-0.391	
人均保护区面积	3.2	7.6	2.3	16.3	7.9	6.5	9.3	4.5	3.4	-0.271	
人均可耕地面积	0.24	0.24	0.21	0.31	0.32	0.31	0.50	0.33	0.27	0.289	
人均草地面积	0.9	4.7	1.1	1.8	1.4	2.4	3.1	0.3	0.2	-0.454	
人均森林面积	9	11	15	9	14	4	14	15	6	-0.101	
人均淡水资源	8385	6657	19524	9238	16858	5886	15154	15736	20658	0.559	
人均能源生产	432	625	1830	1502	1674	4685	8552	3093	12747	0.852	***
人均矿产生产	0.25	6.93	1.85	7.39	17.64	1.55	39.91	5.89	1.06	0.067	
(2) 自然环境											
人均温室气体排放	1.5	2.6	4.0	4.9	6.9	10.2	15.7	13.3	13.1	0.818	***
人均 CO_2 排放量	0.2	0.8	2.2	3.3	4.6	8.0	10.8	9.7	10.8	0.857	***
人均 SO_x 排放量	—	—	—	—	35	25	45	20	14	-0.614	
人均 NO_x 排放量	—	—	—	—	20	32	42	33	36	0.555	
人均 VOC 排放量	—	—	—	—	3.2	3.1	25.6	27.0	39.4	0.956	
人均颗粒物排放量	—	—	—	—	2.0	4.5	0.6	6.1	7.1	0.697	
空气颗粒物浓度	67.2	74.7	72.7	53.3	32.2	65.0	46.7	26.1	25.8	-0.777	**
人均工业废水	0.5	0.5	1.5	1.7	2.9	3.2	3.3	3.7	3.6	0.770	**
水源工业污染率	0.1	0.5	0.9	1.7	1.2	0.7	3.0	1.2	0.5	0.123	
农业用地比例	45	50	46	49	40	55	48	40	40	-0.489	
(3) 生态系统											
人口密度	76	150	76	84	83	115	115	160	141	0.639	*
人均生态压力	0.9	0.9	1.4	2.0	3.1	3.5	5.9	5.7	6.3	0.914	***
国家保护区比例	19	16	8	10	24	21	9	11	13	-0.252	
水资源利用比例	5	49	47	32	13	16	36	17	12	-0.351	
可耕地面积比例	15	20	13	16	19	14	16	17	20	0.425	
草地面积比例	27	28	29	28	18	40	26	20	13	-0.622	*
森林覆盖率	23	22	32	23	37	29	23	31	32	0.336	
森林变化率	-3.1	-2.7	-3.4	-1.4	-2.4	-0.4	1.8	0.6	0.6	0.875	***
受威胁动物比例	11	11	14	13	11	13	18	14	13	0.386	
受威胁鸟类比例	5.5	7.8	6.0	6.8	5.6	8.7	6.4	1.8	5.9	-0.433	
受威胁植物比例	0.7	0.6	1.4	0.6	0.6	0.1	0.1	0.4	0.1	-0.627	*

注:指标解释和单位见表 1-10。人均空气污染指标(人均 SO_x 排放量、人均 NO_x 排放量、人均 VOC 排放量、人均颗粒物排放量)的数据是 OECD 国家的数据。由于国家样本比较少,数据分析仅供参考。颗粒物浓度为可吸入颗粒物(PM10)浓度的全国平均值,单位为微克/立方米。森林变化率为 1990～2000 年期间森林覆盖率的变化率(%),正数表示森林覆盖率增加,负数表示森林覆盖率减少(即砍伐率)。* 表示与人均国民收入相关,** 表示显著相关,*** 表现非常显著相关。

表 1-36　2001 年生态响应领域生态变量与人均国民收入的特征关系的分类

	正相关的变量	负相关的变量	相关性不显著的变量
自然资源（图 1-46）	人均能源生产		人均国土面积、人均保护区面积 人均可耕地面积、人均草地面积 人均森林面积、人均淡水资源 人均矿产生产
自然环境（图 1-47）	人均温室气体排放 人均 CO_2 排放、人均工业有机废水	空气颗粒物浓度	农业用地比例 水源工业污染率
生态系统（图 1-48）	人口密度 人均生态压力	草地面积比例 森林变化率 受威胁植物比例	国家保护区比例、淡水利用比例 可耕地比例、森林覆盖率 受威胁动物比例、受威胁鸟类比例

注：指标解释和单位见表 1-10。

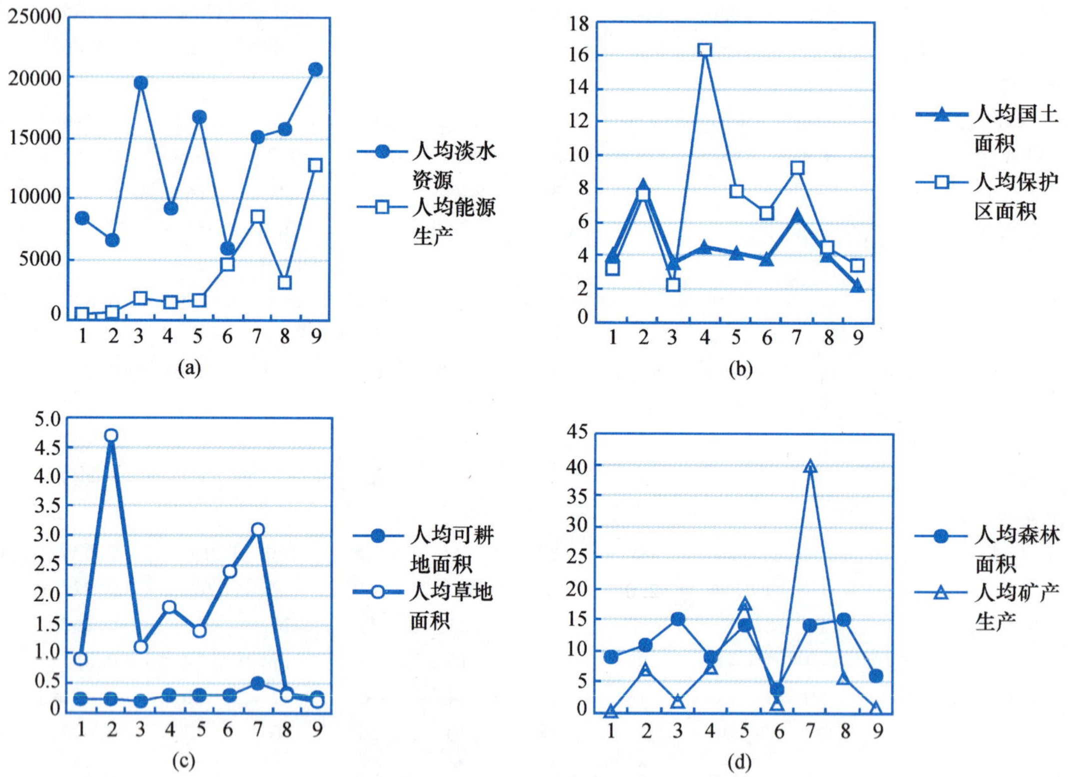

图 1-46　自然资源与人均国民收入的关系
注释：横轴为人均国民收入 9 个分组。

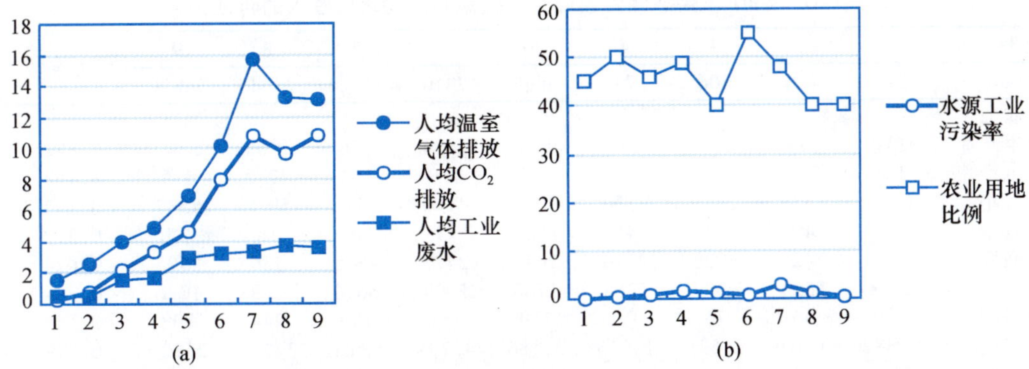

图 1-47　自然环境与人均国民收入的关系

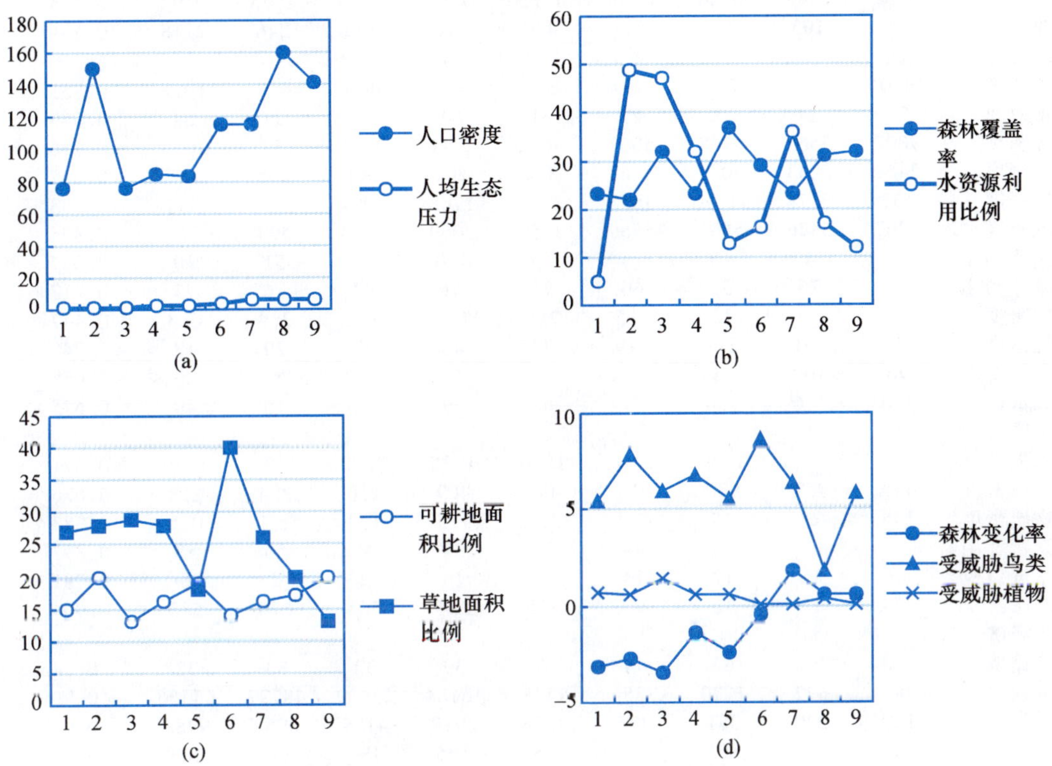

图 1-48　生态系统与人均国民收入的关系

注：森林变化率为 1990～2000 年覆盖率的变化率，正数：覆盖率增加，负数：覆盖率减少（砍伐率）。

2．生态经济领域的 2001 年截面特征

生态经济指现代化过程中的经济领域的生态转型。生态经济领域可以大致分为生态农业、生态工业、绿色服务和绿色经济等 4 个分领域。我们选择了 47 个变量，分析它们的"变化过程"及其与人均国民收入的特征关系（表 1-37、表 1-38）。

表 1-37　2001 年生态经济领域生态变量与人均国民收入的特征关系

分组	1	2	3	4	5	6	7	8	9	相关系数	显著性
人均 GNI	216	416	706	1742	3867	7310	15524	23545	34890		
(4) 生态农业											
农业土地生产率	139	278	298	515	704	1694	736	1459	3440	0.882	***
农业淡水生产率	3.8	0.9	1.5	1.0	7.2	7.9	1.6	47.2	5.9	0.465	
谷物生产效率	1327	1634	2422	2330	3095	4140	3442	5927	5587	0.892	***
化肥使用效率	335	49	38	41	12	17	8	14	15	-0.372	
农业用水强度	1583	2424	4022	2710	1673	2477	4546	536	2795	-0.074	
谷物生产水耗	2028	2354	4387	2868	1768	2099	6656	258	1026	-0.281	
化肥使用强度	7	56	76	93	179	181	199	244	198	0.744	**
农药使用强度	0.382	0.376	2.535	1.915	3.186	4.794	6.656	3.278	2.329	0.329	
耕地使用强度	56	56	41	46	38	44	32	46	45	-0.243	
有机农业比例	0.34	0.09	0.35	0.27	1.23	2.16	2.40	4.04	4.02	0.946	***
人均原木产量	0.84	0.48	0.40	0.38	1.65	0.60	1.06	2.73	0.96	0.494	
人均渔业产量	66	105	92	339	476	176	322	246	2118	0.784	***
(5) 生态工业											
工业能源效率	4.0	3.1	2.8	3.9	3.4	4.4	4.8	6.9	10.8	0.955	***
工业淡水效率	27	24	18	27	51	64	43	27	64	0.519	
工业能源密度	9007	5565	8748	5067	3642	2711	2311	1872	1023	-0.776	***
工业用水密度	2464	5233	4081	2468	874	264	341	566	355	-0.647	*
工业钢铁密度	137	5178	11116	3653	2735	1768	1004	1334	554	-0.483	
工业水泥密度	5767	5476	5801	5569	3552	2059	2604	594	519	-0.894	***
工业铜循环利用		4	16	15		100	59	51	10	0.057	
工业铅循环利用		76	55	60	95	41	94	76	73	0.217	
工业废物密度			15	1.5	2.6	1.3	1.1	2.4	0.8	-0.447	
工业废气密度	119	101	211	119	77	48	52	29	18	-0.743	**
工业废水密度	90	109	51	29	25	12	9	6	5	-0.658	**
工业有机水污染	180	116	100	77	68	79	105	16	40	-0.675	**
(6) 绿色服务											
环保投入强度			1.39	1.10	1.40	1.35	0.80	1.35	1.40	0.071	
服务业能源密度	459	457	930	451	488	409	216	254	218	-0.676	**
服务业物质密度	145	23	15	4.6	5.9	1.5	1.3	2.1	0.5	-0.383	
服务业废物利用				44	39	37	45	56	58	0.897	***
初级产品进口税	17	16	12	14	10	10	2	2	6	-0.781	***
绿色生态旅游	7	11	16	90	235	224	564	670	583	0.904	***
(7) 绿色经济											
物质经济比例	61	50	57	44	37	39	32	33	32	-0.745	**
物质经济效率	387	672	1220	3356	7111	15184	25649	48797	65556	0.996	***
人均物质产值	130	229	381	735	1378	2919	4188	6952	9983	0.997	***
土地资源生产率	2	6	6	16	35	104	180	373	463	0.991	***
淡水生产率	5	4	6	6	18	14	32	66	73	0.978	***
矿产资源生产率		6865	3510	3253	6078	5300	6599	10172	27440	0.876	***
经济物质生产率							0.8	0.9	1.5	0.945	
人均物质投入							19	30	25	0.441	
经济物质密度							14	12	8	-0.978	
经济资源密度		13.3	5.2	4.3	7.0	5.0	3.7	3.7	1.5	-0.651	**
经济能源密度	2.0	1.0	1.5	0.7	0.5	0.4	0.3	0.2	0.1	-0.690	**
经济技术密度	0.8	5.8	5.5	2.3	1.1	3.6	1.1	1.9	3.5	-0.134	
经济废气密度	0.8	1.8	3.4	2.0	1.2	1.0	0.7	0.4	0.3	-0.660	**
铝循环利用率			52	4	27	64	72	56	46	0.355	
锌循环利用率		12			4	36	28		21	0.285	
资源消耗比例	4.4	7.6	23.2	8.1	3.1	8.6	6.3	0.8	1.7	-0.514	
环境损失比例	0.8	1.5	3.1	1.8	1.2	1.5	0.9	0.5	0.4	-0.649	*

注：指标解释和单位见表 1-10。经济物质生产率、人均物质投入和经济物质密度的数据，是欧盟 15 国、美国和日本的数据。* 表示与人均国民收入相关，** 表示显著相关，*** 表现非常显著相关。

表 1-38　2001 年生态经济领域生态变量与人均国民收入的特征关系的分类

	正相关的变量	负相关的变量	相关性不显著的变量
生态农业 (图 1-49)	农业土地生产率、谷物 生产效率 化肥使用强度、有机农业 比例人均渔业产量		农业淡水生产率、农业用水强度 谷物生产水耗、化肥使用效率 农药使用强度、耕地使用强度 人均原木产量
生态工业 (图 1-50)	工业能源效率	工业能源密度 工业用水密度 工业水泥密度 工业废气密度 工业废水密度 工业有机水污染	工业淡水效率 工业钢铁密度 工业铅循环利用 工业铜循环利用
绿色服务 (图 1-51)	服务业废物利用 绿色生态旅游	服务业能源密度 初级产品进口税	环保投入强度 服务业物质密度
绿色经济 (图 1-52)	物质经济效率 人均物质产值 土地资源生产率 淡水生产率 矿产资源生产率	物质经济比例 经济资源密度 经济能源密度 经济废气密度 环境损失比例	经济技术密度 资源消耗比例

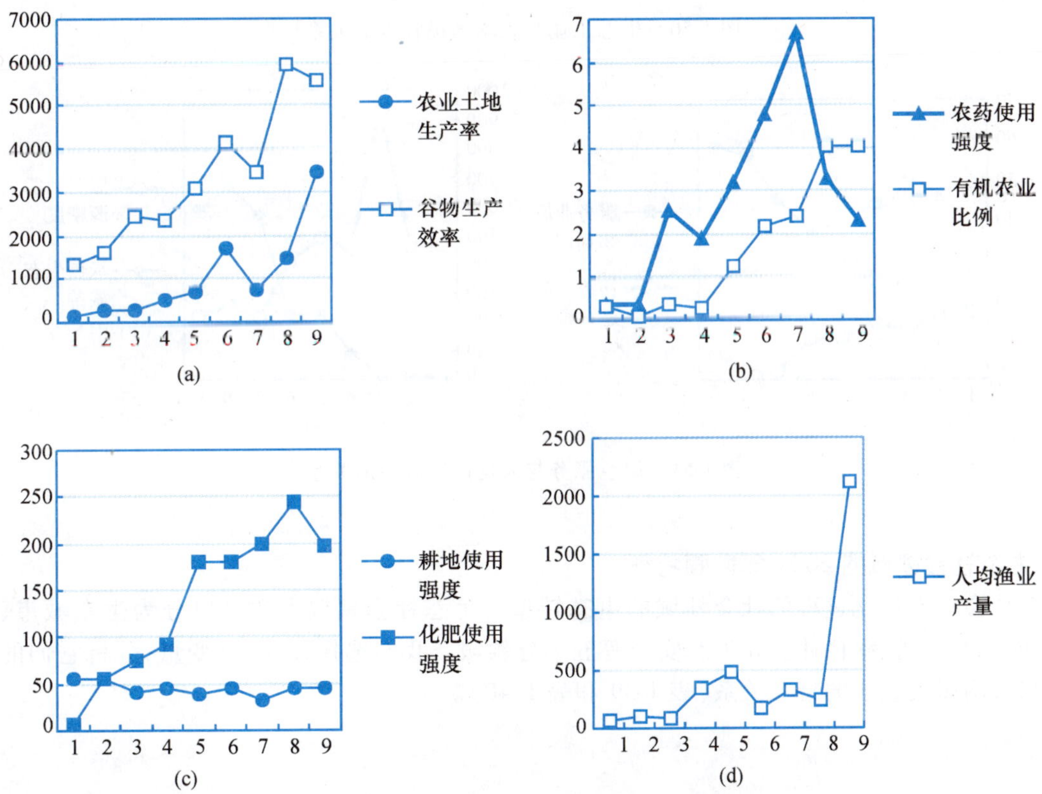

图 1-49　生态农业与人均国民收入的关系

注释：横轴坐标为人均国民收入的 9 个分组，后同。

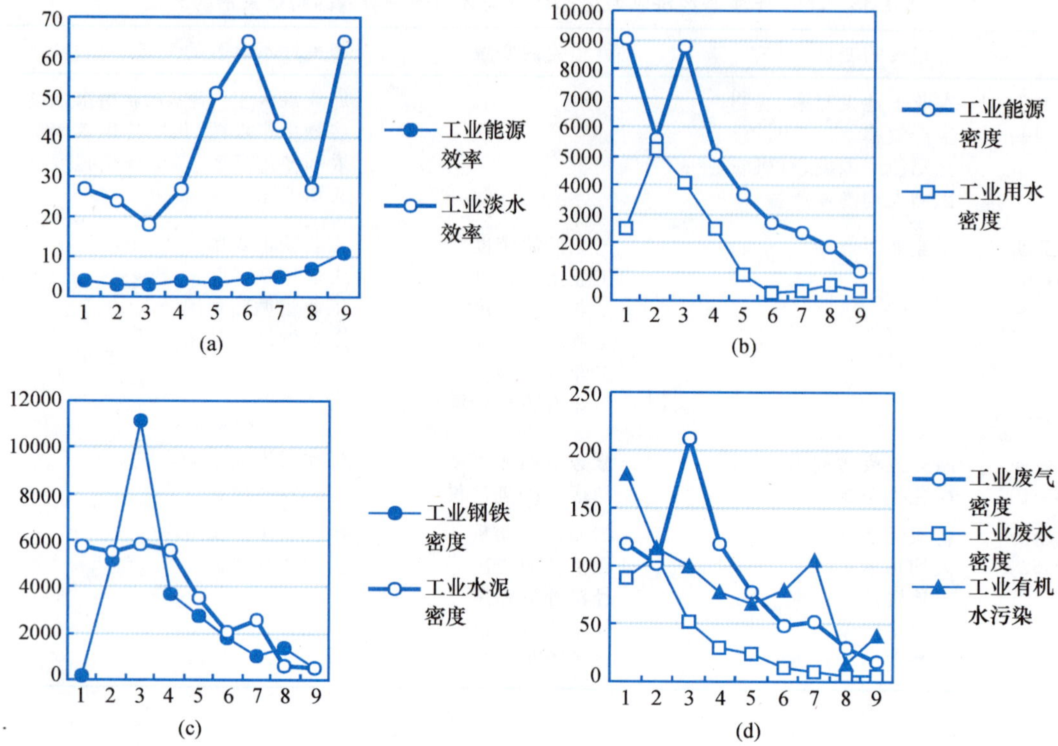

图 1-50　生态工业与人均国民收入的关系

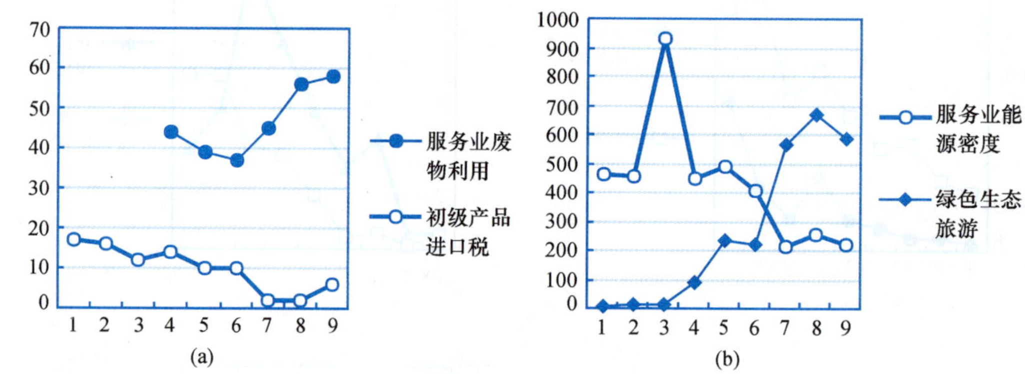

图 1-51　绿色服务与人均国民收入的关系

3. 生态社会领域的 2001 年截面特征

生态社会指现代化过程的社会领域的生态转型。生态社会领域大致可以分为生态城市、生态农村、绿色能源和交通、绿色社会和生态安全等五个分领域。我们选择了 38 个变量，分析它们的变化过程及其与人均国民收入的特征关系（表 1-39 和表 1-40）。

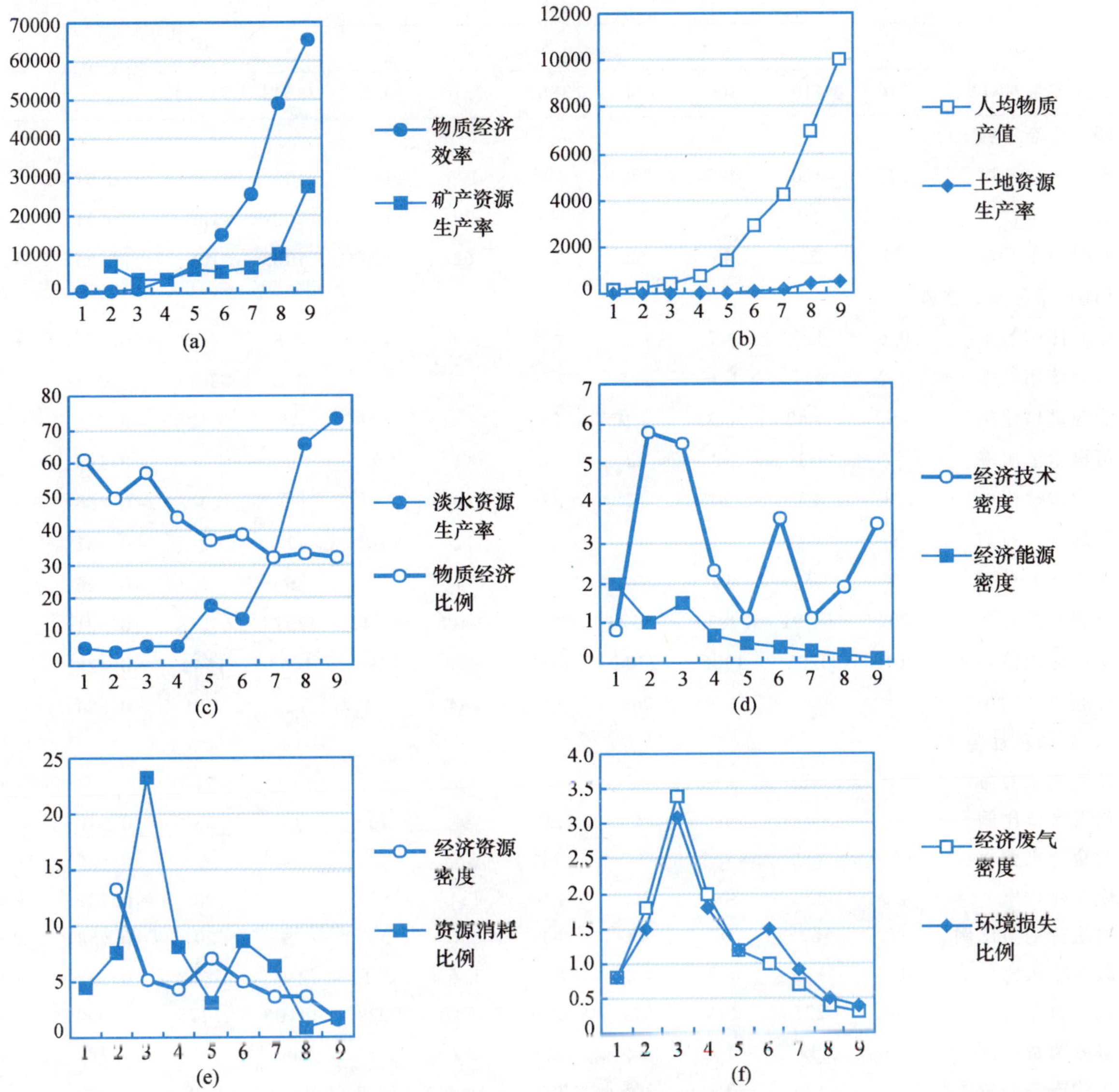

图 1-52　绿色经济与人均国民收入的关系

表 1-39　2001 年生态社会领域生态变量与人均国民收入的特征关系

分组	1	2	3	4	5	6	7	8	9	相关系数	显著性
人均 GNI	216	416	706	1742	3867	7310	15524	23545	34890		
(8) 生态城市											
城市安全饮水	81	86	92	96	98	97	100	100	100	0.648	*
城市卫生设施	53	67	73	87	88	95	100	100	100	0.718	**
城市废水处理率	16	32	44	47	77	69	85	94	94	0.814	***
城市废物处理率			51	65	89	89	87	72	98	0.557	
人均城市废物				392	341	362	518	580	616	0.941	***
城市颗粒物	31	64	85	62	31	48	30	27	27	-0.602	*
城市 SO_2 排放		33	52	63	39	44	21	15	14	-0.821	***
城市 NO_2 排放		39	87	62	59	80	89	44	57	-0.177	

（续表）

分组	1	2	3	4	5	6	7	8	9	相关系数	显著性
人均 GNI	216	416	706	1742	3867	7310	15524	23545	34890		
(9) 生态农村											
农村人口密度	392	426	495	270	194	196	189	105	275	-0.521	
农村安全饮水	48	59	64	77	84	79	100	100	100	0.814	***
农村卫生设施	25	29	45	58	69	62	100	100	100	0.855	***
(10) 绿色能源交通											
能源使用效率	0.6	1.2	1.2	1.9	2.4	3.4	4.1	4.8	7.2	0.971	***
电力使用效率	4.2	4.7	1.6	1.4	1.5	1.9	2.2	2.8	3.1	0.043	
能源进口比例	5	-40	-111	-9	23	-25	-19	45	-126	-0.235	
可再生能源率	77	53	32	22	16	11	9	9	16	-0.540	
电力传输损耗	18	23	20	17	14	10	7	6	5	-0.866	***
能源 SO_2 排放	3	12	3	16	9	12	10	2	2	-0.481	
能源 NO_x 排放	9	5	10	7	7	11	11	6	6	-0.226	
交通经济效率	32097	68191	22935	25320	19282	32408	33342	49877	63518	0.521	
交通能源消耗	7010	3202	1906	2496	1172	1731	1290	1663	1542	-0.428	
交通空气污染				261	99	134	111	120	130	-0.384	
(11) 绿色社会											
预期健康寿命	40	46	51	57	60	65	69	70	71	0.794	***
长寿人口比例	3	4	6	6	9	9	13	14	15	0.910	***
儿童死亡率	161	111	77	33	21	15	6	5	6	-0.625	*
成人死亡率	472	352	301	212	197	134	85	91	90	-0.731	**
物质劳动力比例	80	67	59	48	41	38	35	29	29	-0.758	**
服务收入比	0.7	1.0	0.8	1.3	1.8	1.6	2.1	2.1	2.3	0.832	***
人均服务收入	80	221	284	949	2315	4347	9029	14106	21775	1.000	***
服务消费比例		29	14	22	32	34	41	38	39	0.789	***
人均服务消费	2	125	75	305	792	1466	3644	4825	7630	0.998	***
人均糖消费量	6	19	18	34	40	37	53	56	35	0.580	*
人均家庭能源	207	205	229	207	324	364	483	768	748	0.963	***
人均生活用水	15	27	69	68	96	102	139	99	128	0.715	**
(12) 生态安全											
粮食安全	163	167	198	292	386	441	460	614	683	0.932	***
能源安全	418	471	1045	1291	2002	3020	4218	5202	5087	0.925	***
资源安全	322	369	884	640	373	658	728	530	693	0.277	
环境风险Ⅰ	205	11	19	8	22	3	5	5	3	-0.351	
环境风险Ⅱ	273	374	237	123	88	20	79	11	8	-0.699	**

注:指标解释和单位见表1-10。城市废物处理率、人均城市废物和交通空气污染是OECD数据。城市空气污染指标(颗粒物、SO_2 和 NO_2)是各国首都或人口最多城市的统计数据。能源进口比例,负值表示为能源净出口比例。环境风险Ⅰ为自然灾害死亡率(百万分之),环境风险Ⅱ为自然灾害受灾率(万分之)。* 表示与人均国民收入相关,** 表示显著相关,*** 表现非常显著相关。

表 1-40　2001 年生态社会领域生态变量与人均国民收入的特征关系的分类

	正相关的变量	负相关的变量	相关性不显著的变量
生态城市 (图 1-53)	城市安全饮水、城市卫生设施 城市废水处理率、人均城市废物	城市颗粒物 城市 SO_2 排放	城市废物处理率
生态农村 (图 1-54)	农村安全饮水、农村卫生设施		农村人口密度
绿色能源和交通 (图 1-55)	能源使用效率	电力传输损耗	电力使用效率、能源进口比例 可再生能源率、能源 SO_2 排放 能源 NO_x 排放、交通经济效率 交通能源消耗
绿色社会 (图 1-56)	预期健康寿命、长寿人口比例 服务收入比、人均服务收入 服务消费比例、人均服务消费 人均糖消费量、人均家庭能源 人均生活用水	儿童死亡率 成人死亡率 物质劳动力比例	
生态安全 (图 1-57)	粮食安全 能源安全	环境风险(自然灾害受灾率)	资源安全、环境风险(自然灾害死亡率)

注:变量解释和单位见表 1-10。

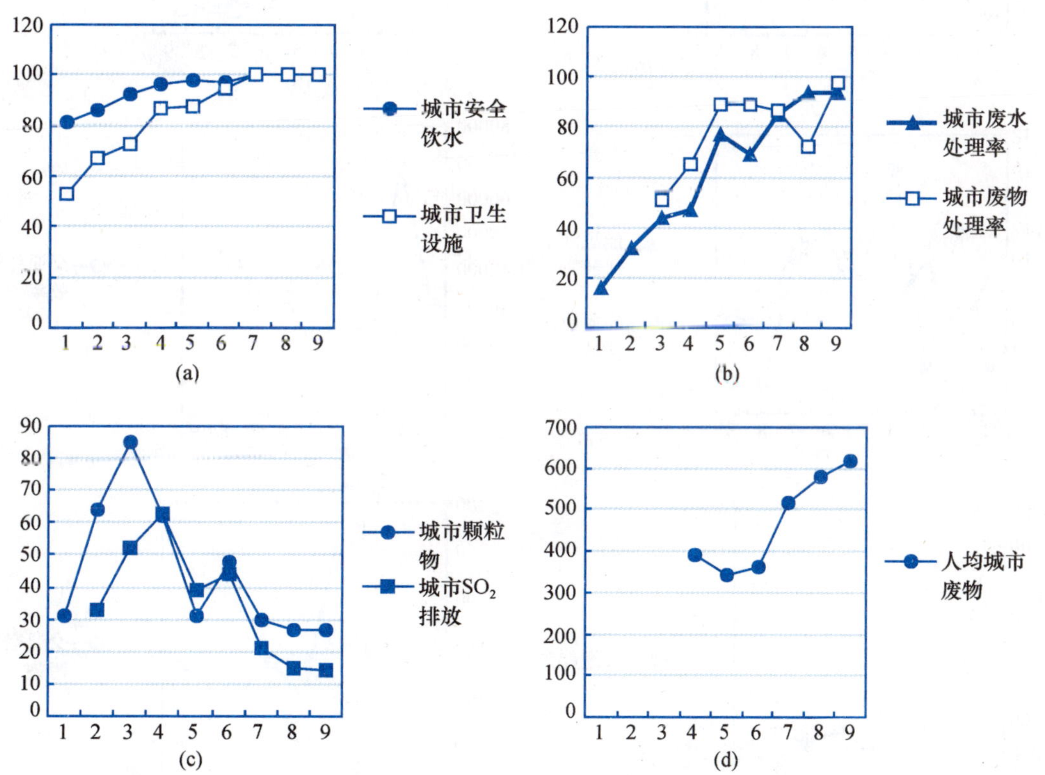

图 1-53　生态城市与人均国民收入的关系
注释:横轴坐标为人均国民收入的 9 个分组,后同。

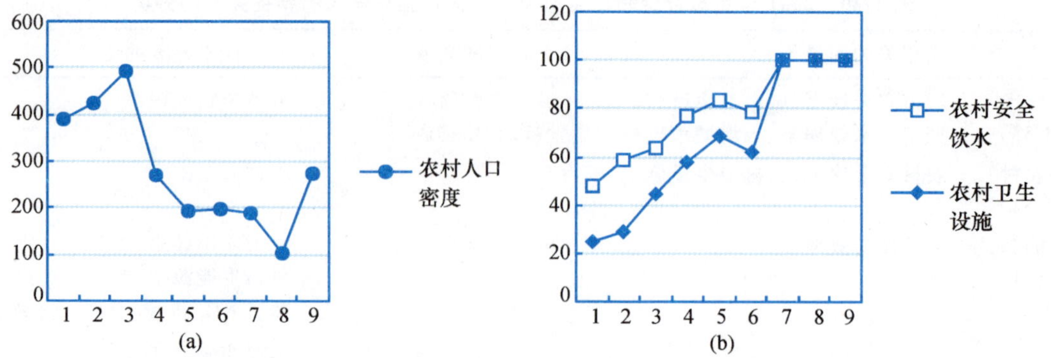

图 1-54 生态农村与人均国民收入的关系

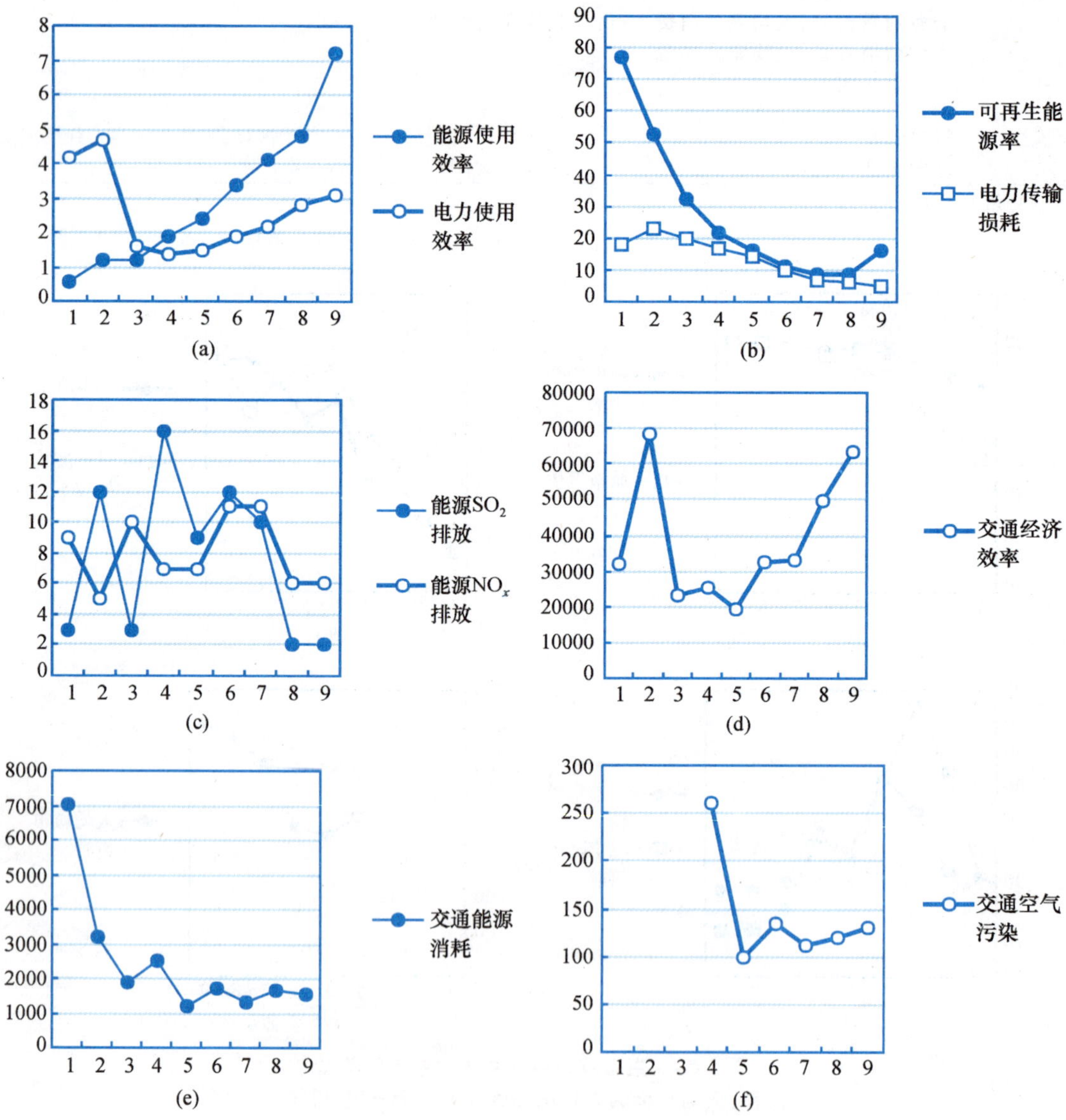

图 1-55 绿色能源交通与人均国民收入的关系

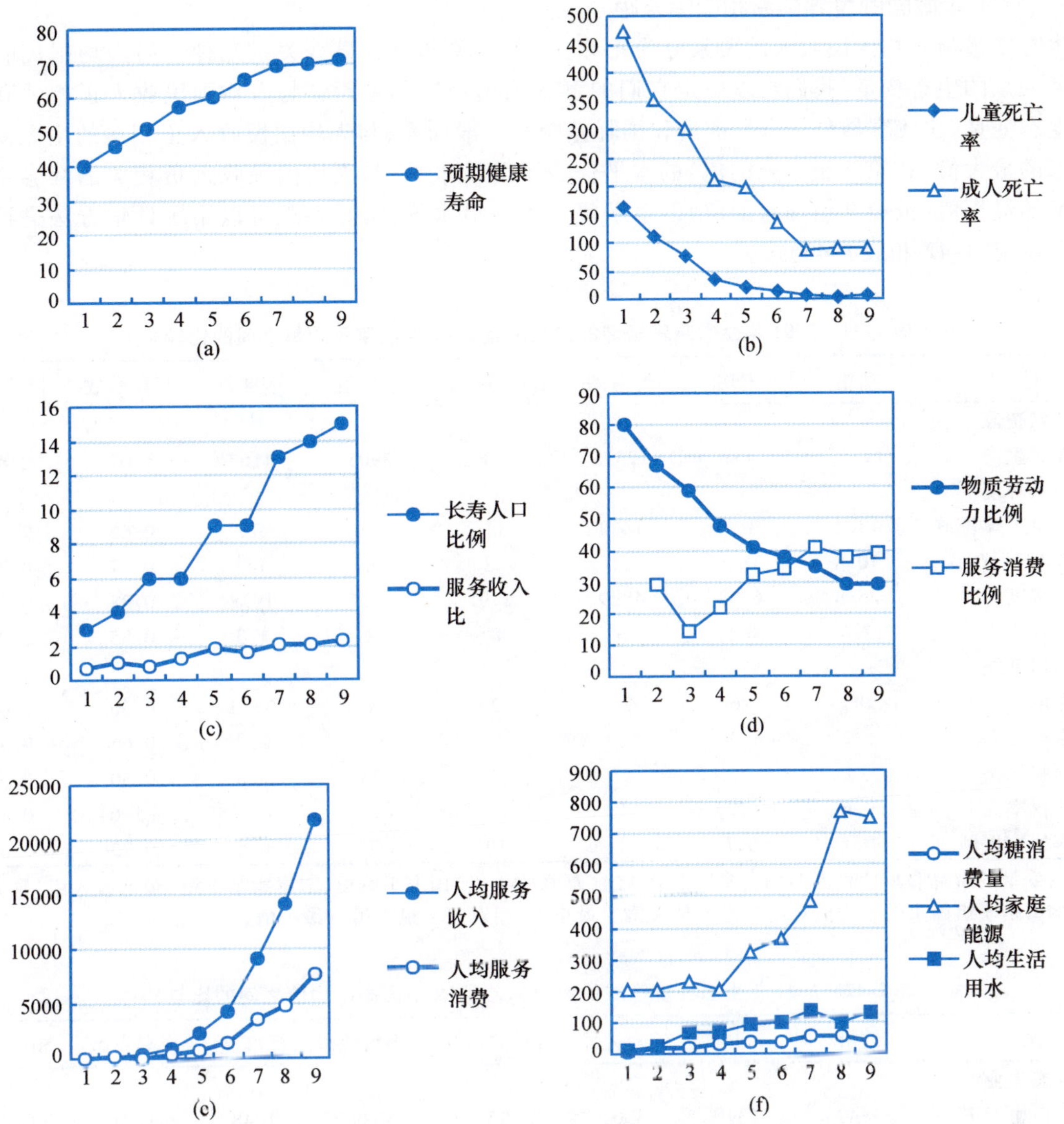

图 1-56　生态社会与人均国民收入的关系

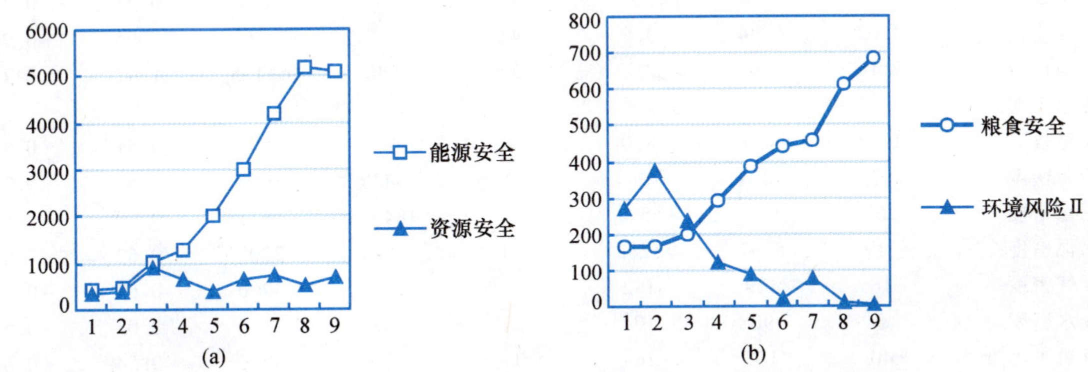

图 1-57　生态安全与人均国民收入的关系

4. 2001年截面的世界前沿和国际差距

生态变量与人均国民收入的关系分为正相关、负相关和没有显著关系三种。与人均国民收入没有显著关系的生态变量，我们难以确定它们的世界前沿和国际差距。与人均国民收入正相关和负相关的生态变量，比较容易分辨世界前沿和国际差距。一般而言，与人均国民收入正相关的生态变量，9组国家的最大值（或第9组国家的值）的水平代表了前沿水平；与人均国民收入负相关的社会变量，9组国家的最小值（或第9组国家的值）的水平代表了前沿水平，国际差距可以用统计学方法进行分析（表1-41、表1-42和表1-43）。

表1-41　2001年生态响应领域的前沿和差距（9组国家平均值之间的比较）

变　量	前沿	末尾	绝对差	相对差（倍）	平均值	标准差	变异系数	相关系数
（1）自然资源								
人均能源生产	12747	432	12315	30	3905	4167	1.07	0.852
（2）自然环境								
人均温室气体排放	13.1	1.5	14.2	11	8.0	5.2	0.65	0.818
人均 CO_2 排放	10.8	0.2	11	62	6	4	0.77	0.857
颗粒物浓度	25.8	67.2	48.9	2.9	51.5	19.8	0.38	-0.777
人均工业废水	3.6	0.5	3	8	2	1.3	0.55	0.770
（3）生态系统								
人口密度	141	76	84	2	111	33.2	0.30	0.639
人均生态压力	6.3	0.9	5.4	7	3.3	2.2	0.66	0.914
草地面积比例	13	27	27	3	26	7.8	0.30	-0.622
森林砍伐率	0.6	-3.1	5	-0.55	-1.14	1.87	-1.64	0.875
受威胁植物比例	0.1	0.7	1	10	1	0.4	0.75	-0.627

注：变量的解释和单位见表1-10。前沿指第9组（最高收入组）国家平均值，末尾指第1组（最低收入组）国家平均值，平均值指9组国家的平均值。绝对差 = 最大值 - 最小值，相对差 = 最大值 ÷ 最小值。

表1-42　2001年生态经济领域的前沿和差距（9组国家平均值之间的比较）

变　量	前沿	末尾	绝对差距	相对差（倍）	平均值	标准差	变异系数	相关系数
（4）生态农业								
农业土地生产率	3440	139	3301	25	1029	1048	1.02	0.882
谷物生产效率	5587	1327	4599	4	3323	1631	0.49	0.892
化肥使用强度	198	7	236.8	34.4	136.9	80.4	0.59	0.744
有机农业比例	4.02	0.34	3.9	47	1.7	1.6	0.96	0.946
人均渔业产量	2118	66	2052	32	438	644.5	1.47	0.784
（5）生态工业								
工业能源效率	10.8	4.0	8.0	4	4.9	2.5	0.51	0.955
工业能源密度	1023	9007	7984	9	4439	2905	0.65	-0.776
工业用水密度	355	2464	55.7	3	1849.6	1831	0.99	-0.647
工业水泥密度	519	5767	5282	11	3549	2203	0.62	-0.894
工业废气密度	18	119	192	11	86	59.6	0.69	-0.743
工业废水密度	5	90	104	21	37	38.5	1.03	-0.658
工业有机水污染	40	180	164	11	87	47.0	0.54	-0.675

（续表）

变　量	前沿	末尾	绝对差距	相对差(倍)	平均值	标准差	变异系数	相关系数
(6) 绿色服务								
服务业能源密度	218	459	713.7	4	431.3	217.2	0.50	-0.676
服务业废物利用	58		20	2	46	8.5	0.18	0.897
初级产品进口税	6	17	15	10	10	5.5	0.56	-0.781
绿色生态旅游	583	7	663	93	267	269.5	1.01	0.904
(7) 绿色经济								
物质经济比例	32	61	29.61	1.93	43.00	11.16	0.26	-0.745
物质经济效率	65556	387	65169		18659	23711	1.27	0.996
人均物质产值	9983	130	9853	77	2988	3470	1.16	0.997
土地资源生产率	463	2	462	284	132	174	1.32	0.991
淡水资源生产率	73	5	69.3		24.7	27.0	1.09	0.978
矿产资源生产率	27440		24187		8652	7893	0.91	0.876
经济资源密度	1.5		12	9	5	3.5	0.65	-0.651
经济能源密度	0.1	2.0	2	14	0.8	0.6	0.85	-0.690
经济废气密度	0.3	0.8	3	11	1.3	1.0	0.76	-0.660
环境损失比率	0.4	0.8	3	7	1.3	0.8	0.63	-0.649

注：变量的解释和单位见表1-10。前沿指第9组（最高收入组）国家平均值，末尾指第1组（最低收入组）国家平均值，平均值指9组国家的平均值。绝对差＝最大值－最小值，相对差＝最大值÷最小值。

表1-43　2001年生态社会领域的前沿和差距（9组国家平均值之间的比较）

变　量	前沿	末尾	绝对差	相对差(倍)	平均值	标准差	变异系数	相关系数
(8) 生态城市								
城市安全饮水	100	81	19	1.2	95	6.8	0.07	0.648
城市卫生设施	100	53	47	1.9	85	16.9	0.20	0.718
城市废水处理率	94	16	78	5.9	62	28.4	0.46	0.814
人均城市废物	616		275	1.8	468	118.4	0.25	0.941
城市颗粒物	27	31	57.3	3.1	45.1	20.7	0.46	-0.602
城市 SO_2 排放	14		49.4	5	35.1	17.9	0.51	-0.821
(9) 生态农村								
农村安全饮水	100	48	52.3	2	79.0	19.1	0.24	0.814
农村卫生设施	100	25	74.5	4	65.4	29.5	0.45	0.855
(10) 绿色能源交通								
能源使用效率	7.2	0.6	6.6	13	3.0	2.1	0.71	0.971
电力传输损耗	5	18	18	4	13	6.6	0.49	-0.866
(11) 绿色社会								
预期健康寿命	71	40	31	2	59	11.3	0.19	0.794
长寿人口比例	15	3	11.9	5	8.9	4.5	0.50	0.910
儿童死亡率	6	161	156	30	48	56.1	1.16	-0.625
成人死亡率	90	472	387	6	215	135.5	0.63	-0.731
物质劳动力比例	29	80	51	3	47	17.7	0.37	-0.758
服务收入比	2.3	0.7	2	3	2	0.6	0.40	0.832
人均服务收入	21775	80	21695	271	5901	7637	1.29	1.000
服务消费比例	39		27	3	31	9.2	0.29	0.789

（续表）

变　量	前沿	末尾	绝对差	相对差(倍)	平均值	标准差	变异系数	相关系数
人均服务消费	7630	2	7628	5051	2096	2696	1.29	0.998
人均糖消费量	35	6	49	9	33	16.1	0.49	0.580
人均家庭能源	748	207	562	4	393	226.8	0.58	0.963
人均生活用水	128	15	124	9	83	41.9	0.51	0.715
(12) 生态安全								
粮食安全	683	163	520	4.19	378	191	0.50	0.932
能源安全	5087	418	4784		2528	1920	0.76	0.925
环境风险Ⅱ	8	273	365.9	44.15	134.9	130.8	0.97	-0.699

注:变量的解释和单位见表1-10。前沿指第9组(最高收入组)国家平均值,末尾指第1组(最低收入组)国家平均值,平均值指9组国家的平均值。绝对差=最大值-最小值,相对差=最大值÷最小值。

上述结果表明,生态变量的世界前沿、末尾和差距有很大差异。通过比较自己与前沿的差距,可以为国家和地区制定生态现代化目标提供直接的依据。

由于发展中国家与发达国家的巨大差距,发达国家的发展模式已经出现生态转型,这就对截面分析的结果产生了复杂的影响。对截面分析的结果,需要与时序分析的结果相互检验后,才能得到肯定的答案。如果生态变量的截面特征与时序特征基本一致,那么,时序分析的上升变量,截面特征是正相关变量;时序分析的下降变量,截面特征是负相关变量;时序分析的转折变量和地域变化,截面特征有多种表现形式,包括正相关、负相关和不相关等。生态变量的截面特征与时序特征的关系,大致有两种情况。

第一种,完全一致,如人均服务收入等。时序特征:上升变量;截面特征:正相关。

第二种,不一致,如人均国土面积等。时序特征:下降变量;截面特征:不相关变量。

5. 小结

生态现代化的2001年截面,反映了生态现代化的一个剖面。在102个生态变量中,有37个变量随着人均国民收入的增加而增加,有24个变量随着人均国民收入的增加而减少,有41个变量的变化与人均国民收入的变化没有显著关系(表1-44)。

表1-44　生态变量与人均国民收入的关系分类　　（单位:个）

	正相关的变量	负相关的变量	相关性不显著的变量	变量总数
生态响应	6	4	15	25
生态经济	13	13	15	41
生态社会	18	7	11	36
合计	37	24	41	102

生态响应领域的突出特征是:许多自然资源变量与人均国民收入的关系不明显;草地比例和森林变化率与人均国民收入负相关;人均能源生产、人均温室气体排放和人均生态压力与人均国民收入显著正相关。

生态经济领域的突出特征是:物质经济效率、资源生产率、人均物质产值等与人均国民收入显著正相关;物质经济比例、经济物质密度、经济能源密度等与人均国民收入显著负相关;耕地使用强度、农药使用强度和经济技术密度等与人均国民收入的关系不明显。

生态社会领域的突出特征是:健康寿命、长寿人口比例、服务收入比、人均服务收入等与人均国民收入显著正相关;儿童死亡率、成人死亡率、环境风险等与人均国民收入显著负相关;电力使用效率、能源进口比例和资源安全等与人均国民收入的关系不明显。

二、生态效率和结构的 7 个截面

尽管生态现代化是 20 世纪 70 年代开始的,但是,现代化对生态系统的影响,自然环境对现代化的反作用,存在于现代化的全过程中。为了加深对现代化的生态转型的认识,有必要追溯它的历史过程。所以,生态现代化的截面分析,应该覆盖现代化的全过程,包括 18～20 世纪的 300 年。前两年的中国现代化报告的经济和社会截面分析包括 18 世纪的 2 个历史截面、19 世纪的 2 个历史截面和 20 世纪的 3 个历史截面分析。下面分析这 7 个历史截面的生态效率和结构特征。关于生态制度和观念的截面分析,将集中在本节第三部分讨论。

1. 20 世纪的三个截面

20 世纪的截面分析,选择 1980 年、1960 年和 1900 年三个截面。1980 年是生态现代化的初期,1960 年是工业现代化的结束,1900 年是 19 世纪和 20 世纪的世纪之交。

(1) 1980 年截面

1980 年截面分析,按 1980 年的人均国民收入分组,选择 50 个生态变量进行分析。50 个生态变量与人均国民收入的相互关系见表 1-45。1980 年截面,50 个生态变量的世界前沿与国际差距与 2001 年截面有很大不同,40 个生态变量的截面特征与 2001 年基本一致。

表 1-45　1980 年生态变量与人均国民收入的特征关系的分类

	正相关的变量	负相关的变量	相关不显著的变量	合计
生态响应 图 1-58	人均能源生产 人均 CO_2 排放 人均工业有机废水		人均国土面积、人均可耕地面积 人均森林面积、人均草地面积 人均矿产生产、农业用地比例 水源工业污染、人口密度 可耕地比例、草地面积比例 森林覆盖率	14
生态经济 图 1-59	化肥使用强度、谷物生产单产 农业土地生产率、物质经济效率 人均物质产值	工业废水密度 物质经济比例 工业水泥密度 经济能源密度	化肥使用效率、耕地使用强度 纸品循环利用、服务业木材密度 土地资源生产率、矿产资源生产率 经济钢铁密度、经济铜消费密度 经济废气排放强度 环境损失比率、资源消耗比率	20
生态社会 图 1-60	人均城市废物、能源使用效率 长寿人口比例、服务收入比 人均服务收入、人均糖消费量 人均粮食生产、人均能源消费	儿童死亡率 成人死亡率 电力传输损耗 物质劳动力比例	农村人口密度、电力使用效率 能源进口比例、人均服务消费	16
合计	16	8	26	50

注:变量的解释和单位见表 1-10。

生态响应领域:12 个变量的截面特征与 2001 年相同,2 个变量特征不同。人口密度指标,2001 年为正相关变量,1980 年为不相关变量。草地面积比例指标,2001 年为负相关变量,1980 年为不相关变量。

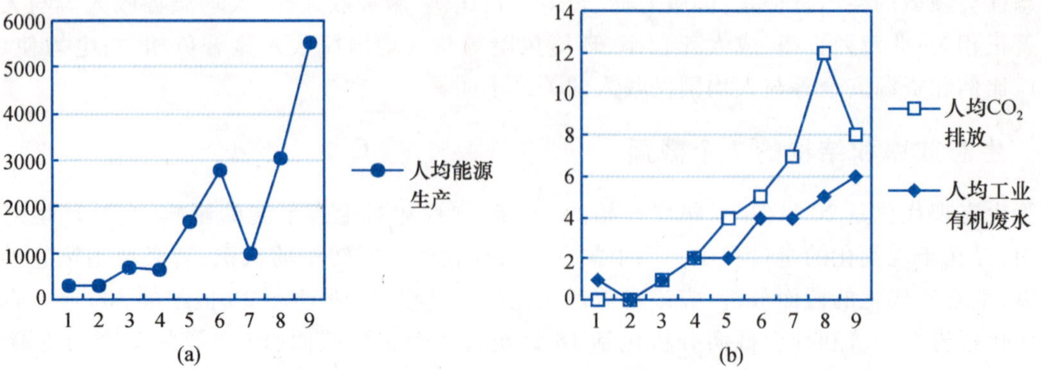

图 1-58　生态响应变量与人均国民收入的关系

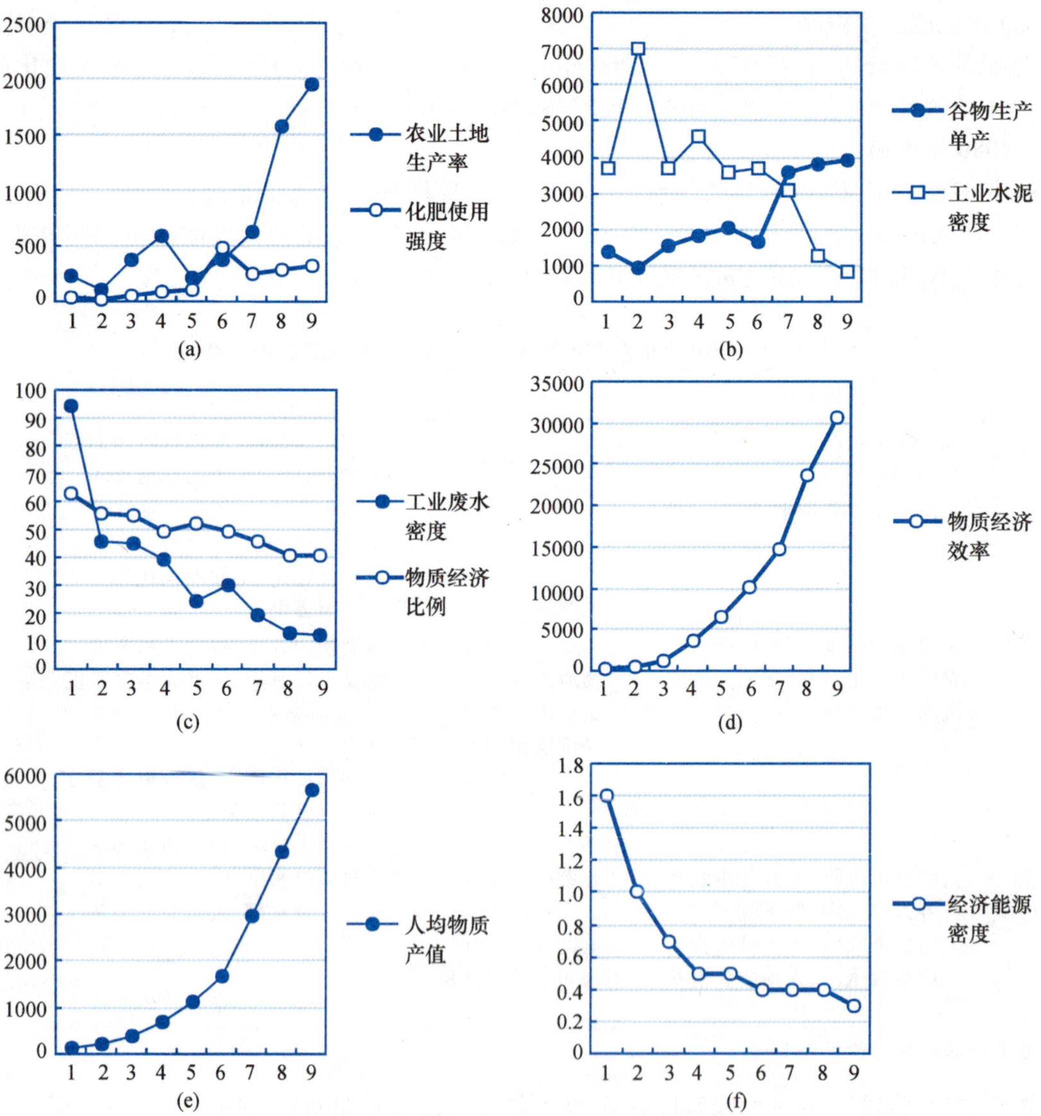

图 1-59　生态经济变量与人均国民收入的关系

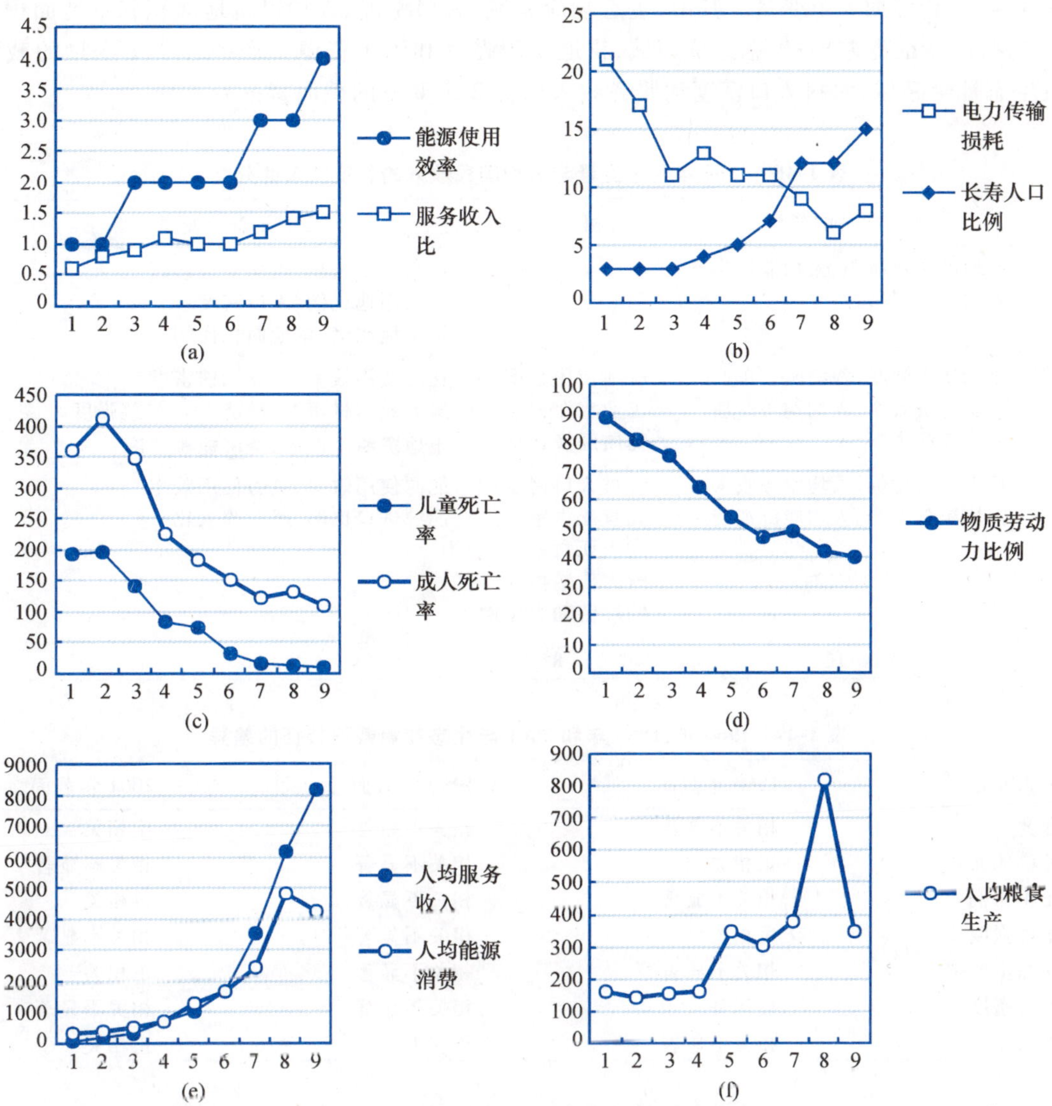

图 1-60　生态社会变量与人均国民收入的关系

生态经济领域：13 个变量的截面特征与 2001 年相同，5 个变量特征不同，新增加 2 个变量。纸品循环利用、土地资源生产率和矿产资源生产率，2001 年为正相关变量，1980 年为不相关变量。经济废气排放密度和环境损失比例，2001 年为负相关，1980 年为不相关。

生态社会领域：15 个变量的截面特征与 2001 年相同，1 个变量特征不同。人均服务消费变量，2001 年为正相关变量，1980 年为不相关变量。

(2) 1960 年截面

1960 年是世界现代化的一个关键点。在 1960 年前后，发达国家完成工业化和城市化进程，并先后进入非工业化轨道。

首先，根据人均国民收入把国家分成 9 组。其次，选择生态响应等 3 个领域的 36 个变量进行分析。其三，分析和比较 1960 年截面的特征（表 1-46）。

1960 年截面，35 个生态变量的世界前沿与国际差距与 1980 年和 2001 年截面有很大不同；28 个变量的截面特征与 1980 年和 2001 年截面基本一致，7 个变量的截面特征与 1980 年和 2001 年截面有差别(表 1-47);新增加 1 个变量。其中,生态响应领域,人口密度、人均可耕地面积和草地面积比例等 3 个变量的截面特征有差异;生态经济领域,耕地使用强度和国土资源生产率等 2 个变量的截面特征有差别;生态社会领域,农村人口密度和服务收入比等 2 个变量的截面特征有差异。

表 1-46 1960 年生态变量与人均国民收入的特征关系的分类

	正相关的变量	负相关的变量	相关不显著的变量	合计
生态响应	人均可耕地面积、人均能源生产 人均 CO_2 排放		人均国土面积、人均草地面积 农业用地比例、人口密度 可耕地比例、草地面积比例	9
生态经济	化肥使用强度、谷物生产单产 物质经济效率、人均物质产值 人均硫酸生产	耕地使用强度 工业水泥密度 物质经济比例	化肥使用效率、工业钢铁密度 服务业木材密度、经济 CO_2 排放强度 土地资源生产率、经济能源密度	14
生态社会	长寿人口比例、人均服务收入 人均粮食生产、人均能源消费	农村人口密度 儿童死亡率 成人死亡率 电力传输损耗 物质劳动力比例	能源使用效率、电力使用效率 能源进口比例、服务收入比	13
合计	12	8	16	36

表 1-47 1960 年、1980 年和 2001 年生态变量截面特征的差异

生态变量	1960 年截面	1980 年截面	2001 年截面
人口密度	相关不显著	相关不显著	正相关
人均可耕地面积	正相关	相关不显著	相关不显著
草地面积比例	相关不显著	相关不显著	负相关
耕地使用强度	负相关	相关不显著	相关不显著
土地资源生产率	相关不显著	相关不显著	正相关
农村人口密度	负相关	相关不显著	相关不显著
服务收入比	相关不显著	正相关	正相关

(3) 1900 年截面

1900 年的统计数据非常少,特别是低收入国家的数据更少。1900 年截面, 14 个生态变量与人均 GDP 的相互关系见表 1-48。14 个生态变量的世界前沿与国际差距与 2001 年截面有很大不同,4 个生态变量的截面特征与 2001 年基本一致。

表 1-48 1900 年生态变量与人均国民收入的特征关系的分类

	正相关的变量	负相关的变量	相关不显著的变量	合计
生态响应			人口密度、人均国土面积	2
经济领域	人均钢铁产量、人均硫酸产量	物质经济比例 物质劳动力比例	人均原木生产	5
社会领域	城市化率、平均预期寿命 长寿人口比例、人均糖产量	人口死亡率 婴儿死亡率	服务收入比	3
合计	6	4	4	14

注:1900 年没有生态经济和生态社会,改为经济领域和社会领域的生态变量。

(4) 小结

在20世纪的100年里,生态变量的变化是巨大的,而且变化是有逻辑的。在正常情况下,20世纪多数生态变量的变化,是相对连续的和可以预期的(表1-49)。

表1-49　生态变量与人均国民收入的关系分类　(单位:个)

	2001年	1980年	1960年	1900年	合计
正相关的变量	37	16	12	6	71
负相关的变量	24	8	8	4	44
相关不显著的变量	41	26	16	4	87
合计	102	50	36	14	202

注:1900年为生态变量与人均GDP(按1990年国际美元计算)的关系。

2. 19世纪的2个截面

19世纪的截面分析,选择1870年和1820年2个截面。1870年是第二次工业革命的起始年,1820年是第一次工业革命向欧洲扩散的开始。

(1) 1870年截面

根据麦迪森在《世界经济千年史》中提供的1870年的人均GDP(按1990年国际美元计算)数据,我们把47个国家分成9组,然后分析生态变量与人均GDP的关系(表1-50)。由于国家样本和生态指标都比较少,这种分析只有参考意义。

表1-50　1870年生态变量与人均GDP的特征关系

	正相关的变量	负相关的变量	相关不显著的变量	合计
生态响应				
经济领域	人均钢铁产量、人均硫酸产量	物质经济比例 物质劳动力比例	人均原木生产	5
社会领域	城市化率、平均预期寿命	长寿人口比例	人口死亡率、服务收入比 人均糖产量	6
合计	4	3	4	11

注:1870年没有生态经济和生态社会,改为经济领域和社会领域的生态变量。

(2) 1820年截面

根据麦迪森在《世界经济千年史》中提供的1820年的人均GDP(按1990年国际美元计算)数据,我们把47个国家分成9组,然后分析生态变量与人均GDP的关系(表1-51)。同样地,由于国家样本和生态指标都比较少,这种分析仅供参考。

表 1-51 1820 年生态变量与人均 GDP 的特征关系

国家分组	1	2	3	4	5	6	7	8	9	
人均 GDP	—	414	532	565	628	679	867	1193	1764	相关系数
物质经济比例	—	—	57.0	—	—	—	—	74.6	58.0	0.092
物质劳动力比例	—	—	—	—	—	—	85.7	85.0	69.5	-0.947
人均钢铁产量	—	—	—	—	5.3	2.7	—	12.8	15.1	0.934
人均糖产量	—	—	—	—	—	—	—	2.7	—	—
城市化率	—	—	—	—	3.8	9.1	7.9	9.1	24.6	0.922
长寿人口比例	—	—	—	—	—	—	—	5.7	—	—
平均预期寿命	—	23	21	—	24	31	27	35	36	0.865
婴儿死亡率	—	—	—	—	—	—	—	176	—	—
服务收入比	—	—	0.8	—	—	—	—	0.4	0.7	-0.109

注:人均 GDP 为按购买力平价计算的人均 GDP,单位为 1990 年国际美元。

3. 18 世纪的 2 个截面

关于 18 世纪的统计数据,更是少而又少。我们选择 1750 年和 1700 年 2 个截面。

(1) 1750 年截面

1750 年截面的主要特点有四个。首先,城市化已经起步。其次,长寿人口比例的提高已经开始,瑞典长寿人口比例(65 岁及以上人口占总人口的比例)达到 6.2 %。其三,平均预期寿命比较短,瑞典为 38 岁。其四,18 世纪末,制铁工业已经起步(表 1-52)。

表 1-52 1750 年生态变量的前沿与差距

国家	人均 GDP	人均铁产量	物质劳动力比例	长寿人口比例	城市化	预期寿命	婴儿死亡率
荷兰	2110	—	—	—	30.5	—	—
英国	1250	9	—	—	16.7	35	195
意大利	1100	—	—	—	14.4	—	—
法国	986	—	—	4.4	9.1	24	296
瑞典	977	—	—	6.2	4.6	38	186
俄罗斯	611	6	—	—	—	—	—
西班牙	900	—	—	—	8.6	—	—
德国	894	—	—	—	5.6	—	—
芬兰	638	—	82	—	—	—	—
日本	570	—	—	—	—	32	277

注:人均 GDP 为 1700 年的数据,为按购买力平价计算的人均 GDP,单位为 1990 年国际美元。英国人均铁产量为 1790 年数据,俄罗斯人均铁产量为 1780 年数据。

(2) 1700 年截面

1700 年截面的主要特点:首先,城市化已经启动,荷兰城市化达到 34 %;其次,物质劳动力比例下降已经启动,荷兰物质劳动力比例下降到 73 %;其三,人均 GDP 的国际差距非常有限(表 1-53)。由此可见,现代化的结构转变,在 1700 年以前就已经开始了。

表 1-53　1700 年生态变量的前沿与差距

国家	人均 GDP	城市化	物质劳动力比例	国家	人均 GDP	城市化	物质劳动力比例
荷兰	2110	33.6	73	法国	986	9.2	—
英国	1250	13.3	78	瑞典	977	4	—
比利时	1144	23.9	—	德国	894	4.8	—
意大利	1100	14.7	—	爱尔兰	617	3.4	—

注:人均 GDP 为按购买力平价计算的人均 GDP,单位为 1990 年国际美元。

(3) 小结

18 世纪和 19 世纪,世界现代化的前沿无疑在欧洲,荷兰、英国和瑞典走在世界前列,现代化与自然环境的互动也最先发生在欧洲。在 18 世纪,钢铁工业、纺织工业和煤炭工业的发展,必然产生环境问题。在 19 世纪,现代化扩展到美洲和亚洲,现代化与自然环境的互动扩展到世界。化学工业、制糖工业和煤炭工业等,对环境的影响在扩大。城市化的快速发展,城市环境问题日益突出。在工业化和城市化的地区,森林砍伐,环境污染,环境和发展的冲突逐步受到重视,欧洲国家如英国开始制定环境法律。

三、生态制度和观念的 8 个截面

在本章第二节我们讨论了生态制度和观念的时序变化,这里讨论它们的截面分布。

1. 生态制度的截面分析

我们选用 8 个截面进行比较,分析不同时期生态制度的世界分布。

(1) 2001 年截面。人类文明的世界格局基本是:在人口超过 100 万的 131 个国家中,大约有 22 个国家进入知识文明时代,正在形成相对完善的生态和环境制度;90 个国家处于工业文明的不同时期,它们建立了某种形式的环境保护和管理制度;10 个国家处于农业文明时期,环境管理制度相对贫乏;大约有 180 多个狩猎采集社会,实行原始的生态制度。

生态制度的 2001 年截面的突出特征有两个:制度发展的不平衡性,不同国家对不同环境领域的重视程度是不同的;国际环境保护制度,已经产生了世界影响力(表 1-54)。

表 1-54　现代环境管理制度的国际分布(截止时间为 2005 年)

国内环境管理	国家个数	国际环境协议	参加国家个数
环境战略与管理	87	联合国气候变化框架公约	147
生物多样性管理	56	臭氧层保护维也纳公约	148
水污染管理		CFC 议定书	148
工业有机废水污染	112	联合国海洋法公约	100
城市废水处理	97	生物多样性公约	145
空气污染管理		京都议定书	122
城市空气污染	54	濒危野生动植物国际贸易公约	139
土地和资源管理		联合国防治荒漠化公约	146
国家保护区	146	持久性有机污染物公约	87

注:国内水污染和空气污染管理的国家数,是具有统计数据的国家数。CFC 议定书:控制氯氟烃的议定书,即关于耗竭臭氧层化学物质的蒙特利尔议定书。

资料来源:World Bank 2005, 2006.

(2) 1980 年截面。经过大约 20 年(20 世纪 60 和 70 年代)的环境运动,环境立法在世界范围内展开。1962 美国人卡逊发表《寂静的春天》(Carson 1962),1972 年联合国召开人类环境大会、成立联合国环境规划署(UNEP 2002),1972 年罗马俱乐部发表《增长的极限》(Meadows 1972) 等,环境非政府组织和环保运动快速发展。70 年代的环境管理,主要特点是环境立法、企业污染的末端治理和环境监管等(格雷德尔,艾伦比 2003)。

(3) 1960 年截面。大约有 87 个国家处于工业文明时代,其中 25 个国家属于发达工业化社会,其他 62 个国家属于过渡性的工农业混合社会,处于工业化的不同阶段;30 个国家处于农业文明时代;至少有 180 多个狩猎采集社会。在发达工业化国家,环境问题已经引起社会关注,英国、北欧国家和美国等,已经有一些环境立法。

(4) 1900 年截面。大约有 25 个国家处于工业文明时代;其他国家处于农业文明时代;至少有 650 个原始部落社会。根据有关资料,英国和美国已经有了环境相关的一些法律(饭岛伸子 1999,艾伦比 2005)。但此时,环境问题和环境立法是局部性的。

(5) 1870 年截面。欧洲城市化和工业化的环境污染,日益突出。在有些国家如英国,城市人口的寿命低于乡村人口。在 1821 ～1866 年期间,英国制定了四部环境法规。但是,在其他国家,关于环境立法的历史记录很少。

(6) 1820 年截面。只有英国、法国、比利时、荷兰和美国等欧美国家,处于工业文明时代;其他国家处于农业文明时代,大约有 5000 个原始社会。在工业化地区和城市,工业污染和城市生活污染已经出现,但相应的环境制度还非常少见。

(7) 1750 年截面。一些欧洲国家如英国、荷兰、比利时等国家,已经开始了工业化,城市化已经达到一定水平。工业污染和城市生活污染是不可避免的。但是,关于环境问题立法的记录,仍然非常的少。

(8) 1700 年截面。所有国家都处于农业文明时代,大约有 5000 多个原始部落。欧洲国家如荷兰和英国,正在向工业文明转移。英国的城市燃煤引发的空气污染,城市生活垃圾造成的河流污染,已经引起重视。早在 1388 年,英国议会制定了"向市中心附近河流倾倒垃圾或粪便时重罚 20 英镑"的法律规定(饭岛伸子 1999)。

2. 生态观念的截面分析

在本章第二节我们讨论了生态观念的三个层面:生态思想、生态伦理和生态政策等,并重点分析生态思想的时序变迁。这里选用 8 个截面,概要分析不同时期的生态思想。生态思想的变迁,包括生态学理论的演变和社会生态意识的变化。

(1) 2001 年截面。发达国家处于生态转型时期,生态学思想和现代生态意识,已经成为主流社会思想之一。一些国家的绿色政党(以生态思想为原则的政党)成为执政党的组成部分。欧洲发达国家带有理想主义的色调,强调生态现代化和风险管理。美国等发达国家带有实用主义的色彩,强调工业生态学和生物多样性。"可持续发展",则成为发达国家为发展中国家"准备"的一剂药方。环境和气候领域的国际合作,得到空前加强。生态公平成为许多国际生态 NGOs 的行动指南。人与自然和谐共处,逐步赢得大众支持。但在许多发展中国家,发展仍然是最主要的任务,生态意识是知识分子的呐喊;"先污染、后治理"的思想观念有广泛社会基础,环境退化还在继续。

(2) 1980 年截面。80 年代是生态现代化起步的年代。发达国家,生态意识获得广泛社会基础,环境立法大大加快,现代生态学迅速发展。针对现代化过程的环境问题,一些反现代化、反工业化、反生产力、稳态经济和生态经济等思潮,在发达国家产生了广泛社会影响。特别是《增长的极限》等研究报告提出的资源和环境问题,引发了广泛的社会讨论。许多人简单地认为,环境问题就是污染治理和控制。但是,尾端治理是高成本的。多数发展中国家,对环境问题抱着观望的态度,他们认为环境问题主要是发达国家造成的。

(3) 1960 年截面。在发达国家,工业化、城市化和现代化理论处于主导地位,生态学理论在悄悄发展;生态和环境意识,更多是部分知识分子的关注点。部分发达国家,如英国、瑞典和美国,环境问题已经引起社会的注意,环境立法也已经展开。发展中国家更关心发展问题。改造自然、战胜自然,仍然是社会的一种主流意识。

(4) 1900 年截面。生态学是一个新兴的学科,生态意识还是少数学者的学术观点。

(5) 1870 年截面。生态意识是一种学术观点,1866 年德国学者海克尔提出生态学。

(6) 1820 年截面。发展和进步是欧洲社会的基本观念,环境意识存在于局部地区。

(7) 1750 年截面。工业化和城市化兴起,城市环境问题,有意无意地被忽视。

(8) 1700 年截面。科学和理性等社会思想,在欧美日益受重视。

在 1700 ~ 1900 年期间,世界处于从农业文明向工业文明的转型时期。农业文明的各种环境观念,流行于各个农业地区。工业文明的副产品——工业和城市污染,发生在工业化国家和地区。工业文明的生态觉悟,在不同国家和不同时期,有很大的差异。由于世界发展的不同步,在某一历史截面,可以看到不同的生态观念的共存,它们的分布是不平衡的。

3. 简短的小结

过去 300 年的现代化,既是人类文明不断进步的过程,也是人类文明与自然环境相互作用的过程。在不同历史截面,可以看到这种相互作用的历史缩影。把文明进步理想化的做法,会受到历史的质疑;把文明副作用夸大化的做法,同样经不起历史的检验。

前两期现代化报告强调,对截面分析的结果要非常谨慎。因为截面分析有很多局限性和系统误差。截面分析与时序分析相结合,相互检验,才可以最大限度地减少分析误差。

第四节　生态现代化的案例研究

生态现代化始于 20 世纪 70 年代,它是世界现代化的一个重要组成部分。自 18 世纪的工业革命和政治革命以来,世界现代化已经出现了四次浪潮,21 世纪还会持续下去(表 1-55)。生态现代化,既是世界现代化第四次浪潮的主要内容,又是世界现代化的一次生态转型。很显然,生态现代化的历史才刚刚开始,现在就总结和归纳生态现代化的路径和方法,还为时过早。所以,本节重点介绍国外学者关于生态现代化的案例分析和实证研究。

表 1-55　世界现代化的六次浪潮

浪潮	大致时间	经济现代化	社会现代化	生态效应和生态现代化
第一次	1763 ~ 1870	第一次工业革命	城市化、机械化、社会分化流动	工业和城市的污染
第二次	1870 ~ 1945	第二次工业革命	城市化、电气化、普及义务教育	环境污染、环境立法
第三次	1946 ~ 1970	第三次产业革命	福利化、自动化、普及中等教育	污染治理、生态觉悟
第四次	1970 ~ 2020	知识和信息革命	网络化、郊区化、普及高等教育	生态革命、生态现代化
第五次	2020 ~ 2050	新生物学革命	生物经济社会、知识无障碍获取	绿色化、生态化、非物化
第六次	2050 ~ 2100	新物理学革命	文化经济社会、超级运输体验	自然化、互利共生

注:此表“郊区化”,泛指城市、郊区和乡村双向流动,达到城乡动态平衡;是城乡平衡的一种简称。

一、生态现代化的国际案例

生态现代化研究是20世纪80年代初开始的。90年代以来,生态现代化的案例研究,就一直是一个研究重点。目前,关于生态现代化的案例分析,可以大致分为三个集合。它们分别是生态现代化的国别研究、生态现代化的行业研究、生态现代化的制度与政策研究等。在很多时候,生态现代化的国家案例、行业案例和制度案例分析,是相互交叉的。为了分析和叙述的方便,我们分别介绍国外的三类案例研究。

1. 生态现代化的国别研究

2000年有两本生态现代化研究的论文集问世,它们分别是《世界范围的生态现代化》(Mol and Sonnenfeld 2000)和《生态现代化的兴起》(Young 2000)。在这两本书中有12篇文章,是关于国家和国际组织的生态现代化案例研究的,一些刊物发表了生态现代化案例研究的论文(表1-56)。研究对象包括发达国家和发展中国家,内容包括环境问题的历史演变等。

表1-56 生态现代化的国别研究

国家(国际组织)	主要内容	论文作者	国家	主要内容	论文作者
欧盟	环境政策	Gouldson, Murphy 1996	加拿大	垃圾处理	Harris 1996
欧洲	环境转型	Mol 1999	美国	废物循环利用	Pellow et al. 2000
西方	环境政治	Jahn 2000	美国	环境运动	Cohen 2006
荷兰	环境、酸雨和政治	Hajer 1995	日本	环境管理	Barrett 2005
德国	绿党政治	Christoff 2000	澳大利亚	环境政策转型	Taplin 2004
英国	空气污染和酸雨	Hajer 1995	立陶宛	环保运动转型	Rinkevicius 2000
英国	绿色运动	Rawcliffe 2000	匈牙利	废物利用	Gille 2000
丹麦	绿色税收	Andersen 1994	东南亚国家	纸浆和纸工业	Sonnenfeld
瑞典	社会结构	Lundqvist 2000	肯尼亚	污染控制	Frijins et al. 2000
芬兰	农业环境政策	Jokinen 2000	越南	工业污染、环境	Frijins et al. 2000

参考资料:Hajer 1995, Young 2000, Mol and Sonnenfeld 2000, Mol 2001, Barrett 2005.

2. 生态现代化的行业研究

生态现代化的行业研究,是研究不同行业如何实现生态现代化的目标。已经做过专门研究的行业有:农业、造纸、纺织、化工、汽车、废物利用和物流管理等(表1-57)。这些行业都与资源和环境有比较密切的联系。

表1-57 生态现代化的行业研究

行 业	主要内容	论文作者	行 业	主要内容	论文作者
农业	芬兰农业	Jokinen 2000	化学工业	荷兰化学工业	Mol 1995
农业	农业生态现代化	Archambault 2004	化学工业	波兰化学工业	Pataki 2005
造纸工业	东南亚造纸工业	Sonnenfeld 2000	汽车工业	欧洲汽车工业	Smink 2003
纺织工业	丹麦纺织工业	Søndergard et al. 2004	汽车工业	汽车业生态现代化	Wells, Orsato 2004
服务业	供应链管理	Berger et al. 2001	废物利用	美国废物循环利用	Pellow et al. 2000
			废物利用	匈牙利废物利用	Gille 2000

3. 生态现代化的政策分析

生态现代化的制度和政策研究,一直是一个研究重点。这种研究多数借鉴进化论的原理,研究制度和政策的历史演变。它们涉及国家的综合制度、经济制度、环境制度、贸易制度、区域制度和服务制度等(表 1-58)。不同领域的政策和措施是不同的(表 1-59 和表 1-60)。

表 1-58　生态现代化的制度研究

领域	主要内容	论文作者	领域	主要内容	论文作者
综合	环境国家	Mol, Spaargaren 2002	环境	英国环境政策	Murphy, Gouldson 2000
经济	全球经济生态现代化	Mol 2003	区域	英国区域经济	Gibbs 2000
环境	环境运动和制度	Mol 2000	贸易	英国的排放贸易	Malmborg, Strachan 2004
环境	比利时环境和经济	Rihoux 2000	服务	供应链环境制度	Berger et al. 2001

表 1-59　资源管理的制度和政策的国际分布

	水资源	渔　业	林　业	土　地	农　业	生物多样性	矿　产
政策使用情况							
减少补贴	匈牙利、波兰等		中美洲、巴西	巴西、法国	多数发展中国家		
征收环境税(排放、投入、产品)		投入税产品税	森林生产税(巴西等)				垃圾费(菲律宾)
征收使用税(资源税、服务费)	资源税(德国等)使用费(智利等)	捕鱼执照	砍伐税(巴西等)、驻留进入税、造林税	资源税使用费(德国等)		生物勘探费、流域保护费、驻留费:印尼	国家采矿控制(经合组织国家)
债券集资与偿还			造林贷款				
定向补贴			林苗补贴、造林信贷补贴	恢复自然补贴		保护补贴	
市场管理							
资源权利与分散化	水权利	200 英里	土地所有权	所有权	所有权	特权或期权	
可转让许可证/权利	水市场	许可证	可转让信贷	开发权	开发权	可转让信贷	
国际补贴体系	跨国贸易		可转让信贷	保护信贷		保护信贷	
环境调控							
标准	水质量标准	捕鱼标准	调控、分区	使用标准	分区制	生态保护区	废料处理
禁用	季节性禁用	禁渔	出口限制	环境敏感	杀虫剂	国家公园	禁止采矿
配额	用水配额	捕鱼配额	伐木配额	土地细分			
调动公众参与							
信息公开	水效率标记		生态标记		生态标记		能效标记
公众参与	用水联盟			私人参与	自助团体	NGOs 参与	

资料来源:艾伦比 2005. 注:生物多样性包括自然保护区,杀虫剂禁用:印尼、拉美国家。

表 1-60 环境管理的制度和政策的国际分布

	大气污染	水污染	固体废物	危险废物/有毒化学品
政策使用情况				
减少补贴	减少能源补贴			降低农用化学品补贴
征收环境税（排放、投入、产品）	排放税、能源税、环境产品税（OECD 等）	污水排放费（OECD、中国等）	垃圾排放税（美、英、法、加）	排放收费（OECD、中国等）杀虫剂税（OECD）、产品税
征收使用税（资源税、服务费）	石油提取特权	污水处理费（中国等 9 国）	垃圾处理费（OECD 等）	
债券集资与偿还	硫税收体系：瑞典		偿还基金体系	废物处理债券
定向补贴	工业能源节约补贴	环保减税和补贴	信用/补贴政策	分步停止杀虫剂补贴：瑞典
市场管理				
资源权利与分散化	环境责任、能源私产	环境责任	环境责任	环境责任
可转让许可证/权利	可转让排放许可证	可转让排放许可证		
国际补贴体系	碳使用的抵消		可转让排放许可证	
环境调控				
标准	空气质量与排放标准	废水排放标准	填埋标准、填埋区	治理标准
禁用	臭氧破坏、原料禁进口			禁止国际散播：巴塞尔约定
配额	排放配额、区域执照	工业废水排放配额		
调动公众参与				
信息公开	公开：印尼、智利	公开：印尼等	工业垃圾交流计划	标记
公众参与		公众压力：韩国		

资料来源：艾伦比 2005.

二、生态现代化的路径依赖

生态现代化是现代化与自然环境的相互作用。这种相互作用，涉及自然资源、自然环境、技术和经济活动。这四个因素的特点和相互作用，决定了生态现代化的路径。生态现代化的路径选择，很大程度上决定着它的结果和效果。这就是路径依赖原理。

1. 生态现代化的技术路径

人类经济活动的效率和效果，与所采用的技术紧密相关。人类的科技发展，是不断演进的历史过程。在人类文明的不同历史时期，人类的主导技术是不同的，不同技术对环境的影响也是不同的。所以，生态现代化的历史演化，受人类技术进程的影响，存在一个技术路径。由于世界发展的不同步，在某个历史截面，我们又可以看到不同技术的并存。这就造成了生态现代化的技术影响的截面特征多样化和时序特征的阶段化。

例如，在农业文明时代，人类的主导技术是农业技术，包括灌溉农业、水利技术等，还有手工业和采矿技术等。当时的经济活动的主要环境影响是土地退化等。工业时代的机械化和电气化技术，形成工业化大生产，环境影响扩大到空气污染和河流污染。知识时代的经济全球化，信息技术和生物技术的发展，环境管理和气候变化成为全球问题（表 1-61）。

表 1-61　工业革命的不同技术群的环境影响

技术群	年代	主要技术	地理中心	技术特点	环境影响特点
纺织	1750～1820	棉纺、煤炭、铁	英国中部	物质基础设施（原材料）	严重，局部（英国森林）
蒸汽机	1800～1870	蒸汽机、机械、火车	欧洲	基础设施的动力（能源）	范围扩大，当地大气污染
重型工程	1850～1940	钢材、铁路	欧、美、日	物质基础设施（能源和材料）	严重，范围扩大（遍及发达地区）
大生产和消费	1920～现在	内燃机、汽车	欧、美、日	基础设施、大生产	严重、全球影响
信息	1990～现在	电子、服务、生物技术	美、环太地区	信息开发（非物质基础设施）	减少单位 GDP 的环境影响

资料来源：格雷德尔，艾伦比 2004. 注：本表的技术不是工业革命的全部技术。

2. 生态现代化的资源路径

人类经济活动不能没有自然资源。自然资源的利用和消费模式，就成为生态现代化的一个重要特征。这种模式的变化，形成了生态现代化的资源利用和消费路径。

（1）现代化过程中经济增长与自然资源的相关性

在现代化过程，经济发展需要自然资源，但在经济全球化的年代，经济发展与自然资源的关系，并不是简单的线性关系。利用世界银行《世界发展指标 2005》的数据，可以发现，人均国民收入水平，与大多数人均自然资源指标（除能源外），没有显著关系（表 1-62）。

表 1-62　人均自然资源与人均国民收入的相关性

指标	2001 年		1990 年		1980 年		1970 年		1960 年	
	相关系数	国家	相关系数	国家	相关系数	国家	相关系数	国家	相关系数	国家
人口规模	-0.016	131	-0.026	131	-0.060	131	-0.011	131	0.018	130
人口密度	0.182*	131	0.121	110	0.064	110	0.050	110	0.037	110
人均国土	-0.031	131	-0.006	110	-0.007	110	0.005	110	-0.057	110
人均农地	-0.047	126	-0.001	105	0.053	103	0.046	103	0.040	103
人均耕地	0.103	129	0.214**	108	0.143	108	0.288***	108	0.148	108
人均草地	-0.052	126	-0.027	106	0.012	106	0.004	106	-0.001	106
人均森林	0.025	131	0.023	108	—		—		—	
人均淡水	0.111	128	—		—		—		—	
人均能源	0.363***	110	0.378***	91	0.489***	90	0.673***	24	0.772***	22
人均矿产	0.110	78	0.109	82	0.095	79	0.223*	65	—	

注：人均国土为人均国土面积；人均农地为人均农业用地面积；人均耕地为人均可耕地面积；人均草地和森林为人均相应的面积；人均淡水为人均淡水资源；人均能源为人均能源生产（千克油）；人均矿产为人均矿产生产（美元）。相关系数的标记：* 表示与人均国民收入相关，** 表示显著相关，*** 表示非常显著相关，其他为不相关。

在 20 世纪后 40 年里，人口规模、人均国土面积、人均农业用地面积、人均草地面积等，与人均国民收入没有显著关系。2001 年,人均可耕地面积、人均淡水资源和人均矿产生产,与人均国民收入没有显著关系。人均能源生产,与人均国民收入显著正相关。

(2) 现代化过程中的资源利用和消费模式

在现代化过程中,自然资源的利用(生产)和消费模式,既有很大的国际差异和品种差异,也随着时间在发生变化。我们选择 7 种基本矿产和 3 种以资源为基础的工业产品,分析资源利用和消费模式的变化。其中,消费模式变化,以第二节 15 个时序分析国家为样本。

在 1970～2000 年期间,人均钢铁产量、水泥产量和原木产量等,与人均国民收入显著正相关;人均铝产量和人均铁产量,与人均国民收入显著正相关;人均镍产量和人均锌产量,与人均国民收入的相关性,不同年代不同,有相关和不相关两种情况;人均铅产量和人均锡产量,与人均国民收入没有关系(表 1-63)。矿产资源利用,存在国家和品种差异。

表 1-63 人均金属产量等指标与人均国民收入的相关性

指标	2000 年			1990 年			1980 年			1970 年		
	相关系数	相关性	国家	相关系数	相关性	国家	相关系数	相关性	国家	相关系数	相关性	国家
人均钢铁产量	0.502	***	76	0.659	***	69	0.577	***	77	0.749	***	53
人均水泥产量	0.486	***	120	0.587	***	96	0.655	***	93	0.777	***	91
人均原木产量	0.300	***	123	0.406	***	104	0.327	***	94	0.457	***	77
人均铝产量	0.336	**	35	0.342	*	32	0.404	***	31	0.332		25
人均铜产量	-0.004		36	-0.021		34	-0.170		32	-0.107		31
人均铁产量	0.349	**	43	0.666	***	37	0.609	***	40	0.696	***	34
人均铅产量	-0.076		19	0.043		32	0.397	**	37	0.497	***	34
人均镍产量	0.492	*	16	0.102		18	0.366		19	0.301		13
人均锡产量	-0.103		15	-0.277		24	-0.272		24	-0.141		24
人均锌产量	0.284		32	0.585	***	29	0.572	***	28	0.551	***	24

注:相关系数的标记:* 表示相关,** 表示显著相关,*** 表示非常显著相关,其他为不相关。

资源消费模式的变化,不同资源品种会有所不同。这里,我们选择人均铝消费(图 1-61)、铜消费(图 1-62)、铅消费(图 1-63)和锌消费(图 1-64),分析资源消费模式的变化。在过去 30 年里,人均铝消费在上升,部分国家人均铜消费略有上升,部分国家人均铅消费在下降,人均锌消费稳中有变,发达国家消费水平高于发展中国家。由此可以见,某种资源的人均消费,不是永远上升,而是可能存在极限值或转折点;现在的上升,将来也可能变化。

3. 生态现代化的环境路径

环境变化,一方面是自然的变化,一方面是人类活动引起的变化。世界现代化过程中的环境变化,实质是自然变化和人为变化的叠加。生态现代化的环境路径,目前是一个没有解决的问题。这里,我们用世界银行和 OECD 的数据,检验环境退化与经济增长的关系。

(1) 现代化过程的环境库兹涅茨曲线(EKC)

1992 年世界银行的《世界发展报告》检验了环境退化和人均收入的关系,发现城市颗粒物浓度和城市 SO_2 浓度与人均收入的关系曲线,为倒 U 形曲线。这就是所谓的环境库兹涅茨曲线(EKC)。EKC 曲线的检验和研究,引起人们的广泛兴趣。

EKC 假设:当经济发展处于低水平时,环境退化现象比较少;当经济发展水平提高时,环境退化现

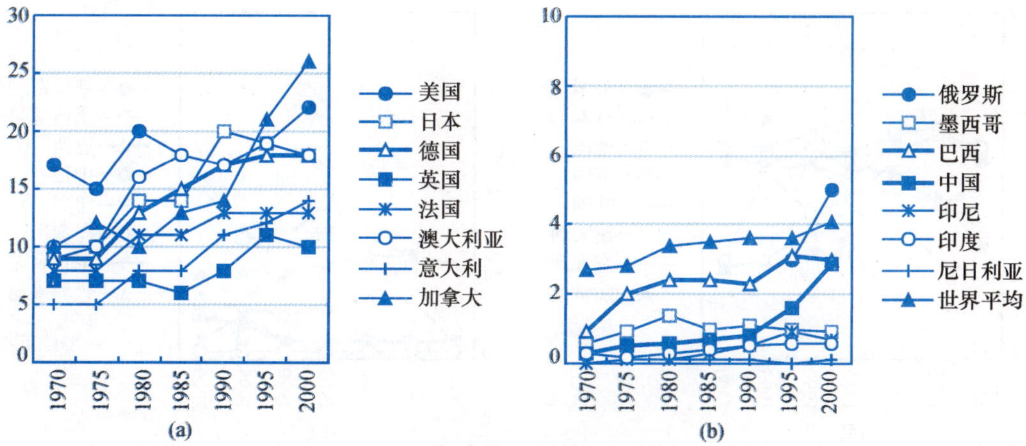

图 1-61 1970～2000 年人均铝消费的变化(千克/人)

注:世界人均铝消费在上升。

数据来源:UN 2003.

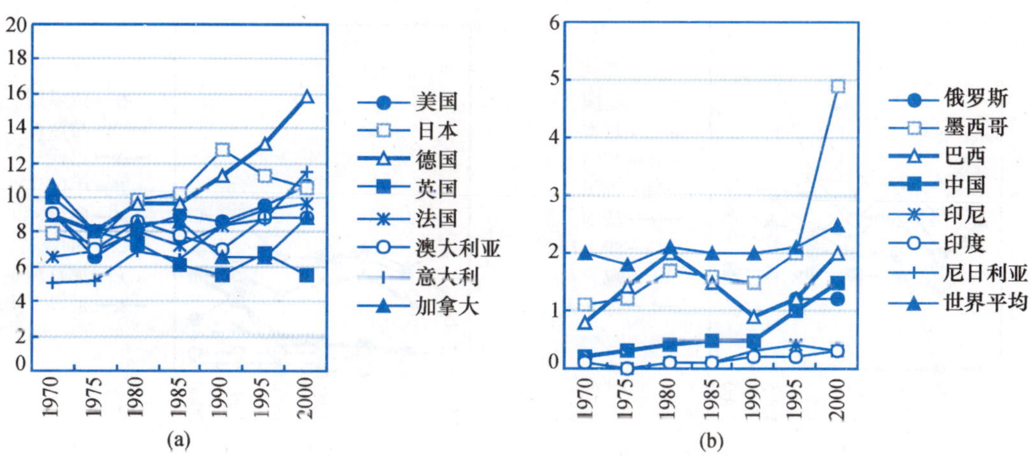

图 1-62 1970～2000 年人均铜消费的变化(千克/人)

注:世界人均铜消费略有上升。

数据来源:UN 2003.

象会加剧;当经济发展达到更高水平时,环境退化现象会逐步消失。环境退化和人均收入的关系曲线为一个倒 U 形曲线(珀曼等 2002)。

首先,环境问题主要有:气候变化、空气污染、水体污染、固体废物、土地退化等。由于有些指标数据难以获得,这里主要研究前四种指标与人均收入变化的关系。

其次,国家样本的选择。发达国家和发展中国家是不同步的,发达国家的发展可能代表世界发展的方向和水平。所以,主要以发达国家的数据检验 EKC 曲线。为便于与第二节时序分析结果进行比较,下面选择第二节时序分析的 8 个发达国家为分析样本。

其三,在过去 40 年里(1960～2000 年),发达国家保持了较高的经济增长率。所以,研究发达国家的环境指标的时序变化,就可代表环境变化与人均收入关系的 EKC 变化。

其四,历史截面的回归分析,由于不同国家规模大小、数据质量和发展水平的巨大差异,容易产生分析误差,需用时序分析结果进行交叉检验。这里直接用时序数据,检验 EKC。

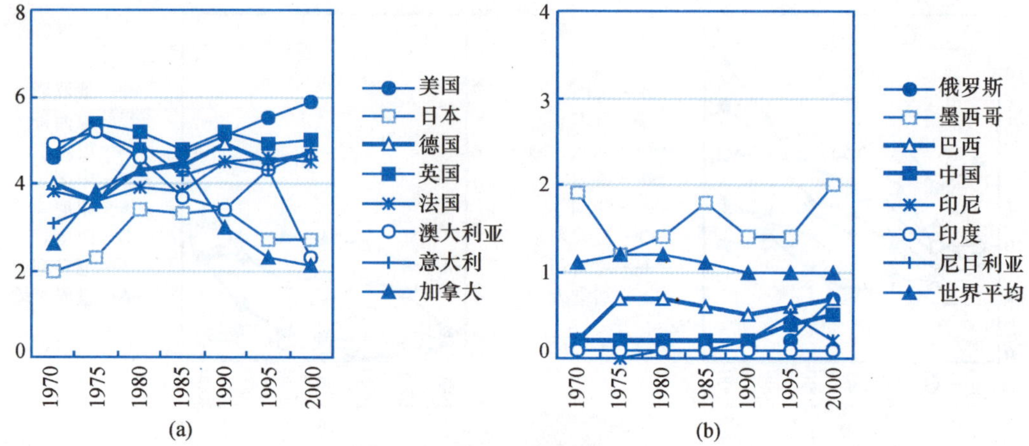

图 1-63　1970～2000 年人均铅消费的变化(千克/人)

注:世界人均铅消费略有下降。

数据来源:UN 2003.

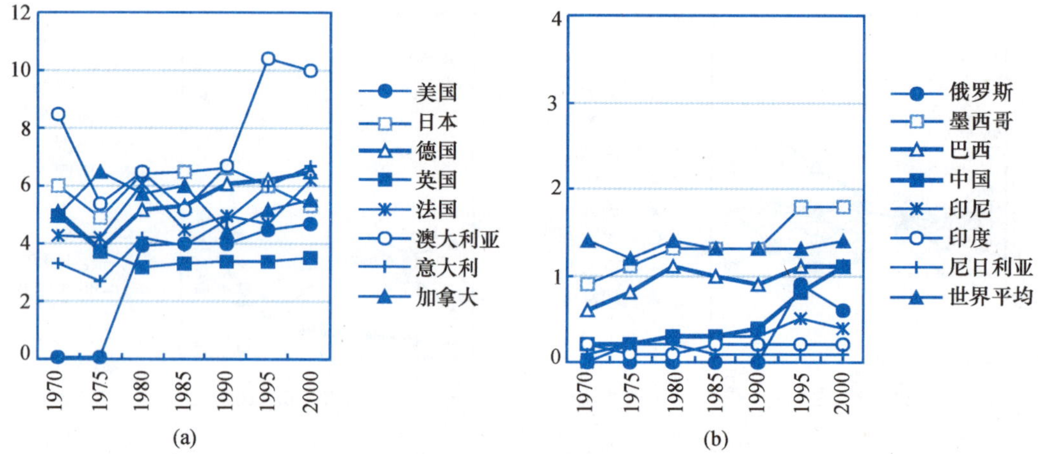

图 1-64　1970～2000 年人均锌消费的变化(千克/人)

注:世界人均锌消费基本稳定。

数据来源: UN 2003.

第一项检验:温室气体排放与经济增长的关系。

国家 CO_2 排放总量:英国、法国和德国等国家,先后出现下降(图 1-65)。

人均 CO_2 排放量:英国、法国、德国和加拿大等国家,先后下降(图 1-66)。

单位 GDP 的 CO_2 排放量:英国、法国、美国等 8 个样本国家,先后下降(图 1-67)。

人均温室气体排放量:英国、德国、法国和美国等国家,先后下降(图 1-68)。

样本国家温室气体排放的 EKC:英国(图 1-69)和法国(图 1-70)。

其他国家温室气体排放的 EKC:荷兰(图 1-71)和瑞典(图 1-72)。

主要结果:有些发达国家的经验符合 EKC,有些发达国家的经验不符合 EKC。

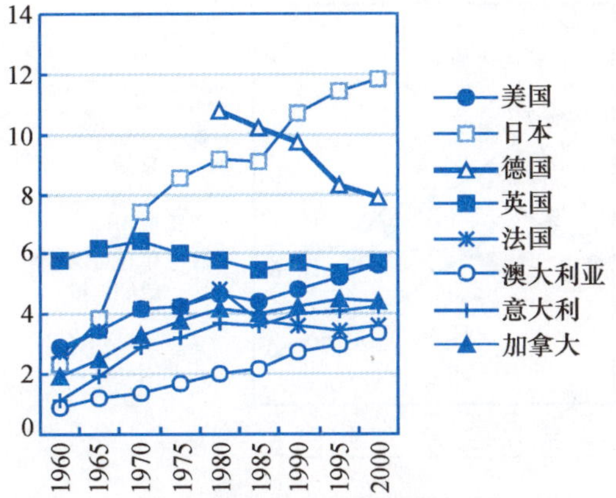

图 1-65　1960～2000 年发达国家 CO_2 排放总量

（单位：千吨，美国为万吨）

资料来源：WB 2005.

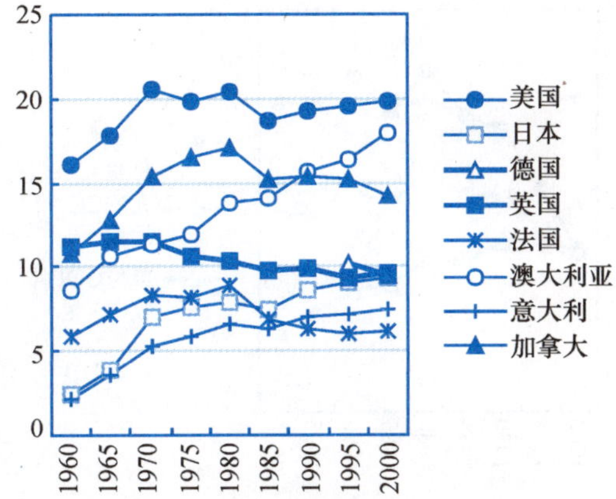

图 1-66　1960～2000 年发达国家人均 CO_2 排放量

（单位：吨/人）

资料来源：WB 2005.

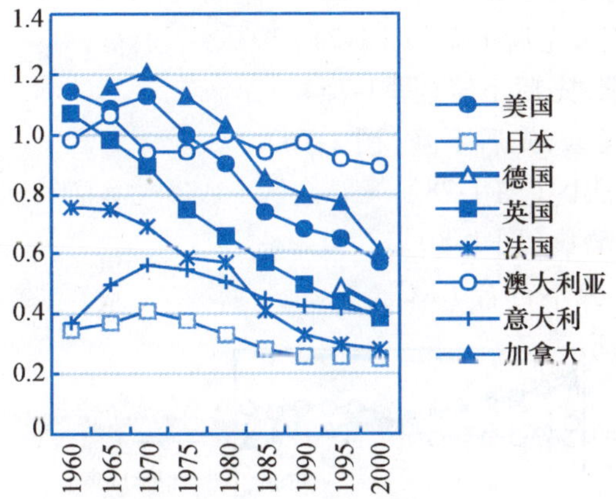

图 1-67　1960～2000 年单位 GDP 的 CO_2 排放量

（单位：千克/2000 年价美元）

资料来源：WB 2005.

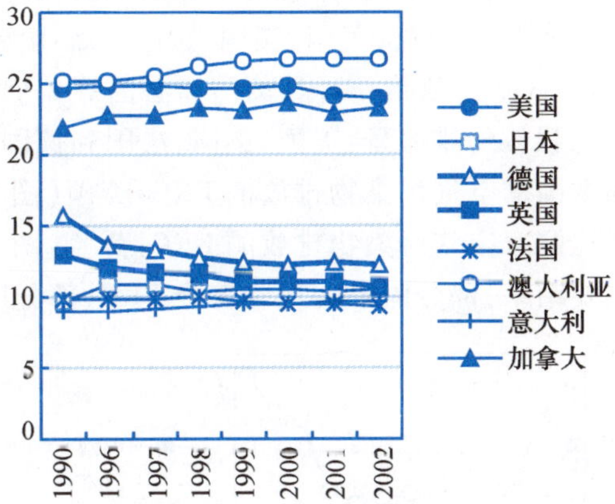

图 1-68　1990～2002 年人均温室气体排放量

（CO_2 当量）（单位：吨/人）

资料来源：OECD 2004.

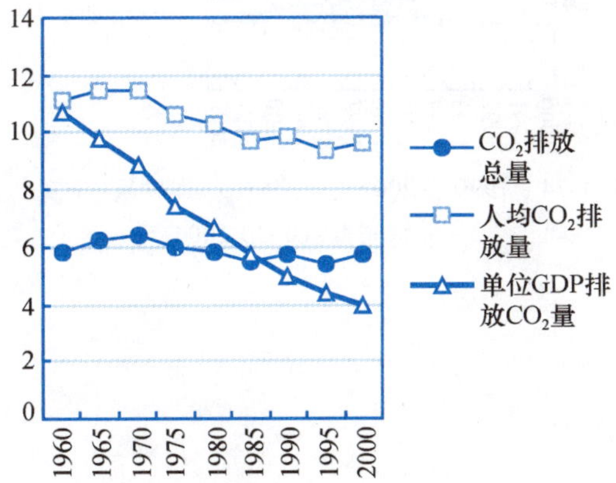

图 1-69　英国温室气体排放的 EKC

数据来源：WB 2005.

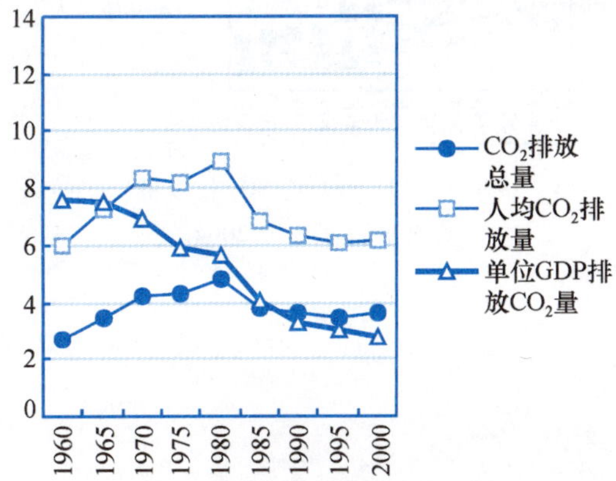

图 1-70　法国温室气体排放的 EKC

数据来源：WB 2005.

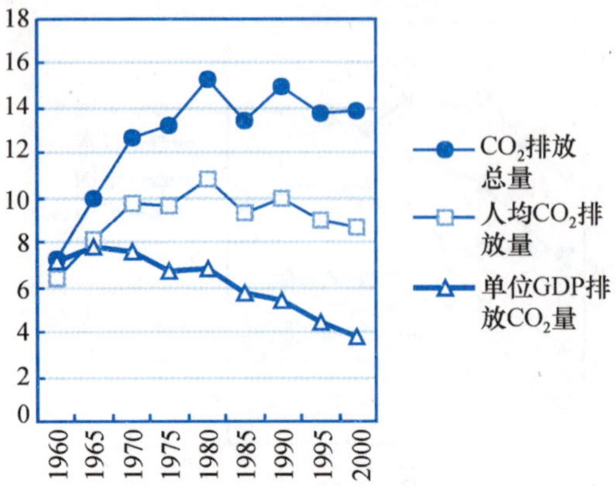

图 1-71　荷兰温室气体排放的 EKC

数据来源:WB 2005.

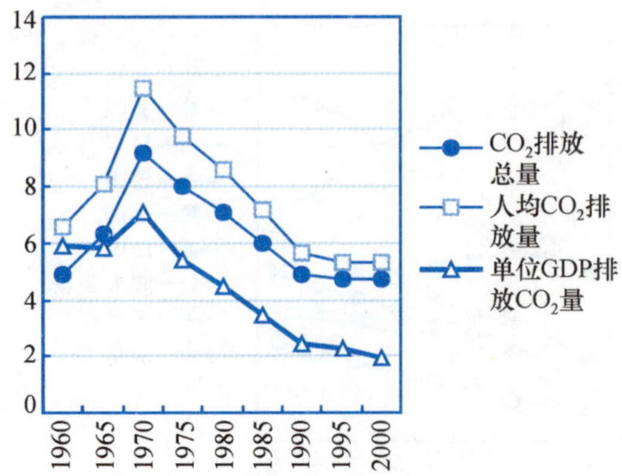

图 1-72　瑞典温室气体排放的 EKC

数据来源:WB 2005.

第二项检验:空气污染物排放与经济增长的关系。

人均 SO_x 排放量:美国、英国、法国和德国等 7 个国家,先后出现下降(图 1-73)。

人均 NO_x 排放量:美国、英国、法国和德国等 7 个国家,先后下降(图 1-74)。

人均 VOC 排放量:美国、英国和法国等 8 个样本国家,先后下降(图 1-75)。

人均颗粒物排放量:美国、英国、法国和德国等 5 个国家,先后下降(图 1-76)。

样本国家空气污染物排放的 EKC:英国(图 1-77)和法国(图 1-78)。

其他国家空气污染物排放的 EKC:荷兰(图 1-79)和瑞典(图 1-80)。

主要结果:部分国家的经验符合 EKC,部分国家的经验不符合 EKC。

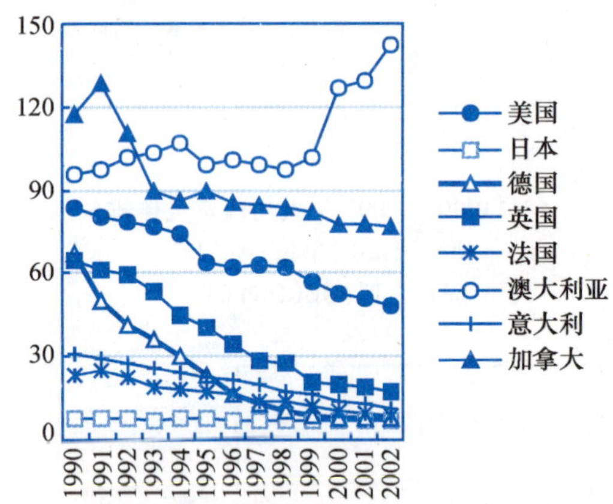

图 1-73　1990～2002 年人均 SO_x 排放量(千克/人)

资料来源:OECD 2004.

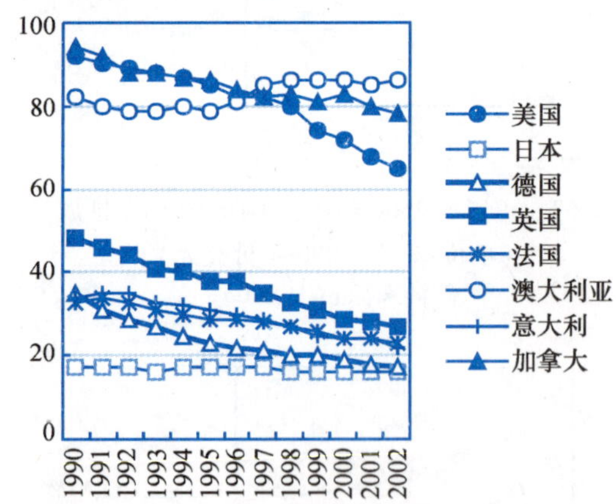

图 1-74　1990～2002 年人均 NO_x 排放量(千克/人)

资料来源:OECD 2004.

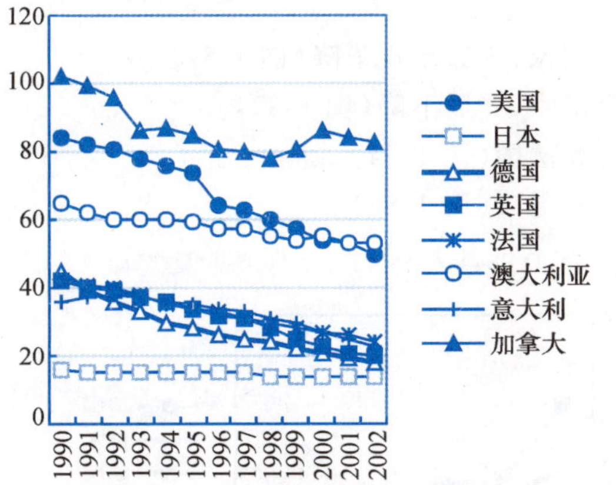

图 1-75　1990～2002 年人均 VOC 排放量(千克/人)

资料来源：OECD 2004.

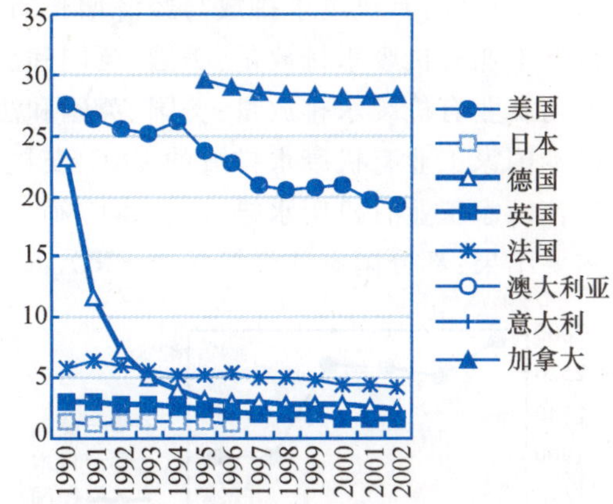

图 1-76　1990～2002 年人均颗粒物排放量(千克/人)

资料来源：OECD 2004.

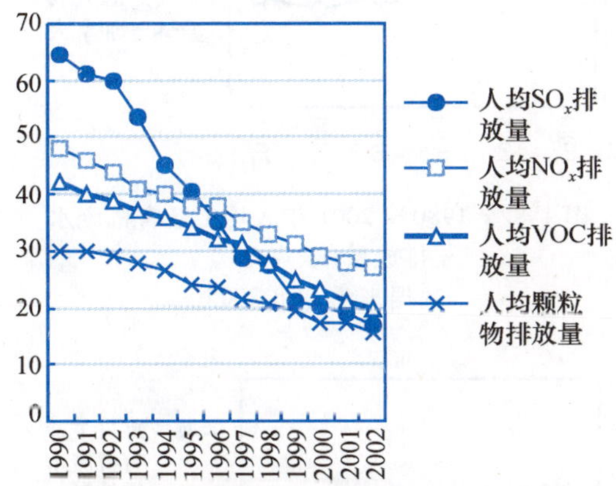

图 1-77　英国空气污染物排放的 EKC

数据来源：OECD 2004.

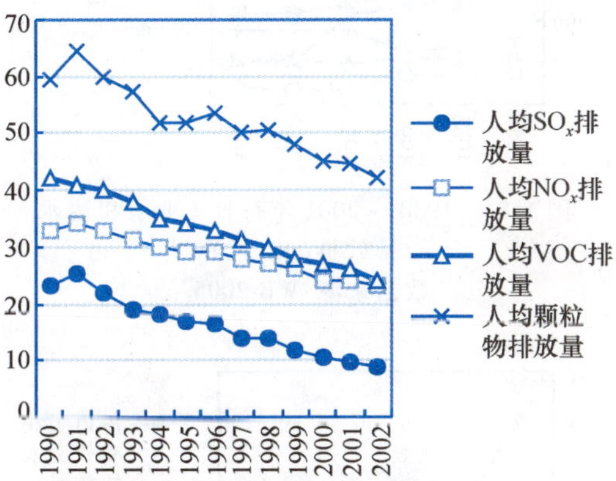

图 1-78　法国空气污染物排放的 EKC

数据来源：OECD 2004.

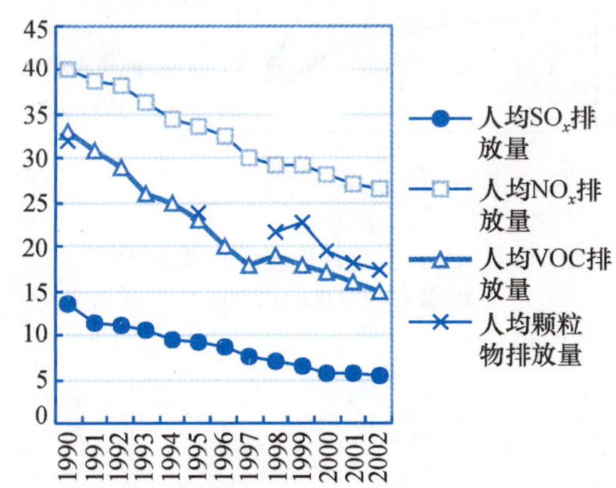

图 1-79　荷兰空气污染物排放的 EKC

数据来源：OECD 2004.

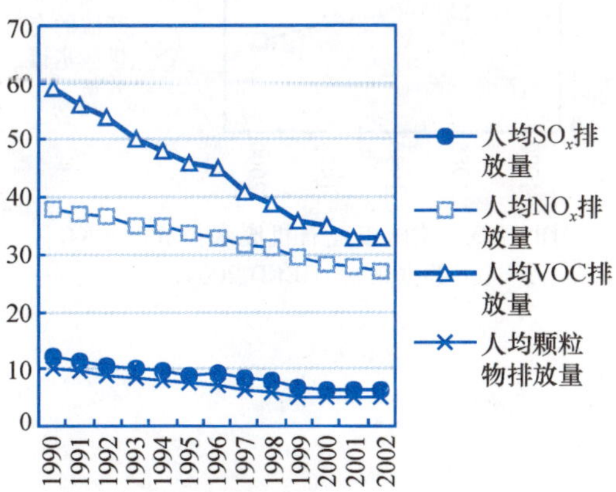

图 1-80　瑞典空气污染物排放的 EKC

数据来源：OECD 2004.

第三项检验:有机废水排放与经济增长的关系。

每日工业有机废水排放量:美国、英国和法国等 5 个国家,先后出现下降(图 1-81)。

人均工业有机废水排放量:美国、英国和法国等 6 个国家,先后下降(图 1-82)。

样本国家工业有机废水排放的 EKC:英国(图 1-83)和法国(图 1-84)。

其他国家工业有机废水排放的 EKC:荷兰(图 1-85)和瑞典(图 1-86)。

主要结果:部分国家的经验符合 EKC,部分国家的经验不符合 EKC。

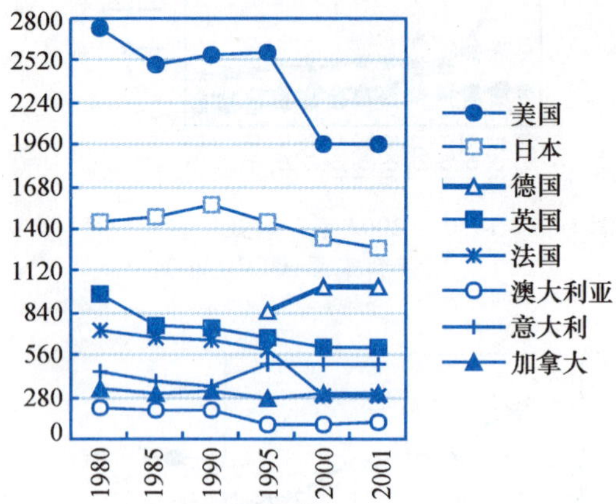

图 1-81　1980～2001 年每日工业有机废水排放量(吨/天)
数据来源:WB 2005.

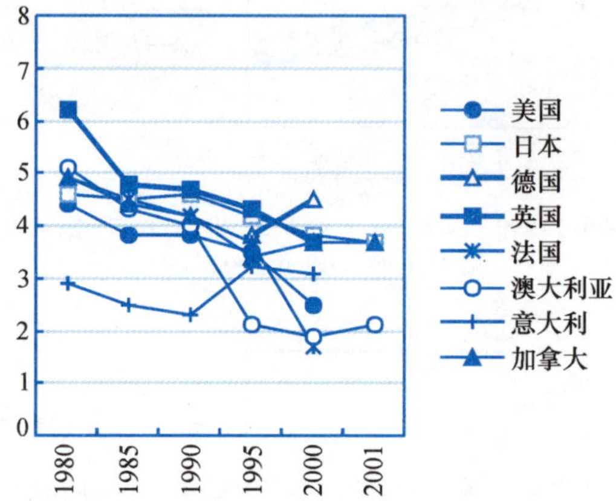

图 1-82　1980～2001 年人均工业有机废水排放量(千克/人)
数据来源:WB 2005.

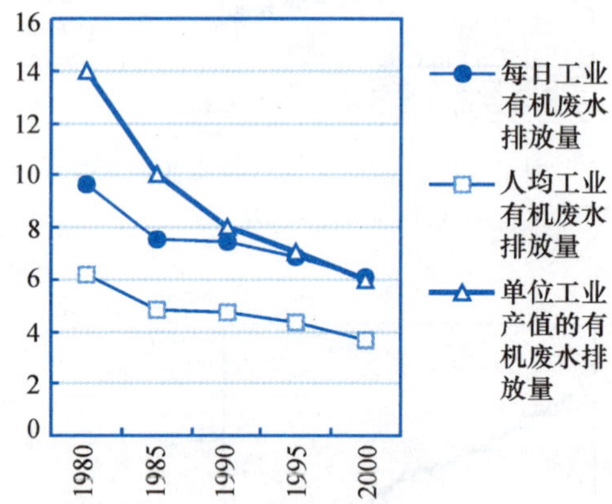

图 1-83　英国工业有机废水排放的 EKC
数据来源:OECD 2004.

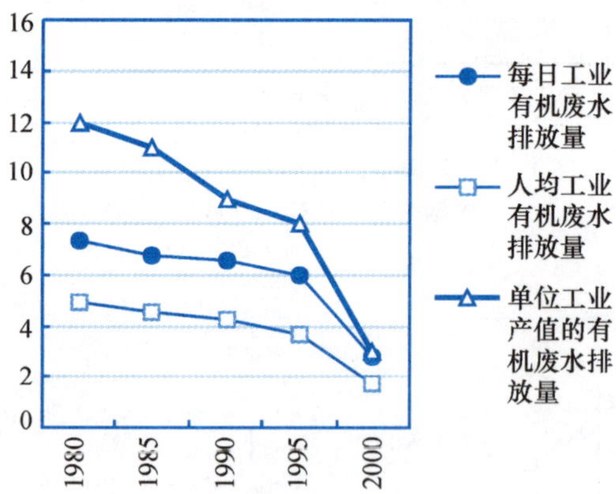

图 1-84　法国工业有机废水排放的 EKC
数据来源:OECD 2004.

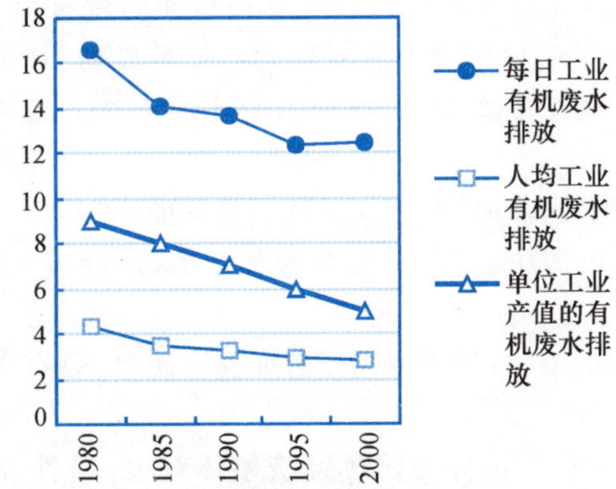

图 1-85　荷兰工业有机废水排放的 EKC

数据来源:OECD 2004.

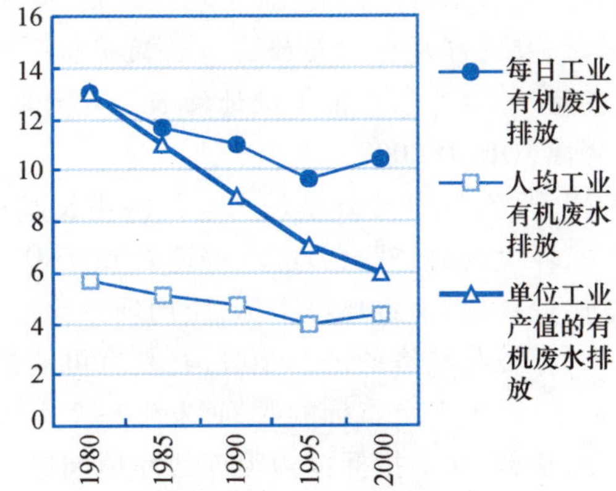

图 1-86　瑞典工业有机废水排放的 EKC

数据来源:OECD 2004.

第四项检验:城市废物排放与经济增长的关系。

人均城市废物排放量:美国略有下降,其他在上升(图 1-87)。

人均家庭废物排放量:美国略有下降,其他在上升(图 1-88)。

主要结果:绝大多数样本国家(发达国家)的经验不符合 EKC,人均废物排放量在上升。

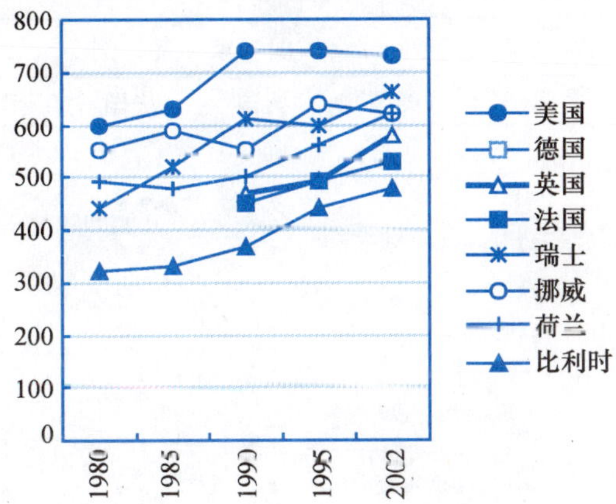

图 1-87　1980～2002 年人均城市废物排放量(千克/人)

数据来源:OECD 2004.

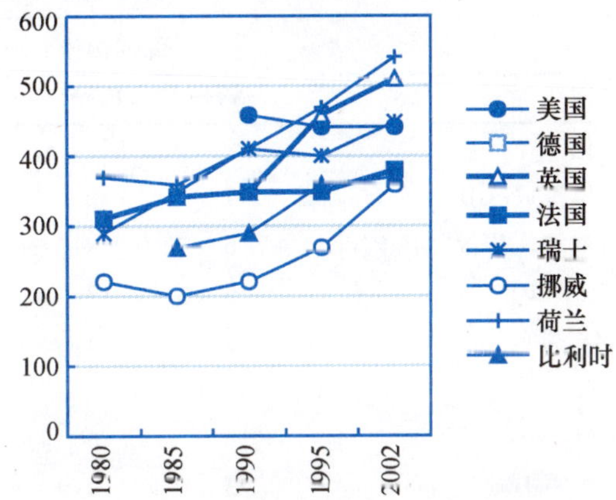

图 1-88　1980～2002 年人均家庭废物排放量(千克/人)

数据来源:OECD 2004.

综合结论:

第一点:三类指标(气候、空气和水体),部分符合 EKC。温室气体排放、空气污染、有机废水污染与经济增长的关系,部分国家的经验符合 EKC,部分国家不符合 EKC。

第二点:固体废物指标,基本不符合 EKC。人均城市废物、人均家庭废物与经济增长的关系,绝大多数样本国家的数据不符合 EKC,它们的人均废物排放量在增加。

第三点:EKC 是有条件地成立。EKC 是相对的,不是绝对的。环境退化的变化,不仅与经济发展有关,而且与国家的环境政策、生产和消费模式有很大关系。

(2) OECD 国家的环境退化与经济增长的脱钩

环境退化与经济增长的脱钩,是 OECD 的 21 世纪第一个十年环境战略的一个主要目标,它要求促进资源的更有效利用,实现生产和消费模式的相应转变(OECD 2002)。

脱钩(decoupling)的定义。在某一时期,当环境压力的增长比它的经济驱动因素的增长(如GDP增长)慢时,就是环境退化与经济增长的脱钩。脱钩分为绝对脱钩和相对脱钩。绝对脱钩:环境变量稳定或下降,而经济驱动因素继续增长。相对脱钩:环境变量在增长,但增长的速度比经济变量的增长速度要慢(OECD 2002)。

OECD研究了39个环境压力与经济增长脱钩指标的国家差别(表1-64)。它发现:

第一,环境与经济脱钩现象,普遍存在于OECD成员国中。其中,相对脱钩现象,广泛存在;绝对脱钩,也比较普遍;少数环境指标,脱钩现象比较少见。

第二,环境与经济的进一步脱钩,是有可能的。因为,在39个指标中,绝对脱钩现象,只有3个指标没有发生;最少1个指标的脱钩,发生在2个国家。

第三,全部39个指标覆盖很广的环境问题。其中,16个指标与国民经济整体有关,23个指标与专门经济领域有关,如能源、交通、农业和制造业。

绝对脱钩分为两种情况:环境变量稳定,经济继续增长;环境变量下降,经济继续增长。第一种,部分符合EKC;第二种,完全符合EKC。在39个脱钩指标中,有36个指标出现了绝对脱钩;在30个国家中,有29个国家(不含土耳其)至少有1个指标出现绝对脱钩。很显然,在OECD成员国中,EKC已经是一个普遍存在的现象,而且还会继续发展。

表1-64 OECD国家的环境退化与经济增长的脱钩(30个国家)

	脱钩国家:个数和比例				国家案例			
环境指标	绝对	相对	合计	比例(%)	美国	英国	法国	日本
气候变化								
温室气体排放/GDP	7	20	27	90	*	**	**	*
人均温室气体排放	6	8	14	47	X	**	**	X
CO_2 排放/GDP	6	19	25	83	*	**	*	*
人均 CO_2 排放	6	4	10	33	X	**	X	X
空气污染								
NO_x 排放/GDP	18	6	24	80	*	**	**	**
SO_x 排放/GDP	23	4	27	90	**	**	**	**
颗粒物排放/GDP	7	7	14	47	**	**	*	NA
VOC排放/GDP	19	5	24	80	**	**	**	**
水质量								
没有连接污水处理人口比例	21		21	70	NA	**	**	**
家庭直接排放氮的人口比例	8	4	12	40	NA	NA	NA	*
家庭直接排放磷的人口比例	12	1	13	43	NA	NA	NA	**
废物管理								
城市废物处理率	5	13	18	60	*	*	NA	*
玻璃没有循环利用的比率		2	2	7	*	NA	NA	NA

（续表）

	脱钩国家:个数和比例				国　家　案　例			
环境指标	绝对	相对	合计	比例(%)	美国	英国	法国	日本
物质利用								
直接物质投入/GDP		14	14	47	NA	*	*	NA
自然资源								
淡水利用/GDP	4	13	17	57	*	NA	**	*
未循环利用的纸和纸板/GDP	2	10	12	40	*	X	*	*
能源								
能源相关的 CO_2 排放/GDP	11	15	26	87	*	**	**	*
能源相关的 NO_x 排放/GDP	16	7	23	77	*	**	**	NA
能源相关的 SO_x 排放/GDP	22		22	73	**	**	**	NA
能源相关 CO_2 排放/平方米住房	4	4	8	27	*	**	X	X
能源相关 CO_2 排放/平方米厂房	1	1	2	7	X	NA	**	X
电力生产的 CO_2 排放	12	10	22	73	*	**	**	*
交通								
道路相关的 CO_2 排放/GDP		14	14	47	*	*	X	X
道路相关的 NO_x 排放/GDP	12	8	20	67	*	**	**	**
道路相关的 VOCs 排放/GDP	21	1	22	73	**	**	**	**
轿车相关的 NO_x 排放/GDP	19	2	21	70	NA	**	**	**
轿车相关的 VOCs 排放/GDP	19	2	21	70	NA	**	**	**
货运相关的 NO_x 排放/GDP	7	6	13	43	NA	**	X	**
货运相关的 VOCs 排放/GDP	7	6	13	43	NA	**	X	**
农业								
土壤表面氮增加/农业产值	14	3	17	57	*	**	**	**
农业甲烷排放/农业产值	10	3	13	43	*	**	**	**
农业 NO_2 排放/农业产值	10	3	13	43	*	**	**	**
用水强度:农业的用水/产值	3	2	5	17	NA	X	**	*
化肥消费/谷物产量	14	3	17	57	*	**	**	**
杀虫剂用量/谷物产量	10	2	12	40	NA	**	*	NA
制造业								
制造业的 NO_x 排放/增加值	10	4	14	47	*	**	**	NA
制造业的废物排放/增加值	4	1	5	17	NA	NA	NA	**
能源密集工业的 CO_2/增加值	5		5	17	**	**	**	X
制造业的淡水使用/增加值	5	1	6	20	NA	X	**	NA
总计	380	228	608	52	24	30	29	20

注:原表的 OECD 成员国家的总数为 30 个。原表包含 31 个指标,其中有些指标包含多个子指标;本表将其拆分成 39 个指标。** 表示绝对脱钩,* 表示相对脱钩,X 表示没有脱钩,NA 表示没有数据。

如果把全部 30 个国家 39 个指标作为 OECD 国家环境与经济脱钩的整体代表,那么,OECD 国家总的绝对脱钩率约为 33 %,总的相对脱钩率约为 19 %,总脱钩率约为 52 %。由此可见,在 OECD 国家,环境与经济的冲突,已经得到有效的控制,并在继续向好的方面转化。可以预计,在不远的将来,环境和经济的冲突,可以得到满意的解决方案。

三、生态现代化的环境评价

生态现代化是一个复杂的过程。它不仅与现代化的其他领域和方面相互作用,而且与自然环境的相互作用更为突出。生态现代化,既不是单纯的环境保护,也不是单纯的经济增长,而是环境进步和经济发展的双赢。这就意味着,我们既要研究人类活动对环境的影响(环境压力),也要研究环境保护的经济收益,还要分析环境和生态变化对人类福利的影响。为了理解和推进生态现代化,需要对各种过程和影响进行分析,环境评价是重要工具。

1. 环境压力和环境表现评价

(1) 环境是生态现代化的重要影响因子

生态现代化的影响因子,可以大致分为三类:国内因子、国际因子和环境因子。

国内影响因子主要有:人口规模、现代化水平、经济增长、农业、工业、交通运输、城市化、科技、文化、政治、地理条件、生产和消费模式等。

国际影响因子主要有:国际环境协议、国际贸易、国际政治、经济全球化、国际旅游、世界资源和能源、国际竞争、全球气候变化、跨国环境污染等。

环境影响因子主要有:全球的自然环境、国内的气候和空气、河流和水体质量、海洋环境、固体废物和有毒物、土地变化、森林、自然资源和生态系统的规模和质量等。

(2) 几种环境压力和环境表现评价

关于环境问题的评价方法有很多。目前,比较有代表性的环境压力和环境表现评价有欧盟和欧洲统计署的环境压力指标(EU and Eurostat 1999)、世界自然基金会等的生态足迹(WWF 2004)、美国耶鲁大学和哥伦比亚大学等联合完成的环境表现指数(YCELP 2006)和环境可持续指数(YCELP 2005)等。它们的指标结构如表1-65。

表1-65　四种环境压力和环境表现评价指标

	环境压力指标	环境表现指数	环境可持续性指数	生态足迹
指标结构	8个维度:资源损耗、废物、有毒物扩散、海洋和沿海地区环境、气候变化、空气污染、臭氧损耗、城市环境	2层6个维度:环境健康、生态系统活力和自然资源管理(空气质量、水资源、生物多样性、自然资源和可持续能源)	3层5个维度:环境系统、减少环境压力、减少人类伤害、社会和制度能力、全球服务	2层5个维度:食品纤维和木材,能源,建筑面积,生物能力,生态赤字
指标数量	48个指标	16个指标	21类76个指标	13个指标
主要功能	监测环境压力	监测环境管理绩效	监测环境状态	监测生态压力

环境压力指标(environmental pressure indicators, EPIs),是反映环境压力的一套指标;包含48个环境压力指标,但没有综合的环境压力指数。

环境表现指数(environmental performance index, EPI),是监测环境管理绩效的一种方法。EPI服务于两个环境目标:减少人类健康的环境压力,改善生态系统的活力和自然资源管理。它包括环境健康、生态系统活力与自然资源管理等2层16个指标(YCELP 2005)。

环境可持续指数(environmental sustainability index, ESI),是测量环境可持续性的一种方法。环境可持续性,指人类活动所需要的有价值的环境资源的长期维持。ESI测量自然资源存量、环境历史、污染存量和流动、资源开发、改变未来污染和资源利用的制度和能力(YCELP 2005)。

生态足迹(ecological footprint, EF),是测量生态压力的一种方法。EF测量一个人(或城市和国家等)所需要的有生物生产力的土地和水域面积。一个国家的生态足迹,等于为其提供消费和服务所需要的"全球面积",包括提供食品和纤维的消费、吸收能源消费的废物和提供基础设施等所需要的土地面积(WWF 2004)。

从各个研究机构发表的评价结果来看(表1-66),环境表现指数、环境可持续性指数和人均生态足迹(生态压力)都与人均国民收入显著正相关,这说明经济活动对环境的影响是非常明显的。有些发展中国家如巴西,它的环境可持续性好于许多发达国家。

表1-66 环境表现指数、环境可持续性指数和生态足迹的国际比较

国家	2003年人均GNI	2006年EPI	排名	2005年ESI	排名	2001年人均EF	排名
美国	37870	78.5	25	52.9	41	9.5	1
日本	34180	81.9	12	57.3	27	4.3	27
德国	25270	79.4	20	56.9	28	4.8	20
英国	28320	85.6	5	50.2	58	5.4	13
法国	24730	82.5	11	55.2	32	5.8	11
澳大利亚	21950	80.1	18	61.0	10	7.7	3
意大利	21570	79.8	19	50.1	62	3.8	30
加拿大	24470	84.0	8	64.4	5	6.4	7
俄罗斯	2610	77.5	28	56.1	30	4.4	25
墨西哥	6230	64.8	56	46.2	83	2.5	48
巴西	2720	77.0	30	62.2	9	2.2	52
中国	1100	56.2	84	38.6	120	1.5	71
印度尼西亚	810	60.7	69	48.8	69	1.2	81
印度	540	47.7	105	45.2	91	0.8	114
尼日利亚	350	44.5	109	45.4	89	1.2	82
世界平均	5510	—	—	—	—	2.2	—
国家样本数	129	—	118	—	128	—	130
相关系数		0.6326***		0.4699***		0.8163***	

注:EPI为环境表现指数,ESI为环境可持续性指数,EF为生态足迹。相关系数为各个指标与人均国民收入(人均GNI)的相关性;其中,2006年EPI和2005年ESI与2003年人均国民收入的相关性,2001年EF与2001年人均国民收入的相关性。***表示非常显著相关。

数据来源:YCELP 2006;YCELP 2005;WWF 2004.

2. 环境政策和环境治理的效益评价

20世纪70年代以来,世界许多国家都采取了环境保护、环境治理和管理的政策措施。在很长一段时间里,有不少人认为,环境保护和环境治理,只是投入,没有产出,没有效益。很显然,环境治理的社会效益是存在的,那么,环境治理有没有经济效益呢?关于环境政策和环境治理的效益评价,是改进和完善环境管理的有效工具。

1997年,美国环境保护署向美国国会提交了1970～1990年期间《清洁空气法案》的净收益的调查结果(泰坦伯格 2003)。结果显示,收益的现值(贴现率为5%)为22.2万亿美元,成本为0.523万亿美元,净收益为21.7万亿美元(表1-67)。

表1-67 1970～1990年美国《清洁空气法案》货币化的收益与成本

（单位:10亿元,以1990年美元价格计算）

	1975	1980	1985	1990	现值
收益	355	930	1155	1248	22200
成本	14	21	25	26	523
净收益	341	909	1130	1220	21700

注:数量化的收益:降低的死亡率、降低的慢性支气管炎、铅中毒、中风、呼吸系统疾病、心脏病的发生率、更为清晰的可见度、对建筑物伤害的减少、提高农业产出等。数量化的成本:商品和服务的环境成本(污染控制设备的安装、运行与维护成本),设计及实施相关规定、监督与采取强力措施遵守这些规定所引起的成本。第一种成本,是以更高的价格的形式,转嫁给了消费者。

资料来源:泰坦伯格 2003.

显然,污染控制是有经济意义的。如果要证明政策有效,还需证明净收益是最大的。

3. 联合国千年生态系统评价

2001年,联合国组织开展了千年生态系统评价(Millennium Ecosystem Assessment MEA)。它的主要目的是评价生态系统变化对人类福祉的影响,为加强对生态系统的保护和可持续利用、进而提高生态系统对人类福祉的贡献奠定科学基础(MEA 2005)。

此次评价重点是生态系统服务评价。生态系统服务是指人类从生态系统中所获得的收益,主要包括:(1) 提供食物、纤维、木材和能源等方面的供给服务;(2) 调节气候、洪水、疾病、废弃物和水质等方面的调节服务;(3) 提供观赏娱乐、美学享受以及精神收益等方面的文化服务;(4) 在土壤形成、光合作用和养分循环等方面的支撑服务(表1-13)。

生态系统评价获得一些重大发现(表1-68和表1-69)。结果显示,生态现代化势在必行。

表1-68 千年生态系统评价的四大发现

四大发现	主要内容
生物多样性大丧失	在过去50年中,人类对生态系统改变的规模和速度,超过了历史上任何时期同一时间段的情况;因此,造成了生物多样性的巨大丧失,而且其中大部分是不可逆转的
生态系统服务退化	人类对生态系统的改变,已经极大地促进了人类福祉的提高和社会经济的发展,但是,获取以上收益的成本日益上升,许多生态系统服务已经退化。除非人类找到正确的解决办法,否则,后代能够从生态系统获得的收益将大大减少
生态系统服务恶化	在21世纪前半叶,生态系统服务退化的状态可能恶化
通过重大改革,可以扭转生态系统服务的退化	在满足日益增长的生态系统服务需要的同时,扭转生态系统服务退化,是有可能的;但它需要重大的政策、体制和运行方式的改革。通过努力,可以找到保护和提高特定生态系统服务的许多选择

资料来源:MEA 2005.

表1-69 典型生态系统的比较特征

系统	面积(10^6千米^2)	占陆地比例(%)	城镇人口密度(人/千米^2)	农村人口密度(人/千米^2)	人口年增长率(‰)	人均GDP(美元)	婴儿死亡率(‰)	平均NPP(千克碳/(米^2·年))	保护区比例(%)
海洋	349.3	68.7						0.15	
海滨	17.9	4.5	1105	70	15.9	8960	41.5	—	7
内陆水域	10.3	7.0	817	26	17	7300	57.6	0.36	12

（续表）

系统	面积（10^6千米²）	占陆地比例（%）	城镇人口密度（人/千米²）	农村人口密度（人/千米²）	人口年增长率（‰）	人均GDP（美元）	婴儿死亡率（‰）	平均NPP（千克碳/（米²·年））	保护区比例（%）
林地	42.2	28.6	472	18	13.5	9580	57.7	0.68	10
旱地	60.9	41.3	750	20	18.5	4930	66.6	0.26	7
岛屿	9.9	6.7	1020	37	12.3	11570	30.4	0.54	17
山地	33.2	22.2	63	3	16.3	6470	57.9	0.42	14
极地	23	15.6	161	0.06	-6.5	15401	12.8	0.06	42
农地	35.6	24.1	786	70	14.1	6810	54.3	0.52	6
城镇	3.6	2.4	681	—	12.7	12057	36.5	0.47	0
全球	510	—	681	13	16.7	7309	57.4	—	4

注：不同生态系统有一些交叉。人口增长率为1990年至2000年的增长率，NPP为净初级生产力。

资料来源：MEA 2005.

小结

本章的分析，集中在三个方面。第一，现代化的生态效应和生态转型的300年时序分析；第二，现代化的生态效应和生态转型的8个截面分析；第三，生态现代化的案例分析，包括生态现代化的国际案例、环境评价和生态系统服务评价。由于历史的短暂，目前的生态现代化，存在许多的不确定性，或者说多样性。尽管如此，我们仍然可以归纳出一些基本趋势，或者说基本特征的苗头（表1-70）。这些是扩展生态现代化理论的事实基础。

表1-70 生态现代化的36个长期趋势和基本事实

编号	事实	编号	事实
	生态响应领域的长期趋势		
1	18世纪以来人口规模和人口密度在上升	6	18世纪以来人均矿产生产具有地域多样性
2	18世纪以来化石能源生产和生态足迹在增大	7	18世纪以来人均空气污染从上升到下降
3	18世纪以来人均耕地、草地和水资源在下降	8	18世纪以来人均工业废水BOD从上升到下降
4	18世纪以来人均森林资源和生物多样性在下降	9	18世纪以来温室气体在增加，但部分国家已经下降
5	18世纪以来人均钢铁产量从上升到下降	10	19世纪以来自然保护区在增加
	生态经济领域的长期趋势		
11	18世纪以来物质经济效率和土地生产率在上升	16	20世纪以来经济能源和资源密度从上升到下降
12	18世纪以来物质经济的比例在下降	17	20世纪以来单位GDP的CO_2排放从上升到下降
13	18世纪以来人均物质产值在上升	18	20世纪以来废物循环利用率在上升
14	20世纪以来谷物单产和现代有机农业在上升	19	20世纪以来自然资源消耗比例具有地域差异
15	20世纪以来化肥使用强度从上升到下降	20	20世纪以来EKC现象在上升
	生态社会领域的长期趋势		
21	18世纪以来物质劳动力比例在下降	26	20世纪以来城市废水处理率在上升
22	19世纪以来人均服务收入在上升	27	20世纪以来城市空气污染从上升到下降
23	19世纪以来长寿人口比例在上升	28	20世纪以来人均城市废物在上升
24	19世纪以来城市安全饮水和卫生设施在上升	29	20世纪以来能源使用效率从下降到上升
25	19世纪以来农村安全饮水和卫生设施在上升	30	20世纪以来环境风险具有地域差异
	生态现代化的基本事实		
31	20世纪生态效率和生态结构在持续变化	33	20世纪国际环境协议和国际污染有全球性影响
32	20世纪生态制度和生态观念在持续变化	34	人均收入与许多人均自然资源的相关性不显著
35	20世纪生态转型具有高度的不平衡性和不同步性	36	自然资源的生产和消费模式具有品种和地域差异

第二章　世界生态现代化的理论研究

生态现代化是人类文明与自然环境的一种相互作用。虽然世界生态现代化只有30多年历史，但工业文明与自然环境的相互作用约有300年历史，农业文明与自然环境的相互作用约有6000多年历史，而人类与自然的相互作用已经有200多万年历史。在漫长的历史长河里，人类积累了与自然相处的知识和经验，也不断重复地犯着一个错误，那就是随意改造和破坏自己生活的自然环境。到了20世纪70年代，人类终于从自己错误的严重后果中觉悟，重新发现了自然环境的价值。于是人类文明开始改变，世界现代化进入一个新阶段。

目前，关于人类与自然关系的相关理论和思想流派众多。显然，我们不可能在有限篇幅里，介绍每一种思想和流派的基本观点。本章重点介绍其中的一种思想，即欧洲学者提出的生态现代化理论（图2-1）。我们首先分析生态现代化的学科背景，然后介绍欧洲学者的生态现代化思想。在此基础

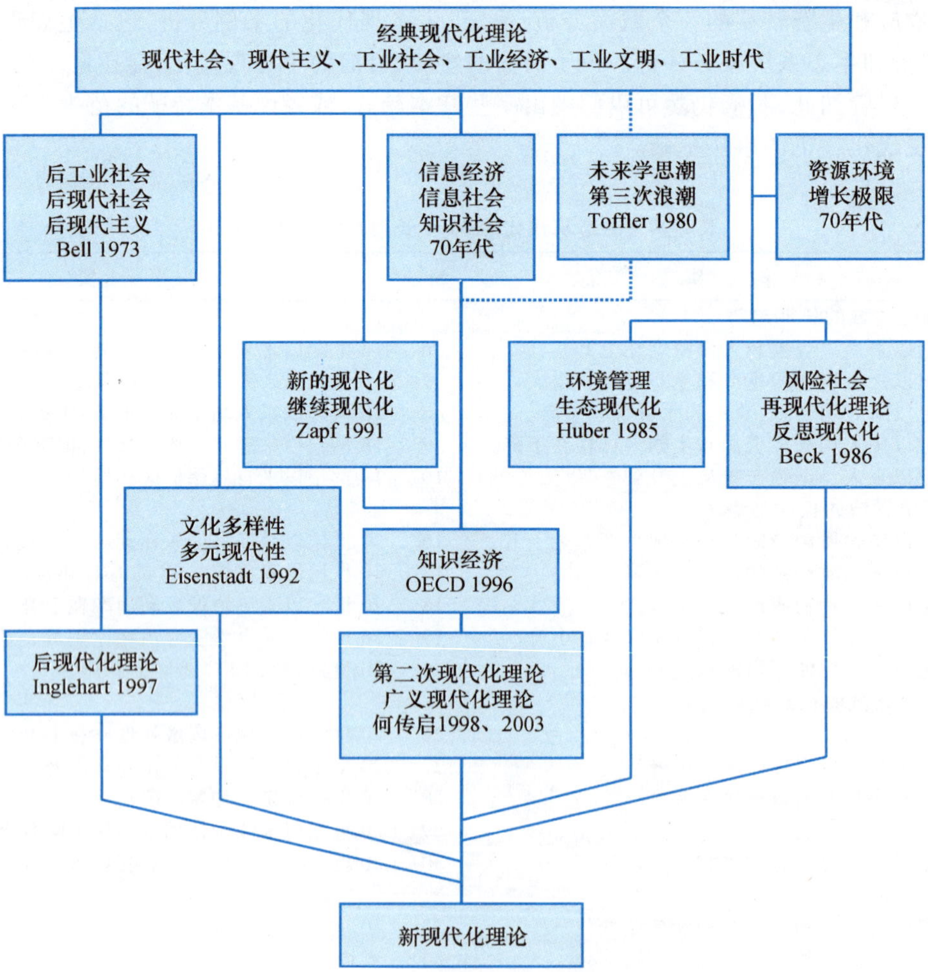

图2-1　生态现代化理论的诞生

资料来源：中国现代化战略课题组等2006.

上，结合第一章的历史事实，按照现代化研究的范式，对欧洲的生态现代化理论进行适度的扩展和开发，形成一种相对广义和系统的生态现代化理论。

第一节　生态现代化的学科背景

生态现代化既是世界现代化的生态转型，也是人类发展与自然环境的一种相互作用，它大约起步于 20 世纪 70 年代；但生态现代化理论是 20 世纪 80 年代诞生的（Young 2000）。尽管如此，生态现代化的思想源头和社会实践，可以追溯到很早。事实上，人类的诞生，就是人类的“动物祖先”与自然环境相互作用的结果。在漫长的人类发展史上，人类不得不适应自然和认识自然，逐步积累了关于自然的科学知识，发明了改造自然的技术方法，形成了开发和利用自然资源的社会经济制度，养成了如何处理自身发展与自然环境关系的思想观念和文化习俗。久而久之，就逐步形成我们熟悉的自然科学、技术科学、社会科学、人文科学和综合学科等五大系统构成的现代知识体系。这五大系统知识和思想的各个组成部分，都与“人类与自然关系”有直接或间接的联系，即与生态现代化有某种联系；其中联系最为紧密的部分，就构成生态现代化的学科背景（图 2-2）。显而易见，生态现代化涉及的学科非常多。我们只能非常简略地介绍其中的重点学科。

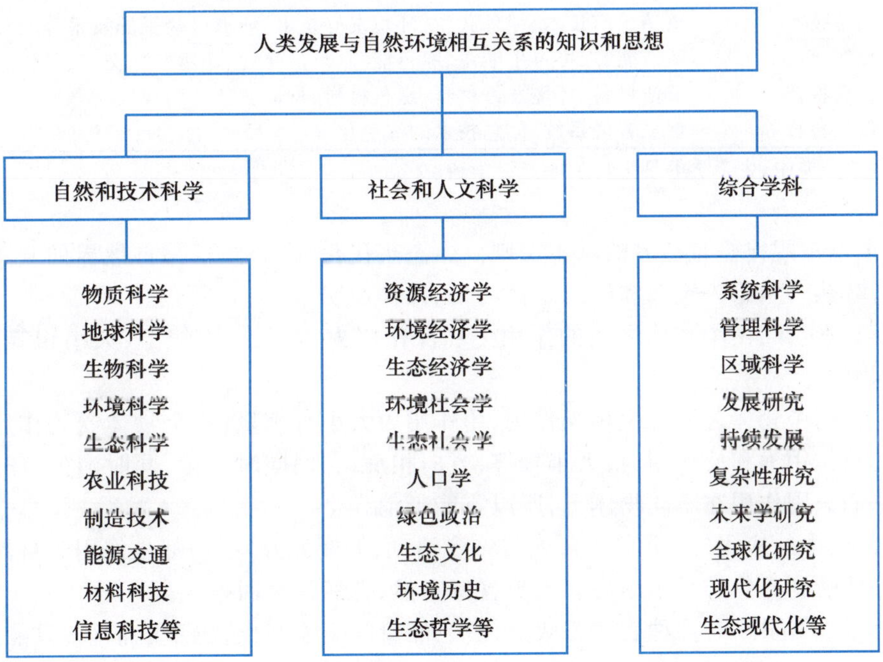

图 2-2　人类发展与自然环境相互关系的知识和思想

注：人类发展与自然环境关系的协调，需要自然科学、技术科学、社会科学、人文科学和综合交叉研究的多学科结合。其中，自然和技术科学提供相关的知识和技术，社会和人文科学提供相关的思想和政策（制度安排），综合研究（综合学科）结合前面四大科学的知识和思想，提供相对系统的解决方案。

一、自然和技术科学与生态现代化

概括地说，自然科学和技术科学为实施生态现代化提供了知识和技术。这些知识和技术，一方面为人类创造了巨大的财富和福利，同时也造成了对自然环境的巨大破坏和压力。现代的科学技术，既是环境压力的制造者,也为解决环境问题提供了新方法。在生态现代化过程中,科学技术是一柄双刃剑。我们需要识别和驾驭科学技术的两面性,合理地利用技术,开发环境和生态友好的科学技术,限制给环境造成巨大负面影响的科学技术的发展和应用。

1. 现代科技与生态现代化

现代科技的门类众多,其中,与生态现代化联系比较紧密的学科也不少,如物质科学、地球科学、生物科学、环境科学、生态科学、农业科技、制造技术、交通和能源科技、材料和信息科技等(表 2-1)。毫无疑问,环境科学和生态科学,与生态现代化的关系最紧密。

表 2-1 现代科技与生态现代化的关系

号	学科	与生态现代化的相关部分(举例)
1	物质科学	物质和能量的基本规律:牛顿第三定律、热力学第一定律、热力学第二定律等
2	地球科学	地球系统的规律和知识:矿产资源、气候、水、土壤、地球化学、地质、地理等
3	生物科学	生物系统的规律和知识:生物资源、生物进化、人类健康、生物多样性、生物圈等
4	环境科学	环境污染的控制和管理:空气污染、水污染、固体废物污染、污染控制和治理等
5	生态科学	生态学原理和应用:生态因子、能量流、物质循环、生态系统服务、工业生态学等
6	农业科技	农业的科技知识:生态农业、有机农业、自然农业等
7	制造技术	清洁生产技术、绿色化学、环境友好技术、环境可接受的技术等
8	能源交通	清洁能源、可再生能源、绿色能源、清洁交通、环境友好交通、绿色交通等
9	材料科技	清洁材料、环境友好材料、绿色材料、材料循环利用等
10	信息科技等	信息管理系统、信息技术的绿色化等

注:在自然科学分类中,生态学等是生物学的二级学科。

物质科学的基本规律是自然界的基本法则。生态现代化,也必然遵循自然界的基本法则。下面,以牛顿第三定律、热力学第一定律和第二定律为例,以作说明。

(1) 牛顿第三定律:两个物体之间的作用力和反作用力,在同一直线上,大小相等,方向相反,分别作用在两个物体上。

物理含义是:两个物体之间发生相互作用,用作用力大小来衡量;一个物体受到作用力,另一个物体受到反作用力;作用力和反作用力,大小相等,方向相反;它们同时产生,同时消失,任何一方都不能孤立地存在;它们分别作用在不同物体上,所以不能抵消。

在生态现代化中的应用(引申意义):人类许多活动,如资源开发等,都是作用于自然的;人类对自然的作用力,必然受到自然的反作用力。人类善待自然,自然就会回报人类。

(2) 热力学第一定律:有多种表述方式。例如:能量既不能产生,也不能消灭,只能从一种形式转换为另一种形式。这就是能量守恒和转换定律。能量和质量是可以相互转换的,遵循爱因斯坦的质能关系式:$E = m \times c^2$。其中,E 为总能量,m 为物体质量,c 为光速。所以,能量守恒定律,也可以称为能量和质量守恒定律。

物理含义是:自然界的能量和质量是守恒的,它们不能产生,也不能消灭,只会从一种形式转换成另一种形式;它在化学、电磁学、天文学和生物学等领域同样成立。例如,在化学中,有质量守恒定律:化学反应前后的物质质量是相等的。

在生态现代化中的应用:在任何时刻,地球的能量和质量都是有限的;在任何时期,地球上的能源和物质资源都是有限的;地球上的物质和能量,在不断地循环和转换之中。

(3) 热力学第二定律:有多种表述方式。例如:热自然地从高温物体向低温物体流动,但传输的热不能完全转化为有用的功;热量不可能自动从比较冷的物体转移到比较热的物体,实现这个过程就必须消耗功;一个孤立系统的热含量与其绝对温度之比,只会增大,而不会减少(熵增定律)。

物理含义是:热传导是从高温物体向低温物体的不可逆的单向过程(具有方向性的演化),只有部分传导的热量转化为有用的功,其他则发生了耗散(或其他影响);热能的转换效率低于 100 %;宇宙的熵趋向于一个最大值。

在生态现代化中的应用(引申意义):物质加工和能量转换,都需要做功和耗能;而且,转换效率永远低于 100 %。每一次加工和转换,都增加一次能耗和功耗,都需要提高效率。

2. 环境科学与生态现代化

生态现代化的一个核心目标是减少人类发展对自然环境的压力,实现经济增长与环境退化的脱钩。所以,环境科学与生态现代化的关系,是非常紧密的。

人类面临的重大环境危机包括:全球变暖、臭氧层破坏、生物多样性减少、酸雨蔓延、森林锐减、植被破坏、土地荒漠化、大气污染、水体污染、海洋污染、垃圾围城、放射性污染、战争造成的生态环境灾难等。此外,还有各种室内污染,如生活污染、建筑和装修材料污染等,新旧传染病的威胁和人类活动的宇宙污染等(张钟宪等 2005)。

生态现代化要求建立环境管理系统,改进环境表现,如提高物质和能量的使用效率,提高资源生产率,而不仅是提高劳动和资本生产率。环境管理系统包括三个方面内容,即环境信息、环境组织和个人、环境战略和操作管理(表 2-2)。

表 2-2 环境管理系统的主要内容

环境信息	环境组织和个人发展	环境战略和操作管理
(监督、分析、报告、传播) ① 环境统计、测量、标准 ② 环境可靠性 ③ 环境审计和风险评估 ④ 生命周期评估和生态平衡 ⑤ 环境问题管理、报告和传播	① 环境官员、环境协会 ② 绿色责任 ③ 环境问题成为日常工作 ④ 环境培训和教育 ⑤ 特殊行动如能源节约 ⑥ 绿色奖励	① 环境管理的目标和功能 ② 绿色议程:行动计划和目标 ③ 采用最好技术、不断改进工艺、全面质量管理,IS014000 ④ 绿色采购政策、供应链管理 ⑤ 绿色销售政策、鼓励绿色型顾客 ⑥ 产品改进 ⑦ 适应环境的产品设计 ⑧ 现场循环,工业生物系统项目、封闭的生产过程 ⑨ 清洁产品和工艺 ⑩ 环境有害物的替代产品

资料来源:Huber 2000.

环境管理需要进行技术创新,一些重要的环境技术应该受到重视,如环境评价、环境审计、生态技术、物流和供应链管理、环境经济学、工业代谢、为环境设计、清洁生产、绿色技术、绿色化学、环境友好技术、建设性技术评估和工业生态学等。

环境管理的一个难题是:准确计算生态系统的再生能力、承载能力、人口上限和人口下限。尽管如此,我们仍然希望得到结果,它们为制定环境管理政策提供科学依据。

环境管理是跨国的,甚至是全球的。环境的国际影响,表现在一个地区的活动可以在其他地区留下"生态印记",尽管有时候,活动者没有意识到他的行为已经产生了"国际影响"。生态印记是全球的,不仅是周围的(Rees and Wackernagel 1994)。这就要求环境管理的国际合作,甚至是全球行动,建立全球管理机制,如:气候和空气质量控制、森林、热带森林、海洋和热循环、土壤侵蚀和沙漠化、生物多样性保护等;一个国家向另一个国家转嫁环境和生态风险的做法,应得到有效控制。

在所有发达工业国家和新兴工业国家,都在发展环境管理系统,他们相互影响。绿色商业网络的发展代表了企业的响应。企业成为绿色的原因有三种(Huber 2000):(1) 法律原因:法律和行政管理的要求,对法律的遵守。(2) 经济原因:阻止成本下降、成本竞争力成为更重要的金融原因。(3) 社会原因:形象、股东要求、工人和顾客等社会的要求。环境管理,对企业而言,既是挑战也是机遇。

3. 生态科学与生态现代化

在所有自然科学和技术科学中,生态科学与生态现代化的关系最为紧密。生态科学是生态现代化的最重要的科学基础。生态学是研究有机体与其周围环境的相互关系的科学。环境包括生物环境和非生物环境。生态学的学科分支非常多,学科划分方法也不少,其中一种是理论生态学和应用生态学的划分,两个部分都与生态现代化紧密相关。

(1) 生态学原理

理论生态学是生态学的基础理论部分。生态学的基础理论很丰富,内容非常广泛。例如,生态学的基本概念(如生态因子、能量环境、物质环境、生物与环境的相互作用等)、种群生态学(如种群的形成、增长、调节、遗传与变异、生活史、竞争、偏利共生、互利共生和协同进化等)、群落生态学(群落的形成、结构、演替和分类等)、生态系统生态学(食物链、生态效率、反馈调节和生态平衡、能量流动、物质循环、生态系统分类、生态系统服务等);还有动物生态学、植物生态学、海洋生态学、陆地生态学、数学生态学等(孙儒泳等 2002)。

应用生态学是生态学理论的实际应用,其内容几乎涉及人类的全部经济和社会活动。例如,农业生态学、林业生态学、草地生态学、工业生态学、城市生态学、旅游生态学、景观生态学、资源生态学、恢复生态学、经济生态学、人类生态学等(张金屯等 2003)。

生态学的一些基本规律,对生态现代化有指导意义。例如,生物与环境相互作用、生物的限制因子、种间竞争、互利共生、协同进化、群落演替、食物链、生态效率、能量流动、物质循环、生态系统平衡、生态系统服务和收获理论等。

(2) 工业生态学

工业生态学是应用生态学的一个分支。工业生态学没有统一定义。一般而言,“工业生态学是人类在经济、文化和技术不断发展的前提下,有目的、合理地去探索和维护可持续发展的方法。工业生态学要求不是孤立而是协调地看待产业系统与其他环境的关系。这是一种试图对整个物质循环过程——从天然材料、加工材料、零部件、产品、废旧产品到产品最终处置——加以优化的系统方法。需要优化的要素包括物质、能量和资本”(格雷德尔,艾伦比 2003)。工业生态化是实现可持续发展的重要途径(表 2-3)。

表 2-3 技术与社会交互作用的几种方式

方 式	对技术的影响	结 果
绝对生态化	退回到原始状态	无法控制人口增长,没有发展
深度生态化	适当的技术,在可能条件下尽量减少技术的发展	人口低增长,经济技术发展缓慢
工业生态化	在控制环境恶化的前提条件下不断进行技术创新,除非是环境限制,否则鼓励技术的应用	适当人口增长,经济、技术和文化的可持续发展
维持现状	只对特定的环境问题进行重点治理,例如禁用氟里昂	无法控制人口大爆炸,发展中断

资料来源:艾伦比 2005.

工业生态学借鉴生物生态系统的知识，研究和寻找使工业体系像生态系统一样正常运转所需要的革新途径，工业代谢研究是它的先决条件（埃尔克曼 1999）。工业代谢研究方法的基本原理是质量守衡定理。一定数量的物质因人类活动而消失在生物圈里，但其质量却是守衡的。物质没有或者不再有价值，但没有从地球上消失。工业代谢研究、揭示经济活动纯物质的数量和质量规模，分析构成工业活动全部物质的流动和储存，建立物质收支平衡表，描绘其行进路线和动力学机制，指出它们的存在状态和影响。

工业代谢研究可以有不同方式。① 研究有限区域内的环境污染物的代谢，特别是大江大河和人口密集地区的工业代谢研究。② 研究一组物质，特别是有毒重金属的工业代谢。③ 研究某种物质的工业代谢，它的不同形态及其与生物圈的相互作用，如硫和碳代谢。④ 研究与某种产品或工业相关的物质和能量流。

生态现代化理论的提出者胡伯教授认为，工业生态学是生态现代化的一个核心概念。工业生态学的目的是建立工业代谢机制，就像自然的代谢机制一样。传统工业常常是环境不适应的，从传统工业结构向生态现代化的工业代谢机制的转移，预示着大量的、基础的技术创新，而不仅是效率增加和少量的生产线修改（Huber 2000）。

工业生态学的关键技术有：面向环境的设计（DfE）和生命周期评价等（表 2-4）。

表 2-4　工业生态学的两个关键技术

面向环境设计的七个战略	面向环境的设计的六个步骤	生命周期评价的五个阶段
1. 新发展观	1. 建立设计纲要	1. 生产前阶段
2. 物理优化	2. 分析产品的环境特性	2. 产品生产
3. 物质应用的优化	3. 分析内部和外部驱动因素	3. 产品运输
4. 生产技术的优化	4. 分析各种改进选择	4. 产品使用
5. 销售系统的优化	5. 研究选择的可行性	5. 使用后处理
6. 减少使用过程的环境影响	6. 建立可下载的工作表	（翻新、再循环或最终处置）
7. 产品终端系统的优化		

资料来源：NRC CANADA 2003. 格雷德尔和艾伦比 2003.

二、社会和人文科学与生态现代化

一般而言，社会科学和人文科学为实施生态现代化提供思想和政策。这些思想和政策，一方面影响人们对生态相关技术的选择，另一方面影响人们的行为模式，包括政策选择和生活模式选择。所以，生态现代化，不能没有社会和人文科学的支持。

1. 现代社会科学和人文科学与生态现代化

生态现代化是在现代科技、现代社科和人文科学的土壤里产生的，它必然带有时代的烙印。所以，现代社会科学和人文科学对生态现代化的影响，是多方面的和深刻的（表 2-5）。

表 2-5　现代社会科学和人文科学与生态现代化的关系

序号	学科	与生态现代化的相关部分（举例）
1	经济学	资源经济、环境经济、生态经济、进化经济学、空间经济学、稳态经济、循环经济等
2	社会学	环境社会学、生态社会学、公民社会、风险社会、人口学、环境运动、生态运动等
3	政治学	绿色政治、生态主义、环境主义、自然主义、生态平等等
4	文化学	环境文化、生态文化、饮食文化、环境伦理、生态伦理、生态文明等
5	历史学	世界环境史、世界生态史、绿色文明史、国家环境史、文明与环境的关系等
6	哲学等	环境哲学、生态哲学、绿色哲学等

2. 经济学与生态现代化

生态现代化的两个有力武器是:环境友好科技和市场经济规律。环境友好科技提供的是实用知识和技术,市场经济规律提供的政策杠杆和措施。环境友好的知识创新和制度创新,两者的结合,组成生态现代化的双轮驱动。

现代经济学流派众多,学科分支也不少。其中,与生态现代化关系紧密的分支学科有:资源经济、环境经济、生态经济、进化经济学、技术经济学、空间经济学、稳态经济、循环经济、绿色经济、工业经济、农业经济、交通经济、能源经济、旅游经济、经济全球化等。

3. 社会学与生态现代化

社会学与生态现代化的关系也是非常紧密的。例如,人口学、环境社会学、生态社会学、健康社会学、消费心理学、风险社会、公民社会、食品安全、能源安全、资源安全、环境风险、生态危机、环境运动、生态运动、与环境相关的非政府组织(NGOs)等。

三、综合学科与生态现代化

生态现代化,不仅需要生态相关的知识和技术,也需要环境相关的思想和政策,还需要综合的解决方案。后者就是综合研究的任务。所以,综合学科是生态现代化的重要基础。

1. 现代综合学科与生态现代化

现代科学发展的一个重要趋势是,从学科分化走向学科综合;现代科技政策的一个重要趋势是,从学科导向走向问题导向。当然,这不是说,学科分化和学科导向不重要,而是说,要在学科分化和学科导向的基础上,加强学科综合和问题研究。毕竟,科学研究的两个主要功能是认识自然和改造自然,它们是密切相关的。综合研究,为解决问题提供解决方案。显然,生态现代化也需要解决方案,综合学科与生态现代化的联系就此产生(表 2-6)。事实上,生态现代化本身就是一种综合研究。

表 2-6 现代综合学科与生态现代化的关系

序号	学　科	与生态现代化的相关部分(举例)
1	系统科学	系统论、控制论、信息论、突变论、协同学、复杂性研究等
2	管理科学	运筹学、博弈论、资源管理、环境管理、生态管理等
3	区域科学	区域发展研究、新经济地理、区域经济、城市管理、区域资源和环境等
4	发展研究等	国家发展研究、全球化研究、"可持续发展"研究等
5	未来学研究	生态和环境相关的未来学研究等
6	现代化研究等	第二次现代化理论、风险社会和反思现代化、生态现代化等

在现代综合学科中,系统科学、管理科学、区域科学、发展研究和现代化研究等,都与生态现代化关系紧密。"可持续发展"(Sustainable Development)和风险社会等,与生态现代化直接相关(Cohen 1997, Huber 2000)。生态现代化是现代化研究的一个分支学科。

2. "可持续发展"与生态现代化

"可持续发展"研究,文献浩瀚,解释繁多,不胜枚举。究其根源,可以追溯到 1987 年出版的《我们共同的未来》报告。著名政治家、挪威前首相布伦特兰夫人领导的世界环境与发展委员会(WCED)完成的这本报告,提出"可持续发展",倡议"代际公平"的发展(表 2-7)。发展是永恒主题,但如何实现"代际公平"的发展,是一个尚没有解决的问题。

表 2-7　WCED 关于“可持续发展”的定义和原则

	“可持续发展”的定义和原则	内容的特点
定义一	人类有能力使发展持续下去，也能保证使之满足当前的需要，而不危及下一代满足其需要的能力	人类的持续发展和代际公平
定义二	可持续发展是既满足当代人的需要，又不对后代人满足其需要的能力构成危害的发展。它包括两个重要的概念：“需要”的概念，尤其是世界上贫困人民的基本需要，应将它放在特别优先的地位来考虑；“限制”的概念，技术状况和社会组织对环境满足眼前和将来需要的能力施加的限制	代际公平的发展
定义三	可持续发展是一种变化过程。在这个过程中，资源的开发、投资的方向、技术开发方向和机构的变化都是互相协调的，并增强目前和将来满足人类的需要和愿望的潜力	一种变化过程，相互协调，增强满足人类需要的潜力
原则一	自然可持续性意味着对各代人之间社会公正的关注，但必须合理地将其延伸到对每一代人内部的公正的关注	代际公正，每代的代内公平
原则二	人类需要和欲望的满足是发展的主要目标。可持续发展要求满足全体人民的基本需要和给全体人民机会，以满足他们要求较好生活的愿望	全体人民的基本需要和机会
原则三	可持续发展要求：鼓励在生态可能的范围内的消费标准和所有的人的可以合理地向往的标准	双重标准，与原则一不协调
原则四	可持续发展要求：社会从两个方面满足人民需要，一是提高生产潜力，二是确保每人都有平等机会	提高潜力，人人机会平等
原则五	只有人口发展与生态系统变化的生产潜力相协调，可持续发展才能进行下去	控制人口
原则六	可持续发展不应当危害支持地球生命的自然系统：大气、水、土壤和生物	生态保护
原则七	至于像矿物燃料和矿物这样不可再生资源，对它们的利用则会减少供子孙后代将来利用的储存量，但这并不意味着不应该利用这种资源	不可再生资源，不可持续，也要开发
原则八	可持续发展要求：为了保持生态系统的完整性，要对大气质量、水和其他自然因素的不利影响减少到最小程度	减少环境压力
原则九	根据可持续发展概念制定政策的主要目标：恢复增长；改变增长的质量；满足就业、粮食、能源、水和卫生的基本需要；保证人口的持续水平；保护和加强资源基础；重新调整技术和控制危险；把环境和经济融合在决策中	多目标，与传统发展的区别在于，增加了环境意识

资料来源：世界环境与发展委员会（WCED）1997.

在过去20多年里，学者们在不断探索如何实现“可持续发展”，有些学者还提出了一些质疑（表2-8）。其中，有两个观点有启发意义。第一，在人类文明史上，没有一个国家真正实现国家内部的代内公平。如果代内公平没有实现，那么代际公平就更难实现。如果一个国家内部没有实现代内公平，那么，实现全人类的代内公平和代际公平将是更难的。当然，历史上没有，并不意味着未来不可实现。第二，矿产资源和生物资源的开发，似乎难用“可持续发展”来解释。我们知道，在一定技术和经济条件下，矿产资源的储量有限，不能无限发展（无限扩大开发强度或延长开发时间）；根据生态学的收获理论，生物资源可以合理开发和永续利用，但不能无限发展（无限增大开发强度），过度开发将破坏生物资源。

表 2-8 外国学者关于"可持续发展"概念的若干质疑

	关于"可持续发展"的定义和原则的质疑(举例)	评 述
质疑一	WCED 有意使其定义模糊不清,使可持续发展概念不被局限于任何特定范畴;在可持续发展的可衡量目标方面少有建树(联合国等 2004)	概念模糊不清,可操作性不够
质疑二	可持续发展的定义,是以人类为中心的,也就是说,它只着眼于人类。其他生物只被用以满足这个目标(艾伦比 2005)	与生态伦理不符
质疑三	根据现有的知识,谁也不知道一个可持续发展的全球经济将是一个什么样的模式。人与人之间的平等,在人类历史上从来没有发生过,在未来的一段时间内也不可能发生(艾伦比 2005)	与人类历史经验不符,未来短期内也不可能发生
质疑四	传统的可持续发展定义来自于社会科学而非自然科学。它掩盖了一个错误认识,即希望在一个非持续的全球体系中,建立可持续的子系统,尽管这个子系统内部有可能具备一种可持续性。可持续性必须基于将全球看做一个整体系统。在全球系统中,任何一个子系统,如一个国家、一个企业、一个地区乃至一个人,其可持续性只能基于一个可持续的全球系统来定义。我们无法判断一个子系统是否具有可持续性,直到整个系统都达到这种可持续的状态	子系统不能独立于系统之外。没有全球可持续性,就没有真正的国家或地区的可持续性
质疑五	在同代和代际之间重新分配财富,势必遭到那些失去财产的阶层的反对	不可操作

资料来源:艾伦比 2005,Redclift 1993,Beckerman 1994,Kirby 1995,Reid 1995,Welford 1995.

根据 WCED 的定义,"可持续发展"是代际公平的发展,优先消除贫困。如果能够实现,那么,富国和穷国的差距就会逐步缩小。根据 OECD 的报告,在过去的 180 年里,5 个最富国家和 5 个最穷国家的人均 GDP 的相对差距(按 1990 年国际美元计算),从 3 倍扩大到 72 倍(图 2-3);国际贫富差距在迅速扩大。过去 180 年的世界经济表明,至少有 5 个国家在波浪式的持续发展(Continued Development),至少有 5 个国家处于"持续贫困"(Sustainable Poverty)状态。这种长达 180 年的持续贫困现象,可以简称为世界发展的"持续贫困陷阱"(图 2-4)。显然,世界经济要达到"可持续发展"的要求,不是一件容易的事情;发展中国家需要采取措施,避免陷入世界发展的"持续贫困陷阱"。

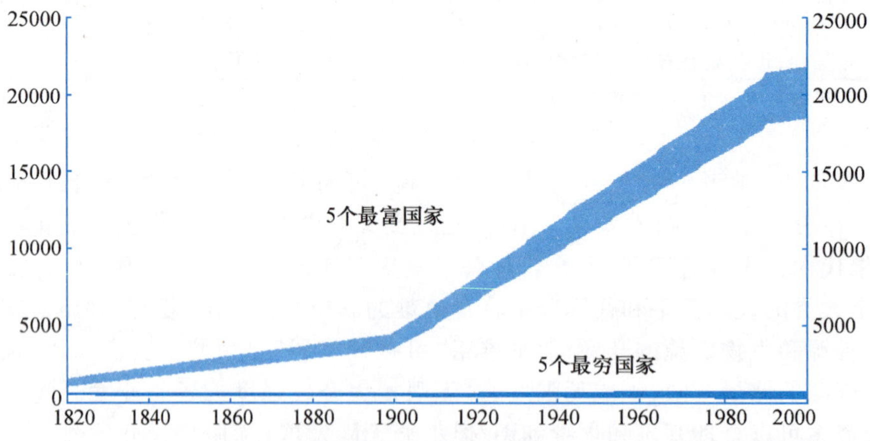

图 2-3 人均 GDP 的国际不平等的趋势(按 1990 年价国际美元计算)

资料来源:OECD 2001b.

根据 WCED 的解释,"可持续发展"与生态现代化有部分交叉。交叉部分是:两者都强调环境和生态保护;不同地方是:"可持续发展"要求,以满足人类需要为目标,实现代际公平(WCED 1987);生态现代化要求,经济增长与环境退化脱钩,人类与自然互利共生。

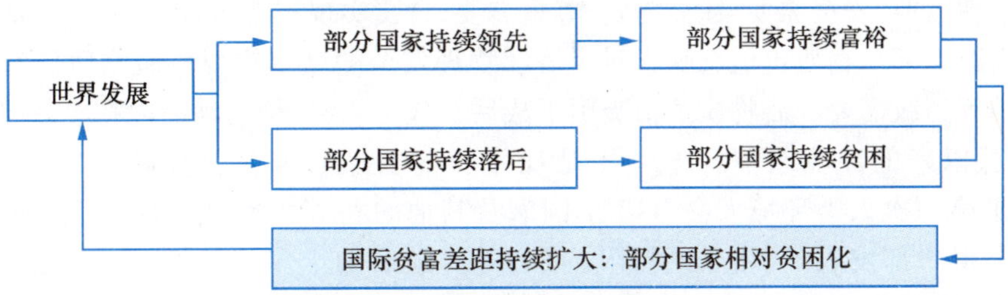

图 2-4　世界发展的持续贫困陷阱

3. 现代化研究与生态现代化

现代化研究是一种多学科的综合研究，属于综合学科的一门学科。生态现代化，是现代化研究的一个重要分支和研究领域。现代化研究的发展，大致分为三个阶段：经典现代化研究、后现代研究和新现代化研究。在第三个阶段，出现了生态现代化、风险社会和反思现代化、多元现代性和第二次现代化理论等不同流派，但它们都是紧密相关的。

生态现代化，重点研究世界现代化的生态转型，研究国家现代化与自然环境的相互作用。它既要遵循现代化研究的一些规范，同时受到生态学、经济学和社会学等学科的影响，具有非常多的交叉学科和综合学科的特点。生态现代化研究，丰富了现代化研究的内涵。

第二节　欧洲的生态现代化研究

生态现代化理论诞生于 20 世纪 80 年代早期的欧洲。经过 20 多年的发展，它已经成为环境社会学一个主要理论。生态现代化研究的学者主要集中于欧洲国家，故简称为欧洲的生态现代化理论；当然，其他地区如北美和东亚等，也有相应的研究（Mol 2001）。

一、生态现代化研究的简史

在 20 世纪 70 年代，环境运动产生了巨大的社会影响，而环境保护被看成是企业和政府的负担。是要环境保护，还是要就业和经济增长，成为一个两难的选择。在 80 年代后期和 90 年代，生态现代化概念进入发达工业国家的政策议程，它是一个全新的选择。生态现代化认为，在生态学原则指导下，环境管理和经济增长的协同发展，是有可能实现的（Young 2000）。

关于生态现代化的起源和发展，已有专门分析。例如，《全球化和环境改革：全球经济的生态现代化》（Mol 2001）、《全球范围的生态现代化》（Mol and Sonnenfeld 2000）、《生态现代化的兴起》（Young 2000）和《环境议程的政治：生态现代化和政治过程》（Hajer 1995）等，它们分析了生态现代化的兴起和原因。下面，直接引用学者们的相关研究结果。

1. 生态现代化研究的起源

（1）生态现代化的历史根源

生态现代化研究，源自环境运动和环境改革。从本质上说，生态现代化是一个效率导向的环境问题的解决方案（Hajer 1995）。

首先，60 年代以来的环境运动。现代环境主义，起源于 20 世纪 60 年代（Hajer 1995）。这种环境意识和表现形式随着时间而变化。1962 年，美国学者卡逊的《寂静的春天》，描述了破坏大自然的可怕后果，唤醒了环境意识。环境问题震惊了整个社会。美国学者殷格哈特的《无声的革命》，描述了 60 年代从物质价值向“后物质价值”的市场转型。根据心理学家马斯洛的需求层次理论，人的需求是有层次的，主要包括生理需要、安全需要、社会需要、尊重需要、自我实现需要等；需求满足从低到高，先满足物质需要，后满足高级需要。物质价值反映人对经济和物理安全的基本需要。后物质价值，反映人对自我发展、知识和审美等高级需要。后物质价值吸引了战后一代，成为环境运动的内在原因（Hajer 1995）。

其次，70年代以来的环境改革。1972年是现代环境主义的重要里程碑（UNEP 2002）。在这一年，联合国召开了第一次人类环境大会，113个国家及其他的利益相关团体参与了讨论；成立了联合国环境规划署；罗马俱乐部发表了《增长的极限》报告等。随后的十多年里，联合国有关机构、OECD、欧盟和许多国家的政府和非政府组织，推动了环境改革。

其三，环境运动的社会冲突和政策转变。环境运动是多种思潮的混合体。其中，有激进环境主义者、反工业化、反理性化和反现代化运动，还有反文化、反核运动等。环境运动改变了政府与社会、企业与政府的关系。环境冲突演变成为一种社会冲突。它需要一种新的环境政策。

促进环境政策发生转变的原因至少有四个（Hajer 1995）。其一，激进环境主义受到70年代后期经济衰退的影响。在经济衰退、通货膨胀和大量失业面前，环境问题失去吸引力。其二，环境运动自身也发生了重要变化，非政府组织领导人逐步认识到，激烈对抗模式可能降低环境运动的社会影响力，他们采用参与战略替代早期的对抗战略。其三，其他环境问题如酸雨和臭氧层减少出现，需要的是公众理解和参与，而不是反核运动式的政治运动。其四，出现了替代的方案。科学家和专业机构的工作，提供解决环境问题的新概念和新方案。

（2）生态现代化兴起的三个途径

生态现代化是环境议程（environmental discourse）的一种重构，它至少发生在三条路径上。20世纪70年代后期和80年代早期，环境议程在三个方面的转变，导致了以生态现代化为理念的国家议程联盟的形成（Hajer 1995）。

第一条路径与1980年发表的《世界保护战略》（WCS）有关。这个报告是自然保护国际联盟（IUCN）、世界自然基金（WWF）和联合国环境规划署（UNEP）合作完成的，联合国粮农组织（FAO）和教科文组织（UNESCO）也参与合作。他们建议，以资源高效利用和环境规划为基础，保护濒危物种和生态系统，促进自然保护和环境政策的制定。围绕WCS，形成了环境领域的一个新联盟。

第二条路径与OECD的活动有关。1970年OECD环境委员会成立。作为环境问题的思想库和协调者，它特别强调经济与环境的关系。在1979～1984年期间，它组织了许多会议，发表研究报告。1984年6月，它组织了环境与经济的国际会议，讨论环境政策的收益、环境和工业创新、环境治理的效益和效率、经济政策的作用等。会议的主要结论是：如果管理合理，经济和环境是相互促进的，也是支持技术创新的和由技术创新支持的（OECD 1985）。经济发展和环境保护可以形成相互促进效应（Gouldson and Murphy 1997）。

第三条路径与联合国关于发展、安全和环境问题的委员会有关。联合国的一系列报告，包括《北方—南方：生存的规划》（1980）、《公共安全》（1982）、《公共危机》（1983）和《我们共同的未来》（1987）等，形成了关于环境与经济的相互作用的超国家共识（Hajer 1995）。

在80年代中期，欧盟成为讨论生态现代化的第四个超国家论坛（Young 2000）。欧盟成员国，包括荷兰和德国等。他们讨论和发展了生态现代化的一些核心概念，并被欧洲委员会第四个环境行动计划（1986）所采纳，荷兰的环境政策很好地体现了生态现代化的理念。

（3）生态现代化兴起的深层原因

生态现代化的兴起，除了上述原因外，还有深层次的起因（Young 2000）。

首先，生态现代化改善了政府与企业的关系，减少了冲突，增加了合作。70年代的环境政策，强调的是污染治理、环境监管和企业责任。生态现代化认为，环境保护和经济发展可以实现双赢；政府和企业可以合作,共同解决环境问题。

其次,生态现代化给国家和地方政府带来了环境收益,例如,较少的水污染、破坏地点的美化和再利用、改进地区生物多样性和生活质量等。

其三,生态现代化对政府和企业有吸引力,因为它提供了缓解和调节环境运动的一种途径,而且没有影响绿党的诉求。

其四,生态现代化对政府的吸引,因为它认为环境问题的解决,不需要根本性的结构变化。

其五,生态现代化对企业的吸引,因为越来越多企业的领导认识到,更多的环境保护,不像70年代认为的那样,会降低经济增长;相反的是,环境保护会导致更高的资源生产率和收益。企业领导发现,环境破坏会影响企业的长期发展,限制和控制环境污染符合企业利益;环境意识导致了环保相关的新产品需求,产生了新的市场机会;环保市场领先的企业,将增强竞争力,相反将失去竞争力。

其六,采用生态现代化战略的企业能够获得实际利益。例如,改善与政府管理部门和地方政府的关系,减轻管理的负担;改善与地方群众的关系,改善与股东的关系,改善与企业员工的关系,减轻社会公众压力;增加参与地方合作的能力,可能带来新的利益。

其七,社会环境意识的增长,推动了生态现代化。在有些民主国家,环境问题成为选举议题。绿党成长,主流政党关注环境问题,新的环境制度和政策得以实施。

其八,全球化推动了生态现代化。国际环保协议,国际生产和贸易,都对政府和企业产生实际的影响。生态现代化从发达国家向其他国家扩散。

2. 生态现代化研究的三个发展阶段

20世纪70年代以来,工业化国家普遍发生社会制度和生产模式的环境改革和生态转型。生态现代化理论,试图去解释和描述这个转型过程的性质、内涵和动力(Mol 2001)。

荷兰学者摩尔认为,最先是20世纪80年代早期,少数西欧国家如德国、荷兰和英国,首次提出生态现代化理论。早期做出贡献的社会学家包括:德国学者 M. Janicke, V. V. Prittwitz, U. Simonis, K. Zimmermann;荷兰学者 G. Spaargaren, M. Hajer, A. P. J. Mol;英国学者 A. Weale, M. Cohen, J. Murphy。德国学者胡伯(J. Huber)被认为是生态现代化的提出者(Mol and Sonnenfeld 2000)。生态现代化研究,大致分为三个阶段(表2-9)。

表2-9　生态现代化研究的三个发展阶段

发展阶段	大致时间	主要内容和特点
第一阶段	20世纪80年代早期	① 强调技术创新在环境改革中的作用,特别是工业生产的技术创新;② 对官僚机构和低效率持批评态度;③ 支持环境改革的市场作用和市场动力;④ 关于社会机构和社会冲突的系统观;⑤ 国家层次的分析
第二阶段	80年代后期至90年代中期	① 比较淡化技术创新的关键作用;② 更多强调政府和市场作用的平衡;③ 更加强调制度和文化的作用,社会机构在环境诱导的社会转型中作用;④ 集中研究OECD国家与工业生产国家的比较
第三阶段	90年代中期以来	扩展研究的理论范围和地理范围,包括消费的转型、非OECD国家的研究、全球的生态现代化过程。有人称为生态现代化时代,研究重点包括:① 环境问题给社会、技术和经济改革带来的挑战;② 现代性的核心社会制度的转型,包括科技、生产和消费、政治和治理、市场制度等,在地方、国家和全球多个层次上的转型;③ 定位于科学领域,明确区别于反生产力、反工业化、后现代主义、强社会结构主义和许多新激进主义

资料来源:Mol and Sonnenfeld 2000. Mol 2001.

3. 生态现代化研究的相关争论

一直以来,生态现代化理论就面临各种不同理论的论战(Mol and Spaargaren 2000)。例如,在早期,它与反工业化理论、反生产力理论等激进理论的争论;后来,它与后现代主义、生态中心主义、环境社会不平等理论等的争论。这些论战,既来自内部,也来自外部。生态现代化理论,从这些辩论中吸收了营养,不断完善和发展自己。

(1) 生态现代化的早期争论

只有了解生态现代化诞生时的学术争论,才能较好地理解它(Mol and Spaargaren 2000)。对早期争论的认识,可以理解为什么要提出生态现代化。

首先,反工业化理论。20 世纪 70 年代,西欧国家的环境运动和社会学家中,一个强势思潮是所谓的"反现代化、反工业化、反生产力理论"。环境运动的传统观念认为,污染和资源破坏是工业化的产物,为了进入长期的可持续发展,工业社会的核心制度必须进行基本的重构,包括工业生产体系、经济的资本主义组织和核心国家。他们以此为依据,全面批判现代化。反生产力理论者宣称,环境和生态退化,是现代化过程走向死亡结局的证据。

生态现代化理论认为,现代化模式的某些根本转型是需要的,转型的目的是修复它的结构缺陷,这些缺陷导致了严重的环境破坏;但是,这并不意味着对现代社会制度的放弃;现代化没有过时,但需要结构转型。生态现代化理论是对"反现代化理论"的挑战。

其次,关于技术的争论,这是双方辩论的核心问题。反工业化和反现代化理论者认为,生态现代化是一种技术乐观主义和潜在的技术统治论(technocratic)。面对批评,生态现代化研究者做出了回应。例如,哈杰把生态现代化分为"技术-社团式"(techno-corporatist)的和反思的(reflexive)生态现代化;克雷斯托夫把生态现代化分为弱(经济技术的)和强(制度民主的)生态现代化(Mol and Spaargaren 2000)。

其三,风险社会和反思现代化。在早期,生态现代化理论与风险社会理论是对立的。风险社会理论,跟反工业化和反现代化理论一样,是科学技术的根本批判者。现在,双方有一些共同点,例如,环境转型是有风险的,环境风险是存在的(Mol and Spaargaren 2000)。

当然,还有一些其他的争论,如绿色资本主义和生态友好的资本主义等。

(2) 生态现代化的当代争论

当前,生态现代化的争论,发生在物质主义与后现代主义、激进主义与改革主义、环境改革的社会不平等等方面。

首先,后现代主义。后现代主义是众多思想的集合。许多后现代主义者强调后物质价值,认为环境问题是现代化的产物,对现代化持反对或批评态度;有些后现代思想是反现代、反理性、反工业化和反现代化的。生态现代化理论认为,社会的物质性不能减弱,现代化还要继续,现代化产生的问题,可以通过进一步的现代化来解决;工业化问题,可以由超工业化解决。

其次,激进生态中心主义与环境改革主义。生态主义认为,现代价值或现代生产和消费模式需要根本改变,生态主义意味着真正的绿色价值、绿色运动和绿色政治等。激进生态主义者认为,生态现代化是关于环境改革的调和产物。生态现代化理论,没有把环境目标作为首要目标,而是把它与经济目标放在一起,作为政府决策的重要考虑。还有人认为,生态现代化理论,为政府的保守环境政策提供了某种辩护。

其三,生态重建与社会不平等。有人认为,生态改革,环境友好的住房、汽车、食物和服务都是为富人服务的,穷人需要面对关于食物、能源和水的环境税。这扩大了社会不平等。生态现代化理论,关注发达国家的环境改革和生态转型,这种生态转型扩大了国际不平等。深生态学运动,要求平等对待动物。环境相关的社会不平等,成为争论的热点问题。

生态现代化面临的争论,并没有削弱生态现代化理论本身。一方面,环境意识和环境改革在发展;另一方面,生态现代化也在不断自我完善和改进。争论促进了它的发展。

二、欧洲的生态现代化理论

生态现代化理论是一个非常有活力和不断发展的思想流派。虽然它已经有30多年历史,但迄今没有清晰的、统一的理论定义和表述(表2-10)。虽然没有统一定义,但生态现代化理论有一个共同观点:经济发展和环境保护,能够协同起来,实现双赢。

表2-10　生态现代化的含义

	生态现代化的定义或解释	参考文献
1	生态现代化是一个乐观的环境议程,它认为通过技术进步、减少资源消费和提高利用效率,能够在经济社会发展的同时保护环境	Wikipedia 百科全书(网络版)
2	生态现代化是一种利用人类的智慧去协调经济发展和环境进步的理论	Huber 1985
3	生态现代化既是一个广泛的社会过程,是生产和消费的工业模式的生态转型过程(丑陋的工业毛毛虫转形为生态蝴蝶);也是工业社会发展的一个必然阶段,是1980年开始的第三阶段	Huber 1982, Murphy 2000, Andersen 2002
4	生态现代化是一种前瞻的和预防性的环境政策,它与预防性原理紧密相关,涉及生产和消费模式的长期的结构转变	Andersen and Massa 2000
5	生态现代化是一个不可避免的社会转型过程,是从工业现代性向生态现代性、从工业社会向生态社会的转变过程	Janicke 1985, Simonis 1988, Cohen 2000, Pitaki 2005
6	生态现代化是宏观经济和技术结构的重构,是环境友好的技术进步和生态结构转变,即生产和消费模式的生态转变	Janicke 1985, Simonis 1989, Murphy 2000
7	生态现代化是一种环境问题的现代主义和技术主义的解决方案,它要求技术和制度结合解决环境问题,实现经济和环境的双赢	Hajer 1995
8	生态现代化,常常被看做是战略环境管理、工业生态学和生态重构等的同义词。生态重构是一个过程,指受生态学激发和环境引发的现代社会的核心制度的持续的转型和改革的过程	Buttel 2000, Mol 2001
9	生态现代化是一个二维现象;它既是欧洲国家环境政策的实际变化的历史社会学表述,也是工业化和富裕社会的环境社会学和概念化的可持续性的社会学表述	Stø et al.
10	生态现代化是根据环境利益、环境远景和环境合理性而进行的现代制度的重构	Mol 2004
11	生态现代化有三层含义:首先,它是一个与环境相关的社会学理论;其次,它是分析环境政治和政策变化的新范式;其三,它真实地反映了工业化民主国家关于生态问题的环境和经济政策的实际进步	Mol 1995
12	生态现代化理论描述工业化社会的环境引发的社会实践和社会制度的实际转型过程,包括过程的特征、内容和动力	Mol 2001

最近几年,生态现代化理论受到学术界的关注。几个学术刊物发表了生态现代化的专集。例如,《地学论坛》(Geoforum 2000 Vol. 31)、《环境政策与规划杂志》(Journal of Environmental Policy & Planning 2000 Vol. 2)和《美国行为科学家》(American Behavioral Scientist 2002 Vol. 45 No. 9)等。由于生态现代化理论没有统一的系统表述,下面综述不同学者的观点。

1. 生态现代化理论的基本思想

目前,生态现代化研究,大致可以分为理论研究、国家研究(包括超国家和地区的研究)、产业研究

（包括行业和企业的研究）、政策和制度研究等四个集合。其中，后三种研究属于案例研究和实证研究，它们扩展和检验了生态现代化理论研究的内容和结果。

(1) 生态现代化的理论含义

关于生态现代化，目前没有统一定义（表 2-10）。一般而言，它大致有四层含义：

首先，生态现代化是一种环境社会学理论，提供环境改革的一种社会学解释；

其次，生态现代化是理解和分析技术密集的环境政策和生态转型的新范式（框架）；

其三，生态现代化是对发达国家 80 年代以来环境和经济改革相关进步的真实反映；

其四，生态现代化是一种社会变迁理论，描述环境意识引发的经济社会转型过程，包括生产和消费模式、环境和经济政策、现代科技、政府管理和现代制度的生态转变等。

克雷斯托夫等认为，生态现代化有三种用法（Christoff 1996）。

其一，生态现代化是一种科技调整。生态现代化关注具有环境效益的技术发展，特别是减少排放、提高资源效率的技术。它根本上是一个维持和改进市场竞争力的战略。

其二，生态现代化是一个政策议程。生态现代化将环境意识整合到现行的经济生产和消费模式中去，推动在现代性的广泛框架内的环境政策变化，决定了关于环境问题的政策议程。它的核心概念是污染预防付费，本质上是效率导向的环境问题解决方法。

其三，生态现代化是一种信仰体系。生态现代化反映了一种意识形态，这种意识形态建立在一种认识基础之上，即环境保护是经济长期发展的前提条件。

简而言之，生态现代化描述一种新模式：追求经济有效、社会公正和环境友好的发展。这是经济和环境的双赢模式；经济增长和环境保护可以相互协调，经济流和物质流、经济增长和环境压力可以脱钩（Christoff 1996，Young 2000，Mol 2000，Andersen 2002）。

(2) 生态现代化的基本内容

荷兰学者哈杰认为，生态现代化有三个假设和六个转变（Hajer 1995）。

生态现代化的三个假设是：① 环境退化是可以测量的；② 环境保护实际是一个"正收益过程"（positive-sum game）；③ 经济增长和解决生态问题，可以和谐起来。

生态现代化的六个转变是：

① 环境决策的技术变化。从应急和治理模式，转向预测和预防模式；引入许多新技术，使企业能够把环境意识整合到自己的成本和风险分析中。新的环境政策工具有：污染者付费、成本效益分析、风险分析、预防原则、可交易的污染权、污染税、资源税和排放税等。

② 科学在环境决策中的新作用。生态学，特别是系统生态学，发挥日益重要的作用。科学家需要研究自然的"多重压力"和"临界负荷"，确定自然所能承受的污染水平。

③ 微观经济的变化。经济观念，从环境保护只是增加成本，转向污染预防付费。它促进了"低或零废物技术"的发展和"多价值审计"（衡量成功不仅算经济收益，还要算能源和资源利用），预防性投资逐步取代"末端治理"技术。

④ 宏观经济的变化。生态现代主义认为，自然是公共物品或资源。传统的观念是，自然基本是免费物品和能够用做"接收器"。它强调稀缺自然资源的保护和管理，鼓励生态定价、再循环和技术创新。

⑤ 环境政治和立法过程的变化。自然不再被当做接收器，企业越来越支持污染预防。环境统计和相关分析，成为决策的基础。

⑥ 环境决策的参与制。环境决策是一个开放的参与式的过程，环境非政府组织、地方居民、环境评估机构、咨询机构和政府机构等都参与其中，形成环境议程联盟。新的政策议程往往是，经过研究提出一个核心概念，其他部门发表意见，提出相应领域的变化。

(2) 生态现代化的基本特征

关于生态现代化的特征,也没有形成统一的认识。荷兰学者摩尔认为,生态现代化研究的焦点是:环境引发的社会实践和制度的实际转型;它有五个特征(Mol 1995,2001)。

首先,改变科学和技术在环境退化和环境改革中的作用。① 科学技术不仅是引发环境问题的原因,而且是治理和防止环境问题的潜在的和实际的工具。② 传统的治理和恢复方法将被更强调预防的社会的和技术的方法所替代,这种方法在技术创新和组织创新的设计阶段就整合了环境意识。③ 关于环境问题的定义、原因和解决办法的科学和专家知识的不确定性的增加,不会减弱科学技术在环境改革中的作用。

其次,经济、市场动力和经济机构的重要性增加。生产者、客户、消费者、金融机构、保险公司、应用部门和商业协会等,日益成为生态重构、创新和改革的社会载体,它们与政府机构和新社会运动一起,共同改变了环境改革的政府与市场的关系。

其三,政府在环境改革中的传统核心地位发生多种变化。① 更加分散、灵活和协商共识式的政府管理成为趋势,较少从上到下的命令和控制。② 非政府机构更多地参与和代替政府的传统任务。③ 超国家组织和国际组织,在一定程度上淡化国家在环境改革中的传统作用。

其四,在生态转型过程中社会运动的地位、作用和观念的修正。环境运动者,改变过去以反现代化理念为基础的、处于核心决策制度外围甚至被排除在决策机制以外的地位,更多地参与政府和市场的决策过程。这样就产生了合作与斗争的两极或二元战略。

其五,改变散漫的实践,政治和社会议程出现新理念。不论是经济和环境利益的反对者,还是漠视环境意识的重要性的人,都被认为是合法的。保护食物基础的代际团结,看来已经成为没有争议的核心的公共原则。

摩尔所讲的五个特征,其实是工业国家环境改革的新特征。这些特征,可能局部或全部地发生在某一个国家。如果把它们作为生态现代化理论的内涵,似带有较多实证色彩。

还有学者认为,生态现代化有八个特点(Young 2000)。

第一,企业采用长期的发展观。大企业采用中长期发展规划,并把环境问题纳入企业规划。在生产生命周期的五个阶段,企业都需要考虑环境问题。从原料供应、生产过程、产品销售、客户使用,到消费后的废物处理,都要引入环境意识。

第二,新的企业发展战略。这是第一个特点的结果。第一个战略是补救和清理战略,与生产生命周期的原料供应和生产过程有关。重点是符合政府环境规定,采用末端治理技术,减少废物和污染,减少能源消费。第二个战略是预防战略,与生产生命周期的五个阶段都有关;目标是在近期和远期,持续地减少企业的环境影响。环境影响评价、为环境设计(DfE)、清洁生产技术等环境友好技术等被开发和应用。

第三,在政府部门实现环境和经济政策的整合。过去环境问题是附加的,现在,环境问题成为政府决策过程的核心议题。重点是工业、能源、交通和贸易的环境政策等。荷兰、联邦德国和欧盟等,率先开展了这种政策整合。

第四,新的政策工具。企业和政府都在寻求环境问题的新技术。新的政策工具有:环境税收、环境付费、预防原则、环境影响评价、最佳环境选择、环境风险评价等。

第五,合作伙伴和参与。在地区、国内和国际等多个层面上,建立环境议程的合作伙伴和参与制度。居民、企业、环境非政府组织、国家环境机构和国际环境机构,都参与合作。

第六,科学和技术。发挥科学技术的核心作用。

第七,私人部门影响政策制定。私人部门通过参与决策,影响环境政策的制定。

第八,新型的经济增长。这个特点建立在其他特点的基础之上。维持经济增长,同时建立环境友好的发展途径。重点是减少资源消费、减少废物排放,同时增加就业、改进经济福利;实现经济增长和环境退化增长的脱钩(Young 2000)。

综合各家的观点,可以发现生态现代化的六个要点:

① 现代工业社会需要持续的生态重构,建立生态现代性。这种生态重构,是生态和环境意识引发的、社会实践和制度的转型和改革。尽管目前的生态转型过程还不能说是线性的和不可逆的,但是在一定程度上它们是永存的和很难倒退的(Mol 2001)。

② 在生态重构中,要发挥现代科技和市场经济的联合作用。现代科学技术是生态改革的核心机制,同时强调在生态改革中经济和市场动力的重要性,市场经济鼓励的、政府促进的工业创新能够促进环境保护。

③ 正确对待环境挑战。不仅把环境挑战看成是危机,也看做是机会;把减少污染看成是加强经济竞争力的工具,而不是要求额外地增加和维持昂贵的末端处理技术;生态现代化可以看成是环境敏感技术的机会(Christoff 1996)。

④ 建立新的环境议程。通过建立新的环境议程,超越各种冲突和利益,形成环境议程联盟,管理自然资源和环境风险,解决经济增长和相应的环境管理的常规矛盾。

⑤ 建立前瞻的和预防的环境政策。采用预防原理,促进环境改革,推动宏观经济结构、生产和消费模式、技术结构和环境政策等的长期结构变化。

⑥ 采用工业生态学原理,建立参与式的战略环境管理(Huber 2000)。

生态现代化的核心是预防、创新和结构转变。生态现代化,一方面可以看成是经典现代化的部分延续;另一方面也可以看成是经典现代化的生态转型。虽然经典现代化出现了环境污染等严重问题,但现代化代表了人类社会的进步方向。现代工业社会需要克服自己的缺陷,向生态友好的目标转型。这就是生态现代化,它涉及现代社会的各个领域的变化,如科技、经济、社会、政治和文化等。只有把它看成是促进生态协调的、更加基本的结构变化,而不是一般的提高生态效率,生态现代化才是有意义的(Andersen and Massa,2000)。

(3) 生态现代化的基本原则

英国学者柯汉总结了生态现代化的六个基本原则(Cohen 1997, Picou 1999)。

第一,"超工业化"原则。生态现代化采用"超工业化"原则,改善工业技术的"设计程序"。这个原则包括:清洁的、低资源密集的技术和生产过程,减少对昂贵的、附加的末端技术的需要,大幅度减低经济发展和环境退化的关联性,使现代工业进入新的轨道。

第二,政府管理原则。生态现代化注意到过去企业自主污染管理的无效,要求更严格的政府环境管理。这种管理将促进"先行者优势"和经济可行的绿色产品,创新的生产系统。

第三,综合污染管理。生态现代化认为,通过发展"综合污染管理"战略,可以克服污染在生物环境里的转移。这种战略是生产过程和管理的再设计的一部分。

第四,预防原则。生态现代化要求工业部门通过建立"预防计划",更多、更及时地处理它们产生的健康和环境灾害。

第五,环境责任制度化。生态现代化要求在所有组织内部建立环境责任。所有公私部门都关心环境质量,把环境问题列入议事日程。

第六,决策网络化。生态现代化要求建立广泛的机构网络进行决策,对付环境政策的生态对抗和冲突。工业、政府、非政府组织和公众需要建立"建设性的关系",使决策建立在良好信任和自由信息交换基础上。

(4) 生态现代化的实际效果

生态现代化既是一个环境社会学理论,又是对发达工业国家环境改革的实际进程的真实反映。目前,生态现代化在发达国家已经取得巨大进展(Pataki 2005)。

第一,宏观经济结构已经发生变化:从资源和污染密集的经济部门向信息和知识密集的部门转变。它趋向与能源和物质应用脱钩,从而走向更清洁的发展道路。

第二,政府环境政策,已经从应急的、命令和控制模式,转变为参与和市场导向的模式。

第三,消费者日益成为有环境觉悟的人,他们的需要影响了企业的运作模式。

第四,许多环境非政府组织改变策略,成为环境问题的合作伙伴,接受改革战略。

2. 生态现代化理论的主要模型

生态现代化研究大致经历了三个阶段(表2-9)。在不同阶段,生态现代化的研究重点和学术观点是不同的。于是形成不同时期的学术观点并存的局面。生态现代化思想的学术结构,既有历史的演变结构,也有现在的水平结构。下面有选择地介绍具有代表性的理论模型。

(1) 五维结构模型

英国学者墨菲(Murphy 2000)认为,在20世纪80和90年代,一些环境社会学家讨论和发展了生态现代化理论。他们的研究包括理论的和实证的,大致分为五个维度(表2-11)。

表2-11 生态现代化研究的五个维度

五个维度	生态现代化研究的基本内容和观点	参考文献
技术、企业家和社会转型	在80年代初,胡伯发表了通过超工业化解决环境问题的三篇文章,提出了生态现代化作为环境问题的一个解决方案的思想。超工业化要求通过环境友好的技术创新,实现工业生产的转型。他说:“肮脏和丑陋的工业毛毛虫将转变成(美丽的)生态蝴蝶”	Huber 1982,1984,1985
宏观经济结构转型	国民经济的技术和部门结构的重构,是生态现代化的核心内容。生态现代化寻求宏观经济水平的结构变化,寻求高水平的经济发展和低水平的环境影响的工业部门;特别是宏观经济从能源和资源密集型工业向服务和知识密集型工业的转变	Janicke 1985, Janicke et al. 1988, 1989; Simonis 1989 a, b Gouldson and Murphy 1997
政府的环境政策、管理和决策(污染的新政治)	首先,环境保护和经济增长是相互支持的。其次,将环境目标整合到全部的政府政策中。其三,探索创新的环境政策。其四,工业管理的创新、新技术扩散是焦点	Weale 1992, Gouldson and Murphy 1996,1998
文化政治和议程	一些可信的和有吸引力的观念是生态现代化的基础,即环境管理是双赢的、污染是一种低效、自然的平衡需要尊重、预防比治理好等。哈杰提出一种特殊环境政治:环境议程联盟	Hajer 1995, 1996;Dryzek 1997
制度反思性和社会转型	经济制度如商品和劳动市场、管理制度如国家和科技制度等需要转变,生态现代化是工业社会为了战胜生态危机所进行的反思性制度重构	Mol 1995,1996, Spaargaren and Mol 1992,Spaargaren 1997

资料来源:Murphy 2000.

(2) 技术创新和超工业化论

这种观点是生态现代化的早期思想,是德国学者胡伯提出来的。在80年代初,胡伯发表了通过超工业化解决环境问题的三篇文章(Huber 1982,1984,1985),在第三篇文章中提出了生态现代化作为环境问题的解决方案的思想。超工业化要求通过开发和应用更好的技术实现工业生产的转型。胡伯认为,政府的干预应该是有限的,环境运动对于环境转型的作用也是有限的;经济部门和企业家,对于生态现代化要求的转型来说，是最重要的；需要同时推动“经济的生态化”和“生态的经济化”。

(3) 社会转型理论

这种观点是生态现代化的早期思想。胡伯认为，生态现代化是工业社会发展的一个必然阶段；工业社会的发展有三个阶段，分别是工业社会突破（1789～1848年）、工业社会形成（1848～1980年）和工业社会转型（1980年以来）；三个阶段的动力都是经济和技术，但第三阶段发展动力增加了环境与人类活动的相互协调的需要。

杰尼克和西蒙尼斯认为，生态现代化是一种不可避免的社会转型过程（Janicke 1985, Simonis 1988）。人类社会的发展分为三个阶段：以农业为基础的前现代性，以工业生产为基础的现代性，最后是生态现代性。第三阶段是一个超工业化密集的阶段，它预言闭环制造系统和先进环境技术能够修复现代社会的设计缺陷（Cohen 2000）。

(4) 经济结构转型和结构生态化

这个观点也是生态现代化的早期思想，是由杰里克和西蒙尼斯等提出来的（Janicke 1985, Janicke et al. 1988, 1989; Simonis 1989 a, b）。国民经济的结构转型，包括技术和部门结构的重构、宏观经济结构的生态化，是生态现代化的核心内容。生态现代化寻求宏观经济水平的结构变化，寻求高水平的经济发展和低水平的环境影响的工业部门；特别是宏观经济从能源和资源密集型工业向服务和知识密集型工业的转变（Gouldson and Murphy 1997）。

(5) 环境战略模型

生态现代化是一种环境政治、环境战略和环境政策的改变。环境政治的改变包括更加分散、灵活和协商共识式的政府管理模式，较少从上到下的命令和控制，有时称为政治现代化（Janicke 1993）；环境战略从补救战略转移到预防战略（表2-12）；环境问题从政府的“负担”变为重要政策议题，将环境目标整合到全部的政府政策中。

表2-12　环境政策制定的四种战略

补救战略	预防战略
1. 对环境损害进行修复或赔偿。损害是由生产的内在的有害产品和过程造成的	3. 生态现代化：通过技术创新使生产的产品和过程成为更加环境友好的
2. 安装过滤设备等清除污染。过滤设备等是针对生产的内在的有害产品和过程的	4. 结构变化或结构生态化：生产中有环境问题的过程，由新型的生产和消费替代

资料来源：Janicke 1988, Hajer 1995.

(6) 制度反思和制度重构

生态现代化是现代工业社会为了战胜生态危机所进行的反思性制度重构（Mol 1995）。这种制度转型发生在政府和企业里，主要目标是克服环境危机。经济制度如商品和劳动市场、管理制度如国家和科技等都需要生态转变。它是生产和消费的社会实践的生态制度化。

(7) 环境议程模型（Environmental Discourse）

生态现代化是一种开放的、参与式的环境议程（Hajer 1995）。哈杰研究了英国和荷兰的酸雨政治，提出一种特殊的环境政治：环境议程的联盟。环境议程是指一种环境思想或观念被生产、再生产、讨论、理解和接受，并转变成为一种社会实践（Hajer 1995）。

(8) 国家能力模型

生态现代化的国家能力，与国家的制度和技术问题的解决能力有关，它取决于四个基本变量：环境问题压力、协商一致能力、创新能力和战略效率(Andersen 2000)。

环境问题压力。它与经济绩效有关。经济绩效有双重影响。国家的经济绩效好,它将愿意和能够为环境保护付费;同时也与更重的污染负担有关。国家的经济绩效差,它将较少优先关注污染控制,通常也产生较少的单位 GDP 的排放。

协商一致能力(政策风格)。政策制定的国家风格影响生态现代化的潜力。具有新社团结构的发达国家,更愿意接受新观念,采用更加开放的决策过程,协商一致的决策。

创新能力。制度创新能力反映了政策风格。制度创新能力是国家和市场制度的财富,它决定了制度的开放程度,在政治、法律、媒体和经济系统中对创新和新议题的开放程度。

战略效率。在各个部门间使环境政策制度化的能力。环境政策制度化可以通过新管理机构、项目和规划、资源和人员等来体现。如果制度化比较弱,那么,制度能力将是一般的。特别是联邦政府,将面临潜在的分裂和执行的拖延。

(9) 两类型模型

哈杰把生态现代化分为技术-社团式的生态现代化和反思的生态现代化(表 2-13)。前者把生态改革看作一种纯粹的技术和管理事务,后者则认为生态改革是社会学习、文化政治和新制度安排的实践(Mol and Sonnenfeld 2000)。后者是公众参与的民主过程。

表 2-13 生态现代化的两类型模型

技术-社团式的生态现代化	反思的生态现代化
技术创新	反思的制度安排
技术和管理精英决定	公众的、互动的、协商的、民主过程
寻求最有效的单一解决方案	鼓励独立的观点,而不是单纯尊重权威

资料来源:Hajer 1995.

(10) 强弱模型

生态现代化有不同理解。根据他们对生态的可持续转型的效率和各种议题与制度变化的态度,可以将生态现代化观念,分为从“弱”到“强”的变化(表 2-14)。当然,弱和强并不总是相互排斥或对立的。有些弱生态现代化的特征,是强生态现代化的前提条件或内容。

表 2-14 生态现代化的强弱模型

弱生态现代化	强生态现代化
技术的(窄的)	制度的/系统的(宽的)
指令的、技术统治论、新社团主义者/封闭的	沟通的、协商的、民主的/开放的
国家的、单一的(支配的)	国际的、多样化

资料来源:Christoff 1996, 2000.

三、生态现代化理论的挑战

虽然生态现代化研究已经有 30 多年历史,但它没有明确的定义和系统的理论表述,不同作者采用不同的表述方式,存在明显的多样性、内部和外部争论(Mol 2001,Young 2000)。显然,这些会影响这种理论的发展和应用,并产生很多的实际挑战。而且,生态现代化理论是众多环境社会学理论和社会变迁理论中的一种理论,学术流派的竞争是不可避免的。

1. 生态现代化理论的挑战

生态现代化理论,目前面临许多挑战。例如,有四个问题需要回答。第一,生态现代化理论需要超越只是论证环境难题相关的社会制度改良,而是展示这种改良导致了生态改进。第二,它必须证明现代化的后期阶段导致了生产和消费的高频率的生态转型。第三,它必须证明正在减少对环境的直接影响的工业和企业,没有导致其他工业和企业对环境负面影响的扩大。第四,它必须展示,不仅经济的资源效率正在提高,而且资源效率提高的速度,高于整个生产的增长速度。现有证据表明,它不能完全回答这四个问题(York and Rosa 2003)。

2. 生态现代化理论的局限性

目前的生态现代化理论,是一个发展中的理论,也是一个不够成熟的理论,未来尚有很大的发展空间。作为一种环境社会学理论或社会变迁理论,它是有局限性的。

首先,它基本是欧洲环境改革的理论描述,其国际适应性仍需要检验。例如,发展中国家的民主制度不健全,农业的生态压力等因素,需要予以考虑;这些因素不同于欧洲。其次,它缺少统一的理论定义和系统的理论表述,规范性和系统性有待提高。其三,作为一种现代化理论,它仍然是不成熟的(Seippel 2000);它的现代化理论意义上的内涵相对比较少,它需要发展更多的类型学、更精确地说明各种类型反映的历史现象、在中间层次上发展类型学等。其四,生态现代化只是现代社会变迁的一种形式,而不是全部。

第三节　广义的生态现代化理论

生态现代化,不仅是发达工业国家的环境议程,而且是世界现代化的生态转型,是国家现代化的重要组成部分。第二次现代化理论(广义现代化理论)认为,生态现代化是广义现代化的一个重要领域(图 2-5),是国家现代化与自然环境的一种相互作用(图 1-2)。目前,欧洲学者提出的生态现代化理论,主要是一种环境社会学理论,并主要以欧洲经验为事实基础。显然,我们不能简单地将欧洲经验推广到世界,我们需要对这种理论进行适度拓展。按现代化的研究范式,欧洲生态现代化理论的研究内容和适用范围需要适度扩展,理论表述需要系统化重构。扩展和重构后的生态现代化理论,是一种现代化理论,可称为广义的生态现代化理论,它是欧洲生态现代化理论在世界范围和现代化意义上的拓展和应用。

一、广义生态现代化的两个基础

广义的生态现代化理论,是欧洲生态现代化理论的扩展和应用。这种扩展是按现代化的研究范式进行的,主要包括两个方面。其一是研究内容的甄别和扩展,从现代环境议程扩展到现代化模式的生态转型;其二是适用范围的扩展,从主要是欧洲经验扩展到世界现代化。所以,广义的生态现代化理论,实际是一种世界生态现代化理论。现代化理论,特别是第二次现代化理论(广义现代化理论)和欧洲的生态现代化理论,是它的学术基础。同时,本报告第一章关于世界生态现代化的历史事实的分析,为它提供了事实基础。

1. 广义生态现代化的学术基础

广义生态现代化的学术基础主要包括欧洲的生态现代化理论和其他的现代化理论。前面(本章第二节)已经分析了欧洲的生态现代化理论,下面简要介绍其他的现代化理论。

在 20 世纪后 50 年里,世界现代化研究有三次高潮,它们分别是经典现代化研究、后现代研究和新现代化研究。三次高潮产生了一系列理论,包括经典现代化理论、后现代化理论、生态现代化理论、

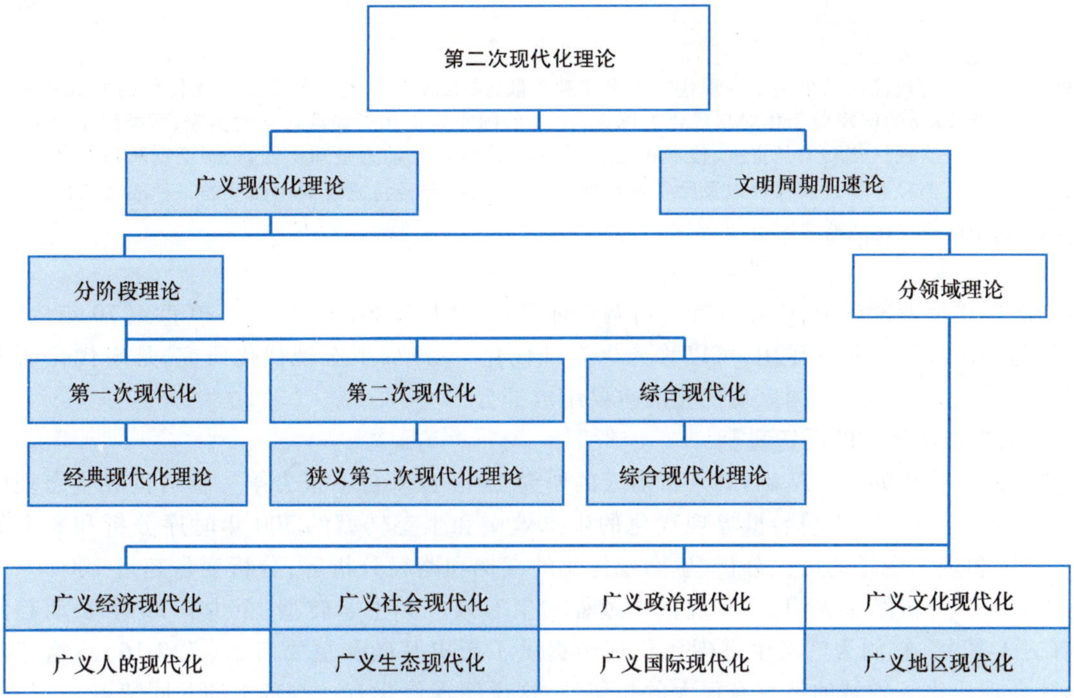

图 2-5　广义生态现代化的理论定位(第二次现代化理论的结构)

注:图中蓝色方框内的内容,请参考《中国现代化报告系列》。其中,广义现代化理论、分阶段理论和文明周期加速论等,见《中国现代化报告 2003》;广义地区现代化的有关内容见《中国现代化报告 2004》;广义经济现代化的有关内容见《中国现代化报告 2005》;广义社会现代化的有关内容见《中国现代化报告 2006》;广义生态现代化的有关内容在本报告中阐述。图中其他内容,请参考《第二次现代化丛书》。

资料来源:何传启 2003.

反思现代化理论、多元现代性理论和第二次现代化理论(广义现代化理论)等。在这些现代化理论中,生态现代化理论指欧洲的生态现代化理论;除经典现代化理论外,其他现代化理论都与广义生态现代化有关。这里以第二次现代化理论为例。

第二次现代化理论(广义现代化理论)是我国学者何传启 1998 年提出来的(何传启 1998,1999,2003)。它包括五个基本要素(表 2-15)和 10 个基本原理等内容。第二次现代化理论关于两次现代化和文明坐标系的分析,为广义生态现代化理论准备了丰富的理论素材。

表 2-15　第二次现代化理论的一般理论(广义现代化理论的基本要素)

要素	基　本　内　容
定义	18 世纪工业革命以来的人类文明的一种革命性变化;它包括从传统社会向现代社会、传统经济向现代经济、传统政治向现代政治、传统文化向现代文化的转变过程和变化,以及不同国家和地区追赶、达到和保持世界先进水平的国际竞争。现代化 = 文明发展 × 文明转型 × 国际竞争和地位变化
过程	在 18～21 世纪的 400 年里,广义现代化分为第一次现代化和第二次现代化两个阶段。第一次现代化是从农业文明向工业文明的转变,第二次现代化是从工业文明向知识文明的转变。它遵循现代化进程不同步原理等 10 个基本原理,符合文明时间表、文明周期表、文明坐标系、文明路径图、就业结构图、现代化创新驱动模型等 6 个基本模型

（续表）

要素	基本内容
结果	第一次现代化结果是第一现代性的形成和扩散，第二次现代化结果是第二现代性的形成和扩散。大约 20 % 的国家属于相对现代化的国家，80 % 的国家属于相对非现代化的国家，两类国家动态平衡
动力	第一次现代化动力是资本、技术和民主等，第二次现代化动力是知识创新、制度创新和人力资本等
模式	具有路径和模式多样性以及路径依赖性；综合现代化路径将是发展中国家的一种战略选择

参考资料：中国现代化战略课题组 2006.

第二次现代化理论认为，国家现代化有两个环境：自然环境和国际环境。20 世纪 70 年代以来，国家现代化与自然环境的相互作用，可以称为生态现代化。所以，生态现代化研究，是现代化研究的一个重要领域；生态现代化，是国家现代化的重要组成部分。

2. 广义生态现代化的历史基础

广义生态现代化的历史基础，既来自前人的研究工作，也来自本报告第一章对世界生态现代化的历史分析。第一章的分析包括：世界现代化的生态效应和生态转型的 300 年时序分析和 8 个截面分析、生态制度和观念变迁的历史分析、生态现代化的案例和路径分析等；分析变量超过 100 个，分析国家约为 130 个。分析结果表明，世界现代化过程的生态效应和生态转型，至少有 36 个长期趋势和基本事实（表 1-70）。它们为广义生态现代化理论提供了历史基础和重要启示（表 2-16）。这些启示与经济和社会现代化等领域的特点有很大的相似性，这说明现代化有一些基本的共同特点。

表 2-16　世界现代化的生态效应和生态转型的 10 个启示

1	一个相对可预期的过程	5	一个进步的过程	9	一个不平衡的过程
2	一个全球的过程	6	一个转型的过程	10	一个很难逆转的世界趋势
3	一个长期的过程	7	一个系统的过程		
4	一个复杂的过程	8	一个分阶段的渐进过程		

首先，生态现代化是一个相对可以预期的过程。同经济和社会现代化一样，生态现代化也是有规律的。在一般情况下，20 世纪生态现代化是相对有序的和可以部分预期的。例如，物质经济比重下降、物质经济效率上升、人均自然资源下降（多数指标）、资源生产率上升（多数指标）、经济增长与环境退化脱钩现象在扩大、环境管理国际合作在增加等。

其次，生态现代化是一个全球的过程。在过去 30 多年里，生态现代化最初发生在欧洲等发达工业化国家，后来传播到世界的许多国家和地区。在未来 100 年里，生态现代化同样会波及全球。所以，生态现代化是一个全球性的趋势和运动。

其三，生态现代化是一个长期的过程。世界现代化的生态效应已经有 300 年历史，将来还会持续下去。世界现代化的生态转型，已经有 30 多年历史，21 世纪还将继续。发达工业国家的生态转型尚没有完成，发展中国家的生态转型，就需要更长时间。在整体上，生态现代化是长期的历史过程，不可能短期完成，更不可能一蹴而就。

其四，生态现代化是一个复杂的过程。目前，环境库兹涅茨曲线（EKC）是部分成立的，但 EKC 现象在扩大。环境变化不仅与经济发展水平有关，而且与环境政策、环境管理、经济生产和社会消费模式等有关。环境改革和生态重构，涉及复杂的利益分配和结构调整。

其五，生态现代化是一个进步的过程。生态现代化不是要限制经济发展，而是采用预防、创新和结构生态化原则，改善经济发展与自然环境的关系，实现经济增长与环境保护的双赢，人类与自然互利共生、协同进化。

其六,生态现代化是一个生态转型的过程。世界现代化的生态转型,包括经济、社会、政治、文化、环境管理和人类行为模式等的生态转型。这种转型,是以生态学原理和现代化原理为指导,实现经济增长和环境压力增长的脱钩。

其七,生态现代化是一个系统变迁的过程。生态现代化是一种系统性的社会变迁,不仅包括生产结构和方式、消费结构和方式、环境政策和管理等的变化,也包括生态系统、生态效率、生态结构、生态制度和生态观念的变化,而且各种变迁都会相互影响。

其八,生态现代化是一个分阶段的渐进过程。在第一次现代化过程中,主要生态效应是环境和资源退化。在第二次现代化过程中,现代化发生生态转型。生态现代化包括污染治理和环境保护、环境管理和绿色化、生态建设和生态化、经济与环境双赢等阶段。

其九,生态现代化是一个不平衡的过程。在过去30多年里,生态现代化是不同步的,表现为国家和地区的进程不同步、生态经济和生态社会等不同领域的进程不同步,不同生态指标的变迁不同步、生态结构转变和制度转变的不同步等。

其十,生态现代化是一个很难逆转的世界趋势。整体上看,世界生态现代化进程是相对连续的和难以逆转的。但某个国家和地区的生态现代化进程有多种表现形式,它可以是连续的,也可以是不连续的;可以出现中断,也可以出现暂时的倒退,甚至是较长期的倒退。

"尽管生态引发的转变过程尚不能说是线性的和不可逆的,像20世纪50和60年代的现代化理论所公认的那样,但这些变化具有一定的永久性和很难被逆转(Mol 2001)。"

二、广义生态现代化的基本原理

广义的生态现代化理论,并不是凭空产生的,而是欧洲的生态现代化理论在世界范围和现代化意义上的扩展和应用。这种扩展和应用,以现代化研究的理论规范和要求为特色。在前六本《中国现代化报告》中,我们分别阐述了第二次现代化理论的一般理论、分阶段理论和几个分领域理论。参照这种理论模式,结合本报告第一章世界生态现代化的历史事实,我们对欧洲的生态现代化理论进行三个方面的"拓展":① 研究内容的甄别和扩展,② 适用范围的扩展,③ 理论结构的系统化重构,形成广义的生态现代化理论。

广义生态现代化理论包括一般理论、分支理论和相关理论(元理论、亚理论和相关理论)等(表2-17),涵盖目前发达国家和发展中国家生态现代化两大类型。根据荷兰学者摩尔的观点,生态现代化研究分为三个阶段,目前处于第三阶段(表2-9)。广义生态现代化理论,属于生态现代化研究的第三代理论中的一种理论。它既是一种理论探索,也是一种实证研究。

表2-17　广义生态现代化理论的结构

理论		主要内容
一般理论	元理论	世界生态现代化的基本特征和规律
分支理论	全面生态现代化	第二次现代化过程中的生态现代化(目前发达国家)
	综合生态现代化	综合现代化过程中的生态现代化(目前部分发展中国家)
	经典现代化的生态修正	第一次现代化过程中的生态修正(目前部分发展中国家)
	分领域理论	经济、社会、政治、文化等领域的生态现代化

（续表）

理论		主要内容
相关理论	自然科学的有关原理	生态科学、环境科学、物质科学、生命科学、地球科学等
	技术科学的有关原理	有机农业、清洁能源、清洁生产、绿色制造、绿色化学等
	社会科学的有关理论	资源和环境经济、生态经济、绿色经济、公民社会、生态社会等
	人文科学的有关理论	生态文化、生态伦理、环境哲学、环境历史、生态文明等
	综合学科的有关理论	系统科学、发展研究、反思现代化、第二次现代化理论等

注：发展中国家受到生态现代化的影响，有些国家将被动接受生态现代化的若干观念，如环境管理等，出现第一次现代化的生态修正；有些国家主动采用生态现代化，出现工业化和生态化并存的局面，这就是综合生态现代化。由于第一种情况（第一次现代化的生态修正）是被动的，本报告不作分析。

由于篇幅的限制，本报告不可能全面分析广义生态现代化的全部分支理论和相关理论。事实上，本章第一节和第二节的分析，包括许多生态现代化的相关理论和欧洲的生态现代化理论（包括第一代和第二代理论的观点）。所以，下面重点阐述广义生态现代化的一般理论，然后分析发达国家的全面生态现代化和发展中国家的综合生态现代化。同第二次现代化理论一样，广义生态现代化的一般理论也包括广义生态现代化的定义、过程、结果、动力和模式等五个方面的基本内容（表2-18），以及五个方面的基本特点、规律和模型等。

表2-18 广义生态现代化的一般理论（元理论）

要素	基本内容
定义	生态现代化是现代化的一个重要领域，指20世纪70年代以来世界现代化的生态转型，它包括生态质量的改善、生态效率的提高、生态结构、制度和观念的变化以及相关国际地位的变化
过程	生态现代化是现代化的一个重要方面；它包括从物质经济向生态经济、物质社会向生态社会、物质文明向生态文明转变的历史过程以及追赶、达到和保持世界先进水平的国际竞赛。从20世纪70年代到21世纪末，广义生态现代化包括全面生态现代化、综合生态现代化和经典现代化的生态修正等三个类型，具有15个主要特点，遵循10个基本原理和10个基本原则
结果	生态现代性的形成和扩散：现代化与环境退化完全脱钩，人类与自然互利共生和协同进化，实现非物化、绿色化、生态化和全球化等，基本标准是经济增长与环境退化脱钩、经济与环境双赢
动力	生态现代化的动力包括生活质量（后物质价值）、生态安全、知识创新、生态意识、生态运动（公民社会）、生态政治、企业环境责任、技术创新、制度创新、结构非物化、国际环境政治、国际环境贸易等。动力机理可以用创新驱动模型来描述
模式	生态现代化的路径和模式是多样的，具有起点依赖性和路径依赖性，受历史、地理和发展水平的影响；在21世纪有三条基本路径：全面生态现代化、综合生态现代化和经典现代化的生态修正；基本模式有：环境议程、工业生态学、绿色生产和消费、生态园区、绿色工业化和城市化等

注：广义的生态现代化理论，是欧洲生态现代化理论的一种扩展和应用，是生态现代化研究的第三代理论中的一种理论。简要地说，生态经济是一种生态合理和环境友好的经济，生态社会是一种生态合理和环境友好的社会，生态文明是一种生态合理和环境友好的绿色文明。

1. 广义生态现代化的理论涵义

在本报告第一章第一节，我们讨论了生态现代化的研究对象和分析方法；其中包含生态现代化的定义，它是针对世界生态现代化的历史分析的。在第二章第二节，我们介绍了欧洲的生态现代化研究，包含生态现代化的多种定义；它们多数是一种环境社会学解释。这里，我们要从现代化研究的角度，对广义生态现代化进行理论界定。

(1) 基本定义

广义生态现代化是世界现代化的重要组成部分，是现代化在环境领域的反映，或者说是现代化与自然环境的相互作用。这种相互作用，不同于经典现代化时期的偏利耦合（经济发展与环境退化正相关），而是一种互利耦合（经济发展与环境保护双赢）。一般而言，生态现代化有四层涵义。首先，一个历史过程；其次，一次生态革命；其三，一种生态转型；其四，一种国际竞赛。四层涵义进行组合，可以产生多种定义（表 2-19）。

表 2-19　广义生态现代化的定义

序号	广义生态现代化的定义	特　点
1	生态现代化是世界现代化的一种生态转型，它包括从物质经济向生态经济、物质社会向生态社会、物质文明向生态文明的转变以及相应国际地位的变化	强调过程 全面定义
2	生态现代化是世界现代化的一次生态革命，它是生态学原理的全面渗透和广泛应用所引发的经济、社会、政治、文化、环境管理和个人行为模式等的生态合理的变革	强调变化 一般概念
3	生态现代化是一种发展模式，其特征是非物化、绿色化、生态化、经济与环境双赢	通俗定义
4	生态现代化是一种相互作用，是现代化与自然环境的一种互利耦合	通俗定义
5	生态现代化是一个历史过程，是经济发展与环境退化逐步脱钩的历史过程，也是不同国家追赶、达到和保持世界先进水平的国际竞争	通俗定义

(2) 基本范畴

广义生态现代化研究，需要区分和识别它的内涵、外延和边界。

内涵：生态学原理全面渗透和广泛应用所引发的世界现代化的生态革命和生态转型。

外延：世界现代化各领域的生态转型，包括经济、社会、政治、文化、环境和个人等。

边界：广义生态现代化是一个三维概念。首先是时间维度，它指 1970 年以来的一种生态转型。其次是分领域维度，包括生态响应、生态经济和生态社会等三大领域。其三是分层次维度，包括生态效率、生态结构、生态制度和生态观念等四个层次（表 1-1）。广义生态现代化的三个维度，就是它的三个判据。凡是同时满足和符合上述三维条件的现代化内容，都属于广义生态现代化的基本范畴；否则，就不属于广义生态现代化的范畴。

(3) 概念模型

广义生态现代化非常复杂，为了便于分析，可以建立简化的概念模型。

广义生态现代化的实质是一种发展模式，其要点是：现代化与环境退化逐步脱钩，经济发展、社会变迁与环境保护达到良性耦合，人类与自然实现互利共生和协同进化。

生态现代化包括许多基本概念，有些概念来自生态学，有些来自经济学或社会学，有些来自现代化研究。许多基本概念没有统一定义（表 2-20）。

表 2-20 生态现代化的五个基本概念

概念	基本涵义
生态革命(ecological revolution)	生态学原理全面渗透和广泛应用所引发的世界现代化的深刻变化
生态转型(ecological transformation)	向符合生态学原理的、环境友好、人地和谐的类型的转变
非物化(dematerialization)	降低物质和能源密度(物质比例)的过程,如生产和消费的非物化
绿色化(greening)	降低和消除对环境和健康伤害的过程,环境可接受或环境友好
生态化(ecologization)	采用预防和创新原则,推进现代化模式的生态合理的转变过程

注:dematerialization 和 immaterialization 是两个相关的词,有多种翻译方法。前者翻译为“非物化”(或非物质化、轻量化等),原意为生产过程中使用较少的能量、较少的物质或较轻的物质。后者翻译为“去物化”,原意有两种:弱去物化,指在消费时选用非物化的商品;强去物化,指在消费时用非物质商品(服务、信息和社会关系)代替物质商品。两者的结合,导致生产和消费的物质密度和物质比例的下降。表中的定义为其引申意义。非物化要求能源的脱碳,即降低总能源中碳能源(化石能源)的比例。

生态现代化的五个基本概念,是相互关联的,甚至是部分交叉的。例如,非物化(轻量化)、绿色化和生态化之间,有部分交叉。一般而言,非物化和绿色化是生态化的前提条件,但不是充分条件。这些基本概念,不仅没有统一定义,有些概念还有多层涵义(表 2-21)。尽管如此,这些概念的核心内涵是清晰的。

表 2-21 生态现代化的三个基本概念的多层涵义

概念	分类	用途和解释
非物化或轻量化	程度差别	相对非物化:高效率低消耗;现代化和经济发展,与物质和能源消耗相对脱钩 中度非物化:高品质低密度;现代化和经济发展,与物质和能源消耗绝对脱钩 高度非物化:高效低耗和高品低密;现代化的同时,人均物质消费持续减少,趋向一个合理值等
	空间差别	世界、国家、地区、城市、农村、部门、企业、机构、家庭等的非物化
	领域差别	经济、社会、生产、消费、服务、技术、产品、制造、工艺等的非物化
绿色化	程度差别	相对绿色化:脱毒减害减排,降低对环境和健康的毒害,但毒害和排放仍然较大、环境可接受 中度绿色化:脱毒减害减排,降低对环境和健康的毒害,毒害和废物排放降到很小、环境友好 高度绿色化:无毒无害低排,消除对环境和健康的毒害,毒害降到零,低排放,高环保,清洁健康
	结构差别	相对绿色化:经济和社会绿色要素增加,绿色要素比例低于非绿色要素 中度绿色化:经济和社会绿色要素增加,绿色要素比例高于非绿色要素 高度绿色化:经济和社会绿色要素增加,绿色要素比例接近饱和,无毒无害,高标低排,清洁健康
	空间差别	世界、国家、地区、城市、农村、部门、企业、机构、组织、家庭等的绿色化
	领域差别	经济、社会、政治、生产、消费、技术、产品、食品、制造、工艺等的绿色化
生态化	程度差别	相对生态化:初步生态转型;现代化和经济发展,与自然资源消耗和生态退化相对脱钩 中度生态化:基本生态转型;现代化和经济发展,与自然资源消耗和生态退化绝对脱钩 高度生态化:全面生态转型;现代化和经济发展,与自然环境互利耦合;高预防高创新高循环,生态退化降低到零,自然资源消耗和环境压力降低到生态系统的容量范围内
	空间差别	世界、国家、地区、城市、农村、部门、企业、机构、家庭等的生态化
	领域差别	经济、社会、政治、生产、消费、技术、产品、制造、工艺等的生态化

注:现代化与物质需要相对脱钩:现代化指数增长率超过物质需要增长率,物质密度和物质比例下降;现代化与物质需要绝对脱钩:现代化指数增长,物质需要稳定或略有下降(波动),物质密度和物质比例下降。现代化与自然环境退化和资源消耗的相对脱钩:现代化指数增长率超过自然环境退化增长率和自然资源消耗增长率;现代化与自然环境退化和资源消耗绝对脱钩:现代化指数增长,自然环境退化和环境压力稳定或略有下降(波动)、自然资源消耗稳定或略有下降(波动)。发展中国家人均物质消费水平比较低,高度非物化将发生在发达国家,特别是那些物质消费超过合理值和存在大量浪费的国家。

在这些基本概念的基础上，可以建立广义生态现代化的概念模型。

假设(Ⅰ)：生态进步指自然环境与现代化的互利耦合的生态响应
假设(Ⅱ)：经济生态化指经济发展与自然环境的互利耦合的经济转变
假设(Ⅲ)：社会生态化指社会变迁与自然环境的互利耦合的社会转变
假设(Ⅳ)：国际相关地位变化指国家生态效率和生态质量的国际地位变化
那么：生态现代化 = 生态进步 × 经济生态化 × 社会生态化 × 国际相关地位变化
或者：生态现代化 = 生态进步 × 经济生态化 × 社会生态化 × 国际竞争

生态现代化是生态进步、经济生态化、社会生态化和国际相关地位变化的交集。

生态现代化研究，还需要注意各类行为主体的差异。例如，世界与国家、国家与地区、农业和工业以及家庭与企业的生态现代化的差异等。

(4) 基本要求

虽然生态现代化的概念比较抽象，但生态现代化的要求比较具体。概括地说，生态现代化的基本要求是“三化一脱钩”，即非物化、绿色化、生态化、经济与环境退化脱钩。具体讲：生产和消费的非物化和绿色化，经济和社会的生态化，现代化与环境退化脱钩(表 2-22)。

表 2-22 生态现代化的基本要求(三化一脱钩)

号	基本要求	基本要求的具体内涵
1	非物化 (轻量化)	高效：提高物质生产率、资源生产率、能源生产率、土地生产率等 低耗：降低经济和社会的物质消耗、资源消耗、能源消耗、碳能消耗等 高品：提高经济的服务比例、文化比例、信息和知识比例、经济品质和生活品质等 低密：降低经济和社会的物质密度、资源密度、能源密度、碳能密度等
2	绿色化	无毒：降低对环境和健康的有毒物和有毒废物的生产和排放，无毒化、低排放和污染治理等 无害：降低对环境和健康的有害物和有害废物的生产和排放，无害化、低排放和环境治理等 清洁：发展环保技术、清洁生产、绿色产品、清洁能源、绿色交通和绿色生活，降低排放等 健康：提高经济和社会中环境友好、人体无害、安全优质的绿色要素的比例等
3	生态化	预防：预防原则；发展生态农业、生态工业、生态旅游、生态城镇、保护自然和生物资源等 创新：创新原则；环境友好的知识创新、技术创新和制度创新，提升生态效率和生态文化等 循环：循环经济；提高废物再循环、再利用、再制造和废物处理率等 双赢：双赢原则；经济发展的同时，加强生态重建，降低生态退化，经济和环境双赢等
4	经济与环境 退化脱钩	经济与物质脱钩：经济发展与物质需求增长脱钩 经济与资源脱钩：经济发展与自然资源消耗增长脱钩 经济与能源脱钩：经济发展与能源消耗增长脱钩 经济与污染脱钩：经济发展与环境污染增长脱钩 经济与生态退化脱钩：经济发展与生态退化脱钩 经济与环境互利耦合：经济发展与环境进步良性耦合等

(5) 数量模型

生态现代化不仅需要定性描述，还需要定量刻画。

根据广义生态现代化的定义，它是六个方面变化的集合，可以用下式表示：

$$M_{el} = \{M_{elq}, M_{ele}, M_{els}, M_{elin}, M_{elid}, G_{elr}\}$$

其中，M_{el} 指广义生态现代化，{…} 指生态现代化的各种变化的集合，M_{elq} 指生态质量的现代化，M_{ele} 指生态效率的现代化，M_{els} 指生态结构的现代化，M_{elin} 指生态制度的现代化，M_{elid} 指生态观念的现代化，

G_{elr}指国际相关地位的变化。

根据广义生态现代化的概念模型，它可以采用下式表示：

$$M_{el} = \{M_{elq}\} \cap \{E_{el}\} \cap \{S_{el}\} \cap \{G_{elr}\}$$

其中，∩ 指交集，E_{el}为经济生态化，S_{el}为社会生态化，其他符号意义同前。

所以，广义生态现代化的一般数量模型，可以用下列方程组和判据表示：

$$\begin{cases}
\Delta X_t = X_t - X_{t-1} & (\Delta X_t > 0 \text{ 生态进步}, \Delta X_t < 0 \text{ 生态退化}) \\
\Delta Y_t = Y_t - Y_{t-1} & (\Delta Y_t > 0 \text{ 经济生态化}, \Delta Y_t < 0 \text{ 经济生态化的退步}) \\
\Delta Z_t = Z_t - Z_{t-1} & (\Delta Z_t > 0 \text{ 社会生态化}, \Delta Z_t < 0 \text{ 社会生态化的退步}) \\
\Delta(X_t/X_{mt}) = X_t/X_{mt} - X_{t-1}/X_{mt-1} & (\Delta(Y_t/Y_{mt}) > 0 \text{ 地位上升}, \Delta(Y_t/Y_{mt}) < 0 \text{ 地位下降}) \\
\Delta(Y_t/Y_{mt}) = Y_t/Y_{mt} - Y_{t-1}/Y_{mt-1} & (\Delta(Y_t/Y_{mt}) > 0 \text{ 地位上升}, \Delta(Y_t/Y_{mt}) < 0 \text{ 地位下降}) \\
\Delta(Z_t/Z_{mt}) = Z_t/Z_{mt} - Z_{t-1}/Z_{mt-1} & (\Delta(Z_t/Z_{mt}) > 0 \text{ 地位上升}, \Delta(Z_t/Z_{mt}) < 0 \text{ 地位下降}) \\
M_{elq} = \{\Delta X_t\} \cap \{\Delta Y_t\} \cap \{\Delta Z_t\} \cap \{\Delta(X_t/X_{mt}), \Delta(Y_t/Y_{mt}), \Delta(Z_t/Z_{mt})\} \\
M_{elt} = (\Delta(X_t/X_{mt}) \times \Delta(Y_t/Y_{mt}) \times \Delta(Z_t/Z_{mt}))^{1/3}
\end{cases}$$

其中，ΔX 指生态质量的提高，ΔY 指经济生态化的进步，ΔZ 指社会生态化的进步，Δ 指变化，t 为年份；$\Delta(X/X_m)$指生态质量相对水平的变化，X_m 指生态质量的世界先进水平；$\Delta(Y/Y_m)$指经济生态化相对水平的变化，Y_m 指经济生态化的世界最新水平；$\Delta(Z/Z_m)$指社会生态化相对水平的变化，Z_m 指社会生态化的世界先进水平；M_{elq}指广义生态现代化的定量变化，M_{elt}指广义生态现代化的相对水平。

数量模型：生态现代化是生态进步、经济生态化和社会生态化的几何平均值。

生态现代化的数量模型，为定量评价生态现代化，提供了理论基础。

(5) 基本类型

从不同角度分析，可以把生态现代化分为多种类型（表 2-23）。当然，这些是基本类型，还有很多细分的类型。

表 2-23 广义生态现代化的基本类型

	分类依据	广义生态现代化的类型
1	基本内容	全面生态现代化、综合生态现代化、经典现代化的生态修正
2	应用领域	经济、社会、政治、文化、环境管理、个人行为、企业、机构等的生态现代化
3	空间尺度	全球生态现代化、欧洲生态现代化、国家生态现代化、地区生态现代化等
4	启动先后	先发型生态现代化、跟进型生态现代化、后发型生态现代化
5	知识来源	创新型（内源的）、跟进型（综合的）、学习型（外源的）、被迫型（外源的）

2. 广义生态现代化过程的规律和特点

20 世纪 70 年代特别是 80 年代以来，广义生态现代化可以分为工业化国家的全面生态现代化和发展中国家的综合生态现代化两大类型。由于不同国家生态现代化的不同步，不同国家又相互影响，所以，它是一个非常复杂的过程，需要多层次的分析。

(1) 广义生态现代化过程的基本内容

生态现代化过程的基本内容是丰富的。可以从范围、阶段和要求等三个角度来分别表述。

首先，生态现代化过程的基本范围（表 2-24）。主要包括：各类行为主体的生态转型，各个层次的生态转型，各个领域的生态转型等。

表 2-24 生态现代化过程的基本范围

主要方面	基本内容
各类主体的生态转型	10 类主体:世界、国家、地区、城市、农村、部门、企业、机构、家庭和个人
各个层次的生态转型	(1) 4 个研究层次:生态效率、生态结构、生态制度和生态观念等 (2) 8 个现实层次:技术、效率、结构、组织、制度、政治、观念和文化等
各个领域的生态转型	(1) 6 个研究领域:经济、社会、政治、文化、环境管理和个人行为等 (2) 12 个分领域:自然资源、自然环境、生态系统、生态农业、生态工业、绿色服务、绿色经济、生态城市、生态农村、绿色能源交通、绿色社会和生态安全等

其次,生态现代化过程的基本阶段。生态现代化过程大致可分为四个阶段(表 2-25)。

表 2-25 生态现代化过程的四个阶段

阶段	大致时间(根据发达国家的进程)	基本特点
第一阶段	20 世纪 70～80 年代	污染治理、环境保护、环境意识、环境运动、经济与环境退化相对脱钩
第二阶段	20 世纪 90 年代至 21 世纪 20 年代	相对非物化、绿色化、生态化、生态意识、经济与环境退化绝对脱钩
第三阶段	21 世纪 20 年代至 21 世纪 50 年代	高度非物化、绿色化、生态化、经济与环境互利耦合
第四阶段	21 世纪 50 年代至 21 世纪末	现代化与环境双赢、人类与自然互利共生和协同进化

其三,生态现代化过程的具体要求(表 2-26)。主要包括:一般要求、基本要求(三化一脱钩)和各个领域的要求等。

表 2-26 生态现代化过程的具体要求

主要方面	基本内容
一般要求	6 个要求:自然环境的改善、生态效率的提高(包括能源效率和资源生产率等)、结构生态化、制度生态化、观念生态化、相关国际地位的变化
基本要求	三化一脱钩:非物化(轻量化)、绿色化、生态化、经济与环境退化脱钩
领域要求(举例)	
观念的生态转型	非物化、绿色化、生态化、民主协商、后物质价值、环境公平、经济与环境双赢等
制度的生态转型	经济、社会、政治、文化和环境管理制度等的绿色化、生态化等
技术的生态转型	环境友好技术、绿色技术、清洁生产技术、面向环境的设计、生命周期评价等
生产的生态转型	清洁生产、绿色生产、绿色制造、绿色工艺、生态农业、生态工业、生态园区等
服务的生态转型	绿色服务、废物循环利用、生态旅游、绿色能源和交通、服务的非物化和绿色化等
消费的生态转型	绿色消费、理性消费、废物循环利用、消费的非物化、绿色化和生态化等
环境的生态转型	环境污染持续减少、生态系统恢复、环境质量提高、环境管理和生态建设等
经济的生态转型	经济的非物化、绿色化和生态化,物质循环利用,经济发展与环境退化脱钩等
社会的生态转型	社会的非物化、绿色化和生态化,生态城市、生态农村、绿色家园、绿色生活等
政治的生态转型	环境政治、绿色政治、民主协商、分散化决策、公民社会等

(2) 广义生态现代化过程的基本特点

前面归纳了世界现代化的生态效应和生态转型的 36 个长期趋势和基本事实以及 10 个启示。其中 10 个启示,可以看成是世界生态现代化过程的 10 个特点(表 2-16)。

世界生态现代化的 10 个特点是:相对可预期的、全球的、长期的、复杂的、进步的、转型的、系统的、渐进的、不平衡的、很难逆转的世界趋势等。

生态现代化的内容和结果,可看成是它的特点,即生态现代性。例如,非物化、绿色化、生态化、经济发展与环境退化脱钩、经济与环境的双赢、人类与自然互利共生等。

归纳起来,生态现代化过程大约有 15 个特点(表 2-27)。

表 2-27 生态现代化过程的 15 个基本特点

特点分类	基本特点
过程特点	相对可预期的、全球的、长期的、复杂的、进步的、转型的、系统的、渐进的、不平衡的、很难逆转的世界趋势
生态现代性	非物化、绿色化、生态化、经济与环境双赢、人类与自然互利共生

(3) 广义生态现代化过程的基本原理

生态现代化过程的基本原理,主要有三个方面的内容。

首先,生态现代化是现代化在环境领域的反映,它必然遵循现代化的基本原理。第二次现代化理论(广义现代化理论)认为,现代化遵循 10 个基本原理,包括进程不同步原理、分布不均衡原理、结构稳定性原理、地位可变迁原理、行为可预期原理、路径可选择原理、需求递进原理、效用递减原理、状态不重复原理和中轴转变原理。这 10 个基本原理,同样适用于生态现代化(表 2-28),它们分别涉及生态现代化的行为、路径、进程、分布、结构、结果、需求、效用、状态和中轴变化。

表 2-28 广义生态现代化的 10 个基本原理

原理	主要内涵
进程不同步原理	生态现代化的进程是不同步的
分布不均衡原理	生态现代化的分布是不均衡的
结构稳定性原理	生态现代化的分布结构是相对稳定的,稳定是有规律的(历史稳定性)
地位可变迁原理	生态现代化的国际地位和差距是可以变化的,变化是有规律的(地位流动性)
路径可选择原理	生态现代化的路径是可选择的,路径选择受自身历史和条件的制约(路径依赖)
行为可预期原理	生态现代化的行为是可以部分预期的,行为具有有限的理性(有限理性)
需求递进原理	生态现代化的社会需求是递进的
效用递减原理	生态现代化的政策效用是递减的
状态不重复原理	生态现代化的文明状态是变化的,变化是不重复的
中轴转变原理	生态现代化的文明中轴是变化的,变化是有规律的(贝尔 1973,社会中轴原理)

其次,生态现代化的学科基础很广泛,包括自然科学、技术科学、社会科学、人文科学和综合学科等。这些学科的基本原理,有不少是适合生态现代化的(表 2-29)。

表 2-29 广义生态现代化的相关科学原理

学科	原理(举例)
物理学原理	牛顿第三定律、热力学第一定律、热力学第二定律等
地学原理	气候带、自然区划、自然资源、土壤、流域、景观、自然地理、经济地理等
生物学原理	生物进化论、生长与发育、遗传学、生理学、生物多样性、生活周期等
生态学原理	生态效率、生态平衡、收获理论、建立者效应、能量流、物质循环、工业生态学等
环境科学原理	环境管理系统、环境评价、环境友好技术、面向环境的设计等

（续表）

学　科	原　理(举例)
心理学原理	需求层次理论等
技术科学原理	绿色化学、绿色制造、清洁生产、精益生产、定单生产、生命周期评价等
经济学原理	收益递减、资源定价、资源稀缺、资源经济、环境经济、生态经济学等
社会学原理	公民社会、人口学原理、环境社会学、生态社会学等
系统科学原理	系统性、整体性、结构性、有序性、可控性、开放性、协调学、自组织等

其三，生态现代化是一个独立的研究领域，它有自己的一些基本原则（表 2-30）。

表 2-30　广义生态现代化的 10 个基本原则

基本原则	基　本　内　容
预防原则	环境治理以预防为主，防治结合
创新原则	知识创新、技术创新和制度创新，是解决环境问题的核心机制
效率原则	提高资源和能源利用效率和生态效率，是解决环境问题的重要途径
不等价原则	同一环境、资源和经济要素，在不同国家和不同时期的价值和意义是不同的
非物化原则	降低经济和社会的物质与能源的消耗和密度，提高经济与生活的效率和品质
绿色化原则	生产和消费、经济和社会的行为模式与结构的无毒无害化、减少废物排放和清洁健康
生态化原则	生产和消费、经济和社会的行为模式、结构与制度的生态转型（预防创新和循环双赢）
民主参与原则	环境决策的科学化、社会化和民主化
污染付费原则	采用经济手段，预防和控制环境污染
经济环境双赢原则	促进经济与环境退化脱钩，实现经济发展与环境进步的协同等

(4) 广义生态现代化过程的分析工具

生态现代化不仅是一种理论，也是一个社会实践。在生态现代化过程中，需要各种各样的生态相关的科学技术、分析工具和科学模型，如生态技术、环境技术、工程技术、管理模型、决策模型等。这些分析工具，有些本身就代表了生态现代化过程的某种特点或规律。

生态现代化过程的分析工具，可以大致分为五类（表 2-31）。

表 2-31　广义生态现代化的分析工具

方法分类	代表性的研究方法
现代化研究的坐标分析	文明时间表、周期表、坐标系、路径图、时序分析、截面分析、定量评价等
环境管理的有关方法	环境议程、环境评价、环境统计、环境管理系统、环境压力、环境产业等
生态科学的有关方法	工业代谢、物质流分析、面向环境的设计、生命周期评价、生态系统评价等
社会科学的有关方法	资源管理、环境税收、环境贸易、循环经济、企业环境责任、绿色 GDP 等
生态现代化的综合分析	概念化方法、生态决策方法、系统调控方法、综合评价方法等

第一类：现代化研究的坐标分析方法，包括文明时间表（表 1-6）、生态现代化周期表（表 2-32）、生态现代化坐标系（图 2-6）和生态现代化路径图（图 2-7）等。

第二类：环境管理的有关方法，如环境议程、压力-状态-反应模型（图 1-4）等。

第三类：生态科学的有关方法，如生态系统评价、物质流分析（图 1-6）等。

第四类：社会科学的有关方法，如资源管理、环境税收、绿色 GDP 等。

第五类：生态现代化的综合分析。当然，这种分类是相对的。

表 2-32 生态现代化的周期表——文明与环境的关系变化

文明时间(起始年)		文明进程和环境特点	现代化进程和环境变化
知识文明时代		知识文明(生态文明)	
过渡期(2050 年)	高级知识文明	人类与自然互利共生协同进化	
成熟期(2020 年)	中级知识文明	高度非物化、绿色化和生态化	第二次现代化:知识革命
发展期(1993 年)	初级知识文明	中度非物化、绿色化和生态化	生态现代化:生态革命
起步期(1970 年)	知识文明起步	相对非物化、绿色化和生态化	绿色化、生态化等
工业文明时代		工业文明(物质文明)	
过渡期(1946 年)	高级工业文明	环境退化、资源破坏、污染治理	
成熟期(1914 年)	中级工业文明	工业污染、城市污染、生活污染	第一次现代化:工业革命
发展期(1870 年)	初级工业文明	工业污染、城市污染、森林砍伐	生态效应:环境退化
起步期(1763 年)	工业文明起步	工业污染、城市污染、森林砍伐	资源退化、传染病
农业文明时代		农业文明(物质文明)	
过渡期(1500 年)	高级农业文明	砍伐森林、土地退化、局部污染	
成熟期(公元 618 年)	中级农业文明	砍伐森林、土地退化、局部污染	
发展期(公元前 500 年)	初级农业文明	砍伐森林、土地退化、局部污染	农业化:农业革命
起步期(公元前 4000 年)	农业文明起步	砍伐森林、土地退化、自然灾害	森林砍伐、土地退化
原始文化时代		原始文化(自然文明)	
过渡期(1 万年前)	狩猎采集和园艺游牧	刀耕火种、土地轮作	原始农业革命
成熟期(4 万年前)	狩猎采集和母系社会	使用火的影响	
发展期(20 万年前)	狩猎采集和氏族社会	使用火的影响	社会化
起步期(250 万年前)	狩猎采集和小型社区	略	人类诞生:工具制造革命

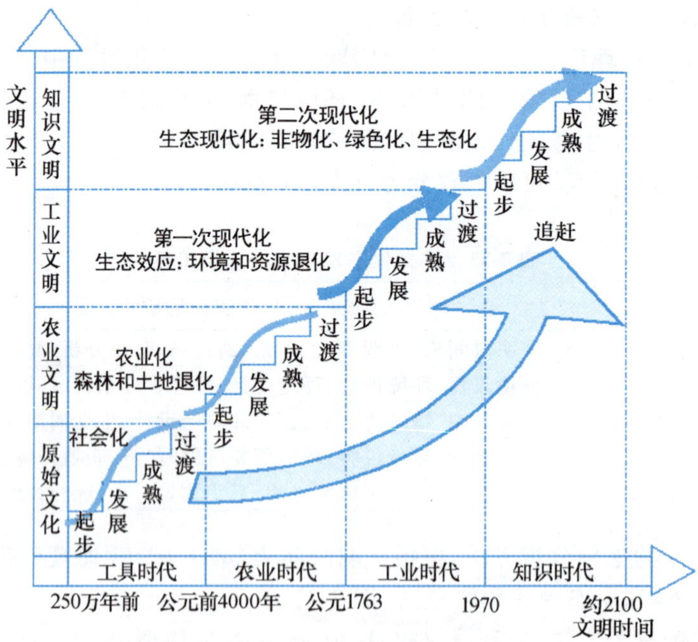

图 2-6 生态现代化的坐标系

一般而言,生态现代化的综合研究方法可分为四组(表 2-33)。第一组:概念化方法,建立生态现代化研究的一些关键概念模型。第二组:生态决策方法,生态现代化的过程决策的有关模型。第三组:系统调控方法,生态现代化过程的系统调控的有关模型。第四组:综合评价方法,生态现代化的进程评价和监测评价等。

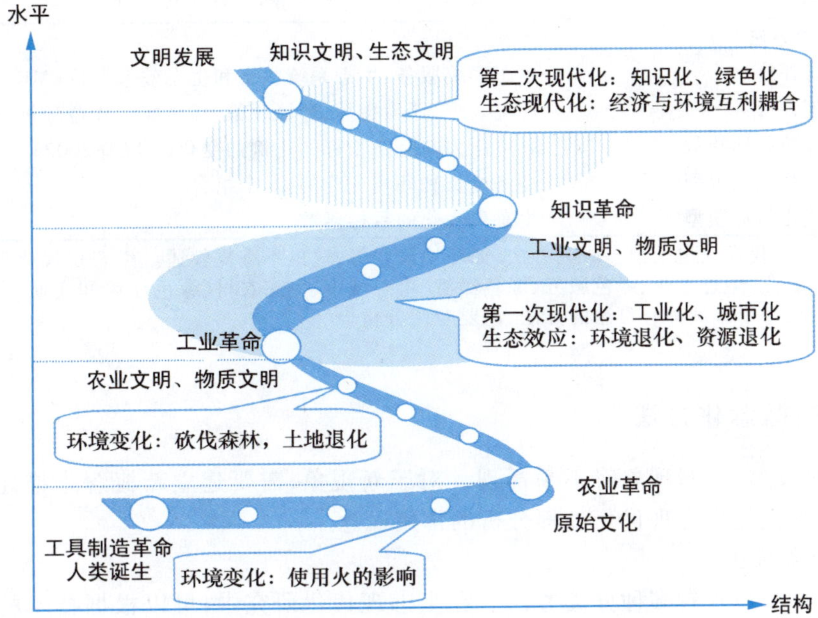

图 2-7　生态现代化的路径图(示意图)

注:人类文明中轴发生了三次转换,形成四个时期,每个时期文明结构不同;坐标横轴为社会生产力结构,纵轴为文明发展水平(社会生产力水平);横轴刻度:原始文化时期为农业与狩猎采集劳动力之比,农业文明时期为狩猎采集与农业劳动力之比,工业文明时期为工业与农业劳动力之比,知识文明时期为工农业与知识产业劳动力之比;圆圈代表四个时期新生产力的起步、发展、成熟和过渡的发展周期。知识革命包含信息革命和生态革命等。

表 2-33　广义生态现代化的综合分析方法

方法分组	内　容　解　释
第一组:概念化方法	
EM1. 技术分类模型	绿色技术、白色技术、环境友好技术、环境可接受技术、环境无害技术
EM2. 产品分类模型	绿色产品、白色产品、次标产品、有机食品等
EM3. 消费分类模型	绿色消费、白色消费、资源型消费、能源型消费、知识型消费等
EM4. 物质经济增长模型	物质经济增长的三个源泉:知识创新、知识应用和生态意识
EM5. 生态价值模型	提高生活质量的市场需求中与环境质量相关的价值是生态价值
第二组:生态决策方法	
EM6. 四方博弈模型	绿色和白色生产者、绿色和白色消费者的利益博弈
EM7. 两方博弈模型	穷国和富国的选择差异和利益博弈
EM8. 生产决策模型	环境保护和经济增长的 9 个组合
EM9. 消费决策模型	消费水平、收入水平和环境保护的多种组合
EM10. 环境决策模型	环保决策模型、面向环境的设计(DfE)、生命周期评价(LCA)等
第三组:系统调控方法	
EM11. 系统调节模型	人类生态系统的状态识别和反馈调节
EM12. EKC 和环境压力模型	环境库兹涅茨曲线(EKC)、人均收入与环境压力的关系模型
EM13. 物质流分析模型	社会代谢和物质流分析(含有毒有害物的物流分析)(WRI 2000)
EM14. 环境管理系统	环境信息、环境机构和个人、环境战略和操作系统(Huber 2000)
EM15. 结构转变模型	绿色要素(绿色生产、消费和制度)的比例变化和绿色指数

（续表）

方法分组	内 容 解 释
第四组：综合评价方法	
EM16. 生态系统评价	生态系统服务、生态系统状态和生态效率评价（MEA 2005）
EM17. 环境管理评价	环境表现、环境指标、环境政策、环境成本效益分析（OECD 2003）
EM18. 经济与环境脱钩指数	环境压力与经济指标的比例的变化（OECD 2002）
EM19. 生态现代化进展模型	经济增长和环境变化的 16 个组合
EM20. 生态现代化目标模型	生态现代化的目标函数

注：欧洲的生态现代化理论包括很多研究方法，如环境议程等，这里不重复叙述。生态现代化涉及自然资源、自然环境、生态系统、生态农业、生态工业、绿色服务、绿色经济、生态城市、生态农村、绿色能源和交通、绿色社会、生态安全等 12 个分领域的变化，每个领域都有自己的方法，需要专门分析。

第一组方法：概念化方法

生态现代化是发展的，新现象将不断涌现。对于新现象，需要建立新概念来描述。这里，重点介绍五个概念模型，它们是生态现代化过程分析的常用概念。

EM1. 技术分类模型

在技术经济学中，技术有多种分类方法。在生态现代化研究中，可以根据技术的环境特点，进行技术分类和分类管理。

绿色技术：对环境和健康的伤害比较小或无害的技术。

白色技术：对环境或健康有较大伤害的技术。

资源密集技术：资源消耗比较大的技术。

能源密集技术：能源消耗比较大的技术。

知识密集技术：知识含量比较大的技术。

环境友好技术：对环境损害比较小的技术。

环境可接受技术：对环境有损害、但损害在可接受的程度内的技术。

环境无害技术：对环境没有损害的技术。

环境保护技术：环境治理和控制的技术。

环境敏感技术：与环境问题相关的技术。

EM2. 产品分类模型

在经济统计中，商品有标准分类。在生态现代化研究中，可以根据商品的环境质量特点，进行商品分类和分类管理。

绿色产品：不含有毒有害物质、或有害物质含量很少、不构成健康伤害的产品。

达标产品：达到国家或国际生产质量标准的产品（部分与绿色产品有交叉）。

白色产品：有毒有害物质含量超过国家标准、或含量比较高的产品。

有机食品：达到国际有机食品生产标准的食品。

天然产品：纯天然的产品。

资源密集产品：资源含量比较大的产品。

能源密集产品：能源含量比较大的产品。

知识密集产品：知识含量比较大的产品。

EM3. 消费分类模型

在生态现代化研究中，可以根据消费行为和消费取向的环境特征进行分类。

绿色消费:愿意购买绿色产品、减少消费过程的环境污染、废物循环利用等。

白色消费:愿意购买白色产品、消费过程产生环境污染、废物没有循环利用等。

中性消费:随意购买绿色产品或白色产品,没有明确的环保意向。

物质型消费:物质消费比例很大(超过 50 %)的消费。

资源型消费:资源消费比例比较大的消费。

能源型消费:能源消费强度比较大的消费。

知识型消费:服务、娱乐、卫生、知识和信息消费比例比较大的消费。

EM4. 生态现代化的物质经济增长模型

假设:当物质生活需要基本满足、物质市场需求基本饱和后,后物质价值观将发挥作用,物质经济增长的新基础(新空间)将来自三个方面:

第一,新科技带来的新产品和新需求(供给创造自己的需求、新产品和新服务);

第二,原有产品和需求的质量的提高(产品和服务的升级、生活质量的提高);

第三,生态和环境友好的产品和需求(环境和生态意识引发的生产和消费的转型)。

其中,

第一种情况,与知识创新和技术创新直接相关;

第二种情况,与知识应用(或技术创新)等直接相关;

第三种情况,与生态意识(或环境意识)等直接相关。

所以:知识创新、知识应用(或技术创新)、生态意识是物质经济增长的三个源泉。

EM5. 生态现代化的生态价值模型

假设一:根据马斯洛的需求层次理论,人的需求是递进的;

假设二:物质需求是基本需求,物质需求满足后,人会追求生活质量的提高;

假设三:生活质量包括物质生活、文化生活和生活环境的质量;

假设四:生活质量中与生态和环境相关的部分(直接和间接相关),成为新的市场需求;

假设五:生态和环境相关的市场价值,可以称为生态价值。

生活质量的提高,提出的新需求包括:新的物质需求、新的文化需求和新的环境需求。

第二组方法:生态决策方法

生态现代化过程,需要做出一系列的决策;生态现代化是一个生态决策的集合。

EM6. 生态现代化的四方博弈模型(生产者和消费者的博弈)

假设一:一个开放市场上,一个商品有两个生产者、两种生产技术和两个消费者;

假设二:采用绿色技术生产的是绿色商品,采用白色技术生产的是白色商品;

假设三:绿色生产者生产绿色商品,白色生产者生产白色商品;

假设四:绿色消费者愿意购买绿色商品,白色消费者愿意购买白色商品;

假设五:两个生产者和两个消费者,将发生利益博弈,并有多种可能结果。

当绿色生产者的收益大于或等于白色生产者、绿色消费者的绿色消费物有所值的时候,绿色生产、绿色消费和生态现代化才能进行。

EM7. 生态现代化的两方博弈模型(穷国和富国的博弈)

假设一:一个地球上,只有两个国家,一个是穷国,一个是富国;

假设二:地球文明已经达到一个临界值,收入增长与环境保护发生冲突;

假设三:穷国选择:更多的收入、更好的生活;

假设四:富国选择:更好的环境、更多的财富;

更多的收入、更好的环境,发生直接冲突,成为一个两难选择(图 2-8)。

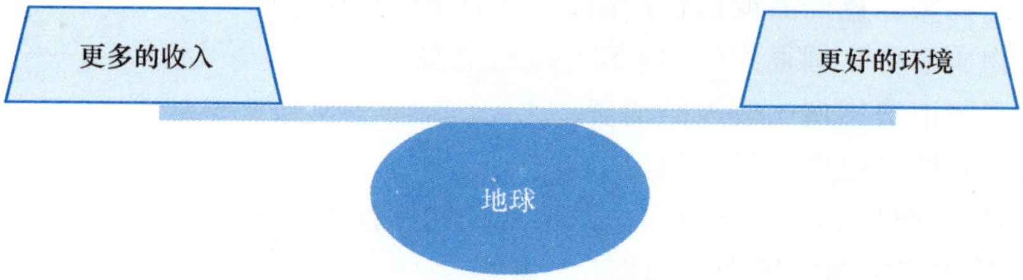

图 2-8　生态现代化的两难选择

双重价值观:自我利益——公共利益;

侥幸心理观:自我利益——逃避责任;

富国的选择:利己主义,自我发展——他国环境保护——更好的环境;
全球利益,环境保护——自我约束——更好的环境。

穷国的选择:经济利益——生态利益、民族利益——全球利益;
更多的收入、更好的环境;两种选择,难以取舍。

穷国和富国的环境博弈,将最终决定生态现代化的国际进程。

EM8. 生态现代化的生产决策模型

根据国家的环保取向和增长取向,可以建立生产决策模型(图 2-9)。

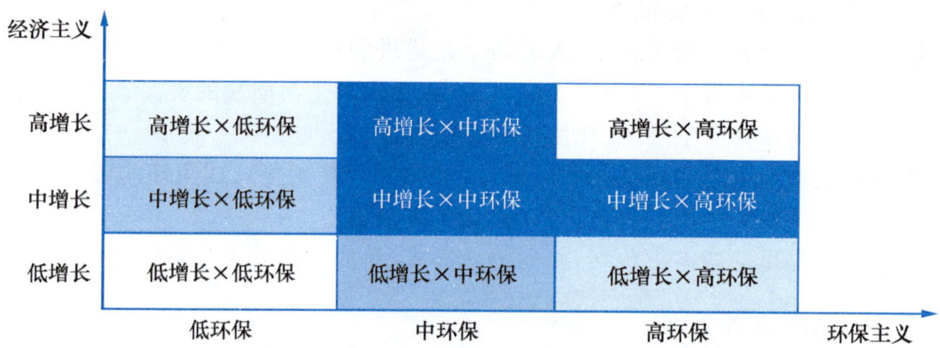

图 2-9　生态现代化的生产决策模型

注:经济零增长≠环境零污染,经济零增长≠自然资源零消费。
理想决策:高增长×高环保;
优良决策:中增长×中环保、高增长×中环保、中增长×高环保;
良好决策:低增长×高环保、高增长×低环保;
一般决策:低增长×中环保、中增长×低环保;
较差决策:低增长×低环保。

EM9. 生态现代化的消费决策模型

根据消费的环保取向和物质取向,可以建立消费决策模型(图 2-10)。消费的分组,有多种方式。可以是高档消费、中档消费、低档消费;也可以是高度消费、中度消费和低度消费等。不同的消费模式,适用于不同国家、地区和家庭。

在日常生活中,消费水平与收入水平紧密相关。所以,收入水平、消费水平和消费意向有紧密的关系。根据收入水平和消费意向,可以建立消费引导模型(图 2-11)。模型中包括多种消费模式。除模型中的消费模式外，还有高收入—中消费—高环保、高收入—低消费—高环保等许多模式。不同的消费模式，适用于不同国家、地区和家庭。

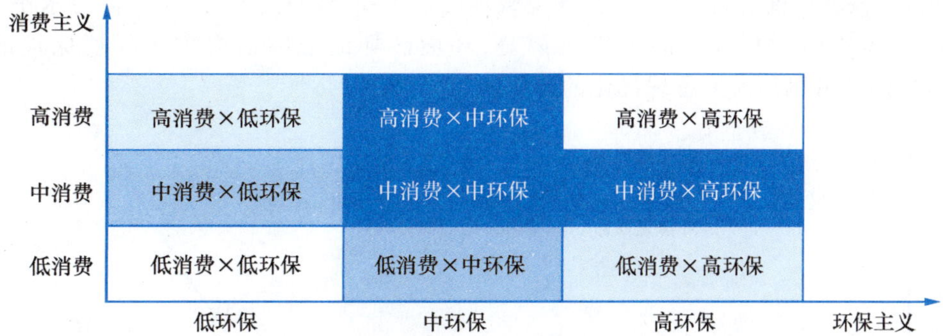

图 2-10　生态现代化的消费决策模型

注：消费零增长≠环境零污染，消费零增长≠自然资源零消费。

消费模式一：高消费×高环保；

消费模式二：中消费×中环保、高消费×中环保、中消费×高环保；

消费模式三：低消费×高环保、高消费×低环保；

消费模式四：低消费×中环保、中消费×低环保；

消费模式五：低消费×低环保。

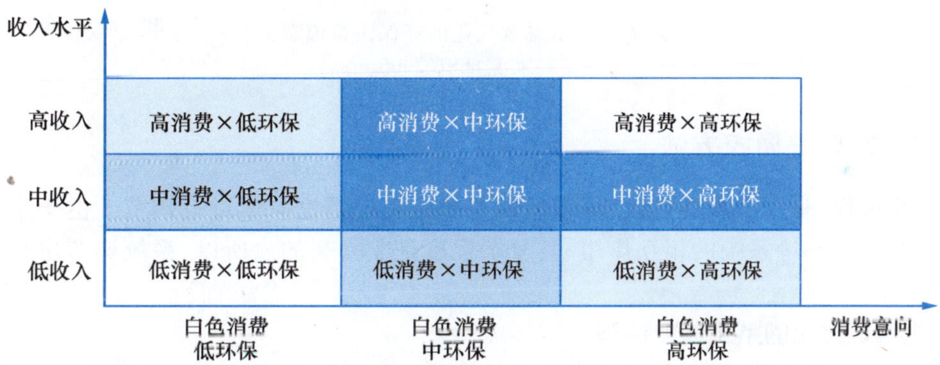

图 2-11　生态现代化的消费导向模型

注：消费模式一：高收入×高消费×高环保；

消费模式二：高收入×高消费×中环保、中收入×中消费×中环保、中收入×中消费×高环保；

消费模式三：高收入×高消费×低环保、低收入×低消费×高环保；

消费模式四：中收入×中消费×低环保、低收入×低消费×中环保；

消费模式五：低收入×低消费×低环保。

EM10. 生态现代化的环境决策模型

生态现代化的环境决策，发生在国家、地区、部门、企业、组织、城市、农村、家庭和个人等各个层次上。其中，政府、企业和个人的环境决策，发挥着重要作用。

在企业环境决策中，面向环境的设计、面向环境的制造、生命周期评价、生命周期设计等方法，在过去30年里逐步走向成熟（表2-4）。简要地说，将环境意识系统地整合到产品和工艺设计中，就是面向环境的设计（DfE）；将环境意识系统地整合到制造过程中，则是面向环境的制造（DfM）；在产品生命周期的五个阶段(产前、生产、运输、使用和用后)都考虑环境意识,并进行环境评价,就是生命周期评价(LCA)。

环境决策,从经济角度看,往往需要在环境破坏的损失和环境保护的成本之间寻求平衡。欧洲统计实验室(ESL 2006)认为,理想的环境决策是,环境破坏的边际损失等于环境保护的边际成本(图 2-12)。这个模型可以称为生态现代化的环保决策模型。

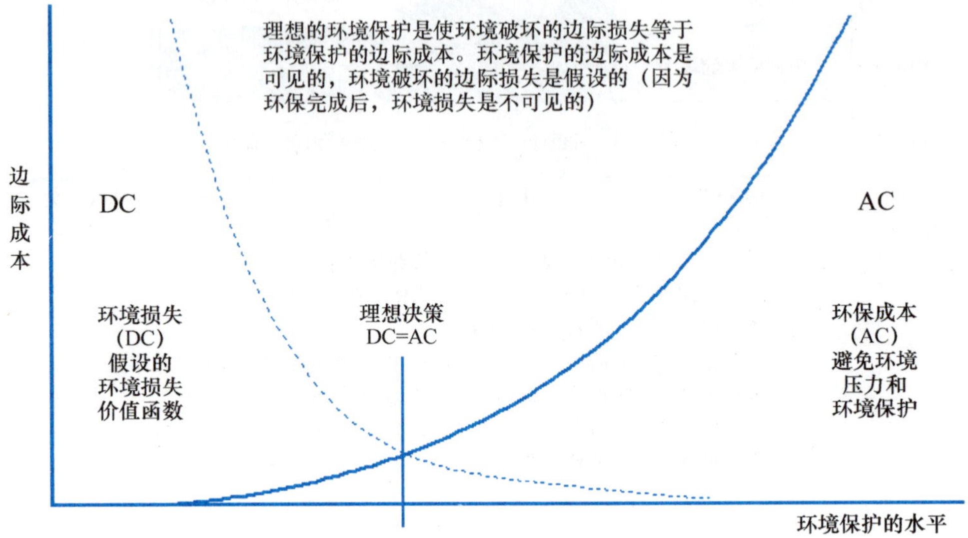

图 2-12 生态现代化的环保决策模型

资料来源:ESL 2006.

第三组方法:系统调控方法

生态现代化过程,是一个系统过程;可以按照系统论和控制论原理进行调节。由于生态现代化是人类活动系统与自然环境系统的相互作用,其复杂程度是非常高的。所以,系统调节也是非常复杂的和困难的。

EM11. 生态现代化的系统调节模型

生态现代化是一个系统工程,是对人类生态系统的生态友好的调节。在人类生态系统中,自然环境与人类文明从偏利耦合转向互利耦合,人类与自然协同进化。

对生态现代化的系统调节,包括对人类生态系统的状态识别和反馈调节(图 2-13)。状态识别包括生态变迁、经济发展和社会发展的状态识别。反馈调节包括生态系统调节(压力适应和人工恢复等)和人类活动的调节(观念、制度和科技等)。

人类生态系统包括自然生态系统和人类活动系统两大部分。在没有人类活动的影响的时候,自然生态系统是一种自然演化。人类活动是一种人类行为与自然系统的相互作用。在有人类活动的时候,自然系统的演变有两个影响因素:自然因素和人类活动;人类活动的变迁也有两个影响因素:环境约束和发展水平。关于人类生态系统的系统调节,就是生态现代化过程的系统调节(表 2-34)。调节的目标是人类与自然的互利共生和协同进化。

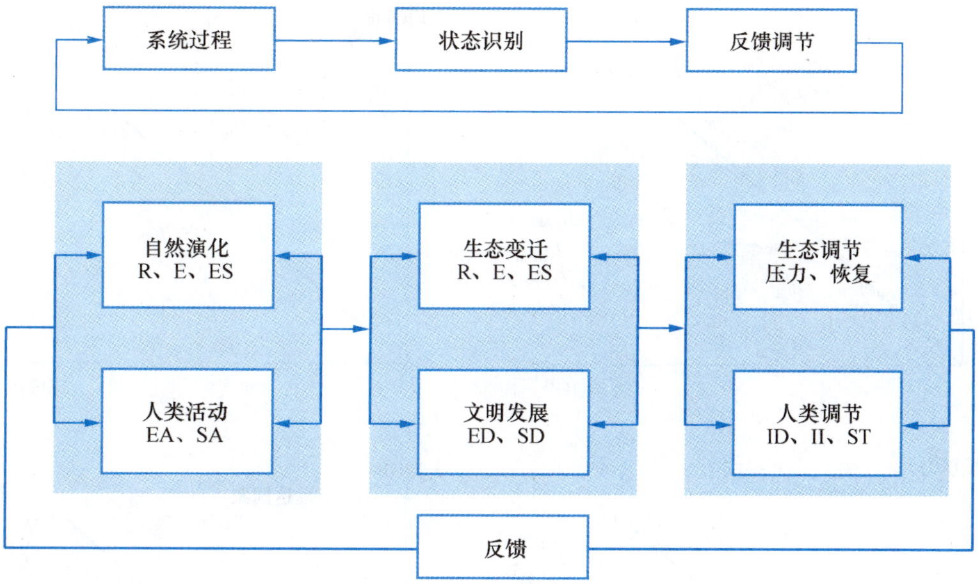

图 2-13 生态现代化的系统调节模型

注:R 为资源,E 为环境,ES 为生态系统,EA 为经济活动,SA 为社会活动,ED 为经济发展,SD 为社会发展,ID 为观念变化,II 为制度创新, ST 为科技变化。

表 2-34 人类生态系统的系统调节模型

	内部调节		外部调节	
	调节因子	调节方式或结果	调节因子	调节方式或结果
自然生态系统	自然因素、环境压力	自适应、自恢复	环境保护、生态建设	生态恢复
人类活动系统	观念、制度、科技等	绿色化、生态化	资源、能源、环境的约束	非物化、环境友好

EM12. EKC 曲线和环境压力模型

环境库兹涅茨曲线(EKC),反映经济发展与环境压力的关系。

在 EKC 分析时,需要注意两个问题。首先,环境压力多为具体的环境指标。其次,环境压力不仅与经济发展水平有关,也与环境政策和制度有关。在一定程度上,EKC 反映了生态现代化的环境路径。具体内容见第一章第四节。

生态现代化的环境压力模型,是一个概念模型,反映生态现代化过程中现代化与环境压力的关系。其中,现代化水平可用经济发展水平代表,环境压力指人类活动的总环境压力。

环境压力的主方程为

$$I = P \times A \times T = \text{人口} \times (\text{GDP}/\text{人口}) \times (\text{环境压力}/\text{GDP})$$

其中,I 为环境压力,P 为人口,A 为人均 GDP,T 为单位 GDP 的环境压力。

在生态现代化过程中,技术创新、制度创新和结构生态化,可以降低环境压力。

所以有

$$I_{\text{生态现代化}} = I - I_{\text{技术创新}} - I_{\text{制度创新}} - I_{\text{结构生态化}}$$

于是,我们可以描绘生态现代化过程中的环境压力曲线(图 2-14)。

EM13. 物质流分析模型

物质流分析是从社会代谢理论或工业代谢理论演变来的。它是按生物生理代谢的原理,分析社

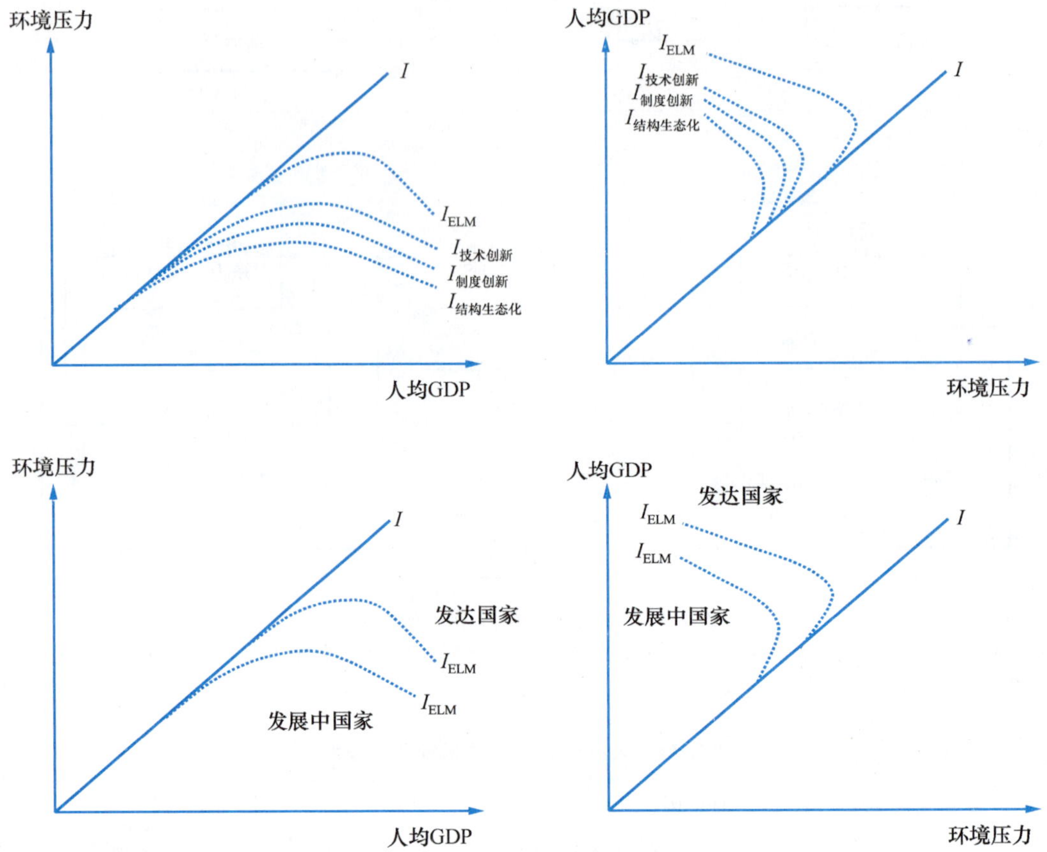

图 2-14 生态现代化的环境压力模型

注：I 为现代化的环境压力。I_{ELM} 为生态现代化的环境压力（$I_{生态现代化}$）。$I_{技术创新}$ 为技术创新导致的环境压力下降，$I_{制度创新}$ 为制度创新导致的环境压力下降，$I_{结构生态化}$ 为结构生态化导致的环境压力下降。

会或工业过程中，物质的代谢和流动。物质流分析可以在多个层次上进行，例如：国家、地区、城市、部门、产业、产品和某个具体物质等，包括有毒有害物质的物流分析。

物质流分析是生态现代化的重要分析工具。具体模型见第一章第一节（图 1-6）。在经济物流周期中，物质有九种存在状态：原材料、生产过程、使用过程、运输或储存、废物排放、废物处理、再利用、再制造和再循环等。生态现代化，需要提高物质利用效率、降低物质密度和废物密度、鼓励废物的再利用、再制造和再循环。

EM14．环境管理系统模型

生态现代化是人类活动与自然环境的相互作用。环境管理是生态现代化的必然要求，是对环境系统的调节。环境管理有许多技术和方法，如环境议程、环境统计、环境管理系统等。它们都与生态现代化有直接关系，或者说，它们也是生态现代化的研究方法。

环境管理系统，是对环境系统的一种系统调节和管理。环境管理系统可以在多个层次上建立，例如，世界、国家、地区、城市、部门、企业和机构等。环境管理系统一般包括：环境信息、环境机构和组织（个人）、环境法规、环境规划、环境战略和操作系统等（表 2-2）。

环境管理系统，是生态现代化过程中环境管理的一种系统解决方案。

EM15. 生态现代化的结构转变和转变指数模型

生态现代化是一个生态转型过程，包括非物化、绿色化和生态化等。这些转型，都可以建立相应的结构转变模型和结构转变指数模型，来反映和分析生态现代化的实际进展。

生态现代化的结构转变模型(以绿色化为例)。

生态现代化的绿色化结构转变模型。绿色化的特点是：现代化的绿色要素增加，非绿色要素减少，绿色要素超过非绿色要素，绿色要素的比例趋向饱和(图 2-15)。绿色要素，可以是绿色技术、绿色生产、绿色产品、绿色消费、绿色制度和绿色观念等。

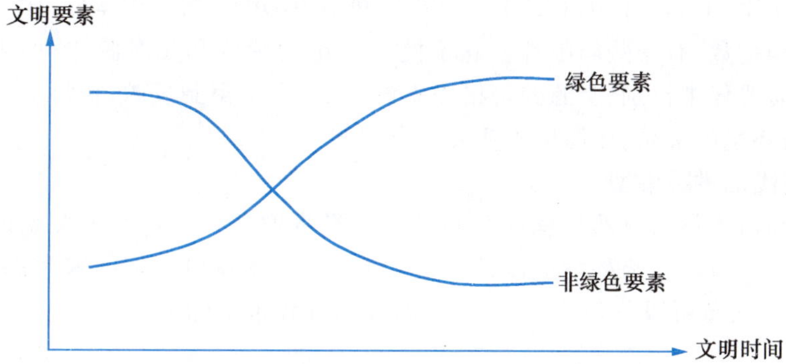

图 2-15　生态现代化的绿色化结构转变模型

生态现代化的结构转变指数模型(以绿色化为例)。

生态现代化的绿色化转变指数模型，它是一组生态现代化的绿色指数。例如：

生态现代化的绿色生产指数 = 绿色生产者/总生产者

生态现代化的绿色消费指数 = 绿色消费者/总消费者

生态现代化的绿色经济指数 = 绿色的 GDP/总 GDP

生态现代化的绿色政策指数 = 绿色政策/总政策

第四组方法：综合评价方法

生态现代化，需要对过程和阶段结果进行动态监测和评价，以便及时调整。

EM16. 生态系统评价

生态现代化要求人类与自然环境的良性耦合或互利耦合。自然生态系统的状态和变迁，就成为检验生态现代化成效的一个要素。关于生态系统的评价，可以有多种方法，可以在多个层次上进行。联合国的千年生态系统评价，是对全球生态系统服务功能和状态的评价(MEA 2005)。在国家和地区等层面上，生态系统评价也是有意义的。

生态系统服务评价，可以反映生态系统的活力和质量(健康状况)，反映生态系统的发展趋势，反映人类活动对生态系统影响的大小以及未来改进的方向。

EM17. 环境管理评价

生态现代化要求经济发展与环境退化脱钩。所以，需要不断监测环境系统的状况和环境管理的绩效。环境管理评价有很多方法，例如，环境风险评价、环境影响评价、环境表现评价、环境压力和生态足迹评价、环境政策评价、环境政策的效益评价、环境成本效益分析等。

环境管理评价需要建立环境指标、环境监测和环境统计体系，需要大量的经济学、社会学和环境科学知识。联合国和 OECD 等国际机构，已经开发了大量的环境评价工具。

EM18. 经济与环境脱钩指数

生态现代化要求经济增长与环境压力指标的增长脱钩,包括相对脱钩和绝对脱钩两种。具体内容见第一章第四节。计算方法如下(OECD 2002)。

$$DR = (EP/DF)_{阶段结束}/(EP/DF)_{阶段开始}, \quad DI = 1 - DR$$

其中,DR 为脱钩比例,EP 为环境压力指标,DF 为驱动因素,DI 为脱钩指数。

DR 小于 1,表示脱钩;DR 大于 1 或等于 1,表示没有脱钩。例如,1990 年到 2000 年期间,GDP 和 CO_2 排放,经济与环境脱钩指数的计算为

$$DR = (CO_2 排放/GDP)_{2000}/(CO_2 排放/GDP)_{1990}, \quad DI = 1 - DR$$

经济与环境脱钩指数,有一些局限性。它不能区分绝对脱钩和相对脱钩;如果国家经济负增长,脱钩指数的意义就需要仔细辨别;资源的价格因素的影响,没有得到反映;国际贸易和环境压力转移,会影响结果;经济与环境的关系,比简单脱钩要复杂得多。

EM19. 生态现代化进展模型

生动现代化是经济发展与自然环境的互利耦合。经济增长与环境改善关系的变化,反映了生态现代化的实际进展。经济增长与环境进步的不同组合,可以直观地识别国家生态现代化的绩效和所处的状态(图 2-16)。大致可以分为五个级别,最高级用五颗星来标记。

图 2-16 生态现代化的进展模型

表现优秀:五星。表现良好:四星。表现中等:三星。表现一般:两星。表现较差:无星。

EM20. 生态现代化的目标模型

环境压力的主方程为

$$I = P \times A \times T = 人口 \times (GDP/人口) \times (环境压力/GDP)$$

$$I = P \times I_P = 人口 \times (环境压力/人口)$$

其中,I 为环境压力,P 为人口,A 为人均 GDP,T 为单位 GDP 的环境压力,I_P 为人均环境压力。

根据生态现代化的系统调节模型,生态系统具有自我调节(自适应的恢复功能),可以部分抵消环境压力;人类的生态建设和环境保护,降低了环境压力。

如果把这两个部分从环境压力的主方程的有关参数中独立出来,可以得到

$$I_{ELM} = P \times I_P - E_R - E_P$$

其中,I_{ELM}为生态现代化的环境压力,P 为人口,I_P 为人均环境压力,E_R 为生态系统的自我恢复抵消的环境压力,E_P 为人工环境保护和生态建设减少的环境压力。

生态现代化的第一个目标:现代化与环境压力脱钩,可以得到

$$\Delta I_{ELM}=0 \text{ 或者 } \Delta I_{ELM}<0$$

环境压力的增量等于零，或者小于零。

生态现代化的第二个目标：现代化与自然环境互利耦合，可以得到

$$I_{ELM}=0 \text{ 或者 } I_{ELM}\to 0$$

生态现代化的环境压力等于零，或者趋向于零。

生态现代化的生态平衡方程为

$$f(I_P, E_R, E_P)=0$$

f为函数，其他同前。

上面，我们简介了20种方法或模型，这些只是生态现代化过程研究的部分方法。

(5) 广义生态现代化过程的分层结构

广义生态现代化大致包括：各个行为主体、各个领域和各个层次的生态转型。广义生态现代化的行为主体和研究对象的横向结构（分领域）和纵向结构（分层次），这就形成了一个结构矩阵（表2-35）。生态现代化的过程研究，具有非常丰富的内涵。

表2-35 广义生态现代化的研究对象的结构矩阵

行为主体	不同领域和不同层次					
	现代化的生态响应	生态经济	生态社会	生态政治	生态文化	生态文明等
世界						
跨国地区		生态观念		机理研究		
国家		生态制度		评价研究		
国内地区		生态结构		战略研究		
产业部门		生态效率		模式研究		
企业		生态质量		方法研究		
机构		等		等		
家庭						
个人						

3. 广义生态现代化的结果和目标

广义生态现代化的结果，可以从世界、国家和地区等不同层次来刻画；广义生态现代化的目标，更多是针对国家和地区生态现代化而言的。因为，关于世界的广义生态现代化目标的讨论，难免有点理想主义的味道，它是不可操作的。国家和地区的广义生态现代化目标是客观存在的，它能否实现，如何实现，是需要专门研究的课题。

(1) 广义生态现代化的结果

广义生态现代化的结果，可以从三个维度来描述。

首先，六个方面的深刻变化。就世界而言，广义生态现代化的结果表现在六个方面。一是生态转型的完成，人类与自然互利共生；二是自然环境的改善，环境压力趋向最小；三是生态效率的提高；四是生态结构和生态制度的成熟；五是生态观念的成熟和普及，六是生态相关国际差距的变化。这些变化，同样适用于国家和地区。

其次，生态现代性的形成和扩散。生态现代性，目前它的主要特点包括非物化、绿色化、生态化、自然化、现代化与环境退化脱钩、经济与环境双赢、人类文明与自然环境互利共生等。随着生态现代化的进步，生态现代性的新特点还会出现。

其三,两类国家的动态平衡。生态现代化是一个长期的历史过程,它的结果也是动态变化的。在某一历史时刻,大约只有 20 %左右的国家达到和保持世界先进水平,它们属于相对现代化的国家;大约 80 %左右的国家没有达到世界先进水平,属于相对非现代化的国家。在某一历史时期,相对现代化的国家可以降级为非现代化的国家,相对非现代化的国家可以升级为现代化国家;两类国家的地位升降,处于动态平衡中。

(2) 广义生态现代化的目标

国家和地区的广义生态现代化的目标,一个方面是国家和地区自身的生态现代化,一个方面是追赶、达到和保持生态转型的世界先进水平。自身生态现代化的目标是完成生态现代化,实现现代化与环境退化的脱钩。由于生态现代化是一个长期的历史过程,不可能一步到位,所以需要制定不同时期的政策目标。广义生态现代化有两个基本目标和一个政策目标。

第一个目标:经济发展与环境退化脱钩;

第二个目标:追赶、达到和保持世界先进水平,成为相对现代化的国家和地区;

第三个目标:完成某个历史阶段的特定阶段目标,属于政策性目标。

(3) 广义生态现代化目标的特点

广义生态现代化的三个目标有不同特点。

第一个目标的特点:理论上,不同国家和地区都能完成,但完成的时间有先后。

第二个目标的特点:符合现代化的基本特点。只有 20 %左右的国家和地区能够达到和保持世界先进水平,成为相对现代化的国家;80 %左右的国家和地区没有达到世界先进水平,属于相对非现代化的国家;部分没有达到世界先进水平的国家和地区能够缩小与世界先进水平的差距,属于相对现代化水平提高的国家。这个目标始终是一个动态目标,而且不是一劳永逸的。根据地位可变迁原理,相对现代化的国家可以降级为非现代化国家,相对非现代化国家可以升级为现代化国家;地位转移有一定的概率。

第三个目标的特点:不同时期、不同国家和地区的政策目标都会也应该有所不同。

(4) 广义生态现代化目标的实现

广义生态现代化的第一个目标的实现,是一个时间问题。不同国家和地区都能够实现,但实现目标所需要的时间有长有短。

广义生态现代化的第二个目标的实现,是一个概率问题。在任何时候,只有少数国家和地区能够实现这个目标。多数国家不可能实现第三个目标,达到世界先进水平。如果说,20 %的国家和地区处于世界先进水平,那么,就有 80 %的国家和地区没有达到世界先进水平。

广义生态现代化的第三个目标的实现,是一个政策问题。政策目标能否实现,与政策目标的合理性有关,也与各种内外因素有关。

4. 广义生态现代化的动力

生态现代化是一个非常复杂的过程,它受到许多因素的影响。有些影响因素是限制因素,有些影响因素是动力因素。生态现代化的动力因素,来源于国家的各个方面。

(1) 广义生态现代化的动力模型

研究广义生态现代化的动力,首先需要建立动力模型。

生态现代化的概念模型:

$$生态现代化 = 生态进步 \times 经济生态化 \times 社会生态化 \times 国际相关地位变化$$

其中,每一个方面都有一些积极的影响因素(动力因素),例如

生态进步:生态意识、环境知识创新、环境保护、生态建设、环境压力下降等。

经济生态化:生态意识、技术创新、制度创新、结构非物化、企业环境责任等。

社会生态化：生态意识、环境运动、生活质量（后物质价值）、环境政治等。

国际地位变化：生态意识、国际环境政治、国际环境合作、国际环境贸易和转移等。

在这些动力因素中，有些是原动力，有些是派生动力。

原动力：生活质量（后物质价值观）、生态安全、知识创新等。

派生动力：生态意识、生态运动（公民社会）、生态政治、技术创新、制度创新、企业环境责任、结构非物化、国际环境政治、国际环境贸易等。

归纳起来，广义生态现代化的动力来源是：3 个原动力和 9 个派生动力（图 2-17）。

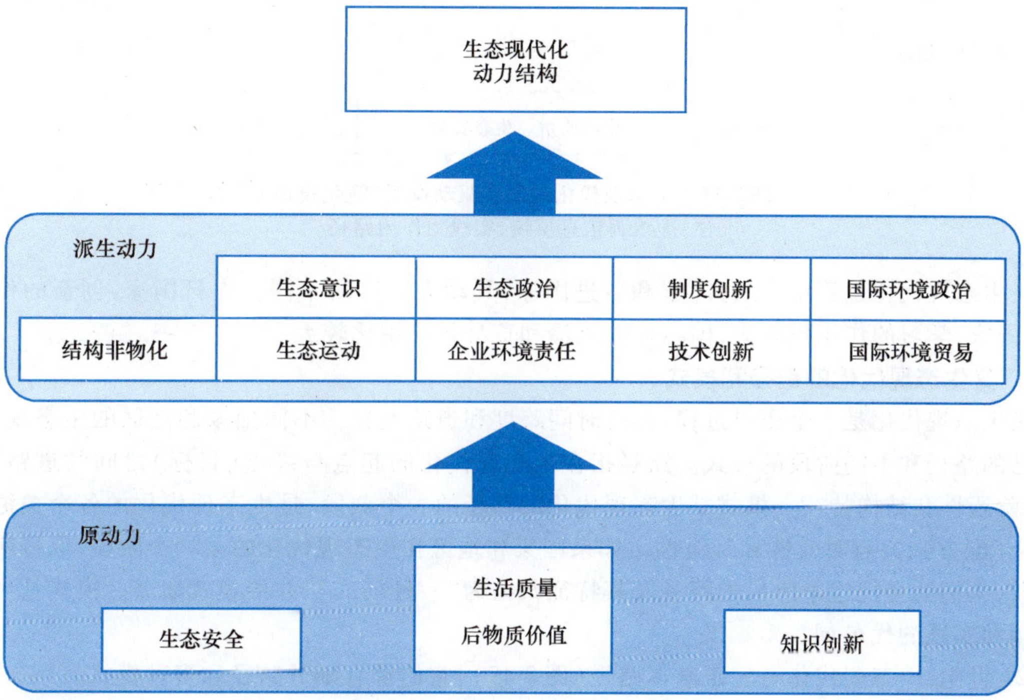

图 2-17　广义生态现代化的动力模型

所以，广义生态现代化的动力模型，可以用下式表示

$$M_{elp} = (P_{els} + P_{qol} + P_{ki}) \times (P_{eli} + P_{elm} + P_{elp} + P_{ced} + P_{ti} + P_{ii} + P_{sdm} + P_{iep} + P_{iet})$$

其中，M_{elp} 指广义生态现代化的动力，P_{els} 指生态安全的作用力，P_{qol} 指生活质量的作用力，P_{ki} 指知识创新的作用力；P_{eli} 指生态意识的作用力，P_{elm} 指生态运动的作用力，P_{elp} 指生态政治的作用力；P_{ced} 指企业环境责任的作用力，P_{ti} 指技术创新的作用力，P_{ii} 指制度创新的作用力，P_{sdm} 指结构非物化的作用力，P_{iep} 指国际环境政治的作用力，P_{iet} 指国际环境贸易的作用力。

（2）广义生态现代化的动力原理

广义生态现代化的动力来源有 12 个之多，那么，它们是如何发挥作用的呢？

广义现代化理论认为，知识创新、制度创新和专业人力资本是第二次现代化的动力，国家创新体系是第二次现代化的发动机。这个观点同样适用于生态现代化。所以，可以建立现代化和生态现代化的创新驱动模型。

现代化的创新驱动模型。根据知识创新理论，创新是在世界上首次引入新东西、引入新概念和制造新变化，新是指知识产权意义上的新；知识创新是创新的一种形式，它指在世界上首次发现、发明、创造和应用某种新知识，或首次引入知识要素和知识载体的一种新组合和新组合首次应用。从知识创新到现代化的链式关系，就构成现代化的创新驱动模型。

生态现代化的创新驱动模型。现代化的创新驱动模型，同样适用于生态现代化，也是生态现代化的创新驱动模型（图 2-18）。简要地说，在生活质量和生态安全需要等的推动下，发生生态相关的知识创新和制度创新，它们推动了新科技、生态产业、生态经济和生态社会的发展，进而促进生态现代化的进步；全过程每一步都有反馈调节，形成循环推动的反馈环。

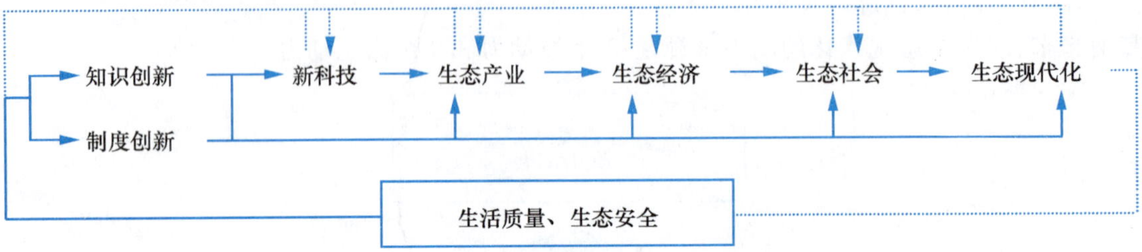

图 2-18 生态现代化的创新驱动模型（简化模型）
注：虚线为信息反馈，实线为作用路径。

广义生态现代化过程中，先行国家和后进国家，其动力会有所不同。先行国家，创新的作用比较大；后进国家，学习的作用比较大，国际环境政治和贸易的作用比较大。

5. 广义生态现代化的路径和模式

广义生态现代化是一个历史过程，具有时间跨度和道路差异。不同国家和地区的生态现代化，必然有自己的路径和不同阶段的模式。路径指在生态现代化的起点与终点（目标）之间的道路，它具有方向性、阶段性和结构特征。模式是生态现代化的路径的一个截段，是生态现代化的各个关键要素的一种组合（配方），具有时效性和针对性。如果国家和地区在生态现代化的某一个阶段，取得明显的成功或失败，人们就会把这个阶段的路径及其特征归结为“一种模式”，并给模式命名。模式是生态现代化的经验和实践的代名词。

在 21 世纪，生态现代化有三条基本路径（图 2-19），它们都有细分路径和多种模式。

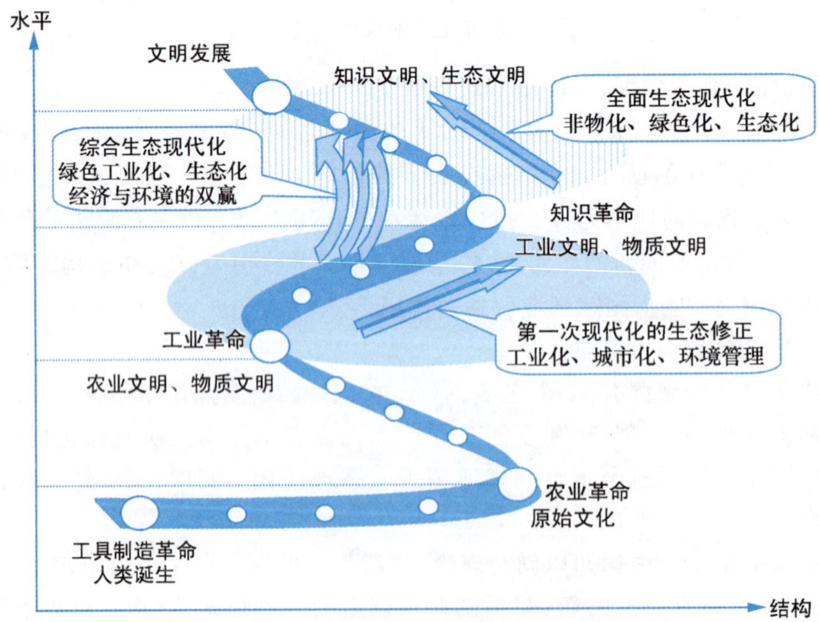

图 2-19 广义生态现代化的三条基本路径

(1) 广义生态现代化的三条路径

根据生态现代化的起点和终点的不同,可以把生态现代化路径分为三条基本路径:全面生态现代化、综合生态现代化、第一次现代化的生态修正。每一条基本路径又有许多的细分路径。例如,全面生态现代化路径的细分路径,至少包括12个分领域的路径。生态现代化的基本路径,其实分别是这12条分领域路径的"包络线"。

根据路径可选择原理,生态现代化没有标准路径,没有最佳路径,只有合适的选择。因为,每一条路径的适用性不同,同一条路径对不同国家是不等价的,没有一条路径是对所有国家和地区都适用的。合适路径的选择,既受国家发展水平的影响,也受地理条件和外部环境等客观因素的制约,还受制度和偏好的影响。而且,路径的可选择性是相对的和有条件的,路径选择具有一定的路径依赖性和起点依赖性,路径选择与现代化成就有紧密关系,路径选择的风险和机会成本也是很高的。

(2) 广义生态现代化的多种模式

广义生态现代化的模式是丰富多彩的。不同国家和地区,在广义生态现代化的不同阶段,可以创造不同的成功模式和失败模式。这些模式又成为后来者研究、学习和借鉴的样板。

在21世纪有三条基本路径,与之对应的是三类基本模式。第一类是非物化、绿色化和生态化三结合模式。第二类是绿色工业化、绿色城市化和结构生态化三结合模式。第三类是工业化、城市化和环境管理三结合模式。在三种基本模式里,又有许多的亚模式。

广义生态现代化包括生态效率、生态结构、生态制度、生态观念等的现代化,涉及现代化全部领域的生态转型。广义生态现代化的模式就是这些生态转型要素的某种组合。一种模式就是一种要素配方。不同国家和地区的不同历史时期具有不同的条件和环境,需要不同的要素配方。适合于某个国家和地区某个历史阶段的要素配方,可能不会完全适合于其他国家和地区。由于广义生态现代化的规律性,先行国家的广义生态现代化的一些模式,往往成为后进国家的参照,但不能完全照搬或重复,因为后者与前者所处的国际环境不同。

6. 广义生态现代化的分支理论

广义生态现代化理论的分支理论包括:全面生态现代化、综合生态现代化、经典现代化的生态修正、不同领域的生态现代化等。其中,全面生态现代化,可以直接采用广义生态现代化的全部原理;经典现代化的生态修正,其实就是被动地接受生态现代化的辐射,采用生态现代化的部分原理。所以,我们需要重点讨论综合生态现代化。

综合生态现代化,是综合现代化与生态现代化的协同。

第二次现代化理论(广义现代化理论)包括综合现代化,广义生态现代化理论也有综合生态现代化,它们是对应的。事实上,综合生态现代化是一组路径,是一组发展中国家在21世纪可能选择的路径,是广义生态现代化的一种形式(图2-19)。

在21世纪初,绝大多数发达国家已经进入生态现代化(个别发达国家没有进入);发展中国家有三种情况:刚刚完成第一次现代化的、没有完成第一次现代化也没有对生态现代化做出响应的、没有完成第一次现代化但对生态现代化做出积极响应的。

在21世纪前50年,发达国家只能继续推进生态现代化,发展中国家有三种选择:第一,直接采用生态现代化,适合于已经完成第一次现代化的国家;第二,先完成第一次现代化,并对第一次现代化进行生态修正;第三,同时推进综合现代化和生态现代化,绿色工业化、绿色城市化和结构生态化并进。第三种选择就是所谓的"综合生态现代化",它是综合现代化与生态现代化的合成,是一条新型生态现代化路径。由于不同发展中国家的起点不同,终点(赶上发达国家的时间)也不同,所以,综合生态现代化不是一条路径,而是一组路径。

我们可以借鉴广义生态现代化理论的方法，构建综合生态现代化理论。综合生态现代化理论包括一般理论、分支理论和相关理论。其中，分支理论和相关理论与广义生态现代化理论的有关内容是重合的。所以，我们重点分析综合生态现代化的一般理论（表 2-36）。

表 2-36　综合生态现代化的一般理论

要素	基本内容
定义	综合生态现代化是生态现代化的一条基本路径，它是综合现代化和生态现代化的一种有机结合，主要包括绿色工业化和绿色城市化，降低农业的环境污染和生态破坏，提升生态效率和生态结构，改善生态制度和生态观念，实现经济发展与环境保护的双赢以及相关国际地位的提高
过程	综合生态现代化是国家现代化的一个重要方面，它包括从物质经济向生态经济、物质社会向生态社会、物质文明向生态文明转变的历史过程，以及追赶和达到世界先进水平的国际竞赛。它遵循综合现代化和生态现代化的基本原理，基本特点是绿色工业化、绿色城市化、结构生态化的三结合，经济发展与环境退化逐步脱钩
结果	追赶和达到生态现代化的世界先进水平，包括现代化与环境退化完全脱钩，经济发展与自然环境互利耦合，实现非物化、绿色化和生态化等。完成标志是经济增长与环境退化完全脱钩，生态效率和生态结构达到当时世界先进水平，成为相对现代化的国家
动力	主要动力包括经济增长、教育发展、生活质量（后物质价值）、生态安全、知识创新、生态意识、生态运动（公民社会）、生态政治、企业环境责任、技术创新、制度创新、结构非物化、国际环境政治、国际环境贸易等
模式	路径和模式是多样的，具有起点依赖性和路径依赖性，受地理条件和经济发展水平等的影响。在不同的国家和不同时期，综合生态现代化需要不同的路径和模式

综合生态现代化是发展中国家的一种选择，是综合现代化和生态现代化的复合体。它要求合理处理经济发展与环境保护的关系；在保持经济发展的同时，推动现代化的生态转型，推进绿色工业化、绿色城市化和结构生态化，降低农业的环境污染和生态破坏，实现经济增长与环境退化的脱钩；逐步赶上生态现代化的世界先进水平，实现生态现代化。

综合生态现代化需要完成三个转变（图 2-20）。首先，从农业文明向工业文明的转变。其次，从工业文明向知识文明的转变，这是综合现代化的要求。其三，从物质文明向绿色生态文明的转变，这是生态现代化的要求。生态文明既是知识文明的一种表现形式，又是知识文明的重要组成部分。在某种意义上，生态文明是知识文明在文明与环境关系方面的一种表现形态。

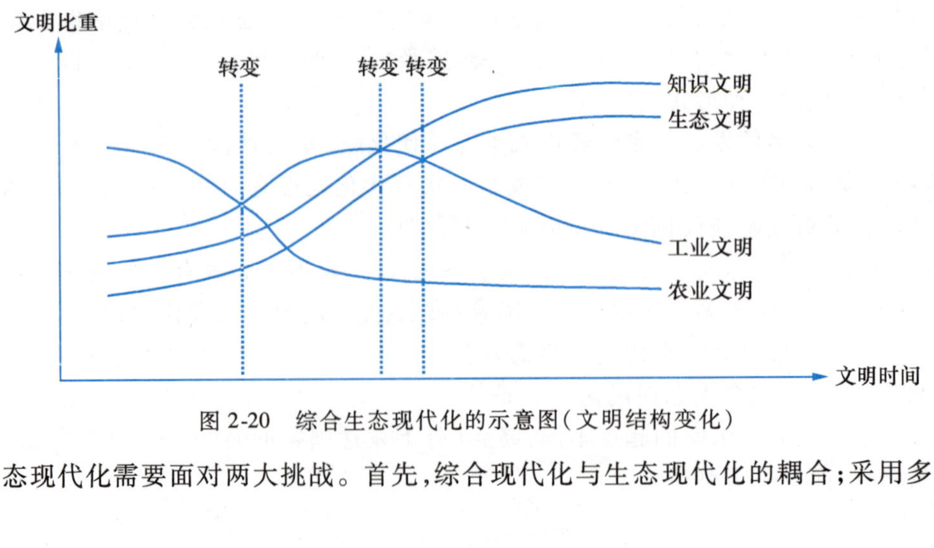

图 2-20　综合生态现代化的示意图（文明结构变化）

综合生态现代化需要面对两大挑战。首先，综合现代化与生态现代化的耦合；采用多大力度的生态现代化是合理的，将因地因时而异。其次，国家利益与全球利益的冲突；国际环境政治和环境贸易，具有促进和抑制的双重作用。此外，发达国家是在完成第一次现代化后开始生态现代化的，或者说是在第二次现代化过程中开展生态现代化的。所以，他们面临的经济压力较小，环境压力较大。没有完成第一次现代化的发展中国家，面临的经济发展和环境保护的压力都比较大。所以，相对而言，综合生态现代化的难度，要大于发达国家的全面生态现代化。这是我们不得不面对的挑战。而且，全球化和国际竞争，将增大这种挑战。

三、广义生态现代化的研究方法

生态现代化研究是现代化研究的一个领域。现代化研究的一般方法包括六项基本内容和要求。首先，明确研究的目的；其次，界定研究的对象；其三，界定研究的内容；其四，选择合理的研究路线和方法；其五，对研究结果进行客观的陈述和评述；其六，有完善的科学引文。这六项要求缺一不可，它们是现代化研究的科学基础。生态现代化研究，需要遵循现代化研究的一般方法，在具体做法上又有一些自己的特点。

1．明确研究的目的

生态现代化研究，根据研究目的和性质的不同，分为基础研究、应用研究和开发研究等三个层次的研究。三类研究的要求、内容和方法是不同的。

基础研究：主要目的是揭示广义生态现代化的基本规律和特征；

应用研究：主要目的是寻求实现生态现代化的基本方法和途径；

开发研究：主要目的是为某个对象研制某个历史时期的生态现代化的基本战略和政策。

2．界定研究的对象

如果一项研究工作，没有对其研究的对象，做出明确的界定，别人就很难判断该项研究的科学性。因为，如果研究对象是"模糊的"，那么，其研究结果的真实性就无法检验。所有的科学理论和知识，都需要得到和经受检验。所以，广义生态现代化研究，需要界定研究的对象。大约有六个界定：时间、地理、主体、领域、主题和类型的界定等（表2-37）。

表2-37　生态现代化研究的对象界定

	界定的内容
1．时间界定	时间界线，一年、几十年、几百年
2．地理界定	地理界线，某一个地区、某一个国家、某类国家或全世界
3．主体界定	行为主体，世界、发达国家和地区、发展中国家和地区、部门、企业、家庭、个人等
4．领域界定	研究领域，生态响应、生态经济、生态社会、生态政治、生态文化等
5．主题界定	主题范围，某个或全部主题（生态效率、生态结构、生态制度、生态观念、基础理论）
6．类型界定	类型划分，全面生态现代化、综合生态现代化、经典现代化的生态修正

3．界定研究的内容

一个研究对象，可以从多个角度进行研究。广义生态现代化研究，在界定了研究的对象后，还要界定研究的内容。界定哪些内容属于广义生态现代化研究，哪些内容不属于广义生态现代化研究范畴。如果把不属于广义生态现代化研究的内容，纳入生态现代化研究，既容易引起"混乱"，也是不合理的。广义生态现代化研究鼓励学科交叉，但要说明交叉点。

广义生态现代化研究，大致包括六个方面的主要内容（表2-38）。

表 2-38 生态现代化研究的内容界定

主要方面	主 要 内 容
1. 世界前沿	识别广义生态现代化的世界前沿及未来趋势(未来的前沿)
2. 客观规律	揭示广义生态现代化的世界前沿的形成和变化的规律
3. 历史经验	分析广义生态现代化的成功经验和失败教训
4. 差距分析	分析广义生态现代化的国家和地区差距及其变化规律
5. 追赶途径	分析发展中国家和地区追赶和达到世界先进水平的途径
6. 相互作用	分析广义生态现代化各种要素之间的相互作用和国际关系的影响

首先,识别广义生态现代化的世界前沿和特征;

其次,揭示世界前沿形成和变化的客观规律;

其三,分析广义生态现代化的经验和教训;

其四,分析广义生态现代化的国际差距;

其五,探索追赶和达到世界先进水平的途径;

其六,研究各种要素的相互作用等。

广义生态现代化理论包括一般理论、分支理论和相关理论。广义生态现代化研究,主要是研究它的一般理论和分支理论。分支理论涉及许多领域。在不同领域,广义生态现代化的研究内容,可能部分地与有关学科有交叉,但它有自己独特的视角和内容。

4. 选择合理的研究路线和研究方法

广义生态现代化研究,需要选择合理的研究路线和方法。

首先,对前人工作进行系统总结。对与该研究对象、研究内容相关的学术文献进行综述,了解前人已经做了哪些工作、已经有哪些结果和观点、存在哪些问题,避免重复。

其次,选择合理的研究路线。研究路线的选择,应该根据研究目的进行系统设计。研究路线必须是符合逻辑的、与研究目标相适应的。

其三,选择合理的方法。广义生态现代化研究的方法很多。例如,现代化坐标分析、环境管理的有关方法、生态科学的有关方法、社会科学的有关方法、生态现代化的综合分析等。具体内容见本报告第一章第一节、第二章第一节、第二章第二节和本节前面的分析。

广义生态现代化评价,依据评价目的的不同,可以分为生态现代化水平评价、目标进展评价和现状诊断评价等。

5. 对研究结果的客观陈述和评述

对研究得到的结果,或者观察到的新现象,应该进行客观的陈述。结果的陈述,要求客观真实,不带个人偏好,或者尽量减少人为因素的影响,杜绝“投人所好”因素。

对结果和现象的科学意义,应实是求事地陈述,避免夸大,避免跨边界的发挥。根据研究结果,进行合理的推论是可以的,但一定要明确推论的边界条件,不能无限“放大”。

6. 完善的科学引文

完善的科学引文,是科学家判断别人研究工作的科学性和学术价值的基础,也是科学共同体和社会公认的荣誉和信誉机制。如果某项广义生态现代化的研究工作,没有完善的科学引文,别人就很难判断哪些工作和观点是前人的、哪些工作和观点是研究者的新贡献。

综上所述,广义生态现代化研究,应该按照自然科学、社会科学和现代化研究的科学规范,理性地、系统地、客观地、不带偏见地进行。

第四节　生态现代化的基本途径

在过去的30多年里，生态现代化逐步走入我们的生活；在21世纪，生态现代化的理论和方法将逐步走向成熟（表2-39）。前面三节重点介绍了生态现代化的概念和原理，这里分析生态现代化的方法和路径。关于生态现代化方法和路径的分析，有两个途径。一是总结过去30多年生态现代化的实践经验，二是根据广义生态现代化理论推演方法。当然，在未来的研究和实践中，生态现代化的新方法还会不断涌现。生态现代化的方法集合是开放的。

表2-39　国家生态现代化的途径

	20世纪后30年	21世纪
已经完成第一次现代化的国家	生态现代化的研究和实践	全面生态现代化 （已经进入第二次现代化的国家）
没有完成第一次现代化的国家	第一次现代化的生态效应 （环境和资源退化）	综合生态现代化（采用综合现代化路径的国家） 第一次现代化的生态修正（采用跟踪现代化路径的国家）

一、全面生态现代化的一般路径

全面生态现代化是现代化模式的全面生态转型。它的路径和方法有两个认识来源。第一是对生态现代化历史进程进行系统研究和总结，寻找生态现代化的成功经验和失败教训，从中归纳出一些方法；第二是利用生态现代化理论和生态学理论，推导出一些方法。第一个来源是实践来源，第二个来源是理论来源。当然，理论本身也是建立在实践基础上的。

关于实践来源的方法，需要大量的生态现代化历史和国别研究。尽管本报告第一章对过去30年的生态现代化进行了多维度的分析，包括路径分析，但这些工作对于总结生态现代化的方法来说，显然是不够的。下面着重从理论的角度，探讨生态现代化的一般方法。

1. 生态现代化方法的理论基础

国家实现生态现代化的途径和方法，不同国家的学者会有不同认识。这里，介绍有关的三个问题，即它的理论基础（基本规律）、主要方法和方法的多样性。

国家实现生态现代化的途径和方法有四个理论基础：广义生态现代化理论、自然科学的相关理论、技术科学的相关原理和社会科学的相关理论。本章前三节已经分别做了分析。

广义生态现代化理论提出了生态现代化的理论定义、概念模型和基本要求等，它们反映了生态现代化的本质。国家实现生态现代化的方法，就是要使这些内容变成现实。

首先，生态现代化的理论含义。生态现代化有多种理论解释。一般而言，生态现代化是20世纪70年代以来世界现代化的一种生态转型，它包括生态质量的进步、生态效率的提高、生态结构、制度和观念的变化以及国际相关地位的变化等。基本定义如下式：

$$M_{el} = \{M_{elq}, M_{ele}, M_{els}, M_{elin}, S_{elid}, G_{elr}\}$$

其中，M_{el}指广义生态现代化，{…}指生态现代化的各种变化的集合，M_{elq}指生态质量的现代化，M_{ele}指生态效率的现代化，M_{els}指生态结构的现代化，M_{elin}指生态制度的现代化，M_{elid}指生态观念的现代化，G_{elr}指国际相关地位的变化。

其次，生态现代化的概念模型。生态现代化是生态进步、经济生态化、社会生态化、国际竞争和地位变化的交集。

$$\text{生态现代化} = \text{生态进步} \times \text{经济生态化} \times \text{社会生态化} \times \text{国际竞争和地位变化}$$

其三,生态现代化的基本要求。生态现代化的基本要求是"三化一脱钩",即非物化、绿色化、生态化、经济与环境退化脱钩。其中,环境压力的主方程为

$$I = P \times A \times T = \text{人口} \times (\text{GDP}/\text{人口}) \times (\text{环境压力}/\text{GDP}) = \text{人口} \times (\text{环境压力}/\text{人口})$$

其中,I 为环境压力(影响),P 为人口,A 为人均 GDP,T 为单位 GDP 的环境压力。

在生态现代化过程中,技术创新、制度创新和结构生态化,可以降低环境压力。所以有

$$I_{\text{生态现代化}} = I - I_{\text{技术创新}} - I_{\text{制度创新}} - I_{\text{结构生态化}}$$

其四,生态现代化的基本范围(表 2-24)。生态现代化包括各类行为主体、各个层次和各个领域的生态转型。大体有 10 类行为主体(世界、国家、地区、城市、农村、部门、企业、机构、家庭和个人等)、8 个现实层次(技术、效率、结构、组织、制度、政治、观念和文化等)和 12 个分领域(自然资源、自然环境、生态系统、生态农业、生态工业、绿色服务、绿色经济、生态城市、生态农村、绿色能源交通、绿色社会和生态安全等)。

上述四个方面,还不是生态现代化的全部。如果暂不考虑行为主体和各个领域的差别,把其他要素进行"同类项合并",可以得到生态现代化的基本要素。它们分别是:生态质量、生态效率、生态结构、生态制度、生态政治、生态文化、国际竞争(国际地位变化)、非物化、绿色化、生态化、人口、经济增长、环境压力和创新等 14 个要素。

根据现代化进程不同步原理,我们不可能使这些生态现代化的基本要素同步前进。这就意味着需要做出选择,什么时候重点推进哪些要素,于是就出现了不同的要素组合。

一种要素组合就是一种方法;某个国家某个时段的各种方法的集合就是一个方法集合,这些方法集合就会形成一种模式;将时间上相互衔接的模式连接起来,就形成一条路径,一条通向生态现代化目标的路径。

如果这种推理成立,那么,所谓国家生态现代化的方法,其实是生态现代化基本要素的不同组合,一个组合就是生态现代化要素的一个集合函数。

一种方法对应一个集合函数,一组方法对应一组集合函数;某个国家某个时段的方法集合对应一个方法集合,一个方法集合对应一种模式;时间上相互衔接的模式连接起来就是一条路径,路径集合起来对应生态现代化的路径集合。

为了便于叙述,不妨把这些"生态现代化要素的集合函数"命名为"生态现代化函数"。国家生态现代化的一种方法,就是一个生态现代化函数。某个国家某个时段生态现代化的方法的集合,就是生态现代化的一种模式。某个先行国家的时间上衔接的模式的集合,就是国家生态现代化的一条路径。

生态现代化包含 14 个基本要素。国家生态现代化的方法就是它们的各种组合。如果不考虑时间因素,它们有多少组合呢?可以计算一下,

$$\begin{aligned} N = \sum_{n=1}^{14} C_{14}^{n} &= 14 + 91 + 364 + 1001 + 2002 + 3003 + 3432 \\ &\quad + 3003 + 2002 + 1001 + 364 + 91 + 14 + 1 \\ &= 16383 \end{aligned}$$

14 个生态现代化的基本要素,可以产生多达 16383 种组合。当然,这只是说有 16000 多种可能性,而不是说国家生态现代化的方法有 16000 多种。

可以肯定地说,在这些组合中,并非每一个组合都是合理的,有些组合是不可能出现的,但我们很难判断到底有多少组合是不合理的。所以,我们只能说,国家生态现代化的方法非常多,但具体有多少种方法,难以准确计算。

国家生态现代化的途径和方法，服务于实现生态现代化的内容和目标。根据路径可选择原理，生态现代化有多条路径，路径选择具有一定路径依赖性，不同国家可以选择不同路径。

2. 全面生态现代化的主要方法

如果要分析生态现代化的所有方法，那是不可能的，也是没有必要的。前面三节的理论和路径分析，已经显示生态现代化的路径和方法的丰富性。下面举 10 例，以作说明。

第一种，环境议程。建立民主化、科学化、社会化、网络化和参与式的环境决策机制。

第二种，环境管理系统。环境统计、监管、处罚、税收、评价和环境管理信息系统等。

第三种，环境友好技术创新。开发环境友好技术、环境敏感技术和生态产业技术等。

第四种，企业环境责任制。面向环境的设计、生命周期评价和强化企业环境责任等。

第五种，生产和消费的非物化。降低生产和消费的物质密度、资源密度和能源密度等。

第六种，经济和社会的绿色化。生产、运输、服务和消费的无毒、无害和环境友好等。

第七种，生态农业和生态工业。生态和有机农业、清洁生产、循环经济和生态产业等。

第八种，生态城市和生态农村。城市生态系统和农村生态系统的评估、建设和管理等。

第九种，生态恢复和生态建设。生态区划、生态恢复、生态工程和生态建设等。

第十种，自然和生物多样性保护。自然保护区、国家自然公园和生态系统评价等。

生态现代化的方法，既有一般的，也有特别的。可以按三个方面来描述(表 2-40)。第一是不同行为主体的生态现代化，如地区和企业的生态现代化等。第二是不同领域的生态现代化，如经济和社会领域的生态现代化等。第三是不同层次的生态现代化，如结构和制度的生态现代化等。这三个方面的方法，既有共性，也有差异，需要专门研究。

表 2-40　国家生态现代化的分类

分　类	举　例
行为主体的生态现代化	国家、部门、企业、机构、国内地区、城市、农村、家庭和个人等
不同领域的生态现代化	生态响应(自然资源、自然环境、生态系统)、生态经济(生态农业、生态工业、绿色服务、绿色经济)、生态社会(生态城市、生态农村、绿色能源交通、绿色社会和生态安全等)
不同层次的生态现代化	技术、效率、结构、组织、制度、政治、观念和文化等

虽然生态现代化的行为主体很多，但企业和政府是关键。企业生态现代化是生态现代化的一个重点。企业需要承担更多的环境责任，需要考虑生产前(原料)、生产、运输、产品使用和产品用后处理等五个阶段的环境影响，可以采用面向环境的设计和制造等(表 2-41)。

表 2-41　面向环境的设计(DfE)的战略和步骤

七个战略	主　要　内　容
新发展观	非物化、增加共用、提供服务
物理优化	功能整合、功能优化、可靠性和耐用性、维护和维修、模块化、良好关系
物质应用的优化	清洁物质、可再生物质、低能物质、再循环物质、可循环物质、物质减量
生产技术的优化	可替代技术、较少生产步骤、低或清洁能源消费、低废物、较少或清洁生产消耗
销售系统的优化	较少、清洁和可再用的包装、能源高效的运输模式、能源高效的后勤

（续表）

七个战略	主 要 内 容
减少使用过程的环境影响	低能耗、清洁能源、减少消耗性的使用、清洁消费和可补充产品、减少能源和其他消费废物
产品终端系统的优化	产品再利用、为拆卸设计、再制造、再循环、安全焚烧
六个步骤	建立设计纲要、分析产品的环境特性、分析内外驱动因素、分析改进选择、研究选择的可行性、建立可下载的工作表

资料来源：NRC Canada 2003.

政府在环境政策、环境管理、环境教育和国际环境合作中的作用是不可替代的。事实上，环境制度和政策是进化的（表 2-42）。制度和政策的生态现代化，政府起着关键作用。

表 2-42 环境制度框架：进化和展望

项 目	以前的状态	目前的状态	未来的状态
政策内容框架	环境与经济的冲突 关注供给（末端治理）	环境和经济的整合 关注需求（价格、消费模式、生态效率等）	经济、环境和社会目标 供给和需求的整合 预防原则
国家环境制度	刚性结构、 政府是提供者 环境制度是由科学家和专家制定的	较灵活的结构、传统存在 行动的分散化和分层次 政府是协调者 环境制度增加经济要素	开放的柔性结构、网络化 政府是促进者和协调者 分散化，但功能均衡 政府作用的进化 环境制度要求分析手段
国际环境制度	发展阶段、环境目标 政策目标是定性的 经济被看成是负面因素（污染源）	部分整合阶段 （与经济制度联接） MEA 扩展	完全整合阶段 （MEA 的经济社会敏感） 政策目标更多是定量的 需要国际合作
国际经济制度	经济增长目标 环境被看成是负面因素（成本）	与环境制度共存 关注单项保护政策 环境被看成是自然因素	环境被看成是积极因素 环境管理是多维经济系统的组成部分
普通公众	关注信息交流	关注咨询和参与 增加透明性	关注对话，责任和透明性 环境教育的重要性 增加公众环境政策影响力
非政府组织（NGOs）	较窄的基础、单一问题的 经常处于关键政策议题的边缘	比较系统的发展 影响政策议程 关注 NGOs 的“民主不足”	成为活跃的参与者 政府制度适应 NGOs 增加 NGOs 的网络化
企业	企业反对环境法规 （抵抗战略）	企业与政府合作， 制定和执行环境政策	企业成为环保积极分子 全球环境管理的企业治理 最佳实践标准、私有化

资料来源：OECD 2001.

3. 生态现代化方法的多样性

国家生态现代化的方法的多样性是非常明显的。它表现在四个方面：生态现代化的方法的数量非常多、生态现代化方法存在时间差异、领域差异和国家差异等。

首先，生态现代化方法的理论分析表明，生态现代化的方法是非常多的。其次，生态现代化方法存在时间差异。生态现代化是一个历史过程,可以分为四个阶段,每一个阶段的内容不同,方法也不同。其三,生态现代化方法存在领域差异。不同领域的生态现代化,方法既有共性,又有差异。其四,生态现代化方法存在国家差异。不同现代化水平的国家,会选择不同的生态现代化方法;不同历史、地理和国际条件的国家的方法会有差异。

二、综合生态现代化的一般路径

综合生态现代化,是综合现代化和生态现代化的有机结合。选择综合现代化的发展中国家,必然采用生态现代化。如何协调综合现代化和生态现代化,就成为关键所在。

1. 综合生态现代化方法的理论基础

综合生态现代化方法的理论基础有五个。它们分别是综合生态现代化理论、综合现代化理论、自然科学的相关理论、技术科学的相关原理和社会科学的相关理论等。综合现代化理论,可以参见《中国现代化报告 2003》的分析。其他理论在本章前三节分别做了分析。

首先,综合生态现代化的理论含义。综合生态现代化是生态现代化的一条基本路径,它是综合现代化和生态现代化的一种有机结合,主要包括绿色工业化和绿色城市化,生态效率和生态结构的提升,生态制度和生态观念的改善,经济发展与环境保护的双赢以及相关国际地位的提高。

其次,综合生态现代化的基本特征。综合生态现代化是国家现代化的一个重要方面,它包括从物质经济向生态经济、物质社会向生态社会、物质文明向生态文明、农业和工业文明向知识文明转变的历史过程以及追赶和达到世界先进水平的国际竞赛。它遵循综合现代化和生态现代化的基本原理,基本特点是绿色工业化、绿色城市化和结构生态化的三结合,降低农业的环境污染和生态破坏,实现经济发展与环境退化的逐步脱钩。

其三,综合生态现代化的基本要求。追赶和达到生态现代化的世界先进水平,包括现代化与环境退化完全脱钩,经济发展与自然环境互利耦合,实现非物化、绿色化和生态化等。完成标志是经济增长与环境退化完全脱钩,生态效率和生态结构达到当时世界先进水平。

显然,综合生态现代化的基本要素,既包括生态现代化的基本要素,还包括综合现代化的基本要素,还有两者的协调和组合。所以,综合生态现代化的基本要素,要比生态现代化的要素还要多。这就意味着,综合生态现代化有很大的发挥空间,有很多的路径和方法。

前面已经分析过,国家生态现代化的一种方法,就是一个生态现代化函数,是生态现代化的基本要素的一个组合。同样地,在综合生态现代化过程中,综合生态现代化的一种方法,也是一个生态现代化函数;某个国家某个时段的综合生态现代化的方法的集合,就是综合生态现代化的一种模式;某个国家时间上衔接的模式的集合,就是综合生态现代化的一条路径。

如果说,生态现代化的要素组合有 16000 多种可能性,那么,综合生态现代化的要素组合就更多。所以,综合生态现代化的方法也非常多,但到底有多少,却难以确定。

2. 综合生态现代化的主要方法

生态现代化刚刚开始,经历的时间大约 30 多年。综合生态现代化,尚是一个新概念。所以,目前难以总结综合生态现代化的方法。下面介绍 10 种方法,供大家讨论。

第一种,环境决策科学化。建立民主化、科学化、社会化和参与式的环境管理模式。

第二种,环境管理系统化。环境统计、监管、处罚、税收、评价和管理信息系统等。

第三种,推行环境责任制。建立政府、部门、企业、机构和家庭的环境责任制度等。

第四种,绿色工业化。工业生产的无毒化、无害化、低排放、环境友好等。

第五种,绿色城市化。城市发展的绿色化、生态化、自然化和环境友好等。

第六种,环境友好技术创新。开发环境友好技术、环境敏感技术和生态产业技术等。

第七种,提高物质和能源效率。降低生产和消费的物质密度、资源密度和能源密度等。

第八种,发展生态产业,降低农业的环境污染和生态破坏。例如,发展生态农业和有机农业、清洁生产、循环经济和环保产业等。

第九种,生态恢复和生态建设。生态区划、生态恢复、生态工程和生态建设等。

第十种,自然和生物多样性保护。自然保护区、国家自然公园和生态系统评价等。

3. 综合生态现代化方法的多样性

综合生态现代化方法具有多样性,它表现在四个方面:综合生态现代化方法的数量巨大、综合生态现代化方法的时间差异、领域差异和国家差异等。

首先,综合生态现代化方法的数量,超过了生态现代化的数量。其次,综合生态现代化方法存在时间差异。综合生态现代化的不同阶段的内容不同,方法也不同。其三,综合生态现代化方法存在领域差异。不同领域的生态现代化的方法有所不同。其四,综合生态现代化方法存在国家差异。不同国家现代化水平不同,历史、地理和国际条件也不同。它们的综合生态现代化的起点和条件不同,路径和方法必然有差异。此外,综合生态现代化,还要考虑综合现代化与生态现代化的组合和协调,这会增加方法的多样性。

三、第一次现代化的生态修正

生态现代化是世界现代化的生态转型,是第二次现代化的一个重要方面。目前,发达国家已经进入第二次现代化和开始生态现代化,绝大多数发展中国家没有完成第一次现代化。没有完成第一次现代化的发展中国家,不可能直接进入第二次现代化和启动生态现代化。但是,它们既会受到生态现代化和第二次现代化的吸引,也会受到第二次现代化和生态现代化的国际压力。因为,发达国家主导了全球化的国际规则。

没有完成第一次现代化的发展中国家,有三种选择。第一,选择综合现代化路径,同时采用生态现代化。第二,选择跟踪现代化路径(先完成第一次现代化然后再进入第二次现代化),吸收生态现代化的部分做法。第三,选择跟踪现代化路径,暂时不理会生态现代化。

第一种选择,是综合生态现代化。前面已经做了分析,这里不重复。

第二种选择,相当于第一次现代化的生态修正。下面重点分析。

第三种选择,重复发达国家“先污染、后治理、再转型”的老路,这里不讨论。

1. 第一次现代化的生态修正的理论基础

发展中国家在第一次现代化过程中,采用生态现代化的部分做法,是有理论基础的。它们是:广义生态现代化理论、广义现代化理论、全球化理论等。

广义生态现代化理论认为,在第一次现代化过程中有生态效应,即环境和资源退化;发达国家当时走的是“先污染、后治理”的道路。生态现代化是第二次现代化的一个重要方面,它要求按照预防原则、创新原则和结构生态化原则,实现经济增长与环境退化的脱钩。

广义现代化理论认为,世界现代化是一个有机整体,可以分为第一次现代化和第二次现代化等两大阶段。在不同国家之间,两次现代化相互影响和竞争,在公平贸易条件下两次现代化相互促进,在不公平贸易条件下两次现代化相互制约。

全球化没有统一的表述。一般而言,经济要素在世界范围内流动,流动的障碍逐步减少,世界经济逐步走向全球化,不同国家在全球化中的收获和作用大小是不同的。

目前,发达国家已经进入第二次现代化,已经开始生态现代化,全球化已经成为世界潮流。正在进行第一次现代化的发展中国家，既受到世界潮流的吸引，也受到国际市场的压力。为了适应全球化和生态现代化的国际潮流，参与国际竞争和国际市场，发展中国家有两种可能性。第一种是被动地采用生态现代化的部分做法，第二种是主动地采用生态现代化的部分做法。它们的结果都是第一次现代化的生态修正。

2．第一次现代化的生态修正的一般方法

第一次现代化的生态修正，不论是被动的还是主动的，都是为了适应国际竞争的需要。不同国家不同时期关注的重点不同，修正的内容也会有差异。

第一次现代化的生态修正，是生态现代化理论在第一次现代化过程的应用。当然，这种应用是局部的和有选择的。所以，生态修正的方法，就是生态现代化方法的应用。

第一种，边污染边治理。工业污染的控制和治理等。

第二种，环境保护和管理。环境监测、污染罚款、环境评价、自然资源管理等。

第三种，生态建设和生物多样性保护。建立国家自然保护区、保护生物多样性等。

第四种，引进和推广绿色技术。引进、开发和推广高效低耗、环境友好的绿色技术等。

第五种，发展生态产业和循环经济。促进生态农业、生态工业和循环经济等。

小结

虽然生态现代化的历史尚短，但生态现代化的前景光明。随着人口与资源、经济与环境的矛盾的日益突出，生态现代化会越来越受重视。人类要在地球上永久生存下去，就必须解决经济与环境的冲突，生态现代化无疑是一种合理选择。在 21 世纪，生态现代化理论将不断发展，生态现代化的新方法和新模式将不断涌现，生态现代化的实践将精彩纷呈。

第三章　中国生态现代化的战略分析

人有三个家:家庭、国家和地球。其中,家庭是个人之家,是我们的“小家”;国家是民族之家,是我们的“中家”;地球是人类之家,是我们的“大家”。维护和提高“小家”的生活水平,需要自然资源;自然资源的开发,并不总是对国家有利和地球无害。有些时候,资源开发和环境改变,就是在伤害我们自己的“中家”或“大家”。所以,协调家庭与社会、国家与人类的利益关系,实现经济发展与自然环境的双赢,是现代化建设无法回避的问题。关于这个问题,有许多可供选择的理论和思想。目前,许多发达国家选择了生态现代化,并取得明显成效。我们相信,他山之石,可以攻玉,生态现代化同样适合于中国。

世界生态现代化是20世纪70年代末和80年代初开始的。在那个时候,中国进入改革开放时期,工业化和城市化进入快车道。工业现代化的环境压力、生态现代化的环保需要,成为中国现代化的双重挑战。摆在我们面前的有三条路:第一条路,重复发达工业国家走过的老路,先污染、后治理、再转型;第二条路,直接采用发达工业国家目前的做法,全面实行生态现代化所要求的生态转型;第三条路,采用综合生态现代化原理,协调推进绿色工业化和生态现代化(图3-1)。综合考虑国际和国内条件,我们认为,综合生态现代化是一条合理路径。依据这条路径预计,我国生态现代化水平将在2050年前后达到世界中等水平。

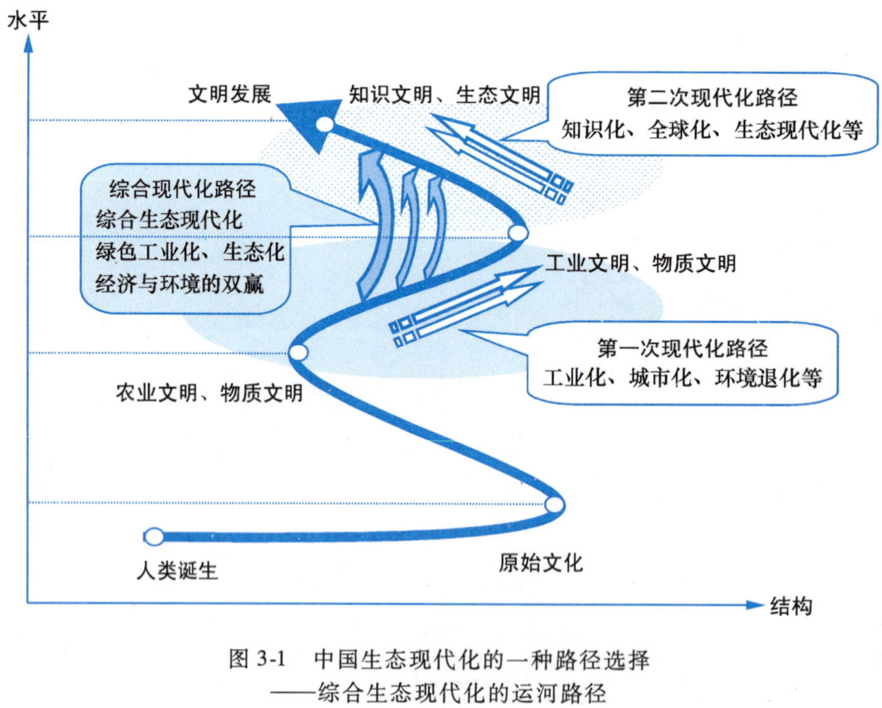

图3-1　中国生态现代化的一种路径选择
——综合生态现代化的运河路径

注:生态现代化的主要特点包括非物化(轻量化)、绿色化、生态化、经济与环境的双赢等。

第一节　中国生态现代化的国际背景

中国的生态现代化，是中国现代化与中国自然环境的一种相互作用。中国的自然环境，既包括960万平方公里国土和300万平方公里领海的自然环境，也涉及国界周围的自然环境，还会涉及全球自然环境，即地球环境。毕竟，空气是没有国界的。空气质量是重要的环境指标。所以，中国生态现代化，离不开地球环境，离不开国际合作，离不开世界生态现代化。

中国生态现代化大致与世界同步。中国生态现代化的起步，受到国际环境运动的影响；中国生态现代化的进程，还将继续感受世界生态现代化的作用。虽然世界生态现代化只有30多年历史，但已经显示强大的吸引力和显著的效果。生态现代化的先行国家，创造和积累了丰富知识和经验；生态现代化的后进国家，既感到国际压力，也可获得诸多借鉴。下面，分别讨论世界生态现代化的历史经验、现实水平和未来前景。

一、世界生态现代化的历史经验

生态现代化是20世纪70年代以来世界现代化的一种生态转型，它伴随着生态革命和环保运动的脚步，传播到世界各地。生态现代化理论是20世纪80年代诞生的，但生态现代化的相关思想，可以在工业社会、农业社会甚至原始部落社会找到踪迹。人类文明进程的不同步性、思想和实践的多样性，为我们积累了丰富的知识和信息。现在归纳和总结世界生态现代化的实践经验和理论成果（表3-1），虽然有难度，但意义很大，而且是必须的。

表3-1　生态现代化的基本内涵和特征

方面	生态现代化的内涵、范围和特征
内涵	生态现代化指20世纪70年代以来世界现代化与自然环境相互作用模式的一种生态转型，它有6个基本内涵：自然环境的改善、生态效率的提高（包括能源效率和资源生产率等）、结构生态化、制度生态化、观念生态化、相关国际地位的变化等
主体	10类行为主体：世界、国家、地区、城市、农村、部门、企业、机构、家庭和个人等
领域	6个研究领域：经济、社会、政治、文化、环境管理和个人行为等的生态转型 3大分领域：生态响应、生态经济、生态社会等 12个子领域：自然资源、自然环境、生态系统、生态农业、生态工业、绿色服务、绿色经济、生态城市、生态农村、绿色能源和交通、绿色社会、生态安全等
范围	生态转型：从物质经济向生态经济、物质社会向生态社会、物质文明向生态文明的转型 4个层次：生态效率、生态结构、生态制度、生态观念的变化 （含技术、效率、结构、组织、制度、政治、观念和文化等的生态合理的变化） 4个方面：生态进步、经济生态化、社会生态化、国际竞赛和地位变化
时间	大约为130年（1970～2100）
阶段	4个阶段：相对非物化和绿色化、高度非物化和生态化、经济与环境双赢、人类与自然互利共生
性质	4种特性：一个历史过程、一次生态革命、一种生态转型、一场国际竞赛 本质特性：高效低耗、无毒无害、脱钩双赢、互利共生
特征	15个特征：相对可预期的、全球的、长期的、复杂的、进步的、转型的、系统的、渐进的、不平衡的、很难逆转的世界趋势、非物化、绿色化、生态化、经济与环境双赢、人类与自然互利共生
原则	10个原则：预防原则、创新原则、效率原则、不等价原则、非物化原则、绿色化原则、生态化原则、民主参与原则、污染付费原则、经济和环境双赢原则

（续表）

方面	生态现代化的内涵、范围和特征
要求	“三化一脱钩”：非物化、绿色化、生态化、经济增长与环境退化脱钩
路径	3 条基本路径：全面生态现代化路径、综合生态现代化路径、经典现代化的生态修正 12 个子领域的路径：生态农业等 12 个子领域的生态现代化路径
结果	生态现代性的形成和扩散：现代化与环境退化完全脱钩，人类与自然互利共生和协同进化，实现非物化、绿色化、生态化、全球化、经济与环境双赢等

注：一般而言，生态化指符合生态学原理的、提高生态效率和生态质量的转变过程，非物化指降低经济和社会活动及其产品的物质密度和能源密度（物质比例）的过程，绿色化指降低和消除经济和社会活动及其产品的环境损害和人体伤害的过程。

很显然，生态现代化是一个高度综合的概念，可以从四个维度来把握。

（1）生态现代化是现代生态和环境意识所引发的世界现代化的生态转型，是现代化与自然环境的一种互利耦合；它包括从物质经济向生态经济、物质社会向生态社会、物质文明向生态文明的转变，自然环境和生态系统的改善，生态效率和生活质量的持续提高，生态结构、生态制度和生态观念的深刻变化以及国际竞争和国际地位的明显变化等。

（2）生态现代化是一个长期的、有阶段的历史过程，从 20 世纪 70 年代到 21 世纪末，生态现代化大致包括相对非物化和绿色化、高度非物化和生态化、经济与环境双赢、人类与自然互利共生等四个阶段。当然，这种划分是相对的，是根据各个阶段的主要特点进行的。

（3）生态现代化是一场持续 100 多年的国际竞赛，包括不同国家追赶、达到和保持世界先进水平的国际竞赛，以及国内生态效率、生态结构、生态制度和生态观念的变化。

（4）生态现代化具有绝对和相对两个视角。如果说，生态现代化的国内进程是绝对生态现代化，那么，生态现代化的国际地位变化过程就是相对生态现代化。生态现代化，既是国内现代化与自然环境的良性耦合，又是世界现代化与自然环境相互作用领域的国际竞赛和地位变化。

生态现代化的本质是：高效低耗、无毒无害、脱钩双赢、互利共生。

关于世界生态现代化的经验总结，需要专门研究。下面重点讨论对我们借鉴意义比较明显的几个经验，供大家讨论。

（1）生态现代化是一种历史必然。随着地球人口密度的增加，人类的物质需求和废物排放，都将逐步逼近自然环境可以承受的极限。虽然技术进步可以部分缓解环境压力，但仅有技术进步是不够的。人类生活模式和现代化模式的生态转型，是必须的。随着全球化和发达国家生态现代化的进步，发展中国家将不可回避生态现代化的国际和国内压力，所以，生态现代化逐步成为一种不可逆转的世界潮流。

（2）生态现代化不会一帆风顺。生态现代化，需要理性处理经济与环境的关系。随着经济波动和环境变化，人们的观念也会发生变化。当经济衰退时，环境意识会受到挑战。当环境危机时，经济增长会受到质疑。是要汽车，还是要蓝天，在不同条件下有不同答案。当然，既有汽车，又有蓝天，那是最好。生态现代化一直是在争论中前行。

（3）生态现代化需要创新和学习。生态现代化要求环境友好的技术创新和制度创新，要求生态合理的结构转变和模式转变。在这个过程中，观念的变化是关键。在生态现代化的先行国家，创新和观念变化是本质所在。在生态现代化的后行国家，学习和观念变化是重点，地域性创新也是必不可少的。创新和学习，是推动生态现代化的两个杠杆。

（4）生态现代化需要国内合作。生态现代化是一次生态革命，涉及经济、社会、政治、文化、环境管理和个人行为的生态合理的转变。人类文明史上的每一次革命,都引发社会利益的重新分配和激烈的社会冲突。生态革命也一样。政府、企业、社会、环境保护组织等,都面临生态革命的冲击。他们既是变革的力量,也是变革的对象;他们需要改变别人,也需要改变自己。冲突与合作,就在所难免。在20世纪60和70年代,冲突和对抗是环境运动的突出特征。20世纪80年代以来,环保斗争在继续,但环保合作已经成为主流。环境议程的全民合作和民主参与,是生态现代化的一个典型特征。

(5) 生态现代化需要国际合作。太阳系只有一个地球,人类都生活在地球上。地球的大气循环、水循环、碳循环、物质流动和能量流动等,都是在全球范围内进行的,它们跨越了国界,超越了民族。全球气候变化、臭氧层破坏、空气污染扩散、废物污染转移、生物多样性保护、自然资源和能源的合理开发和利用等,都需要全球公民的通力合作。虽然全球的平等合作还是一个口号,但许多领域的国际合作已经展开。国际合作,既是生态现代化的一个特征,也是实现生态现代化的一个条件。

(6) 生态现代化没有最佳模式。生态现代化追求现代化与自然环境的互利耦合。由于不同国家的现代化水平不同,自然条件不同,文化观念不同,所以,不同国家的生态现代化就有不同特点。如果从世界范围来看,可以将生态现代化分为三大类型。

首先,欧洲的生态现代化,比较具有"理想主义"的特征。绝大多数欧洲国家的规模比较小,受全球环境的影响比较大,而且西欧国家具有优良的学术传统。他们首先提出生态现代化理论,推动欧盟的环境合作,并积极向世界其他国家传播生态现代化。

其次,北美的生态现代化,比较具有"实用主义"的特征。北美国家,地大物博,自然条件得天独厚。他们首先提出工业生态学,推动环境立法和环境治理,关注生物多样性保护,重视环境质量和经济增长,理论创新相对比较少。

其三,发展中国家的生态现代化,比较具有"现实主义"的特征。发展中国家,多数结合自己的国情,有选择地推进生态现代化。有些发展中国家选择综合生态现代化,有些发展中国家选择经典现代化的生态修正。相对于发达国家而言,发展中国家面临的更大挑战是经济发展和脱离贫困,环境保护的社会压力相对比较小。在生态现代化过程中,发展中国家的政府和科学界的作用,比发达国家更为突出。

总而言之,生态现代化与起点和路径相关,具有起点依赖性和路径依赖性。生态现代化的实质相同,但形式多样;生态现代化的方向相同,但途径多样。

二、世界生态现代化的现实水平

如果说,世界生态现代化的历史,是我们过去面临的国际环境,那么,世界生态现代化的现实,就是我们今天要面对的国际环境;世界生态现代化的未来,则是我们明天要面对的国际环境。所以,我们需要关注世界生态现代化的今天和明天。

世界生态现代化的现实水平,可以从三个角度来认识。首先,单个指标或单个领域的水平。其次,生态现代化指数的水平。其三,生态现代化阶段的进程。

1. 世界生态现代化的单指标和单领域的现实水平

单个生态指标的分析,可以按生态响应、生态经济和生态社会的三个领域来分析,也可以按生态效率、生态结构、生态制度和生态观念等四个层次来分析。所以,单指标分析可以和单领域分析结合起来。在第一章里我们分析了90多个生态指标的特征,就是按三个领域和四个层次来分析的。这里,以生态响应、经济与环境脱钩为例,略做说明。

首先,生态响应领域的水平(表3-2)。生态响应指自然系统对现代化的响应,包括自然资源、自然环境和生态系统的相应变化。第一章包括生态响应的时序分析和截面分析各20多个指标,第四章的生态现代化评价包括 10 个生态进步指标。

表 3-2 最近年世界生态响应的主要指标

指标	人均温室气体	人均 CO_2	淡水资源利用比例	工业有机废水污染	城市废物处理	可耕地面积/国土	草地面积/国土	森林覆盖率	农业用地/国土
单位	吨/人	吨/人	%	万分之	%	%	%	%	%
高收入国家	19.0	12.35	10	0.40	100	11.6	23.8	29	35.9
中收入国家	5.3	3.24	6			9.6	26.7	34	37.4
低收入国家		0.81	11			12.6	29.8	25	43.6
世界平均	5.5	3.80	8			10.8	26.7	31	38.5
指标	人口密度	人均国土	人均淡水资源	人均国家保护区	人均耕地面积	人均森林面积	人均生态足迹	自然资源消耗/GNI	国家保护区比例
单位	人/千米^2	千米^2/人	米^3/人	米^2/人	公顷/人	千米^2/人	公顷/人	%	%
高收入国家	31	31.9	9479	5.15	0.22	8.99	6.4	1.5	16
中收入国家	43	23.0	8658	2.16	0.17	8.93	1.9	9.0	8.5
低收入国家	76	13.2	3583	0.99	0.23	4.77	0.8	7.8	7.7
世界平均	48	20.8	6895	2.19	0.28	7.53	2.2	2.9	10.7

资料来源:World Bank 2006.

其次,经济与环境脱钩的水平(表 3-3)。最近年 OECD 国家 39 个环境压力指标与经济增长的脱钩率平均为 52%。其中,绝对脱钩率为 33%,相对脱钩率为 19%。28 个国家脱钩指标个数和指标脱钩率都与 2000 年人均国民收入显著相关。日本等 18 国的脱钩率超过 50%,芬兰等 7 国脱钩率超过 70%(图 3-2)。发达国家环境进步与结构调整和国际贸易有关。

表 3-3 OECD 国家近年环境指标与经济脱钩的指标脱钩率

国家	绝对脱钩	相对脱钩	脱钩合计	没有脱钩	没有数据	绝对脱钩比例(%)	相对脱钩比例(%)	脱钩比例(%)	没有脱钩比例(%)	没有数据比例(%)
芬兰	23	8	31	3	5	59	21	79	8	13
英国	27	3	30	3	6	69	8	77	8	15
法国	24	5	29	5	5	62	13	74	13	13
荷兰	18	11	29	5	5	46	28	74	13	13
瑞典	20	9	29	3	7	51	23	74	8	18
丹麦	24	4	28	5	6	62	10	72	13	15
德国	24	4	28	3	8	62	10	72	8	21
奥地利	19	8	27	6	6	49	21	69	15	15
挪威	14	12	26	6	7	36	31	67	15	18
瑞士	17	9	26	4	9	44	23	67	10	23
意大利	17	7	24	6	9	44	18	62	15	23
美国	6	18	24	3	12	15	46	62	8	31
比利时	14	8	22	6	11	36	21	56	15	28
爱尔兰	6	16	22	7	10	15	41	56	18	26
匈牙利	19	2	21	4	14	49	5	54	10	36

（续表）

国家	绝对脱钩	相对脱钩	脱钩合计	没有脱钩	没有数据	绝对脱钩比例(%)	相对脱钩比例(%)	脱钩比例(%)	没有脱钩比例(%)	没有数据比例(%)
西班牙	11	10	21	9	9	28	26	54	23	23
加拿大	8	12	20	8	11	21	31	51	21	28
日本	11	9	20	6	13	28	23	51	15	33
捷克	16	3	19	4	16	41	8	49	10	41
波兰	13	5	18	4	17	33	13	46	10	44
斯洛伐克	15	2	17	0	22	38	5	44	0	56
澳大利亚	2	11	13	3	23	5	28	33	8	59
希腊	7	4	11	16	12	18	10	28	41	31
韩国	3	7	10	1	28	8	18	26	3	72
新西兰	1	9	10	7	22	3	23	26	18	56
葡萄牙	4	5	9	15	15	10	13	23	38	38
土耳其	1	5	6	9	24	3	13	15	23	62
墨西哥	0	3	3	2	34	0	8	8	5	87
OECD	364	209	573	153	366	33	19	52	14	34
相关系数	0.346	0.560	0.696	-0.213		0.399	0.560	0.696	-0.110	
相关性	*	***	***			**	***	***		

注：相关系数为该指标与2000年人均国民收入的相关系数。*相关，**显著相关，***非常显著相关。
资料来源：OECD 2002. 同表1-65。

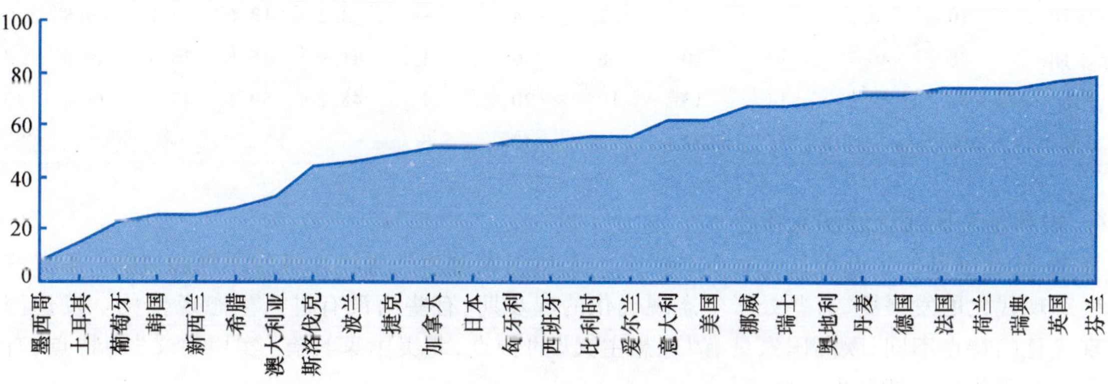

图3-2　OECD国家近年环境指标与经济脱钩的指标脱钩率

2. 世界生态现代化指数的现实水平

本报告第四章对过去34年世界生态现代化进程进行了定量评价。其中，关于2004年世界生态现代化的评价结果，反映了世界生态现代化的现实水平。

2004年，118个国家获得评价结果，其中大约有58个国家已经进入生态现代化，约占国家总数的49%。生态现代化指数的最大值为97分，最小值为33分。瑞士等15个国家处于世界先进水平，西班牙等37个国家处于世界中等水平，巴西等40个国家处于世界初等水平，中国等26个国家处于世界最低水平，其他14个国家没有评价结果。

2004年，世界五大洲的生态现代化水平，欧洲最高，美洲紧跟其后，亚洲排在第三，非洲排在第四，大洋洲只有3个国家参加评价（表3-4）。2004年达到世界先进水平和中等水平的国家，欧洲约有27个，美洲有15个，亚洲有6个，非洲有2个，大洋洲有2个。

表 3-4 2004 年世界生态现代化水平的地理分布

分组	合计		国家(个数)					比例(%)				
	国家数	比例(%)	非洲	美洲	亚洲	欧洲	大洋洲	非洲	美洲	亚洲	欧洲	大洋洲
先进水平	15	13	—	1	1	13	—	—	4	5	32	—
中等水平	37	31	2	14	5	14	2	6	64	23	34	67
初等水平	40	34	18	5	8	9	—	58	23	36	24	—
最低水平	26	22	11	2	8	4	1	36	9	36	10	33
合计	118	100	31	22	22	40	3	100	100	100	100	100

注:根据生态现代化指数进行国家分组(详见第四章)。欧洲国家包括前苏联解体后新成立的国家。

3. 世界生态现代化阶段的现实水平

2004 年,世界大约有 58 个国家进入生态现代化。其中,丹麦等 10 个国家处于生态现代化的发展期,瑞士等 48 个国家处于生态现代化的起步期。

2004 年,进入生态现代化的国家比例,美洲约为 59 %,欧洲约为 49 %,亚洲约为 46 %,非洲约为 45 %,大洋洲约为 33 %(表 3-5)。

表 3-5 2004 年世界生态现代化阶段的地理分布

阶段	合计		国家(个数)					比例(%)				
	国家数	比例(%)	非洲	美洲	亚洲	欧洲	大洋洲	非洲	美洲	亚洲	欧洲	大洋洲
发展期	10	8.5	1	3	2	4	—	3.2	13.6	9.1	9.8	—
起步期	48	40.7	13	10	8	16	1	41.9	45.5	36.4	39.0	33.3
合计	58	49.2	14	13	10	20	1	45.2	59.1	45.5	48.8	33.3
国家样本	118		31	22	22	40	3					

4. 世界生态现代化的国家特征

首先,发达国家的生态现代化有多种模式。发达国家的生态现代化进程不同步,2004 年有些国家达到生态现代化的发展期,有些处于生态现代化的起步期,有些尚没有进入生态现代化。发达国家的生态现代化的特点不同,欧洲国家具有"理想主义"的特点,北美国家具有"实用主义"的特点,有些发达国家只是现代化的部分生态修正。

其次,发展中国家的生态现代化有多种选择。发展中国家是生态现代化的后发国家,它们基本是学习先行国家的知识和经验,并结合本国国情的地域性创新。2004 年,已经有 41 个发展中国家进入生态现代化,其中 7 个国家进入生态现代化的发展期。发展中国家有三种选择。第一种是继续推进第一次现代化,将来再向生态现代化转变。第二种是在第一次现代化的同时,有选择地推进生态现代化,实质是经典现代化的生态修正。第三种是综合生态现代化,走绿色工业化、绿色城市化和生态现代化相结合的道路。相对而言,第一种选择是保守的,第二种选择是比较稳妥的,第三种选择是积极的和有希望的。

三、世界生态现代化的前景分析

如果说,国家的经济现代化和社会现代化可以相对独立进行,那么,国家的生态现代化则必须国际合作。因为,生态现代化是现代化与自然环境的相互作用。所有国家的自然环境都包括三部分,即自己国土部分、国界周围部分和全球的自然环境。所以,世界生态现代化的前景,对每一个国家都有影响,对于国土面积比较小的国家和发展中国家影响更大。

21 世纪世界生态现代化的前景分析是一个大课题,需要专门的研究。根据过去 30 多年世界生态现代化的实际经验和理论研究,结合目前世界环境科技发展的趋势,可以对 21 世纪的生态现代化的前景做出大致的预测。但是,要对 21 世纪世界生态现代化的前景做出全面分析几乎是不可能的,而且超出了本报告的容量。这里仅对若干关键问题进行预测,如世界生态现代化的先进水平和中等水平进行预测,它们是中国生态现代化的未来国际环境。

1. 21 世纪生态现代化的世界先进水平

假设 21 世纪世界生态现代化的平均速度与 20 世纪后 30 年的平均速度大致相当,那么,可以对 21 世纪世界生态现代化水平进行估算。虽然这种估算不可能准确,因为生态现代化有太多的不确定性,但是,它为分析世界和中国生态现代化的前景提供了一种方法。

(1) 21 世纪进入生态现代化的国家数量的估算

根据过去的经验,计算有多少国家将进入生态现代化,有两种估算方法。

估算一:根据生态现代化指数的年均增长率来估算。虽然生态现代化阶段与生态现代化指数不完全一致,但利用生态现代化指数来预测生态现代化阶段,是一种可以参考的方法。2004 年,生态现代化指数超过 80 分的国家,都已经进入生态现代化;进入生态现代化的国家,生态现代化指数的最低分是 36 分。假设没有进入生态现代化的国家,在未来能够大致保持它们 1990～2004 年生态现代化指数的年均增长率,那么,它们生态现代化指数达到 2004 年的 80 分的时间,可以作为它们进入生态现代化的参考时间。根据这种计算(42 个国家没有计算结果),2050 年大约有 72 个国家进入生态现代化(表 3-6)。

表 3-6　21 世纪世界生态现代化水平的估计(进入生态现代化的国家个数)

	1970	1980	1990	2004	2010	2020	2030	2040	2050	2060	2080	2100
					根据过去 34 年世界生态现代化的成绩估算							
					66	74	82	90	98	114	130	131
	实际数				根据过去 34 年国家生态现代化指数的增长率估算							
国家数	16	28	14	58	62	63	68	71	72	74	74	76

注:根据世界生态现代化的成绩估算:预计在 2005～2100 年期间每 10 年有 8 个左右国家加入生态现代化行列。根据国家生态现代化指数的增长率估算:根据国家 1990～2004 年生态现代化指数的年均增长率,估算生态现代化指数达到 2004 年 80 分的国家个数(即进入生态现代化起步期的国家个数);在 73 个没有进入生态现代化的国家中,有 42 个国家没有 1990 年或 2004 年的指数,无法计算;有 14 个国家的指数是负增长,计算没有意义。本表数据是根据过去 34 年生态现代化的经验的"直线外推",由于未来 50～100 年有许多不确定因素,直线外推只有一定参考意义。

估算二:根据过去 34 年世界生态现代化的成绩进行估计。在 1970～2004 年期间,平均每 10 年约有 17 个国家加入生态现代化的行列。2004 年有 58 个国家进入生态现代化;在 1960～2004 年期间,经济增长与环境退化脱钩的 4 个指标,分别有 98～118 个国家出现拐点(详见第四章表 4-5)。假设,在 2005～2100 年期间,世界生态现代化能够取得与过去 34 年大致相当的成绩,保守一点,平均每 10 年有 8 个左右国家加入生态现代化的行列,那么,21 世纪 131 个样本国家将加入生态现代化的行列(表 3-6)。当然,这只是一种推测。

如果上述分析成立,那么,2050 年大约有 72～98 个国家进入生态现代化,21 世纪末绝大多数国家都将进入生态现代化,部分国家将完成生态现代化或基本实现生态现代化。

(2) 21 世纪生态现代化阶段的预期水平

关于生态现代化阶段的划分,目前尚没有理想方法。本报告是根据环境压力指标与经济增长脱钩的程度来划分(表 3-7)。如果部分或少数环境指标与经济脱钩,属于经典现代化的生态修正。如果主要环境指标与经济增长相对脱钩(环境压力增长慢于经济增长),表示进入生态现代化的起步期。如果主要环境指标与经济增长绝对脱钩(经济增长的同时环境压力稳定或下降),表示进入生态现代化的发展期。如果主要环境指标下降到环境可承受的程度,同时经济继续发展,表示进入生态现代化的成熟期。如果主要环境指标下降到环境无害(环境友好或零污染),同时经济继续增长,表示进入生态现代化的稳定期。在稳定期,环境进步和现代化协同起来,逐步达到人类与自然互利共生。

表 3-7 21 世纪生态现代化阶段的一种估计

阶　段	大致时间	主要特征	判断标准
经典现代化	1970 年前	环境破坏、生态退化	
经典现代化的生态修正	1970 年前	部分环境指标改善	部分环境指标与经济脱钩
生态现代化的起步期	1970 ～ 1992 年	环境与经济相对脱钩	主要环境指标与经济相对脱钩
生态现代化的发展期	1993 ～ 2020 年	环境与经济绝对脱钩	主要环境指标与经济绝对脱钩
生态现代化的成熟期	2021 ～ 2050 年	环境与经济双赢	从环境可承受到环境无害(零污染)
生态现代化的稳定期	2051 ～ 2100 年	人类与自然互利共生	环境进步与现代化协同

注:阶段的大致时间、主要特征和判断标准,主要是依据发达国家的历史经验和预期水平。生态现代化是进程不同步的和分布不均衡的。发达国家内部和世界各国之间,生态现代化都是不同步的。本报告判断阶段的主要环境指标包括农业化肥使用、工业有机废水、经济能源消耗和经济 CO_2 排放。相对脱钩指环境压力增长慢于经济增长。绝对脱钩指经济增长的同时环境压力稳定或下降。环境可承受指处于环境承载力的临界范围以内(自然环境通过物质循环来消化环境压力的容量临界值),不产生环境破坏或环境退化。

2004 年有 10 个国家达到生态现代化的发展期,有 48 个国家达到生态现代化的起步期,另有 50 多个国家处于经典现代化的生态修正。目前尚不能判断这些国家 21 世纪的具体进程。但是,可以大致预计,处于发展期的国家,如果继续保持过去 30 多年的平均发展速度,他们有可能在 2020 年左右进入生态现代化的成熟期,在 2050 年左右进入生态现代化的稳定期,在 21 世纪末以前完成生态现代化;处于起步期的国家,如果继续保持过去 30 多年的平均速度,则有可能在 2020 年前进入生态现代化发展期,在 2050 年左右进入生态现代化成熟期,在 21 世纪末基本完成生态现代化;处于经典生态现代化的生态修正的国家,将先后进入生态现代化的起步期和发展期;其他国家也将先后进入生态现代化。

(3) 21 世纪生态现代化指数的预期水平

生态现代化指数的最大值代表世界先进水平。要预期世界生态现代化的前沿水平,需要选择合适的国家样本。本报告第一章时序分析选择规模比较大的 8 个发达国家作为样本;第四章世界生态现代化评价发现 2004 年有 8 个国家生态现代化指数达到或超过 90 分。扣除重复的国家,这些国家共有 13 个,它们是美国、日本、德国、英国、法国、澳大利亚、意大利、加拿大、瑞典、芬兰、瑞士、丹麦和奥地利。这 13 个国家可以作为分析样本。

在过去 34 年的不同阶段,生态现代化指数的年增长率是不同的。我们分别按照 1970 ～ 2004 年、1980 ～ 2004 年和 1990 ～ 2004 年三个阶段的生态现代化指数的年均增长率,来估算 13 个发达国家未来生态现代化的水平(表 3-8)。如果按 1990 ～ 2004 年增长率测算,2050 年生态现代化指数的世界先进水平大约为 200 分左右,比 2004 年大约提高 1 倍;2100 年生态现代化指数的世界先进水平大约是 500 分左右,比 2004 年大约提高 4 倍。

表 3-8　21 世纪生态现代化指数的世界先进水平的三种估计

国家	1990～2004 年增长率(%)	2004	2010	2020	2030	2040	2050	2060	2080	2100
美国	0.87	82	86	94	102	112	122	133	158	187
日本	0.42	84	86	89	93	97	101	106	115	125
德国	1.86	93	104	124	150	180	216	260	376	543
英国	1.52	90	98	114	133	155	180	209	283	382
法国	0.94	91	96	106	116	127	140	154	185	224
澳大利亚	0.85	72	76	83	90	98	106	116	137	162
意大利	0.70	88	92	99	106	114	122	130	150	172
加拿大	0.97	77	82	90	99	110	121	133	161	195
瑞典	1.21	96	104	117	132	148	167	189	240	305
芬兰	1.61	90	99	116	136	160	187	220	302	416
瑞士	1.20	97	105	118	133	150	169	190	241	306
丹麦	1.81	94	104	125	150	179	214	256	367	526
奥地利	0.75	95	100	107	116	125	134	145	168	195
高收入国家	1.69	99	110	130	153	181	214	253	354	494
	1980～2004 年增长率(%)									
美国	1.48	82	89	104	120	139	161	186	249	334
日本	0.61	84	87	92	98	104	111	118	133	150
德国	2.08	93	105	129	158	195	239	294	444	670
英国	1.61	90	99	116	136	160	187	220	302	416
法国	1.18	91	98	110	123	139	156	176	222	281
澳大利亚	1.27	72	78	88	100	114	129	146	189	243
意大利	1.19	88	95	107	120	136	153	172	218	276
加拿大	1.34	77	84	96	110	125	143	163	213	278
瑞典	1.21	96	104	117	132	148	167	188	239	304
芬兰	1.73	90	100	118	140	166	198	234	330	465
瑞士	0.89	97	103	112	123	134	146	160	191	228
丹麦	1.58	94	103	121	141	165	193	226	309	423
奥地利	1.02	95	101	112	124	138	152	169	207	254
高收入国家	1.64	99	109	129	151	178	210	247	342	474
	1970～2004 年增长率(%)									
美国	1.41	82	89	102	118	136	156	180	238	315
日本	1.04	84	89	99	109	121	135	149	184	226
德国	1.85	93	104	124	150	180	216	259	375	541
英国	1.51	90	98	114	133	154	179	208	281	380
法国	1.18	91	97	110	123	139	156	175	222	281
澳大利亚	0.84	72	76	82	90	97	106	115	136	161
意大利	1.43	88	96	111	128	147	170	196	260	346
加拿大	1.26	77	84	95	107	121	138	156	200	257
瑞典	1.22	96	104	117	132	149	168	190	241	308
芬兰	1.37	90	98	112	128	147	168	193	253	332
瑞士	0.70	97	102	109	117	125	134	144	166	191
丹麦	1.58	94	103	121	141	165	193	226	308	422
奥地利	0.89	95	101	110	120	131	143	157	187	223
高收入国家	1.29	99	107	122	138	157	179	203	262	339

(4) 21世纪生态现代化评价指标的预期水平

生态现代化的评价指标有30个，不同指标有不同特点(表3-9)。在过去34年里，发达国家的部分评价指标已经达到或接近饱和，如安全饮水率、卫生设施普及率和城市废物处理率等；有些指标符合EKC曲线的特点，如人均NO_2排放等；有些指标是正指标(数值增大)，有些指标是逆指标(数值下降)。所以，我们需要分别估算30个指标的水平。

表3-9 发达国家生态现代化评价指标的变化趋势

	指　标	单位	1970	1980	1990	2000	2002	2004	性质
生态进步	人均CO_2排放	吨/人	9.5	10.4	10.1	10.4	10.7	10.7	逆指标
	人均SO_2排放	千克/人	109	78	42	31	24	25	逆指标
	人均NO_x排放	千克/人	43	46	45	42	38	38	逆指标
	工业淡水污染	万分之	—	0.48	0.30	0.31	0.30	0.40	逆指标
	生活废水处理	%	—	55	75	—	79	79	正指标
	城市废物处理	%	—	—	49	46	100	100	饱和
	自然资源消耗	%	1.7	5.5	1.2	1.3	1.0	1.5	逆指标
	生物多样性损失	%	—	—	7	11	16	9	逆指标
	森林覆盖率	%	31.8	29.2	28.9	29.2	—	29.3	正指标
	国家保护区比例	%	2.3	3.0	7	7.2	12	16	正指标
经济生态化	农业与化肥脱钩	千克/公顷	105	134	123	120	121	121	逆指标
	有机农业比例	%	—	—	0.38	2.64	3.71	3.71	正指标
	工业与污染脱钩	千克/万美元	—	11.8	8.5	5.9	5.9	5.9	逆指标
	工业能源密度	千克油/美元	0.41	0.38	0.31	0.19	0.19	0.19	逆指标
	绿色生态旅游	美元/人	—	—	418	456	439	552	正指标
	物质经济效率	美元/人	2998	20827	38819	48848	48421	54458	正指标
	物质经济比例	%	43	41	35	30	28	28	逆指标
	循环经济(玻璃)	%	—	16	41	65	79	79	正指标
	经济与能源脱钩	千克油/美元	0.28	0.25	0.23	0.20	0.20	0.20	逆指标
	经济与三废脱钩	千克/美元	0.79	0.66	0.53	0.44	0.44	0.44	逆指标
社会生态化	安全饮水比例	%	—	99	100	—	100	100	饱和
	卫生设施比例	%	—	92	100	—	100	100	饱和
	城市空气污染	微克/立方米	78	70	54	31	27	27	逆指标
	能源使用效率	美元/千克油	3.0	3.7	4.5	4.9	4.9	5.0	正指标
	可再生能源比例	%	9.4	8.9	10.0	10.9	10.1	10.1	正指标
	交通空气污染	千克/辆	572	332	246	119	107	107	逆指标
	长寿人口比例	%	10.0	11.4	12.5	14.0	14.3	14.6	正指标
	服务收入比		1.3	1.4	1.8	2.3	2.6	2.6	正指标
	服务消费比例	%	—	30	31	39	39	39	正指标
	环境风险	万分之	—	—	21.8	39.4	—	39.4	逆指标

注：各年的数据为当年或附近年的值，数值为高收入国家平均值或21个发达国家平均值。人均SO_2排放为人均SO_x的数值。1990年环境风险为1984～1993年的平均值，2000年环境风险为1994～2003年的平均值。工业能源密度1970年、1990年和2000年的数据分别为1971年、1989年和1999年的值。

在过去34年里，30个指标在不同阶段的增长率不同。1970年有12个指标没有数据，1980年有5个指标没有数据，1990年30个指标都有数据。我们采用1990～2004年期间的年均增长率进行估算，并根据 1980～2004 年期间年均增长率，对人均 CO_2 排放等 15 个指标的增长率作了调整。如果其他指标保持 1990～2004 年的年均增长率，21 世纪高收入国家生态现代化指标的平均水平如表 3-10。它们代表了未来生态现代化的可能的世界先进水平。这些预测数值，可以为中国制定生态现代化政策性目标提供参考。

表 3-10 21 世纪生态现代化指标世界先进水平的一种估算（高收入国家平均值的一种估算）

指标	增长率[b]	2004	2010	2020	2030	2040	2050	2060	2080	2100
人均 CO_2 排放[a]	0.10	10.7	11	11	11	11	11	11	12	12
人均 SO_2 排放	−3.51	25	20	14	10	7	5	3	2	1
人均 NO_x 排放	−1.25	38	35	31	27	24	21	19	14	11
工业淡水污染[a]	−0.50	0.40	0.38	0.37	0.35	0.33	0.31	0.30	0.27	0.24
生活废水处理[a]	0.50	79	81	85	90	94	99	100	—	—
城市废物处理	5.24	100	—	—	—	—	—	—	—	—
自然资源消耗[a]	−1.00	1.5	1.38	1.25	1.13	1.02	0.92	0.83	0.68	0.56
生物多样性损失[a]	−1.00	9.2	8.7	7.8	7.1	6.4	5.8	5.2	3.9	3.5
森林覆盖率	0.09	29.3	29.4	29.7	29.9	30.2	30.5	30.7	31.2	31.8
国家保护区比例[a]	2.00	16	18	22	27	33	40	48	72	—
农业与化肥脱钩[a]	−0.50	121	117	112	106	101	96	91	83	75
有机农业比例[a]	6.00	3.71	5	9	17	30	54	97	—	—
工业与污染脱钩	−2.60	5.9	5.0	3.9	3.0	2.3	1.8	1.4	0.8	0.5
工业能源密度[a]	−2.00	0.19	0.17	0.14	0.11	0.09	0.08	0.06	0.04	0.03
绿色生态旅游	2.00	552	622	758	924	1127	1374	1675	2491	3703
物质经济效率	2.45	54458	62961	80183	102117	130050	165624	210929	342107	554866
物质经济比例[a]	−1.00	28	26	24	21	19	18	16	13	11
循环经济（玻璃）[a]	1.00	79	84	93	100	—	—	—	—	—
经济与能源脱钩	−0.94	0.20	0.19	0.17	0.16	0.14	0.13	0.12	0.10	0.08
经济与三废脱钩	−1.26	0.44	0.41	0.36	0.32	0.28	0.25	0.22	0.17	0.13
安全饮水比例	0.01	100	—	—	—	—	—	—	—	—
卫生设施比例	0.00	100	—	—	—	—	—	—	—	—
城市空气污染[a]	−3.00	27	22.2	16.4	12.1	8.9	6.6	4.8	2.6	1.4
能源使用效率	0.71	5.0	5	6	6	6	7	7	9	10
可再生能源比例[a]	0.50	10.1	10.4	10.9	11.5	12.1	12.7	13.4	14.8	16.3
交通空气污染[a]	−4.00	107	84	56	37	25	16	11	5	2
长寿人口比例	1.12	14.6	16	17	20	22	24	27	34	43
服务收入比	2.54	2.6	3	4	5	6	8	11	17	29
服务消费比例[a]	1.00	39	41	46	51	56	62	—	—	—
环境风险	4.33	39.4	51	78	119	181	277	423	987	2304

注：指标单位同表 3-9。a 为根据 1980～2004 年增长率的调整值，b 为 1990～2004 年的增长率。有些指标达到或接近达到饱和值，就不再估算未来的值。

(5) 21 世纪生态现代化的主要领域的预期水平

生态现代化包括生态进步、经济生态化和社会生态化等三大领域，还可分为自然资源、自然环境、生态系统、生态农业、生态工业、绿色服务、绿色经济、生态城市、生态农村、绿色能源和交通、绿色社会、生态安全等 12 个子领域。每一个子领域的未来的趋势和水平，都需要做专题研究。这里以自然资源和自然环境的趋势和水平为例，略作讨论。

自然资源，包括土地、淡水、森林、矿产、能源和生物资源等要素。表 3-10 的数据反映了自然资源损耗、生物多样性损失和森林覆盖率的变化。能源和矿产资源具有很强的地域性，国家差别比较大。

土地和淡水资源的变化,值得我们特别关注(表 3-11)。多数发达国家人口总数下降,人均土地和淡水资源改善。发展中国家的情况则因国家而异。

表 3-11a 世界 15 个国家的土地和淡水资源(一)

	人口(百万)					人均国土面积(万平方米/人)				
年	1900	1950	2000	2050	2100	1900	1950	2000	2050	2100
美国	76	152	282	409	437	12.0	6.0	3.2	2.2	2.1
日本	44	83	127	110	90	0.8	0.4	0.3	0.3	0.4
德国	32	48	82	79	73	1.1	0.7	0.4	0.4	0.5
英国	38	51	59	66	64	0.6	0.5	0.4	0.4	0.4
法国	41	42	59	64	60	1.4	1.3	0.9	0.9	0.9
澳大利亚	4	8	19	26	25	205.4	93.8	40.0	30.1	31.3
意大利	34	46	58	45	34	0.9	0.6	0.5	0.7	0.9
加拿大	5	14	31	39	36	169.0	67.2	30.0	23.6	25.4
俄罗斯	126	180	146	101	80	—	—	11.6	16.6	21.2
墨西哥	14	25	98	140	128	14.0	7.5	1.9	1.4	1.5
巴西	18	52	170	233	212	47.0	16.2	5.0	3.6	4.0
中国	400	464	1263	1395	1181	2.3	2.0	0.7	0.7	0.8
印度尼西亚	43	77	206	294	273	4.2	2.4	0.9	0.6	0.7
印度	236	358	1016	1531	1458	1.3	0.8	0.3	0.2	0.2
尼日利亚	16	24	127	258	302	5.8	3.8	0.7	0.4	0.3
世界	1564	2521	6052	8900	9100	8.2	5.1	2.2	1.5	1.4

注:2050 年和 2100 年的人口数是联合国人口预测的中间方案(UN 2004),2050 年和 2100 年的人均国土面积分别等于 2000 年国土面积除以当年人口数。

表 3-11b 世界 15 个国家的土地和淡水资源(二)

	人均可耕地面积(公顷/人)				人均淡水资源(立方米/人)			
年	1970	2000	2050	2100	1970	2000	2050	2100
美国	0.92	0.63	0.43	0.40	11470	9985	6851	6405
日本	0.05	0.04	0.04	0.05	4900	3389	3919	4784
德国	0.15	0.14	0.15	0.16	2590	2165	1352	1464
英国	0.13	0.10	0.09	0.09	2930	2503	2191	2252
法国	0.34	0.31	0.29	0.31	3420	3218	2779	2966
澳大利亚	3.33	2.62	1.97	2.05	25170	25649	19249	20014
意大利	0.22	0.15	0.19	0.25	3120	3281	4067	5398
加拿大	2.05	1.48	1.17	1.26	134240	94314	72918	78655
俄罗斯	—	0.85	1.23	1.56	—	30904	42508	54223
墨西哥	0.43	0.25	0.18	0.19	5940	4675	2917	3193
巴西	0.36	0.34	0.25	0.27	48040	43022	23239	25502
中国	0.12	0.11	0.10	0.12	3230	2241	2016	2380
印度尼西亚	0.15	0.10	0.07	0.08	17450	13759	9660	10403
印度	0.29	0.16	0.11	0.11	2990	1787	823	864
尼日利亚	0.52	0.22	0.11	0.09	—	2206	855	731
世界	0.36	0.23	0.15	0.15	—	8649	4820	4714

注:2050 年和 2100 年的人口数是联合国人口预测的中间方案(UN 2004),2050 年和 2100 年的人均可耕地面积分别等于 2000 年可耕地面积除以当年人口数,2050 年和 2100 年人均淡水资源分别等于 2000 年淡水资源除以当年人口数。

自然环境,包括气候、空气、水、土地和废物等要素。全球气候变化,受温室气体的影响。目前,部分发达国家如英国和法国等,人均温室气体和人均 CO_2 排放下降。发达国家空气质量在明显改善(表 3-9),人均 SO_2、人均 NO_x、人均颗粒物和交通空气污染,都在下降。发达国家水质量明显改善(表 3-9),工业有机废水排放、淡水工业污染等在下降,生活废水处理率将达到 100%。发达国家土地利用得到改善,森林覆盖率、国家保护区和有机农业的比例,都在上升。发达国家城市废物处理率已经达到 100%,但人均城市废物和人均生活废物都在上升。废物管理仍是一个挑战。总之,发达国家自然环境在明显改善。

2. 21 世纪生态现代化的世界中等水平

关于世界中等水平,可以有多种理解。① 世界银行根据人均收入将国家分成三组:高收入、中等收入和低收入国家;其中,中等收入国家的水平可以代表一种中等水平。② 联合国开发计划署根据人类发展指数(包括人均寿命、教育程度和人均收入等三个指标)将国家分成三组:高人类发展水平、中等人类发展水平和低人类发展水平国家;其中,中等人类发展水平的国家的水平也可以代表一种中等水平。③ 联合国《世界城市化展望 1999》中把国家分成三组:比较发达国家、比较不发达国家和最不发达国家;其中,扣除最不发达国家后的比较不发达国家的水平,也可以算作一种中等水平。④《中国现代化报告 2002》建议,根据第二次现代化水平将国家分成四组:发达国家、中等发达国家、初等发达国家和欠发达国家,其中,中等发达国家是超过世界平均水平和低于发达国家下限(高收入国家平均水平的 80%)的国家,它的水平也是一种中等水平。

本报告认为,把"生态现代化水平低于世界先进水平下限(高收入国家平均水平的 80%)、高于世界平均水平的一组国家的生态现代化水平",理解为世界中等水平,是比较合适的。

(1) 2004 年生态现代化的世界中等水平

根据生态现代化指数分组,2004 年大约有 37 个国家处于生态现代化的世界中等水平;他们的生态现代化指数超过 59 分,低于 80 分。他们分别处于生态现代化的发展期或起步期,有些还没有进入生态现代化(表 3-12)。生态现代化指数与生态现代化阶段有时不一致。

表 3-12 2004 年生态现代化的世界中等水平

国家	生态现代化指数	生态现代化阶段	第二次现代化指数	人均国民收入
西班牙	79	起步期	78	21530
加拿大	77	起步期	93	28310
希腊	73	起步期	69	16730
匈牙利	69	发展期	64	8370
韩国	68	起步期	92	14000
阿根廷	65	发展期	56	3580
波兰	65	起步期	60	6100
土耳其	64	起步期	43	3750
秘鲁	62	起步期	41	2360
厄瓜多尔	60	—	37	2210
高收入国家	99		100	32112
世界平均	59		51	6329

(2) 21 世纪生态现代化的世界中等水平

根据生态现代化的世界中等水平的界定,它的 2004 年生态现代化指数的上线是 80 分,下限是 60 分,高于世界平均值,分别相当于高收入国家平均生态现代化指数的 80% 和 60%。生态现代化的世界中等水平的估算有两种算法。其一,按照中等水平与世界先进水平的差距估算(先进水平的 80%

和 60 %)。其二,按照世界平均值的年增长率估算。根据前面的世界先进水平的估算结果(表 3-8),我们可以估算生态现代化的世界中等水平(表 3-13)。

表 3-13 21 世纪生态现代化的世界中等水平的一种估计

		2004	2010	2020	2030	2040	2050	2060	2080	2100
高收入国家中等水平	按 1990 ～ 2004 年增长率计算	99	109	129	153	181	214	253	353	494
	上限(高收入国家的 80 %)	80	88	104	122	145	171	202	283	395
	下限(高收入国家的 60 %)	60	66	78	92	109	128	152	212	296
	世界平均值	59	61	64	68	72	76	80	90	101
高收入国家中等水平	按 1980 ～ 2004 年增长率计算	99	109	128	151	178	209	247	342	473
	上限(高收入国家的 80 %)	80	87	103	121	142	168	197	273	379
	下限(高收入国家的 60 %)	60	66	77	91	107	126	148	205	284
	世界平均值	59	61	65	69	74	78	83	95	107

2050 年生态现代化指数的世界中等水平大约为 76 ～ 171 分,下限平均约为 100 分左右,这是 2050 年生态现代化的世界中等水平的底线,大约相当于 2004 年高收入国家平均值。

(3) 21 世纪世界生态现代化的中等水平的阶段

2004 年,生态现代化的世界中等水平的 37 个国家,匈牙利等 6 个国家处于生态现代化的发展期,墨西哥等 21 个国家处于生态现代化的起步期,智利等 16 个国家还没有完全进入生态现代化。假设,它们未来生态现代化的速度大致维持 1980 ～ 2004 年的平均水平,那么,可以大致推测,2004 年处于发展期的中等水平国家,将可能在 2050 年以前进入生态现代化的成熟期,在 21 世纪末以前完成生态现代化;2004 年处于起步期的中等水平国家,将可能在 2050 年以前进入发展期,在 21 世纪末基本完成生态现代化;2004 年没有进入生态现代化的中等水平国家,将可能在 2050 年以前进入起步期,在 21 世纪末达到成熟期。

(4) 2050 年生态现代化的世界中等水平

2050 年生态现代化的世界中等水平大体是:全部进入生态现代化,生态现代化指数在 77 分至 171 分之间;其中,部分国家进入生态现代化成熟期、部分国家处于发展期或起步期(表 3-14)。一般而言,生态现代化的世界中等水平,大约比世界先进水平要落后 50 年左右。

表 3-14 2050 年生态现代化的世界中等水平的估算

	2004 年中等水平	2050 年中等水平
水平	生态现代化指数小于 80、大于 59 分	生态现代化指数小于 171、约大于 100 分
阶段	部分国家处于生态现代化的起步期、发展期 部分国家还没有进入生态现代化	全部进入生态现代化 处于生态现代化的成熟期、发展期或起步期

注:按 2004 年生态现代化指数的世界先进水平为 99 分为基点推算。

根据世界生态现代化的历史经验,生态现代化是波浪式前进而不是一帆风顺,是复杂的和非线性的而不是简单的和线性的。上面关于 21 世纪生态现代化的世界先进水平和中等水平的预测,是一种简单的线性分析。所以,这种分析只有参考意义,只是反映生态现代化的世界趋势的一种可能性。在引用和讨论预测结果的时候,需要非常慎重。

第二节　中国生态现代化的基本条件

中国生态现代化，既要遵循世界生态现代化的基本规律，又必须适合中国国情。由于生态现代化具有起点依赖性和路径依赖性，受国家的现代化水平、地理条件、历史文化和国际环境的影响，所以，我们不仅要分析中国生态现代化的现实条件，还要分析历史过程和未来前景。需要注意的是，本节所说的中国生态现代化，大部分内容是指中国大陆内地地区生态现代化；中国香港、澳门和台湾地区的生态现代化需要专门分析。

一、中国生态现代化的历史回眸

中国生态现代化的历史，与中国环境史或生态史的关系非常紧密。近年来，中国环境史或生态史的研究逐步受到重视，研究论著正在涌现。中国生态现代化的系统历史回溯，需要大量的生态史和思想史研究。显然，那样做就会超出本报告的范围。所以，我们仅从现代化研究的角度，概要地陈述中国生态现代化的简史。

一般而言，生态现代化的历史分析，可以沿着三条线路进行。第一条线路是按层次分析：按生态效率、生态结构、生态制度和生态观念等四个层次进行分析。第二条线路是按方面分析：按生态进步、生态转型和国际地位变化等三个方面进行分析。第三条线路是按领域分析：包括生态响应、生态经济和生态社会等 3 个分领域和 12 个子领域。我们选择从生态观念、生态制度、生态结构和生态效率等四个层次，简介中国生态现代化的历史过程。

1. 中国生态现代化的历史起源

就像世界生态现代化是世界现代化的组成部分一样，中国生态现代化也是中国现代化的组成部分。如果从 1840 年算起，中国现代化已经有 160 多年历史。这个过程大致分为三个阶段。它们分别是清朝末年的现代化起步、民国时期的局部现代化、新中国的全面现代化。中国生态现代化，是在全面现代化阶段逐步发生的。

在全面现代化阶段，随着现代生态意识的传播，中国现代化的内涵也在发生变化，世界生态现代化的许多做法被采用。根据生态现代化原理和中国实际情况判断，中国生态现代化的兴起大致可以分为三个阶段：现代环保的探索期、现代化的生态修正和生态现代化的起步期（图 3-3），中国生态现代化大致是 20 世纪 90 年代开始的。

第一阶段	第二阶段	第三阶段	主要事件
		生态现代化起步期 1998 年以来	1998 年发布《全国生态环境建设规划》 2000 年发布《全国生态环境保护纲要》等
	现代化生态修正 1978～1998 年	1978 年修改《中华人民共和国宪法》，对环境保护作出规定 1979 年颁布了《中华人民共和国环境保护法（试行）》 1983 年第二次全国环境保护会议提出“三同步”和“三统一” 1984 年成立国家环保局（1998 年升级为国家环保总局） 1989 年颁布《中华人民共和国环境保护法》等	
现代环保探索期 1949～1977 年	1956 年建立第一批自然保护区 1963 年发布《森林保护条例》 1972 年派团参加首次联合国人类环境大会 1973 年第一次全国环境保护会议 1973 年拟定《关于保护和改善环境的若干规定（试行草案）》等		

图 3-3　中国生态现代化的起步

首先,现代环境保护的探索期。环境保护,不是新事物,而是自古有之。相对而言,古代环保的范围比较窄,更多的是保护自然资源;现代环保的范围比较宽,包括自然资源、自然环境、生态系统、生物多样性的保护和污染防治等。在我国的计划经济时期,政府已经开始关注资源保护和工业污染的防治,并制定了一些管理法规,如《森林保护条例》和《工业"三废"排放试行标准》等。1972 年联合国召开首次人类环境大会,中国派团参加。1973 年中国召开第一次全国环境保护会议,促进了现代环保的发展。

其次,现代化的生态修正。1978 年修改《中华人民共和国宪法》,对环境保护作出宪法规定。1979 年中国颁布《中华人民共和国环境保护法(试行)》。1983 年第二次全国环境保护会议提出经济建设、城乡建设和环境建设同步规划、同步实施和同步发展,作到经济效益、社会效益和环境效益的统一(人们简称为建设"三同步"和效益"三统一")。1984 年成立国家环境保护局。1989 年颁布《中华人民共和国环境保护法》。在随后的 10 年里,中国政府制定了一系列的环境保护法规,加强工业和生活污染的防治。这些措施,是对第一次现代化内容的局部修正。它们也是生态现代化启动的前期准备。

其三,生态现代化起步期。1998 年,中国发布《全国生态环境建设规划》,全面启动生态建设。同年,国家环境保护局升级为国家环境保护总局。2000 年国家发布《全国生态环境保护纲要》。中国现代化与生态建设,开始走向协调。根据世界银行公布的数据,到 1996 年,中国农业与化肥消费、工业与有机废水污染、经济与能源消费、经济与 CO_2 排放等指标,已经达到环境压力与经济增长的相对脱钩(图 3-4)。这是生态现代化起步的数量标志。

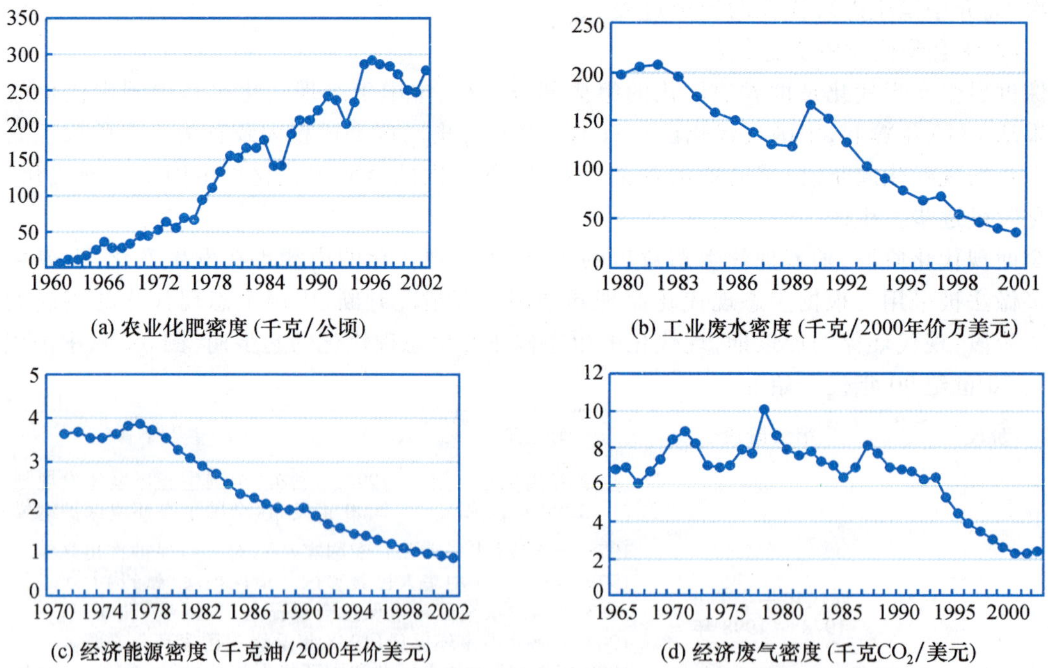

(a) 农业化肥密度(千克/公顷)　(b) 工业废水密度(千克/2000年价万美元)

(c) 经济能源密度(千克油/2000年价美元)　(d) 经济废气密度(千克CO_2/美元)

图 3-4　中国生态现代化的起步(环境压力与经济增长的相对脱钩)

注:农业与化肥消费(农业化肥密度)、工业与有机废水(工业废水密度)、经济与能源消费(经济能源密度)、经济与 CO_2 排放(经济废气密度)的相对脱钩。4 个指标同时脱钩,表示生态现代化的起步。

数据来源:World Bank 2006.

2. 中国生态观念的变迁

生态观念，一般指关于人与自然的相互关系的认识和态度。生态观念随着时间推移而变迁。在原始社会，人类对自然环境的认识非常有限，对自然力量充满畏惧，而且人口密度和资源压力都相对比较小。在农业社会，森林砍伐和开荒种地，加剧了人与自然的冲突；由于农业文明的地理差异和进程不同步，生态观念就具有了地域和文化特点。在工业社会，工业化大生产加剧了资源消耗和环境破坏，环境污染和自然灾害频繁，生态学和现代生态意识逐步产生。20 世纪 70 年代以来，环境破坏的严重后果从地区现象，上升为国家现象和世界问题；同时现代科技发展也引发全球性思考。随着知识革命和生态革命的推进，发达国家先后开始了从第一次现代化向第二次现代化和生态现代化的历史转变。在生态现代化理论中，现代生态观念指现代社会关于现代化与自然环境的相互关系的认识、态度和价值取向。

如果说，传统社会的生态观念是传统生态观念，是关于人与自然关系的认识和态度，那么，现代社会的生态观念是现代生态观念，是关于人类发展、世界现代化与自然环境的相互作用的认识、态度和价值取向。传统生态观念，主要基于有限的自然知识、对自然的敬畏和美好的愿望。现代生态观念，则以生态科学、环境科学、经济学和现代化理论等为基础。在某种程度上，中国现代化过程包含从传统生态意识向现代生态意识的转变。

(1) 中国生态观念的历史变迁

从广义现代化理论的角度看，中国历史进程可以分为三大阶段（表 3-15），它们分别是原始社会（远古时期）、农业社会（古代时期）和现代化阶段；现代化阶段又包括现代化起步、局部现代化和全面现代化等三个小阶段。在不同阶段，中国的生态观念的基本特征和表现形式有所不同。在原始社会，我们的祖先同其他地区的原始部落居民一样，敬畏自然，崇拜自然，他们需要与动物竞争生存空间。在农业社会，中国生态观念可以分为五个主要流派（王如松和周鸿 2004），包括儒家的稳定共生、道家的师法自然和顺应自然、法家的积极进取和管理、阴阳家的系统思维和循环转化、医家的天人合一和辩证思维等。在现代化阶段，中国社会发生着深刻变化，顺应自然、人定胜天和天人合一等传统生态观念各有市场，以生态学、环境科学和经济学原理等科学知识为基础的现代生态观念逐步成为主流观念。

表 3-15　中国生态观念的历史演变

阶段	时期	大致时间	主要特点	基本的生态观念	典型案例
原始社会	远古时代	公元前 2070 年前	狩猎采集、刀耕火种	自然崇拜	“神山”和“神树”
农业社会	古代时期	公元前 2070 年～公元 1840 年	传统农业、小农经济 奴隶社会、封建社会	适应自然、改造自然 保护环境、天人合一	西周《伐崇令》、秦《田律》、都江堰工程
现代化起步	清朝后期	1840～1911 年	工业化起步、社会动荡	开发自然、改造自然	开矿修路，迷信风水
局部现代化	民国时期	1912～1949 年	局部工业化、战争频繁	顺应自然、天人合一	矿业法、森林法
全面现代化	新中国	1949 年至今			
	计划时期	1949～1977 年	计划经济、全面工业化	征服自然、人定胜天	以粮为纲、围湖造田
	改革时期	1978～2001 年	市场化、工业化、城市化	开发自然、保护环境	《中华人民共和国环境
	市场时期	2002 年至今	全球化、新工业化和信息化	生态科学、人地和谐	保护法》

中国生态观念的历史分析，可以有两个维度。第一个维度是思想分析维度。通过历史文献和思想史的比较研究，鉴别生态观念的历史变迁。中国古代文献浩如烟海，其中所包含的人与自然关系的文献数不胜数。生态观念变迁的历史文献研究，是大有可为的。但是，需要注意的是，这种纯朴的生

态观念，很多时候是一些思想家或历代先贤的个人观点，只是在一定的历史时期、某些特定人群及阶层中产生了影响；它们可能并不代表当时社会的观念，而且可能与当时社会实践有很大距离，甚至是与社会实践相冲突的。

第二个维度是实践分析维度，分析中国环境变迁的实际过程中所反映出来的生态观念。这种研究需要自然科学和社会科学的通力合作。在很大程度上，中国文明的起源和发展与自然环境息息相关（宋豫秦等 2002）；中国历史沿革与环境变迁紧密相关，受环境破坏和环境保护的双重影响，当然，人口规模和频繁战争的影响也是无处不在。在中国古代文化和社会实践中，既有环境保护的思想和法规，也有大规模的环境破坏（王玉德 1996）。在中国现代化过程中，既有环境保护的科学理论和法规，如环境科学和生态科学，也有大范围的环境破坏（金鉴明 1991）。根据学者们的研究结果，在过去的4000多年里，中国生态和环境变化的基本趋势是：整体退化、局部改善（表3-16）。显然，这种局面需要彻底扭转。

表3-16 中国生态变迁的历史趋势

阶段	年代	大致时间	经济活动和关键技术	生态变迁	人口数量（万）	森林覆盖率（%）
原始社会	远古时代（五帝时期）	公元前2070年前	狩猎、采集，旧石器	森林焚烧，自然恢复	<140	64～60
			狩猎采集、种植、新石器	伐木制陶，烧荒治水		
农业社会	夏商西周春秋	公元前2070年至公元1840年	种植、畜牧、传统手工业，青铜和铁器，金属工具，自然力、畜力和人力	土地农田化，砍伐森林、水土流失灌溉农业、土壤侵蚀沙漠化、土地退化战争破坏、环境恶化	140～2000	60～46
	战国					
	秦汉南北朝				2000～5000	46～37
	隋唐宋				5000～13000	37～27
	元明				6000～15000	27～21
	清朝前期				8164～41218	21～17
现代化起步	清朝后期	1840年至1911年	农业，工业化起步传统技术和机械化起步	灾害频繁、土壤侵蚀森林破坏、环境退化	37200～43189	17～15
局部现代化	民国时期	1912年至1949年	农业，局部工业化部分机械化和电气化	战争频繁、生态破坏水土流失、沙漠化	37408～54167	15～12.5
全面现代化	新中国（计划时期）	1949年至1977年	计划，全面工业化机械化、电气化和自动化	毁林开荒、围湖造田环境和生态系统退化	54167～94974	12.5～12.0
	新中国（改革时期）	1978年至2001年	市场化，工业化，信息化和现代科技	工业污染、城市污染水土流失、沙漠化	96259～127627	12.0～16.6
	新中国（市场时期）	2002年至今	全球化，新工业化，绿色化和现代科技	污染治理、环境保护退耕还林、生态建设	128543～130756	16.6～18.2

资料来源：孙鸿烈主编 2005（本表由原书的表1-4-1、表1-4-2、表1-4-4合并而成，并增加、调整和改动了部分内容。森林覆盖率反映的是森林规模，没有体现森林质量的差别）．樊宝敏，董源 2001.

中国生态观念的历史分析，思想维度和实践维度，可以相互补充，而不是相互排斥。在中国社会里，说的和做的不一样，并不是一个罕见现象。所以，生态观念的研究，仅有历史文献分析是不够的，还要有事实检验。实践维度的分析能够提供相对令人信服的生态观念变化的知识，但研究难度大，历史数据很难获取。两者相互验证，可以获得较好效果。

总体而言，中国生态观念是一个演进过程。在中国发展的不同阶段，我国人民的生态观念有所不同。从有关文献资料和中国环境变迁的实际结果来看，中国的传统生态观念，更多是"自然崇拜"、"人定胜天"和"天人合一"的三元复合体；在不同时空和不同阶层，三元复合体的结构特征有所不同，表现形式有所差异，实质内涵有所演变。从表现形式看，中国历史显示，没有单一的生态文化，只有多元的生态观念。中国的现代生态观念，与世界趋势基本同步，强调经济效益、社会效益和环境效益的"三统一"。20 世纪 70 年代以来的国际环境运动和国际环保合作，以及 90 年代的"可持续发展"研究，对中国现代生态观念的形成和发展，产生了实质影响。生态现代化将在中国生根开花结果。

（2）中国现代化过程中的生态观念

中国现代化过程大致分为三个阶段，它们分别是清朝末年的现代化起步、民国时期的局部现代化、新中国的全面现代化。在现代化的三个阶段，中国的生态观念在逐步变化。

首先，现代化起步阶段。生态观念并没有发生明显的改变，传统的生态观念，仍然是社会的主流。现代工业开始推进，风水迷信依旧盛行，生态和环境继续恶化。

其次，局部现代化阶段。尚没有证据显示，生态观念发生了明显变化，但局部工业化和现代化，加速了环境变迁，频繁战争加剧了环境退化。

其三，全面现代化阶段。中国的生态观念逐步发生变化，现代生态意识逐步成为主流观念。第一是生态学和现代生态意识得到广泛传播，我国生态学家如马世骏等做出了重大贡献。第二，国际环境运动对中国产生实质影响。第三，人口的急剧增加导致人与自然的冲突加剧，粮食安全受到特别关注。第四，传统文化受到巨大冲击和破坏。第五，现代化和自然环境的矛盾，引发全社会的思考。第六，环境保护成为国家法律，生态建设成为国家规划。

3. 中国生态制度的变迁

生态制度是关于生态和环境的相关法规和管理机制，它与生态观念是相互促进的。虽然古代社会也有环境保护制度，但现代生态制度的形成和发展，才是生态现代化的核心内容之一，需要专题研究。关于生态制度变迁的研究，目前尚非常薄弱。

自古至今，中国各个朝代都有一些环境保护的法律规定和管理措施（表 3-17）。但是，现代生态制度是 20 世纪后期出现的。1949 年以来，我国制定了环境保护法律 9 部、自然资源保护法律 15 部、国家环境保护标准 800 多项，同时政府各有关部门和地方政府制定的环保法规有 660 多件；逐步形成比较系统的环境保护、生态建设、经济与环保协调发展的现代法规体系。迄今中国已经参加 50 多项环境保护相关的国际条约（国务院新闻办 2006）。

表 3-17 中国生态和环保制度的历史变迁

阶段	大致时间	主要法规（举例）
原始社会（远古时代）	公元前 2070 年前	自然崇拜的文化约束
农业社会（古代社会）	公元前 2070 年～公元 1840 年	夏商周至元明清，各朝均有规定，如《禹禁》、秦《田律》等
现代化起步（清朝后期）	1840 ～ 1911 年	《大清律》和《大清律例》有保护森林、矿藏、禽兽、河道等规定
局部现代化（民国时期）	1912 ～ 1949 年	渔业法（1929）、矿业法（1930）、森林法（1932）等
全面现代化（新中国）	1949 年以来	

（续表）

阶　段	大致时间	主　要　法　规(举例)
现代环保的探索期	1949～1977 年	《中华人民共和国矿业暂行条例》(1951) 《中华人民共和国森林保护条例》(1963) 《工业“三废”排放试行标准》(1973) 《关于保护和改善环境的若干规定(试行草案)》(1973) 《中华人民共和国防治沿海水域污染暂行规定》(1974)等
现代化的生态修正	1978～1998 年	《中华人民共和国宪法》(1978),对环境保护作出规定 《中华人民共和国环境保护法》(1979,1989) 《中华人民共和国海洋环境保护法》(1982) 《中华人民共和国水污染防治法》(1984,1996) 《中华人民共和国草原法》(1985,2002) 《中华人民共和国大气污染防治法》(1987,1995,2000) 《中华人民共和国野生动物保护法》(1988) 《中华人民共和国水土保持法》(1991) 《中华人民共和国物体废物污染环境防治法》(1995)等
生态现代化起步期	1998 年以来	《全国生态环境建设规划》(1998) 《建设项目环境保护管理条例》(1998) 《中华人民共和国防沙治沙法》(2001) 《中华人民共和国清洁生产促进法》(2002) 《中华人民共和国环境影响评价法》(2003) 《中华人民共和国行政许可法》(2003) 《排污费征收使用管理条例》(2003) 《中华人民共和国可再生能源法》(2005)等

资料来源:全国人民代表大会常务委员会法制工作委员会 1994. 国家环境保护总局网站 2006 年 9 月.

中国现代环境管理的起步,可以追溯到 1973 年。1973 年国务院召开第一次全国环境保护会议,1974 年成立国务院环境保护领导小组。1982 年成立国家城乡建设环境保护部,下设环境保护局。1984 年成立国务院环境保护委员会。1984 年成立国家环境保护局,1998 年升级为国家环境保护总局。国务院其他有关部门也参与环境管理。在此期间,各级政府建立了环境保护的专门机构。中国已经基本形成现代环境保护和生态建设的管理体制。

20 世纪 90 年代以来,中国先后制定和实施了一系列的促进环境保护、生态建设和经济发展的国家计划和措施。例如,生态工业示范园区、生态农业示范县、ISO1400 国家示范区、环保产业园区、循环经济示范区、生态城市建设、生态农村建设、环保产品认证、有机食品认证、绿色消费与环保认证、《中国 21 世纪议程》、环境科技关键技术研究、绿色技术和新能源研究、全国生态现状调整等。近年来,国务院发布了《关于落实科学发展观加强环境保护的决定》、《关于加快发展循环经济的若干意见》等,加快建设资源节约型、环境友好型社会的步伐。中国现代生态制度建设已经达到一个新阶段,但环境管理水平仍有待提高。

4．中国生态效率和生态结构的变化

如果说,生态观念和生态制度的变化是定性的,那么,生态效率和生态结构的变化就是定量的。在本报告里,生态效率是生态学中的生态效率概念的推广,生态学的生态效率指生态系统能量传递和转换效率。本报告的生态效率和生态结构,是指现代化过程中与自然资源、自然环境和生态系统相关的各种效率和结构,如资源效率、能源效率、环保效率、资源结构、污染结构、生态经济和生态社会结构等。生态效率和生态结构分析,可以是单指标分析,如第一章分析了 100 多个生态效率和生态结构指

标;也可以是综合分析,如第四章的生态现代化指数(包括30个评价指标)。由于历史数据有限,我们主要分析全面现代化阶段的生态效率和生态结构的变化。

(1) 中国生态效率的现代变化

中国要用有限的自然资源和环境条件,支撑经济持续发展和生活质量提高,就必须持续提高生态效率。反映生态效率的指标很多,如土地生产率、淡水生产率、能源生产率、物质生产率、粮食单产、森林生产率、环境保护的效率等。生态效率与自然资源、自然环境、经济结构、社会制度、管理水平、现代科技、人力资源素质和国际环境等紧密相关。这里选用耕地资源、农业土地生产率、能源生产率和物质经济效率为代表,简要说明生态效率变迁。

耕地资源是土地资源的主要指标。中国人均可耕地面积,在过去30多年里有所下降(表3-18)。随着可开垦荒地的减少,城市化和人口数量的增长,未来中国人均可耕地面积还会有所下降。2002年中国人均可耕地面积,超过日本,略高于英国,低于印度、墨西哥、法国、美国和世界平均值。2001年人均国民收入与人均可耕地面积,没有显著关系。

表3-18 中国人均可耕地面积的变化及国际比较 (单位:公顷/人)

	1965	1970	1975	1980	1985	1990	1995	2000	2002	比例(%)
中国	0.14	0.12	0.11	0.10	0.11	0.11	0.10	0.11	0.11	100
印度	0.32	0.29	0.27	0.24	0.21	0.19	0.17	0.16	0.15	140
墨西哥	0.51	0.43	0.38	0.34	0.31	0.29	0.28	0.25	0.25	224
日本	0.06	0.05	0.04	0.04	0.04	0.04	0.04	0.04	0.03	32
德国	0.16	0.15	0.15	0.15	0.15	0.15	0.14	0.14	0.14	130
法国	0.39	0.34	0.33	0.32	0.32	0.32	0.32	0.31	0.31	282
英国	0.14	0.13	0.12	0.12	0.12	0.12	0.10	0.10	0.10	88
美国	0.91	0.92	0.86	0.83	0.79	0.74	0.68	0.63	0.61	555
高收入国家	0.50	0.50	0.47	0.46	0.45	0.43	0.40	0.39	0.38	344
世界平均	0.39	0.36	0.33	0.30	0.28	0.27	0.25	0.23	0.23	207

注:比例为最后年(2002年)中国与其他国家数值的比例,后同。
数据来源:World Bank 2006.

中国农业土地生产率(农业增加值/农业用地),在过去30多年里在上升(表3-19)。中国农业土地生产率,高于世界平均水平和墨西哥,但低于印度、英国和美国,与日本、德国和法国的差距非常大。农业土地生产率,发达国家内部的差异也很大。

表3-19 中国农业土地生产率的变化及国际比较 (单位:2000年价格美元/公顷)

	1970	1975	1980	1985	1990	1995	2000	2002	比例(%)
中国	145	158	153	199	227	279	322	337	100
印度	276	302	316	369	441	498	567	571	170
墨西哥	122	140	169	189	183	188	205	218	65
日本	12707	15104	13761	15452	16276	13585	12548	12491	3706
德国	—	746	791	850	1020	1049	1216	1198	356
法国	—	672	768	877	929	988	1102	1114	331
英国	—	453	556	681	716	735	795	804	239
美国	—	164	154	214	224	232	355	342	102
高收入国家	—	277	273	320	340	339	399	—	118
世界平均	—	142	148	171	187	202	232	236	70

数据来源:World Bank 2006.

中国能源生产率(GDP/能源消费),在逐步提高。中国能源生产率,高于印度,与世界平均水平和发达国家的差距都比较大(表 3-20)。2002 年与发达国家平均水平相差约 4 倍。

表 3-20　中国能源生产率的变化及国际比较　(单位:2000 年价格美元/千克油)

	1960	1965	1970	1975	1980	1985	1990	1995	2000	2002	比例(%)
中国	—	—	—	0.3	0.3	0.4	0.5	0.7	0.9	1.0	100
印度	—	—	—	0.6	0.6	0.7	0.7	0.8	0.9	0.9	93
墨西哥	—	—	—	4.1	3.6	3.4	3.3	3.4	3.9	3.7	372
日本	8.2	7.7	7.0	7.3	8.1	8.9	9.2	8.9	9.1	9.2	919
德国	—	—	—	3.3	3.4	3.6	4.3	5.0	5.4	5.5	546
法国	4.5	4.5	4.0	4.3	4.4	4.5	4.8	4.8	5.1	5.1	508
英国	3.4	3.5	3.5	4.0	4.3	4.7	5.4	5.5	6.2	6.6	660
美国	2.5	2.6	2.4	2.6	2.8	3.4	3.7	3.8	4.2	4.4	438
高收入国家	5.3	4.8	4.2	4.3	4.4	4.7	4.9	4.9	5.4	5.4	542
世界平均	—	—	—	3.0	2.9	2.7	2.7	2.4	2.5	2.5	255

数据来源:World Bank 2006.

中国物质经济效率(工农业增加值/工农业劳动力),过去 40 多年在提高。2001 年中国物质经济效率,高于印度,低于世界平均水平和发达国家水平(表 3-21)。

表 3-21　中国物质经济效率的变化及国际比较　(单位:2000 年价格美元/人)

	1960	1970	1980	1985	1990	1995	2000	2001	比例(%)
中国	150	209	269	—	450	777	1093	1161	100
印度	309	349	—	—	482	550	601	618	53
墨西哥	—	5501	5992	—	6423	7668	9390	9110	785
日本	9541	26592	41257	45749	59087	57171	63398	63064	5432
德国	—	—	—	—	—	32725	36770	37065	3193
法国	—	—	23471	26446	35832	40192	47463	48590	4185
英国	—	—	24492	27981	35249	40111	46566	47181	4064
美国	—	—	37071	42493	47716	53625	64376	62402	5375
高收入国家	—	—	29774	33968	39859	42416	49610	49199	4238
世界平均	—	—	2992	2968	4529	4841	5185	5067	436

数据来源:World Bank 2006.

(2) 中国生态结构的现代变化

生态结构反映自然资源、自然环境、生态系统、环境保护、生态经济和生态社会等结构。生态结构的变化,既有自然变化的因素,也有经济活动的影响,与生态效率紧密相关。提高和改善生态结构,是提高生态效率的关键环节之一。下面,以农业用地比例、能源结构(可再生能源比例)、污染结构(工业有机废水)和环境损耗比例为代表,简析生态结构变化。

农业用地比例指农业用地占国土面积的比例,是反映国土质量、土地结构和土地利用的一个重要指标。农业用地包括可耕地、多年生作物用地(包括果树地)和永久牧场。2002 年中国农业用地比例,低于英国和印度,超过美国和德国,超过世界平均值和发达国家平均值(表 3-22)。在过去 30 多年里，中国农业用地比例在上升，美国等发达国家农业用地比例在下降。这说明发达国家注重土地保护和合理使用，同时土地生产率在提高。

表 3-22　中国农业用地比例的变化及国际比较　　（单位：%）

	1965	1970	1975	1980	1985	1990	1995	2000	2002	比例
中国	38.1	40.3	43.1	46.6	53.2	57.0	57.3	58.8	59.4	100
印度	59.6	59.9	60.8	60.7	60.9	60.9	60.8	60.8	60.9	103
墨西哥	51.3	51.2	51.5	51.9	52.4	54.2	56.2	56.2	56.2	95
日本	19.1	18.3	17.1	16.5	16.1	15.6	14.9	14.4	14.2	24
德国	56.0	54.5	53.9	53.1	52.3	51.7	49.7	48.9	48.6	82
法国	61.8	59.1	58.8	57.7	57.2	55.6	54.6	54.0	53.7	90
英国	81.3	78.3	77.1	76.7	75.4	75.6	72.1	70.4	70.3	118
美国	47.6	47.4	47.0	46.7	47.1	46.6	45.9	45.1	45.0	76
高收入国家	37.9	38.1	38.1	38.0	37.8	37.3	36.8	36.2	35.9	60
世界平均	36.9	37.4	38.0	38.3	39.1	39.9	38.3	38.5	38.5	65

注：农业用地包括可耕地、多年生作物用地（园地）和草地。

数据来源：World Bank 2006.

可再生能源包括六种能源：燃料和废物能、水能（水电）、地热、太阳能、风能、海洋潮汐能等，不包括化石能源和核能。可再生能源比例指可再生能源占初级能源供应（TPES）的比例。在过去 30 年里，中国可再生能源比例在下降（表 3-23）。

表 3-23　中国可再生能源比例的变化及国际比较　　（单位：%）

	1960	1965	1970	1975	1980	1985	1990	1995	2000	2003	比例
中国	—	—	—	35.5	30.9	27.9	24.0	20.9	20.5	17.3	100
印度	—	—	—	65.7	62.6	55.9	49.8	44.2	40.2	39.3	227
墨西哥	—	—	—	12.7	8.6	8.5	7.5	7.7	7.2	6.2	36
日本	6.2	4.8	2.5	2.3	2.2	3.2	3.0	2.6	2.7	2.9	17
德国	0.7	0.7	1.3	1.5	1.7	1.9	1.8	2.1	2.8	3.3	19
法国	4.4	3.8	9.2	8.5	7.6	7.8	6.9	7.3	6.6	6.3	36
英国	0.2	0.2	0.2	0.2	0.2	0.2	0.5	0.9	1.0	1.3	8
美国	4.4	4.0	3.6	3.8	4.3	5.0	4.4	4.7	4.1	4.0	23
高收入国家	6.8	2.6	5.0	4.9	5.2	5.7	5.1	5.2	5.1	4.9	28
世界平均	6.1	1.5	4.2	14.2	13.5	13.4	12.7	13.0	12.8	12.6	73

注：本表可再生能源仅包括燃料和废物能、水电。2003 年，世界可再生能源的平均结构为：燃料和废物能约占 80％、水电约占 16.2％、其他可再生能源约占 3.8％，中国燃料和废物能约占 90％，水电约占 10％。

数据来源：World Bank 2006.

工业有机废水污染（工业废水的生化需氧量）是衡量工业水污染的重要指标。在 1980～2001 年期间，中国工业有机废水排放，经历上升和下降两个阶段，最大值为 1997 年的每小时约 354 吨。2000 年，中国工业有机废水排放量，大约是美国的 3 倍、英国的 10 倍、法国的 21 倍、墨西哥的 21 倍和印度的 4 倍（表 3-24）。

表 3-24 中国工业废水生化需氧量的变化及国际比较 （单位：吨/小时）

	1970	1975	1980	1985	1990	1995	2000	2001	比例(%)
中国	—	—	141	181	293	315	260	254	100
印度	—	—	59	52	59	70	65	—	25
墨西哥	—	—	5	7	7	11	12	—	5
日本	—	—	61	62	65	61	56	53	21
德国	—	—	—	—	—	35	43	—	16
法国	—	—	30	28	27	25	12	—	5
英国	—	—	40	31	31	28	25	—	10
美国	—	—	114	104	107	107	82	—	32
高收入国家	—	—	—	—	—	—	—	—	—
世界平均	—	—	—	—	—	—	—	—	—

注：比例为 2000 年中国与其他国家的相对比例。
数据来源：World Bank 2006.

根据世界银行的计算方法，环境损失指 CO_2 排放的损失和避免颗粒物排放的预期成本，环境损失比例指环境损失占国民收入（GNI）的比例。在 1970 ～ 1990 年期间，中国环境损失比例在上升（表 3-25）。2003 年，中国环境损失比例，大约是美国的 5 倍、日本的 6 倍、英国和德国的 10 倍、法国的 16 倍、墨西哥的 3 倍。

表 3-25 中国环境损失比例的变化（环境损失/GNI）及国际比较 （单位：%）

	1970	1975	1980	1985	1990	1995	2000	2001	2003	比例
中国	1.37	1.59	2.51	2.63	3.26	2.53	1.55	3.12	3.12	100
印度	0.53	0.59	0.61	0.89	1.04	1.41	1.40	2.31	2.19	70
墨西哥	0.49	0.39	0.43	0.64	0.58	0.73	0.44	1.00	1.02	33
日本	0.59	0.38	0.28	0.28	0.17	0.12	0.15	0.52	0.52	17
德国	0.00	0.00	0.38	0.61	0.28	0.19	0.25	0.38	0.33	10
法国	0.47	0.28	0.23	0.29	0.14	0.12	0.16	0.22	0.18	6
英国	0.00	0.57	0.35	0.50	0.28	0.26	0.23	0.34	0.30	10
美国	0.67	0.59	0.54	0.44	0.41	0.39	0.33	0.66	0.66	21
高收入国家	0.61	0.47	0.39	0.42	0.29	0.25	0.27	0.57	0.54	17
世界平均	0.63	0.50	0.43	0.51	0.46	0.41	0.42	0.84	0.81	26

注：1970 ～ 2000 年环境损失比例为 CO_2 排放损失，2001 和 2003 年为 CO_2 排放和避免颗粒物成本的加和。
数据来源：World Bank 2006.

(3) 中国生态现代化水平的相对变化

中国生态现代化水平，可以通过生态现代化指数来反映。生态现代化指数包括生态效率和生态结构的 30 个关键指标。本报告第四章评价了过去 34 年的世界生态现代化进程，可以看到 1970 年以来中国生态现代化水平的相对变化（表 4-18）。1970 年以前世界尚没有国家进入生态现代化。

在 1970 ～2004 年期间，中国生态现代化指数在提高，从 25 分提高到 42 分，提高 17 分（表 4-18）；世界排名从 1990 年第 92 位提高到 2004 年第 84 位，提高 8 位。2004 年中国生态现代化指数与高收入国家平均值相比，绝对差距为 57 分；与世界平均值相比，绝对差距为 17 分。根据经济增长与环境退化的脱钩程度，中国大约在 1996 年前后进入生态现代化的起步期。目前中国的生态现代化，不是全面生态现代化，而是综合生态现代化。

4．中国生态现代化的历史启示

中国生态现代化，从现代环保的探索、现代化的生态修正到生态现代化的起步，已经有三十多年历史。大致可以说，中国生态现代化基本与世界同步，但生态现代化水平的国际差距比较大。目前，生态环境恶化的趋势依然存在，环境灾害时有发生。究其原因，一方面是我国现代化水平比较低，工业化、城市化和农牧业造成的环境压力并存；另一方面是我国环保法规的执行力度有限，经济冲动远远超过环保压力。现在总结中国生态现代化的历史经验和教训，还为时过早。但简要的历史经验的分析，可以为后面的战略分析做准备。

首先，中国生态现代化需要战略转型。中国生态现代化并不是一种“自然演化”，而是人为的和被迫的，更多是一种应急反应。简单地说，经济发展对环境产生压力，环境压力对经济社会有反作用力；环境压力有起有伏，环境压力的反作用力时高时低；对环境压力的高反作用力的及时反应，就是应急反应。这是生态现代化后进国家的普遍现象，也是生态现代化先行国家的早期现象。目前中国生态现代化水平存在较大的国际差距，与此不无关系。如果我们能用实际行动证明，从被动的“应急反应型”转向主动的“预防创新型”，那么，中国生态现代化的成功，是可以期待的。

其次，中国生态现代化遵循世界生态现代化的基本规律。生态现代化包含生态效率、生态结构、生态制度和生态观念的深刻变化，包括现代化模式的生态转型，包括经济发展和社会变迁模式的生态转变，包括生产和消费模式的生态转变等。显然，中国生态现代化必然包含这些内容，并遵循世界生态现代化的基本原则。由于生态现代化具有起点依赖性和路径依赖性，这就决定中国生态现代化不可能重复发达国家走过的老路，必须要探索适合中国现代化水平和地理条件的新型道路。我们认为，中国可以选择综合生态现代化路径。

其三，中国生态现代化需要建立高效的环境立法和执法机制。在过去的20多年里，我国已经初步建立了现代环境保护和生态建设的法律体系。虽然已经有了环境立法和执法部门，但中国环境恶化的趋势仍然存在。究其原因可能有两个：环境和生态问题是动态的，环境立法需要跟上环境管理的需要；环境执法和管理不到位，没能有效遏制环境污染的发生。所以，我们需要完善环境立法和执法的机制，提高环境管理的法治水平。

其四，中国生态现代化需要建立完善的环境统计和评估机制。中国已经建立了环境质量监测、生态观测、环境统计和环境评价制度。但是，目前的环境统计，与发达国家的差距是明显的，与环境管理和环境科学研究的需要是有差距的。科学的环境统计和环境评估，是实施生态现代化的重要基础。为此，我们建议编辑出版《中国生态环境统计年鉴》，定期开展全国生态系统评价，完善环境影响评价制度。

其五，中国生态现代化需要建立生态补偿机制。中国是一个地区差异比较明显的国家。中国西部经济发展相对滞后，生态系统比较脆弱，水土流失和沙漠化比较严重，但是，西部是中国的淡水资源和矿物资源的战略基地。中国南方和北方都有一些湿地、山区、森林地区和国家自然保护区，它们是重要的水源地和生态功能区。这些地区的发展，需要考虑其生态系统的服务功能。对于具有重要生态服务功能的区域，实施生态建设和环境保护政策；同时建立和完善生态补偿机制，提高这些地区人民的生活质量，实现与全国的协调发展。

其六，中国生态现代化需要建立民主合作机制。过去20多年的环境保护和污染防治，政府行为占主导地位，环保专家发挥重要作用。污染企业往往与政府发生冲突，与当地居民发生冲突；民间环保组织（非政府环保组织）的作用，没有得到合理发挥；社区居民缺少环境信息，常常成为环境污染的受害者。狭隘的地方保护主义，影响了环境执法和环境管理；污染企业与环保部门，“地下交易”行为时有发生。生态现代化,需要全民参与。如果能够建立信息公开、民主参与、全民合作的环境保护新机制,那么,控制环境恶化是可能的。

其七,中国生态现代化需要建立环境诚信机制。环境管理以环境监测统计为基础,环境监测统计以诚信为基础,诚信以民心、人心为基础。在过去 20 多年里,在环境管理和环境监测统计过程中,欺瞒欺诈、弄虚作假、伪造数据、形象工程等现象,可谓屡禁不止。尽管国家法律有明文规定,但造假者仍不乏其人。建立环境诚信机制,杜绝有法不依、违法不罚的现象;真正做到,守法为荣,违法则罚。其实,这是法治社会的基本特征。

其八,中国生态现代化需要建立关键岗位环境责任制度。环境保护,人人有责。从我做起,保护环境。这是非常浅显的道理。但是,有些关键的社会岗位,他们的决策和行为,将产生比普通人更大的环境风险或环境后果。对于这些岗位,需要建立环境责任制度,约束当事人的环境行为。关键岗位环境责任制度,需要杜绝集体负责集体不负责的现象,做到定岗定责,责权到人。重大环境决策,谁签字谁负责,并适当追究长期环境后果责任。

其九,中国生态现代化需要理性和坚持不懈。生态现代化是一个漫长的历史过程,需要理想和实干的结合。目前,发达国家经过 30 多年的生态现代化,环境质量在不断改善,将来的环境还会更好。中国的生态现代化,虽然已经起步,但前面的路还很漫长。2004 年我国生态现代化水平的世界排名大约为 118 个国家的第 100 名。我们要达到发达国家现在的水平,大约需要 50 年;要达到发达国家未来完成生态现代化时的水平,就需要更长的时间。由于中国工业化和城市化没有完成,农牧业的环境污染和生态破坏还很严重,许多地区的生活水平还比较低,在未来一段时间内,经济发展的压力将大于环境保护的压力。生态现代化涉及环境利益和经济利益的转化、局部利益和全民利益的平衡。所以,我们要有实现生态现代化的理想,也要非常理性和理智地处理各种矛盾,正确处理环境保护和经济发展的关系。没有发展的蓝天,没有蓝天的发展,都不是生态现代化的目标。在理想和现实之间,是一条长长的奋斗之路。喊口号喊不来现代化,实现生态现代化是国家现代化的重要内容。

二、中国生态现代化的国际比较

中国生态现代化的国际比较,可以为研究制定中国生态现代化的战略和路径提供依据。中国生态现代化的起步过程大致与世界相似。由于中国尚处于工业化和城市化阶段,中国生态现代化受国际影响比较大,而不是自发的。目前,中国生态现代化的水平比较低,与我们的发展阶段和环境管理都有关系。下面分别进行中国与世界水平和发达国家水平的比较。

1. 中国生态现代化与世界水平的比较

中国生态现代化与世界水平的比较,可以是单指标、单领域或生态现代化指数的比较。本报告第四章完成 131 个国家的生态现代化评价,讨论了生态现代化指数的国际比较。这里,把单领域和单指标的比较结合起来。在本报告第一章,根据人均国民收入大小把国家分成 9 组(表 1-11),分析了 100 个生态指标的截面特征。如果将中国生态现代化指标的数值与 9 组国家的最高收入组国家的数值(发达国家)和 9 组平均值(平均水平)进行比较,就可以大致判断中国生态现代化指标的相对水平。许多生态指标具有地域差异。

(1) 2001 年中国生态响应领域指标与世界水平的比较(表 3-26)。

表 3-26　2001 年中国生态响应领域 35 个指标的国际比较

指标	世界水平		中国	中国与发达水平比较		中国与平均水平比较		指标
变量和单位	发达国家	平均		相对差(倍)	绝对差	相对差(倍)	绝对差	相关系数
(1) 自然资源								
人均国土面积(10 千米^2/人)	2.3	4.6	0.7	3.2	1.6	6.2	3.8	-0.391
人均保护区面积(米^2/人)	3.4	6.8	0.6	6.1	2.9	12.0	6.2	-0.271
人均可耕地面积(公顷/人)	0.27	0.30	0.11	2.4	0.15	2.7	0.19	0.289
人均草地面积(公顷/人)	0.21	1.77	0.31	0.7	-0.10	5.7	1.45	-0.454
人均森林面积(千米^2/人)	6	11	1.3	5.0	5	8.3	10	-0.101
人均淡水资源(米^3/人)	20658	13122	2131	9.7	18527	6.2	10991	0.559
人均能源生产(千克油/人)	12747	3905	895	14.2	11852	4.4	3009	0.852***
人均矿产生产(美元/人)	1.1	9.2	2.2	0.5	-1.1	4.3	7.0	0.067
(2) 自然环境								
人均温室气体排放(吨/人)	13.1	8.0	3.9	3.4	9.2	2.0	4.1	0.818***
人均 CO_2 排放(吨/人)	10.8	5.6	2.2	4.9	8.6	2.5	3.4	0.857***
人均 SO_2 排放(千克/人)	14	28	15	0.9	-1	1.8	13	-0.614*
颗粒物浓度(微克/米^3)	25.8	51.5	81.4	0.3	-55.6	0.6	-29.9	-0.777**
人均工业有机废水排放(千克/人)	3.6	2.3	1.8	2.0	1.8	1.3	0.5	0.770**
工业水污染(百万分之)	0.5	1.1	0.8	0.6	-0.3	1.3	0.3	0.123
农业用地比例(%)	40	46	59	0.7	-19	0.8	-14	-0.489
(3) 生态系统								
人口密度(人/平方公里)	141	111	136	1.0	4	0.8	-25	0.639*
人均生态足迹(公顷/人)	6.3	3.3	1.5	4.2	4.8	2.2	1.8	0.914***
自然保护区比例(%)	13	15	8	1.7	6	1.9	7	-0.252
淡水利用比例(%)	12	25	19	0.7	-7	1.3	6	-0.351
可耕地比例(%)	20	17	15	1.3	4	1.1	1	0.425
草地比例(%)	13	26	43	0.3	-30	0.6	-17	-0.622*
森林覆盖率(%)	32	28	17	1.9	16	1.7	11	0.336
受威胁动物比例(%)	13	13	20	0.6	-7	0.7	-7	0.386
受威胁鸟类比例(%)	5.9	6.1	12.0	0.5	-6.1	0.5	-5.9	-0.433
受威胁高等植物比例(%)	0.1	0.5	0.5	0.3	-0.4	1.0	0.0	-0.627*
资源压力								
人均铝产量(千克/人)	62	20	6	9.8	55	3.3	14	0.857***
人均铜产量(千克/人)	8	13	0.5	17.5	8	28.1	13	-0.062
人均铅产量(千克/人)	1.9	2.8	0.5	4.3	1.5	6.1	2.3	0.126
人均糖产量(千克/人)	4	33	6	0.7	-2	5.9	28	0.507
人均水泥产量(千克/人)	465	338	520	0.9	-55	0.7	-182	0.553
人均钢铁产量(千克/人)	574	372	205	2.8	370	1.8	168	0.787**
人均铝消费量(千克/人)	25	9	3	8.5	22	3.0	6	0.954***
人均铜消费量(千克/人)	5.6	4.8	1.5	3.8	4.1	3.2	3.3	0.680**
人均铅消费量(千克/人)	2.31	2.00	0.52	4.4	1.78	3.8	1.48	0.594*
人均糖消费量(千克/人)	35	33	7	5.1	28	4.9	27	0.578*

注:与发达国家差距:相对差 = 发达国家值 ÷ 中国值,绝对差 = 发达国家值 - 中国值;其他类推。发达国家值为 2001 年人均国民收入最高的 5 个国家(瑞士、挪威、日本、美国和丹麦)的平均值,世界平均为 9 组国家平均值。工业有机废水为工业废水的生化需氧量(BOD)。工业水污染为工业有机废水与淡水资源的比值。相关系数为该指标与人均国民收入的相关系数,* 表示相关,** 表示显著相关,*** 表示非常显著相关,后同。人均国土面积和人口密度的不一致,是计算方法(相关国家的简单算术平均数)造成的。

首先,自然资源指标的特点。2001 年,中国人均的国土面积、可耕地面积、森林面积、淡水资源和能源产量等,都低于发达国家和世界平均水平;人均草地面积高于发达国家。所以,总体上讲,中国现代化的自然资源基础是非常薄弱的。

其次,自然环境指标的特点。2001 年,中国人均温室气体和 CO_2 排放低于发达国家,人均 SO_2 排放高于发达国家,空气质量比较差。中国人均工业有机废水排放少于发达国家,但淡水的工业有机污染超过发达国家。中国农业用地比例超过发达国家和世界平均水平。

其三,生态系统指标的特点。2001 年,中国人均生态足迹(生态压力)低于发达国家和世界平均水平;自然保护区比例、国土的可耕地比例、森林覆盖率等低于发达国家;淡水利用比例、国土的草地比例、生物多样性受威胁程度高于发达国家。

中国人均铝产量和铝消费量、人均铜产量和铜消费量、人均铅产量和铅消费量、人均钢铁产量、人均糖消费量等低于发达国家和世界平均水平;人均水泥产量和人均糖产量超过发达国家。目前,中国物质生活水平仍然比较低,未来的资源压力仍将上升。

其四,表现好的指标(与发达国家水平相当)有:中国人均草地面积、人均温室气体排放、人均 CO_2 排放、人均生态足迹等。

其五,表现较好的指标(与世界平均水平相当)有:淡水利用比例、受威胁高等植物比例等。

其六,表现较差的指标(与发达国家差距较大)有:人均国土面积、人均保护区面积、人均可耕地面积、人均森林面积、人均能源生产、生物多样性保护等 8 个指标。

(2) 2001 年中国生态经济领域指标与世界水平的比较(表 3-27)。

表 3-27 2001 年中国生态经济领域 43 个指标的国际比较

指　　标	世界水平		中国	中国与发达水平比较		中国与平均水平比较		指标
变量和单位	发达国家	平均		相对差(倍)	绝对差	相对差(倍)	绝对差	相关系数
(4) 生态农业								
农业土地生产率(美元/公顷)	3440	1029	336	10.3	3104	3.1	694	0.882***
农业淡水生产率(美元/米^3)	5.9	8.5	0.5	12.7	5.5	18.3	8.1	0.465
粮食单产量(千克/公顷)	5587	3323	4802	1.2	785	0.7	-1479	0.892***
化肥使用效率(吨/吨)	15	59	11	1.3	4	5.2	47	-0.372
农业用水密度(米^3/公顷)	2795	2530	2759	1.0	37	0.9	-229	-0.074
粮食生产水耗(米^3/千克)	1026	2605	929	1.1	97	2.8	1676	-0.281
化肥使用密度(千克/公顷)	198	137	246	0.8	-48	0.6	-109	0.744**
耕地使用强度(%)	45	45	62	0.7	-17	0.7	-18	-0.243
有机农业比例(%)	4.02	1.65	0.06	67.0	3.96	27.6	1.59	0.946***
人均原木(米^3/人)	0.96	1.01	0.22	4.3	0.73	4.5	0.79	0.494
人均渔业(千克/人)	2118	438	334	6.3	1784	1.3	103	0.784***
(5) 生态工业								
工业能源效率(美元/千克)	10.8	4.9	2.0	5.4	8.8	2.4	2.9	0.955***
工业淡水利用效率(美元/米^3)	64	38	5	13.5	60	8.0	34	0.519
工业能耗(千克油/万美元)	1023	4439	4940	0.2	-3917	0.9	-501	-0.776**
工业水耗(米^3/万美元)	355	1850	2097	0.2	-1742	0.9	-247	-0.647*
工业钢铁密度(千克/万美元)	554	3053	4758	0.1	-4204	0.6	-1705	-0.483
工业水泥密度(千克/万美元)	519	3549	11223	0.0	-10704	0.3	-7675	-0.894***
工业废物排放密度(千克/万美元)	0.8	3.5	14.6	0.1	-13.8	0.2	-11.1	-0.447
工业废气排放密度(千克 CO_2/万美元)	18	86	186	0.1	-167	0.5	-100	-0.743**
工业有机废水(千克 BOD/万美元)	5	37	38	0.1	-33	1.0	0	-0.658**
工业用水污染(万分之)	40	87	19	2.1	21	4.6	68	-0.675**

（续表）

指标	世界水平		中国	中国与发达水平比较		中国与平均水平比较		指标
变量和单位	发达国家	平均		相对差(倍)	绝对差	相对差(倍)	绝对差	相关系数
(6) 绿色服务								
环保投入/GDP(%)	1.40	1.26	1.39	1.0	0.01	0.9	-0.13	0.071
服务业能耗(千克油/万美元)	218	431	709	0.3	-491	0.6	-277	-0.676**
服务业木材密度(米^3/万美元)	0.5	22.1	7.6	0.1	-7.1	2.9	14.6	-0.383
初级产品平均关税(%)	6	10	10	0.6	-4	1.0	0	-0.781***
制造品平均关税(%)	2	8	10	0.2	-8	0.9	-1	-0.884***
人均国际旅游收入(美元)	583	267	15	39.0	568	17.8	252	0.904***
(7) 绿色经济								
物质经济比例(%)	32	43	66	0.5	-34	0.7	-23	-0.745**
物质经济效率(美元/人)	65556	18659	1169	56.1	64388	16.0	17491	0.996***
人均物质产值(美元/人)	9983	2988	609	16.4	9374	4.9	2379	0.997***
国土生产率(美元/平方公里)	463	132	13	36.7	451	10.4	119	0.991***
淡水利用效率(美元/米^3)	73	25	2	37.3	71	12.6	23	0.978***
铝消费生产率(美元/千克)	27440	8652	1637	16.8	25802	5.3	7015	0.876***
经济铜密度(千克/万美元)	1.5	5.5	11.5	0.1	-10	0.5	-6	-0.651**
经济能源密度(千克油/美元)	0.1	0.8	1.0	0.2	-1	0.8	0	-0.690**
经济专利密度(项/亿美元)	3.5	2.9	2.6	1.4	1	1.1	0	-0.134
经济 CO_2 排放(千克/万美元)	0.3	1.3	3	0.1	-2	0.5	-1	-0.660**
资源消耗比例/GNI(%)	1.7	7.1	3.0	0.6	-1	2.3	4	-0.514
环境损失比例/GNI(%)	0.4	1.3	3.1	0.1	-3	0.4	-2	-0.649*
资环损耗总比例/GNI(%)	1.8	8.2	6.2	0.3	-4	1.3	2	-0.536
经济水泥密度(千克/万美元)	139	919	5623	0.0	-5484	0.2	-4703	-0.868***
经济钢铁密度(千克/万美元)	157	904	2390	0.1	-2233	0.4	-1486	-0.611*
经济木材密度(千克/万美元)	0.3	7.9	2.6	0.1	-2	3.1	5	-0.417

注：同表 3-26。

首先，生态农业指标的特点。2001 年，中国农业土地生产率、淡水生产率、化肥使用效率和有机农业比例等，都低于发达国家和世界平均水平；中国耕地使用强度、化肥使用密度等，都高于发达国家和世界平均水平；中国农业用水密度和粮食生产水耗等，与发达国家相当；中国粮食单产量超过世界平均水平。

其次，生态工业指标的特点。2001 年，中国工业能源效率和工业淡水利用效率低于发达国家和世界平均水平；工业能耗、工业水耗、工业钢铁密度、工业水泥密度、工业废物排放密度、工业 CO_2 排放密度、工业有机废水排放密度等指标，高于发达国家和世界平均水平。中国工业用水污染比例比较低，是由于工业水耗比较大。

其三，绿色服务指标的特点。2001 年，中国服务业能耗和服务业木材密度等，高于发达国家和世界平均水平；人均国际旅游收入等指标，低于发达国家和世界平均水平；产品平均关税与世界平均水平相当，环保投入占 GDP 的比例与发达国家相当。

其四，绿色经济指标的特点。2001 年，中国物质经济效率、人均物质产值、国土生产率、淡水生产率、资源生产率等指标，都大大低于发达国家和世界平均水平；中国经济物质密度、能源密度、资源密度、废物密度(CO_2)、资源消耗比例、环境损失比例等指标，都超过发达国家，多数指标（除资源消耗比例外）都超过世界平均水平。

其五，表现好的指标（与发达国家相当）有：农业用水密度、粮食生产水耗、环保投入占 GDP 比例等。

其六,表现较好的指标(与世界平均水平相当)有:粮食单产量、初级产品平均关税、资源消耗比例、资源环境损耗总比例等。

其七,表现较差的指标(与发达国家差距较大)有:国土生产率、淡水利用效率、经济能源密度、经济物质密度、经济资源密度等 30 个指标。

(3) 2001 年中国生态社会领域指标与世界水平的比较(表 3-28)。

表 3-28　2001 年中国生态社会领域 43 个指标的国际比较

指　　标	世界水平		中国	中国与发达水平比较		中国与平均水平比较		指标
变量和单位	发达	平均		相对差(倍)	绝对差	相对差(倍)	绝对差	相关系数
(8) 生态城市								
城市化(%)	77	61	37	2.1	40	1.7	24	0.695**
安全饮水普及率(%)	100	95	92	1.1	8	1.0	3	0.648*
卫生设施普及率(%)	100	85	69	1.4	31	1.2	16	0.718**
城市废水处理率(%)	94	62	22	4.2	72	2.8	40	0.814***
废物处理率(%)	98	79	51	1.9	48	1.6	28	0.557
人均城市废物(千克/人)	616	468	283	2.2	333	1.7	185	0.941***
城市颗粒物浓度(微克/米^3)	27	45	106	0.3	-79	0.4	-61	-0.602*
城市 SO_2 浓度(微克/米^3)	14	35	90	0.2	-76	0.4	-55	-0.821***
城市 NO_2 浓度(微克/米^3)	57	64	122	0.5	-65	0.5	-58	-0.177
(9) 生态农村								
农村人口密度(人/平方公里)	275	282	560	0.5	-285	0.5	-278	-0.521
农村安全饮水普及率(%)	100	79	68	1.5	32	1.2	11	0.814***
农村卫生设施普及率(%)	100	65	29	3.4	71	2.3	36	0.855***
(10) 绿色能源交通								
能源效率(美元/千克油)	7.2	3.0	1.0	6.9	6.1	2.9	1.9	0.971***
能源效率(国际美元/千克油)	6.6	5.0	4.7	1.4	1.9	1.1	0.3	0.738**
电力效率(美元/千瓦时)	3.1	2.6	0.8	3.9	2.3	3.3	1.8	0.043
再生能源比例(%)	16	27	17	0.9	-1	1.6	10	-0.540
燃料和废物能(%)	5	22	19	0.3	-14	1.2	3	-0.572*
现代可再生能源比例(%)	11.3	7.1	1.7	6.7	9.6	4.2	5.4	0.177
电力传输损耗(%)	5	13	7	0.7	-2	1.9	6	-0.866***
人均电力消费(千瓦时/人)	11622	4029	893	13.0	10729	4.5	3136	0.993***
煤电比例(%)	41	29	76	0.5	-35	0.4	-47	0.453
水电比例(%)	43	37	19	2.3	24	2.0	18	-0.269
核电比例(%)	30	26	1	24.9	28	21.7	25	0.371
人均汽车(辆/1000 人)	563	273	12	45.4	551	22.0	261	0.900***
公路交通能耗(千克油/辆车)	1542	2446	3038	0.5	-1496	0.8	-592	-0.428
汽车交通效率(美元/辆车)	63518	38552	69027	0.9	-5509	0.6	-30475	0.521
交通效率(美元/千公里·辆)	551	604	49	11.2	501	12.3	555	0.080

（续表）

指　　标	世界水平		中国	中国与发达水平比较		中国与平均水平比较		指标
变量和单位	发达	平均		相对差（倍）	绝对差	相对差（倍）	绝对差	相关系数
（11）绿色社会								
预期健康寿命（岁）	71	59	63	1.1	8	0.9	-4	0.794***
长寿人口比例（%）	15	9	7	2.1	8	1.3	2	0.910***
儿童死亡率（‰）	6	48	37	0.2	-31	1.3	11	-0.625*
成人死亡率（‰）	90	215	136	0.7	-46	1.6	79	-0.731**
物质劳动力比例（%）	29	47	72	0.4	-43	0.7	-25	-0.758**
服务收入比	2.3	1.5	0.5	4.4	1.8	3.0	1.0	0.832***
人均服务收入（美元/人）	21775	5901	315	69.1	21460	18.7	5586	1.000***
服务消费比例（%）	39	31	27	1.4	12	1.1	4	0.789***
人均服务消费（美元/人）	7630	2096	98	78.0	7532	21.4	1998	0.998***
人均家庭能源消费（千克油/人）	748	393	238	3.1	509	1.6	154	0.963***
人均生活用水（米^3/人）	128	83	46	2.8	82	1.8	37	0.715**
（12）生态安全								
人均粮食生产（千克/人）	683	378	313	2.2	370	1.2	65	0.932***
人均能源消费（千克油/人）	5087	2528	894	5.7	4193	2.8	1634	0.925***
人均淡水供应（米^3/人）	693	577	435	1.6	257	1.3	142	0.277
自然灾害死亡率（百万分之）	3	31	3	1.1	0	12.1	29	-0.351
自然灾害影响率（万分之）	8	135	1073	0.0	-1065	0.1	-938	-0.699**

注：同表3-26。现代可再生能源指水电、太阳能、风能、地热和潮汐能等。

首先，生态城市指标的特点。2001年，中国城市空气污染超过发达国家和世界平均水平，城市废水处理率和废物处理率低于发达国家和世界平均水平，城市安全饮水和卫生设施普及率低于发达国家和世界平均水平。

其次，生态农村指标的特点。2001年，中国农村安全饮水和卫生设施普及率低于发达国家和世界平均水平，农村人口比例超过发达国家和世界平均水平。

其三，绿色能源交通指标的特点。2001年，中国能源效率、电力效率、交通效率、人均电力消费、现代可再生能源比例、水电比例、人均汽车等，低于发达国家和世界平均水平；煤电比例、公路交通能耗等，高于发达国家和世界平均；电力传输损耗，高于发达国家，低于世界平均水平。中国核电比例低于发达国家。

其四，绿色社会指标的特点。2001年，中国预期健康寿命，低于发达国家，超过世界平均水平；儿童死亡率和成人死亡率，高于发达国家，低于世界平均；中国服务收入比、人均服务收入、服务消费比例、人均服务消费、人均家庭能源消费、人均生活用水等，都低于发达国家和世界平均水平；物质劳动力比例，超过发达国家和世界平均。

其五，生态安全指标的特点。2001年，中国人均粮食生产、人均能源消费、人均淡水供应等，都低于发达国家和世界平均水平；中国受自然灾害影响人口比例（1994～2003年平均）大大高于发达国家和世界平均，但自然灾害死亡率与发达国家相当，低于世界平均。中国生态安全的挑战非常严峻。

其六，表现好的指标（与发达国家相当）有自然灾害死亡率。在生态社会的43个指标中，仅有1个指标与发达国家相当。

其七，表现较好的指标（与世界平均水平相当）有城市安全饮水率、电力传输损耗、儿童死亡率和成人死亡率等

其八，表现较差的指标（与发达国家差距较大）有城市废水处理率、城市空气质量、农村卫生设施、能源效率、交通效率、人均服务收入、人均服务消费等。

在 121 个生态指标中，人均草地面积、环保投入比例和自然灾害死亡率等 15 个指标与发达国家大体相当，水源工业有机污染比例、资源消耗比例和城市安全饮水比例等 13 个指标与世界平均水平大体相当，人均能源生产、国土生产率和城市空气污染（SO_2 浓度）等 40 个指标与发达国家水平的相对差距超过 5 倍，人均森林面积、工业能耗和农村卫生设施普及率等 26 个指标与发达国家水平的相对差距超过了 2 倍，40 个指标的相对差距相对小一些（表 3-29）。此外，关于噪声、重金属、农药、持久性有机物、放射性和海洋污染、有毒有害物品、危险物品、核安全、荒漠化和水土流失等，请参考国家环境统计公报（国家环保总局 2006）。

表 3-29　2001 年中国生态现代化指标的国际比较　（单位：个）

	与发达国家的比较				与世界平均的比较			
	生态响应	生态经济	生态社会	合计	生态响应	生态经济	生态社会	合计
大致相当	7	4	4	15	2	4	7	13
相差 1 倍以下	4	7	10	21	13	16	16	45
相差 1～1.9 倍	7	2	10	19	5	9	9	23
相差 2～4.9 倍	11	7	8	26	9	7	4	20
相差 5 倍以上	6	23	11	40	6	7	7	20
合计	35	43	43	121	35	43	43	121

2. 中国生态现代化与典型国家的比较

生态现代化是一场国际竞赛。发达国家和世界大国对比赛的影响较大。所以，我们有必要与发达国家和世界大国进行比较。显然，我们不可能把每一个生态指标进行比较，也不可能与所有大国和发达国家进行比较，只能选择典型指标和典型国家进行比较。

（1）中国自然资源与典型国家的比较（表 3-30）。

表 3-30　中国自然资源与典型国家的比较

国家	人均国土面积		人均可耕地面积		人均草地面积		人均淡水资源		人均森林面积		人均能源生产	
	数值	指数	数值	指数	数值	指数	数值	指数	数值	指数	数值	指数
中国	0.7	100	0.11	100	0.31	100	2131	100	1.3	100	953	100
美国	3.2	436	0.61	555	0.81	260	9628	452	8.0	618	5778	606
日本	0.3	39	0.03	32	0.00	—	3371	158	1.9	147	770	81
德国	0.4	58	0.14	130	0.06	19	1296	61	1.3	101	1633	171
英国	0.4	56	0.10	88	0.19	60	2444	115	0.5	37	4348	456
法国	0.9	127	0.31	282	0.17	54	2995	141	2.6	201	2259	237
澳大利亚	39.1	5363	2.46	2233	20.26	6486	24747	1161	80.5	6220	12978	1361
意大利	0.5	70	0.14	131	0.08	24	3175	149	1.7	134	461	48
加拿大	29.4	4036	1.46	1326	0.92	296	90104	4228	79.5	6139	12289	1289
瑞典	4.6	633	0.30	273	0.05	16	19093	896	30.6	2360	3631	381
韩国	0.2	28	0.04	32	0.00	—	1357	64	1.3	102	760	80
墨西哥	1.9	260	0.25	224	0.79	254	3998	188	5.6	435	2280	239
巴西	4.8	666	0.34	307	1.13	361	30680	1440	32.0	2469	927	97
印度尼西亚	0.9	117	0.10	88	0.05	17	13220	620	5.1	393	1137	119
印度	0.3	39	0.15	140	0.01	3	1185	56	0.6	49	418	44
高收入国家	3.2	441	0.38	344	0.76	244	9479	445	8.3	642	3962	416
世界平均	2.1	289	0.23	207	0.56	180	6895	324	6.4	493	1657	174

注：指数 = 100 × 其他国家数值 ÷ 中国数值。人均淡水资源为 2003 年数据，人均森林面积为 2000 年数据，其他为 2002 年数据。表内指标单位见表 3-26。

人均国土面积：中国与法国和印度尼西亚大致相当，超过日本、德国、英国、意大利、韩国和印度，低于美国、澳大利亚、加拿大、瑞典、墨西哥、巴西和世界平均值。2002 年人均国土面积，澳大利亚是中国的 50 多倍，加拿大是中国的 40 多倍，美国、瑞典、墨西哥和巴西是中国的 2 倍多。

人均可耕地面积：中国与德国、意大利和印度大致相当，超过日本、英国、韩国和印度尼西亚，低于美国、法国、澳大利亚、加拿大、瑞典、墨西哥、巴西和世界平均值。2002 年人均可耕地面积，澳大利亚和加拿大是中国的 10 多倍，美国、法国、瑞典、墨西哥和巴西是中国的 2 倍多。

人均草地面积：中国超过日本、德国、英国、法国、意大利、瑞典、韩国、印度尼西亚和印度，低于美国、澳大利亚、加拿大、墨西哥、巴西和世界平均值。2002 年人均草地面积，澳大利亚是中国的 60 多倍，美国、加拿大、墨西哥和巴西是中国的 2 倍多。

人均淡水资源：中国与英国大致相当，超过德国、韩国和印度，低于美国、日本、法国、澳大利亚、加拿大、瑞典、墨西哥、巴西、印度尼西亚和世界平均值。2003 年人均淡水资源，加拿大是中国的 40 多倍，澳大利亚和巴西是中国的 10 多倍，美国、瑞典和印度尼西亚是中国的 2 倍多。

人均森林面积：中国与德国和韩国大致相当，超过英国和印度，低于美国、日本、法国、澳大利亚、加拿大、意大利、瑞典、韩国、墨西哥、巴西和世界平均值。2000 年人均森林面积，澳大利亚和加拿大是中国的 60 多倍，瑞典和巴西是中国的 20 多倍，美国、法国、墨西哥和印度尼西亚是中国的 2 倍多。

人均能源生产：中国与印度尼西亚和巴西大致相当，超过日本、意大利、韩国和印度，低于美国、德国、英国、法国、澳大利亚、加拿大、瑞典、墨西哥和世界平均值。2002 年人均能源生产，澳大利亚和加拿大是中国的 10 多倍，美国、英国、法国、瑞典和墨西哥是中国的 2 倍多。

（2）中国生态环境与典型国家的比较（表 3-31）。

表 3-31　中国生态环境与典型国家的比较

国家	人均温室气体排放		颗粒物浓度		工业有机废水排放		农业用地比例		森林覆盖率		生物多样性损失	
	数值	指数	数值	指数	数值	指数	数值	指数	数值	指数	数值	指数
中国	3.9	100	80.2	100	260.0	100	59.4	100	18	100	20.1	100
美国	24.5	627	23.9	30	82.0	32	45.0	76	33	182	3.5	18
日本	10.5	268	33.1	41	55.5	21	14.2	24	68	375	20.0	100
德国	12.0	307	22.0	27	42.5	16	48.6	82	32	174	7.3	36
英国	11.2	286	17.2	21	25.2	10	70.3	118	12	65	24.0	120
法国	8.7	222	15.4	19	11.7	5	53.7	90	28	155	19.0	95
澳大利亚	25.6	654	17.5	22	4.2	2	58.2	98	21	117	11.6	58
意大利	9.2	235	32.6	41	20.7	8	52.5	88	34	186	29.3	146
加拿大	21.9	560	20.5	26	12.9	5	8.1	14	34	187	15.6	78
瑞典	7.2	184	13.7	17	4.3	2	7.6	13	67	368	8.3	42
韩国	11.2	285	43.5	54	12.9	5	19.6	33	63	348	12.1	60
墨西哥	5.2	133	42.6	53	12.3	5	56.2	95	34	185	14.3	71
巴西	5.0	126	34.6	43	—	—	31.2	52	56	310	20.6	103
印度尼西亚	2.4	61	113.8	142	31.4	12	24.8	42	49	268	28.5	142
印度	1.8	46	83.9	105	64.9	25	60.9	103	23	125	22.6	113
高收入国家	19.0	485	29.3	37	—	—	35.9	60	29	161	16	81
世界平均	5.5	141	59.8	75	—	—	38.5	65	31	168	—	—

注：指标单位见表 3-26。人均温室气体和工业有机废水排放为 2000 年数据，森林覆盖率为 2005 年，其他为 2002 年数据。颗粒物浓度为全国平均值（微克/立方米）。工业有机废水指每小时排放的工业废水的生化需氧量。

人均温室气体排放:中国低于发达国家和世界平均,高于印度尼西亚和印度。

全国空气颗粒物浓度:中国与印度大致相当,低于印度尼西亚,高于日本、德国、法国、意大利和瑞典等。中国颗粒物浓度大约是法国、英国、德国、美国和日本的2到5倍。

工业有机废水排放:中国大约是澳大利亚和瑞典的60多倍,是法国、加拿大、韩国和墨西哥的20多倍,是英国和意大利的10多倍,是美国、日本、德国、印度和印度尼西亚的3到8倍。虽然国家大小和淡水资源不同影响可比性,但工业污染不是平均分布的。

农业用地比例:中国与法国、澳大利亚、意大利和墨西哥大致相当,低于英国和印度,高于美国、日本、德国、加拿大、瑞典、韩国、巴西和印度尼西亚。中国农业用地比例大约是日本、韩国、加拿大和瑞典的3到8倍。

森林覆盖率:中国超过英国,低于美国、日本、德国、法国、澳大利亚、意大利、加拿大、瑞典、韩国、墨西哥、巴西、印度尼西亚和印度。日本、瑞典、韩国、巴西和印度尼西亚的森林覆盖率,分别大约是中国的3.8倍、3.7倍、3.5倍、3.1倍和2.7倍。

生物多样性损失(以受威胁哺乳动物比例为例):中国与日本、法国、巴西和印度大致相当,低于英国、意大利和印度尼西亚,高于美国、德国、澳大利亚、加拿大、瑞典、韩国和墨西哥。2002年中国生物多样性受威胁程度,是美国、德国和瑞典的2倍多。

(3)中国生态经济与典型国家的比较(表3-32)。

表3-32 中国生态经济与典型国家的比较

国家	农业化肥密度		工业能源密度		工业废物密度		资源消耗比例		淡水生产率		环保投入比例	
	数值	指数	数值	指数	数值	指数	数值	指数	数值	指数	数值	指数
中国	278	100	0.49	100	14.6	100	2.6	100	3	100	1.39	100
美国	111	40	0.19	38	—	—	0.9	36	23	880	—	—
日本	291	105	0.09	19	1.3	9	0.0	0.1	47	1767	1.4	101
德国	220	79	0.14	29	0.7	5	0.1	2	52	1949	1.6	115
英国	311	112	0.11	23	1.3	9	0.7	27	152	5711	0.7	50
法国	215	77	0.17	34	3.1	21	0.0	1	54	2043	1.7	122
澳大利亚	47	17	0.24	48	—	—	2.7	104	36	1343	0.8	58
意大利	173	62	0.15	31	0.8	5	0.1	3	35	1313	0.8	58
加拿大	57	21	0.30	62	—	—	4.1	159	19	713	1.1	79
瑞典	100	36	0.21	44	3.7	25	0.0	2	104	3905	1.1	79
韩国	415	149	0.31	63	1.2	8	0.0	0.3	26	959	1.5	108
墨西哥	69	25	0.21	42	—	—	4.5	174	8	302	—	—
巴西	130	47	0.51	105	—	—	3.9	150	9	337	—	—
印度尼西亚	146	53	0.41	83	—	—	8.2	319	3	105	—	—
印度	101	36	0.86	177	—	—	3.3	130	1	45	—	—
高收入国家	121	43	0.19	39	—	—	1.0	40	34	1290	—	—
世界平均	101	36	—	—	—	—	2.1	81	11	412	—	—

注:同表3-30。淡水生产率为2003年数据,其他为2002年数据。表内指标单位见表3-27。

农业化肥密度:中国与日本和英国大致相当,低于韩国,高于美国、德国、法国、澳大利亚、意大利、加拿大、瑞典、韩国、墨西哥、巴西、印度尼西亚和印度。2002年中国农业化肥密度,大约是美国、澳大利亚、加拿大、瑞典、墨西哥和印度的2到6倍。

工业能源密度：中国与巴西大致相当，低于印度，高于美国、德国、法国、澳大利亚、意大利、加拿大、瑞典、韩国、墨西哥和印度尼西亚。2002 年中国能源密度大约是美国、德国、法国、澳大利亚、意大利、瑞典和墨西哥的 2 到 5 倍。

工业废物密度：2002 年中国大约是德国的 20 倍、意大利的 18 倍、韩国和英国的 12 倍、日本的 11 倍、法国和瑞典的 4 倍。

自然资源消耗比例（自然资源消耗/GNI）：中国与澳大利亚大致相当，低于加拿大、墨西哥、巴西、印度尼西亚和印度，高于美国、日本、德国、英国、法国、意大利、瑞典和韩国。2003 年中国自然资源消耗比例，大约是日本、法国和韩国的 100 多倍，是德国、意大利和瑞典的 30 多倍，是美国和英国的 2 倍多。

淡水生产率：中国与印度尼西亚大致相当，高于印度，低于美国、日本、德国、英国、法国、澳大利亚、意大利、加拿大、瑞典、韩国、墨西哥和巴西。2003 年淡水生产率，英国、法国和瑞典的大约是中国的 20 多倍，日本、德国、澳大利亚和意大利是中国的 10 多倍，美国、加拿大、韩国、墨西哥和巴西是中国的 3 倍多。

环保投入比例：中国与日本和韩国大致相当，高于英国、澳大利亚、意大利、加拿大和瑞典，低于法国和德国。

（4）中国生态社会与典型国家的比较（表 3-33）。

表 3-33　中国生态社会与典型国家的比较

国家	城市空气污染		农村卫生设施普及率		现代可再生能源比例		人均服务消费		儿童死亡率		自然灾害影响率	
	数值	指数	数值	指数	数值	指数	数值	指数	数值	指数	数值	指数
中国	99	100	29	100	1.7	100	98	100	37	100	1094.9	100
美国	22	22	100	345	1.5	88	12232	12482	8	22	10.0	1
日本	42	42	100	345	2.3	135	6566	6700	5	12	22.1	2
德国	25	25	—	—	1.1	65	4576	4669	5	14	5.8	1
英国	23	23	—	—	0.2	12	6684	6820	7	18	4.9	0
法国	12	12	—	—	2	118	4712	4808	6	15	66.3	6
澳大利亚	22	22	100	345	1.4	82	4757	4854	6	17	475.6	43
意大利	35	35	—	—	4.3	253	4175	4260	6	16	4.5	0
加拿大	14	14	99	341	11.2	659	5172	5277	7	18	18.8	2
瑞典	13	13	100	345	9	529	4247	4334	4	11	0.0	—
韩国	46	46	—	—	0.2	12	2349	2397	5	14	19.5	2
墨西哥	55	56	39	134	4.5	265	1688	1723	28	76	25.2	2
巴西	42	42	35	121	13.6	800	—	—	35	95	74.9	7
印度尼西亚	113	116	38	131	3.8	224	—	—	41	111	32.6	3
印度	177	179	18	62	1.2	71	83	84	87	235	670.0	61
高收入国家	27	27	—	—	2.6	153	—	—	—	—	39.4	4
世界平均	—	—	35	120	2.7	159	—	—	86	231	426.7	39

注：同表 3-30。人均服务消费为 2001 年数据，儿童死亡率为 2000 年数据，自然灾害受影响率为 1994～2003 年的 10 年平均值，其他为 2002 年数据。指标单位见表 3-28。

城市空气污染（空气 SO_2 密度）：中国低于印度尼西亚和印度，高于美国、日本、德国、英国、法国、澳大利亚、意大利、加拿大、瑞典、韩国、墨西哥和巴西。2002 年，中国城市空气污染程度，大约是法国、加拿大和瑞典的7倍多，是美国、英国和澳大利亚的4倍多，是日本、德国、意大利、韩国和巴西的2倍多。

农村卫生设施普及率：中国高于印度，低于美国、日本、澳大利亚、意大利、瑞典、墨西哥、巴西和印度尼西亚。2002年主要发达国家农村卫生设施普及率达到100%。

现代可再生能源比例（非燃料和废物能）：中国高于美国、德国、英国、澳大利亚、韩国和印度，低于日本、法国、意大利、加拿大、瑞典、墨西哥、巴西和印度尼西亚。2003年现代可再生能源比例，巴西、加拿大和瑞典是中国的5倍多，意大利、墨西哥和印度尼西亚是中国的2倍多。

人均服务消费：中国高于印度，低于美国、日本、德国、英国、法国、澳大利亚、意大利、加拿大、瑞典、韩国和墨西哥。2001年人均服务消费，美国是中国的125倍，日本、英国和加拿大是中国的50多倍，德国、法国、澳大利亚、意大利和瑞典是中国的40多倍，韩国和墨西哥是中国的10多倍。

儿童死亡率：中国与巴西大致相当，低于印度尼西亚和印度，高于美国、日本、德国、英国、法国、澳大利亚、意大利、加拿大、瑞典、韩国和墨西哥。2003年儿童死亡率，中国是日本和瑞典的8倍多，是德国和韩国的7倍多，是美国、英国、澳大利亚、意大利和加拿大的4倍多。

自然灾害影响率（自然灾害受影响的人口比例）：中国超过14个典型国家。中国自然灾害受影响率（1994～2003年的10年平均值），大约是美国、德国、英国、意大利和瑞典的100多倍，是日本、加拿大、韩国和墨西哥的40多倍，是法国、巴西和印度尼西亚的10多倍，是澳大利亚和印度的1倍多。由此可见，中国生态风险是非常严峻的问题。

目前，中国与发达国家的最大相对差距，自然资源消耗比例等3个指标超过100倍，人均森林面积等5个指标超过50倍，工业废物密度等4个指标超过10倍，农业化肥密度等11个指标超过2倍，环保投入比例指标与发达国家大致相当（表3-34）。

表3-34 中国生态现代化指标与发达国家的比较

最大相对差距	自然资源	生态环境	生态经济	生态社会	合计
超过100倍			自然资源消耗比例	人均服务消费 自然灾害影响率	3
超过50倍	人均国土面积、人均草地面积、人均森林面积	工业有机废水排放	淡水生产率		5
超过10倍	人均可耕地面积、人均淡水资料、人均能源生产		工业废物密度		4
超过2倍		人均温室气体排放、颗粒物浓度、农业用地比例、森林覆盖率、生物多样性损失	农业化肥密度 工业能源密度	城市空气污染、农村卫生设施普及率、现代可再生能源、儿童死亡率	11
其他			环保投入比例		1

（5）中国生态现代化指标与典型国家历史水平的比较。

虽然生态现代化只有三十多年历史，但是，生态现代化所包含的内容非常丰富，有些内容是长期的趋势，如健康寿命延长、物质经济比例下降等。由于历史数据有限，我们选择长寿化和非物化两类指标，比较中国与典型国家的历史差距（表3-35）。

表 3-35　2002 年中国 4 个指标与典型国家历史水平的比较

国家	长寿人口比例			物质产业比例			物质劳动力比例			服务收入比		
	数值	年代	年差	数值	年代	年差	数值	年代	年差	数值	年代	年差
中国	7	2002		66	2002		71	2002		0.51	2002	
美国	8.1	1950	52	68.7	1820	182	76	1870	132	1.41	1870	132
日本	7	1970	32	68	1950	52	73	1950	52	1.08	1900	102
德国	8.4	1870	132	69	1900	102	66	1950	52	0.45	1900	102
英国	11	1950	52	58	1820	182	70	1870	132	0.72	1820	182
法国	7.1	1870	132	49	1960	—	71	1900	102	1.04	1960	—
澳大利亚	8.3	1950	52	57	1820	182	67	1900	102	0.75	1820	182
意大利	8.2	1950	52	64	1950	52	70	1950	52	0.56	1950	52
加拿大	7.8	1950	52	51	1950	52	67	1900	102	0.96	1950	52
瑞典	8.4	1900	102	59	1870	132	73	1900	102	0.69	1870	132
芬兰	7	1960	42	66	1950	52	67	1960	42	0.52	1950	52
瑞士	10	1960	42	—	—	—	63	1950	52	—	—	—
挪威	11	1960	42	54	1870	132	43	1870	132	0.85	1870	132
丹麦	11	1960	42	69	1870	132	71	1900	102	0.75	1900	102
荷兰	7.7	1950	52	52	1950	52	69	1820	182	0.92	1950	52
韩国	7	2000	2	63	1950	52	57	1970	32	0.59	1950	52
墨西哥	5	2002	—	47	1900	102	68	1970	32	1.13	1900	102
巴西	5	2002	—	53	1950	52	67	1960	42	0.89	1950	52
印度尼西亚	5	2002	—	64	1970	32	69	1980	22	0.57	1970	32
印度	5	2002	—	67	1970	32	67	2000	2	0.58	1980	22
高收入国家	9	1960	42	46	1960	42	56	1960	42	1.17	1960	42
世界平均	7	2000	2	46	1970	32	73	1980	22	1.17	1970	32

注:“年差”为年代差,年代差 = 2002 – 其他国家达到中国 2002 年水平的年代。

长寿人口比例的历史差距(年代差):中国与德国、法国和瑞典等 3 国超过 100 年,与美国、英国、澳大利亚、意大利、加拿大和荷兰等超过 50 年,与日本等 5 国超过 30 年。

物质产业比例的历史差距(年代差):中国与美国、德国、英国、澳大利亚、瑞典、挪威和丹麦等 7 国超过 100 年,与日本、意大利、加拿大、芬兰、荷兰、韩国和巴西等超过 50 年,与印度尼西亚和印度等超过 30 年。

物质劳动力比例的历史差距(年代差):中国与美国、英国、法国、澳大利亚、加拿大、瑞典、挪威、丹麦和荷兰等 9 国超过 100 年,与日本、德国、意大利和瑞士等超过 50 年,与芬兰、韩国、墨西哥和巴西等超过 30 年,与印度尼西亚超过 20 年。

服务收入比的历史差距(年代差):中国与美国、日本、德国、英国、澳大利亚、瑞典、挪威、丹麦和墨西哥等 9 国超过 100 年,与意大利、加拿大、芬兰、荷兰、韩国和巴西等超过 50 年,与印度尼西亚和印度等超过 20 年。

生态现代化的国际比较,还应该包括生态制度和生态观念的比较。由于时间比较紧,我们没有专门进行此项研究。希望有关专家能够关心这个问题,并进行专题研究。

三、中国生态现代化的情景分析

中国生态现代化的前景分析,可以从两个角度进行。第一个是绝对进展,就是中国生态现代化的实际进展。第二个是相对水平,即中国生态现代化与世界水平的相对比较。本章第一节分析了世界生态现代化的前景,它们是中国生态现代化的未来国际背景。21 世纪中国生态现代化的前景,同时受国内进步和国际环境的影响。

1. 中国生态现代化的几个情景

分析中国生态现代化的前景,必须有假设条件。首先,假设 21 世纪是一个和平的世纪,没有世界规模的战争,或者中国没有卷入世界规模的战争。其次,假设 21 世纪中国国内不发生现代化的断裂。其三,假设21 世纪中国生态现代化指数的增长率不低于20 世纪后30 年的水平。那么,可以分析中国生态现代化的前景。

在过去的 30 多年里,中国生态现代化具有“应急反应型”的特点,是相对被动的。如果按照过去 30 多年的历史经验进行预测,就是一种保守的预测。如果未来中国能够调整策略,采用积极主动的“预防创新型”战略,那么,中国生态现代化将达到更高水平。我们相信,中国会采取更加积极主动的生态现代化战略,因为它是实现现代化的国家需要。

所以,可以按两种发展模式,分别进行预测(表 3-36)。

表 3-36 21 世纪中国生态现代化水平的三种估算

	增长率(%)	2004	2010	2020	2030	2040	2050	2060	2070	2080	2090	2100
按中国经验测算												
按 1990～2004 年均增长率	1.40	42	45	52	60	69	79	91	104	120	138	159
按 1980～2004 年均增长率	0.95	42	44	49	54	59	65	71	79	86	95	104
按 1970～2004 年均增长率	1.53	42	46	53	62	72	84	97	113	132	153	178
按德国经验测算												
按 1990～2004 年均增长率	1.86	42	47	56	68	82	98	118	142	170	205	246
按 1980～2004 年均增长率	2.08	42	48	58	72	88	108	133	163	201	247	303
按 1970～2004 年均增长率	1.85	42	47	56	68	81	98	117	141	169	203	244
按发达国家经验测算(高收入国家平均值)												
按 1990～2004 年均增长率	1.69	42	46	55	65	77	91	107	127	150	177	210
按 1980～2004 年均增长率	1.64	42	46	54	64	75	89	104	123	145	170	200
按 1970～2004 年均增长率	1.29	42	45	52	59	67	76	86	98	111	126	144
国际对照												
按 1980～2004 年均增长率												
高收入国家平均值	1.64	99	109	128	151	178	209	247	290	342	402	473
先进水平的下限		80	87	103	121	142	168	197	232	273	322	379
中等水平的下限		60	66	77	91	107	126	148	174	205	241	284
世界平均值	0.63	59	61	65	69	74	78	83	89	95	101	107

第一种是被动模式,按中国过去 30 多年的经验进行预测。可以分别按 1970 ～2004 年、1980 ～2004 年、1990 ～2004 年生态现代化指数的年均增长率进行测算。

第二种是主动模式,按发达国家过去 30 多年的经验进行预测。德国是提出生态现代化理论的国家,德国生态现代化水平处于世界前列。我们分别按德国和高收入国家平均的 1970 ～2004 年、1980 ～2004 年、1990 ～2004 年生态现代化指数的年均增长率进行测算。

如果按中国经验预测,那么,2050 年中国生态现代化指数为 65 ～84 分,接近 2004 年发达水平的下限(80 分),即接近 2004 年的世界先进水平的下限。

如果按德国经验预测，那么，2050 年中国生态现代化指数为 98 ～ 108 分，大致相当于 2004 年高收入国家平均值(99 分)，即达到 2004 年的世界先进水平。

如果按发达国家经验预测，那么，2050 年中国生态现代化指数为 76 ～ 91 分，超过 2004 年发达水平的下限(80 分)，即超过 2004 年世界先进水平的下限。

如果按照 1980 ～ 2004 年发达国家年均增长率预测，2050 年世界中等水平的下限大约是，生态现代化指数为 78 ～ 126 分，平均约为 100 分。

所以，如果中国采取主动模式，生态现代化指数可能在 2050 年达到 100 分左右，大致相当于 2050 年的世界中等水平，大约相当于 2004 年的世界先进水平。

按照上面的三种预测，尚不能判断 2100 年，中国生态现代化的相对水平。

2. 中国生态现代化水平与发达国家的比较

在本章第一节采用了 1970 ～ 2004 年、1980 ～ 2004 年和 1990 ～ 2004 年三种速度，分别估算 21 世纪发达国家的生态现代化水平(表 3-8)。其中，1990 ～ 2004 年的年均增长率最大，1970 ～ 2004 年的年均增长率最小，1980 ～ 2004 年的年均增长率居中。

如果按 1980 ～ 2004 年年均增长率估算，对于发达国家是一种适中的估算。这里，以 1980 ～ 2004 年年均增长率估算为例，分析中国生态现代化与发达国家的比较(表 3-37)。中国的估算(Ⅰ，Ⅱ，Ⅲ)，分别按中国、德国和高收入国家的 1980 ～ 2004 年年均增长率做三种估算。

表 3-37 21 世纪中国生态现代化指数的一种国际比较

	增长率(%)	2004	2010	2020	2030	2040	2050	2060	2070	2080	2090	2100
中国Ⅰ	0.95	42	44	49	53	59	65	71	78	86	94	104
中国Ⅱ	2.08	42	48	58	72	88	108	133	163	201	247	303
中国Ⅲ	1.64	42	46	54	64	75	89	104	123	145	170	200
美国	1.48	82	89	104	120	139	161	186	215	249	289	334
日本	0.61	84	87	92	98	104	111	118	125	133	141	150
德国	2.08	93	105	129	158	195	239	294	361	444	545	670
英国	1.61	90	99	116	136	160	187	220	258	302	354	416
法国	1.18	91	98	110	123	139	156	176	198	222	250	281
澳大利亚	1.27	72	78	88	100	114	129	146	166	189	214	243
意大利	1.19	88	95	107	120	136	153	172	194	218	245	276
加拿大	1.34	77	84	96	110	125	143	163	186	213	243	278
瑞典	1.21	96	104	117	132	148	167	188	212	239	270	304
芬兰	1.73	90	100	118	140	166	198	234	278	330	392	465
瑞士	0.89	97	103	112	123	134	146	160	175	191	209	228
丹麦	1.58	94	103	121	141	165	193	226	264	309	362	423
奥地利	1.02	95	101	112	124	138	152	169	187	207	229	254
高收入国家	1.64	99	109	129	151	178	210	247	290	342	402	474

注：根据 1980 ～ 2004 年生态现代化指数年均增长率计算。

如果这种估算成立，那么，在 21 世纪前 50 年内，中国生态现代化指数仍将低于发达国家。在 21 世纪后半叶，中国有可能先后赶上日本、澳大利亚、瑞士、意大利、加拿大、奥地利、法国和瑞典的水平。如果是这样，21 世纪末中国生态现代化将有可能达到世界先进水平。当然，这仅仅是按 1980 ～ 2004 年年均速度的一种估算，是一种可能性。

3. 中国生态现代化面临的机遇和挑战

20 世纪 90 年代以来，一些中国学者开始介绍欧洲的生态现代化理论，并尝试用这种理论分析中国的环境政策和环境管理。虽然迄今为止，生态现代化理论没有引起社会的足够重视，但生态现代化的实践已经扎根中国。例如，生态建设、生态农业、生态工业、生态旅游、环境评价、自然保护、污染防治和环境管理等。

在 21 世纪前 50 年，中国生态现代化将面临什么样的机遇和挑战呢？这是一个需要专题研究的问题。根据目前的认识，中国生态现代化的机遇和挑战，不仅来源于国内的经济发展和环境变化，也来源于世界生态现代化本身和国际环境。

首先，提高全民生态意识，加速从物质社会向生态社会转变。中国是一个发展中大国。在有些时候，经济发展和环境保护的冲突是难免的。如果不能提高全民的生态意识，普及生态现代化知识，转变社会发展模式，实现从物质至上社会向生态平衡社会的转变，中国迟早都会达到自然资源和自然环境的承载极限。如果超过承载极限，资源枯竭，环境退化，就可能成为一种不可逆转的现象。我们子孙后代的生存空间，就将面临严重威胁。

其次，加速经济模式的生态转型，提高经济生态化水平。经济模式的生态转型是在生态学原理的指导下，实现经济发展模式的生态合理化。具体讲，就是经济结构非物化、经济活动绿色化、经济制度和经济观念生态化、经济增长与环境压力脱钩。它要求，降低经济的物质比例、资源比例、能源密度、废物密度和污染密度，提高经济的物质生产率、资源生产率、能源生产率和废物再利用率等。

其三，加速消费模式的生态转型，鼓励绿色消费。中国消费模式与发达国家有很大差异。究其原因大约有两个，一是现代化水平比较低，二是消费结构不合理。目前，中国服务消费仅占 27 %，发达国家服务消费约占 40 %；中国人均服务消费仅 98 美元，发达国家人均服务消费在 5000 美元左右；中国有机农业比例不到 1 ‰，发达国家有机农业在 4 %左右。所以，中国消费有很大的成长空间。如果能够及时调整消费观念和消费模式，提倡和鼓励绿色消费，降低物质消费比例，提高服务消费比例，提高绿色产品、环保产品和有机食品的消费比例，就可以极大地缓解中国的资源和环境压力。

其四，制定国家能源战略，防止能源危机的剧烈爆发。在过去 30 多年里，人均国民收入与多数自然资源没有显著关系，但与人均能源生产和能源消费的相关性非常显著。随着中国现代化的推进，能源的刚性约束，会越来越大。许多发达国家都曾经历了能源危机的痛苦洗礼。在很大程度上，中国能源危机的发生，将是不可避免的。如何建立长效的能源战略，控制和缓解能源危机的爆发，降低其破坏和影响程度，是十分紧迫的战略性工程。

其五，建立长效预防机制，降低自然灾害的影响。根据 1994～2003 年期间的平均值，中国自然灾害受影响人口比例，远远超过发达国家和世界平均水平，是美国、德国和英国等的 100 多倍。建立自然灾害的预防、预警和应急机制，控制自然灾害的影响，势在必行。

其六，建立生态补偿机制，让现代化惠及全体国民（见中国生态现代化的历史启示）。

其七，提高环境信用水平，建设环境责任制（见中国生态现代化的历史启示）。

其八，充分利用全球化的机遇，开发国际资源和市场。国际自然资源和环保市场，是全球化的重大机遇，是实现中国生态现代化的有利因素，可以和应该充分利用之。

其九，落实《全国生态环境建设规划》，加速西部地区的生态现代化。继续推进西部的生态建设，并向经济增长与环境保护双赢的生态现代化转型，这是西部的希望所在。

其十，树立科学的发展观，建设资源节约和环境友好型社会。提高公共管理的科学水平，减少形象工程；发展循环经济，节约物质资源；防止污染的国内转移，控制环境不公平；转变“人定胜天”的传统观念，建立“人地和谐”的现代意识，建设环境友好型社会。

第三节 中国生态现代化的战略选择

我国现代化的国家目标是,在2050年前后,达到世界中等发达国家水平,基本实现现代化;在21世纪末,达到世界发达国家水平,全面实现现代化。生态现代化是国家现代化的组成部分,生态现代化的目标是国家现代化目标的组成部分。据此简单推理,中国生态现代化的国家目标是:在2050年前后达到世界中等水平,在21世纪末达到世界先进水平。要实现这个宏伟目标,既需要科学理论,也需要合理战略,并坚持不懈。关于中国生态现代化的基本战略,相信会见仁见智。下面谈谈我们的认识,供大家讨论。

一、中国生态现代化的战略目标

根据邓小平同志的“三步走”发展设想,我国2050年的国家目标是达到世界中等发达国家水平,基本实现现代化。很显然,我国21世纪末的国家目标是达到世界先进水平,全面实现现代化。这个目标包含实现生态现代化的要求,是非常宏观的,需要具体化,需要研究制定具体的政策目标。前面关于中国生态现代化的国际环境和客观条件的分析,为研究和刻画中国生态现代化的政策目标,提供了比较坚实的基础。2004年我国属于生态现代化低等水平国家(图3-5);在21世纪从低等水平上升到世界先进水平,就是我们的基本目标。根据广义生态现代化理论,中国生态现代化的理论目标是明确的,政策目标是与时俱进的。现在,需要解读理论目标,刻画政策目标,并努力使它们透明化和可操作。

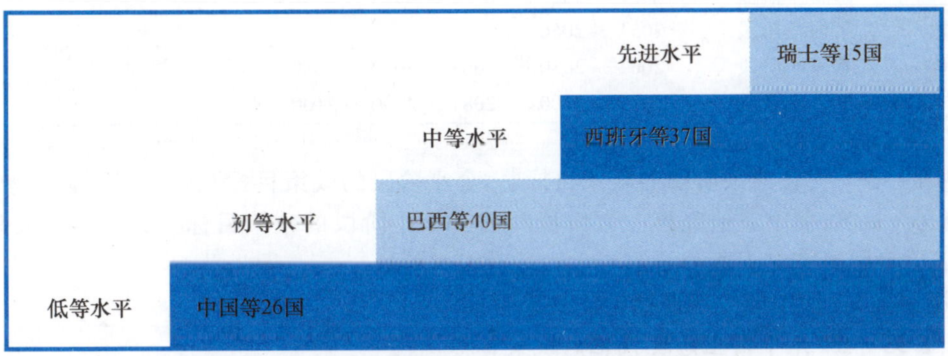

图3-5 2004年世界生态现代化水平的国家分布

1. 21世纪中国生态现代化的理论目标

根据广义生态现代化理论,在21世纪,中国生态现代化的理论目标有两个:

第一个目标,全面完成生态现代化,实现轻量化、绿色化、生态化、经济增长与环境退化脱钩,实现环境与经济的双赢。轻量化是非物化的同义词,比较适合于发展中国家。

第二个目标,迎头赶上世界先进水平,实现综合生态现代化,成为相对现代化的国家。这是综合生态现代化的要求,也是相对现代化(国际现代化)的需要。

关于综合生态现代化和全面生态现代化,广义生态现代化理论已经有比较系统的理论解释。关于两个理论目标的政策解读,因为不同国家的环境条件和基础不同,也会有所不同。而且,它们在不同地区和不同时期的政策涵义也会有差别。所以,生态现代化的政策目标要因地制宜、与时俱进。

2. 21世纪中国生态现代化的政策目标

21世纪中国生态现代化的政策目标可以从三个方面来考虑。

首先,从中国现代化的国家目标来考虑。我国 21 世纪国家目标是,在 2050 年前后达到世界中等发达国家水平,基本实现现代化;在 21 世纪末达到世界发达国家水平,全面实现现代化。与这个国家目标相应的生态现代化的目标是:在 2050 年前后达到生态现代化的世界中等水平,在 21 世纪末达到生态现代化的世界先进水平,全面完成生态现代化。

其次,从中国生态现代化的理论目标来考虑。上面已经提到,中国生态现代化有两个理论目标,包括实现综合生态现代化和全面完成生态现代化。根据中国实际情况和合理预期,将中国生态现代化的理论目标分解成不同时期的阶段目标,这些阶段目标就成为中国生态现代化的政策目标的内容。

其三,从中国生态现代化的关键指标来考虑。生态现代化有一些关键指标,例如生态现代化评价包括 30 个评价指标。政策目标应包括这些指标的分阶段目标和最后目标。

综合考虑,21 世纪中国生态现代化的政策目标可以分为两大阶段目标。第一阶段目标是:在 21 世纪前 50 年,在 2050 年左右达到生态现代化的世界中等水平,基本实现生态现代化。第二大阶段目标是:在 21 世纪后 50 年,在 2100 前达到生态现代化的世界先进水平,全面完成生态现代化。两大阶段时间跨度分别为 50 年,显然需要进行时间分解。时间分解的方案大致如表 3-38 所示。

表 3-38　21 世纪中国生态现代化的政策目标的时间分解(一种可选的方案)

两大阶段	六小阶段	时　间	若干子阶段	目　标
第一大阶段 2001～2050	第一小阶段	2001～2010		达到生态现代化的世界中等水平,基本实现生态现代化
	第二小阶段	2011～2020		
	第三小阶段	2021～2050	2021～2030～2040～2050	
第二大阶段 2051～2100	第四小阶段	2051～2060		达到生态现代化的世界先进水平,全面完成生态现代化
	第五小阶段	2061～2080	2061～2070～2080	
	第六小阶段	2081～2100	2081～2090～2100	

关于中国生态现代化两大阶段的政策目标、六个小阶段的政策目标和若干子阶段的政策目标,都需要专门研究。目前,要重点研究第一大阶段和前三个小阶段的政策目标。关于第二大阶段的政策目标,留待以后专题研究。下面分析第一大阶段政策目标。

3. 21 世纪前 50 年中国生态现代化的政策目标

(1) 21 世纪前 50 年中国生态现代化的政策目标

21 世纪前 50 年是中国生态现代化的第一大阶段。它的政策目标是:在 2050 年前后达到生态现代化的世界中等水平,基本实现生态现代化。它的基本任务是:中国生态现代化指数进入世界前 40 名、生态现代化水平提高两个台阶、生态现代化阶段前进两个阶段。

2004 年中国生态现代化指数在世界 118 个国家中排第 100 位,属于世界最低水平国家,处于生态现代化的起步期。从排名第 100 位提高到第 40 位以内,需要提高 60 多位。从最低水平国家到中等水平国家有两个台阶,它们是最低水平国家→初等水平国家→中等水平国家。从生态现代化起步期到成熟期有两个阶段,它们是生态现代化起步期→发展期→成熟期。

21 世纪前 50 年的政策目标的跨度为 50 年,是非常宏观的。要把它变为一个可以操作的目标,还需要进行目标的时间分解和指标分解,将目标的内涵具体化。

(2) 21 世纪前 50 年的政策目标的分阶段目标

首先,时间分解。既要考虑生态现代化的规律性,又要考虑中国现代化的总目标和可接受性。综合各种因素,可以把前 50 年的政策目标分解为 2010～2020～2050 年等三小阶段目标(表 3-38),每小阶段目标还可细分为子阶段目标。

其次，任务分解。既要考虑完成总目标的需要，又要考虑实现的可能性。前 50 年总目标是达到生态现代化的世界中等水平，基本实现生态现代化。这就是说，在未来 50 年里，中国生态现代化水平需要上两个台阶：从最低水平上升到初等水平，从初等水平上升到中等水平。现在，需要把这个任务分解到三个小阶段，变为三个小阶段的政策目标。如果要把总目标分解为三个小阶段目标，就需要测算三个小阶段中国生态现代化能够达到的水平（表 3-39）。三小阶段目标应该与中国的预期水平基本一致，否则就难以实现。

表 3-39　21 世纪前 50 年世界和中国生态现代化指数的估算

	增长率(%)	2004	2010	2020	2030	2040	2050
中国Ⅰ(按中国增长率计算)	0.95	42	44	49	54	59	65
中国Ⅱ(按德国增长率计算)	2.08	42	48	58	72	88	108
中国Ⅲ(按高收入国家增长率计算)	1.64	42	46	54	64	75	89
高收入国家	1.64	99	109	128	151	178	209
世界平均	0.63	59	61	65	69	74	79
中等水平上限(高收入国家的 80 %)		80	87	103	121	142	167
中等水平下限(两种算法的平均)			63	71	79	89	101
初等水平上限(高收入国家的 60 %)		60	64	76	89	105	123
初等水平下限(高收入国家的 45 %)		45	49	58	68	80	94

注：根据 1980～2004 年生态现代化指数的年增长率计算。中等水平的下限，有两种计算方法，其一是世界平均值，其二是按先进水平的 60 %计算；本表的中等水平下限的数值，为两种计算方法的平均数。

按照第二种方法计算（按德国 1980～2004 年生态现代化指数的年增长率估算），中国生态现代化指数，有可能在 2020 年达到初等水平下限，在 2050 年达到中等水平下限。

其三，分阶段目标。综合上述分析，结合中国现实情况，可以设想未来 50 年分阶段目标的基本框架（表 3-40）。设想的目标，应该也可以适当高于预期目标。

表 3-40　21 世纪前 50 年中国生态现代化的分阶段目标

阶　段	时　间	政　策　目　标
第一小阶段	2004～2010 年	接近生态现代化的世界初等水平。生态现代化指数进入世界前 80 名，绝大多数环境压力指标与经济增长相对脱钩，森林覆盖率达到 20 %以上
第二小阶段	2011～2020 年	达到生态现代化的世界初等水平。生态现代化指数进入世界前 60 名，多数环境压力指标与经济增长绝对脱钩，森林覆盖率达到 25 %左右
第三小阶段	2021～2050 年	达到生态现代化的世界中等水平。生态现代化指数进入世界前 40 名，全部环境压力指标下降到环境容量以内，森林覆盖率达到 35 %左右

（3）21 世纪前 50 年的政策目标的分领域目标

生态现代化包括生态响应、生态经济和生态社会的 3 大领域和 12 个子领域。不同领域的内容和特点不同，需要研究制定分领域目标。下面是我们的初步建议，供研究参考。

首先，生态响应领域的目标。

生态响应指自然界对现代化的响应，涉及自然资源、自然环境和生态系统等的变化。

2050 年生态响应领域的目标是：在国家现代化水平达到世界中等水平的同时，关键自然资源的合理利用和有效保护、主要环境质量指标和城乡环境质量等，基本达到发达国家同期水平；典型生态系统的生态效率和服务功能，基本恢复到自然生态平衡状态的水平。

生态现代化要求，资源和环境保护，生态恢复和建设，应该与经济发展协调起来，实现经济发展与生态进步的双赢。单纯的生态建设和环境保护，既不能保证人民生活质量提高和国民经济持续发展，也很难达到生态建设和环境保护的规划目标，而且可能扩大地区差距和贫富差距。毕竟人是要吃饭的，地区是要发展的，国家是要复兴的，现代化是世界潮流。当然，发展有多种模式。生态现代化就是一种兼顾环境利益和经济利益的发展模式。

如果生态建设、资源和环境保护，不与经济发展相结合，其最终结果将会很难预料。在可以预期的结果中，有几种可能性是存在的。例如，有钱保护、无钱荒废，东边建设、西边破坏，局部治理、全局退化等。过去几十年的国土综合治理，留下的经验教训值得我们反思。

关于生态和环境的保护与建设，我国已经制定了有关规划和战略。1998 年我国发布了《全国生态环境建设规划》，提出了未来 50 年的生态环境建设目标（表 3-41）。2000 年我国发布了《全国生态环境保护纲要》，提出了未来 50 年生态环境保护目标（表 3-42）。如果能够实现这些目标，中国的生态环境就将得到根本改善。我们面临的挑战是，不仅要高质量完成这些任务，而且要在完成任务的同时，提高当地人民的生活水平和现代化水平。

表 3-41 《全国生态环境建设规划》提出的阶段目标

目　标	主要内容和具体指标
近期目标 1998～2010 年	坚决控制住人为因素产生新的水土流失，努力遏制荒漠化的发展。生态环境特别恶劣的黄河、长江上中游水土流失重点地区以及严重荒漠化地区的治理初见成效。新增治理水土流失面积 60 万平方公里，治理荒漠化土地面积 2200 万公顷；新增森林面积 3900 万公顷，森林覆盖率达到 19％以上（按郁闭度大于 0.2 计算，下同）；改造坡耕地 670 万公顷，退耕还林 500 万公顷，建设高标准、林网化农田 1300 万公顷；新建人工草地、改良草地 5000 万公顷，治理"三化"草地 3300 万公顷；建设一批节水农业、旱作农业和生态农业工程；改善野生动植物栖息环境，自然保护区占国土面积达到 8％。在生态环境重点区域建立预防监测和保护体系
中期目标 2011～2030 年	力争使全国生态环境明显改观。全国 60％以上适宜治理的水土流失地区得到不同程度整治，黄河长江上中游等重点水土流失区治理大见成效；治理荒漠化土地面积 4000 万公顷；新增森林面积 4600 万公顷，全国森林覆盖率达到 24％以上，各类自然保护区面积占国土面积达到 12％；旱作节水农业和生态农业技术得到普遍运用，新增人工草地、改良草地 8000 万公顷，力争一半左右的"三化"草地得到恢复。重点治理区的生态环境开始走上良性循环的轨道（水土流失面积约 35600 万公顷，荒漠化面积 26200 万公顷）
远期目标 2031～2050 年	全国建立起基本适应可持续发展的良性生态系统。全国适宜治理的水土流失地区基本得到整治，宜林地全部绿化，林种、树种结构合理，森林覆盖率达到并稳定在 26％以上；坡耕地基本实现梯田化，"三化"草地得到全面恢复。全国生态环境有很大改观（"三化"指草地的退化、沙化和碱化，约 13500 万公顷）

表 3-42　《全国生态环境保护纲要》提出的阶段目标

目　标	主要内容和具体指标
近期目标 2000～2010 年	基本遏制生态环境破坏趋势。建设一批生态功能保护区，力争使长江、黄河等大江大河的源头区，长江、松花江流域和西南、西北地区的重要湖泊、湿地，西北重要的绿洲，水土保持重点预防保护区及重点监督区等重要生态功能区的生态系统和生态功能得到保护与恢复；在切实抓好现有自然保护区建设与管理的同时，抓紧建设一批新的自然保护区，使各类良好自然生态系统及重要物种得到有效保护；建立、健全生态环境保护监管体系，使生态环境保护措施得到有效执行，重点资源开发区的各类开发活动严格按规划进行，生态环境破坏恢复率有较大幅度提高；加强生态示范区和生态农业县建设，全国部分县（市、区）基本实现自然生态系统良性循环
中期目标 2011～2030 年	全面遏制生态环境恶化的趋势，使重要生态功能区、物种丰富区和重点资源开发区的生态环境得到有效保护，各大水系的一级支流源头区和国家重点保护湿地的生态环境得到改善；部分重要生态系统得到重建与恢复；全国 50％的县（市、区）实现自然生态系统良性循环，30％以上的城市达到生态城市和园林城市标准
远期目标 2031～2050 年	力争全国生态环境得到全面改善，实现城乡环境清洁和自然生态系统良性循环

2004 年，国家环境保护总局完成了《国家环境安全战略报告》，提出未来 20 年国家环境安全的两大阶段目标（表 3-43）。第一阶段目标是控制环境恶化趋势，第二阶段目标是全面改善环境质量。报告显示我国环境安全，形势严峻，任务艰巨。未来 50 年，在保持经济持续快速发展的同时，全面提高环境质量不是轻易可以实现的，需要全社会的共同努力。

表 3-43　《国家环境安全战略报告》提出的阶段目标

目　标	内　容
第一阶段目标 2004～2010 年	通过技术进步和结构调整，加大环保的投入力度，重点治理工业和城市污染，切实控制住环境污染的发展，污染物排放总量比 2000 年有所下降，重点地区环境质量有明显改善；初步遏制生态环境恶化的趋势；建成一批经济快速发展、环境清洁优美、生态良性循环的城市和地区
第二阶段目标 2011～2020 年	工业和城市生活污染得到有效治理，环境质量明显改善，水、空气环境质量基本达到环境功能区标准，生态环境恶化的趋势得到全面遏制；大部分地区生态环境状况有较大改观，环境状况与全面实现小康社会基本相适应

资料来源：解振华 2005.

自然资源、自然环境和生态系统的变化，有两种原因。其一是自然因素，宇宙和地球系统的自身演变，这是不可抗拒的。其二是人为因素，文明发展和现代化对自然界的影响。农业和工业化都对环境有影响。中国是人口和农业大国，目前的乱垦过牧是生态退化的重要原因。很多时候，这两种因素的合力，推动了自然界的变迁。很显然，我们不可能改变自然的自我演化，但是，我们可以改变人类对自然的影响。这就是经济和社会的生态化，用生态学原理指导和修正我们的现代化模式，实现经济与环境的双赢、人类与自然的协同进化。

其次，生态经济领域的目标。

生态经济是经济的生态化，是现代经济的生态转型，其主要特点是经济与环境的协同进步、发展与环保的良性耦合。生态经济的发展，涉及生态农业、生态工业、绿色服务业和绿色经济，以及经济结构、经济制度和经济观念的生态化。生态经济的基本要求是“三化一脱钩”，即轻量化（非物化）、绿色化、生态化、经济增长与环境退化脱钩。

2050 年生态经济领域的基本目标是:物质经济效率、资源生产率、能源生产率、物质经济比例、资源消耗比例、有机农业比例、工业污染密度、经济废物密度、废物循环利用、绿色生态旅游、环境科技投入等关键指标达到世界中等水平;工业废水和废物处理率基本达到 100 %,全部环境压力指标与经济增长完全脱钩,关键环境指标与经济增长实现正向耦合;形成相对完善和高效的生态经济的相关法规和政策体系。

其三,生态社会领域的目标。

生态社会是社会的生态化,是现代社会的生态转型,其主要特点是社会与环境的正效协调、文明与自然的互利共生。生态社会的发展,涉及生态城市、生态农村、绿色能源和交通、绿色生活和生态安全以及社会结构、社会制度和社会观念的生态化。生态社会的基本要求是"三化一脱钩",即轻量化、绿色化、生态化、社会进步与环境退化脱钩。

2050 年生态社会领域的基本目标是:全国平均预期健康寿命、长寿人口比例、物质劳动和物质消费比例、服务收入比和服务消费比例、绿色能源和绿色高效交通比例、粮食、能源和环境安全等关键指标达到世界中等水平;城乡安全饮水和卫生设施普及率达到 100 %,城市生活废水和废物处理率达到 100 %,全部环境压力指标与社会进步完全脱钩,关键环境指标与生活质量实现正向耦合;形成相对完善和高效的生态社会的相关法规和生态文化。

(4) 21 世纪前 50 年的政策目标的分指标目标

生态现代化涉及人类活动各个方面的变化,这些变化可以用相应的指标来反映。生态现代化的分指标目标,既要选择合适的指标,又要考虑完成总目标的需要和实现的可能性。中国生态现代化的分指标,可以选择生态现代化的 30 个评价指标和第一章截面分析的 100 个指标(部分指标与 30 个评价指标重复)。当然,这些指标还不是生态现代化的全部指标,还有许多重要指标,没有得到反映,例如,有毒有害物、危险物、持久性有机物、光污染、噪声污染、放射性污染和核安全等。由于篇幅有限,下面重点分析 30 个评价指标。

研究制定分指标的目标有两种方法。第一种方法是"直线外推法",根据中国生态指标过去的增长率来推算它们未来的水平。第二种方法是"目标逼近法",根据 2050 年的总目标来设立各个指标不同时期应该达到的水平。由于中国是一个发展中大国,未来和历史具有很大的差异,"直线外推法"的误差会比较大。这里,采用第二种方法即"目标逼近法"。

根据过去 300 年的世界经验,世界中等水平大约落后世界先进水平 50 年。2050 年生态现代化的世界中等水平,大约相当于 2000 年的世界先进水平(高收入国家平均水平)。为了稳妥一些,可以把 2004 年高收入国家的指标平均值,设为中国 2050 年的目标值的底线。

根据中国生态现代化指标的 2004 年和 2050 年目标值,可以计算达到目标需要的年增长率和三个小阶段的目标值。在具体预测时,可以根据"直线外推法"进行必要的修正。

首先,计算生态指标的实际年均增长率和达到目标所需要的年均增长率(表 3-44)。其次,估算未来三个小阶段的生态指标的年均增长率(表 3-45)。其三,计算未来三个小阶段的生态指标的目标值(表 3-45)。当然,这种估算只是一种推算。

表 3-44 中国 30 个生态评价指标的实际增长率和达到目标所需的增长率(按当年价格计算)

生态指标	1980	1990	2004	目标值	1990～2004 年年均增长率(%)	1980～2004 年年均增长率(%)	达标所需年均增长率(%)
人均 CO_2 排放(吨/人)	1.5	2.1	2.7	10.7	2.46	1.77	3.03
人均 SO_2 排放(千克/人)	—	—	15	25	—	—	1.13
人均 NO_x 排放(千克/人)	—	—	30	38	—	—	0.50
工业淡水污染(万分之)	0.38	0.27	0.19	0.40	-2.90	-2.56	1.62
生活废水处理率(%)	—	—	13.6	100	—	—	4.43
城市废物处理率(%)	—	—	51	100	—	—	1.47
自然资源消耗(%)	25.0	12.0	3.2	1.5	-8.20	-8.95	-1.70
生物多样性损失(%)	—	10.7	15.9	9.2	—	2.91	-1.19
森林覆盖率(%)	12	13.9	18.21	35.0	1.75	1.94	1.43
国家保护区比例(%)	—	0.8	7.8	20	—	17.66	2.07
农业与化肥脱钩(千克/公顷)	158	221	278	121	2.38	1.67	-1.80
有机农业比例(%)	—	—	0.06	10.00	—	—	11.76
工业与污染脱钩(千克/万美元)	197.8	166.2	37.3	5.9	-6.71	-10.12	-3.93
工业能源密度(千克油/美元)	4.28	2.05	0.49	0.19	-8.63	-9.71	-2.01
绿色生态旅游(美元/人)	—	—	21	552	—	—	7.32
物质经济效率(美元/人)	333	416	1522	54458	6.53	9.71	8.09
物质经济比例(%)	79	69	59	28	-1.17	-1.04	-1.63
循环经济(玻璃循环利用率)(%)	—	—	20	90	—	—	3.32
经济与能源脱钩(千克油/美元)	3.27	1.98	0.90	0.20	-5.21	-5.44	-3.23
经济与三废脱钩(千克 CO_2/美元)	8.07	5.40	2.48	0.44	-4.80	-5.40	-3.69
安全饮水比例(%)	—	70	77	100	—	0.68	0.57
卫生设施比例(%)	—	23	44	100	—	4.82	1.78
城市空气污染(PM10 微克/立方米)	—	—	99	27	—	—	-2.81
能源使用效率(美元/千克油)	0.3	0.5	1.1	5.0	5.50	5.75	3.33
可再生能源比例(%)	30.9	24.0	17.3	10.1	-2.40	-2.33	-1.16
交通空气污染(千克 CO/辆)	—	—	200	107	—	—	-1.35
长寿人口比例(%)	4.7	5.6	7.5	14.6	1.90	2.11	1.48
服务收入比	0.3	0.5	0.7	2.6	3.92	2.95	2.93
服务消费比例(%)	3	11	27	39	9.64	6.57	0.76
环境风险(自然灾害受灾率,万分之)	—	468	1095	39.4	—	6.26	-6.97

注:目标值为 2004 年高收入国家平均值,生活废水处理率、森林覆盖率、自然保护区比例、有机农业比例和循环经济的数值做了调整。中国 2004 年人均 NO_x 排放、循环经济和交通空气污染为估计数。PM10 为可吸入颗粒物。

表 3-45 21 世纪前 50 年中国 30 个生态评价指标的一种估计

	预期年均增长率(%)			预期水平和目标值					
	2004～2010	2011～2020	2021～2050	2010	2020	2030	2040	2050	目标值
人均 CO_2 排放[a](吨/人)	2.00	2.50	-0.50	3.2	4.0	3.9	3.7	3.5	10.7
人均 SO_2 排放[a](千克/人)	1.0	0.5	-1.00	16	17	15	14	13	25
人均 NO_x 排放[a](千克/人)	1.0	1.0	-0.10	32	35	35	34	34	38
工业淡水污染[a](万分之)	-1.0	-1.00	-1.00	0.18	0.16	0.16	0.16	0.16	0.40
生活废水处理率(%)	8.0	7.00	2.80	22	42	56	74	97	100

（续表）

	预期年均增长率(%)			预期水平和目标值					
	2004～2010	2011～2020	2021～2050	2010	2020	2030	2040	2050	目标值
城市废物处理率(%)	4.0	3.00	1.50	64	86	100	100	100	100
自然资源消耗(%)	-1.50	-1.50	-2.00	2.9	2.5	2.1	1.7	1.4	1.5
生物多样性损失[a](%)	-1.0	-1.00	-1.20	15	13	12	10	9	9
森林覆盖率(%)	2.00	2.00	1.10	21	25	28	31	35	35
国家保护区比例(%)	7.0	3.00	1.00	12	16	17	19	21	20
农业与化肥脱钩[a](千克/公顷)	-1.0	-2.00	-2.00	257	210	171	140	114	121
有机农业比例(%)	12.0	12.00	12.00	0.12	0.37	1.14	3.55	11.02	10.0
工业与污染脱钩[a](千克/万美元)	-5.0	-4.00	-4.00	25	17	11	7	5	6
工业能源密度[a](千克油/美元)	-5.00	-3.00	-2.00	0.33	0.24	0.20	0.16	0.13	0.19
绿色生态旅游(美元/人)	8.00	8.00	7.00	34	73	144	284	558	552
物质经济效率(美元/人)	9.00	8.00	7.30	2782	6005	12492	25988	54062	54458
物质经济比例(%)	-1.04	-1.17	-1.80	55	49	40	34	28	28
循环经济(玻璃)(%)	3.00	3.00	3.30	25	34	47	65	90	90
经济与能源脱钩[a](千克油/美元)	-5.44	-5.21	-2.00	0.58	0.34	0.28	0.23	0.18	0.20
经济与三废脱钩[a](千克 CO_2/美元)	-5.40	-4.80	-3.00	1.6	1.0	0.7	0.5	0.4	0.4
安全饮水比例(%)	0.68	1.20	0.40	80	90	94	98	100	100
卫生设施比例(%)	4.82	2.00	1.20	59	72	81	91	100	100
城市空气污染[a](微克/立方米)	-2.00	-2.00	-3.00	84.2	68.8	50.2	36.7	26.8	26.7
能源使用效率(美元/千克油)	5.75	5.50	2.00	1.7	2.95	3.6	4.4	5.3	5.0
可再生能源比例(%)	-1.00	-2.40	-0.50	16	13	12	11	11	10
交通空气污染[a](千克 CO/辆)	-1.00	-2.00	-1.50	188	154	132	114	98	107
长寿人口比例(%)	2.11	1.90	1.20	9	11	12	14	15	15
服务收入比	2.50	2.00	3.40	0.79	0.97	1.34	1.85	2.57	2.59
服务消费比例(%)	1.00	1.00	0.70	30	32.7	35	38	40	39
环境风险[a](自然灾害受灾率,万分之)	-1.00	-3.00	-8.00	990	730	317	138	60	39

注:a 为逆指标,数值越小越好。可再生能源比例下降,表示传统可再生能源(燃料能源)比例下降,但现代可再生能源比例在上升。城市空气污染为可吸入颗粒物浓度。预期的 2004～2010 年年均增长率,是以 1990～2004 年的实际增长率为基础,并根据达到目标所需要的增长率进行调整后的值。预期的 2011～2020 年年均增长率,是以 1980～2004 年的实际增长率为基础,并根据达到目标所需要的增长率进行调整后的值。预期的 2021～2050 年年均增长率,是综合考虑前二个小阶段的增长率和达到目标所需要的增长率的值。

4. 21 世纪中国生态现代化政策目标的可行性

21 世纪中国生态现代化政策目标能否实现,受许多因素的影响。如果 21 世纪基本是一个和平世纪,21 世纪世界生态现代化的速度与 20 世纪后 30 年大致相当,那么,可以对中国生态现代化政策目标实现的可能性进行分析。

(1) 政策目标的理论可行性

前面提出的 21 世纪中国生态现代化的政策目标,综合考虑了三个要素:中国现代化的国家目标、中国生态现代化的理论目标、中国生态现代化的关键指标等。事实上,政策目标是理论目标的具体化。所以,政策目标是理论可行的。

(2) 政策目标的现实可行性

在本章第一节,我们讨论了世界生态现代化的前景等;在第二节我们分析了中国生态现代化的客观条件和三种前景。分析结果显示,如果中国采取主动模式,2050 年中国生态现代化指数可能达到 100 分左右,大致相当于 2050 年的世界中等水平(表 3-36);在 21 世纪末期,中国有可能先后赶上日本、澳大利亚、瑞士、意大利、加拿大、奥地利、法国和瑞典的水平,达到世界先进水平(表 3-37)。

所以,政策目标具有一定的现实可行性;但可能性有多高,需要专门分析。

(3) 政策目标的实现概率

根据生态现代化的结构稳定性和地位可变迁原理,世界生态现代化的历史结构是相对稳定的,国家的国际地位是可变的;在某一历史时刻,大约 20 % 的国家是相对现代化的国家,大约 80 % 的国家是相对非现代化的国家。

21 世纪中国生态现代化的政策目标是:在前 50 年达到中等水平,基本实现生态现代化;在后 50 年达到先进水平,全面实现生态现代化。简单地说,在 21 世纪末,中国生态现代化需要进入世界前 20 % 的行列,才算是实现了政策目标。

在本报告第四章,我们对过去 30 多年的世界生态现代化进行了评价。如果 21 世纪世界生态现代化的速度与过去 30 多年大体相当,那么,可以利用过去 30 多年的转移概率(表 4-13),来估算中国实现政策目标的概率。

首先,中国全面完成生态现代化,这是一个时间问题,大约在 21 世纪末完成。

其次,中国达到生态现代化的世界先进水平,这是一个概率问题,需要分阶段估算。

根据评价和测算,2004 年中国属于生态现代化最低水平国家,2020 年前后将达到初等水平。2020 年中国从最低水平升级为初等水平的概率估计为 100 %。2050 年中国成为中等水平的概论约为 30 %。如果 2050 年中国是中等水平,那么,2100 年中国升级为世界先进水平的概率约为 34 %。在 21 世纪 100 年里,中国成为世界先进水平的总概率约为 10 %(表 3-46)。

表 3-46 21 世纪中国生态现代化政策目标的实现概率的一种估算

时　间	中国的国际地位和升级	升级概率的中国估计值	升级概率的世界参考值
2000 年	最低水平		
20 年(2001 ~ 2020)	升级为初等水平	100 %	29 %~ 44 %
30 年(2021 ~ 2050)	升级为中等水平	30 %	30 %~ 34 %
50 年(2051 ~ 2100)	升级为先进水平	34 %	33 %~ 36 %
100 年的总概率	最低水平升级先进水平	100 % ×30 % ×34 % = 10 %	2.9 %~ 5.4 %

注:2004 年中国生态现代化指数为 42 分,在 2020 年约为 58 分,达到初等水平。所以,中国从最低水平升级为初等水平的概率调整为 100 %。世界参考值为过去 34 年的实际转移概率(表 4-13)。

如果完全按照 1970 ~ 2004 年的世界经验推算,在 21 世纪 100 年里,最低水平国家升级为先进水平国家的概率约为 2.9 %~ 5.4 %。它给我们两个启示:① 最低水平国家有可能实现生态现代化;② 最低水平国家实现生态现代化的概率比较小,相当于小概率事件。

前面的分析显示,如果中国按照过去 30 多年的生态现代化指数的年均增长率发展,21 世纪中国很难达到生态现代化的世界先进水平(表 3-36)。如果中国采取主动模式,中国有可能达到生态现代化的世界先进水平(表 3-37)。如果中国简单地采用世界经验,中国达到生态现代化的世界先进水平的概率是比较小的。

中国要在21世纪达到生态现代化的世界先进水平，必须加强理论研究，寻求更加有效的路径。按部就班，不可能成功；简单地学习国际经验，成功概率也很小。

二、中国生态现代化的运河路径

生态现代化是国家现代化的组成部分，实现生态现代化是实现国家现代化的基本要求。那么，如何实现生态现代化，如何选择生态现代化的路径，这是需要专题研究的课题。我们认为，综合生态现代化路径（图3-6）是我国的一个合理选择。我国地区发展不平衡，各个地区生态现代化的起点不同，地理条件也不同，所以，各个地区可以研究选择适合本地特色的生态现代化路径。当然，这种认识是非常初步的，供研究参考。

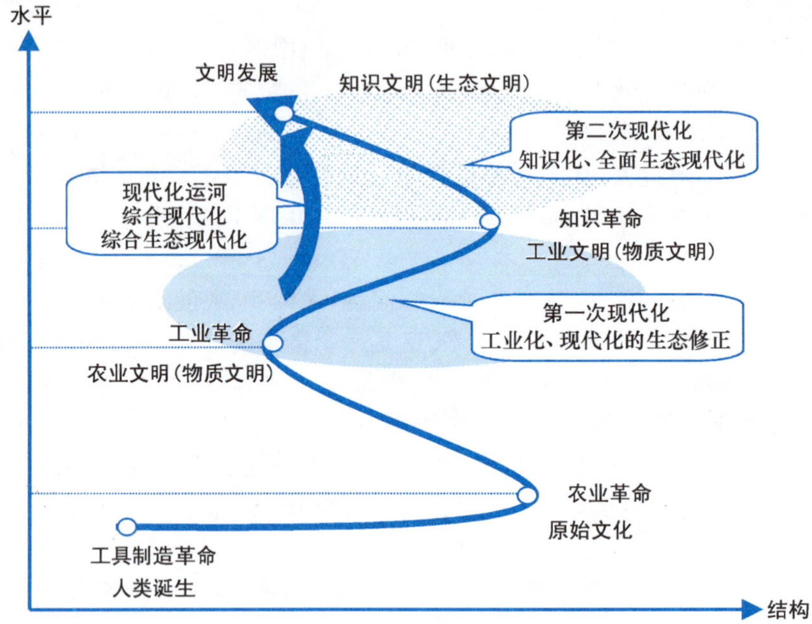

图3-6　21世纪的现代化运河：综合生态现代化路径示意图

综合生态现代化路径，可以简称为运河路径。因为它相当于，在工业文明与知识文明、物质文明和生态文明之间，发掘一条“现代化运河”；我们沿着这条运河前进，就意味着瞄准未来世界前沿，协调推进生态现代化和两次现代化，迎头赶上世界先进水平。运河路径不是先行国家走过的老路，而是一条新开辟的通向未来世界前沿的新路。

1. 什么是生态现代化的运河路径

根据广义生态现代化的路径可选择原理，国家生态现代化的路径是可以选择的，路径选择具有起点依赖性和路径依赖性。在21世纪，世界生态现代化有三条基本路径，它们是全面生态现代化路径、综合生态现代化路径和现代化的生态修正路径；每条基本路径又有许多细分路径。那么，中国生态现代化可以或应该选择哪条路径呢？根据生态现代化的规律，结合我国国情，我们认为，综合生态现代化路径（运河路径），才是中国的一个合理选择。

2004年，世界上有58个国家进入生态现代化，还有50多个国家发生现代化的生态修正。在进入生态现代化的58个国家中，德国等21个国家处于第二次现代化，墨西哥等7个国家处于第一次现代化向第二次现代化的过渡期，它们的生态现代化属于全面生态现代化；中国等30个国家处于第一次现代化（包含1个国家属于传统农业社会），它们的生态现代化属于综合生态现代化。中国已经不自觉地选择了综合生态现代化。

在21世纪前50年,58个国家将继续推进生态现代化,其他国家有四种选择:

第一,直接进入全面生态现代化,适合于已经完成第一次现代化的国家;

第二,在没有完成第一次现代化的时候,就协调推进生态现代化和综合现代化,综合现代化是第一次现代化和第二次现代化的协调推进;

第三,先完成第一次现代化,同时根据国情选择部分领域,对现代化进行生态修正;

第四,先完成第一次现代化,然后再进行生态现代化和第二次现代化。

第二种选择就是所谓的"综合生态现代化",因为它是两次现代化和生态现代化的合成,是一条新型生态现代化路径。由于不同国家的起点不同,终点(赶上发达国家的时间)也不同,所以,综合生态现代化不是一条简单路径,而是一组新路径的集合。

广义生态现代化理论(见第二章第三节),已经讨论了综合生态现代化原理。

简单地说,综合生态现代化是生态现代化的一条基本路径,它是综合现代化和生态现代化的一种有机结合,主要包括绿色工业化和绿色城市化,生态效率和生态结构的提升,生态制度和生态观念的改善,经济发展与环境保护的双赢以及相关国际地位的提高。

综合生态现代化是发展中国家的一种选择,是综合现代化与生态现代化的复合体。它要求合理处理经济发展与环境保护的关系;在保持经济发展的同时,推动现代化的生态转型,推进绿色工业化、绿色城市化和结构生态化,实现经济增长与环境退化的脱钩;逐步赶上生态现代化的世界先进水平,实现生态现代化。

综合生态现代化需要完成两个转变。首先,从农业文明向工业文明、从工业文明向知识文明的转变,这是综合现代化的要求。其次,从物质文明向绿色生态文明的转变,这是生态现代化的要求。生态文明既是知识文明的一种表现形式,又是知识文明的一个重要组成部分。在某种意义上,生态文明是知识文明在文明与环境关系方面的一种表现形态。

为了加深理解,我们可以做一个形象的比喻。许多历史学家认为,人类历史是一条长河。在人类历史上,先后发生了工具制造革命、农业革命、工业革命和知识革命等四次意义深远的革命(其中知识革命包含信息革命和生态革命等),人类文明也随之发生转变,从原始文化、农业文明、工业文明到知识文明(含生态文明)。其中,原始文化、农业文明、工业文明和知识文明(含生态文明)分别是人类历史长河的四个阶段。2004年世界先进水平已经步入知识文明时代,许多发展中国家仍然处于工业文明时代。发展中国家为了迎头赶上世界先进水平,不应跟踪和简单模仿发达国家的老路,而应在工业文明和知识文明两个阶段之间,开辟一条"现代化运河",绿色工业化、绿色城市化、信息化、知识化和生态化协调发展、两次现代化和生态现代化协调发展,并逐步向知识化和生态现代化转型,最终赶上生态现代化的世界先进水平(图3-6),这就是综合生态现代化路径。

2. 为什么要选择生态现代化的运河路径

中国选择生态现代化的运河路径,具有某种历史必然性。因为,中国具备选择运河路径的必要条件、充分条件和可行性;而且,中国已经不自觉地选择了运河路径。

(1) 中国可以选择综合生态现代化的运河路径

第一个原因,生态现代化的运河路径是生态现代化的一条基本路径。根据广义生态现代化理论的基本原理,生态现代化具有路径可选择性。生态现代化的运河路径是21世纪生态现代化的三条基本路径之一;它既是一个客观存在,也符合生态现代化的基本规律。

第二个原因,生态现代化的运河路径是发展中国家的一种合理选择。21世纪,已经完成第一次现代化的发展中国家,可以选择全面生态现代化路径;没有完成第一次现代化的发展中国家,可以选择先第一次现代化后生态现代化，走一般追赶道路；或者开拓创新，两次现代化与生态现代化协调发展，走综合生态现代化道路。而且，在全球化条件下，发展中国家会受到发达国家的吸引，也会受到国际环境运动的压力，主动引进绿色化和生态化，形成工业化、城市化、绿色化和生态化并存的局面，走上综合生态现代化的道路。

（2）中国需要选择生态现代化的运河路径

第一个原因，实现国家目标的需要。中国现代化的目标是在21世纪末达到世界先进水平，全面实现现代化。21世纪末世界先进水平包含完成生态现代化。中国要实现国家目标，就需要推进生态现代化。我们目前尚不具备全面生态现代化的条件，综合生态现代化是一个比较现实的选择。

第二个原因，全球化和国际竞争的需要。中国已经加入世界贸易组织，全球化的大潮已经来临。在国际竞争中，如果发达国家处于生态现代化，中国处于第一次现代化，那么，中国的国际竞争力是非常有限的。要适应全球化，就必须在推进两次现代化的同时，推进生态现代化，这就形成了两次现代化与生态现代化协调发展的局面。

第三个原因，中国不能重复发达国家“先污染、后治理、再转型”的老路。中国需要走一条经济与环保协调发展的新路。

（3）中国能够选择生态现代化的运河路径

第一，中国已经不自觉地选择了生态现代化的运河路径。20世纪80年代以来，中国已经引进了生态现代化的许多要素，如环境管理、污染防治、自然保护、生态建设、清洁生产、生态农业和生态工业等。在国家建设层面，中国已经是两次现代化与生态现代化并存。

第二，中国已经具有选择生态现代化的运河路径的良好政策环境。例如，国家制定了促进环境保护、生态建设和经济发展的政策法规，发布了《关于落实科学发展观加强环境保护的决定》和《关于加快发展循环经济的若干意见》，做出了建设资源节约型和环境友好型社会的战略决策等。在国家政策层面，中国已经是两次现代化和生态现代化并存。

如果说，目前中国两次现代化与生态现代化的并存，不是一种“自觉行为”的结果，那么，未来中国生态现代化的运河路径，就是一种理性选择和自觉行动。

3. 中国生态现代化的运河路径

中国生态现代化的运河路径，需要遵循生态现代化的基本规律，需要遵循综合生态现代化的基本原理，同时需要考虑中国的现代化水平、自然环境和地区特点。所以，这是一个需要专题研究的重大课题。基于目前的研究，仅可以大致提出一个基本思路。

中国综合生态现代化的基本思路是：在21世纪前50年，采用综合生态现代化原理，协调推进生态现代化和综合现代化，协调推进绿色工业化、绿色城市化、知识化、轻量化、绿色化和生态化，实现经济增长与环境退化的绝对脱钩，达到生态现代化的世界中等水平，基本实现生态现代化；在21世纪后50年，全力推进知识化、轻量化、绿色化和生态化，实现经济与环境的互利耦合，全面完成生态现代化，迎头赶上生态现代化的世界先进水平。

中国综合生态现代化，需要推进四大创新。

路径创新。生态现代化的运河是一组新路径。目前，尚没有成功经验可以借鉴，不能简单学习或模仿某个国家的生态现代化的路径，必须不断进行路径探索和创新。

模式创新。在生态现代化的运河的不同阶段，合理模式将有很大差别。不能简单模仿或学习某个国家或地区的生态现代化的模式，必须不断进行模式探索和创新。

战略创新。在生态现代化的运河的不同阶段，需要不同的战略。没有通用的战略，没有万能的战略，只有不断的战略创新。

政策创新。在生态现代化的运河的不同阶段,需要不同的政策和管理。不同阶段的战略不同,重点不同,模式不同,目标不同,合适的政策和管理也必然不同。

很显然,就像经济和社会现代化的运河一样,生态现代化的运河也不是一条驯服的河,而是一条充满风险的河。它可能会比任何一条自然河流都要难以驾驭。所以,选择生态现代化的运河路径的国家,需要的不仅是理想和实干,还要有坚定不移的意志。

三、中国生态现代化的路径图

前面分别讨论了21世纪中国生态现代化的战略目标和运河路径。现在,可以把它们集成起来,描绘中国生态现代化的路径图,它是实现国家目标的一种理性选择。

2004年,中国属于生态现代化的低等水平国家,处于生态现代化的起步期。在21世纪,中国生态现代化的总目标是:生态现代化水平从世界低等水平升级到世界先进水平。我们把中国生态现代化的战略和路径的集合,统称为中国生态现代化的路径图。

中国生态现代化的路径图,是中国生态现代化的战略目标和运河路径的一种集成,其主要内容包括:中国生态现代化的运河路径、战略目标(总目标和分阶段目标)、基本任务(总任务和分阶段任务)、监测指标、生态进步监测、生态经济监测、生态社会监测和战略措施等八个部分;战略措施包括:绿色工业化、绿色城市化、循环经济、环境责任制、西部生态现代化战略和国际资源战略等。战略措施将在第四节专题讨论。

1. 中国生态现代化路径图之一:中国生态现代化的运河路径

中国生态现代化的运河路径是:依据综合生态现代化原理,协调推进生态现代化和综合现代化,协调推进绿色工业化、绿色城市化、知识化、轻量化、绿色化和生态化,实现经济发展与环境退化的绝对脱钩,迎头赶上发达国家生态现代化水平;在2050年达到生态现代化的世界中等水平,在21世纪末达到生态现代化的世界先进水平(图3-7)。

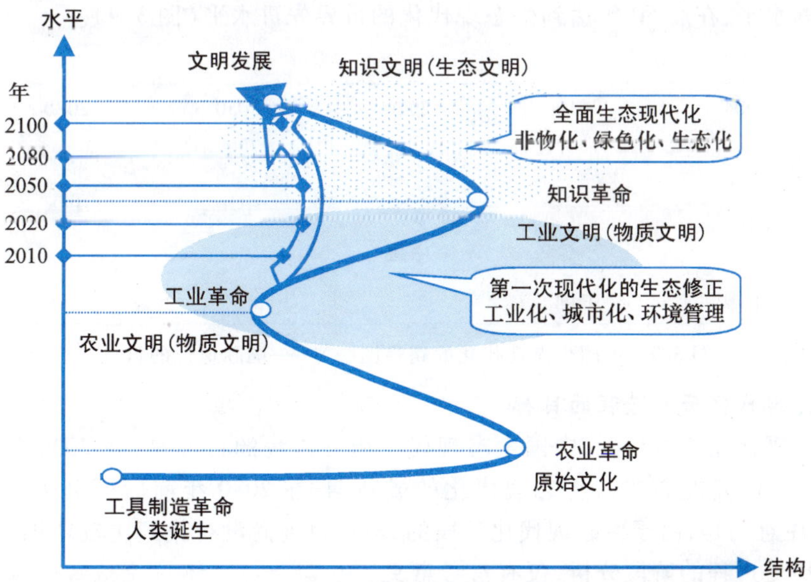

图3-7　中国生态现代化的路径图(1)——基本路径(运河路径)

2. 中国生态现代化路径图之二:中国生态现代化的战略目标

中国生态现代化的战略目标是:在 21 世纪前 50 年达到生态现代化的世界中等水平,实现经济增长与环境退化的绝对脱钩,基本实现生态现代化;在 21 世纪后 50 年,实现经济与环境的互利耦合,达到生态现代化的世界先进水平,实现生态现代化(图 3-8)。

项　目	2004	2010	2020	2050	2080	2100
目标	世界低等水平,生态现代化起步期	接近世界初等水平;进入世界前 80 名等	达到世界初等水平,进入世界前 60 名等	达到世界中等水平,进入世界前 40 名;超过当时世界平均水平等	世界中等水平,进入世界前 30 名等	达到世界先进水平,进入世界前 20 名等
生态现代化水平	低等水平	接近初等水平	初等水平	中等水平	中等水平	先进水平
生态现代化阶段	起步期	起步期	起步期	成熟期	稳定期	稳定期
中国排名	100	75	60	36	30	20
中国指数	42	47	58	108	199	301
高收入国家指数	99	109	128	209	341	472

图 3-8　中国生态现代化的路径图(2)——战略目标

注:指数为生态现代化指数,高收入国家和世界 82 个国家按 1980 ～ 2004 年增长率测算,其他 16 个国家按 1990 ～ 2004 年增长率测算(因为没有 1980 年数据),中国按主动模式的增长率测算。

中国生态现代化的战略目标包括两个方面的内容:首先是 21 世纪中国生态现代化国际地位要达到的目标;其次是中国生态现代化历史进程要达到的目标。中国生态现代化的基本目标是 21 世纪 100 年的目标,所以,基本目标可以也应该分解为若干时间阶段的目标。

(1) 中国生态现代化国际地位的目标

根据中国生态现代化基本目标,中国生态现代化国际地位的目标是:在 21 世纪前 50 年达到生态现代化的世界中等水平;在后 50 年达到生态现代化的世界先进水平(图 3-9)。

水平分组	2004	2010	2020	2050	2080	2100
先进水平						中国
中等水平				中国	中国	
初等水平			中国			
低等水平	中国	中国				

图 3-9　中国生态现代化的路径图(3)——国际地位的目标

(2) 中国生态现代化历史进程的目标

根据中国生态现代化基本目标,中国生态现代化历史进程的目标是:在 2030 年左右进入生态现代化的发展期;在 2050 年左右进入生态现代化的成熟期;在 2080 年前后达到生态现代化的稳定期(图 3-10)。需要注意的是,由于生态现代化阶段的分析,目前尚没有找到比较理想的方法,所以,关于中国生态现代化历史进程的阶段分析,仅有参考意义。

阶段	2004	2010	2030	2050	2080	2100
稳定期					中国	中国
成熟期				中国		
发展期			中国			
起步期	中国	中国				

图 3-10　中国生态现代化的路径图(4)——历史进程的目标

(3) 中国生态现代化战略目标的时间分解

前面关于中国生态现代化的目标分析,将 21 世纪中国生态现代化的时间过程分为 21 世纪前后 50 年两大阶段和六个小阶段,并分析了两大阶段的目标和前三个小阶段的目标。

简要地说,21 世纪前 50 年是中国生态现代化的路径创新阶段,包括起步阶段、绿色两化和发展阶段等三个小阶段;21 世纪后 50 年是中国生态现代化的迎头赶上阶段,包括成熟阶段、绿色社会和生态社会等三个小阶段(表 3-47)。每一个阶段的目标都需要专门研究。

表 3-47　中国生态现代化路径图的时间阶段

两大阶段	六小阶段	时　间	阶 段 目 标
路径创新	起步阶段	2001～2010	生态现代化水平接近初等水平,进入世界前 80 名
2001～2050	绿色两化	2011～2020	生态现代化水平升级为初等水平,进入世界前 60 名
	发展阶段	2021～2050	生态现代化水平升级为中等水平,进入世界前 40 名
迎头赶上	成熟阶段	2051～2060	生态现代化水平保持为中等水平,进入世界前 40 名
2051～2100	绿色社会	2061～2080	生态现代化水平保持为中等水平,进入世界前 30 名
	生态社会	2081～2100	生态现代化水平升级为先进水平,进入世界前 20 名

注:绿色两化指绿色工业化和绿色城市化。

21 世纪前 50 年的目标:基本实现生态现代化,基本实现相对生态现代化;生态现代化水平达到当年世界中等水平,生态现代化指数的排名进入世界前 40 名;生态现代化水平超过 2050 年世界平均水平和 2004 年世界先进水平。

21 世纪后 50 年的目标:全面完成生态现代化,全面实现相对生态现代化;生态现代化指数的排名进入世界前 20 名;成为相对现代化的国家。

3. 中国生态现代化路径图之三:中国生态现代化的基本任务

(1) 中国生态现代化的三大基本任务

中国生态现代化的战略目标是一个百年目标。实现中国生态现代化的战略目标有两个基本标准:生态现代化水平达到当时发达国家的水平,生态现代化进程达到当时发达国家的阶段(生态现代化的稳定期),走到生态现代化的世界前列。

2004 年,中国生态现代化水平比较低,属于世界低等水平,处于生态现代化的起步期。从低等水平到先进水平,需要上三个台阶。它们是低等水平→初等水平→中等水平→先进水平。从生态现代化的起步期到生态现代化的稳定期,需要前进三个阶段。它们是生态现代化起步期→发展期→成熟期→稳定期。21 世纪中国生态现代化有三项基本任务。

第一项基本任务:中国生态现代化的国际水平要上三个台阶。在 21 世纪,中国生态现代化的国际水平,在 2020 年从低等水平升级为初等水平,在 2050 年前从初等水平升级为中等水平,在 2100 年前从中等水平升级为世界先进水平(图 3-9)。其中,在 21 世纪前 50 年,中国生态现代化的国际水平要上两个台阶,从低等水平到中等水平;在 21 世纪后 50 年,再上一个台阶,达到世界先进水平。

第二项基本任务:中国生态现代化的历史进程要前进三个阶段。在 21 世纪,中国生态现代化的历史进程,在 2030 年前后进入生态现代化的发展期,在 2050 年左右达到生态现代化的成熟期,在 2080 年左右达到生态现代化的稳定期(图 3-10)。其中,在 21 世纪前 50 年,中国生态现代化的历史进程要前进两个阶段;在 21 世纪后 50 年,再前进一个阶段。

第三项基本任务:中国生态现代化水平的世界排名提高 80 位左右。在 21 世纪前 50 年,中国生态现代化指数的世界排名提高 40 位左右;在 21 世纪后 50 年,排名再提高 40 位。

(2) 中国生态现代化基本任务的时间分解和领域分解

中国生态现代化的基本任务应该与基本目标相对应,可以分解成两大阶段和六个小阶段的任务。其中,关于 21 世纪前 50 年和前三个小阶段的任务应该比较明确,特别是前两小阶段的任务可以具体化;关于 21 世纪后 50 年的任务只作原则性表述(图 3-11)。生态现代化包括生态响应、生态经济、生态社会等三大分领域的变化。中国生态现代化的基本任务可以按时间段分解到三个领域。

两大阶段	路径创新			迎头赶上
六小阶段	起步阶段	绿色两化	发展阶段	成熟阶段等三小阶段
时间	2004～2010 年	2011～2020 年	2021～2050 年	2051～2100 年
基本任务	生态现代化指数提高 5 分左右,世界排名约上升 25 位等	达到世界初等水平,生态现代化指数提高 11 分,世界排名约上升 15 位等	达到世界中等水平,进入成熟期,生态现代化指数提高 24 分,世界排名约上升 24 位等	达到世界先进水平,进入稳定期,生态现代化指数的世界排名约上升 16 位等
生态响应领域的任务	关键资源保护和环境质量有所改善,典型生态系统的生态效率和服务功能有所恢复,环境退化趋势变缓	关键资源保护和主要环境质量指标达到世界平均水平,典型生态系统的生态效率和服务功能基本恢复,环境退化趋势基本扭转	关键资源保护和环境质量指标基本达到发达国家水平,典型生态系统的效率和服务功能基本恢复到自然生态平衡状态的水平	资源保护和环境质量达到世界先进水平,生态系统服务功能完全恢复
生态经济领域的任务	经济增长与环境退化相对脱钩,生态农业、生态工业、绿色服务和循环经济取得明显进展	经济增长与环境退化部分指标绝对脱钩,资源和物质生产率明显提高,经济能耗和资源消耗明显下降	经济的生态效率和生态结构指标达到世界中等水平;环境压力指标与经济增长完全脱钩,关键环境指标与经济增长实现互利耦合	经济的生态效率和生态结构指标达到世界先进水平,实现经济与环境的双赢
生态社会领域的任务	城乡人居环境有所改善,社会生活的绿色化和轻量化取得进展	人居环境主要指标达到世界中等水平,绿色能源、绿色交通、绿色消费和环境安全有所提高	生态家园和绿色生活的关键指标达到世界中等水平;环境压力指标与社会进步完全脱钩,关键环境指标与生活质量实现良性耦合	生态家园、绿色生活和环境安全等达到世界先进水平,实现社会进步与环境进步的协同
中国指数 中国排名	提高 5 分 提高 25 位	提高 11 分 提高 15 位	提高 50 分 提高 24 位	提高 200 分 提高 16 位

图 3-11 中国生态现代化的路径图(5)——基本任务

注:中国指数和排名为生态现代化指数及其世界排名,按 2004 年发达国家生态现代化指数为 100 分推算。

4. 中国生态现代化路径图之四:中国生态现代化的监测指标

根据广义生态现代化理论,生态现代化是现代化的生态转型,包括生态效率、生态结构、生态制度和生态观念的深刻变化。简单地说,生态现代化是生态进步、经济生态化、社会生态化和国际竞争的交集。目前,生态制度和生态观念的现代化很难进行定量分析,但生态进步、生态效率、生态结构等的现代化是可以定量分析的。所以,我们暂时用生态进步、经济生态化和社会生态化三大类指标,来建立中国生态现代化路径图的监测指标;将来条件成熟时再增加其他指标。

一般而言,生态进步包括自然资源的合理保护和永续利用、自然环境质量的改善、生态系统功能的恢复等。自然资源、自然环境和生态系统是相互关联的(表 1-2),其中环境质量和土地质量(包括土地利用、土地覆盖和典型生态系统)是非常重要的。经济生态化包括经济以及经济各领域的生态效率和生态结构的提高。社会生态化包括人居环境和社会生活的绿色化、环境安全的提高等,可以归纳为生态和谐的绿色家园和绿色生活的改善。

所以,我们建议,生态进步监测指标分为两组:环境质量和土地质量(包含土地利用和典型生态系统);生态经济监测指标分为两组:生态效率和生态结构;生态社会监测指标分为两组:生态家园和绿色生活。

反映生态现代化的指标非常多。例如,本报告第一章截面分析包括 100 多个生态变量,第四章生态现代化评价包括 30 个评价指标。那么,如何选择具体监测指标呢?

我们认为,有四类指标可用,四类指标不宜用。

可用的指标:① 反映生态现代化的典型特征,② 能够反映中国生态现代化的发展趋势,③ 可以获得连续统计数据,④ 具有政策含义。

不宜用的指标:① 没有连续统计数据的指标。② 随机波动的指标。③ 没有国际可比性的指标。④ 重复的指标(与中国经济和社会现代化路径图监测指标重复的指标)。

综合上述分析,依据广义生态现代化理论、生态现代化评价的基本原理、中国生态现代化路径图的基本要求,可以选择监测指标和建立指标体系(图 3-12)。

中国生态现代化路径图					
监测指标体系					
生态进步监测指标		生态经济监测指标		生态社会监测指标	
环境质量	土地质量	生态效率	生态结构	绿色家园	绿色生活
人均 CO_2 排放	森林覆盖率	农地生产率	有机农业比例	安全饮水普及率	绿色能源
人均 SO_2 排放	国家保护区	淡水生产率	循环经济(铝)	卫生设施普及率	绿色交通
颗粒物浓度	水土流失比例	农业化肥密度	绿色旅游收入	生活废水处理率	服务收入比
工业有机废水	荒漠化比例	工业能源密度	资源消耗比例	城市废物处理率	人均服务消费
工业固体废物	农业用地比例	经济物质密度	环境损失比例	城市空气质量	自然灾害死亡率
生物多样性损失	建设用地比例	物质生产效率	环保投入比例	农村人口密度	自然灾害受灾率

图 3-12　中国生态现代化的路径图(6)——监测指标

注:36 个监测指标中,有 20 个指标与生态现代化评价指标是相同的。有些指标能够同时反映几个方面的变化,如土地生产率,可以反映土地质量和经济生态效率的变化。一个指标,只用一次。有些指标可作为生态现代化监测指标,也可作为经济或社会现代化监测指标,如能源使用效率等。如果在《中国现代化报告 2005》或《中国现代化报告 2006》中已作为中国经济或社会现代化路径图的监测指标的某些指标,尽管从生态现代化角度看也很重要,但为避免重复,这里就不再作为生态现代化路径图的监测指标。已经用做中国经济或社会现代化路径图的监测指标有:人均能源消费、能源使用效率、工业用水效率、物质产业增加值比例、物质产业劳动力比例、服务业增加值比例、服务业劳动力比例、儿童死亡率、老龄化(长寿人口比例)、预期寿命和城市化等。如果需要调整,可以用长寿人口比例指标替换自然灾害死亡率指标等。

中国生态现代化路径图的监测指标包括三大类、六小类指标，每一小类指标又包括 6 个具体指标。这样，就组成了三层、三大类、六小类和 36 个具体指标的指标体系。这个指标体系与世界生态现代化评价的指标体系（三组、三层和 30 个评价指标）是兼容的。

《中国现代化报告 2005》提出中国经济现代化路径图的 36 个监测指标，《中国现代化报告 2006》提出中国社会现代化路径图的 36 个监测指标，本报告提出中国生态现代化路径图的 36 个监测指标。这 108 个监测指标是相互协调和不重复的。

在 21 世纪，中国生态现代化是全方位的生态现代化，需要进行全面解析和监测。但目前，中国生态现代化的路径图是宏观的和粗线条的。要增加路径图的“分辨率”和可操作性，还需要做大量研究工作。例如，可以把它的目标和任务等进一步细分；可以研究制定不同领域的生态现代化路径图；可以增加生态制度和观念的指标等。中国生态现代化路径图包括 21 世纪前 50 年和后 50 年两大阶段。显然，21 世纪前 50 年是当前研究和工作的重点。

下面，我们重点讨论 21 世纪前 50 年中国生态现代化的路径图。

5. 中国生态现代化路径图之五：中国生态现代化的生态进步监测

中国生态现代化是一个长期的历史过程。在这个过程中，现代化与自然环境的相互作用是持续进行的，自然环境的响应和变化，值得全面关注。不论是生物资源、矿产资源和能源的变化，还是环境和生态系统的变化，都会影响现代化进程和人民生活。本报告主题是生态现代化研究，重点关注现代化引起的资源环境变化。中国生态现代化的生态进步监测，包括环境质量和土地质量监测两个部分。中国生态进步的演进过程，就是中国生态响应现代化路径图的内容，它是中国生态现代化路径图的生态响应分图。

（1）中国生态现代化的生态进步监测——环境质量指标

环境质量是生态进步的核心内容。关于环境质量有大量的研究文献和评价模型。考虑到监测指标不宜过多和国际可比性，我们分别选择了反映全球气候变化、空气质量、淡水质量、工业污染和生物多样性的 6 个指标，组成生态进步监测的环境质量指标。当然，这些指标不是环境质量指标的全部。事实上，后面关于土地质量、生态效率、生态家园和绿色生活等的部分指标，也能反映环境质量的变化，它们是相关关联和部分交叉的。21 世纪前 50 年，中国生态响应现代化的环境质量方面的目标和任务如图 3-13 所示。

中国生态响应现代化的环境质量方面的目标是：2010 年环境质量有所改善，环境与经济相对脱钩；在 2020 年部分指标达到世界中等水平，部分环境指标与经济绝对脱钩；在 2050 年全面超过世界中等水平、超过当年世界平均水平和 2004 年的发达国家平均水平。

中国生态响应现代化的环境质量方面的任务是：人均 CO_2 和 SO_2 的排放从增加到下降，空气颗粒物浓度全国年均下降 2 % 到 3 %，工业有机废水密度年均下降 4 % 到 5 %，工业固体废物密度年均下降 1 % 到 6 %，生物多样性损失年均下降 1 % 左右等；人均 SO_2 排放下降 20 %，空气颗粒物浓度下降 72 %，工业有机废水密度下降 87 %，工业固体废物密度约下降 88 %，生物多样性损失约下降 41 % 等。全国空气和水环境质量达到世界中等水平。

项　　目	2004～2010 年			2011～2020 年		2021～2050 年			
目标综述	环境质量有所改善，控制工业和空气污染，环境与经济相对脱钩			环境质量部分指标达到世界中等水平，环境与经济部分指标绝对脱钩		环境质量全面超过世界中等水平，环境与经济全部绝对脱钩			
任务综述	控制 SO_2 排放，减少空气颗粒物浓度，降低工业有机废水和固体废物密度等			颗粒物浓度年下降 2%，工业有机废水和固体废物密度年下降 2%到 4%等		空气颗粒物浓度比 2004 年减少 72%、工业有机废水和固体废物密度减少 87%和 88%			
生态现代化的水平	世界低等水平			世界初等水平		世界中等水平			
生态现代化的阶段	起步期			起步期		发展期→成熟期			
中国监测指标	增长率(%)	2004	2010	增长率(%)	2020	增长率(%)	2030	2040	2050
人均 CO_2 排放(吨/人)	2.0	2.7	3.2	2.50	4.0	-0.50	3.9	3.7	3.5
人均 SO_2 排放(千克/人)	1.0	15	16	0.50	17	-1.00	15	14	13
全国颗粒物浓度(微克/米^3)	-2.0	80	68	-2.00	56	-3.00	41	30	22
工业有机废水(千克/万美元)	-5.0	37.3	24.7	-4.00	16.5	-4.00	10.9	7.3	4.8
工业固体废物(千克/万美元)	-1.0	13.4	12.6	-2.00	10.3	-6.00	5.6	3.0	1.6
生物多样性损失(%)	-1.0	16	15	-1.00	14	-1.20	12	11	9
发达国家指标(对照)									
全国颗粒物浓度(微克/米^3)		29	28		25		23	20	18
工业有机废水(千克/万美元)		5.9	6		5		5	4	4

图 3-13　中国生态现代化的路径图(7)——环境质量指标

注：颗粒物浓度为国家平均水平。生物多样性损失的数据为哺乳动物受威胁比例。增长率为达到阶段目标所需要的年均增长率，与实际增长率会有区别。2004 年的数值为 2004 年或者可获得的最近年的数据。指标后括号内的字，为该指标的单位。发达国家指标为高收入国家平均值，是根据它们过去 20 多年的年均增长率的预测数。数据来自世界银行的世界发展指标和中国统计年鉴等。后同。

(2) 中国生态现代化的生态进步监测——土地质量指标

生态进步不仅包括环境质量进步，也包括自然资源合理利用和生态系统的功能恢复。这里，我们重点关注土地资源、森林资源、生物资源和相应的典型生态系统。关于能源资源和矿产资源的监测等需要专门研究。土地、森林和生物资源，涉及土地利用和土地覆盖。我们选择森林覆盖率、国家保护区、水土流失、荒漠化、农业用地和建设用地 6 个指标，来监测土地质量和结构的变化；土地生产率将作为生态效率监测指标。当然，这些指标不是土地质量和结构的全部指标。如果有需要，将来还可增加新指标。21 世纪前 50 年，中国生态响应现代化的土地质量方面的目标和任务如图 3-14 所示。

项　目	2004～2010年			2011～2020年		2021～2050年			
目标综述	土地质量有所改善，部分指标达到世界中等水平			土地质量明显改善，多数指标达到世界中等水平		森林覆盖率和自然保护区比例等达到世界先进水平			
任务综述	控制水土流失和荒漠化，提高森林覆盖率等			改善土地利用结构，治理水土流失和荒漠化等		森林覆盖率和自然保护区比例比2004年提高1倍左右、水土流失和荒漠化比例约下降40%等			
生态现代化的水平	世界低等水平			世界初等水平		世界中等水平			
生态现代化的阶段	起步期			起步期		发展期→成熟期			
中国监测指标	增长率(%)	2004	2010	增长率(%)	2020	增长率(%)	2030	2040	2050
森林覆盖率(%)	2.0	18	21	2.00	25	1.10	28	31	35
国家保护区比例(%)	7.0	8	12	3.00	16	1.00	17	19	21
水土流失面积比例(%)	-2.0	37	33	-1.00	30	-1.20	26	23	21
荒漠化面积比例(%)	-1.0	27.5	26	-1.00	23	-1.20	21	18	16
农业用地比例(%)	-1.0	59	56	-1.00	50	-1.10	45	40	36
建设用地比例(%)	2.0	3.3	3.7	2.00	4.5	2.50	5.8	7.4	9.5
发达国家指标(对照)									
森林覆盖率(%)		29	30		31		32	34	35
农业用地比例(%)		36	35		35		34	33	33

图3-14　中国生态现代化的路径图(8)——土地质量指标

注：同图3-13。水土流失比例为水土流失面积占国土面积的比例。荒漠化比例为荒漠化面积占国土面积的比例。建设用地比例，为城乡居住、工矿、交通和水利建设用地占国土的比例。1990年版《中国自然资源手册》的建设用地比例(城市工矿和交通用地)为7%，本表采用《中国统计年鉴2005》的建设用地比例数值。国家保护区不包括地方的保护区，采用世界银行的《世界发展指标2006》的数据。

中国生态响应现代化的土地质量方面的目标是：2010年土地质量和结构有所改善，部分指标达到世界中等水平；在2020年，土地质量多数指标达到世界中等水平，土地质量和结构明显改善；在2050年，森林覆盖率和自然保护区比例达到世界先进水平，水土流失和荒漠化得到有效控制，土地利用结构达到有可比性的发达国家的平均水平。

中国生态响应现代化的土地质量方面的任务是：森林覆盖率年增长1%到2%，自然保护区年增长2%左右，水土流失和荒漠化土地比例年下降1%到2%，农业用地比例年下降1%左右，建设用地比例年增长2%左右等；森林覆盖率提高到35%左右，自然保护区比例提高到21%左右，水土流失和荒漠化比例下降到可以理解的程度(21%和16%)，农业用地比例达到36%左右，建设用地比例达到9%左右等。森林覆盖率、农业用地比例和建设用地比例的总和约为80%左右，其他20%土地为自然景观，包括江河、湖泊、雪山、沙漠和戈壁等。

在2050年，实现《全国生态环境建设规划》提出的生态环境建设目标，完成相关任务。

6. 中国生态现代化路径图之六：中国生态现代化的生态经济监测

根据生态现代化理论，经济现代化模式的生态转型包括轻量化(非物化)、绿色化、生态化、经济增长与环境退化脱钩、经济与环境双赢等内容。根据中国生态现代化路径图的要求，中国经济需要完成从农业经济向工业经济和知识经济、从物质经济向生态经济、从第一次现代化向第二次现代化和生态现代化的转型。全面监测生态经济的发展需要专题研究。从生态现代化的角度看，我们重点关注两个方面：生态效率和生态结构。中国生态经济的演进过程，就是中国生态经济现代化路径图的内容，它是中国生态现代化路径图的生态经济分图。

(1) 中国生态现代化的生态经济监测——生态效率指标

生态经济的发展，核心内容是生态效率提高、生态结构、生态制度和观念等的变化。在这里，生态效率是一个广义概念，涉及资源、环境和生态系统的经济利用效率等。具体而言，包括土地、淡水、能源、矿产资源、生物资源、化肥和各种经济资源的利用效率。我们选择土地生产率、淡水生产率、农业化肥密度、工业能源密度、经济物质密度和物质生产效率 6 个指标，组成生态经济监测的生态效率指标。显然，这 6 个指标只是生态效率的部分指标。21 世纪前 50 年，中国生态经济现代化的生态效率方面的目标和任务如图 3-15 所示。

项　　目	2004～2010 年			2011～2020 年		2021～2050 年			
目标综述	资源和物质生产率有较大提高，经济与环境相对脱钩			资源和物质生产率达到初等水平，经济与环境部分绝对脱钩		资源和物质生产率达到世界中等水平，经济与环境全部绝对脱钩			
任务综述	提高资源生产率，降低经济能源和物质密度			淡水和物质生产效率提高 2 到 3 倍，工业能源密度下降一半		淡水和物质生产效率提高 14 到 34 倍，农业化肥、工业能源和经济物质密度下降 60％至 90％			
生态现代化的水平	世界低等水平			世界初等水平		世界中等水平			
生态现代化的阶段	起步期			起步期		发展期→成熟期			
中国监测指标	增长率(％)	2004	2010	增长率(％)	2020	增长率(％)	2030	2040	2050
农地生产率(美元/公顷农地)	4.00	352	445	3.00	599	2.00	730	889	1084
淡水生产率(美元/立方米)	8.00	3	4	8.00	9	5.00	15	25	40
农业化肥密度(千克/公顷)	－1.0	278	257	－2.00	210	－2.00	171	140	114
工业能源密度(千克油/美元)	－5.00	0.49	0.33	－3.00	0.24	－2.00	0.20	0.16	0.13
经济物质密度(千克/万美元)	－2.00	2390	1953	－2.00	1596	－6.00	859	463	249
物质生产效率(美元/劳动力)	9.00	1522	2782	8.00	6007	7.60	12496	25995	54079
发达国家指标(对照)									
农业化肥密度(千克/公顷)		121	118		113		109	104	100
工业能源密度(千克油/美元)		0.19	0.17		0.14		0.11	0.09	0.08

图 3-15　中国生态现代化的路径图(9)——生态效率指标

注：农地生产率为农业用地的生产率，为农业增加值/农业用地。经济物质密度为物质直接投入/GDP，本表数据为钢铁产量/GDP。物质生产效率为工农业增加值/工农业劳动力。其他同表 3-13。

中国生态经济现代化的生态效率方面的目标是：在 2010 年，经济增长与环境退化相对脱钩；在 2020 年，资源和物质生产率达到世界初等水平，主要环境压力指标与经济增长绝对脱钩；在 2050 年，经济的生态效率达到世界中等水平，经济与环境退化绝对脱钩。

中国生态经济现代化的生态效率方面的任务是：农业土地生产率年增长 3％左右，经济淡水生产率年增长 3％到 5％，农业化肥密度、工业能源密度和经济物质密度年下降 1％到 6％，物质生产效率年提高 7％到 9％等；农业土地生产率提高 2 倍，淡水生产率提高约 14 倍，农业化肥密度、工业能源密度和经济物质密度下降 60％至 90％，物质生产效率提高 34 倍等。

(2) 中国生态现代化的生态经济监测——生态结构指标

经济结构的生态化是经济生态现代化的主要内容。反映生态结构的指标非常多。这里选用部分有代表性的指标作为监测指标。它们分别是：有机农业比例(生态农业)、循环经济比例(生态工业)、绿色旅游收入（绿色服务）、资源消耗比例（轻量化和生态化）、环境损失比例（绿色化）和环保投入比例（环境产业）等。21 世纪前 50 年，中国生态经济现代化的生态结构方面的目标和任务如图 3-16 所示。

项　　目	2004～2010 年			2011～2020 年		2021～2050 年			
目标综述	经济结构绿色化和生态化取得初步进展			经济结构绿色化和生态化达到世界初等水平		经济结构绿色化和生态化达到世界中等水平			
任务综述	发展生态农业、循环经济和生态工业，降低资源消耗和控制环境损失			有机农业和国际旅游收入提高 2 到 5 倍，控制环境损失		生态农业、生态工业和绿色服达到世界中等水平，资源消耗和环境损失比例低于世界平均			
生态现代化的水平	世界低等水平			世界初等水平		世界中等水平			
生态现代化的阶段	起步期			起步期		发展期→成熟期			
中国监测指标	增长率(%)	2004	2010	增长率(%)	2020	增长率(%)	2030	2040	2050
有机农业比例(%)	12.0	0.1	0.1	12.00	0.4	12.00	1.1	3.5	11.0
循环经济(铝的循环利用率)	3.00	21	25	3.00	34	3.00	45	61	82
绿色旅游收入(美元/人)	8.00	21	33	8.00	72	7.00	142	278	548
资源消耗比例(%)	-1.50	3.2	2.9	-1.50	2.5	-2.00	2.1	1.7	1.4
环境损失比例(%)	1.00	2.84	3.01	0.50	3.17	-5.00	1.90	1.14	0.68
环保投入比例(%)	1.00	1.2	1.3	0.50	1.3	0.20	1.4	1.4	1.4
发达国家指标(对照)									
有机农业比例(%)		4	6		15		27	42	54
资源消耗比例(%)		1.5	1.3		1.1		0.9	0.7	0.6

图 3-16　中国生态现代化的路径图(10)——生态结构指标

注：循环经济的衡量指标很多，本表为铝的循环利用率（再生铝的比例），为估计数。绿色旅游收入的数据为人均国际旅游收入。资源消耗比例为能源、矿产和森林资源消耗价值与国民收入（GNI）的比值。环境损失比例为 CO_2 排放的损失和避免颗粒物伤害的成本与国民收入（GNI）之比。环保投入比例为环保投入/GDP。其他同表 3-13。

中国生态经济现代化的生态结构方面的目标是：在 2010 年，经济结构绿色化和生态化取得初步进展；在 2020 年，经济结构绿色化和生态化达到世界初等水平；在 2050 年，经济结构绿色化和生态化达到世界中等水平，生态经济达到世界中等水平。

中国生态经济现代化的生态结构方面的任务是：有机农业比例年增长 12％左右，循环经济比例年增长 3％左右，绿色服务年增长 7％左右，资源消耗比例年下降 2％左右，降低环境损失，保持环保投入等；有机农业比例提高到 10％左右，铝循环利用率达到 80％左右，人均国际旅游收入提高 25 倍，资源消耗和环境损失比例下降 57％至 76％；生态农业、生态工业和绿色服务达到世界中等水平，资源消耗和环境损失比例低于世界平均。

7．中国生态现代化路径图之七：中国生态现代化的生态社会监测

根据生态现代化理论，社会现代化模式的生态转型包括人居环境、生活方式和社会结构等的深刻变化，主要特点有轻量化（非物化）、绿色化、生态化、社会进步与环境退化脱钩、生活质量与环境进步协同等内容。根据中国生态现代化路径图的要求，中国社会需要完成从农业社会向工业社会和知识社会、从物质社会向生态社会、从第一次现代化向第二次现代化和生态现代化的转型。全面监测生态社会的发展需要专题研究。从生态现代化的角度看，我们重点关注两个方面：生态和谐的绿色家园和绿色生活。中国生态社会的演进过程，就是中国生态社会现代化路径图的内容，它是中国生态现代化路径图的生态社会分图。

（1）中国生态现代化的生态社会监测——绿色家园指标

如果说，工业社会是一个物质至上、人类独尊的社会，那么，生态社会就是一个生态和谐、人地协调的社会。生态社会的发展，首先需要建设一个生态和谐的绿色家园，然后过上绿色健康的生活。没有污染，没有浪费，绿色自然，健康长寿。

如何建设一个生态和谐的绿色家园，可能会见仁见智。我们选择 6 个指标来监测它的进展，它们分别是：安全饮水、卫生设施、生活废水处理、城市和工业废物处理、城市空气质量和农村人口密度。不言而喻，这 6 个指标只是绿色家园建设的部分指标。21 世纪前 50 年，中国生态社会现代化的绿色家园方面的目标和任务如图 3-17 所示。

项　目	2004～2010 年			2011～2020 年		2021～2050 年			
目标综述	城乡人居环境有所改善			人居环境基本达到世界中等水平		人居环境基本达到世界先进水平			
任务综述	农村普及安全饮水和卫生设施，城市提高废水和废物处理率			安全饮水普及率达到 90 %，城市生活废水和废物处理率达到 70 %		安全饮水和卫生设施普及率、城市生活废水和废物处理率达到 100 %，城市空气质量达到国家一级标准			
生态现代化的水平	世界低等水平			世界初等水平		世界中等水平			
生态现代化的阶段	起步期			起步期		发展期→成熟期			
中国监测指标	增长率（%）	2004	2010	增长率（%）	2020	增长率（%）	2030	2040	2050
安全饮水普及率（%）	0.68	77	80	1.20	90	0.40	94	98	100
卫生设施普及率（%）	4.82	44	59	2.00	72	1.20	81	91	100
生活废水处理率（%）	8.0	14	22	7.00	42	2.80	56	74	97
城市废物处理率（%）	2.0	51	57	2.00	70	1.20	79	89	100
城市空气质量（微克/米^3）	-1.00	55	50	-2.00	41	-2.60	31	24	18
农村人口密度（人/平方公里）	-2.00	559	476	-2.00	389	-2.00	317	259	212
发达国家指标（对照）									
城市空气质量（微克/米^3）		17	16		16		16	15	15
农村人口密度（人/平方公里）		202	196		186		177	169	160

图 3-17　中国生态现代化的路径图（11）——绿色家园指标

注：城市空气质量为 SO_2 浓度。农村人口密度为农村人口/可耕地。其他同表 3-13。

中国生态社会现代化的绿色家园方面的目标是：到 2010 年，城乡人居环境有所改善；到 2020 年，人居环境基本达到世界中等水平，90 %的人口获得安全饮水；在 2050 年，人居环境基本达到世界先进水平，城市空气质量达到国家一级标准。

中国生态社会现代化的绿色家园方面的任务是：安全饮水和卫生设施普及率逐步达到 100 %；生活废水和城市废物处理率年增长 2 %到 8 %，城市 SO_2 浓度和农村人口密度年下降 2 %左右；2050 年城市生活废水和废物处理率达到 100 %，城市 SO_2 浓度下降 66 %，农村人口密度下降 62 %；城市空气质量平均达到国家一级标准等。

（2）中国生态现代化的生态社会监测——绿色生活指标

生态现代化要求生活观念和生活方式的深刻变化。生态和谐的绿色生活是生态社会的一种典型生活方式。它的主要特点是:轻量化(减少物质消费的比重)、绿色化(环境安全)、生态化(生态和谐的消费)、生活质量与环境退化脱钩、健康长寿与环境进步协同。

关于绿色生活没有统一定义和标准。我们选择 6 个指标来反映它的变化。这些指标分别是:绿色能源(现代可再生能源)、绿色交通(没有污染的交通)、服务收入比(轻量化)、人均服务消费(绿色消费)、自然灾害死亡率和受灾率(环境安全)。当然,这 6 个指标只是与绿色生活相关的部分指标。如果需要,将来还可增加新指标。在 21 世纪前 50 年,中国生态社会现代化的绿色生活方面的目标和任务如图 3-18 所示。

项　　目	2004～2010 年			2011～2020 年		2021～2050 年			
目标综述	社会生活的绿色化和轻量化取得进展			绿色化、轻量化和环境安全达到世界初等水平		绿色化、轻量化和环境安全达到世界中等水平			
任务综述	发展绿色能源和交通,提高服务收入和消费比例,降低自然灾害的影响			绿色能源和绿色消费提高 1 到 4 倍,自然灾害影响率下降 10 % 到 30 %		绿色能源、绿色交通、绿色消费和环境安全超过世界平均水平			
生态现代化的水平	世界低等水平			世界初等水平		世界中等水平			
生态现代化的阶段	起步期			起步期		发展期→成熟期			
中国监测指标	增长率(%)	2004	2010	增长率(%)	2020	增长率(%)	2030	2040	2050
绿色能源(%)	2.00	1.7	1.9	2.00	2.3	5.00	3.8	6.2	10
绿色交通(千克 CO/辆)	-1.00	200	188	-2.00	154	-1.50	132	114	98
服务收入比	2.50	0.69	0.79	2.00	0.97	3.30	1.34	1.85	2.57
人均服务消费(美元/人)	10.00	125	268	10.00	695	7.80	1473	3121	6615
自然灾害死亡率(百万分之)	-0.50	2.6	2.5	-0.50	2.4	-0.50	2.2	2.1	2.0
自然灾害受灾率(万分之)	-1.00	1095	990	-3.00	730	-8.00	317	138	60
发达国家指标(对照)									
绿色交通(千克 CO/辆)		107	95		77		63	52	42
人均服务消费(美元/人)		6583	8330		12330		18251	27016	39991

图 3-18　中国生态现代化的路径图(12)——绿色生活指标

注:绿色能源指现代可再生能源占总能源供给的比例。绿色交通为 CO 排放/汽车。服务收入比为服务业增加值与工农业增加值之比。自然灾害死亡率和受灾率为 10 年平均值。其他同图 3-13。

中国生态社会现代化的绿色生活方面的目标是:到 2010 年,社会生活的绿色化和轻量化取得进展;到 2020 年,社会生活的绿色化、轻量化和环境安全达到世界初等水平;到 2050 年,社会生活的绿色化、轻量化和环境安全达到世界中等水平,部分指标达到发达国家水平。

中国生态社会现代化的绿色生活方面的任务是:绿色能源年增长 2 % 到 7 %,交通污染年下降 1 % 到 2 %,服务收入比年增长 2 % 到 3 %,人均服务消费年增长 7 % 到 10 %,自然灾害死亡率持续下降,自然灾害受灾率年下降 1 % 到 8 %;绿色能源提高 5 倍,服务收入比提高约 3 倍,人均服务消费提高约 50 倍,交通污染下降 50 %,自然灾害死亡率下降 20 %,自然灾害受灾率下降 90 % 等。绿色能源、绿色交通、绿色消费和环境安全等,全面超过世界平均水平。

中国生态现代化路径图包括中国生态现代化的战略目标、基本任务和 36 个监测指标。如果 2050 年,全面完成上述任务,那么,中国生态现代化就将达到世界中等水平。届时,中国经济发展与环境退化将完全脱钩,城市空气质量将达到国家一级标准,人居环境质量将达到主要发达国家水平;森林覆盖率达到 35 % 左右(大约相当于唐朝中期的水平),农业用地比例为 36 % 左右(农业用地包括耕地、园地和草地，大约相当于2004年发达国家的平均水平），建设用地比例为9％左右（大约相当于2004年美国、日本和德国的平均值），其他用地比例为20％左右；典型生态系统的生态效率和服务功能完全恢复。

在此基础上，再经过50年左右的努力，中国生态现代化有可能达到世界先进水平，全面实现生态现代化，全面实现国家现代化，真正实现中华民族的伟大复兴。根据联合国人口预测的中低方案，21世纪末，中国人口将为10亿左右。如果全面实现生态现代化，那么，可以预计，中国大约40％的土地为森林覆盖，大约30％的土地为农业用地，大约10％的土地为建设用地，大约20％的土地为其他自然景观；中国森林覆盖率大致恢复到汉朝末年的水平。当然，上述预测只是一种据理推算。中国生态现代化，受国内和国际许多因素的影响，具有很大的不确定性。所以，本报告提供的预测，只是一种可供参考的方案。

中国生态现代化是全方位的现代化，涉及现代化各个领域和各个方面的深刻变化。目前，中国生态现代化的路径图的监测指标，仅包括生态进步、生态经济和生态社会等方面的指标，显然这是不够的和不完备的。例如，生态制度和生态观念的现代化，同样是中国生态现代化的重要内涵，但在监测指标中没有得到全面反映。所以，本报告提出的中国生态现代化的路径图，只是一个初步研究结果或建议，它的许多部分没有完全展开，许多问题需要专门研究。而且，不同领域和不同地区，都需要研究和制定专门的现代化路径图。

中国生态现代化，不仅是中国现代化的重要组成部分，而且是中国现代化的重要目标。《中国现代化报告2003》分析了中国现代化的运河战略，提出21世纪前50年中国现代化的一种路径选择。《中国现代化报告2004》分析了中国地区现代化的运河战略，提出21世纪前50年中国地区现代化的一种路径选择。《中国现代化报告2005》分析了中国经济现代化的运河路径，提出21世纪前50年中国经济现代化的路径图。《中国现代化报告2006》分析了中国社会现代化的运河路径，提出21世纪前50年中国社会现代化的路径图。《中国现代化报告2007》提出的21世纪前50年中国生态现代化的路径图，一方面作为中国现代化运河战略的重要补充，另一方面是运河战略在现代化与自然环境相互作用领域的扩展和深化。

第四节　中国生态现代化的战略要点

中国生态现代化路径图阐述的战略目标和基本任务，需要有战略措施来实现。科学合理的战略措施，是成功的前提。战略措施和战略重点的选择，既要遵循生态现代化的规律，又要适合中国国情。生态现代化理论认为，生态现代化是现代化的生态转型，是现代化与自然环境的互利耦合；生态现代化，不是单纯的环境保护，不是单纯的污染治理，不是单纯的经济发展，不是单纯的以人为本，而是经济与环境互利双赢，人类与自然互利共生。这就要求我们，理性协调家庭、社会与地球（小家、国家与人类）的利益冲突，实现提高生活质量、发展国民经济和保护地球环境的三种利益的和谐统一（简称利益三统一）。然而，在传统观念里，环境保护与经济发展是一对矛盾，经典现代化是以环境破坏和生态退化为代价的，这是基于工业化和工业经济的传统做法。生态现代化，要求现代化模式的生态转型，实现现代化与环境退化的绝对脱钩，发展与环境的协同进步。由于中国已经造成了严重的环境污染和生态退化，所以，我们既需要弥补和消除历史遗留的巨大环境损害，又要转变现代化模式，避免新的环境损害。转变现代化模式是一个长期过程，在这个过程中，还会产生新的环境损害。显然，我们需要完成三大任务：弥补和消除历史遗留的环境损害、减少和消除现代化转型过程的新的环境损害、完成现代化模式的生态转型。如果在2050年全面完成上述的各项任务，基本实现生态现代化，那么，中国的天就将是蓝色的天，中国的水就将是清澈的水，中国的人就将是健康长寿的人。在此基础上，在21 世纪后 50 年，中国生态现代化将有可能迎头赶上世界先进水平，中国就将成为世界上最有魅力的国家之一。

《中国现代化报告 2003》阐述了中国现代化的运河战略，要求实施生态现代化战略。中国生态现代化路径图是生态现代化战略的一种规划方案。未来 20～50 年是我国生态现代化的战略转型时期。要实现生态现代化路径图提出的目标，需要系统和全面的战略研究和系统工程设计，制定操作方案。这是一项需要众多专家和全社会通力合作才能完成的工作，而且不是一劳永逸的，需要动态研究和适时调整。我们认为，未来 50 年中国生态现代化的战略重点，需要考虑三个突破、三个布局和三个安全（图 3-19）。

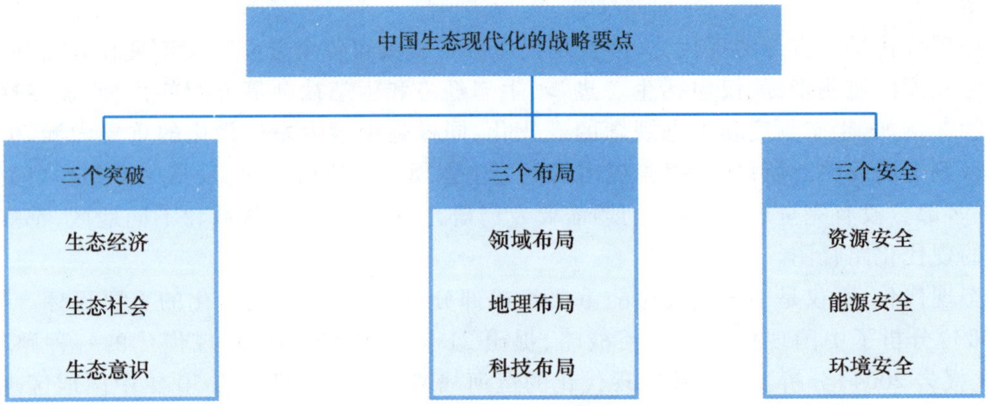

图 3-19　中国生态现代化的战略要点示意图

一、中国生态现代化的三个突破

现代社会的环境问题，绝大多数是人为的。解铃还需系铃人。人为的问题，需要人来解决。生态现代化，就是这个道理的应用。它不是简单地从污染治理入手，而是从改变人的行为模式出发，通过改变经济和社会发展模式，达到环境保护和经济发展双赢的目的。

概要地说，生态现代化要着重解决三个问题：人的行为模式、经济发展模式、社会发展模式的生态转型。人的行为，既受社会现实的影响，又受自身观念的支配。如果个人不能建立和具备现代生态观念，那么，人的行为模式的生态转型是不可能实现的。经济发展模式的生态转型，基本特点是“三化一脱钩”，即经济的轻量化（非物化）、绿色化、生态化、经济增长与环境退化脱钩、经济与环境良性耦合，可以简称为生态经济。社会发展模式的生态转型，主要特点是“三化一脱钩”，即社会结构和社会生活的轻量化（非物化）、绿色化、生态化、社会进步与环境退化脱钩、生活质量与环境进步正向耦合，可以简称为生态社会。随着三个问题的解决，我们将逐步实现生态现代化的四个核心目标：高效低耗、无毒无害、脱钩双赢、互利共生。显然，这些内容也是中国生态现代化的重要内涵。所以，21 世纪前 50 年，中国生态现代化，可以以生态经济、生态社会和生态意识三个领域为突破口，以“三化一脱钩”为主攻方向，从源头入手，解决发展与环境的冲突，实现现代化模式的生态转型，真正实现环境管理模式从“应急反应型”向“预防创新型”的战略转变（表 3-48）。

表 3-48 中国生态现代化的三个突破口和“三化一脱钩”

	轻量化(非物化)	绿色化	生态化	现代化与环境退化脱钩
特点	高效、低耗、高品、低密	无毒、无害、清洁、健康	预防、创新、循环、双赢	逆向脱钩、正向耦合
生态经济	提高资源生产率,降低资源和能源消耗;提高经济品质,降低经济重量(经济物质比例),降低经济物质和能源密度等	降低有毒物、有害物和废物的生产和排放,推进绿色工业化、清洁生产、环保产业、污染治理、绿色服务等,清洁健康环保	预防:发展生态农业、生态工业、生态旅游等;创新:环境友好的科技和制度创新;发展循环经济,促进经济和环境双赢	经济能耗、物耗、水耗、化肥和农药、经济三废排放和有毒有害物排放的负增长、零增长或增长率低于经济增长率,经济发展与环境进步互利耦合
生态社会	提高生活品质,降低物质和资源消费比例,提高服务消费比例,鼓励轻量化消费等	绿色城市化、绿色家居、绿色能源、绿色交通、绿色消费、绿色生活等	生态城市、生态农村、生态建设、保护自然和生物多样性、废物利用、生态文化、生态安全等	社会能耗、物耗、水耗、生活三废排放和有毒有害物排放的负增长、零增长或增长率低于社会进步指标的增长率
生态意识	节约意识、效率意识等	健康意识、环保意识等	创新意识、循环意识等	公平意识、平衡意识等

注:“三化一脱钩”是一个有机整体(表 2-22),它们相互关联,内涵部分交叉,效果相互支持。逆向脱钩指经济增长与环境退化脱钩,包括相对脱钩(环境退化速率低于经济增长率)和绝对脱钩(经济增长的同时环境压力指标零增长或负增长)。正向耦合指经济增长和环境进步实现良性互利耦合。

1. 实现经济现代化模式的生态转型是重中之重

《中国现代化报告 2005》系统分析了经济现代化原理,提出了中国经济现代化路径图。其中,有些内容涉及生态经济,例如新型工业化战略的绿色工业化道路等。从生态现代化角度看,经典经济现代化产生的环境问题,需要通过经济生态化来解决。经济现代化模式的生态转型,建设生态经济,实现经济的轻量化(非物化)、绿色化和生态化,经济增长与环境退化脱钩,经济与环境良性耦合,是我国未来 50 年生态现代化的重中之重,也是我国综合经济现代化的重要内容。目前中国经济正在发生五个转变:从农业经济向工业经济、从工业经济向知识经济、从物质经济向生态经济、从计划经济向市场经济、从国内经济向全球经济的转变。协调五个转变,实现经济生态转型,难度很大。如果获得成功,将彻底扭转经济对环境的破坏作用,消除环境退化的经济源头。目前,中国经济的“三化”水平比较低(表 3-49),要赶上发达国家现在的水平尚需 40 年左右,但部分环境指标已与经济增长相对脱钩。

表 3-49 中国经济的“三化”水平

指 标	指标解释和单位	中国经济与世界水平的相对差距						达到先进水平	
		年	中国	相对差	平均相对差	发达国家	世界平均	年增长率(%)	所需年数
轻量化									
资源生产率[a]	GDP/淡水利用,美元/米^3	2003	2.7	12.7	4.1	34.4	11	5	52
经济资源密度	自然资源消耗/GNI,%	2004	3.2	2.1	1.1	1.5	2.9	-2	38
经济能源密度	能源消费/GDP,千克油/美元	2003	0.73	4.3	2.7	0.17	0.27	-3	48
经济物质密度	钢铁产量/GDP,千克/万美元	2000	2390	9.3	5.3	257	451	-4	55
物质产业比例	物质产值/GDP,%	2004	66	2.4	2.1	28	32	-2	42

（续表）

指　　标	指标解释和单位	中国经济与世界水平的相对差距						达到先进水平	
		年	中国	相对差	平均相对差	发达国家	世界平均	年增长率(%)	所需年数
绿色化									
人均 SO_2	人均 SO_2 排放量，千克/人	2002	15	—	—	25	28		
颗粒物浓度	全国可吸入颗粒物浓度，微克/米^3	2002	80	2.8	1.3	29	60	-2	50
工业有机废水	工业 BOD/增加值，千克/万美元	2002	37.3	6.3	1.2	5.9	32.4	-4	45
工业固体废物	工业固体废物/增加值，吨/万美元	2002	13.4	8.4	5.8	1.6	2.3	-4	52
生态化									
农业化肥密度	化肥使用/公顷可耕地，千克/公顷	2002	278	2.3	2.8	121	101	-2	41
废物循环利用[a]	铝循环利用率，%	2004	21	2.5	—	53	—	2	47
生态旅游收入[a]	人均国际旅游收入，美元/人	2004	21	26.3	5.6	552	117	8	42
环境损失比例	环境损失/GDP，%	2004	2.84	4.4	3.2	0.64	0.9	-3	49
经济环境脱钩									
经济与资源脱钩	铜消费/GDP，千克/万美元	2000	11.5	3.7	2.9	3.1	4	-3	43
经济与能源脱钩	能源消费/GDP，千克油/美元	2003	0.73	4.3	2.7	0.17	0.27	-3	48
经济与物质脱钩	水泥产量/GDP，千克/万美元	2003	5253	36.7	9.6	143	548	-8	43
经济与污染脱钩	SO_2 排放/GDP，千克/千美元	2002	13.3	14.0	2.5	0.95	5.3	-5	51

注：a 为正指标，其他都为逆指标，这是根据生态现代化需要的分类。BOD 为工业废水的生化需氧量。经济物质密度为直接物质投入/GDP，由于缺少中国直接物质投入（DMI）的权威数据，本表用钢铁产量/GDP 代替。发达国家的数据为高收入国家平均值。正指标的相对差距 = 发达国家值（世界平均值）÷ 中国值，逆指标的相对差距 = 中国值 ÷ 发达国家值（世界平均值）。相对差为中国与发达国家的差距，平均相对差为中国与世界平均的差距。年增长率和所需年数为中国达到发达国家目前水平所需要的年均增长率和时间。

中国生态现代化路径图，阐述了未来 50 年中国生态经济的战略目标、基本任务和 12 个监测指标。要全面完成基本任务，至少需要采取五项措施。其主要内容可以概括如下。

战略目标：到 2020 年，经济“三化”达到世界初等水平，全部环境压力指标与经济增长相对脱钩；到 2050 年，经济“三化”达到世界中等水平，经济与资源、能源、物质和污染等完全脱钩，部分环境指标与经济增长实现良性耦合，部分实现环境与经济的双赢。

基本任务：经济“三化”从世界低等水平提高到世界中等水平，经济增长与环境退化完全脱钩，关键环境指标与经济增长实现互利耦合；资源和物质生产率提高 10 到 30 倍，工业和经济废物密度下降 90%左右，工业废水和废物处理率基本达到 100%；弥补和消除历史遗留的环境损害、减少和消除转型过程的新的环境损害、完成经济发展模式的生态转型。

战略措施：采用绿色工业化道路、促进传统工业流程再造、实施污染治理工程、循环经济战略和绿色服务战略等五项措施，促进经济的“三化”转型。

关于五项战略措施，都有待专门研究。这里，简介它们的主要内容。

(1) 继续实施新型工业化战略，走绿色工业化道路，降低新增环境压力

《中国现代化报告 2005》比较系统地阐述了新型工业化的特点。简单地说，新型工业化是传统工业化的信息化、知识化、绿色化和生态化修正，是工业化、经济信息化、经济知识化、经济绿色化、经济生态化和全球化的系统整合。通过实施新型工业化战略，走绿色工业化道路，降低新建工业的环境压力。关于绿色工业化需要专题研究，它的基本要求如下：

第一，新建工业项目必须进行环境影响评价；

第二，环境风险较大的新建项目，严格执行环保设施和生产设施的“三同时”；即同时设计、同时施工和同时投产使用；

第三，新建工业项目的“三废”排放，必须达到国家环境管理标准；

第四，新建工业项目的园区环境，必须达到国家环境质量标准；

第五，新建工业项目的废物处理和有毒有害物品管理，必须符合国家规定；

第六，新建工业项目的原料采购、生产工艺和产品包装等，必须符合国家标准；

第七，环境风险较大的新建项目，必须建立环境质量监测和环境档案；

第八，鼓励新建工业项目，采用清洁能源、清洁生产、绿色工艺、面向环境的设计、生命周期评价、ISO14000 认证、环保产业认证和环保产业标志等；

第九，鼓励新建工业项目，采用轻量化、绿色化和生态化的发展战略；

第十，建立和实施环境责任制度，积极探索适度延伸企业环境责任的政策措施等。

(2) 促进传统工业流程再造，加速环保产业的发展，降低工业污染

传统工业，特别是资源密集、能源密集和污染密集的传统工业，需要进行工业流程的环保再造，以控制和降低工业污染。为达到这个目的，可以采取六种措施。

第一，对为传统工业提供环保产品的环保产品，以及实施环保技术改造的企业，提供税收优惠，以加速环保产业的发展和传统工业的环保再造。

第二，调整和完善环境税费、排放配额和排放许可证制度，相对提高企业污染排放的成本，相对降低企业污染控制的成本，提升企业环境保护和污染治理的经济动力。

第三，制定和实施污染密集的产业、地区和流域的污染总量控制计划，允许排放配额和排放许可证的市场交易，但要防止腐败行为的发生。

第四，制定危险物品和有毒化学物品清单和申报制度，严格监控危险品和剧毒品的工业代谢和区域流动；相关企业的法人代表或总经理，应该成为企业的“环境责任法人”。

第五，政府环保部门，采用环保信息公开；鼓励和保护污染密集地区的居民，积极监督企业环保措施的落实情况。

第六，鼓励相关企业申请绿色产品、环保产品、ISO14000 和环保标志认证等。

(3) 继续实施污染治理工程，逐步清除重点地区和重点产业的污染遗留

继续加大环保投入，在传统工业和污染工业集中的地区和流域，实施污染治理工程，逐步清除历史遗留污染，并控制和减少新的污染发生。

(4) 继续推进循环经济，降低资源消耗，建设资源节约型经济

继续鼓励循环经济的发展，鼓励废物的资源化、再利用、再制造和再循环，鼓励循环经济园区和示范区建设，推动资源节约型经济的发展。

(5) 实施绿色服务工程，加快服务经济发展，促进经济的“三化”转型

实施绿色服务工程，鼓励现代绿色服务业的发展，促进经济的轻量化、绿色化和生态化。绿色服务业的范围包括：生态旅游、体育服务、健康服务、咨询服务、信息服务、金融服务、技术服务、广告服务、培训服务和其他商业服务等。

绿色服务工程的具体方案，需要专题研究。它的基本内容包括六个方面。

第一，加快绿色服务业的发展；

第二，降低服务业的能源和资源消耗；

第三，提高服务业的劳动和资源生产率；

第四，改善和提高服务业的工作环境质量；

第五，控制和降低服务业的废物和有毒有害物的排放；

第六，促进服务业废物的循环利用等。

经济现代化模式的生态转型是一个系统工程，上述五个方面是重点内涵。但是，仅有这五项措施是远远不够的。经济制度和经济观念的生态转变，也是必须的。

2．实现社会现代化模式的生态转型是当务之急

《中国现代化报告 2006》系统分析了社会现代化原理，提出了我国社会现代化路径图。其中，有些内容涉及生态社会，例如新型城市化的绿色城市化道路等。从生态现代化的角度分析，传统城市化产生的城市污染问题，可以通过社会绿色化和生态化来解决。社会现代化模式的生态转型，建设生态社会，实现社会结构和社会生活的轻量化、绿色化和生态化，社会进步与环境退化脱钩，生活质量与环境进步相互协同，是我国生态现代化的基本要求，也是我国综合社会现代化的重要内容。而且，如果不能让人民认识和享受生态现代化的实惠，那么，生态现代化就将失去社会基础。没有全体国民的参与，生态现代化是不可能实现的。从这个意义上说，社会现代化模式的生态转型，应该成为一项非常紧迫的工作。

《中国现代化报告 2006》认为，在未来 50 年，中国社会现代化需要完成两次社会转型。第一次是从农业社会向工业社会、从乡村社会向城市社会的转型。第二次是从工业社会向知识社会、从城市社会向城乡动态平衡社会的转型。从生态现代化角度看，未来 50 年，中国社会还需要完成从物质社会向生态社会，从环境风险社会向生态安全社会的转变。所以，未来 50 年，中国社会将发生三个转变。与此相适应，中国社会结构和社会生活将发生翻天覆地的深刻变化。本报告的主题是生态现代化，我们重点讨论从物质社会向生态社会的转型。目前，中国社会的“三化”水平比较低（表 3-50），要赶上发达国家的现在水平尚需要 40 年左右；而且人均物质和能源消费水平比较低，社会进步与环境退化脱钩的路还很漫长。

表 3-50　中国社会的“三化”水平

指　标	指标解释和单位	中国社会与世界水平的相对差距						达到先进水平	
		年	中国	相对差	平均相对差	发达国家	世界平均	年增长率(%)	所需年数
轻量化									
服务劳动比例[a]	服务业劳动力/总劳动力，%	2004	27	2.6	1.3	70	35	2	48
服务收入比[a]	服务业增加值/工农业增加值	2004	0.7	3.7	3.1	2.6	2.2	3	44
服务消费比例[a]	服务消费/家庭消费，%	2002	27	1.4	1.2	39	32	1	37
人均服务消费[a]	人均服务消费，美元/人	2002	125	52.7	20.1	6583	2514	8	52
绿色化									
安全饮水[a]	安全饮水普及率，%	2002	77	1.3	1.1	100	82	0.9	29
卫生设施[a]	卫生设施普及率，%	2003	44	2.3	1.3	100	56	2	41
交通空气污染	公路 CO/汽车，千克/辆	2002	200	1.9	1.8	107	112	-1.5	41
城市空气污染	城市颗粒物浓度，微克/米^3	2002	99	3.7	2.3	27	43	-3	43
生态化									
城市废物处理[a]	城市废物处理率，%	2002	51	2.0	1.8	100	94	2	34
生活废水处理[a]	生活废水处理率，%	2004	14	5.6	4.6	78.7	64	4	44
农村人口密度	农村人口/可耕地，人/平方公里	2002	559	2.8	1.2	202	477	-2	50
环境风险	自然灾害受害率，万分之	2000	1095	28.1	2.6	39	427	-8	40
社会与环境脱钩									
社会与资源脱钩	人均木材消费，立方米/人·年	2003	0.24	0.2	0.5	1.15	0.53	4	40
社会与能源脱钩	人均家庭能源消费，千克油/人·年	2003	238	0.3	0.8	700	293	3	36
社会与物质脱钩	人均糖消费，千克/人·年	2000	7	0.2	0.2	32	31	4	39
社会与污染脱钩	人均城市废物，千克/人·年	2002	283	0.5	—	570	—	2	35

注：a 为正指标，其他都为逆指标，这是根据生态现代化需要的分类。中国交通空气污染为估计数。年增长率和所需年数为中国达到发达国家目前水平所需要的年均增长率和时间。计算方法同表 3-49。

中国生态现代化路径图,阐述了未来50年中国生态社会的战略目标、基本任务和12个监测指标。要全面完成基本任务,有五项措施是必须的。其主要内容可以概括如下。

战略目标:在2050年,人居环境基本达到世界先进水平,城市空气质量达到国家一级标准,绿色生活和环境安全等达到世界中等水平,社会进步与环境退化完全脱钩。

基本任务:社会"三化"从世界低等水平提高到世界中等水平,社会进步与环境退化完全脱钩,关键环境指标与生活质量实现良性耦合;安全饮水和卫生设施普及率达到100%,城市生活废水和废物处理率达到100%,人均服务消费提高50倍,环境风险下降90%,城市空气质量达到国家一级标准;弥补和消除历史遗留的环境损害、减少和消除社会转型过程的新的环境损害、完成社会发展模式的生态转型;建立环境友好的生态社会。

战略措施:采用绿色城市化道路、建立生态补偿机制、完善自然灾害减灾机制、实施绿色家园工程和绿色消费工程等五项措施,促进社会的"三化"转型。

关于五项战略措施,都有待深入研究。这里,简介它们的主要内容。

(1) 实施新型城市化战略,走绿色城市化道路,建设绿色家园

《中国现代化报告2006》提出新型城市化战略,建议城市化、郊区化、城市信息化、城市知识化、城市绿色化、城市生态化和国际化的协调发展,建设城乡平衡的绿色家园。通过实施新型城市化战略,走绿色城市化道路,降低和控制新增加的城市污染。

绿色城市化道路是一个需要研究的课题。目前,它的基本特点是:

第一,新建城区和房地产开发项目,必须进行环境影响评价;

第二,新建城区如果有污染密集项目,必须实行建设项目与环保设施的"三同时";

第三,新建城区必须实行供水、排水和废水处理的"三同时",同时设计、施工和投产;

第四,新建城区必须建立废物收集和处理机制和基础设施,废物处理率达到100%;

第五,新建城区必须建立城市环境质量监测、评价和预报制度;

第六,新建城区的各项环境质量指标,必须达到或高于国家二级标准;

第七,新建城区的公共卫生设施、城市绿化和环境设施必须达到国家环保标准;

第八,鼓励新建城区采用清洁能源、可再生能源、绿色交通和废物循环利用;

第九,鼓励新建城区采用"环境优美乡镇"、生态示范区和环保模范城市等标准;

第十,鼓励新建城区建立环境信息公开制度,建立和实施环境责任制度,鼓励市民和非政府环保组织发挥监督作用等。

(2) 实施绿色家园工程,改善人居环境,发展绿色能源和绿色交通

在现有城区和乡镇人口密集区,实施绿色家园工程,普及安全饮水和卫生设施,提高生活废水和废物处理率,提高人均绿化面积,逐步达到安全饮水、卫生设施、废水处理和废物处理的四个百分之百,彻底改善人居环境。

鼓励现有城区和乡镇人口密集区,采用清洁能源和可再生能源,降低交通的空气污染和噪声污染,提高空气质量。

鼓励新建和现有城区和乡镇人口密集区,采取有效措施,建立清洁"水源保护区"。同时,保证"水源保护区"的居民,能够享有平等的发展权和生活质量。

继续实施"农村改水改厕工程",提高农村地区安全饮水和卫生设施普及率。继续实施"生态家园富民行动计划"和"农村沼气工程",改善农村卫生环境和能源结构。

(3) 建立生态补偿机制,发挥生态服务功能,同享现代化成果

根据生态学原理和中国生态系统特点,划分中国的生态系统功能服务区。研究制定《国家地区开发法》,使区域开发建立在法治基础之上,并严格依法管理。

加强国家自然保护区建设,提高自然保护区的比例。在国家自然保护区、生态功能保护区(水源保护区、湿地保护区等)、风景名胜保护区、文化遗产保护区、海洋环境保护区、生物多样性保护区、国家各类公园、各地区的自然保护区等地区,建立生态补偿机制,保证当地居民能够享受现代化的成果。

在中央、省和市级财政建立三级生态补偿基金,研究制定科学合理的补偿机制,确保各级保护区的当地居民,能够达到国家或所在省市的平均生活水平;保证他们的生活水平能够与国家平均水平或所在省市的平均水平基本同步提高。同时要预防依赖心理的发生。

(4) 完善自然灾害减灾机制,发挥城市服务功能,保障环境安全

中国是一个自然灾害频繁的国家。完善自然灾害减灾机制,利国利民。在未来 50 年,随着中国生态现代化的推进,自然灾害的影响会逐步降低。但是,在这个过程中,中国自然灾害的影响和损失,仍有可能超过世界平均水平。

借鉴国际经验,建立有效的自然灾害监测、预报、预警、预防、应急、急救、援助、重建、保险、评估和统计制度,是需要研究的课题。自然灾害的预防,可以发挥城市的服务功能,降低自然灾害的影响程度,提高环境安全性。

(5) 实施绿色消费工程,扩展绿色产品的市场空间

中国生态现代化,必须有市场支撑。虽然政府、环保专家和环保组织的引导作用很重要,但是如果没有绿色市场支撑,中国经济和社会的绿色化和生态化,就有可能落空。

实施绿色消费工程,鼓励企业开发和生产绿色产品和绿色服务,鼓励有经济能力和环保意识的居民购买和消费绿色产品和绿色服务,鼓励政府机构采用绿色采购政策,是扩大绿色市场的基础工程。

生态现代化的四方博弈模型假设:第一,在一个开放市场上,一个商品有两个生产者、两种生产技术和两个消费者;第二,绿色生产者采用绿色技术和生产绿色商品,普通生产者采用普通技术和生产普通商品;第三,绿色消费者愿意购买绿色商品,普通消费者愿意购买普通商品;第四,两个生产者和两个消费者,将发生利益博弈,并有多种可能结果;第五,当绿色生产者的收益大于或等于普通生产者、绿色消费者的绿色消费物有所值的时候,绿色生产和绿色消费才能进行。

绿色消费工程的关键是诚信。绿色生产者必须保证绿色产品质量,政府和市场必须形成防止“假冒绿色产品”的机制,绿色消费者才会愿意支付绿色消费的“绿色费用”。

社会现代化的生态转型是一个系统工程。上述五项措施,是必须条件,但不是充分条件。社会制度和社会观念的生态转变,同样是非常重要的。

3. 提升全体国民的现代生态意识是关键所在

《中国现代化报告 2006》认为,国民素质现代化是社会现代化的重要内容。事实上,没有人的现代化,就没有真正的现代化。没有现代生态意识,就没有生态现代化。所以,提升全体国民的现代生态意识,是中国生态现代化的成败关键。

目前,中国现代化水平比较低,社会保障水平比较低,人民生活水平比较低。发展国民经济,提高收入水平,是当前的社会焦点。这是可以理解的。同时,我们也看到,提高生活质量、发展国民经济和保护地球环境,是可以协调一致的。这就是生态现代化的理念。

在传统观念里,工业化和现代化必然产生环境破坏。如果用经典现代化的理论和实践来看,这个观点是正确的。但是,如果用生态现代化的理论和实践来看,这个观点是可以修正的。如果采用生态现代化原理,可以逐步实现经济增长与环境退化的脱钩,经济和环境实现双赢。当然,达到生态现代化的目标,需要一个比较长的过程,也涉及社会利益的调整。

中国现代化,必须解决现代化与自然环境的关系问题,否则将贻害我们的子孙后代。生态现代化,就是解决现代化与自然环境关系的一种理论,而且在发达国家已经取得成功。生态现代化代表了世界前进的方向,也是我国现代化的重要内涵。

最近几年,中国的污染问题和环境恶化,已经引起社会的广泛关注。如果我们不能找到科学理论和有效办法,那么,中国环境退化的趋势还将继续。显然,这是我们不愿意看到的。我们认为,提高国民生态意识已经刻不容缓,改变行为模式则是关键所在。

现代生态意识,以现代生态科学、环境科学、经济科学和生态现代化理论为基础,提倡高效低耗、高品低密、无毒无害、清洁安全、循环节约、公平双赢、绿色生产、绿色消费、预防创新和健康环保,主张谁污染谁付费、谁受益谁监督、谁签字谁负责和谁渎职谁受罚,反对资源浪费、环境污染、生态破坏和超量消费,努力实现经济发展与环境退化的完全脱钩、社会进步与环境进步的良性耦合、人类与自然的互利共生。

建立现代生态意识,不仅要有环保和生态知识的普及,还要有法律基础、制度基础和科学基础。我们认为,可以从如下五个方面入手,建立国民现代生态意识。

(1) 建立关键岗位环境责任制,奠定生态意识的法律基础

没有法律基础的生态意识,只是流动的社会观念,而不是法定的行为规范。借鉴发达国家的生态现代化经验,中国生态现代化建设,需要有法定的行为规范。

保护环境,人人有责。岗位不同,责任有别。有些关键社会岗位,如企业法人代表、企业总经理、组织机构负责人、社团法人代表、环境评价工程师、工程设计师、环境审计员、环境质量监测员、行政首长、行政主管和环境管理官员等,这些岗位的行为效果和环境责任,大大超过其他社会岗位。所以,现代生态意识,应该首先在这些岗位上得到落实。

所以,建议适时修订国家《环境保护法》,建立关键岗位环境责任制。基本内容包括:关键岗位环境责任书、关键岗位环境审计书、环境责任 20 年有效期等。

关键岗位,上岗签订关键岗位环境责任书,离岗签署关键岗位环境审计书,关键岗位环境责任 20 年内有效。

(2) 建立关键项目环境风险评价制度,奠定生态意识的管理基础

没有制度基础的生态意识,只有道德约束,而没有行政约束。依据《中华人民共和国环境影响评价法》,全面进行环境影响评价,是树立现代生态意识的非常有效的措施。

在新建项目环境影响评价的基础上,建立关键项目环境风险等级评价制度,也是有必要的。基本内容包括:第一,在环境影响评价的基础上,识别出具有较大环境风险的关键项目(包括具有较大规模的项目);第二,定期对关键项目进行环境风险评价,评价周期可以考虑为 5 年到 10 年(特别关键项目每 5 年评估一次);第三,关键项目的关键岗位,采用关键岗位环境责任制。

(3) 继续控制人口规模,奠定生态意识的科学基础

现代生态意识,必须建立在科学基础之上,否则就会不切实际。现代生态意识,是关于现代化与自然环境的关系的思想观念和行为规范。如果人口超过自然环境的承载能力,那么,人类求生存的本能就会破坏合理的行为规范。所以,控制人口规模,是保证现代生态意识发挥作用的重要环节。

在过去几十年里,我国成功地实施了人口控制战略,有效地控制了人口规模。尽管如此,目前我国人均土地资源、人均耕地资源和人均淡水资源的三个“刚性约束”,仍然没有解除(表 3-51)。2000 年,中国人口密度、人均耕地和淡水资源都不到世界平均水平的一半;人口密度低于日本、德国、英国和印度,高于美国;人均耕地与英国相当,高于日本,低于德国、美国和印度;人均淡水与英国相当,高于德国和印度,低于日本和美国。而且,在未来相当长时间内,资源的刚性约束仍将存在,中国三种资源的人均水平都低于世界平均水平。

表 3-51 中国人口和人均资源的估算

	1900	1950	2000	2010	2020	2030	2040	2050	2100	最大值	最大年
人口预测(中国按低、中和高三个方案计算,其他国家为中方案计算,百万)											
中国(低)	400	555	1274	1342	1368	1347	1278	1171	614	1348	2020
中国(中)				1355	1424	1446	1433	1392	1181	1451	2030
中国(高)				1367	1480	1548	1603	1647	2013	5469	2300
日本	44	84	127	128	127	123	118	112	90	128	2010
印度	236	358	1021	1183	1332	1449	1534	1593	1458	1557	2065
德国	32	68	82	83	82	82	80	79	73	85	2300
英国	38	50	59	61	62	65	66	67	64	73	2300
美国	76	158	284	312	338	361	380	395	437	493	2300
世界	1564	2519	6086	6843	7578	8199	8701	9076	9100	9200	2075
人口密度(按中方案计算,人/平方公里)											
中国	43	58	133	141	148	151	149	145	127	156	2030
日本	121	221	336	340	335	324	311	297	247	351	2010
印度	79	109	311	360	405	441	467	485	491	524	2065
德国	91	192	231	232	230	228	225	221	209	245	2300
英国	160	205	242	249	257	266	272	276	267	304	2300
美国	8	16	30	32	35	37	39	41	48	54	2300
世界	12	19	45	50	56	60	64	67	71	71	2075
人均可耕地面积(按中方案计算,公顷/人)											
中国	0.25	0.18	0.11	0.10	0.09	0.09	0.09	0.09	0.09	0.09	2030
日本	0.12	0.06	0.04	0.03	0.04	0.04	0.04	0.04	0.05	0.03	2010
印度	0.68	0.45	0.16	0.14	0.12	0.11	0.11	0.10	0.11	0.10	2065
德国	0.38	0.17	0.14	0.14	0.14	0.14	0.15	0.15	0.16	0.14	2300
英国	0.18	0.14	0.10	0.10	0.09	0.09	0.08	0.08	0.07	0.07	2300
美国	2.47	1.20	0.63	0.56	0.50	0.46	0.43	0.41	0.33	0.29	2300
世界	0.68	0.42	0.23	0.20	0.19	0.18	0.17	0.17	0.18	0.18	2075
人均淡水资源(按中方案计算,立方米/人)											
中国	7030	5069	2207	2076	1975	1944	1962	2020	2380	1939	2030
日本	9750	5142	3385	3347	3393	3508	3656	3833	4784	3359	2010
印度	5349	3527	1235	1066	947	870	822	792	865	810	2065
德国	3379	1565	1299	1294	1300	1313	1335	1358	1464	1254	2300
英国	3773	2911	2471	2396	2320	2241	2195	2160	2252	1980	2300
美国	36654	17743	9854	8967	8274	7759	7377	7089	6405	5679	2300
世界	27430	17027	7049	6269	5661	5232	4930	4727	4714	4663	2075

注:2010 年至 2100 年的可耕地面积,是根据 2000 年可耕地面积,按 1970～2000 年年均增长率的计算结果。其中,中国、英国和美国的增长率为 -0.2%,日本、印度和德国为零增长,世界平均增长率为 0.2%。1900 年和 1950 年人均可耕地面积,分别为 1970 年可耕地面积除以 1900 年和 1950 年人数。人均淡水资源,为 2000 年淡水资源除以各年人口数。如果按照中方案和低方案估算,中国 2050 年人口预计为 13 亿左右,2100 年人口预计为 10 亿左右,中国人口峰值大约在 2030 年,约为 14.5 亿左右。

数据来源:UN 2004. World Bank 2005.

继续实施人口控制战略,控制人口规模。虽然人口控制是“一剂苦药”,并有“副作用”,会有日益突出的社会问题;但是,这些问题与人口膨胀所诱发的社会危机相比,无疑是小巫见大巫。为了中华民族的整体利益,应该理性面对中国国情,积极寻求人口控制的“优化药方”,降低和化解它的“副作用”。未来 20 年是我国人口控制的关键时期。

(4) 加大生态和环保教育投入,从小学开始普及生态知识

生态和环保教育,可以从上学开始。让中国的新生代,从小就认识他们生活的自然环境,了解他们生活的资源基础和生态条件,意识到保护资源环境的重要性。

(5) 建立环境信息公开制度,促进环保活动和非政府环保组织的健康发展

环境信息公开,既是对企业和政府的监督,也是对社会公民的责任。大家都来关心环境,大家都来监督环境,那么,那些破坏环境和污染环境的行为,就会逐步退出历史舞台。建议建立有毒物和污染物排放的企业档案和排行榜,并定期公布有毒物和污染的排行榜。

发达国家,民间环保活动和非政府环保组织,在环境管理中发挥着重要作用。非政府环保组织,从冲突到合作,积极参与环境决策和环境政策制定,监督环境决策和环境政策的落实,维护公民的环境权利,具有非常积极的意义。

二、中国生态现代化的三个布局

中国的生态现代化,仅有三个突破是不够的,还需要有合理的战略布局。由于国土辽阔,地理复杂,地区发展非常不平衡,中国生态现代化的战略布局,就成为一个值得深入研究的重大课题,而且需要持续的研究。目前,我们的研究还非常有限。这里,简要介绍关于领域布局、地理布局和科技布局的一些初步认识,供大家讨论。

1. 中国生态现代化的领域布局

中国生态现代化路径图阐述了生态响应、生态经济和生态社会等三个领域的战略目标和战略任务(图 3-8 至图 3-18),前面还分析了生态经济、生态社会和生态意识的战略重点和战略措施等,这些内容属于中国生态现代化的宏观布局(表 3-52)。由于生态响应领域包括自然资源、自然环境和生态系统 3 个小领域,生态经济包含生态农业、生态工业、绿色服务和绿色经济 4 个小领域,生态社会包含生态城市、生态农村、绿色能源和交通、绿色社会和生态安全 5 个小领域等,所以,中国生态现代化还需要有相对微观的领域布局。

表 3-52 中国生态现代化路径图的宏观布局

时 间	生态响应领域	生态经济领域	生态社会领域
2020 年	关键自然资源保护利用和环境质量指标达到世界中等水平,典型生态系统功能基本恢复,环境退化趋势基本扭转	经济增长与环境退化部分指标绝对脱钩,资源和物质生产率明显提高,经济能耗和资源消耗明显下降,生态经济相关法规基本形成	人居环境主要指标达到世界中等水平,绿色能源、绿色交通、绿色消费和环境安全有所提高,现代生态意识和生态社会相关法规基本形成
2050 年	关键自然资源的合理利用和有效保护、主要环境质量指标和城乡环境质量等,基本达到发达国家同期水平;典型生态系统的生态效率和服务功能,基本恢复到自然生态平衡状态的水平;森林覆盖率达到 35 %左右	经济“三化”关键指标达到世界中等水平;工业废水和废物处理率基本达到 100 %,全部环境压力指标与经济增长完全脱钩,关键环境指标与经济增长实现正向耦合;形成相对完善和高效的生态经济的相关法规和政策体系	人居环境和环境安全等关键指标达到世界中等水平;全国安全饮水和卫生设施普及率达到 100 %,城市生活废水和废物处理率达到 100 %,全部环境压力指标与社会进步完全脱钩,关键环境指标与生活质量实现正向耦合;形成相对完善和高效的生态社会的相关法规和生态文化
2100 年	资源有效保护和环境质量达到世界先进水平,森林覆盖率达 40 %左右,典型生态系统完成恢复,再现青山碧水环境美	生态经济达到世界先进水平,全部环境压力指标下降到环境承载力的 50 %以内,经济与环境实现双赢	生态社会达到世界先进水平,人居环境和生态安全达到世界先进水平,社会进步与环境进步互利耦合

(1) 生态响应领域的布局

生态响应领域的布局分两个层次，一个是国家层面的领域布局，包括自然资源、自然环境和生态系统；一个是地区层面的领域布局。下面简介前者，后者需要专门研究。

首先，自然资源的有效保护和合理利用。建立自然资源评估制度，定期评估国家自然资源的状态。建立自然资源分级保护制度，对于国家战略资源实施严格的监管。继续推进自然保护区和国家公园建设，提高自然保护区的覆盖比例和覆盖类别。加强生物多样性、重要物种和典型生态系统的保护，加强淡水、能源、矿产和海洋资源合理利用的监管等。

其次，自然环境的合理保护和环境治理。全面落实《全国生态环境建设规划》和《全国生态环境保护纲要》提出的目标和任务，综合治理国土退化，降低水土流失、荒漠化、沙漠化和盐碱化土地比例，改造中低产田和坡地；综合治理环境污染，完成污染企业集中地区和流域的环境治理，加强矿山环境和海洋环境的治理等。

其三，生态系统恢复和生态建设。继续推进天然林保护、封山育林和人工造林，提高森林覆盖率；在 2050 年森林覆盖率达到 35％左右，在 2100 年达到 40％左右。发展生态农业，恢复林草植被是生态建设的重要内容。继续完善“退耕还林”工程，推进生态脆弱地区的综合治理。保护和建设天然草原、草山草坡和人工草地，基本消除草地“三化”现象。继续保护江河源头、湖泊湿地、原始森林、雪山冰川、沙漠戈壁等典型生态系统，恢复和提高生态系统的服务功能等。

(2) 生态经济领域的布局

生态经济领域的布局可以分两个层次。一是国家层面的领域布局，包括生态农业、生态工业、绿色服务和绿色经济等；一是地区层面的领域布局。后者需要专门研究。

生态农业。生态农业是农业现代化的重要内容之一。关于生态农业有许多专著。它的特点是利用生态学和经济学原理，提高农业资源生产率，提高土地轮作、废物循环利用和有机肥料使用比例，降低农业水耗、物耗和能耗，降低农业化肥密度和农药密度，降低土地使用强度，减少农业环境污染和土地退化等。生态农业的发展，可以分四个层次。第一，鼓励农户、农场和牧场发展生态农业、有机农业、自然农业或草地农业等。第二，鼓励专业化的生态农业区或生态农业乡镇的发展。第三，发展有机食品和绿色食品产业。第四，鼓励生态农业县的发展等。从耕地农业向耕地农业和草地农业并重转型，是农业现代化的一个重要途径，也是食物结构变化的一个必然要求。发展草地农业也是农业生态化的重要内容。

生态工业。生态工业是经济现代化的重要内容之一。生态工业的特点是利用工业生态学原理，提高工业资源生产率，降低工业资源消耗，降低工业物耗水耗和能耗，降低工业三废排放，提高废物循环利用率等。生态工业发展，可以分三个层次。第一，鼓励企业采用清洁能源、绿色生产技术、面向环境设计、产品生命周期评价、环保认证、ISO14000 认证、生态标记认证和废物循环利用等，建设环境友好企业。第二，鼓励生态工业园和生态工业联合体的发展。第三，鼓励重点行业和重点地区，系统地大范围推进生态工业的发展。

绿色服务。绿色服务是现代服务的重要组成部分。绿色服务的主要特点是高效低耗、低排低密、无毒无害、废物循环利用的服务。绿色服务的发展，可以分四个方面。第一，鼓励绿色生态旅游和国际旅游的发展。第二，鼓励废物回收服务业的发展。第三，鼓励绿色服务的其他产业的发展，如咨询服务、信息服务、商业服务和培训服务等。第四，鼓励服务行业提高资源生产率，降低能耗、水耗和废物排放等。

环保产业。环保产业门类繁多，包括废物资源综合利用、可再生能源、环保技术服务、环保商业服务、环保技术开发和环保产品生产等。环保产业的发展，可以分为四个方面。第一，鼓励废物资源利用和可再生能源的发展。第二,鼓励环保技术开发、环保技术服务和商业服务的发展。第三,促进生产和提供环保产品和服务的企业的发展。第四,鼓励环保工业园的发展。所有环保产业,需要提高自身的资源生产率、降低能耗物耗和废物排放。

绿色经济。绿色经济是高效低耗、无毒无害、废物循环利用的经济。在某种程度上,绿色经济与生态经济是同义词,但前者的范围稍窄一些。循环经济是绿色经济的重要内容。这里以循环经济的发展为例。循环经济的发展,可以分四个方面。第一,鼓励企业提高废物的再利用、再制造和再循环。第二,鼓励废物收集服务业的发展,鼓励城镇地区和人口密集地区建立废物分类回收站点,建立废物回收网。第三,鼓励废物综合利用企业的发展。第四,鼓励循环经济园和生态工业园的发展等。

(3) 生态社会领域的布局

生态社会领域的布局可以分两个层次。一是国家层面的领域布局,包括生态城市、生态农村、绿色能源和交通、绿色经济和生态安全等;一是地区层面的领域布局。下面简要讨论国家层面的布局,后者需要专门研究。

生态城市。生态城市建设是城市现代化的重要内容之一。关于生态城市有许多专著。它的特点是利用城市生态学原理,改善城市人居环境,提高城市环境质量,降低城市环境污染,降低城区人口密度,降低城市人均生态足迹,采用绿色能源和绿色交通,倡导自然化、绿色化和生态化的城市规划,提倡轻量化、绿色化和生态化的城市生活等。生态城市建设,可以从六个方面考虑。第一,生态城市和生态城区规划。第二,生态城区改造和生态新城建设。第三,提高城市废物和废水处理能力,改善城市环境。第四,提高城市绿化率,发展清洁能源和绿色交通。第五,鼓励城市居民采用轻量化、绿色化和生态化的生活方式。第六,鼓励城市采用环保模范城市、模范人居环境、环境优美乡镇等环境标准。

生态农村。一般而言,传统农村是自然的和绿色的,但卫生条件比较差,有些地区饮水质量差。现代农村,有了现代农业和现代工业的环境污染。生态农村建设,需要保留自然和绿色的特点,同时消除环境污染,提高生活质量。生态农村建设,可以包括六个方面。第一,继续实施"生态家园富民行动计划"和"农村沼气工程",发展清洁能源,推进乡村清洁工程。第二,继续推进"农村改水和改厕工程",提高乡村安全饮水和卫生设施普及率。第三,完善"退耕还林"工程和加强自然保护区建设,提高乡村的生态质量。第四,改善乡村能源和交通结构,提高乡村生活质量。第五,发展生态农业、自然农业和有机农业等,提高农民收入。第六,加快城市化进程,大幅度降低农村人口密度和农村人口产生的生态压力等。

绿色能源和绿色交通。主要内容包括:开发新能源,提高可再生能源比例和清洁能源比例;降低交通空气污染,降低交通的能耗和水耗,提高交通的资源利用效率等。

绿色社会。绿色社会是健康长寿、无毒无害、废物循环利用的社会。在某种程度上,绿色社会与生态社会是同义词,但前者的范围稍窄一些。绿色社会的重点包括:降低儿童和成年人死亡率,降低物质消费和能源消费密度,降低生活废物和有毒有害物的排放密度,提高生活废物循环利用率和处理率,建设绿色人居环境和倡导绿色生活方式等。

生态安全。生态安全的重点包括:粮食安全、食品安全、资源安全、能源安全和环境安全等。中国需要分别研究和制定粮食、食品、资源、能源和环境安全战略等。

2. 中国生态现代化的地理布局

《中国现代化报告2004》比较系统阐述了地区现代化理论和中国地区现代化运河战略。根据地区现代化的运河战略,中国地区现代化将按"三大片和八大区"布局(图3-20)。这种布局考虑了地区经济差距和地理条件。中国生态现代化建设,也可以采用这种地理布局,同时需要加强生态功能区划研究和典型生态系统评价。

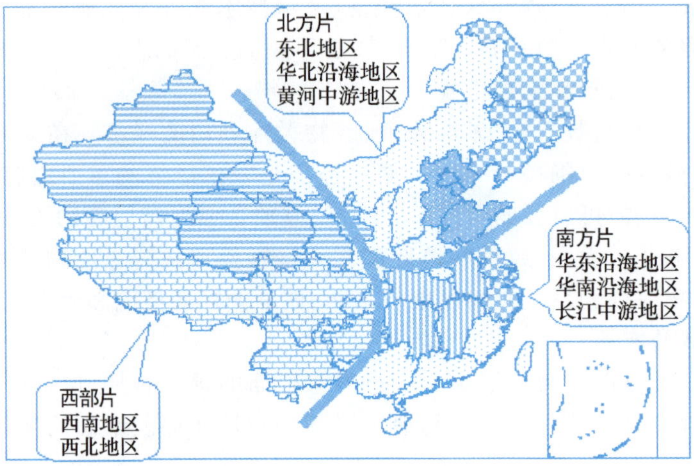

图 3-20　中国地区现代化的三大片和八大区的布局

注:本图为工作简图。完整的中国地图,请见中国地图出版社出版的中国地图。

资料来源:中国现代化战略课题组 2004.

(1) 中国生态现代化的地理结构

生态现代化是现代化与自然环境的一种相互作用。这种相互作用,既受地区现代化水平的影响,也受地区自然环境的影响。中国北方和南方的现代化水平大致相当,西部现代化水平比较低;中国北方、南方和西部三片的生态现代化水平大体相当(见第四章表 4-27),但三片的自然环境相差明显,面临的生态和环境问题也有差异。

在未来 20 到 50 年,中国生态现代化路径图的地理布局大致为三类(表 3-53)。

表 3-53　中国生态现代化的空间布局

三大片	八大地区	生态现代化的重点
北方片	东北地区(黑龙江、吉林、辽宁)	绿色工业化和城市化、生态城市、生态农业等
	华北沿海(北京、天津、河北、山东)	生态城市、生态农村、绿色城市化和工业化等
	黄河中游(河南、山西、陕西、内蒙)	绿色城市化和工业化、生态城市、生态建设等
南方片	华东沿海(江苏、上海、浙江)	生态城市、生态农业、环保产业、循环经济等
	华南沿海(福建、广东、广西、海南)	绿色工业化和城市化、生态旅游、生态农村等
	长江中游(安徽、江西、湖北、湖南)	绿色工业化和城市化、生态城市、生态农村等
西部片	西南地区(重庆、四川、贵州、云南、西藏)	绿色工业化和城市化、生态旅游、生态建设等
	西北地区(甘肃、宁夏、青海、新疆)	绿色城市化、循环经济、生态建设、生态旅游等

第一类,绿色两化和绿色家园建设。以绿色工业化和绿色城市化为主轴,协调推进生态城市和生态农村建设。适用范围:东北地区、华南沿海地区、长江中游地区和西南地区。

第二类,绿色城市化和生态建设。以绿色城市化和生态建设为主线,发展循环经济、生态工业和生态旅游等。适用范围:黄河中游地区和西北地区。

第三类,生态城市和生态农村建设。以生态城市和生态农村建设为重点,发展绿色工业化、环保产业和循环经济等。适用范围:华北沿海地区和华东沿海地区。

《中国现代化报告 2004》从地区现代化的角度考虑,建议成立国家地区开发署。从生态现代化的角度分析,地区开发署非常有必要。地区开发署,不仅可以协调地区现代化,而且可以促进地区生态现代化。所以,我们认为,应该成立国家地区开发署。

(2) 中国生态区划和生态系统评价

生态区划和生态系统评价,是生态现代化的重要基础,更是生态现代化地理布局的关键基石。目前,我国生态区划和生态系统评价研究,已经有大量论著。生态区划,已经有多个方案。2003 年国家环保总局组织完成了《全国生态现状调查和评估》报告等。

中国生态区划可以分级进行(何方 2005)。一级生态区有:天然林保护区、自然保护区、防护林区、水土保持区、荒漠区、湿地、林业、草原、农业和青藏高原高寒生态区等。

1998 年《全国生态环境建设规划》提出 8 类地区(孙鸿烈等 2004),它们是:黄河中游地区、长江中游地区、"三北"风沙综合防治区、南方丘陵红壤区、北方土石山区、东北黑土漫岗区、青藏高原冻融区和草原区。

中国生态现代化建设,需要在现有工作基础上,完善和细化中国生态区划,并定期开展全国范围的生态系统评价。全国范围的生态系统评价,可以每 10 年进行 1 次。重点和典型生态系统的评价,可以每 5 年进行 1 次。

(3) 中国西部生态现代化战略

中国西部具有两种特点。一方面,西部是我国重要的自然资源基地,在国家现代化和生态现代化建设中举足轻重。一方面,西部地区特别是西北地区,生态环境脆弱,环境退化比较严重。这就要求我们采取特殊措施,建设西部地区的生态现代化。

建议国家组织专家研究制定中国西部生态现代化战略,协调西部现代化与西部生态建设的关系,实现西部发展与环境退化的完全脱钩、西部现代化与环境进步的互利耦合。中国西部生态现代化的成败,不仅影响全国生态现代化建设,而且关系到国家现代化目标的实现。需要也值得引起国家的重视。

3. 中国生态现代化的科技布局

生态现代化,如果没有科技支撑,是不可能实现的。在经典现代化过程中,传统工业科技是环境污染的主要根源。当然,传统工业化模式也是环境污染的重要原因。所以,调整科技发展战略,发展环境友好的科技,就成为实现生态现代化的重要基础。

首先,增加环境科技投入比例。目前,OECD 国家环境科技投入占政府科技投入的比例在 0.6%到 5%之间(表 3-54)。由于我国处于工业化和城市化的快速发展时期,环境压力比较大,所以,建议我国环境科技投入占政府科技投入的比例在 3%左右。

表 3-54 环保科技投入占政府科技投入的比例

国家	1981	1985	1990	1995	2000	2001	2002	2003
美国	0.8	0.5	0.6	0.8	0.6	0.6	0.6	0.6
日本	—	—	0.5	0.6	0.8	0.8	0.9	—
德国	1.8	3.1	3.5	3.6	3.3	3.1	3.1	3.1
英国	1.2	1.2	1.4	2.3	2.3	1.9	—	—
法国	0.5	0.5	0.7	1.9	1.7	2.8	2.9	—
荷兰	—	3.2	3.3	3.7	3.6	3.2	—	—
韩国	—	—	—	—	3.8	4.5	4.0	—
希腊	3.1	3.4	2.8	3.6	5.0	4.0	3.7	—
墨西哥	—	—	1.4	0.6	1.2	1.0	—	—

数据来源:OECD 2004.

其次,积极发展环境友好的科技,加强环保的基础科学和关键技术研究。

环保的基础科学研究,涉及许多领域。例如:生物学、生态学、环境科学、地球科学、绿色化学和材料科学等。

环保的关键技术研究,涉及许多方面。例如:绿色能源和绿色交通的关键技术、绿色生产和清洁生产、工业污染防治和废物利用技术、城市废物和废水处理和综合利用技术、自然灾害预防和减灾关键技术、环境安全的关键技术、国土综合治理的关键技术、有机农业关键技术、自然资源高效利用技术、环境质量和技术标准、环境评价关键技术等。

其三,推进环境科技的国际合作。空气是没有国界的,环境危机是人类的共同挑战。积极参与环境科技的国际合作,有利于提高我国环保的技术水平。继续参与地球环境和气候变化等方面的国际合作,如生物圈计划、全球气候变化和国际能源科技合作等。

其四,加强生态现代化的理论和战略研究。环保科技,不仅包括自然科学技术研究,还包括交叉综合科学研究。在发展环保科技的时候,我们不能只见树木不见森林。由于未来20到50年我国处于生态现代化的战略转型时期,加强生态现代化的理论和战略研究,尤其具有重要意义。生态现代化战略研究是自然科学、技术科学、社会科学和人文科学的交叉和集成。建议重点加强典型地区的生态现代化战略研究,如西部地区、黄河中上游地区、长江中上游地区、东北地区、华北沿海地区、华东沿海地区、华南沿海地区、海南、云南、青藏高原等地区的生态现代化战略研究等。

未来20年(2010～2030)是中国生态现代化的非常关键的时期。在此期间,中国工业化和城市化将逐步完成,人口规模将达到最大值,资源需求和环境压力有可能达到最大值。建议成立战略专家组,研究未来20年的中国生态现代化战略和地区生态现代化战略。

三、中国生态现代化的三个安全

虽然生态现代化是现代化与自然环境的一种互利耦合,但实现生态现代化是一个漫长过程。在这个过程中,经济与环境的矛盾,不可能一天内解决。所以,在相当长时间内,自然资源短缺、能源供给不足和环境压力增加,将是中国生态现代化无法回避的三大困难。

从生态现代化的角度分析,在未来50到100年内,中国现代化建设都将面临三大压力:资源压力、能源压力和环境压力。此外,人口压力和粮食安全也是非常重要的问题,需要专门研究。这些生态安全问题,既源于内部建设的需要,也来自国际社会的竞争。特别是能源和环境领域的国际竞争,将逐步成为国际关系的重要内容和博弈筹码。随着中国现代化的推进,中国资源、能源和环境的国际比重和分量会逐步提升,国际摩擦在所难免。我们需要未雨绸缪,及早研究制定相关战略,为和平地化解三道难题,奠定坚实基础。

1. 中国生态现代化的资源安全战略

虽然经济发展与多数自然资源的相关性不显著(表1-62),但是,自然资源仍然对经济发展有很大影响。我国许多自然资源的人均资源占有量低于世界平均水平,这就意味着我们必须学习发达国家的经验,依靠国际资源发展经济。这种国际资源战略,增加了资源风险。所以,我们需要系统评估世界和中国自然资源供求趋势,研究制定未来20到50年的资源发展战略,明确资源国际合作战略,确保中国的资源安全。

资源安全战略的基本内容包括:世界自然资源系统和定期评估(每5到10年一次),中国自然资源系统和定期评估(每5到10年一次),中国自然资源的重要级别评定,战略资源的保护和国家储备,关键资源的保护和供给战略,普通资源的合理利用指南,国际资源合作战略,战略资源安全战略,土地、淡水、矿产、生物、森林和海洋资源安全战略等。

我们建议，① 扩大自然资源和初级产品市场的国际化程度，降低关键自然资源和初级产品的进口关税，自然资源和初级产品的平均关税，从 2004 年的 10％下调到 1％。② 调整外汇储备结构，将一定比例的外汇储备从“货币储备”调整为“战略资源储备”。③ 逐步建立关键资源的消费和占用的累进税制，抑制资源浪费和社会不公。

2．中国生态现代化的能源安全战略

在过去 40 年里，世界经济发展都与人均能源生产非常显著正相关。这说明，能源安全是世界性课题。我国能源资源储备有限，目前能源消费水平比较低，未来能源需求巨大，能源安全的形势非常严峻。所以，中国必须尽快研究制定能源安全战略。

能源安全战略的基本内容包括：世界能源储备和能源市场的系统和定期评估（每 5 年一次），中国能源资源和能源市场的系统和定期评估（每 5 年一次），中国能源战略储备工程，中国能源供给平衡的调配方案，国际和国内能源危机的应急预案，可再生能源和新能源计划，清洁能源和能源技术指南，能源高效利用技术战略，能源国际合作战略等。

《中国现代化报告 2005》从经济现代化角度，建议成立国家能源部。从生态现代化和能源安全战略的角度考虑，需要组建国家能源部，组织制定和实施国家能源安全战略。

3．中国生态现代化的环境安全战略

目前，环境问题国际化趋势已经不可避免。国际环境外交、环境冲突和环境合作，已经成为重要的国际关系议题。在国内，中国环境恶化的趋势依然明显，环境压力的社会关注程度在上升，改善环境质量的社会呼声日益高涨。环境安全已经到了非重视不可的程度。2004 年国家环境保护总局研究完成了《国家环境安全战略报告》，为制定国家环境安全战略打下了很好基础。

国家环境安全战略的基本内容包括：世界环境状况和趋势定期评价，我国周边国家环境状况和趋势定期评价，国际环境贸易定期评价、中国环境状况和趋势定期评价，中国重点地区和重点产业环境质量定期评价，定期评价每 5 年一次；中国环境安全战略和中国环境国际合作战略（每 5 年调整次）；自然灾害的预警和救助预案，国际和国内环境危机的应急预案，重大环境治理行动计划等。

由于环境问题的重要性日益上升，环境问题牵涉面比较广，环境污染的社会影响比较大，而且环境管理的政府责任非常重大，所以，建议组建国家环境部，统筹国家的气候和大气环境、水环境、森林和生物环境、工业环境和人居环境等方面的工作，保证国家环境安全。

生态现代化，还涉及绿色政治、生态制度和生态文化等方面的变化。关于生态现代化与其他领域现代化的关系问题，也需要专题研究。

小结：十条政策建议

21 世纪前 50 年是我国生态现代化建设的关键时期。如果我们能够实现中国生态现代化路径图提出的各项目标，在 2050 年达到生态现代化的世界中等水平，那么，我们就有可能在 21 世纪末达到生态现代化的世界先进水平，全面实现生态现代化。

在未来 50 年，中国生态现代化，可以以生态经济、生态社会和生态意识为突破口，以轻量化、绿色化、生态化、经济增长与环境退化脱钩的“三化一脱钩”为主攻方向，努力完成现代化模式的生态转型，实现环境管理从“应急反应型”向“预防创新型”的战略转变。生态现代化，人人有责。从我做起，保护环境；不急求成，求心无愧；从善如流，水到渠成。

为实现生态现代化的战略目标，我们提出 10 条建议，供大家讨论。

① 组织研制和实施中国生态现代化和地区生态现代化的路径图。未来 20 年是非常关键的时期。需要成立一个战略专家组，研究未来 20 年的中国生态现代化战略和地区战略。

② 采用绿色工业化和绿色城市化道路，控制和降低新增的环境污染。

③ 继续实施污染治理和传统工业改造工程，清除历史遗留的环境污染。

④ 继续推进天然林保护等生态建设工程，定期开展全国生态系统评价。

⑤ 积极促进生态城市、生态城区、生态园区和生态农村建设。

⑥ 发展三个生态产业：生态农业、环保产业和循环经济产业。

⑦ 建立三个生态制度：生态补偿制度、关键岗位环境责任制和关键项目环境风险评价制度。

⑧ 实施三项生态工程：绿色家园工程、绿色服务工程和绿色消费工程。

⑨ 制定三个生态战略：国家资源安全战略、国家能源安全战略和国家环境安全战略。

⑩ 组建三个政府机构：国家环境部、国家能源部和国家地区开发署。

如能全面完成上述诸项任务，2050 年的中国生态现代化将达到世界中等水平。中国经济发展与环境退化将完全脱钩，人居环境质量将达到主要发达国家水平；安全饮水和卫生设施普及率达到 100 %，城市生活废水和废物处理率达到 100 %，工业废水和废物处理率基本达到 100 %，资源和物质生产率提高 10 到 30 倍，工业和经济废物密度下降 90 %左右，工业和经济能源密度下降 80 %左右；全国 60 % 的人口拥有环境优美的绿色家园，60 %的城市的空气质量达到国家一级标准；森林覆盖率达到 35 % 左右，农业用地比例为 36 %左右，建设用地为 9 %左右，其他用地为 20 %左右；典型生态系统的生态效率和服务功能完全恢复。农业用地包括耕地、园地和草地，其他用地为江河、湖泊、雪山、沙漠和戈壁等自然景观。

如果在 2050 年完成上述目标，那么，在 21 世纪末，中国将赶上发达国家水平，全面实现生态现代化的概率将达到约 30 %。如果全面实现生态现代化，中国自然环境和人民生活将发生翻天覆地的变化。届时，中国的天是蓝色的天，中国的水是清澈的水，中国的山是自然的山，中国的人是健康的人；中国将成为世界上最有吸引力的国家之一。

山青水清空气清，人美物美生活美。不是桃源，胜似桃源。

下篇　世界和中国现代化评价

“人不能两次踏入同一条河”，变化是永恒的存在。通过对世界现代化进程的相对客观的评价，可以为我们感悟世界的变化提供定量依据。在《中国现代化报告》前六本报告中，我们研究了国家、地区、经济和社会现代化水平评价方法，建立了世界现代化指数。本报告重点研究生态现代化评价方法，建立生态现代化指数（图二）。

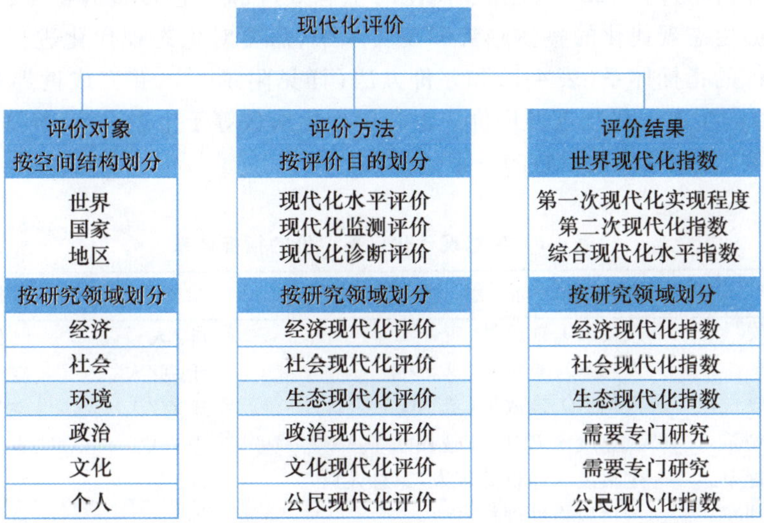

图二　现代化评价的结构

注：现代化水平评价主要反映国家现代化的实际进展和国际相对水平，现代化监测评价主要反映国家现代化的政策目标的实际进展，现代化诊断评价反映国家现代化过程中的优劣和得失；第一次现代化实现程度主要反映工业化和城市化的实际水平，第二次现代化指数主要反映知识化和信息化的实际水平，综合现代化水平指数主要反映现代化水平的国际相对差距；各领域的现代化评价，反映该领域现代化的实际进展和国际相对水平；本报告不包含政治、文化和国防等的现代化，它们需要专门研究。

《中国现代化报告》是一个年度系列报告，它将连续评价和动态监测世界现代化的结果和态势，为那些希望成为赢家和希望保持优势的国家、地区和民族提供一面数字化“镜子”。虽然目前这面镜子还不够明亮，但可以大致照出她们的“现代化倩影”。而且我们将不断发展新理论和新技术，改进和完善这面镜子的功能。

世界现代化指数主要反映世界现代化在经济、社会和知识等三个领域的综合水平。事实上，现代化不仅包括经济、社会和知识领域的变化，也包括政治和文化等各个领域的变化。所以，世界现代化指数，只是反映了现代化的部分内容，而不是全部内容。生态现代化指数主要反映环境领域生态变迁、生态经济和生态社会的关系等方面可以量化的要素的变化。事实上，环境领域既有大量的可以量化的指标，也有一些不可量化的指标。所以，生态现代化指数，只是反映了生态现代化的部分内容，而不是全部。其他类推。在引用现代化评价结果的时候，需要对此特别注意。

第四章　生态现代化三十年

生态现代化是现代化的一个重要方面，指20世纪70年代以来世界现代化的生态转型，它既包括生态质量的改善、生态效率的提高、生态结构、生态制度和生态观念的变化，以及相关国际地位的变化；也包括从物质经济向生态经济、物质社会向生态社会、物质文明向生态文明转变的历史过程以及追赶、达到和保持世界先进水平的国际竞赛；其基本特征是非物化（轻量化）、绿色化、生态化、经济增长与环境退化脱钩，实现经济与环境的双赢。

本报告第一章分析了过去300年世界现代化的生态效应和生态转型的特点，它是以单指标分析为基础的。为了把握生态现代化的整体趋势和现实水平，需要对生态现代化进行评价。我们建立了生态现代化水平评价的指标体系（表4-1）和评价方法（详见附录一），并完成世界131个国家过去34年（1970～2004年）的生态现代化进程评价。生态现代化指数等于生态进步、经济生态化和社会生态化指数的几何平均数，它是现代化指数的一个分指数。

表4-1　生态现代化水平评价的指标体系

分类	评价指标	指标解释	指标单位	指标意义	性质
生态进步	人均 CO_2 排放	人均 CO_2 排放量	吨/人	气候变化	逆指标
	人均 SO_2 排放	人均 SO_2 排放量（或 SO_x）	千克/人	空气质量	逆指标
	人均 NO_2 排放	人均 NO_2 排放量（或 NO_x）	千克/人	空气质量	逆指标
	工业淡水污染	工业废水BOD/工业用水	万分之	水质量	逆指标
	生活废水处理率	生活废水经过处理人口/总人口	%	水质量	正指标
	城市废物处理率	城市废物处理率	%	自然环境	正指标
	自然资源消耗	自然资源消耗价值/GNI	%	自然资源	逆指标
	生物多样性损失	受威胁哺乳动物/哺乳动物	%	自然资源	逆指标
	森林覆盖率	森林覆盖面积/国土面积	%	生态系统	正指标
	国家保护区比例	国家保护区面积/国土面积	%	生态系统	正指标
经济生态化	农业与化肥脱钩	农业生产与化肥脱钩，化肥/可耕地	千克/公顷	生态农业	逆指标
	有机农业比例	有机农业用地/农业用地	%	生态农业	正指标
	工业与污染脱钩	工业废水BOD与工业GDP脱钩	千克/万美元	生态工业	逆指标
	工业能源密度	工业能源消费/工业增加值	千克油/美元	生态工业	逆指标
	绿色生态旅游	国际旅游收入/人口	美元/人	绿色服务	正指标
	物质经济效率	工农业增加值/工农业劳动力	美元/人	绿色经济	正指标
	物质经济比例	工农业增加值/GDP	%	非物化	逆指标
	循环经济（玻璃）	玻璃的循环利用率	%	绿色经济	正指标
	经济与能源脱钩	人均能源消费与人均GDP脱钩	千克油/美元	绿色化	逆指标
	经济与三废脱钩	人均 CO_2 排放与人均GDP脱钩	千克/美元	绿色化	逆指标

（续表）

分类	评价指标	指　标　解　释	指标单位	指标意义	性质
社会生态化	安全饮水比例	获得安全饮水人口/总人口	%	绿色化	正指标
	卫生设施比例	获得卫生设施人口/总人口	%	绿色化	正指标
	城市空气污染	代表城市空气颗粒物浓度（PM10）	微克/立方米	生态城市	逆指标
	能源使用效率	GDP/能源消费	美元/千克油	生态效率	正指标
	可再生能源比例	可再生能源/能源生产	%	绿色能源	正指标
	交通空气污染	公路 CO 排放/汽车	千克/辆	绿色交通	逆指标
	长寿人口比例	65 岁及以上人口/总人口	%	绿色社会	正指标
	服务收入比	服务业增加值/工农业增加值		非物化	正指标
	服务消费比例	服务消费/家庭总消费	%	非物化	正指标
	环境风险	自然灾害受灾人数/万人	万分之	生态安全	逆指标

注：生态进步、经济和社会生态化指数分别等于 10 个评价指标指数的算术平均数，BOD 为生化需氧量。

第一节　世界生态现代化 34 年

如果从 1972 年联合国首次人类环境大会算起，生态现代化已经有 30 多年历史。在过去的 30 多年里，生态现代化在争论和冲突中前行。特别是在发达国家，如一些西欧和北欧国家，生态现代化的进步是明显的。相对而言，欧洲国家（除俄罗斯外）国土面积比较小，受地球环境和全球气候变化的影响比较大，欧洲国家的全球环境意识，比其他一些发达国家要强。欧洲国家在努力推进生态现代化的同时，欧洲学者积极向其他国家传播生态现代化的观念。目前，生态现代化不仅在多数发达国家取得进展，而且在一些发展中国家有了实质性影响，世界性的生态现代化正在形成，它将成为世界现代化的一次历史性转变。

在本报告的第一章，我们对过去 30 多年的生态现代化进行了时序分析和截面分析。这种分析是单指标的和定性的。下面，我们将对世界 131 个国家的生态现代化整体水平进行评价，从而定量分析生态现代化的进展。由于生态现代化是一次转变，是从环境破坏和生态退化向环境保护和生态恢复的转变，许多评价指标是非线性的；而且，许多生态指标的统计数据不完整，生态指标数据的国际可比性相对比较差，这些大大增加了评价难度和评价误差（附录一对此有专门分析）。所以，评价结果是相对的，更多是参考意义，引用时要谨慎。

一、2004 年世界生态现代化水平

2004 年，世界上人口超过 100 万的 131 个国家参与评价，其中，118 个国家的数据比较齐全，获得了评价结果（附录二）。评价结果包括生态现代化水平（生态现代化指数、生态进步指数、经济生态化指数、社会生态化指数）和生态现代化阶段（生态现代化起步期、生态现代化发展期）等。下面，重点分析生态现代化指数和生态现代化阶段。

1. 2004 年世界生态现代化指数

（1）生态现代化的世界水平

首先，生态现代化的总体水平。2004 年有 118 个国家获得评价结果。生态现代化指数的最大值为 97 分，最小值为 33 分，平均值为 59 分。其中，处于世界先进水平的国家有 15 个，中等水平国家有 37 个，初等水平国家有 40 个，最低水平国家有 26 个（图 4-1）。

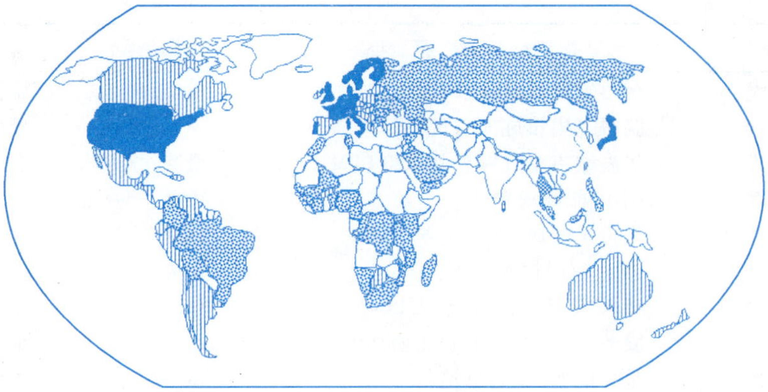

先进水平 中等水平 初等水平 最低水平

图 4-1 2004 年生态现代化水平的国家分布

注：先进水平：生态现代化指数超过 80 分（含 80 分）；中等水平：生态现代化指数为 60～79 分（世界平均 59 分）；初等水平：生态现代化指数为 45～59 分；最低水平：生态现代化指数低于 45 分。

2004 年有 58 个国家已经进入生态现代化，他们分布于世界五大洲（图 4-2）。其中，大约有 10 个国家进入生态现代化的发展期，约占国家样本数的 8 %；大约有 48 个国家进入起步期，约占国家样本数的 41 %。进入生态现代化的国家，其生态现代化水平有高有低。

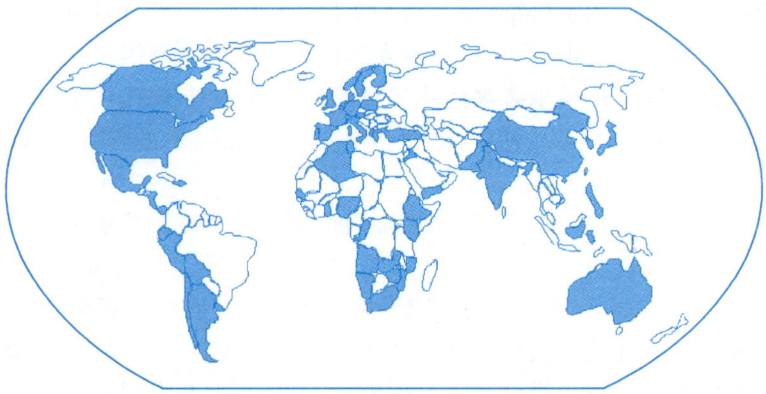

进入生态现代化的国家 其他国家

图 4-2 2004 年生态现代化的世界分布

注：进入生态现代化的定量判据是同时满足四个相对脱钩：农业生产与化肥消费相对脱钩、工业发展与淡水污染相对脱钩、经济增长与能源消费相对脱钩、经济增长与 CO_2 排放相对脱钩。

其次，生态现代化的世界前沿。2004 年生态现代化指数排名世界前 10 位的国家依次为：瑞士、瑞典、奥地利、丹麦、德国、法国、芬兰、英国、荷兰和意大利（表 4-2）。一些发展中国家，如乌拉圭和希腊，进入世界前 20 名。

表 4-2 2004 年生态现代化指数的世界前 50 名

国家	指数	排名	排序	国家	指数	排名	排序	国家	指数	排名	排序
瑞士	97	1	1	哥斯达黎加	75	21	21	波兰	65	35	41
瑞典	96	2	2	克罗地亚	74		22	土耳其	64	36	42
奥地利	95	3	3	爱沙尼亚	74		23	牙买加	63	37	43
丹麦	94	4	4	巴拿马	74	22	24	布基纳法索	63	38	44
德国	93	5	5	新西兰	73	23	25	智利	63	39	45
法国	91	6	6	斯洛文尼亚	73		26	博茨瓦纳	62	40	46
芬兰	90	7	7	新加坡	73	24	27	秘鲁	62	41	47
英国	90	8	8	捷克	73		28	萨尔瓦多	62	42	48
荷兰	89	9	9	澳大利亚	72	25	29	委内瑞拉	62	43	49
意大利	88	10	10	拉脱维亚	71		30	科威特	61	44	50
挪威	88	11	11	危地马拉	70	26	31	格鲁吉亚	60		51
比利时	85	12	12	匈牙利	69	27	32	厄瓜多尔	60	45	52
日本	84	13	13	阿尔巴尼亚	69	28	33	立陶宛	59		53
美国	82	14	14	韩国	68	29	34	哥伦比亚	59	46	54
葡萄牙	81	15	15	多米尼加	68	30	35	保加利亚	58	47	55
西班牙	79	16	16	以色列	67	31	36	塞内加尔	57	48	56
加拿大	77	17	17	黎巴嫩	67	32	37	南非	56	49	57
爱尔兰	77	18	18	斯洛伐克	67		38	罗马尼亚	56	50	58
乌拉圭	76	19	19	墨西哥	66	33	39				
希腊	75	20	20	阿根廷	65	34	40				

注:指数为生态现代化指数。排名为 98 个国家的排名。排序为 118 个国家的全排名。

其三,生态现代化的世界末尾。2004 年排名世界后 10 位的国家是:多哥、乌兹别克斯坦、越南、塔吉克斯坦、阿塞拜疆、赞比亚、埃塞俄比亚、伊朗、阿尔及利亚和加纳(表 4-3)。

表 4-3 2004 年生态现代化指数的世界后 48 名

国家	指数	排名	排序	国家	指数	排名	排序	国家	指数	排名	排序
巴西	55	51	59	约旦	47	67	79	马拉维	42	83	99
科特迪瓦	55	52	60	莫桑比克	46	68	80	**中国**	**42**	**84**	**100**
乌干达	55	53	61	马达加斯加	46	69	81	印度	41	85	101
纳米比亚	55	54	62	刚果民主国	46		82	津巴布韦	41	86	102
刚果共和国	54	55	63	乌克兰	46		83	巴基斯坦	40	87	103
马来西亚	54	56	64	摩尔多瓦	46		84	厄立特里亚	40	88	104
亚美尼亚	53		65	几内亚	46	70	85	埃及	40	89	105
菲律宾	52	57	66	肯尼亚	46	71	86	哈萨克斯坦	40		106
斯里兰卡	52	58	67	沙特阿拉伯	46	72	87	巴布亚新几内亚	39	90	107
白俄罗斯	52		68	海地	46	73	88	毛里塔尼亚	39	91	108
坦桑尼亚	52	59	69	贝宁	45	74	89	加纳	39	92	109
摩洛哥	52	60	70	突尼斯	45	75	90	阿尔及利亚	38	93	110
玻利维亚	52	61	71	尼加拉瓜	45	76	91	伊朗	38	94	111
吉尔吉斯	50		72	叙利亚	45	77	92	埃塞俄比亚	37	95	112
喀麦隆	49	62	73	洪都拉斯	44	78	93	赞比亚	36	96	113
也门共和国	49	63	74	印度尼西亚	44	79	94	阿塞拜疆	35		114
泰国	49	64	75	蒙古	43		95	塔吉克斯坦	33		115
尼日利亚	48	65	76	安哥拉	43	80	96	越南	33	97	116
马里	48	66	77	尼泊尔	43	81	97	乌兹别克斯坦	33		117
俄罗斯	48		78	巴拉圭	43	82	98	多哥	33	98	118

注:指数为生态现代化指数。排名为 98 个国家的排名。排序为 118 个国家的全排名。

(2) 生态现代化的国际差距

2004 年世界生态现代化的国际差距体现在三个方面。首先是生态指标的水平差距,请参考第一章和 30 个评价指标(附录二)。其次是生态现代化的阶段差距,世界前沿已经进入生态现代化的发展期(后面将专门分析)。其三是生态现代化的水平差距。国家生态现代化指数的最大值为 97 分,最小值为 33 分,绝对差距为 65 分。

(3) 生态现代化的国家追赶

在 2002 ～2004 年期间,有 35 个国家生态现代化指数的世界排名上升,分别提高 1 ～17 位;有 21 个国家的排名没有变化;有 40 个国家的排名下降 1 ～16 位。在排名上升的 35 个国家中,有 29 个国家是发展中国家,它们的相对水平上升了。

(4) 生态现代化指数的相关分析

2004 年,生态现代化指数与第二次现代化指数、人类发展指数(2003)、人均国民收入和环境表现指数(2006)显著正相关(图 4-3),相关系数分别为 0.823、0.719、0.846 和 0.756(表 4-4)。需要注意的是,生态现代化的国家差异很显著。某两个国家的人均国民收入或现代化水平可能相当,但生态现代化指数的差别可能相当大。例如,阿尔及利亚和巴西,第二次现代化指数都为 46 分,生态现代化指数分别为 38 分和 55 分,相差 17 分;伊朗和萨尔瓦多,人均国民收入都为 2320 美元,生态现代化指数分别为 38 分和 62 分,相差 24 分。

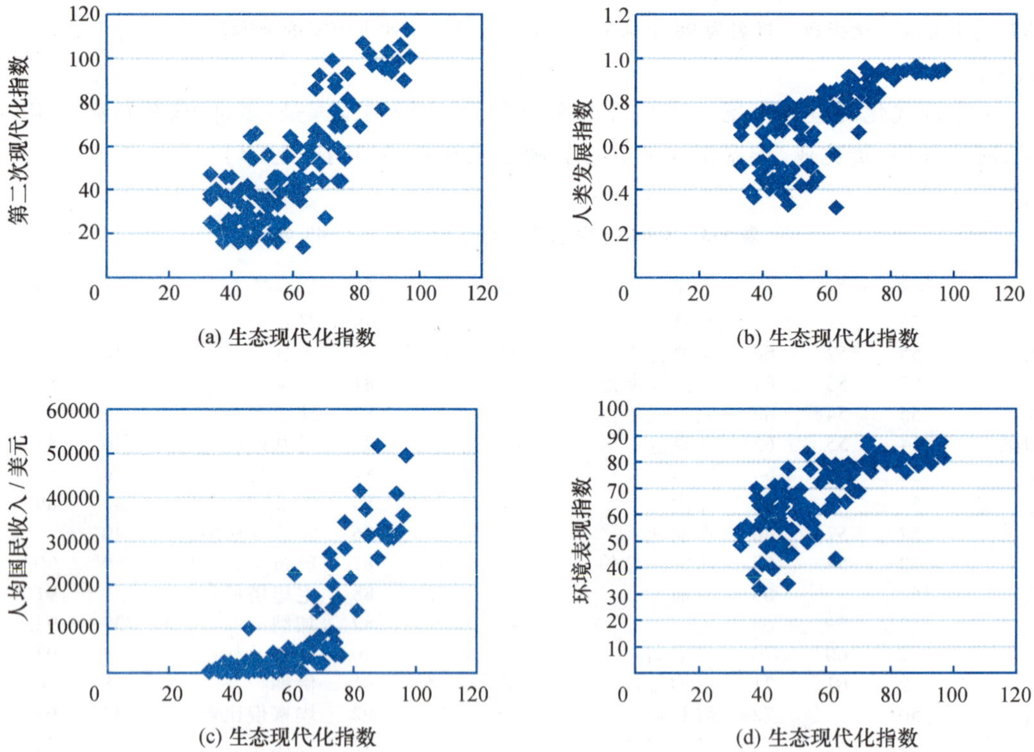

图 4-3　2004 年生态现代化指数与其他 4 个指标的相关性

表 4-4　2004 年生态现代化指数与其他指标的相关系数

	第二次现代化指数	人类发展指数(2003)	人均国民收入	环境表现指数(2006)
生态现代化指数	0.823***	0.719***	0.846***	0.756***

注:第二次现代化指数来自本报告。人类发展指数为 2003 年人类发展指数,来自《人类发展报告 2005》(UNDP 2005)。人均国民收入来自《世界发展报告 2006》(World Bank 2006)。环境表现指数来自"Pilot 2006 Environmental Performance Index"(Esty et al. 2006)。

2. 2004 年世界生态现代化阶段

(1) 2004 年生态现代化阶段

关于生态现代化的阶段,目前尚没有理想的分析方法,暂时采用经济与环境退化脱钩的程度作为判断依据。如果主要环境压力指标发生"经济增长与环境退化的相对脱钩",表示已经进入生态现代化起步阶段(表 4-5)。如果主要环境压力指标发生"经济增长与环境退化的绝对脱钩",表示已经进入生态现代化的发展期(表 4-6)。

表 4-5　生态现代化起步期的国家数

	1960～2003 年经济与环境脱钩指标出现最大值(拐点)的国家个数				起步期的国家	
脱钩指标	农业与化肥(千克/公顷)	工业与水污染(千克 BOD/万美元)	经济与能源(千克油/美元)	经济与废气(千克 CO_2/美元)	4 个拐点同期出现	起步期
70 年代	22	22	40	35	16	7
80 年代	25	40	17	25	30	11
90 年代	63	47	41	58	22	40
合计	110	109	98	118	68	58

注:70 年代为 1979 年前,80 年代为 1980～1989 年,90 年代为 1990 - 2000 年。当 4 个经济与环境退化脱钩指标都出现拐点、同期经济保持增长时,表示经济与环境退化相对脱钩,进入生态现代化起步期。

表 4-6　生态现代化发展期的国家数

	1960～2003 年环境压力指标出现最大值(拐点)的国家个数				发展期的国家	
压力指标	化肥用量(万吨)	工业废水 BOD(吨/天)	能源消费(万吨油)	CO_2 排放(万吨)	4 个拐点同期出现	发展期
70 年代	18	14	2	11	1	0
80 年代	24	38	7	10	7	1
90 年代	62	58	29	44	14	8
合计	104	110	38	65	22	9

注:70 年代为 1979 年前,80 年代为 1980～1989 年,90 年代为 1990～2000 年。当 4 个环境压力指标都出现拐点、同期经济保持增长时,表示经济与环境退化绝对脱钩,进入生态现代化发展期。

依据上述判断标准,2004 年大约有 58 个国家进入生态现代化,其中,大约有 49 个国家进入起步期,9 个进入发展期(表 4-7)。进入生态现代化发展期的国家,既包括发达国家如德国和丹麦,也包括发展中国家如乌拉圭和匈牙利。有些发展中国家如津巴布韦和菲律宾,生态现代化指数比较小(生态现代化水平比较低),但经济与环境退化脱钩分析显示,他们已经进入生态现代化的发展期。生态现代化水平与生态现代化阶段,有时候不一致。这种不一致,既与生态现代化评价指标的选择有关,也与生态现代化的复杂性有关。

表 4-7　2004 年达到生态现代化发展期的国家

国家	经济与环境退化的相对脱钩的年					经济与环境退化的绝对脱钩的年					
	农业与化肥	工业与水污染	经济与能源	经济与废气	起步期	化肥用量	工业废水 BOD	能源消费	CO_2 排放	发展期	ELMI
德国	1979	2000	1973	1990	2000	1979	2000	1979	1990	2000	93
智利	2000	1990	1976	1973	2000	2000	1996	1999	1999	2000	63
菲律宾	1997	1991	1997	1997	1997	1997	1990	2000	2000	2000	52
乌拉圭	1996	1989	1972	1972	1996	1996	1989	1999	1979	1999	76
新加坡	1989	1980	1994	1970	1994	1988	1994	1997	1994	1997	73
丹麦	1973	1990	1970	1970	1990	1973	1990	1996	1996	1999	94
阿尔巴尼亚	1989	1990	1980	1984	1990	1989	1990	1980	1989	1990	69
阿根廷	1996	1985	1990	1989	1990	2000	1980	2000	1999	2000	65
津巴布韦	1980	1983	1978	1966	1983	1999	1992	1999	1994	1999	41

注:ELMI 为 2004 年的生态现代化指数。

(2) 2004 年生态现代化阶段与生态现代化指数的对照

2004 年进入生态现代化的 58 个国家,他们的生态现代化指数与生态现代化阶段,并不完全一致(表 4-8)。一般而言,生态现代化指数越大,生态现代化水平越高,生态现代化阶段越先进(发展期比起步期要先进,起步期比没有进入生态现代化的要先进)。但也有许多例外,原因是多方面的。

表 4-8　2004 年国家生态现代化阶段和生态现代化指数的对照

国家	起步	发展	ELMI	国家	起步	发展	ELMI	国家	起步	发展	ELMI
丹麦	1990	1996	94	美国	1980		82	纳米比亚	1999		55
德国	2000	2000	93	葡萄牙	1999		81	刚果共和国	1986		54
乌拉圭	1996	1999	76	西班牙	1998		79	玻利维亚	1997		52
新加坡	1994	1997	73	加拿大	1997		77	也门共和国	1993		49
阿尔巴尼亚	1990	1990	69	希腊	1998		75	尼日利亚	1993		48
阿根廷	1996	2000	65	哥斯达黎加	1998		75	莫桑比克	1988		46
智利	2000	2000	63	巴拿马	1997		74	肯尼亚	2000		46
菲律宾	1997	2000	52	斯洛文尼亚	1999		73	突尼斯	1998		45
津巴布韦	1983	1999	41	澳大利亚	1999		72	叙利亚	2000		45
瑞士	1990		97	危地马拉	1998		70	印度尼西亚	1996		44
瑞典	1980		96	匈牙利	1991		69	安哥拉	1995		43
奥地利	1981		95	韩国	1997		68	**中国**	**1996**		**42**
法国	1980		91	多米尼加	1998		68	印度	1999		41
芬兰	1980		90	墨西哥	1995		66	巴基斯坦	2000		40
英国	1996		90	波兰	1994		65	加纳	1983		39
荷兰	1980		89	土耳其	2000		64	阿尔及利亚	1998		38
意大利	1987		88	秘鲁	1999		62	埃塞俄比亚	1996		37
挪威	1980		88	萨尔瓦多	1998		62	赞比亚	1995		36
比利时	1987		85	塞内加尔	1981		57	起步期 ELMI 差距			61
日本	1980		84	南非	1995		56	发展期 ELMI 差距			53

注:起步为进入生态现代化起步期的年份,发展为进入生态现代化发展期的年份,ELMI 为 2004 年生态现代化指数。起步期 ELMI 差距为起步期国家生态现代化指数最大值减去最小值,发展期 ELMI 差距为发展期国家生态现代化指数最大值减去最小值。

首先,进入生态现代化发展期的 9 个国家,他们的生态现代化指数的最大差距为 53 分。2004 年生态现代化指数,丹麦为 94 分,津巴布韦仅为 41 分。

其次,进入生态现代化起步期的 49 个国家,他们的生态现代化指数的最大差距为 61 分。2004 年生态现代化指数,瑞士为 97 分,赞比亚仅为 36 分。

其三,现代化水平比较低的国家,也可以进入生态现代化(综合生态现代化)。

生态现代化指数,等于生态进步、经济生态化和社会生态化指数的几何平均值。

生态现代化阶段,是根据 8 个环境压力指标与经济增长的脱钩程度判断的。

生态现代化指数小,生态现代化水平就比较低,现代化水平也比较低。

一些现代化水平比较低的国家,已经进入生态现代化的起步期,甚至发展期。

如果数据可靠和方法合理,那么,这些发展中国家,正在走综合生态现代化的道路。

一般而言,生态现代化的阶段,与政策和观念紧密相关;生态现代化的水平,则反映生态现代化的实际状态。有些时候,政策和观念可能超前于实际状态;有些时候,实际状态比政策和观念要好一些;它们的表现特征是阶段与水平的不一致。

(3) 2004 年生态现代化阶段与现代化阶段的对照

2004 年进入生态现代化的国家有 58 个(表 4-8),进入第二次现代化的国家有 24 个,他们的生态现代化阶段和现代化阶段的对照如表 4-9。

表 4-9　2004 年国家生态现代化阶段和现代化阶段的对照

国家	FMS	SMS	生态现代化阶段	国家	FMS	SMS	生态现代化阶段
丹麦	过渡期	发展期	发展期	乌拉圭	成熟期		发展期
新加坡	过渡期	发展期	发展期	津巴布韦	成熟期		发展期
德国	过渡期	发展期	发展期	阿尔巴尼亚	成熟期		发展期
法国	过渡期	发展期	起步期	玻利维亚	成熟期		起步期
瑞典	过渡期	发展期	起步期	多米尼加	成熟期		起步期
荷兰	过渡期	发展期	起步期	**中国**	**成熟期**		**起步期**
美国	过渡期	发展期	起步期	哥斯达黎加	成熟期		起步期
英国	过渡期	发展期	起步期	萨尔瓦多	成熟期		起步期
比利时	过渡期	发展期	起步期	希腊	成熟期		起步期
加拿大	过渡期	发展期	起步期	阿尔及利亚	成熟期		起步期
瑞士	过渡期	发展期	起步期	突尼斯	成熟期		起步期
澳大利亚	过渡期	发展期	起步期	巴拿马	成熟期		起步期
韩国	过渡期	起步期	起步期	土耳其	成熟期		起步期
斯洛文尼亚	过渡期	起步期	起步期	菲律宾	发展期		发展期
奥地利	过渡期	起步期	起步期	纳米比亚	发展期		起步期
日本	过渡期	起步期	起步期	刚果共和国	发展期		起步期
挪威	过渡期	起步期	起步期	印度尼西亚	发展期		起步期
意大利	过渡期	起步期	起步期	印度	发展期		起步期
芬兰	过渡期	起步期	起步期	尼日利亚	发展期		起步期
西班牙	过渡期	起步期	起步期	危地马拉	发展期		起步期

（续表）

国家	FMS	SMS	生态现代化阶段	国家	FMS	SMS	生态现代化阶段
葡萄牙	过渡期	起步期	起步期	叙利亚	发展期		起步期
爱尔兰	过渡期	起步期		也门共和国	发展期		起步期
以色列	过渡期	起步期		巴基斯坦	发展期		起步期
爱沙尼亚	过渡期	起步期		肯尼亚	发展期		起步期
匈牙利	过渡期		发展期	加纳	起步期		起步期
智利	过渡期		发展期	塞内加尔	起步期		起步期
阿根廷	过渡期		发展期	莫桑比克	起步期		起步期
墨西哥	过渡期		起步期	赞比亚	起步期		起步期
波兰	过渡期		起步期	安哥拉	起步期		起步期
南非	过渡期		起步期	埃塞俄比亚	传统社会		起步期
秘鲁	过渡期		起步期				

注：FMS 为第一次现代化的阶段。SMS 为第二次现代化的阶段。

首先，2004 年进入第二次现代化的 24 个国家，有 21 个已经进入生态现代化，有 3 个没有进入生态现代化。这说明，生态现代化和第二次现代化，可以是不同步的。

其次，2004 年进入第二次现代化的国家有 24 个，进入生态现代化的国家有 58 个。如果这种判断成立，那么，它说明有些发展中国家，可以在没有完成第一次现代化（没有进入第二次现代化）的时候，就进入生态现代化。这就是前面所述的综合生态现代化。

2004 年进入生态现代化发展期的国家，包括 3 个处于第一次现代化过渡期的国家，3 个处于第一次现代化成熟期的国家，1 个处于第一次现代化发展期的国家。

2004 年进入生态现代化起步期的国家，包括 4 个处于第一次现代化过渡期的国家，10 个处于第一次现代化成熟期的国家，10 个处于第一次现代化发展期的国家，5 个处于第一次现代化起步期的国家，1 个处于传统农业社会的国家。

从第一次现代化的过渡期或第二次现代化阶段向生态现代化转型，是一个必然过程。从第一次现代化的起步期、发展期和成熟期（以及传统农业社会）向生态现代化转型，则是一种战略选择。在没有完成第一次现代化的时候，就进入生态现代化，属于综合生态现代化。2004 年采用综合生态现代化的国家，大约有 30 个。

其三，在 1960～2004 年期间，经济增长与环境退化脱钩的 4 个指标，分别有 98～118 个国家出现拐点（表 4-5）；环境压力的 4 个指标，分别有 38～110 个国家出现拐点（表 4-5）。这说明，在一些发展中国家，已经发生了经典现代化的生态修正。

二、1970～2004 年世界生态现代化进程

在过去 34 年里，生态现代化从发达国家扩散到发展中国家，世界现代化正在发生生态转型。不同国家的生态现代化的起步、水平和阶段是不同的，而且生态现代化也不是一帆风顺的。生态现代化具有进程不同步、分布不均衡等特点。

1. 过去 34 年世界生态现代化的主要特点

（1）生态现代化已经成为世界潮流

在 20 世纪 70 年代，先后有 7 个国家进入生态现代化；在 80 年代，先后有 11 个国家进入生态现代化；在 90 年代，先后有 40 个国家进入生态现代化（表 4-10）。在过去的 34 年里，大约有 58 个国家进入生态现代化，约占 118 个样本国家的 49％。

表 4-10 世界生态现代化的进程

	70 年代		80 年代		90 年代		2004
	新进	累计	新进	累计	新进	累计	合计
生态现代化发展期的国家(个)	0	0	1	1	8	9	9
生态现代化起步期的国家(个)	7	7	11	17	40	49	49
合计		7		18		58	58

(2) 生态现代化出现了三种模式

根据广义生态现代化理论,生态现代化大致有三种类型:全面生态现代化、综合生态现代化和第一次现代化的生态修正。在过去的 34 年里,这三种类型都已经出现。

首先,全面生态现代化。指已经进入第二次现代化的国家所推行的生态现代化。2004 年大约有 21 个国家,处于第二次现代化的起步期或发展期,同时也进入生态现代化。

其次,综合生态现代化。指没有完成第一次现代化的国家进入生态现代化。2004 年大约有 30 个国家,处于第一次现代化的起步期、发展期或成熟期(或传统农业社会),同时已经进入生态现代化。

其三,经典现代化的生态修正。在过去 34 年里,除了上面 50 多个国家的全面生态现代化和综合生态现代化以外,还有 50 多个发达国家和发展中国家出现了 1 个指标或几个指标的经济增长与环境退化的脱钩现象。这是经典现代化的生态修正的一种表现形式。

(3) 生态现代化具有进程不同步和分布不均衡的特点

在过去 34 年里,不同国家,生态现代化起步不同,生态现代化水平不同,生态现代化阶段不同,生态现代化指标的水平不同,生态现代化具有进程不同步的特点。同时,发达国家可以进入生态现代化,发展中国家也可以进入生态现代化,生态现代化的分布不均衡。

(4) 生态现代化具有波动性和多样性的特点

在过去 34 年里,大约有 52 个国家的生态现代化指数发生波动(下降)。进入生态现代化的国家,包括三类国家。第一类是已经完成第一次现代化,并已经进入第二次现代化的国家。第二类是没有完成第一次现代化的国家,但已经进入生态现代化。第三类是传统农业社会国家,也进入生态现代化。与此同时,有 3 个进入第二次现代化的国家,没有进入生态现代化。但是,有 50 多个国家,发生了经典现代化的生态修正。

(5) 生态现代化的国际差距比较大

从 1970 年到 2004 年,世界生态现代化的发展都是不平衡的。生态现代化指数的最大差距(表 4-11),从 1970 年的 54 分,扩大到 2004 年的 65 分;生态现代化指数的相对差距,1990 年约为 3 倍,其他年约为 2 倍。生态现代化的绝对差距扩大,但相对差距缩小。

表 4-11 1970～2004 年世界生态现代化指数的国际差距

年	1970	1980	1990	2000	2002	2004
最大值	77	79	86	95	97	97
最小值	23	29	22	30	30	33
平均值	46	50	54	57	58	59
极差(最大 - 最小)	54	50	64	65	67	64
标准差	12	12	14	16	17	17
相对差(最大 ÷ 最小)	3.4	2.7	3.9	3.2	3.2	2.9
变异系数	0.27	0.25	0.27	0.28	0.29	0.29
国家样本数	76	84	101	122	120	118

(6) 生态现代化的国家追赶

在过去34年里,不同国家生态现代化的表现相差很大。这种差别既反映在每年的生态现代化指数的变化上,更体现在国家生态现代化指数的世界排名的变化上(表4-12)。如果是发展中国家的世界排名上升,表明这些国家的生态现代化水平的提高。在1980～2004年期间,有20个发展中国家生态现代化指数的世界排名上升,在1990～2004年期间有28个。

表4-12 生态现代化世界排名的变化

排名变化	1970～1980	1980～1990	1990～2000	2000～2002	2002～2004	1980～2004	1990～2004
上升国家(个)	26	36	39	48	35	34	39
发展中国家	16	21	27	43	29	20	28
不变国家(个)	3	3	7	13	21	1	4
下降国家(个)	37	40	49	38	40	45	48

在过去34年里,大约有29%的最低水平国家升级为初等水平国家,34%的初等水平国家升级为中等或先进水平,36%的中等水平国家升级为先进水平国家(表4-13)。

表4-13 生态现代化国际地位的转移概率(马尔可夫链分析)

分组	国家数	先进	中等	初等	最低组	国家数	先进	中等	初等	最低组
	1970	1970～2004年转移概率(%)				1980	1980～2004年转移概率(%)			
先进	10	50	50			13	54	46		
中等	25	36	20	32	8	24	33	46	17	4
初等	23	4	30	52	13	29		34	48	17
最低组	14			29	71	16			44	56

(7) 生态现代化与现代化显著正相关

在过去20多年里,世界生态现代化指数与第一次现代化实现程度显著正相关,与第二次现代化指数显著正相关,与综合现代化水平指数显著正相关(表4-14),显示世界生态现代化与世界现代化是显著正相关的。由于生态现代化评价包括生态进步、经济生态化和社会生态化,即包括经济发展和社会进步的内容,后两部分内容与现代化评价是部分交叉的,所以,这种正相关是可以理解的。当然,不同国家的情况有很大差别,需要区别对待。

表4-14 生态现代化与现代化的相关系数

年	1970	1980	1990	2000	2002	2004
生态现代化指数与第一次现代化实现程度	0.747	0.732	0.721	0.656	0.664	0.650
生态现代化指数与第二次现代化指数	0.593	0.670	0.738	0.809	0.826	0.823
生态现代化指数与综合现代化水平指数	—	0.752	0.776	0.851	0.869	0.870

注:经t检验,它们的相关性都非常显著。

在过去20多年里,世界生态现代化指数与人均国民收入指数显著正相关,与人类发展指数显著正相关,与平均预期寿命显著正相关,与城市化水平显著正相关(表4-15)。所以,生态现代化不是孤立的,而是与各个方面都有关。

表 4-15 生态现代化与四个指标的相关系数

年	1970	1980	1990	2000	2002	2004
人均国民收入	0.570	0.610	0.736	0.808	0.805	0.818
人类发展指数	—	0.768	0.746	0.757	0.715	0.719
平均预期寿命	0.699	0.682	0.668	0.614	0.612	0.598
城市化水平	0.671	0.662	0.640	0.617	0.615	0.607

注:经 t 检验,它们的相关性都非常显著。

在过去 20 多年里,生态现代化指数与人均国民收入的相关性在增加,生态现代化指数与人类发展指数、平均预期寿命和城市化水平的相关性在下降(表 4-15)。这是一个值得专门研究的现象。看来,经济因素对生态现代化指数的影响在扩大。

2. 1970～2002 年世界生态现代化的历史进程

(1) 1970 年世界生态现代化水平

首先,生态现代化的总体水平。1970 年有 76 个国家参加评价(见表 4-11)。根据经济与环境退化脱钩指标判断,1970 年没有国家进入生态现代化。国家生态现代化指数在 23 分至 77 分之间,国家生态现代化指数的平均值为 46 分,有 35 个国家的生态现代化指数超过 46 分。

其次,生态现代化的世界前沿。1970 年生态现代化指数排名世界前 10 位的国家分别是:瑞士、希腊、奥地利、葡萄牙、新西兰、挪威、乌拉圭、瑞典、西班牙和巴拿马;它们的生态现代化指数分别为:77、75、71、69、67、65、65、64、62 和 62 分。

其三,生态现代化的落后国家。1970 年生态现代化指数排名世界后 10 位的国家分别是:赞比亚、卢旺达、巴基斯坦、印度、马拉维、印度尼西亚、马里、孟加拉、中国和尼泊尔;它们的生态现代化指数分别为:32、32、32、30、29、28、26、26、25 和 23 分。

其四,生态现代化的国际差距。1970 年生态现代化指数的最大值为 77 分,最小值为 23 分,绝对差距为 54 分。

其五,生态现代化的相关分析。1970 年有 18 个国家完成第一次现代化,有 2 个国家进入第二次现代化,但没有国家进入生态现代化。1970 年,生态现代化指数与第二次现代化指数和人均国民收入显著正相关,相关系数分别为 0.593 和 0.570。

(2) 1980 年世界生态现代化水平

首先,生态现代化的总体水平。1980 年有 84 个国家参加评价(见表 4-11)。根据经济与环境退化脱钩指标判断,1980 年法国等 7 个国家进入生态现代化,约占国家样本总数的 8%。国家生态现代化指数在 29 分至 79 分之间,平均值为 50 分,超过 50 分的国家约有 37 个。

其次,生态现代化的世界前沿。生态现代化指数排名世界前 10 位的国家分别是:瑞士、奥地利、瑞典、日本、乌拉圭、哥斯达黎加、巴拿马、新西兰、法国和挪威;它们的生态现代化指数分别为:79、75、72、72、72、69、69、69、68 和 68 分。

其三,生态现代化的落后国家。生态现代化指数排名世界后 10 位的国家分别是:尼日利亚、巴基斯坦、赞比亚、印度尼西亚、加纳、中国、孟加拉国、印度、尼泊尔和莫桑比克;它们的生态现代化指数分别为:35、34、34、34、33、33、31、31、29 和 29 分。

其四,生态现代化的国际差距。1980 年生态现代化指数的最大值为 79 分,最小值为 29 分,绝对差距为 50 分。

其五,生态现代化的国家追赶。在 1970～1980 年期间,生态现代化指数的世界排名,阿尔及利亚等37个国家下降，萨尔瓦多等26个国家上升，瑞士等3个国家没有变化。在排名上升的26个国家中，有16个国家是发展中国家，它们的相对水平提高了。

其六，生态现代化的相关分析。1980年，生态现代化指数与第二次现代化指数、人类发展指数和人均国民收入显著正相关，相关系数分别为0.670、0.768和0.610。1980年有22个国家完成第一次现代化，有10个国家进入第二次现代化，有17个国家进入生态现代化。进入生态现代化的国家，超过进入第二次现代化的国家。

(3) 1990年世界生态现代化水平

首先，生态现代化的总体水平。1990年有101个国家参加评价(见表4-11)。根据经济与环境退化脱钩指标判断，1990年阿尔巴尼亚进入生态现代化的发展期，约占国家样本数的1%；瑞士等17个国家进入生态现代化起步期，约占国家样本数17%。国家生态现代化指数在22分至86分之间，平均值为54分，超过54分的国家约有46个。

其次，生态现代化的世界前沿。生态现代化指数排名世界前10位的国家分别是：奥地利、瑞士、挪威、瑞典、意大利、法国、日本、巴拿马、荷兰和西班牙；它们的生态现代化指数分别为：86、82、82、81、80、80、79、78、76和75分。

其三，生态现代化的落后国家。生态现代化指数排名世界后10位的国家分别是：叙利亚、尼日利亚、越南、马拉维、孟加拉国、中国、阿尔巴尼亚、乍得、毛里塔尼亚和埃塞俄比亚；它们的生态现代化指数分别为：37、37、36、36、35、34、33、32、29和22分。

其四，生态现代化的国际差距。1990年生态现代化指数的最大值为86分，最小值为22分，绝对差距为64分。

其五，生态现代化的国家追赶。在1980～1990年期间，生态现代化指数的世界排名，沙特阿拉伯等40个国家下降，多米尼加等36个国家上升，泰国等3个国家没有变化。在排名上升的36个国家中，有21个国家是发展中国家，它们的相对水平提高了。

其六，生态现代化的不均衡性。1990年，德国、丹麦、匈牙利和阿尔巴尼亚4个国家进入生态现代化的发展期；瑞士等29个国家进入生态现代化起步期；其他有30多个国家分别有1个以上的环境压力指标与经济脱钩。

其七，生态现代化的相关分析。1990年，生态现代化指数与第二次现代化指数、人类发展指数和人均国民收入显著正相关，相关系数分别为0.750、0.742和0.742。1990年有20个国家完成第一次现代化，有15个国家进入第二次现代化，有29个国家进入生态现代化。进入生态现代化的国家，超过进入第二次现代化的国家。

(4) 2000年世界生态现代化水平

首先，生态现代化的总体水平。2000年有122个国家参加评价(见表4-11)。根据经济与环境退化脱钩指标判断，2000年，德国等9个国家进入生态现代化发展期，约占国家样本数的7%；美国等49个国家进入生态现代化起步期，约占国家样本数的40%。国家生态现代化指数在30分至95分之间，平均值为57分，超过57分的国家约有54个。

其次，生态现代化的世界前沿。生态现代化指数排名世界前10位的国家分别是：瑞士、瑞典、奥地利、德国、芬兰、法国、挪威、意大利、英国和丹麦；它们的生态现代化指数分别为：95、93、93、87、87、87、86、85、85和84分。

其三，生态现代化的落后国家。生态现代化指数排名世界后10位的国家分别是：巴布亚新几内亚、越南、埃塞俄比亚、土库曼斯坦、阿塞拜疆、多哥、阿尔及利亚、塔吉克斯坦、毛里塔尼亚和乌兹别克斯坦；它们的生态现代化指数分别为：36、36、36、36、35、34、34、33、32和30分。

其四,生态现代化的国际差距。2000 年生态现代化指数的最大值为 95 分,最小值为 32 分,绝对差距为 63 分。

其五,生态现代化的国家追赶。在 1990～2000 年期间,生态现代化指数的世界排名,突尼斯等 48 个国家下降,阿尔巴尼亚等 40 个国家上升,法国等 7 个国家没有变化。在排名上升的 40 个国家中,有 28 个国家是发展中国家,它们的相对水平提高了。

其六,生态现代化的不均衡性。2000 年,德国等 10 个国家进入生态现代化的发展期;美国等 48 个国家进入生态现代化起步期;其他有 50 多个国家分别有 1 个以上的环境压力指标与经济脱钩。

其七,生态现代化的相关分析。2000 年,生态现代化指数与第二次现代化指数、人类发展指数和人均国民收入显著正相关,相关系数分别为 0.809、0.757 和 0.808。2000 年有 27 个国家完成第一次现代化,有 24 个国家进入第二次现代化,有 58 个国家进入生态现代化。进入生态现代化的国家,超过进入第二次现代化的国家。

(5) 2002 年世界生态现代化水平

首先,生态现代化的总体水平。2002 年有 120 个国家参加评价(见表 4-11)。根据经济与环境退化脱钩指标判断,2000 年,德国等 9 个国家进入生态现代化发展期,约占国家样本数的 7 %;美国等 49 个国家进入生态现代化起步期,约占国家样本数的 41 %。国家生态现代化指数在 30 分至 97 分之间,平均值为 58 分,超过 58 分的国家约有 53 个。

其次,生态现代化的世界前沿。生态现代化指数排名世界前 10 位的国家分别是:瑞士、瑞典、奥地利、丹麦、德国、法国、芬兰、荷兰、挪威和英国;它们的生态现代化指数分别为:97、96、94、92、91、89、89、88、88 和 87 分。

其三,生态现代化的落后国家。生态现代化指数排名世界后 10 位的国家分别是:伊朗、阿尔及利亚、赞比亚、乍得、毛里塔尼亚、阿塞拜疆、多哥、越南、塔吉克斯坦和乌兹别克斯坦;它们的生态现代化指数分别为:38、37、36、36、35、35、34、33、32 和 30 分。

其四,生态现代化的国际差距。2002 年生态现代化指数的最大值为 97 分,最小值为 33 分,绝对差距为 64 分。

其五,生态现代化的国家追赶。在 2000～2002 年期间,生态现代化指数的世界排名,马拉维等 38 个国家下降,布基纳法索等 48 个国家上升,法国等 13 个国家没有变化。在排名上升的 48 个国家中,有 43 个国家是发展中国家,它们的相对水平提高了。

其六,生态现代化的不均衡性。2002 年,德国等 10 个国家进入生态现代化的发展期;美国等 48 个国家进入生态现代化起步期;其他有 50 多个国家分别有 1 个以上的环境压力指标与经济脱钩。

其七,生态现代化的相关分析。2002 年,生态现代化指数与第二次现代化指数、人类发展指数和人均国民收入显著正相关,相关系数分别为 0.826、0.7157 和 0.805。2002 年有 26 个国家完成第一次现代化,有 24 个国家进入第二次现代化,有 58 个国家进入生态现代化。进入生态现代化的国家,超过进入第二次现代化的国家。

2004 年生态现代化水平,前面已经有专门分析。

第二节　中国生态现代化 34 年

目前,中国是一个发展中国家,尚没有完成第一次现代化,也没有进入第二次现代化。但是,受国际环境运动的影响,中国在 20 世纪 70 年代就开始了环境保护工作。例如,1973 年中国召开了第一次全国环境保护会议,1974 年成立了国务院环境保护领导小组,1979 年颁布了《中华人民共和国环境保护法(试行)》等。1983 年召开的第二次全国环境保护会议明确提出,经济建设、城乡建设和环境建设要同步规划、同步实施和同步发展("三同步"),实现经济效益、社会效益和环境效益的统一("三统一"),经济和环境要协调发展等。这些表明,生态现代化已经在中国发生。目前,中国生态现代化国际差距仍然比较大。

一、2004 年中国生态现代化水平

1. 2004 年中国生态现代化的总体水平

2004 年中国生态现代化指数为 42 分,排世界 98 个国家的第 84 位(表 4-16),属于倒数第 15 位。2004 年中国处于生态现代化的起步期。由于中国尚没有完成第一次现代化,也没有进入第二次现代化,所以,中国的生态现代化属于综合生态现代化。

表 4-16 2004 年中国生态现代化水平及国际比较

	生态进步指数	经济生态化指数	社会生态化指数	生态现代化指数	98 个国家的排名
中国	72	22	47	42	84
印度	60	26	45	41	85
美国	83	77	86	82	14
日本	90	75	86	84	13
德国	99	89	90	93	5
高收入国家平均值	98	100	100	99	—

2. 2004 年中国生态现代化的国际差距

2004 年中国生态现代化的整体水平和多数指标水平,都有明显的国际差距(表 4-17)。

(1) 生态现代化指数的国际差距。2004 年,中国生态现代化指数与高收入国家平均值相比,绝对差距为 57 分;特别是经济生态化指数,中国的绝对差距高达 78 分。这与中国处于工业化的发展期有关。

(2) 生态进步指标的国际差距。2004 年,中国与高收入国家相比,生活废水处理率、城市废物处理率、自然资源损耗率、国家保护区面积比例相差较大,森林覆盖率和生物多样性损失(受威胁哺乳动物比例)相差较小。

2004 年,中国人均 CO_2 和 SO_2 排放量低于高收入国家,这是由于中国尚处于环境倒"U"形曲线的左边(现代化水平比较低,人均排放比较少);中国工业淡水污染比例低于发达国家(工业废水 BOD/工业用水),这是由于中国工业用水密度(工业水耗)比较大的原因。

(3) 经济生态化指标的国际差距。2004 年,中国与高收入国家相比,有机农业比例、物质经济效率、生态旅游(人均国际旅游收入)、工业与水污染脱钩程度、经济与废气脱钩程度、经济与能源脱钩程度、农业与化肥脱钩程度、工业能源密度和物质经济比例(非物化)的相对差距都比较大。

(4) 社会生态化指标的国际差距。2004 年,中国与高收入国家相比,环境风险、能源使用效率、城市空气污染、服务收入比和卫生设施普及率的相对差距都比较大,安全饮水率、长寿人口比例和服务消费比例的相对差距较小。中国可再生能源比例约为 17 %,发达国家平均为 10 %。中国的可再生能源,绝大多数是传统的可再生能源,如木材、农作物桔杆等生物质。

(5) 中国没有数据的生态指标。生活废水处理率,发达国家为生活废水经过处理的人口占总人口的比例。中国的数据为城市生活废水处理比例和城市人口比例的乘积。人均 NO_2 排放、循环经济(玻璃循环利用率)和交通空气污染(CO 排放量/汽车),没有数据。

表 4-17　2004 年中国生态现代化水平的国际差距

	指标	单位	性质	高收入国家	中国	绝对差距	相对差距（倍）
生态现代化	生态现代化指数	分	正指标	99	42	57	2.4
	生态进步指数	分	正指标	98	72	26	1.4
	经济生态化指数	分	正指标	100	22	78	4.5
	社会生态化指数	分	正指标	100	47	53	2.1
生态进步	人均 CO_2 排放量	吨/人	逆指标	10.7	2.7	-8	0.3
	人均 SO_2 排放量	千克/人	逆指标	25	15	-10	0.6
	人均 NO_2 排放量	千克/人	逆指标	38	—	—	—
	工业淡水污染比例	万分之	逆指标	0.4	0.19	-0.21	0.5
	生活废水处理率	%	正指标	100	13.6	86.4	7.4
	城市废物处理率	%	正指标	100	51	49	2.0
	自然资源损耗率	%	逆指标	1.5	3.2	1.7	2.1
	生物多样性损失	%	逆指标	9	15.9	6.9	1.8
	森林覆盖率	%	正指标	29	21	8	1.4
	国家保护区比例	%	正指标	16	7.8	8.2	2.1
经济生态化	农业与化肥脱钩	千克/公顷	逆指标	121	278	157	2.3
	有机农业比例	%	正指标	3.71	0.06	3.65	61.8
	工业与污染脱钩	千克/万美元	逆指标	5.9	37.3	31.4	6.3
	工业能源密度	千克油/美元	逆指标	0.19	0.49	0.3	2.6
	绿色生态旅游	美元/人	正指标	552	21	531	26.3
	物质经济效率	美元/人	正指标	54458	1522	52936	35.8
	物质经济比例	%	逆指标	28	59	31	2.1
	循环经济(玻璃)	%	正指标	79	—		—
	经济与能源脱钩	千克油/美元	逆指标	0.2	0.9	0.7	4.5
	经济与废气脱钩	千克/美元	逆指标	0.44	2.48	2.04	5.6
社会生态化	安全饮水比例	%	正指标	100	77	23	1.3
	卫生设施比例	%	正指标	100	44	56	2.3
	城市空气污染	微克/立方米	逆指标	26.7	99	72.3	3.7
	能源使用效率	美元/千克油	正指标	5	1.1	3.9	4.5
	可再生能源比例	%	正指标	10.1	17.3	-7.2	0.6
	交通空气污染	千克/辆	逆指标	107	—	—	—
	长寿人口比例	%	正指标	14.6	7.5	7.1	1.9
	服务收入比		正指标	2.6	0.7	1.9	3.7
	服务消费比例	%	正指标	39	27	12	1.4
	环境风险	万分之	逆指标	39.4	1095	1055.6	27.8

注：正指标：绝对差距 = 高收入国家值 - 中国值，相对差距 = 高收入国家值 ÷ 中国值。逆指标：绝对差距 = 中国值 - 高收入国家值，相对差距 = 中国值 ÷ 高收入国家值。

数据来源：世界银行 2006. 中国公布的 2004 年森林覆盖率为 18.21 %，与世界银行数据不同。

3. 2004 年中国生态现代化的国际追赶

2004 年,中国生态现代化指数,与 2002 年和 2000 年相同,都为 42 分。但是,中国生态现代化指数的世界排名,从 2000 年的第 87 名上升到 2004 年的第 84 名,上升了 3 位。

4. 中国生态现代化达到 2004 年的世界先进水平的预期时间

2004 年,生态现代化指数的最高分为 99 分。如果达到这个水平,就意味着生态现代化达到 2004 年的世界先进水平。如果按照 1970～2004 年、1980～2004 年和 1990～2004 年生态现代化指数的年均增长率分别测算,中国生态现代化指数达到 100 分大约需要 58～92 年(表 4-18)。所以,中国生态现代化有可能在 2050 年前后,达到 2004 年的世界先进水平。

表 4-18　中国生态现代化指数达到 2004 年世界先进水平的预期时间

	生态现代化指数				生态现代化指数达到 2004 年的 100 分所需要的年数					
	1970	1980	1990	2004	1970～2004 年增长率(%)	年数	1980～2004 年增长率(%)	年数	1990～2004 年增长率(%)	年数
中国	25	33	34	42	1.53	58	0.95	92	1.40	63

5. 2004 年中国生态现代化水平相对低于现代化水平

2004 年,中国生态现代化指数的世界排名,比第一次现代化指数(实现程度)、第二次现代化指数、综合现代化指数的世界排名都到低很多(表 4-19),比人类发展指数、平均预期寿命和人均国民收入的世界排名要低很多。2004 年中国生态现代化指数和环境表现指数的世界排名基本相当。这些说明,中国生态现代化水平,比现代化水平要相对低一些。

表 4-19　2004 年中国生态现代化指数的比较特点

项　　目	中国值	世界最大值	中国排名	国家个数	项　　目	中国值	世界最大值	中国排名	国家个数
生态现代化指数	42	97	84	98	人类发展指数	0.755	0.963	61	131
第一次现代化指数	86	100	55	108	平均预期寿命	71	82	56	131
第二次现代化指数	39	113	51	108	人均国民收入	1500	51810	70	130
综合现代化指数	35	99	55	108	环境表现指数	56.2	88.0	85	118

二、1970～2004 年中国生态现代化进程

1. 过去 34 年中国生态现代化的主要特点

(1) 过去 34 年中国生态现代化取得一定成绩

在 1970～2004 年期间,中国生态现代化指数从 25 分上升到 42 分,提高了 17 分(表 4-18);世界排名从 1990 年的第 92 位上升到 2004 年的第 84 位,提高了 8 位。根据经济增长与环境退化的脱钩程度,中国大约在 1996 年前后,进入生态现代化的起步期。目前中国的生态现代化,不是全面生态现代化,而是综合生态现代化。

(2) 1990 年以来中国生态现代化水平与世界先进水平的相对差距在缩小

在 1990～2004 年期间,中国生态现代化与世界先进水平的绝对差距在扩大,但相对差距在缩小;中国生态现代化与世界平均水平的相对差距在缩小(表 4-20)。

表 4-20　1970～2004 年中国生态现代化进程

项　　目	1970	1980	1990	2000	2002	2004
中国生态现代化指数	25	33	34	42	42	42
世界生态现代化指数最大值	77	79	86	95	97	97
世界生态现代化指数最小值	23	29	22	30	30	33
世界生态现代化指数平均值	46	50	54	57	58	59
中国与最大值的差距						
绝对差距(世界最大值 - 中国值)	52	46	52	53	55	55
相对差距(世界最大值 ÷ 中国值)	3.1	2.4	2.5	2.3	2.3	2.3
中国与平均值的差距						
绝对差距(世界平均值 - 中国值)	21	17	20	15	16	17
相对差距(世界平均值 ÷ 中国值)	1.8	1.5	1.6	1.4	1.4	1.4
中国的排名	75	80	92	87	84	84
参加排名的国家个数	76	84	96	101	106	98
参加评价的国家样本数	76	84	101	122	120	118

(3) 1990 年以来中国生态现代化水平相对低于现代化水平

在 1990～2004 年期间,中国生态现代化指数的世界排名,都低于中国现代化指数的世界排名(表 4-21)。中国生态现代化水平的相对低于现代化水平。

表 4-21　1970～2004 年中国现代化的协调性

	1970	1980	1990	2000	2002	2004
		指　　数				
生态现代化指数	25	33	34	42	42	42
第一次现代化指数	40	54	63	76	81	86
第二次现代化指数	21	25	26	31	32	39
综合现代化指数	—	21	28	31	33	35
		排　　名				
生态现代化指数排名	75	80	92	87	84	84
第一次现代化指数排名	71	65	65	61	60	55
第二次现代化指数排名	58	63	71	58	56	51
综合现代化指数排名	—	93	86	61	60	55
		阶　　段				
生态现代化阶段	—	—	—	1	1	1
第一次现代化阶段	—	2	2	2	2	3

注释：1 代表起步期,2 代表发展期,3 代表成熟期。

(4) 过去 34 年中国生态现代化单项指标的表现有差异

生态进步指标。表现较好的指标是森林覆盖率和国家保护区比例等,表现较差的指标是生活废水处理率和自然资源损耗率等。人均 CO_2 排放虽然比较小但仍在增长(表 4-22)。

经济生态化指标。农业与化肥、工业与水污染、经济与能源、经济与废气等已经相对脱钩,但它们的绝对值仍然较大。物质经济效率、绿色生态旅游(人均国际旅游收入)和有机农业比例等比较低,物质经济比重过高(表 4-22)。

社会生态化指标。可再生能源比例、长寿人口比例和安全饮水比例等指标，表现比较好；能源使用效率、城市空气污染和环境风险指标等，表现比较差（表 4-22）。

表 4-22　1970～2004 年中国生态现代化评价指标的表现

	指　　标	单　位	性　质	参考值	1970	1980	1990	2000	2002	2004
生态进步	人均 CO_2 排放量	吨/人	逆指标	10.7	0.9	1.5	2.1	2.2	2.7	2.7
	人均 SO_2 排放量	千克/人	逆指标	25	—	—	—	—	16	15
	人均 NO_2 排放量	千克/人	逆指标	38	—	—	—	—	—	—
	工业淡水污染比例	万分之	逆指标	0.4	—	0.38	0.27	0.14	0.19	0.19
	生活废水处理率	%	正指标	100	—	—	—	—	—	13.6
	城市废物处理率	%	正指标	100	—	—	—	—	—	51
	自然资源损耗率	%	逆指标	1.5	1.4	25.0	12.0	3.6	2.6	3.2
	生物多样性损失	%	逆指标	9	—	—	10.7	18.8	20.1	15.9
	森林覆盖率	%	正指标	29	—	12	17	19	—	21
	国家保护区比例	%	正指标	16	—	—	0.8	6.2	7.8	7.8
经济生态化	农业与化肥脱钩	千克/公顷	逆指标	121	44	158	221	250	278	278
	有机农业比例	%	正指标	3.71	—	—	—	—	—	0.06
	工业与污染脱钩	千克/万美元	逆指标	5.9	—	198	166	41.3	37.3	37.3
	工业能源密度	千克油/美元	逆指标	0.19	—	6.15	3.52	0.64	0.49	0.49
	绿色生态旅游	美元/人	正指标	552	—	—	—	14	17	21
	物质经济效率	美元/人	正指标	54458	180	333	416	1129	1342	1522
	物质经济比例	%	逆指标	28	76	79	69	61	58	59
	循环经济（玻璃）	%	正指标	79	—	—	—	—	—	—
	经济与能源脱钩	千克油/美元	逆指标	0.2	—	3.27	1.98	0.95	0.87	0.9
	经济与废气脱钩	千克/美元	逆指标	0.44	7.67	8.07	5.40	2.31	2.48	2.48
社会生态化	安全饮水比例	%	正指标	100	—	—	70	—	77	77
	卫生设施比例	%	正指标	100	—	—	23	—	44	44
	城市空气污染	微克/立方米	逆指标	26.7	—	—	—	106	99	99
	能源使用效率	美元/千克油	正指标	5	—	0.3	0.5	1.1	1.2	1.1
	可再生能源比例	%	正指标	10.1	—	30.9	24.0	20.5	19.7	17.3
	交通空气污染	千克/辆	逆指标	107	—	—	—	—	—	—
	长寿人口比例	%	正指标	14.6	4.3	4.7	5.6	6.8	7.2	7.5
	服务收入比		正指标	2.6	0.3	0.3	0.5	0.6	0.7	0.7
	服务消费比例	%	正指标	39	—	3	11	24	27	27
	环境风险	万分之	逆指标	39.4	—	—	468	1095	—	1095

注：参考值为高收入国家近年平均值。2004 年数值为最近年的数据。2003 年实际环境风险为 1679。工业能源密度 1990 年和 2000 年数据分别为 1989 年和 1999 年的值。

数据来源：World Bank 2006. WRI 1986～2005. 森林覆盖率数据与中国统计年鉴的数据不同。中国森林覆盖率的清查数据为，1981 年为 12%，1993 年约为 13.92%，1998 年约为 16.55%，2003 年约为 18.21%。

2. 1970～2004 年中国生态现代化的历史进程

(1) 1970 年中国生态现代化水平

1970 年，中国没有进入生态现代化。1970 年中国生态现代化指数为 25 分，在 76 个国家中排名第 75 位，为倒数第 2 名，生态现代化水平很低。

（2）1980 年中国生态现代化水平

1980 年，中国没有进入生态现代化。1980 中国生态现代化指数为 33 分，比 1970 年提高 8 分；在 84 个国家中排第 80 位，为倒数第 5 名，生态现代化水平很低。

（3）1990 年中国生态现代化水平

1990 年，中国没有进入生态现代化。1990 中国生态现代化指数为 34 分，略高于 1980 年；在 96 个国家中排名第 92 位，为倒数第 5 名，生态现代化水平仍然很低。

根据环境压力与经济增长脱钩的 4 个指标（农业与化肥消费、工业与有机废水、经济与能源消费、经济与 CO_2 排放）的相对脱钩程度判断，1996 年是中国生态现代化的起步期。

（4）2000 年中国生态现代化水平

2000 年，中国处于生态现代化的起步期。2000 年中国生态现代化指数为 42 分，比 1990 年提高 8 分；在 101 个国家中排名第 87 位，比 1990 年上升 5 位；生态现代化水平仍较低。

（5）2002 年中国生态现代化水平

2002 年，中国处于生态现代化的起步期。2002 年中国生态现代化指数为 42 分，与 2000 年相同；在 106 个国家中排名第 84 位，比 2000 年上升 3 位；生态现代化水平比较低。

以上（1）至（5）中的数据见表 4-20。

第三节　中国地区生态现代化进程

世界生态现代化评价面临许多问题，其中的一个突出问题是生态指标的统计数据缺乏，特别是发展中国家的环境统计数据非常少，而且统计口径也存在国际差别。中国地区生态现代化评价，同样面临着统计数据缺乏、统计口径差别等问题。根据国家统计局和国家环保总局的有关统计资料，生态现代化评价的 30 个评价指标中，在 1990～2004 年期间约有 12～19 个指标具有统计数据（表 4-23）。显然，统计数据的不足，将影响评价结果。为了大致了解中国地区生态现代化水平，利用有限的评价指标，分别评价了 2000 年和 2004 年的地区生态现代化指数（表 4-24）。下面简要介绍评价结果。要特别说明的是，由于缺少港、澳、台地区的数据，故评价中未包括这三个地区。由于指标较少，评价结果仅供参考。

表 4-23　中国地区生态现代化的统计数据[a]

	指　标	指标解释	单　位	参考值	1990	2000	2002	2004
生态进步	人均 CO_2 排放	人均 CO_2 排放	吨/人	逆指标	无	无	无	无
	人均 SO_2 排放	人均 SO_2 排放量（或 SO_x）	千克/人	逆指标	有	有	有	有
	人均 NO_2 排放	人均 NO_2 排放量（或 NO_x）	千克/人	逆指标	无	无	无	无
	工业淡水污染	工业有机废水 BOD/工业用水	万分之	逆指标	有	有	有	有
	生活废水处理率	生活废水获得处理人口/总人口	%	正指标	无	无	城市	城市
	城市废物处理率	城市废物处理率	%	正指标	无	无	无	有
	自然资源损耗	自然资源损耗价值/GNI	%	逆指标	无	无	无	无
	生物多样性损失	受威胁哺乳动物/哺乳动物	%	逆指标	无	无	无	无
	森林覆盖率	森林覆盖面积/国土面积	%	正指标	有	1999～2003 年普查数据		
	国家保护区比例	国家保护区面积/国土面积	%	正指标	无	有	有	有

（续表）

	指　　标	指标解释	单　位	参考值	1990	2000	2002	2004
经济生态化	农业与化肥脱钩	农业与化肥脱钩,化肥/可耕地	千克/公顷	逆指标	有	有	有	有
	有机农业比例	有机农业用地/农业用地	%	正指标	无	无	无	无
	工业与污染脱钩	工业有机废水与工业 GDP 脱钩	千克/万美元	逆指标	有	有	有	有
	工业能源密度	工业能源消费/工业增加值	千克油/美元	逆指标	无	无	无	无
	绿色生态旅游	国际旅游收入/人	美元/人	正指标	有	有	有	有
	物质经济效率	工农业增加值/工农业劳动力	美元/人	正指标	有	有	有	有
	物质经济比例	工农业增加值/GDP	%	逆指标	有	有	有	有
	循环经济(玻璃)	玻璃的循环利用率	%	正指标	无	无	无	无
	经济与能源脱钩	人均能源消费与人均 GDP 脱钩	千克油/美元	逆指标	有	有	有	有
	经济与三废脱钩	人均 CO_2 排放与人均 GDP 脱钩	千克/美元	逆指标	无	无	无	无
社会生态化	安全饮水比例	获得安全饮水人口/总人口	%	正指标	无	农村无	农村无	有
	卫生设施比例	获得卫生设施人口/总人口	%	正指标	无	农村无	农村无	有
	城市空气污染	代表性城市空气颗粒物浓度	微克/立方米	逆指标	无	无	无	有
	能源使用效率	GDP/能源消费	美元/千克油	正指标	有	有	有	有
	可再生能源比例	可再生能源/总能源	%	正指标	无	无	无	无
	交通空气污染	公路 CO 排放/汽车	千克/辆	逆指标	无	无	无	无
	长寿人口比例	65 岁及以上人口/总人口	%	正指标	有	有	有	有
	服务收入比	服务业增加值/工农业增加值		正指标	有	有	有	有
	服务消费比例	服务消费/家庭总消费	%	正指标	无	有	有	有
	环境风险	自然灾害受灾人数/万人	万分之	逆指标	无	无	无	无
有数据指标的合计(个)					12	14	15	19

注:世界工业有机废水数据为生化需氧量(BOD),中国地区数据为工业废水化学需氧量(COD)。

数据来源:中华人民共和国统计局 2004,2005. 国家统计局,国家环境保护总局 2004,2005. 国家统计局中国环境统计专题组 2003. 国家环境保护局 1994. 国家统计局工业交通统计司,国家发展和改革委员会能源局 2003,2004,2005. 中国环境年鉴 1991,1992,2001,2003,2004.

表 4-24　2000 年和 2004 年中国地区生态现代化水平

地区	2000 年生态现代化指数	2000 年排名	2004 年生态现代化指数	2004 年排名	第一次现代化实现程度	第二次现代化指数	综合现代化指数	人均 GDP(美元)
北京	52	1	61	1	95	85	73	3465
天津	44	5	46	8	95	65	58	3458
河北	36	27	33	29	81	34	31	1555
山西	36	26	32	31	83	38	34	1102
内蒙古	42	9	40	16	80	34	33	1374
辽宁	43	7	43	12	90	48	44	1968
吉林	42	12	39	17	84	41	40	1319
黑龙江	46	3	46	6	85	40	36	1678
上海	46	2	55	2	97	76	66	5165
江苏	40	15	44	10	90	44	41	2503
浙江	44	6	47	5	93	46	43	2877
安徽	36	24	36	25	79	31	30	900
福建	43	8	46	7	85	37	36	2082
江西	39	18	39	18	76	31	31	986
山东	39	17	39	20	86	38	36	2038

（续表）

地区	2000 年生态现代化指数	2000 年排名	2004 年生态现代化指数	2004 年排名	第一次现代化实现程度	第二次现代化指数	综合现代化指数	人均 GDP（美元）
河南	34	30	34	28	75	30	27	1096
湖北	37	23	38	23	85	37	36	1267
湖南	38	22	38	22	80	32	32	1012
广东	44	4	45	9	87	44	42	2333
广西	36	25	36	26	72	28	29	820
海南	41	13	43	13	74	32	32	1136
重庆	34	29	38	21	83	35	34	1031
四川	38	20	41	15	79	34	33	907
贵州	35	28	39	19	65	26	25	492
云南	42	10	43	11	65	27	26	810
西藏	40	16	50	3	66	27	27	932
陕西	38	21	37	24	83	44	40	940
甘肃	41	14	41	14	73	32	29	719
青海	42	11	48	4	77	32	31	1044
宁夏	32	31	32	30	79	36	31	946
新疆	39	19	35	27	77	32	32	1354
中国	42		42		86	39	35	1500
世界最高值	95		97		100	113	99	51810
世界最低值	30		33		32	12	13	90
世界平均值	57		59		92	51	53	6329

一、2004 年中国地区生态现代化指数

1. 2004 年中国地区生态现代化的总体水平

2004 年，中国只有 1 个地区（北京），生态现代化水平超过世界平均水平，其他 30 个地区的生态现代化水平都低于世界平均水平（表 4-24）。所以，2004 年中国地区的生态现代化水平，总体上是比较低的。

2004 年，北京等 13 个地区生态现代化指数超过全国平均值，山西等 18 个地区生态现代化指数低于全国平均水平。

2. 2004 年中国地区生态现代化的前沿

2004 年，中国生态现代化指数排前 10 名的地区分别是：北京、上海、西藏、青海、浙江、黑龙江、福建、天津、广东和江苏；他们的生态现代化指数分别为：61、55、50、48、47、46、46、46、45 和 44 分。

2004 年，中国生态现代化指数排后 10 名的地区分别是：湖南、湖北、陕西、安徽、广西、新疆、河南、河北、宁夏和山西；他们的生态现代化指数分别为：38、38、37、36、36、35、34、33、32 和 32 分。

3. 2004 年中国地区生态现代化的差距

首先，中国地区生态现代化的国内差距（表 4-25）。2004 年中国 31 个地区的地区差距：生态现代化指数的最大差距为 29 分。地区生态现代化指数的最大值为 61 分，最小值为 32 分，平均为 41 分。

其次，中国地区生态现代化的国际差距（表 4-25）。2004 年中国 31 个地区与世界先进水平的差距：生态现代化指数的最大差距为 65 分。2004 年中国 31 个地区与世界平均水平的差距：生态现代化

指数的最大差距为 27 分。

表 4-25　中国地区生态现代化的国内差距和国际差距

项　　目	2000	2004	项目	2000	2004
中国地区最大值	52	61	世界最大值	95	97
中国地区最小值	32	32	世界最小值	30	33
中国地区平均值	40	41	世界平均值	57	59
绝对差距(最大值 - 最小值)	20	29	与世界最大值的绝对差距	63	65
标准差	4	6	与世界最大值的相对差距(倍)	3.0	3.0
相对差距(最大值 ÷ 最小值,倍)	1.6	1.9	与世界平均值的绝对差距	25	27
变异系数(标准差 ÷ 平均值)	0.11	0.16	与世界平均值的相对差距(倍)	1.8	1.9

4. 2004 年中国地区生态现代化的追赶

生态现代化指数和排名的变化,反映了地区生态现代化水平的相对变化。从 2000 年到 2004 年,生态现代化指数上升的地区有 15 个,生态现代化指数排名上升的地区有 10 个,这些地区的生态现代化水平相对提高(表 4-26)。

表 4-26　2000～2004 年中国地区生态现代化的追赶

	生态现代化指数的变化	生态现代化指数的排名的变化
上升的地区(个)	15	10
不变的地区(个)	10	7
下降的地区(个)	6	14

5. 2004 年中国地区生态现代化的不平衡性

2004 年,中国地区生态现代化的不平衡性非常明显,各个地区的生态现代化水平不同,生态现代化指数的最大差距达到 29 分(表 4-25)。如果按照"三大片八大区"划分,西部片和北方片的生态现代化指数都为 41 分,南方片为 43 分;黄河中游、长江中游和西北地区的生态现代化指数低于全国平均值,华南沿海和西南地区的生态现代化指数与全国平均水平持平,华东沿海、华北沿海和东北地区的生态现代化指数高于全国平均水平(表 4-27)。黄河中游、长江中游和西北地区,是我国生态现代化需要重点关注的地区(图 4-4)。

表 4-27　2004 年中国地区生态现代化的不平衡性

三大片	生态现代化指数	八　大　区	生态现代化指数
北方片	41	东北地区(黑龙江、吉林、辽宁)	43
		华北沿海(北京、天津、河北、山东)	45
		黄河中游(河南、山西、陕西、内蒙)	36
南方片	43	华东沿海(江苏、上海、浙江)	49
		华南沿海(福建、广东、广西、海南)	42
		长江中游(安徽、江西、湖北、湖南)	38
西部片	41	西南地区(重庆、四川、贵州、云南、西藏)	42
		西北地区(甘肃、宁夏、青海、新疆)	39

注:香港、澳门和台湾,属于华南沿海地区;由于环境数据有限,没有评价其生态现代化指数。

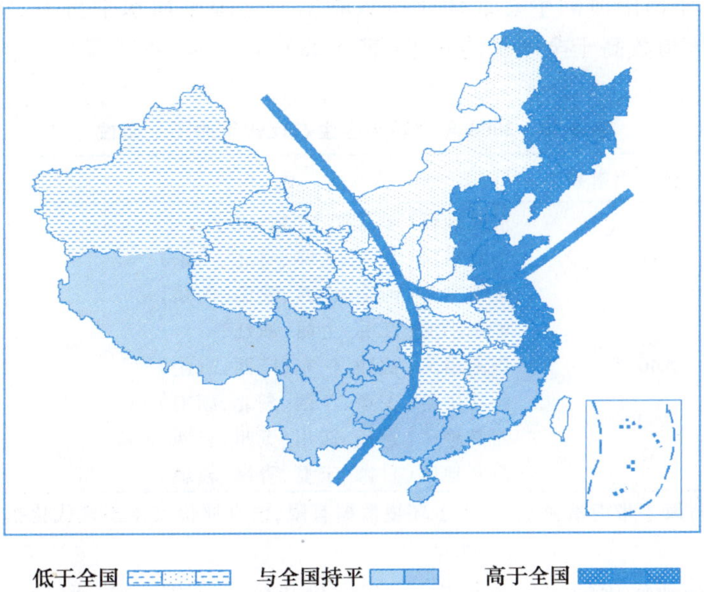

图 4-4　2004 年中国地区生态现代化水平的不平衡性
（注：本图为中国地区生态现代化示意图，完整中国地图见中国地图出版社出版的地图）

二、2000 年中国地区生态现代化指数

1. 2000 年中国地区生态现代化的总体水平

2000 年，中国的 31 个地区的生态现代化水平，都低于世界平均水平（表 4-24）。所以，2000 年中国地区的生态现代化水平，总体上是比较低的。

2000 年，北京等 12 个地区生态现代化指数超过全国平均值，宁夏等 19 个地区生态现代化指数低于全国平均水平。

2. 2000 年中国地区生态现代化的前沿

2000 年，中国地区生态现代化指数排前 10 名的地区分别是：北京、上海、黑龙江、广东、天津、浙江、辽宁、福建、内蒙古、云南，他们的生态现代化指数分别为：52、46、46、44、44、44、43、43、42、42 分。

2000 年，中国生态现代化指数排后 10 名的地区分别是：湖南、湖北、安徽、广西、山西、河北、贵州、重庆、河南和宁夏，他们的生态现代化指数分别为：38、37、36、36、36、36、35、34、34 和 32 分。

3. 2000 年中国地区生态现代化的差距

首先，中国地区生态现代化的国内差距（表 4-25）。2000 年中国 31 个地区的地区差距：生态现代化指数的最大差距为 20 分。地区生态现代化指数的最大值为 52 分，最小值为 32 分，平均为 40 分。

其次，中国地区生态现代化的国际差距（表 4-25）。2000 年中国 31 个地区与世界先进水平的差距：生态现代化指数的最大差距为 63 分。2000 年中国大陆内地 31 个地区与世界平均水平的差距：生态现代化指数的最大差距为 25 分。

4. 2000 年中国地区生态现代化的不平衡性

2000 年，中国地区生态现代化的不平衡性非常明显，各个地区的生态现代化水平不同，生态现代化指数的最大差距达到 20 分（表 4-25）。如果按照“三大片八大区”划分，北方片的生态现代化指数都为 41 分,南方片为 40 分,西部片为 38 分;黄河中游、长江中游、西北地区和西南地区的生态现代化指数低于全国平均值,华南沿海的生态现代化指数略低于全国平均水平持平,华东沿海、华北沿海和东北地区的生态现代化指数高于全国平均水平(表 4-28)。

表 4-28 2000 年中国地区生态现代化的不平衡性

三大片	生态现代化指数	八 大 区	生态现代化指数
北方片	41	东北地区(黑龙江、吉林、辽宁)	43
		华北沿海(北京、天津、河北、山东)	43
		黄河中游(河南、山西、陕西、内蒙)	38
南方片	40	华东沿海(江苏、上海、浙江)	43
		华南沿海(福建、广东、广西、海南)	41
		长江中游(安徽、江西、湖北、湖南)	37
西部片	38	西南地区(重庆、四川、贵州、云南、西藏)	38
		西北地区(甘肃、宁夏、青海、新疆)	38

注:香港、澳门和台湾,属于华南沿海地区;由于环境数据有限,没有评价其生态现代化指数。

关于中国地区生态现代化的评价和分析,由于评价指标的数据不全,评价结果仅有参考意义。根据有限数据的评价结果看,中国有四大地区的生态现代化需要特别关注,他们是黄河中游地区、长江中游地区、西北地区和西南地区。

第五章　2004 年世界和中国现代化指数

世界现代化是一场国际竞赛。每一个选择现代化的国家，都是参赛者。正如《孙子兵法》所言："知己知彼，百战不殆。"认识世界，分析世界，理解世界，面对世界，是每一个国家的必修课。要比较全面地认识世界，就需要对世界现代化进行评价。由于世界现代化是动态的，为了获取最新信息，就需要进行年度评价。不同国家的现代化水平，可以用现代化指数来定量刻画。目前的现代化指数，没有包含政治和文化等领域的指标。

前六本《中国现代化报告》，已经分析了 2003 年以前的世界和中国现代化指数。这里，我们报告 2004 年的世界和中国现代化指数，供大家参考。2004 年瑞典等 24 个国家进入第二次现代化，中国等 97 个国家处于第一次现代化，中非等 10 个国家仍然处于传统农业社会，有些少数民族仍然生活在原始社会（图 5-1）。很显然，2004 年的世界，是一个非常不平衡的世界。世界现代化的国际竞争是非常激烈的。

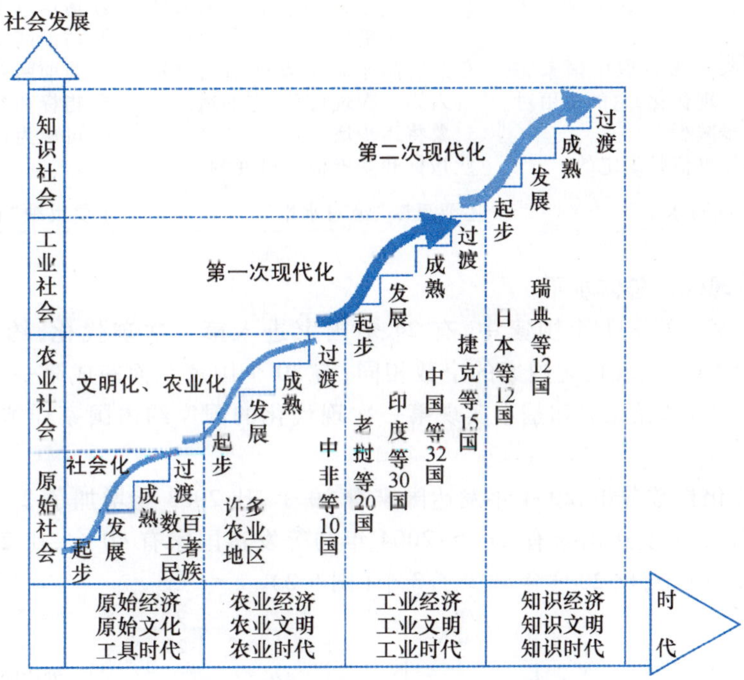

图 5-1　2004 年世界现代化水平的坐标图

第一节　2004 年世界现代化指数

世界现代化指数反映世界 131 个国家、不同组国家和世界平均的现代化水平，包括世界第一次现代化实现程度、第二次现代化指数和综合现代化水平指数。它体现世界现代化在经济、社会和知识等领域的综合水平，它没有包括政治和文化等领域的现代化水平。关于现代化指数的评价方法，请阅读技术注释。关于现代化指数的评价数据，请阅读附录三。

一、2004 年世界现代化指数

世界现代化指数包括世界第一次现代化实现程度、第二次现代化指数和综合现代化水平指数（表 5-1）。第一次现代化实现程度能够比较好地表征发展中国家的实际水平，第二次现代化指数比较好地表征发达国家的实际水平，综合现代化水平指数同时比较好地表征发达国家和发展中国家的相对水平。由于世界不同国家处于现代化的不同阶段，所以，将三者组合起来，能够比较真实地表征世界以及不同国家的现代化水平。

表 5-1 世界现代化指数的组成

	第一次现代化实现程度	第二次现代化指数	综合现代化水平指数
用途	反映不同国家和地区完成第一次现代化的进展。第一次现代化是以工业化、城市化和民主化为典型特征的经典现代化	反映不同国家和地区第二次现代化的进展。第二次现代化是以知识化、绿色化和全球化为典型特征的新现代化	反映不同国家和地区现代化水平与世界先进水平的相对差距。综合现代化是以两次现代化协调发展为主要特征的新型现代化
特点	① 比较好地表征发展中国家的实际水平 ② 不能完全反映发达国家的实际水平 ③ 随着越来越多发展中国家完成第一次现代化，它的适用对象将逐步减少 ④ 指标和标准值是固定的	① 比较好地表征发达国家的实际水平 ② 不能完全反映发展中国家的实际水平 ③ 随着越来越多发展中国家进入第二次现代化，它的适用对象将逐步增多 ④ 指标和基准值是可变的	① 同时表征发达国家和发展中国家的相对水平 ② 适用范围比较广 ③ 与前两者有一些重复 ④ 与前两者有所衔接 ⑤ 指标和参考值是可变的 ⑥ 可称为相对现代化指数
性质	主要反映"绝对水平"	主要反映"绝对水平"	主要反映"相对水平"

1. 2004 年世界现代化总体水平

2004 年，在参加评价的 131 个国家中，有 24 个国家进入第二次现代化，约占国家样本总数的 18 %，与 2003 年进入第二次现代化国家的个数相同；有 30 个国家全面完成第一次现代化，41 个国家基本实现第一次现代化，已经完成和基本实现第一次现代化的国家约占国家样本数的 54 %，比 2003 年增加了 3 个国家。

根据第二次现代化指数分组，2004 年发达国家有 20 个，比 2003 年增加了 2 个；2004 年中等发达国家有 25 个，2003 年中等发达国家有 27 个；2004 年初等发达国家有 40 个，比 2003 年增加了 3 个；2004 年欠发达国家有 46 个，比 2003 年减少了 3 个（图 5-2）。

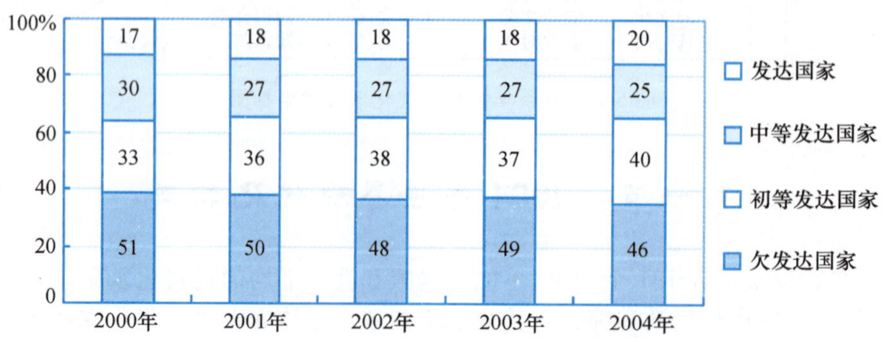

图 5-2 2000～2004 年根据第二次现代化水平的国家分组（国家个数）

2004 年发达国家水平。根据 2004 年第二次现代化水平分组,2004 年 20 个发达国家的第二次现代化指数均在 81 至 113 之间,排名顺序与 2003 年排名顺序略有不同,但都是排在前 20 名。20 个发达国家均已全面完成第一次现代化。20 个发达国家的综合现代化指数均在 79 至 99 之间,2004 年排名顺序与 2003 年排名顺序有所不同(表 5-2)。

表 5-2　发达国家的现代化指数

国　家	第二次现代化指数	2004 年排名	2003 年排名	第一次现代化指数	2004 年排名	2003 年排名	综合现代化指数	2004 年排名	2003 年排名
瑞典	113	1	1	100			99	1	3
美国	107	2	2	100			96	3	2
丹麦	106	3	3	100			98	2	1
芬兰	103	4	5	100			92	8	11
日本	102	5	4	100			94	6	6
瑞士	101	6	6	100			95	5	4
澳大利亚	99	7	9	100			91	10	14
德国	98	8	7	100			95	4	5
比利时	97	9	11	100			89	12	9
英国	96	10	10	100			93	7	8
挪威	96	11	8	100			86	14	13
荷兰	95	12	12	100			91	9	7
法国	94	13	13	100			90	11	10
加拿大	93	14	14	100			84	16	16
韩国	92	15	15	100			83	18	18
奥地利	90	16	16	100			89	13	12
新西兰	90	17	18	100			83	17	20
新加坡	87	18	17	100			79	21	21
以色列	86	19	20	100			85	15	15
爱尔兰	81	20	19	100			80	20	19

2004 年中等发达国家水平。2004 年 25 个中等发达国家的第二次现代化指数均在 52 至 78 之间(第二次现代化指数世界平均值为 51),排名顺序与 2003 年排名顺序略有不同,排名变化不大。25 个中等发达国家中有 9 个国家全面完成了第一次现代化,其他国家均已基本实现了第一次现代化。25 个中等发达国家的综合现代化指数均在 50 至 82 之间,排名顺序与 2003 年排名顺序有所不同(表 5-3)。

表 5-3　中等发达国家的现代化指数

国　家	第二次现代化指数	2004 年排名	2003 年排名	第一次现代化指数	2004 年排名	2003 年排名	综合现代化指数	2004 年排名	2003 年排名
西班牙	78	21	22	100			79	22	22
意大利	77	22	21	100			82	19	17
斯洛文尼亚	76			100			72		
爱沙尼亚	71			100			65		
希腊	69	23	23	100			71	23	23
葡萄牙	69	24	24	100			69	24	24
捷克	69			100			65		
黎巴嫩	67	25	26	99	29	33	56	29	31
俄罗斯	66			94			57		
沙特阿拉伯	64	26	29	98	30	26	48	40	45

（续表）

国 家	第二次现代化指数	2004 年排名	2003 年排名	第一次现代化指数	2004 年排名	2003 年排名	综合现代化指数	2004 年排名	2003 年排名
匈牙利	64	27	25	100		27	64	25	25
斯洛伐克	64			99			58		
立陶宛	64			98			60		
拉脱维亚	61			98			62		
波兰	60	28	28	99	28	29	58	27	27
科威特	60	29	27	99			56	30	29
克罗地亚	59			100			60		
阿根廷	56	30	30	95	36	35	58	28	28
白俄罗斯	56			93			50		
乌克兰	55			92			51		
保加利亚	55	31	34	94	38	38	53	33	39
约旦	54	32	35	93	44	43	53	34	35
乌拉圭	54	33	32	96	34	34	59	26	26
多米尼加	52	34	37	93	47	42	51	37	36
智利	52	35	33	97	31	30	54	32	30

2004 年初等发达国家水平。2004 年 40 个初等发达国家的第二次现代化指数均在 32 至 49 之间，排名顺序与 2003 年排名顺序略有不同，但变化不大。40 个初等发达国家中有 1 个国家全面完成了第一次现代化，有 32 国家已基本实现了第一次现代化。40 个初等发达国家的综合现代化指数在 25 至 53 之间，排名顺序与 2003 年排名顺序有所不同（表 5-4）。

表 5-4 初等发达国家的现代化指数

国 家	第二次现代化指数	2004 年排名	2003 年排名	第一次现代化指数	2004 年排名	2003 年排名	综合现代化指数	2004 年排名	2003 年排名
土库曼斯坦	49			74			31		
乌兹别克斯坦	47			76			33		
巴西	46	36	36	94	39	39	50	38	37
马来西亚	46	37	39	92	49	46	47	43	41
哈萨克斯坦	46			86			43		
阿尔及利亚	46	38	48	88	51	53	37	55	64
委内瑞拉	46	39	40	96	35	36	48	41	40
罗马尼亚	45	40	38	93	48	48	45	46	49
墨西哥	45	41	41	100		28	53	35	33
格鲁吉亚	45			81			43		
马其顿	45			93			48		
巴拿马	44	42	42	96	33	32	54	31	34
阿尔巴尼亚	44	43	44	88	52	52	36	57	59
哥斯达黎加	44	44	43	96	32	31	52	36	32
亚美尼亚	43			83			41		

（续表）

国 家	第二次现代化指数	2004 年排名	2003 年排名	第一次现代化指数	2004 年排名	2003 年排名	综合现代化指数	2004 年排名	2003 年排名
土耳其	43	45	46	94	37	47	47	42	44
突尼斯	42	46	47	93	45	51	45	45	48
秘鲁	41	47	45	93	40	37	50	39	38
阿塞拜疆	40			80			37		
牙买加	40	48	31	93	42	40	44	47	42
哥伦比亚	40	49	49	93	46	45	46	44	43
蒙古	40			82			47		
南非	39	50	52	85	57	59	40	51	53
中国	39	51	55	86	55	60	35	59	62
摩尔多瓦	39			84			41		
塔吉克斯坦	38			71			29		
厄瓜多尔	37	52	54	93	43	44	44	48	46
伊朗	37	53	50	87	53	49	37	56	55
吉尔吉斯	36			73			37		
越南	36	54	61	69	69	68	25	78	81
泰国	36	55	57	80	62	58	35	60	57
玻利维亚	36	56	62	86	56	61	42	50	50
菲律宾	35	57	59	90	50	50	39	52	52
埃及	35	58	58	82	59	57	34	61	51
萨尔瓦多	35	59	60	93	41	41	42	49	47
博茨瓦纳	35	60	53	73	66	66	32	64	65
巴拉圭	33	61	63	87	54	54	38	54	56
纳米比亚	33	62	56	70	68	69	34	62	63
摩洛哥	32	63	51	75	65	64	39	53	54
叙利亚	32	64	66	82	60	62	34	63	67

2004 年欠发达国家水平。2004 年 46 个欠发达国家的第二次现代化指数均在 12 至 29 之间，排名顺序与 2003 年排名顺序略有不同，但变化不大。46 个欠发达国家中没有一个国家全面完成了第一次现代化，有 3 国家基本实现了第一次现代化。46 个欠发达国家的综合现代化指数均在 13 至 36 之间，排名顺序与 2003 年排名顺序有所不同（表 5-5）。

表 5-5 欠发达国家的现代化指数

国 家	第二次现代化指数	2004 年排名	2003 年排名	第一次现代化指数	2004 年排名	2003 年排名	综合现代化指数	2004 年排名	2003 年排名
尼加拉瓜	29	65	65	82	61	56	32	66	58
肯尼亚	28	66	67	58	76	71	27	73	72
危地马拉	27	67	73	80	63	63	36	58	60
印度尼西亚	27	68	75	78	64	65	29	68	70
斯里兰卡	27	69	69	72	67	67	29	67	68
也门共和国	27	70	68	60	73	74	26	75	73
毛里塔尼亚	26	71	70	56	77	79	26	74	75
津巴布韦	26	72	71	60	74	72	25	77	71
印度	26	73	72	63	70	70	27	70	66
洪都拉斯	26	74	74	84	58	55	32	65	61

（续表）

国　家	第二次现代化指数	2004 年排名	2003 年排名	第一次现代化指数	2004 年排名	2003 年排名	综合现代化指数	2004 年排名	2003 年排名
塞内加尔	25	75	76	54	78	80	27	71	77
多哥	25	76	78	45	92	89	21	90	85
尼日利亚	25	77	64	59	75	76	23	82	76
科特迪瓦	25	78	77	53	80	82	24	79	79
加纳	24	79	79	51	83	81	22	83	89
海地	24	80	80	50	85	85	25	76	78
喀麦隆	24	81	81	52	81	84	24	81	84
老挝	24	82	84	45	93	92	18	96	97
刚果共和国	22			61			25		
贝宁	22	83	83	46	89	88	22	85	83
厄立特里亚	22	84	82	50	86	83	21	86	86
缅甸	22	85	85	61	71	73	29	69	69
巴基斯坦	21	86	86	60	72	75	27	72	74
柬埔寨	21	87	91	45	90	90	20	91	90
几内亚	21	88	90	43	97	98	21	89	91
赞比亚	21	89	87	49	87	86	19	94	92
马里	20	90	94	37	101	105	19	93	99
孟加拉国	19	91	92	54	79	77	24	80	80
尼泊尔	19	92	89	45	91	95	21	87	87
巴布亚新几内亚	19	93	88	41	98	91	18	95	96
塞拉利昂	18	94	95	32	108	108	14	106	107
安哥拉	17	95	93	47	88	96	17	98	104
坦桑尼亚	17	96	100	43	96	93	17	101	101
莫桑比克	17	97	98	44	94	97	17	97	103
乍得	17	98	97	34	105	99	17	99	93
乌干达	16	99	104	44	95	94	21	88	88
马达加斯加	16	100	99	50	84	87	22	84	82
马拉维	16	101	96	37	100	100	14	107	100
刚果民主共和国	16			37			13		
尼日尔	16	102	101	34	106	106	17	100	98
埃塞俄比亚	16	103	103	36	104	101	14	108	106
莱索托	15	104	102	51	82	78	16	103	95
布隆迪	15	105	105	33	107	107	14	105	105
布基纳法索	14	106	106	37	103	104	19	92	94
中非	13	107	107	37	102	102	17	102	102
卢旺达	12	108	108	39	99	103	16	104	108

2. 2004 年世界现代化的前沿水平

2004 年世界现代化前沿已经到达第二次现代化的发展期。2004 年处于第二次现代化发展期的国家大约有 12 个，它们的现代化水平基本反映了世界现代化前沿水平（表 5-6）。

表 5-6　2004 年处于第二次现代化发展期的国家

国家	知识创新指数	知识传播指数	生活质量指数	经济质量指数	第二次现代化指数	排名
瑞典	120	114	111	105	113	1
美国	101	108	100	120	107	2
丹麦	102	110	102	109	106	3
瑞士	111	87	99	109	101	6
澳大利亚	78	112	108	99	99	7
德国	104	91	106	92	98	8
比利时	74	96	113	104	97	9
英国	74	108	97	107	96	10
荷兰	67	105	103	105	95	12
法国	76	92	105	105	94	13
加拿大	70	102	104	97	93	14
新加坡	73	86	99	91	87	18

3. 2004 年世界现代化的末尾水平

世界现代化的末尾水平可以从两个方面来反映，一是从现代化阶段来看，一是从现代化指数来看。从现代化阶段看，2004 年有 10 个国家仍然是传统农业社会，没有进入现代化行列，他们是缅甸、坦桑尼亚、刚果民主共和国、马拉维、中非、埃塞俄比亚、乍得、尼日尔、布隆迪、塞拉利昂。

2004 年第一次现代化指数排世界后 10 名的国家是：刚果民主共和国、马拉维、马里、中非、布基纳法索、埃塞俄比亚、乍得、尼日尔、布隆迪、塞拉利昂，他们第一次现代化实现程度在 32％至 39％之间。

2004 年第二次现代化指数排世界后 10 名的国家是：马达加斯加、马拉维、刚果民主共和国、尼日尔、埃塞俄比亚、莱索托、布隆迪、布基纳法索、中非、卢旺达，他们的第二次现代化指数在 12 至 16 之间。

2004 年综合现代化指数排世界后 10 名的国家是：尼日尔、坦桑尼亚、中非、莱索托、卢旺达、布隆迪、塞拉利昂、马拉维、埃塞俄比亚、刚果民主共和国，他们的综合现代化指数在 13 至 17 之间。

这些排名世界后 10 位的国家的水平，反映了世界现代化的最低水平。

4. 2004 年世界现代化的国际差距扩大

2004 年世界现代化水平的国家差距比 2000 年略有扩大，比 1990 年有较大扩大。两次现代化和综合现代化水平所反映的差距变化情况不一样。

第一次现代化水平的相对差距和绝对差距，从 1990 年到 2004 年没有多少变化；第二次现代化水平，2004 年比 2000 年的绝对差距有所扩大，但相对差距有所减小；综合现代化水平，2004 年比 2000 年绝对差距和相对差距有所增加（表 5-7）。所以，总体而言，世界现代化的国际差距在扩大。

表 5-7　世界现代化水平的国家差距

	第一次现代化			第二次现代化			综合现代化		
	2004	2000	1990	2004	2000	1990	2004	2000	1990
最大值	100	100	100	113	109	98	99	98	98
最小值	32	31	32	12	9	16	13	14	20
平均值	78	77	72	46	42	42	45	44	48
极差	68	69	68	101	100	82	87	84	78
标准差	23	22	23	27	26	23	24	23	22
相对差(倍)	3	3	3	9	12	6	8	7	5
变异系数	0.29	0.29	0.32	0.57	0.62	0.55	0.53	0.53	0.46

5. 2004 年世界现代化的追赶和国际地位的转移

根据第二次现代化水平分组，从 2000 年到 2004 年，在 131 个参加评价的国家中，有 14 个国家的分组发生了变化，其中，组别上升的国家有 10 个，组别下降的国家有 4 个。

现代化水平分组升级的国家。中等发达组升级为发达组的国家是新加坡、新西兰、爱尔兰，初等发达组升级为中等发达组的国家是多米尼加、约旦，欠发达组升级为初等发达组的国家是阿尔巴尼亚、玻利维亚、纳米比亚、越南、叙利亚。

现代化水平分组降级的国家。中等发达组降级为初等发达组的国家是格鲁吉亚、巴拿马、哥伦比亚、牙买加。

在 1960～2004 年期间，有 20 个国家的分组发生了变化(5-8)。地位上升的国家有 9 个，它们是日本、芬兰、意大利、爱尔兰、韩国、约旦、沙特阿拉伯、博茨瓦纳和中国。地位下降的国家有 11 个，它们是俄罗斯、罗马尼亚、南非、委内瑞拉、牙买加、蒙古、刚果共和国、斯里兰卡、缅甸、津巴布韦和赞比亚等。

表 5-8 1960～2004 年世界现代化的国际地位发生变化的国家

升级的国家			降级的国家		
国家	1960 年分组	2004 年分组	国家	1960 年分组	2004 年分组
日本	中等发达	发达	俄罗斯	发达	中等发达
芬兰	中等发达	发达	罗马尼亚	中等发达	初等发达
意大利	中等发达	发达	南非	中等发达	初等发达
爱尔兰	中等发达	发达	委内瑞拉	中等发达	初等发达
韩国	初等发达	发达	牙买加	中等发达	初等发达
约旦	初等发达	中等发达	蒙古	中等发达	初等发达
沙特阿拉伯	欠发达	初等发达	刚果共和国	初等发达	欠发达
博茨瓦纳	欠发达	初等发达	斯里兰卡	初等发达	欠发达
中国	欠发达	初等发达	缅甸	初等发达	欠发达
			津巴布韦	初等发达	欠发达
			赞比亚	初等发达	欠发达

注：1960 年根据第一次现代化实现程度分组，2004 年根据综合现代化指数分组。按第二次现代化指数分组，2004 年新加坡为发达国家；按综合现代化指数分组，2004 年新加坡为中等发达国家。

在 1960～2004 年期间，大约 80 %～94 %的发达国家一直是发达国家，大约 86 %～93 %的欠发达国家一直是欠发达国家；中等发达国家升级为发达国家的概率约为 11 %～33 %；初等发达国家升级为中等发达国家的概率约为 7 %～12 %，升级为发达国家的概率 2 %～3 %；欠发达国家升级为初等发达国家的概率约为 7 %～14 %(表 5-9)。

表 5-9　世界现代化的国家地位的转移概率(马尔可夫链分析)

分组	国家数	发达	中等	初等	欠发达	国家数	发达	中等	初等	欠发达
	1960	1960～2004 年转移概率(%)				1970	1970～2004 年转移概率(%)			
发达	16	94	6			15	80	20		
中等	23	17	61	22		21	33	43	19	5
初等	30	3	7	73	17	33	3	12	58	27
欠发达	38			8	92	35			14	86
	1980	1980～2004 年转移概率(%)				1990	1990～2004 年转移概率(%)			
发达	18	90	5	5		18	94	6		
中等	18	11	72	11	6	28	11	64	25	
初等	49	2	12	57	29	54		7	56	37
欠发达	28			7	93	28			14	86

注:1980～2004 年根据综合现代化指数分组,发达国家 >80 分,中等发达为世界平均值至 80 分,初等发达为 30 分至世界平均值,欠发达 <30 分。1970 年根据第二次现代化指数分组。1960 年根据第一次现代化实现程度分组:发达国家 >90%,中等发达 60%～90%,初等发达 40%～60%,欠发达 <40%。

6. 2004 年世界现代化的不平衡性

世界现代化的不平衡性大致表现在五个方面:① 国家现代化进程不同步(表 5-10);② 不同国家现代化速度不平衡;③ 不同国家现代化水平不平衡;④ 世界现代化要素指标的不平衡;⑤ 世界现代化的地理分布不平衡,世界五大洲的平均现代化水平是不同的(图 5-3)。相对而言,欧洲和北美水平比较高,南美和亚洲相当,非洲比较落后。

表 5-10　2004 年世界现代化的国家分布和不平衡性

阶段	时期	国家
第二次现代化的阶段	过渡期	
	成熟期	
	发展期 12 个	瑞典、美国、丹麦、瑞士、澳大利亚、德国、比利时、英国、荷兰、法国、加拿大、新加坡
	起步期 12 个	芬兰、日本、挪威、韩国、奥地利、以色列、爱尔兰、西班牙、意大利、斯洛文尼亚、爱沙尼亚、葡萄牙
第一次现代化的阶段	过渡期 15 个	捷克、匈牙利、墨西哥、斯洛伐克、科威特、波兰、沙特阿拉伯、拉脱维亚、智利、委内瑞拉、阿根廷、秘鲁、约旦、南非、博茨瓦纳
	成熟期 32 个	新西兰、希腊、克罗地亚、黎巴嫩、立陶宛、哥斯达黎加、巴拿马、乌拉圭、土耳其、俄罗斯、保加利亚、巴西、萨尔瓦多、牙买加、厄瓜多尔、突尼斯、哥伦比亚、白俄罗斯、马其顿、多米尼加、罗马尼亚、马来西亚、乌克兰、阿尔及利亚、阿尔巴尼亚、伊朗、中国、玻利维亚、洪都拉斯、埃及、摩洛哥、津巴布韦
	发展期 30 个	菲律宾、巴拉圭、哈萨克斯坦、摩尔多瓦、亚美尼亚、叙利亚、尼加拉瓜、蒙古、格鲁吉亚、泰国、阿塞拜疆、危地马拉、印度尼西亚、乌兹别克斯坦、土库曼斯坦、吉尔吉斯斯坦、斯里兰卡、塔吉克斯坦、纳米比亚、越南、印度、刚果共和国、巴基斯坦、也门共和国、尼日利亚、肯尼亚、毛里塔尼亚、孟加拉国、莱索托、海地
	起步期 20 个	塞内加尔、科特迪瓦、喀麦隆、加纳、马达加斯加、厄立特里亚、赞比亚、安哥拉、贝宁、柬埔寨、尼泊尔、多哥、老挝、莫桑比克、乌干达、几内亚、巴布亚新几内亚、卢旺达、马里、布基纳法索
传统农业社会		缅甸、坦桑尼亚、刚果民主共和国、马拉维、中非、埃塞俄比亚、乍得、尼日尔、布隆迪、塞拉利昂(10 个)

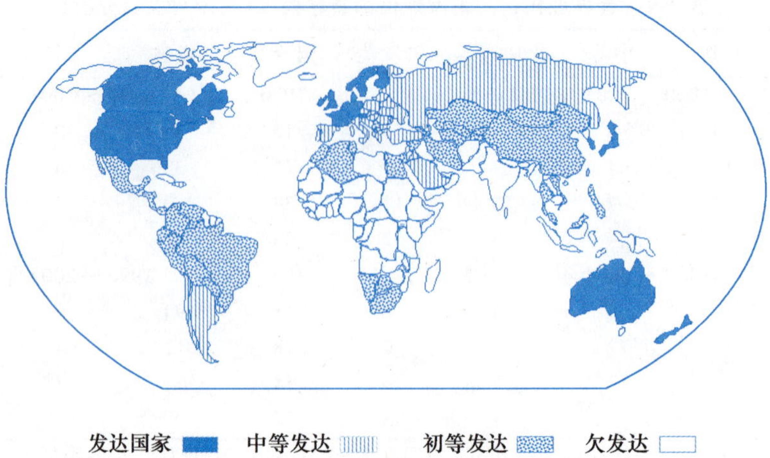

图 5-3　2004 年世界现代化的地理分布
（本地图为世界简图，完整的世界地图见中国地图出版社出版的世界地图）

二、2004 年世界现代化的水平评价

1. 2004 年世界第一次现代化水平和发展阶段

（1）2004 年世界有 71 个国家已经完成或基本实现第一次现代化。在 2004 年参加评价的 131 个国家中，有 71 个国家已经完成或基本实现第一次现代化，约占国家总数的 54%；有 60 个国家没有完成第一次现代化，约占 46%。全面完成第一次现代化的国家有 30 个，占 23%。基本实现第一次现代化的国家有 41 个，占 31%。分别有 1～5 个指标达标的国家有 41 个，占 31%。没有一个指标达标的国家有 19 个，占 15%。

（2）2004 年世界第一次现代化的不平衡。2004 年世界不同国家第一次现代化实现程度不同，所处发展阶段也不同。根据产业结构和劳动力结构信号综合分析，2004 年世界约有 24 个国家已进入第二次现代化；有 15 个国家进入第一次现代化过渡期；有 32 个国家进入成熟期，30 个国家进入发展期，20 个国家进入起步期，10 个国家处于传统农业社会（表 5-10）。2004 年世界第一次现代化的 10 个评价指标的发展不平衡。

（3）不同国家预期实现第一次现代化的所需时间不同。世界发达国家已经完成第一次现代化，部分发展中国家基本实现第一次现代化。没有完成第一次现代化的发展中国家，在 1980～2004 年期间第一次现代化发展速度不同。如果按 1980～2004 年的年均增长率估算，它们完成第一次现代化（第一次现代化实现程度达到 100%）所需时间不同（附表 3-2-4）；如果它们增长率变了，则它们完成第一次现代化的所需时间就会变化。如果按照 1980～2004 年的年均增长率估算，世界低收入国家平均完成第一次现代化大约需要 47 年，中等收入国家平均需要 23 年，世界平均大约需要 14 年（附表 3-2-4）。

2. 2004 年世界第二次现代化水平和发展阶段

（1）2004 年世界上约有 24 个国家进入第二次现代化轨道。在 2004 年参加评价的 131 个国家中，约有 24 个国家进入第二次现代化发展轨道，约占国家样本数的 19%；其中，12 个国家进入第二次现代化的发展期，它们是瑞典、美国、澳大利亚、瑞士、丹麦、德国、荷兰、加拿大、新加坡、英国、法国、比利时；12 个国家进入第二次现代化的起步期，它们是芬兰、挪威、日本、奥地利、韩国、以色列、意大利、爱尔兰、西班牙、爱沙尼亚、斯洛文尼亚、葡萄牙。

（2）2004 年世界第二次现代化水平的国家差距仍然很大。2004 年第二次现代化指数，最高的国家瑞典达到 113 分（表 5-11），最低的国家卢旺达仅为 12 分。瑞典第二次现代化指数约是卢旺达的 10 倍。2000 年第二次现代化指数最高的国家也是瑞典，最低的国家也是卢旺达，瑞典第二次现代化指数是卢旺达的 12 倍。

表 5-11　2000 年与 2004 年世界第二次现代化指数排前 10 名的国家

国家	2004 年指数	2004 年排名	国家	2000 年指数	2000 年排名
瑞典	113	1	瑞典	109	1
美国	107	2	美国	108	2
丹麦	106	3	日本	103	3
芬兰	103	4	芬兰	103	4
日本	102	5	丹麦	102	5
瑞士	101	6	挪威	100	6
澳大利亚	99	7	澳大利亚	99	7
德国	98	8	瑞士	99	8
比利时	97	9	德国	97	9
英国	96	10	荷兰	93	10

（3）2004 年世界第二次现代化水平分布存在地理不平衡。2004 年非洲 38 个国家中，没有 1 个国家进入发达国家和中等发达国家行列；美洲 22 个国家中，有 2 个属于发达国家，4 个属于中等发达国家；亚洲 27 个国家中，有 4 个属于发达国家，4 个属于中等发达国家；欧洲 42 个国家中，有 12 个属于发达国家，17 个属于中等发达国家；大洋洲的澳大利亚和新西兰属于发达国家（表 5-12）。

表 5-12　2004 年世界第二次现代化水平的五大洲分布　　（单位：国家个数）

	2004 年						2000 年					
	非洲	美洲	亚洲	欧洲	大洋洲	小计	非洲	美洲	亚洲	欧洲	大洋洲	小计
发达国家	—	2	4	12	2	20	—	2	3	11	1	17
中等	—	4	4	17		25	—	6	4	19	1	30
初等	7	12	8	13		40	6	9	7	11	—	33
欠发达	31	4	11	0		46	32	5	13	1	—	51
小计	38	22	27	42	2	131	38	22	27	42	2	131

注："东欧和前苏联事变"后出现的新国家，暂时计算在欧洲国家内。

3．世界综合现代化水平

（1）2004 年世界综合现代化水平的国家分布。综合现代化水平反映了不同国家与世界先进水平的相对差距。用综合现代化水平指数来分析世界现代化水平的国家分布（图 5-4），可以比较世界现代化水平的纵向分布。2004 年世界综合现代化水平的国家分布与 2000 年的国家分布基本相同，但分布不均衡。这表明世界现代化的纵向结构，既不均衡，又相对稳定。

（2）2004 年世界综合现代化水平的国家追赶。根据综合现代化水平指数的变化，从 2000 年到 2004 年，在参加评价的 131 个国家中，综合现代化水平上升的国家有 63 个（指数上升 2 分以上），下降的国家有 22 个（指数下降 2 分以上），变化不大的国家约有 46 个。在综合现代化水平上升的 64 个国家中，有 51 个国家是发展中国家；在某种程度上可以说，这些发展中国家与世界先进水平的差距缩小了。

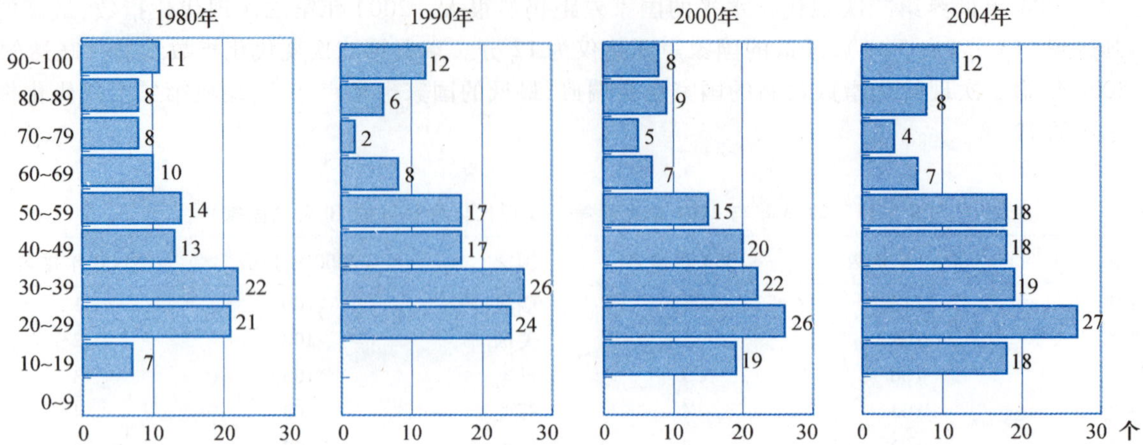

图 5-4 世界综合现代化水平的国家分布

第二节 2004 年中国现代化指数

中国现代化指数包括中国第一次现代化实现程度、第二次现代化指数和综合现代化水平指数，它反映了中国现代化在经济、社会和知识等领域的综合水平。关于中国政治和文化等领域的现代化水平，需要专门研究。中国现代化指数的评价方法和评价数据来源，与世界现代化指数相同，请阅读技术注释和附录三。

一、2004～2005 年中国现代化指数

1. 2004～2005 年中国现代化的总体水平

2004 年中国处于世界初等发达国家水平。中国现代化水平与世界中等发达国家和发达国家的差距仍然较大。所以，2004 年中国仍然是发展中国家。

2004 年，中国第一次现代化实现程度为 86 %，排世界 108 个国家的第 55 位；中国第二次现代化指数为 39 分，排世界 108 个国家的第 51 位；综合现代化水平指数为 35 分，排世界 108 个国家的第 59 位（表 5-13）。2005 年中国第一次现代化实现程度达到 87 %。

表 5-13 2004 年中国现代化指数

	第一次现代化		第二次现代化		综合现代化水平	
年份	实现程度(%)	世界排名	指数	世界排名	指数	世界排名
2005	87	—	—	—	—	—
2004	86	55	39	51	35	59
2003	82	60	33	55	33	62
2002	81	60	32	56	33	60
2001	78	60	31	59	32	60
2000	76	62	31	58	31	61

注：排名为 108 个国家的排名。《中国现代化报告 2006》评价 2004 年中国第一次现代化实现程度为 83 %，今年评价 2004 年中国第一次现代化实现程度为 86 %。造成差别的原因有三个。(1) 今年评价采用世界银行《世界发展报告 2006》的数据，去年评价采用《中国统计年鉴 2005》的数据，两者评价指标的数值有较大差别。(2) 中国调整了部分统计指标数值，如人均 GDP 从 1274 美元调高到 1500 美元，服务业增加值比例从 32 %调高到约 41 %等。(3) 去年评价婴儿死亡率采用 2000 年数据(32 ‰)，今年评价采用 2004 年数据(26 ‰)等。《世界发展报告 2006》的主要指标的最新数据为 2004 年数据，《中国统计年鉴 2006》的最新数据为 2005 年数据。

2. 2004 年中国现代化与世界先进水平的差距

2004 年,中国第一次现代化实现程度与已经完成第一次现代化的国家相差 14 个百分点,第二次现代化指数与高收入国家平均相差 61 分,综合现代化水平指数与高收入国家平均相差 65 分。2004 年,中国第二次现代化指数与世界平均值相差 12 分,中国综合现代化水平指数与世界平均值相差 18 分。

3. 中国现代化水平的追赶

2004 年和 2000 年,中国都属于初等发达国家。2004 年第一次现代化实现程度比 2000 年提高了 10 个百分点,2004 年综合现代化水平指数比 2000 年提高了 4 分。2004 年比 2000 年中国现代化相对水平有较大提高(表 5-13)。中国现代化 2004 年的国际差距小于 2000 年。

2004 年,中国第二次现代化指数为 39 分,在 131 个国家中排名第 69 位。如果 131 个国家在未来 100 年里,能够按照它们第二次现代化指数 1990～2004 年的年均增长率估算其现代化水平,那么,中国在 2010 年的世界排名为第 60 名左右,2020 年为 50 名左右,在 2050 年进入世界前 40 名;在 2080 年为前 30 名左右,在 2100 年为前 20 名左右。如果实现这个目标,届时中国就是一个现代化国家,中华民族就实现了伟大复兴。

2004 年,中国为初等发达国家。根据 1960～2004 年的世界经验,在 40 年里,初等发达升级中等发达的概率约为 7%～12%,中等发达升级发达国家的概率约为 11%～33%。如果沿用世界历史经验,那么,2050 年中国成为中等发达国家的概率为 10%左右。如果 2050 年中国成为中等发达国家,那么,2100 年中国成为发达国家的概率约为 30%左右。

4. 中国现代化的不平衡

中国现代化的不平衡同样表现在几个方面,一是地区不平衡,二是指标不平衡。第一次现代化 10 个指标发展不平衡,2004 年有 6 个指标已经达到标准,表现最差的指标(人均 GNP)达标程度仅为 24%。第二次现代化的四大类指标也不平衡。

二、2004～2005 年中国现代化的水平评价

1. 2004～2005 年中国第一次现代化水平和发展阶段

2004 年中国进入第一次现代化的成熟期,第一次现代化实现程度为 86%;2003 年中国第一次现代化实现程度为 82%,2004 年实现程度比 2003 年提高了 4 个百分点。2004 年中国第一次现代化实现程度在 108 个国家中排名 55 位。2005 年中国第一次现代化实现程度达到 87%,比 2004 年提高 1 个百分点,仍然处于第一次现代化的成熟期。

2004 年中国第一次现代化 10 个指标发展不平衡。6 个指标已经达标,它们分别是医疗服务、平均预期寿命、婴儿存活率、成人识字率、大学普及率和农业增加值比例。中国有 4 个指标没有达到标准,它们分别是人均 GNP、农业劳动力比例、服务业增加值比例和城市人口比例(图 5-5)。

中国第一次现代化实现程度达到 100%所需要的时间,与第一次现代化实现程度的年均增长率正相关。如果按照 1960～2000 年速度估算,中国第一次现代化实现程度达到 100%大约需要 15 年。如果按照 1980～2003 年速度估算,中国第一次现代化实现程度达到 100%大约需要 11 年。如果按中国 1980～2004 年速度估算,中国第一次现代化实现程度达到 100%大约需要 8 年。中国可能在 2015 年前后完成第一次现代化,达到 1960 年发达国家水平。

2. 2004 年中国第二次现代化水平与发展阶段

2004 年中国尚没有完成第一次现代化,也没有进入第二次现代化。由于中国参与全球化进程,第二次现代化的许多要素已经传入中国。如果按第二次现代化评价模型进行评价,可以大概了解中国

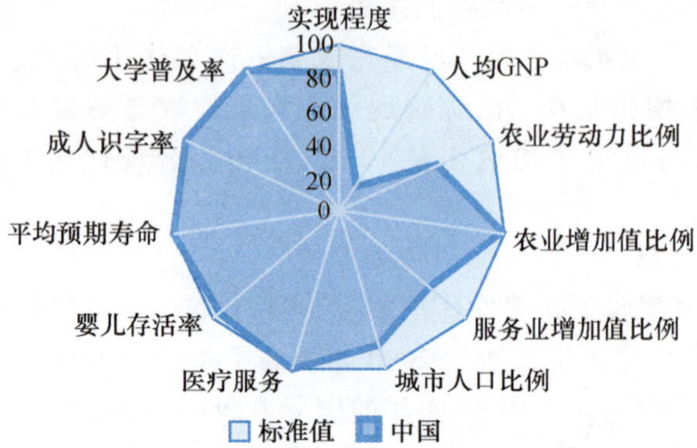

图 5-5　2005 年中国第一次现代化的特点

第二次现代化的进展。这种评价,仅有参考意义。

2004 年中国第二次现代化指数为 39 分,在参加排名的 108 个国家中排第 51 位,在 131 个国家中排第 69 位。中国第二次现代化指数世界排名好于第一次现代化实现程度的世界排名,说明中国比其他发展中国家具有更多的第二次现代化的要素。

2004 年中国第二次现代化 4 类指标发展不平衡,知识传播和生活质量指数接近世界平均水平(图 5-6)。以 2004 年高收入国家平均值 100 分为对照,2004 年中国知识创新指数为 25 分,知识传播指数为 50 分,生活质量指数为 50 分(世界平均为 49 分),经济质量指数为 30 分。2004 年同 2000 年一样,中国知识创新水平距离高收入国家的差距最大。

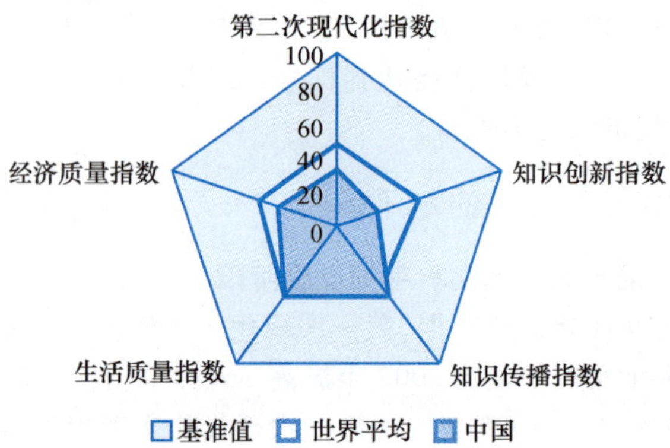

图 5-6　2004 年中国第二次现代化的特点

3. 2004 年中国综合现代化水平

综合现代化水平指数反映与世界先进水平的相对差距。2004 年中国综合现代化水平指数为 35 分,比 2000 年提高了 4 分,比 1990 年提高 7 分,比 1980 年提高 14 分。2004 年中国综合现代化水平在世界 108 个国家中排名第 59 位,比 2003 年提高 3 位,比 1990 年上升 27 位,比 1980 年上升 34 位(表 5-14)。

表 5-14　中国综合现代化水平指数

	2004	2003	2002	2001	2000	1990	1980
中国综合现代化水平指数	35	33	33	32	31	28	21
中国的世界排名	59	62	60	60	61	86	93
高收入国家平均值	100	100	100	100	100	100	100
中等收入国家平均值	40	40	44	42	42	44	52
低收入国家平均值	26	25	26	23	24	32	28
世界平均值	53	52	55	51	50	53	60
国家样本数	108	108	108	108	108	107	104

注：世界 108 个国家中，1990 年和 1980 年有几个国家数据不全。

第三节　2004 年中国地区现代化指数

中国地区现代化指数包括中国 34 个省级地区的第一次现代化实现程度、第二次现代化指数和综合现代化水平指数，它反映了 34 个省级地区现代化在经济、社会和知识等领域的综合水平。关于评价方法，请阅读技术注释；关于评价数据，请阅读附录四。

一、2004～2005 年中国地区现代化指数

1．2004～2005 年中国地区现代化的总体水平

2005 年，中国 34 个省级地区中，香港、澳门和台湾地区已经完成第一次现代化；北京等 7 个地区第一次现代化实现程度超过 90％，福建等 14 个地区第一次现代化实现程度达到 80％至 89％（图 5-7）。北京和上海有 9 个指标达到第一次现代化标准，天津和浙江有 8 个指标达标，江苏、辽宁和黑龙江有 7 个指标达标，广东、福建、山东、吉林和山西有 6 个指标达标。2005 年和 2004 年相比，重庆等 11 个地区第一次现代化实现程度的全国排名上升，湖北等 9 个地区排名下降，北京等 11 个地区排名没有变化（附表 4-2-5）。

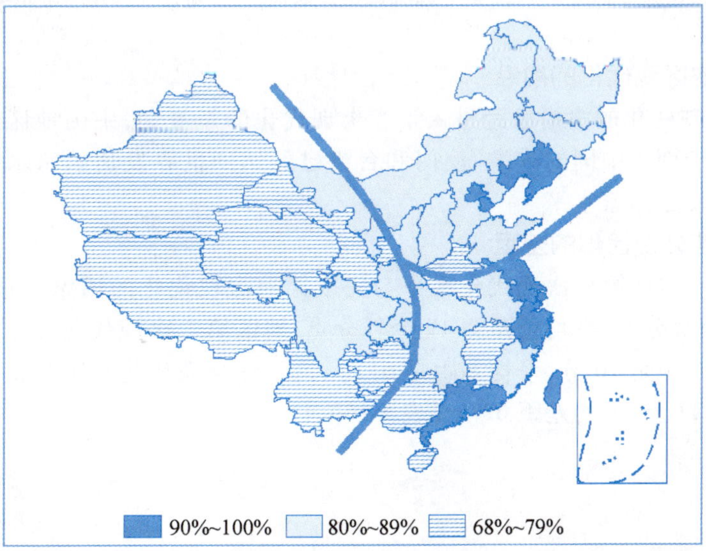

图 5-7　2005 年中国现代化水平的地区分布

注：本图为工作简图，根据第一次现代化实现程度分组：90％～100％，80％～89％，68％～79％。

2004 年,中国 34 个省级地区中,有 4 个地区进入第二次现代化,约占地区总数的 12 %。根据第二次现代化指数分组,2004 年中国发达和中等发达地区有 6 个,初等发达地区有 24 个,欠发达地区有 4 个(表 5-15)。2004 年中国多数地区属于发展中地区。

表 5-15　2004 年中国地区现代化指数

分组	地区	SMI	FMI	CMI	人均 GDP（美元）	分组	地区	SMI	FMI	CMI	人均 GDP（美元）
发达地区和中等发达地区	香港	92	100	78	24096	初等发达地区	河北	34	81	31	1504
	澳门	91	100	80	22615		内蒙古	34	80	33	1541
	台湾	85	100	76	14032		四川	34	79	33	883
	北京	85	95	73	4902		新疆	32	77	32	1359
	上海	76	97	66	5597		湖南	32	80	32	1017
	天津	65	95	58	3669		海南	32	74	32	1180
	世界	51	92	52	5510		青海	32	77	31	1044
初等发达地区	辽宁	48	90	44	1911		甘肃	32	73	29	779
	浙江	46	93	43	2981		安徽	31	79	30	890
	江苏	44	90	41	2438		江西	31	76	31	975
	广东	44	87	42	2744		河南	30	75	27	1063
	陕西	44	83	40	1035	欠发达地区	广西	28	72	29	848
	吉林	41	84	40	1392		云南	27	65	26	843
	黑龙江	40	85	36	1503		西藏	27	66	27	971
	山东	38	86	36	1976		贵州	26	65	25	519
	山西	38	83	34	1293						
	福建	37	85	36	1983	对照	中国	39	86	35	1500
	湖北	37	85	36	1131		高收入国家	100	100	100	28600
	宁夏	36	79	31	1103		中等收入国家	41	92	40	1930
	重庆	35	83	34	1042		低收入国家	22	59	26	440

注:FMI 为第一次现代化实现程度,SMI 为第二次现代化指数,CMI 为综合现代化水平指数。

2. 2004 年中国地区现代化的前沿

2004 年中国地区现代化的前沿已经进入第二次现代化的发展期,中国地区现代化的前沿已经到达第二次现代化的起步期。中国的香港、澳门和台湾已经达到世界发达国家水平,北京、上海和天津等已经达到世界中等发达国家水平。

3. 2004 年中国地区现代化的差距

中国 31 个地区中,地区第一次现代化水平与完成第一次现代化的国家的最大差距约为 35 个百分点,最小差距是 3 个百分点,平均差距为 19 个百分点;地区第二次现代化水平与世界先进水平的最大差距是 74 分,最小差距是 16 分,平均差距是 61 分;地区综合现代化水平与世界先进水平的最大差距是 75 分,最小差距 27 分,平均差距 63 分(表 5-16)。

表 5-16　2004 年中国 31 个地区现代化水平与世界水平的差距

		第一次现代化			第二次现代化			综合现代化		
		2004	2000	1990	2004	2000	1990	2004	2000	1990
地区水平	最大值	97	94	90	85	74	55	73	65	52
	最小值	65	59	44	26	22	19	25	24	23
	平均值	81	76	60	39	31	26	37	32	28
与发达国家的差距	高收入国家	100	100	100	100	100	89	100	100	100
	最小差距	3	6	10	16	26	34	27	35	48
	最大差距	35	41	56	74	78	70	75	76	77
	平均差距	19	24	40	61	69	63	63	68	72
与世界平均值的差距	世界平均值	92	89	81	51	46	47	52	50	53
	最小差距	—	—	—	—	—	—	—	—	—
	最大差距	27	30	37	25	24	28	27	26	30
	平均差距	11	23	21	12	15	21	15	18	25

4. 2004 年中国地区现代化的追赶

如果根据第二次现代化水平分组，2004 年有 10 个地区，从 2003 年的欠发达地区升级为初等发达地区，它们分别是：内蒙古、宁夏、湖南、新疆、安徽、甘肃、青海、江西、河南和海南。2004 年北京第二次现代化指数达到 85 分，超过发达国家水平的底线。

如果根据综合现代化水平分组，2004 年与 2003 年相比，河北和安徽从欠发达地区升级到初等发达地区；其他地区分组没有变化。

根据综合现代化水平，2004 年与 2003 年相比，中国 31 个地区现代化相对水平都有所提高，与世界先进水平的差距缩小。

5. 2004 年中国地区现代化的不平衡性

中国地区现代化的不平衡性是非常突出的。包括地区现代化进程的不同步（表 5-15）、地区现代化速度有快有慢、地区现代化水平差距比较大、地区现代化指标的表现差别比较大、地区现代化水平的地理分布不均衡等。北京等 6 个地区已经达到第一次现代化的过渡期（其中的 4 个地区已经进入第二次现代化），浙江等 8 个地区已经进入成熟期，湖北等 19 个地区处于发展期，海南处于第一次现代化的起步期（表 5-17）。

表 5-17　2004～2005 年中国 34 个地区现代化的阶段和不平衡性

阶段	时期	地区
第二次现代化的发展阶段	过渡期	
	成熟期	
	发展期	香港、澳门
	起步期	北京、台湾
第一次现代化的发展阶段	过渡期	天津、上海
	成熟期	浙江、广东、江苏、辽宁、黑龙江、福建、山东、山西
	发展期	湖北、吉林、陕西、重庆、河北、新疆、湖南、宁夏、内蒙古、四川、青海、安徽、江西、广西、河南、甘肃、贵州、云南、西藏
	起步期	海南
传统农业社会		无

二、2004～2005 年中国地区现代化的水平评价

1. 2005 年中国地区第一次现代化水平和发展阶段

(1) 2005 年全国有 15 个地区已经完成或基本实现第一次现代化。中国香港、澳门和台湾地区早已完成第一次现代化。2005 年,北京和上海有 9 个指标达到标准,天津和浙江有 8 个指标达标,江苏、辽宁和黑龙江有 7 个指标达到标准,广东、山东、吉林、山西和福建有 6 个指标达到标准;按本报告划分标准,这 12 个地区基本实现第一次现代化,但它们离完成第一次现代化还有差距。

如果北京、天津、上海、香港、澳门和台湾不参加排名,2005 年第一次现代化实现程度排名前 10 位的地区为:浙江、江苏、广东、辽宁、福建、重庆、山东、黑龙江、吉林和山西(图 5-7)。

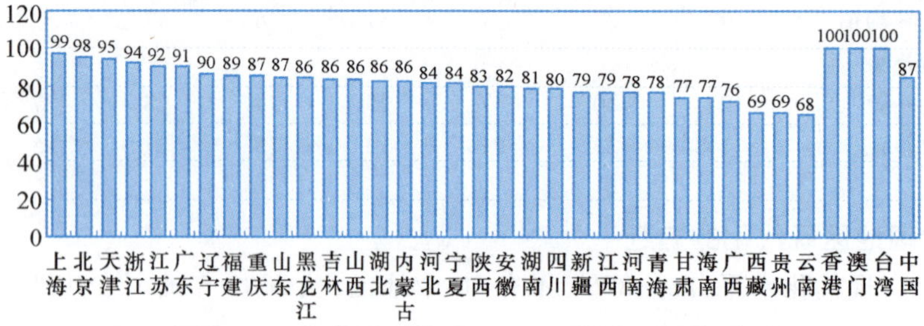

图 5-8　2005 年中国地区第一次现代化实现程度

(2) 中国地区完成第一次现代化预期时间。如果按照 1990 年～2005 年年均增长率估算,北京、天津、上海、浙江、江苏、福建、广东、山东和湖北等 9 个地区,有可能用 10 年左右的时间完成第一次现代化(表 5-18)。完成第一次现代化,表示大约达到 1960 年发达工业化国家的平均水平。

表 5-18　中国地区完成第一次现代化的时间估算

地区	1980 年	1990 年	2005 年	实现程度达到 100%		实现程度达到 100%	
	实现程度(%)	实现程度(%)	实现程度(%)	1990～2005 年均增长率(%)	所需年	1980～2005 年均增长率(%)	需要年
北京	82.9	90.5	97.6	0.50	5	0.65	4
天津	77.7	84.2	95.2	0.82	6	0.82	6
河北	56.4	62.9	84.0	1.95	9	1.60	11
山西	62.5	69.0	85.7	1.46	11	1.27	12
内蒙古	58.8	65.3	85.6	1.82	9	1.52	10
辽宁	69.5	79.2	90.3	0.87	12	1.05	10
吉林	64.7	68.6	85.9	1.51	10	1.14	13
黑龙江	63.7	72.0	86.1	1.20	13	1.21	12
上海	82.3	89.4	98.7	0.67	2	0.73	2
江苏	56.3	64.2	92.0	2.43	3	1.99	4
浙江	52.7	66.3	93.5	2.32	3	2.32	3
安徽	51.5	56.7	81.8	2.48	8	1.87	11
福建	54.8	65.0	89.1	2.13	5	1.96	6
江西	51.6	56.2	78.7	2.26	11	1.70	14
山东	51.2	63.4	87.0	2.13	7	2.14	7

（续表）

地区	1980 年 实现程度 （%）	1990 年 实现程度 （%）	2005 年 实现程度 （%）	实现程度达到 100 % 1990～2005 年 均增长率（%）	实现程度达到 100 % 所需年	实现程度达到 100 % 1980～2005 年 均增长率（%）	实现程度达到 100 % 需要年
河南	50.5	59.1	78.2	1.89	13	1.76	14
湖北	53.8	62.7	85.6	2.10	7	1.87	8
湖南	50.8	57.5	81.4	2.34	9	1.90	11
广东	59.2	69.2	91.0	1.84	5	1.73	6
广西	53.4	56.4	75.6	1.97	14	1.40	20
海南	31.3	61.7	77.3	1.52	17	3.69	7
重庆	—	—	87.2				
四川	48.8	57.0	80.0	2.29	10	2.00	11
贵州	45.4	51.3	69.1	2.01	19	1.70	22
云南	44.1	49.8	68.5	2.14	18	1.77	22
西藏	38.4	44.3	69.4	3.04	12	2.39	15
陕西	53.5	64.3	83.4	1.75	10	1.79	10
甘肃	46.0	59.9	77.5	1.73	15	2.10	12
青海	53.1	57.0	77.9	2.10	12	1.54	16
宁夏	54.2	61.7	83.7	2.06	9	1.76	10
新疆	50.6	60.2	79.2	1.85	13	1.81	13
中国	54.0	63.0	86.5	2.14	7	1.90	8

注：完成第一次现代化表示达到 1960 年发达工业化国家平均水平。

2. 2004 年中国地区第二次现代化水平和发展阶段

（1）2004 年我国有 6 个地区第二次现代化指数达到或超过世界中等发达国家水平。根据第二次现代化水平分组，2004 年，中国香港、澳门、台湾和北京第二次现代化指数已经达到发达国家组的水平，上海和天津已经达到世界中等发达国家水平，辽宁、浙江等 24 个地区达到初等发达水平，广西、云南、西藏和贵州仍然为欠发达地区（图 5-9）。

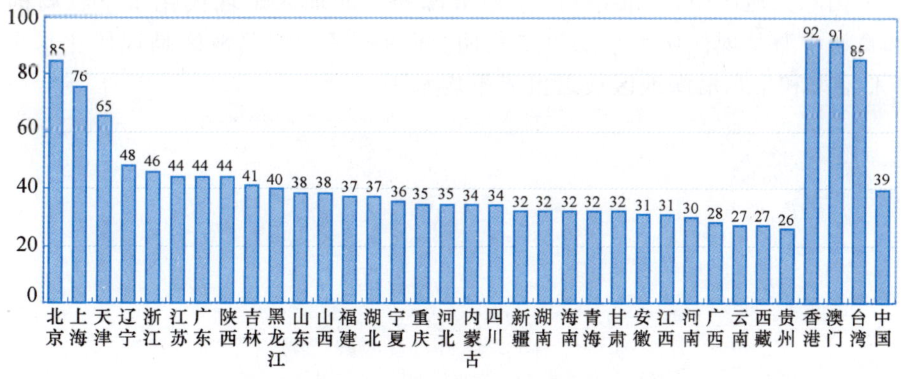

图 5-9　2004 年中国地区第二次现代化水平

（2）2004 年中国地区第二次现代化发展不平衡。中国地区第二次现代化发展不平衡的主要表现是：不同地区第二次现代化水平不同，第二次现代化的 4 大类指标和 16 个具体指标的发展水平不同；不同地区第二次现代化的进程不同步。我国香港和澳门进入第二次现代化的发展期，北京和台湾地区进入第二次现代化起步期；其他地区仍是第一次现代化。

3. 中国地区综合现代化水平

在 1980～2004 年期间，中国地区综合现代化水平在提高。其中，2000 年到 2004 年，34 个地区综合现代化水平都提高了；1990 年到 2000 年，有 21 个地区提高了；1980 年到 1990 年，有 29 个地区提高了。这表明中国部分地区现代化与世界先进水平的差距在缩小。

4. 中国三大片和八大区的现代化水平

2005 年，北方片第一次现代化实现程度平均值为 87 %，南方片平均为 86 %，西部片平均为 77 %。北方片现代化水平略高于南方片，南方片高于西部片（表 5-19）。如果把港澳台计算在南方片内，2005 年南方片第一次现代化实现程度平均为 89 %，略高于北方片。

表 5-19　中国三大片和八大区的现代化水平的比较

	2005 年第一次现代化实现程度(%)	2005 年人均 GDP(美元)	2004 年第一次现代化实现程度(%)	2004 年第二次现代化指数	2004 年综合现代化水平指数
北方片	87	2350	85	45	41
南方片	86	2284	83	40	38
西部片	77	1122	74	31	30
东北地区	87	1902	86	43	40
华北沿海	91	3510	89	56	49
黄河中游	83	1525	80	36	34
华东沿海	95	4209	94	55	50
华南沿海	83	1907	79	35	35
长江中游	82	1218	80	33	32
西南地区	75	1029	72	30	29
西北地区	80	1239	76	33	31
中国	87	1714	86	39	35

注：三大片和八大区的数值为该区有关地区数值的简单算术平均值。

概括地说，中国八大地区中，华北沿海、华东沿海和东北地区是现代化水平较高的地区，华南沿海、长江中游和黄河中游是现代化水平的第二集团，西南地区和西北地区是现代化水平较低的地区。2004 年中国华北沿海和华东沿海地区接近世界平均水平。

技术注释

《中国现代化报告 2007》包括世界生态现代化的基础数据和评价数据、世界 131 个国家和中国 34 个地区 2004 年的发展数据和评价数据。由于世界不同国家的统计方法不完全相同,统计方法在不断发展,统计数据的可比性和一致性问题需要特别关注。《中国现代化报告 2007》采用国际机构、有关国家官方统计机构公布的数据。《报告 2007》主要评价世界生态现代化的发展趋势。

一、资料来源

世界现代化的生态效应和生态转型的 300 年的历史数据主要来自米切尔的《帕尔格雷夫世界历史统计》、麦迪森的《世界经济千年史》、库兹涅茨的《各国的经济增长》、世界银行的《世界发展指标》、联合国统计年鉴、联合国环境署(UNEP)的有关数据、经济合作与发展组织(OECD)的环境数据和世界资源研究所的《世界资源报告》等。

世界生态现代化和现代化进程评价所用数据,除少数年份的几个指标的中国数据(世界银行数据集中缺少的数据)来自《中国统计年鉴》外,其他全部采用世界银行出版的《世界发展指标 2006》、联合国出版的《统计年鉴》、联合国教科文组织出版的《统计年鉴》、经济合作与发展组织(OECD)的环境数据、世界资源研究所的《世界资源报告》等。

中国地区现代化评价所用数据,主要来自《中国统计年鉴》、《中国科技统计年鉴》、《中国卫生年鉴》、《中国人口年鉴》、《中国能源统计年鉴》和 31 个省级行政地区的《统计年鉴》。

二、数据一致性和可靠性

世界生态现代化和现代化进程评价,以世界银行出版的《2006 年世界发展指标》的系列数据为基本数据来源;部分年份的数据来自联合国《统计年鉴》;部分年份的知识创新经费投入、知识创新人员投入和电视普及率数据来自联合国教科文组织《统计年鉴》;部分年份的劳动力结构数据来自国际劳工组织《劳动力统计年鉴》;部分 OECD 国家的数据来自 OECD 出版物;少数几个中国数据来自《中国统计年鉴》。

许多发展中国家的统计制度还很薄弱,统计方法在不断发展,统计指标的概念存在差异,统计方法在国与国之间差别较大,它们会影响数据的一致性和可靠性。许多国家的统计机构常常修改其历史统计数据。世界银行在历年《世界发展指标》中对数据来源、数据一致性和可靠性进行了说明。世界银行有时根据一些国家提供的新数据,对过去年份的数据进行调整。在不同年份出版的《世界发展指标》中,关于某年的数据不完全一致。如果出现这种情况,我们一般采用最近年份《世界发展指标》中公布的数据。2004 年世界现代化评价统一采用《世界发展指标 2006》的数据。数据汇总计算方法在《世界发展指标》等中有专门说明。

中国地区现代化进程评价,以《中国统计年鉴》的系列数据为基本数据来源;《中国统计年鉴》中没有的数据,采用 31 个省级行政地区统计机构出版地方《统计年鉴》;知识创新经费投入、知识创新人员投入和居民专利申请数据来自《中国科技统计年鉴》;部分年份医疗服务数据来自《中国卫生年鉴》;部分年份城镇人口比例数据来自《中国人口年鉴》;部分年份人均能源消费数据来自《中国能源统计年鉴》。

在世界银行和联合国有关机构出版的统计资料中，中国数据的数值一般为中国 31 个省级行政地区统计数据的加总；在《中国统计年鉴》中，香港特区、澳门特区和台湾地区的统计数据单列，全国的加总数在数值上为 31 个省级行政地区统计数据的加和。

由于苏联和东欧国家 1990 年前后发生了变化，本报告中 1990 年前采用的是苏联、联邦德国和原东欧国家的数据，1990 年后，分别为俄罗斯、德国、捷克和斯洛伐克的数据。

三、国家分组

关于国家分组的方法有很多。《中国现代化报告 2003》对此进行了专门分析。例如，世界银行根据人均收入大小分组、联合国开发计划署根据人类发展指数分组、联合国工作分组、联合国地区分组、《中国现代化报告》根据第二次现代化指数分组等。一般而言，国家分组是相对的，更多是为了分析和操作的方便。本报告沿用《中国现代化报告 2003》国家分组方法。

《中国现代化报告 2003》采用四种国家分组方法，(1) 工业化国家和发展中国家，(2) 发达国家和发展中国家，(3) 高收入国家、中等收入国家和低收入国家，(4) 发达国家、中等发达国家、初等发达国家和欠发达国家。四种方法具有一定可比性(表 a)。

表 a 《中国现代化报告 2003》的国家分组

国家分组	类别	分组方法或标准
按地区分组	发达国家[a]	高收入国家(不含石油输出国)
	OECD 国家	OECD 国家
	比较发达国家	按联合国的划分
	比较不发达国家(发展中国家)	按联合国的划分
	最不发达国家(发展中国家)	按联合国的划分
按人均收入分组(2000 年)	高收入国家	人均 GNI 大于 9266 美元
	中等收入国家(中高、中低收入国家)	人均 GNI 为 756～9265 美元
	低收入国家	人均 GNI 小于 755 美元
按第一次现代化实现程度分组(2000 年)	发达工业化国家	完成第一次现代化的国家
	发展中国家	没有完成第一次现代化的国家
按第二次现代化指数分组(2000 年)	发达国家[a](高现代化水平)	第二次现代化指数大于 80
	中等发达国家(中等现代化水平)	第二次现代化指数 46～79.9
	初等发达国家(初等现代化水平)	第二次现代化指数 30～45.9
	欠发达国家(低现代化水平)	第二次现代化指数小于 30

a "发达国家"有两种划分方法：按第二次现代化指数划分的发达国家、按人均收入划分(习惯分法)的发达国家(一般指不包含石油输出国家的高收入国家)，它们(划分的结果)是基本一致的

四、生态现代化评价

生态现代化评价包括生态现代化水平评价、监测评价和诊断评价等。具体内容见附录一。

五、第一次现代化实现程度的评价方法和评价指标

第一次现代化进展评价方法主要有三种：定性评价、定量评价和综合评价(定性和定量相结合)。本报告主要进行经济和社会第一次现代化的实现程度的定量评价。

1. 评估模型

参考20世纪80年代美国学者英克尔斯教授提出的评价指标,参考1960年19个工业化国家发展指标的平均值,设计“第一次现代化评价模型”,包括10个社会和经济指标,以及评价标准和评价方法。

$$\begin{cases} \text{FMI} = \sum S_i/n(i = 1,2,\cdots,n) \\ S_i = 100 \times i_{\text{实际值}}/i_{\text{标准值}}(\text{正指标},S_i \leqslant 100) \\ S_i = 100 \times i_{\text{标准值}}/i_{\text{实际值}}(\text{逆指标},S_i \leqslant 100) \end{cases}$$

其中,FMI为第一次现代化的实现程度,n为参加评价的指标总个数,S_i为第i项指标的达标程度,S_i取值小于或等于100;i为评价指标的编号;$i_{\text{实际值}}$为i号指标的实际值,$i_{\text{标准值}}$为i号指标的标准值(具体数值见表b)。

表b 第一次现代化评价指标的标准值(1960年工业化国家指标平均值)

	指　　标	标准	备注[b]
经济指标	1. 人均GNP	逐年计算[a]	正指标
	2. 农业劳动力比例(农业劳动力占总劳动力比例)	30%以下	逆指标
	3. 农业增加值比例(农业增加值占国内生产总值比例)	15%以下	逆指标
	4. 服务业增加值比例(服务业产值占国内生产总值比例)	45%以上	正指标
社会和知识指标	5. 城市人口比例(城市人口占总人口比例)	50%以上	正指标
	6. 医疗服务(每千人口中的医生人数)	1人以上	正指标
	7. 婴儿存活率[c]	97%以上	正指标
	(婴儿死亡率)	(30‰以下)	(逆指标)
	8. 预期寿命(出生时平均预期寿命)	70岁以上	正指标
	9. 成人识字率	80%以上	正指标
	10. 大学普及率(在校大学生占20～24岁人口比例)	15%以上	正指标

注:参考英克尔斯教授的评价指标。a 以1960年19个市场化工业国家人均GNP平均值1280美元为基准值,以后逐年根据美元通货膨胀率计算标准值。例如,1960年标准值为1280美元,1970年为1702美元,1980年为3411美元,1990年为5147美元,2000年为6399美元,2005年为7203美元。b 正指标,评价对象数值等于或大于标准值时,表示它达到或超过经典现代化标准;逆指标,评价对象数值等于或小于标准值时,表示它达到或超过经典现代化标准。c“婴儿死亡率”用作评价指标不符合中国文化,用“婴儿存活率”代替它;婴儿存活率 = 1 - 婴儿死亡率;实际评价时,仍然用婴儿死亡率的数据进行评价,按逆指标计算方法进行评价。

2. 评估过程和方法

首先,检验评价指标的相关性。在地区现代化评价时,可以调整部分评价指标。其次,计算人均GNP的标准值。其三,采用“比值法”计算单个指标达标程度。单个指标达标程度最大值为100%(如果超过100%,取值100%),达到100%表明该指标已经达到第一次现代化水平。其四,采用“简单算术平均值”法,计算第一次现代化实现程度。

评价的有效性。如果参加评价的有效指标个数占指标总数的比例低于60%(即指标个数少于6个),则视为无效样本,不进行评价。

计算方法。所有评价由计算机自动完成。计算机计算数据时,计算机内部保留小数点后12位小数;显示数据结果时,一般保留整数或1～2位小数。在阅读和利用评价数据和结果时,需要特别注意小数“四舍五入”带来的影响。第二次现代化和综合现代化评价也是如此。

结果排序。20世纪90年代东欧发生改革,出现了一批新国家。有些年份样本国家的数据不全。

为了保持评价的一致性,在世界第一次现代化实现程度评价和排序时,将新出现的国家单列,不参加排序;数据不满足评价条件的国家,不参加排序。

3. 第一次现代化的阶段评价

$$\begin{cases} P_{\text{FM}} = (P_{\text{农业增加值比例}} + P_{\text{农业/工业增加值}} + P_{\text{农业劳动力比例}} + P_{\text{农业/工业劳动力}})/4 \\ P_{\text{农业增加值比例}} = (4,3,2,1,0)\text{,根据实际值与标准值的比较判断阶段并赋值} \\ P_{\text{农业/工业增加值}} = (4,3,2,1,0)\text{,根据实际值与标准值的比较判断阶段并赋值} \\ P_{\text{农业劳动力比例}} = (4,3,2,1,0)\text{,根据实际值与标准值的比较判断阶段并赋值} \\ P_{\text{农业/工业劳动力}} = (4,3,2,1,0)\text{,根据实际值与标准值的比较判断阶段并赋值} \end{cases}$$

其中,P_{FM}代表第一次现代化的阶段,$P_{\text{农业增加值比例}}$代表根据农业增加值比重判断的阶段和赋值,$P_{\text{农业/工业增加值}}$代表根据农业增加值比重与工业增加值比重的比值判断的阶段和赋值,$P_{\text{农业劳动力比例}}$代表根据农业劳动力比重判断的阶段和赋值,$P_{\text{农业/工业劳动力}}$代表根据农业劳动力比例与工业劳动力比例的比值判断的阶段和赋值。

首先,根据信号指标实际值与标准值的比较判断阶段并赋值。其次,计算赋值的平均值。其三,综合判断第一次现代化的阶段。第一次现代化阶段评价的 4 个信号指标的标准值和赋值见表 c。第一次现代化阶段评价的信号指标的变化如图 a 所示。

表 c 第一次现代化信号指标的划分标准和赋值

	农业增加值占 GDP 比例	农业增加值/工业增加值	赋值	说明
过渡期	<5%	<0.2	4	农业增加值占 GDP 比例低于 15%为完成第一次现代化的标准,结合工业化国家 200 年经济史制定
成熟期	5%～15%, <15%	0.2～0.8, <0.8	3	
发展期	15%～30%, <30%	0.8～2.0, <2.0	2	
起步期	30%～50%, <50%	2.0～5.0, <5.0	1	
传统社会	>50%	>5.0	0	
	农业劳动力占总劳动力比例	农业劳动力/工业劳动力	赋值	
过渡期	<10%	<0.2	4	农业劳动力占总劳动力比例低于 30%为完成第一次现代化的标准,结合工业化国家 200 年经济史制定
成熟期	10%～30%, <30%	0.2～0.8, <0.8	3	
发展期	30%～50%, <50%	0.8～2.0, <2.0	2	
起步期	50%～80%, <80%	2.0～5.0, <5.0	1	
传统社会	>80%	>5.0	0	

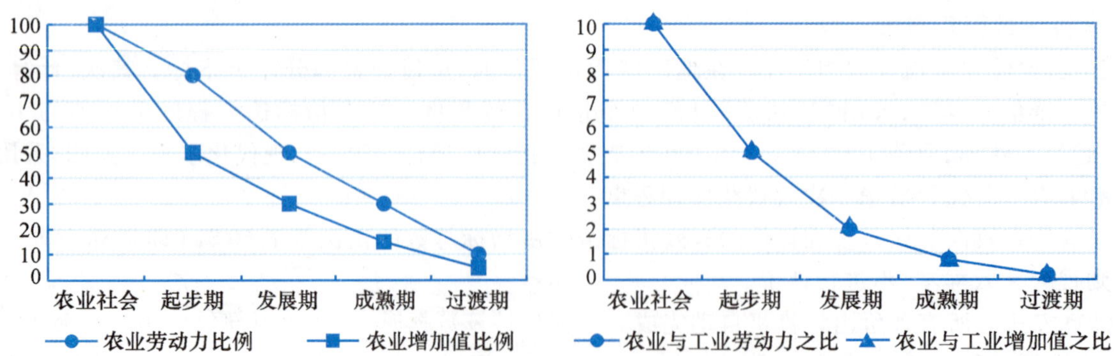

图 a 第一次现代化阶段评价的信号指标变化

有些时候,可能是统计数据或者国家差异的原因,产业结构和就力结构的分析结果与现代化总体水平不协调,需要根据第一次现代化实现程度对发展阶段进行调整。

4. 评价指标

第一次现代化进程评价共 10 个评价指标和 4 个信号指标。4 个信号指标是农业增加值比例、农业增加值/工业增加值、农业劳动力比例、农业劳动力/工业劳动力。

(1) 人均 GNP。人均国民生产总值,当年价格美元。受汇率影响较大。中国地区第一次现代化进程评价采用人均 GDP(人均国内生产总值)代替人均 GNP。标准值需要逐年计算。

(2) 农业增加值比例。农业增加值占国内生产总值的比例。农业包括种植业、畜牧业、林业、狩猎和渔业。

(3) 服务业增加值比例。服务业增加值占国内生产总值的比例。服务业包括除了农业和工业以外的所有行业。

(4) 农业劳动力比例。农业劳动力占全国劳动力的比例。

(5) 城市人口比例。城市人口占全国人口的比例。中国地区第一次现代化进程评价采用"城镇人口比例"代替城市人口比例,城镇人口中包含非城市人口。

(6) 医疗服务。每千人口中的医生数。

(7) 婴儿存活率。婴儿存活率 = 1 - 婴儿死亡率。用婴儿死亡率的数据进行评价。婴儿死亡率指每一千例活产婴儿在 1 岁内的死亡率。

(8) 预期寿命。新生儿平均预期寿命。

(9) 成人识字率。成人识字率 = 1 - 成人文盲率。不同国家关于文盲的定义不同。成人文盲率一般为文盲人口占 15 岁以上人口的比例。

(10) 大学普及率。在校大学生人数占适龄人口(一般为 20 ~ 24 岁人口)的比例。中国地区第一次现代化进程评价,大学普及率为在校大学生人数占 19 ~ 22 岁人口比例。

(11) 工业增加值比例。工业增加值占国内生产总值的比例。工业包括采矿业、制造业、建筑业、公共事业(电力、供水、天然气)。

(12) 工业劳动力比例。工业劳动力占全国劳动力比例。

六、第二次现代化指数的评价方法和评价指标

第二次现代化进展评价同样有定性评价、定量评价和综合评价等三种方法。第二次现代化启动不过 30 多年,它的特点和规律正在形成过程中。随着第二次现代化的发展,第二次现代化评价指标和评价方法应该作相应的调整。

1. 评估模型

第二次现代化理论认为,知识的创新、传播和应用是第二次现代化的动力,知识创新、知识传播和知识应用的水平反映了第二次现代化的水平。第二次现代化评价包括知识创新、知识传播、知识应用 Ⅰ 和 Ⅱ(生活质量和经济质量)4 大类指标和 16 个具体指标。

$$\begin{cases} SMI = (KII + KTI + LQI + EQI)/4 \\ KII = \sum D_i/3(i = 1,2,3) \\ KTI = \sum D_i/4(i = 4,5,6,7) \\ LQI = \sum D_i/5(i = 8,9,10,11,12) \\ EQI = \sum D_i/4(i = 13,14,15,16) \\ D_i = 100 \times i_{\text{实际值}}/i_{\text{基准值}}(\text{正指标}, D_i \leqslant 120) \\ D_i = 100 \times i_{\text{基准值}}/i_{\text{实际值}}(\text{逆指标}, D_i \leqslant 120) \\ (i = 1,2,3,4,5,6,7,8,9,10,11,12,13,14,15,16) \end{cases}$$

其中,SMI 是第二次现代化指数,KII 是知识创新指数,KTI 是知识传播指数,LQI 是生活质量指数,EQI 是经济质量指数,D_i 是第 i 号评价指标的发展指数,D_i 取值小于或等于 120(避免单个指标数值过高影响总评价结果);i 为 16 个评价指标的编号,从 1 到 16;$i_{\text{实际值}}$为 i 号指标的实际值,$i_{\text{基准值}}$为 i 号指标的基准值。16 个评价指标的基准值为最新年发达国家指标的平均值。

2．评估过程

首先,检验评价指标的相关性。在地区现代化评价时,可以调整部分评价指标。

其次,确定评价的基准值,为最新年发达国家平均值。

其三,采用“比值法”计算单个指标的发展指数。单个指标的发展指数的最高值为 120 点(如果超过 120 点,取值 120 点),避免单个指标过高造成评价“失真”。

其四,采用“简单算术平均值”法,分别计算知识创新指数、知识传播指数、生活质量指数和经济质量指数。

其五,采用“简单算术平均值”法计算第二次现代化指数。

评价的有效性。如果参加评估的有效指标个数占指标总数的比例低于 60 %,则视为无效样本,不进行评价。

结果排序。20 世纪 90 年代东欧发生改革,出现了一批新国家。有些年份样本国家的数据不全。为了保持评价的科学性和一致性,在世界第二次现代化指数、知识创新、知识传播、生活质量和经济质量指数评价和排序时,新出现的国家单列不参加排序;数据不满足评价条件的国家不参加排序。

由于评价基准值不同,《中国现代化报告 2005》与前面的四份报告关于第二次现代化进程的评价结果,只具有相对可比性。

3．第二次现代化的阶段评价

$$\begin{cases} P_{\text{SM}} = (P_{\text{物质产业增加值比例}} + P_{\text{物质产业劳动力比例}})/2 \\ P_{\text{物质产业增加值比例}} = (3,2,1), \text{根据实际值与标准值的比较判断阶段并赋值} \\ P_{\text{物质产业劳动力比例}} = (3,2,1), \text{根据实际值与标准值的比较判断阶段并赋值} \end{cases}$$

其中,P_{SM}代表第二次现代化的阶段,$P_{\text{物质产业增加值比例}}$代表根据物质产业增加值比重判断的阶段的赋值,$P_{\text{物质产业劳动力比例}}$代表根据物质产业劳动力比重判断的阶段的赋值。

首先,筛选出处于第一次现代化的过渡期的国家。其次,根据这些国家信号指标实际值与标准值的比较,判断这些国家的阶段并赋值。其三,计算赋值的平均值,判断第二次现代化的阶段。第二次现代化阶段的信号指标的标准值和赋值见表 d。

表 d 第二次现代化信号指标的标准和赋值

阶 段	物质产业增加值比例	物质产业劳动力比例	赋值	备注(前提条件)
成熟期	低于 20%	低于 20%	3	
发展期	低于 30%,大于 20%	低于 30%,大于 20%	2	处于第一次现代化过渡期
起步期	低于 40%,大于 30%	低于 40%,大于 30%	1	处于第一次现代化过渡期
准备阶段	低于 50%,大于 40%	低于 50%,大于 40%	0	

注释:进入第一次现代化过渡期的国家,才进一步判断它第二次现代化的阶段。

有些时候,可能是统计数据或者国家差异的原因,产业结构和就业结构的分析结果与现代化总体水平不协调,需要根据第二次现代化总体水平对发展阶段进行调整。

4. 评价指标

第二次现代化进程评价包括知识创新、知识传播、生活质量(知识应用改进生活质量)、经济质量(知识应用改进经济质量)4 大类指标和 16 个具体指标,还有物质产业增加值比例、物质产业劳动力比例等 2 个信号指标。知识创新指在世界上首次发现、发明、创造或应用某种新知识,包括科学发现、技术发明、知识创造和新知识首次应用。

(1) 知识创新经费投入。研究与发展经费占国民生产总值的比例(R&D/GNP)。中国地区第二次现代化评价采用研究与发展经费占国内生产总值的比例(R&D/GDP)。世界各国数据主要来自联合国教科文组织的《统计年鉴》。

(2) 知识创新人员投入。从事研究与发展活动的科学家和工程师全时当量/万人,或从事研究与发展活动的科学家和工程师全时当量/万劳动力。

(3) 知识创新专利产出。居民申请国内发明专利数/百万人。1970～1990 年世界各国数值为居民和非居民申请发明专利的总和。

(4) 中学普及率。在校中学生人数占适龄人口比例。世界现代化进程评价,中学适龄人口一般为 12～17 岁人口;中国地区现代化进程评价,中学适龄人口一般为 13～18 岁人口。

(5) 大学普及率。在校大学生人数占适龄人口比例。世界现代化进程评价,大学适龄人口一般为 20～24 岁人口;中国地区现代化进程评价,大学适龄人口一般为 19～22 岁人口。

(6) 电视普及率。每千人拥有的电视机台数。2004 年为家庭电视普及率(%)。

(7) 因特网普及率。因特网用户/万人口。

(8) 城镇人口比例。世界现代化进程评价采用城市人口比例(城市人口占总人口比例),中国地区现代化进程评价采用城镇人口比例(城镇人口占总人口的比例)。

(9) 医疗服务。每千人口中的医生数。

(10) 婴儿存活率。婴儿存活率 =1 - 婴儿死亡率。具体评价时用婴儿死亡率数据进行评价。婴儿死亡率为每千例活产婴儿在 1 岁内的死亡率。

(11) 预期寿命。新生儿平均预期寿命。

(12) 人均能源消费。千克石油当量/人。

(13) 人均 GNP。人均国民生产总值(美元),2002 年用人均 GNI,即人均国民收入。本指标受统计方法、物价和汇率的影响较大。中国地区现代化评价用人均 GDP 代替人均 GNP。

(14) 人均 PPP。按购买力平价 PPP 计算的人均 GNP(美元)。有多种计算方法,本报告采用世界银行《世界发展报告》的计算数值,中国地区用 PPP 衡量的中国 GNP 与 GNP 的比值作为地区 GDP 与 PPP 的换算系数。

(15) 物质产业增加值比例。农业和工业增加值占国内生产总值的比例。

(16) 物质产业劳动力比例。农业和工业劳动力占总劳动力比例。

(17) 工业增加值比例。工业增加值占国内生产总值的比例。

(18) 工业劳动力比例。工业劳动力占总劳动力的比例。

七、综合现代化水平指数的评价方法和评价指标

综合现代化水平指数,主要反映被评价对象的现代化水平与世界先进水平的相对差距。世界第一次现代化是经典的,第二次现代化是新的。随着第二次现代化的发展,综合现代化水平的评价指标和评价方法应该作相应的调整。

1. 评估模型

第二次现代化理论认为,综合现代化是两次现代化的协调发展。综合现代化水平评价,要选择两次现代化的典型特征指标和两次现代化都适用的指标作为评价指标。综合现代化评价包括经济、社会和知识等 3 大类指标和 12 个具体指标。

$$
\begin{cases}
\text{CMI} = (\text{EI} + \text{SI} + \text{KI})/3 \\
\text{EI} = \sum D_i/4 \,(i = 1,2,3,4) \\
\text{SI} = \sum D_i/4 \,(i = 5,6,7,8) \\
\text{KI} = \sum D_i/4 \,(i = 9,10,11,12) \\
D_i = 100 \times i_{\text{实际值}}/i_{\text{参考值}}\,(\text{正指标}, D_i \leqslant 100) \\
D_i = 100 \times i_{\text{参考值}}/i_{\text{实际值}}\,(\text{逆指标}, D_i \leqslant 100) \\
(i = 1,2,3,4,5,6,7,8,9,10,11,12)
\end{cases}
$$

其中,CMI 是综合现代化水平指数,EI 是综合现代化经济指数,SI 是综合现代化社会指数,KI 是综合现代化知识指数,D_i 是第 i 号评价指标的相对发展水平,D_i 取值小于或等于 100;i 为 12 个评价指标的编号,从 1 到 12;$i_{\text{实际值}}$ 为 i 号指标的实际值,$i_{\text{参考值}}$ 为 i 号指标的参考值。12 个评价指标的参考值为当年发达国家指标的平均值。

2. 评估过程

首先,检验评价指标的相关性。在地区现代化评价时,可以调整部分评价指标。

其次,确定评价的参考值,为当年发达国家的平均值。

其三,采用"比值法"计算单个指标的发展水平。单个指标的发展水平的最高值为 100 点(如果超过 100 点,取值 100 点),达到 100 点表明该指标已经达到世界前沿水平。

其四,采用"简单算术平均值"法,分别计算经济发展、社会发展和知识发展指数。

其五,采用"简单算术平均值"法计算综合现代化水平。

评价的有效性。如果参加评估的有效指标个数占指标总数的比例低于 60%,则视为无效样本,不进行评价。

结果排序。20 世纪 90 年代东欧发生改革,出现了一批新国家。有些年份样本国家的数据不全。为了保持评价的一致性,新出现的国家单列不参加排序;数据不满足评价条件的国家不参加排序。

3. 评价指标

综合现代化水平评价包括经济、社会和知识 3 大类指标和 12 个具体指标。

(1) 人均 GNP。人均国民生产总值(美元),2002 年用人均 GNI,即人均国民收入。本指标受统计方法、物价和汇率的影响较大。中国地区现代化进程评价,用人均 GDP 代替人均 GNP。

（2）人均 PPP。按购买力平价 PPP 计算的人均 GNP(美元)。有多种计算方法,本报告采用世界银行《世界发展报告》的计算数值,中国大陆地区用 PPP 衡量的中国 GNP 与 GNP 的比值作为地区 GDP 与 PPP 的换算系数。

（3）服务业增加值比例。服务业增加值占国内生产总值的比例。

（4）服务业劳动力比例。服务业劳动力占总劳动力比例。

（5）城镇人口比例。世界现代化进程评价采用城市人口比例(城市人口占总人口比例),中国地区现代化进程评价采用城镇人口比例(城镇人口占总人口的比例)。

（6）医疗服务。每千人口中的医生数。

（7）预期寿命。新生儿平均预期寿命。

（8）生态效益。目前没有特别合适的指标。暂时用能源效率指标代替,数值等于人均 GDP/人均能源消费。在美国工业化过程中,能源效率先下降后上升,20 世纪 60 年代以来一直上升。20 世纪 70～80 年代,发展中国家由于人均 GDP 很低,人均能源消费也很少,能源效率高于发达国家。20 世纪 90 年代以来,发达国家能源效率大幅度提高,部分发展中国家能源效率下降。采用本指标,希望世界不同水平的国家都关注能源效率,减少环境污染,保护有限的资源。

（9）知识创新经费投入。研究与发展经费占国民生产总值的比例(R&D/GNP)。中国地区第二次现代化评价采用研究与发展经费占国内生产总值的比例(R&D/GDP)。世界各国数据主要来自联合国教科文组织的《统计年鉴》。

（10）知识创新专利产出。居民申请国内发明专利数/百万人。1970～1990 年世界各国数值为居民和非居民申请发明专利的总和。

（11）大学普及率。在校大学生人数占适龄人口比例。世界现代化进程评价,大学适龄人口一般为 20～24 岁人口;中国地区现代化进程评价,大学适龄人口一般为 19～22 岁人口。在地区综合现代化评价时,可以用成人受高等教育的比例指标代替本指标。

（12）因特网普及率。因特网用户/万人口(或者因特网用户/千人口)。在地区综合现代化评价时,可以用家庭电脑普及率指标来代替本指标。

英文缩略语

BOD　Biochemical Oxygen Demand　生化需氧量
CFC　Chlorofluorocarbon　氯氟烃
CMI　Comprehensive Modernization Index　综合现代化指数
CMR　China Modernization Report　中国现代化报告
CMT　Classical Modernization Theory　经典现代化理论
COD　Chemical Oxygen Demand　化学需氧量
DfE　Design for Environment　面向环境的设计
DI　Decoupling Index　脱钩指数
DMC　Domestic Material Consumption　国内物质消费
DMI　Direct Material Input　直接物质投入
DPO　Domestic Processed Output　国内生产排放
DR　Decoupling Rate　脱钩比例
EF　Ecological Footprint　生态足迹
EKC　Environmental Kuznets Curve　环境库兹涅茨曲线
ELMI　Ecological Modernization Index　生态现代化指数
EPI　Environment Performance Index　环境表现指数
EPIs　Environment Pressure Indicators　环境压力指标
ESI　Environment Sustainability Index　环境可持续指数
EU　European Union　欧洲联盟
FAO　Food and Agriculture Organization　联合国粮农组织
FMI　First Modernization Index　第一次现代化实现程度(指数)
FMS　First Modernization Stages　第一次现代化的阶段
GDP　Gross Domestic Product　国内生产总值
GNI　Gross National Income　国民总收入
GNP　Gross National Product　国民生产总值
HDI　Human Development Index　人类发展指数
HDR　Human Development Report　人类发展报告
IEA　International Energy Agency　国际能源署
ILO　International Labour Organization　国际劳工组织
IUCN　World Conservation Union (International Union for the Conservation of Nature)　世界自然保护联盟
LCA　Life Cycle Assessment　生命周期评价
MEA　Millennium Ecosystem Assessment　千年生态系统评价
NAS　Net Addition Stock　净增存量
NGOs　Non Government Organizations　非政府组织

NPP Net Primary Production 净初级生产量
NRC National Research Council 国家研究理事会
OECD Organization for Economic Co-operation and Development 经济合作与发展组织
PPP Purchasing Power Parity 购买力平价
PSR Pressure-State-Response 压力状态反应模型
R&D Research and Development 研究与发展
SMI Second Modernization Index 第二次现代化指数
SMS Second Modernization Stages 第二次现代化阶段
SMT Second Modernization Theory 第二次现代化理论
TDO Total Domestic Output 国内总排放
TMC Total Material Consumption 总物质消费
TMR Total Material Requirements 总物质需求
UN United Nations 联合国
UNCSD United Nations Commission on Sustainable Development 联合国可持续发展委员会
UNDP United Nations Development Programme 联合国开发计划署
UNEP United Nations Environment Programme 联合国环境署
UNESCO United Nations Educational, Scientific, and Cultural Organization 联合国教科文组织
VOC Volatile Organic Compounds 挥发性有机物
WB World Bank 世界银行
WCED World Commission on Environment and Development 世界环境与发展委员会
WCS World Conservation Strategy 世界保护战略
WDI World Development Indicators 世界发展指标
WDR World Development Report 世界发展报告
WRI World Resources Institute 世界资源研究所
WRR World Resources Report 世界资源报告
WWF World Wide Fund for Nature 世界自然基金
WWI World Watch Institute 世界观察研究所
YCELP Yale Center for Environmental Law and Policy 耶鲁大学环境法律和政策中心

主要参考文献

1. 阿莱格尔. 2003. 城市生态，乡村生态. 陆亚东译. 北京：商务印书馆.
2. 埃尔克曼. 1999. 工业生态学. 徐兴元译. 北京：经济日报出版社.
3. 艾伦比. 2005. 工业生态学. 翁端译. 北京：清华大学出版社.
4. 贝里. 2005. 伟大的事业：人类未来之路. 曹静译. 北京：三联书店.
5. 布朗. 2002. 生态经济学——一个有利于地球的经济构想. 林自新等译. 北京：东方出版社.
6. 布朗. 2003. B 模式:拯救地球 延续文明. 林自新等译. 北京：东方出版社.
7. 陈百明主编. 1991. 中国土地资源生产能力及人口承载量研究. 北京：中国人民大学出版社.
8. 陈阜主编. 2002. 农业生态学. 北京：中国农业大学出版社.
9. 陈烈,李丹燕. 2004. 生态现代化与广州市可持续发展. 经济地理，24(1):134—138.
10. 戴利，汤森. 2001. 珍惜地球——经济学、生态学、伦理学. 马杰等译. 北京：商务印书馆.
11. 邓南圣，吴峰主编. 2002. 工业生态学——理论与应用. 北京：化学工业出版社.
12. 樊宝敏，董源. 2001. 中国历代森林覆盖率的探讨. 北京林业大学学报,23 (4)：60—65.
13. 饭岛伸子. 1999. 环境社会学. 包智明译. 北京：社会科学文献出版社.
14. 方世南. 2003. 生态文明与现代生活方式的科学建构. 学术研究，7:50—55.
15. 方世南. 2005. 生态现代化与和谐社会的构建. 学术研究,3:10—13.
16. 格雷德尔，艾伦比. 2004. 产业生态学(第 2 版). 施涵译. 北京：清华大学出版社.
17. 郭斌，刘恩志主编. 2005. 清洁生产概论. 北京：化学工业出版社.
18. 郭熙保,杨开泰. 2006. 生态现代化理论评述. 教学与研究，4:46—52.
19. 郭艳华. 2004. 走向绿色文明. 北京：中国社会科学出版社.
20. 国家环境保护局编. 1994. 中国环境统计资料汇编 1981～1990. 北京：中国环境科学出版社.
21. 国家环境保护总局. 2005. 全国生态现状调查与评估综合卷. 北京：中国环境科学出版社.
22. 国家环境保护总局编著. 2005. 全国生态现状调查与评估(综合卷). 北京：中国环境科学出版社.
23. 国家环境保护总局规划与财务司. 2001. 环境统计概论. 北京：中国环境科学出版社.
24. 国务院新闻办公室. 2006. 中国的环境保护(1996～2005). http://www.xinhuanet.com/.
25. 哈迪斯蒂. 2002. 生态人类学. 郭凡，邹和译. 北京：文物出版社.
26. 何传启. 1999. 第二次现代化——人类文明进程的启示. 北京:高等教育出版社.
27. 何传启. 2002. 经济与生态的和谐发展. 江海学刊，3:54—59.
28. 何传启. 2002. 生态现代化. 学习时报,2002-6-17.
29. 何传启. 2003. 东方复兴——现代化的三条道路. 北京:商务印书馆.
30. 何方. 2003. 应用生态学. 北京：科学出版社.
31. 何晋勇,吴仁海. 2000. 生态现代化理论及在国内环境决策中的应用. 社会科学研究,6：27—30.
32. 何晋勇,吴仁海. 2001. 生态现代化理论与中国当前的环境决策. 中国人口·资源与环境,11(4)：17—20.
33. 亨特布尔格等. 2005. 生态经济政策. 葛竞天等译. 大连：东北财经大学出版社.
34. 环境无害化技术转移中心. 1999. 发达国家的生态现代化理论. 中国环境无害化技术,2(4/5)：2—3.
35. 郇庆治. 2006. 生态现代化理论与绿色变革. 马克思主义与现实,2:90—98.
36. 黄英娜,叶平. 2000. 20 世纪末西方生态现代化思想评述. 国外社会科学，4:1—9.
37. 贾丁斯. 2002. 环境伦理学. 林官明，杨爱民译. 北京：北京大学出版社.
38. 解振华主编. 2005. 中国环境安全战略报告,北京:中国环境科学出版社.

39. 金鉴明主编. 1991. 绿色的危机——中国典型生态区生态破坏现状及其恢复利用研究,北京:中国环境科学出版社.
40. 卡逊. 2000. 寂静的春天. 吕瑞兰,李长生译. 长春:吉林人民出版社.
41. 科尔曼. 2002. 生态政治. 梅俊杰译. 上海:上海译文出版社.
42. 克莱尔. 2002. 资源战争——全球冲突的新场景. 童新耕,之也译. 上海:上海译文出版社.
43. 克罗斯比. 2001. 生态扩张主义. 许友民,许学征译. 沈阳:辽宁教育出版社.
44. 拉德卡. 2004. 自然与权力:世界环境史. 王国豫,付天海译. 保定:河北大学出版社.
45. 李爱贞编著. 2005. 生态环境保护概论. 北京:气象出版社.
46. 李文华,李飞主编. 1996. 中国森林资源研究. 北京:中国林业出版社.
47. 李文华,王汝松主编. 2002. 生态安全与生态建设. 北京:气象出版社.
48. 李学丽. 1999. 生态现代化的哲学探讨. 自然辩证法研究,4:43—46.
49. 李元,鹿心社主编. 1999. 国土资源与经济布局——国土资源开发利用50年. 北京:地质出版社.
50. 丽丝. 2005. 自然资源:分配、经济学与政策. 蔡运龙等译. 北京:商务印书馆.
51. 联合国等. 2004. 环境经济综合核算2003. 丁言强,王艳等译. 北京:中国经济出版社.
52. 联合国环境规划署编. 2002. 全球环境展望.3. 北京:中国环境科学出版社.
53. 联合国开发计划署等编. 2002. 世界资源报告2000～2001. 北京:中国环境科学出版社.
54. 联合国新闻部信息技术科. 2004. 联合国可持续发展二十一世纪议程. http://www.un.org/chinese/events/wssd/agenda21.htm。
55. 刘江. 1999. 全国生态环境建设规划. 北京:中华工商联合出版社.
56. 刘立群. 1999. 德国产业结构变动的绿色化趋势. 德国研究,3:15—17.
57. 刘树森. 2003. 人类进入生态循环发展的新时代. 世界科学,7:23—25.
58. 刘西尧. 1999. 生态现代化——欧盟轮值主席国的环保策略. 全球科技经济了望,6:62.
59. 罗宏等编. 2004. 生态工业园区——理论与实证. 北京:化学工业出版社.
60. 马世骏,王如松. 1984. 社会—经济—自然复合生态系统. 生态学报,4(1):1—9.
61. 马忠良等. 1997. 中国森林的变化. 北京:中国林业出版社.
62. 麦肯齐等. 2004. 生态学(第二版). 孙儒泳等译. 北京:科学出版社.
63. 孟赤兵等主编. 2005. 循环经济要览. 北京:航空工业出版社.
64. 米都斯等. 2000. 增长的极限. 长春:吉林人民出版社.
65. 莫创荣. 2005. 生态现代化理论与中国的环境与发展决策. 经济与社会发展,3(10):18—21.
66. 莫斯科维奇. 2005. 还自然之魅. 庄晨燕,邱寅晨译. 北京:三联书店.
67. 庞廷. 2002. 绿色世界史——环境与伟大文明的衰落. 王毅,张学广译. 上海:上海人民出版社.
68. 珀曼等. 2002. 自然资源与环境经济学. 侯元兆等译. 北京:中国经济出版社.
69. 钱易,唐孝炎主编. 2001. 环境保护与可持续发展. 北京:高等教育出版社.
70. 曲格平,李金昌. 1992. 中国人口与环境. 北京:中国环境科学出版社.
71. 全国推进可持续发展战略领导小组办公室. 2004,中国21世纪初可持续发展行动纲要. 北京:中国环境科学出版社.
72. 瑞吉斯特. 2002. 生态城市. 王如松,胡聃译. 北京:社会科学文献出版社.
73. 沈国舫主编. 2001. 中国环境问题院士谈. 北京:中国纺织出版社.
74. 世界环境与发展委员会(WCED). 1997. 我们共同的未来. 王之佳,柯金良等译. 长春:吉林人民出版社.
75. 世界银行. 2001. 绿色工业——社区、市场和政府的新职能. 北京:中国财政经济出版社.
76. 宋豫秦等. 2002. 中国文明起源的人地关系简论. 北京:科学出版社.
77. 孙保平主编. 2000. 荒漠化防治工程学. 北京:中国林业出版社.
78. 孙鸿烈,张荣祖主编. 2003. 中国生态环境建设地带性原理与实践. 北京:科学出版社.
79. 孙鸿烈主编. 2005. 中国生态系统. 北京:科学出版社.

80. 孙儒泳等. 2002. 基础生态学. 北京：高等教育出版社.
81. 泰坦伯格. 2003. 环境与自然资源经济学. 严旭阳等译. 北京：经济科学出版社.
82. 唐建荣主编. 2005. 生态经济学. 北京：化学工业出版社.
83. 陶在朴. 2003. 生态包袱与生态足迹. 北京：经济科学出版社.
84. 万以诚，万岍选编. 2000. 新文明的路标. 长春：吉林人民出版社.
85. 王如松，周鸿. 2004. 人与生态学. 昆明：云南人民出版社.
86. 王玉德. 1996. 中国环境保护的历史和现存的十大问题. 华中师范大学学报：哲社版，1996 年第 1 期.
87. 王玉德. 2005. 试论世界生态文化思潮. 湖北行政学院学报，1:70—75.
88. 魏山峰主编. 2005. 中国环境统计年报 2004. 北京：中国环境科学出版社.
89. 我国循环经济发展战略研究课题组. 2005. 我国循环经济发展战略研究报告. 北京：高等教育出版社.
90. 沃德，杜博斯. 2000. 只有一个地球. 长春：吉林人民出版社.
91. 沃斯特. 1999. 自然的经济体系——生态思想史. 侯文蕙译. 北京：商务印书馆.
92. 吴贻玉. 2006. 全球化视域下的生态文化选择. 学术论坛，6:172—175.
93. 夏雷译. 2000. 工业化国家的生态现代化理论. 知识纵横，161(1):38—39.
94. 杨朝飞. 1994. 环境保护与环境文化. 北京：中国政法大学出版社.
95. 杨伟国. 2001. 德国经济的新经济化与生态化. 欧洲，5:60—67.
96. 叶文虎主编. 1999. 环境管理学. 北京：高等教育出版社.
97. 殷瑞钰等. 2003. 钢铁工业绿色化问题. 钢铁，38(增刊):135—138.
98. 于越峰主编. 2001. 中国环境年鉴 2001. 北京：中国环境年鉴社.
99. 于越峰主编. 2002. 中国环境年鉴 2002. 北京：中国环境年鉴社.
100. 于越峰主编. 2003. 中国环境年鉴 2003. 北京：中国环境年鉴社.
101. 于越峰主编. 2004. 中国环境年鉴 2004. 北京：中国环境年鉴社.
102. 张宝杰主编. 2002. 城市生态与环境保护. 哈尔滨：哈尔滨工业大学出版社.
103. 张金屯主编. 2003. 应用生态学. 北京：科学出版社.
104. 张雷，刘毅等. 2006. 中国区域发展的资源环境基础. 北京：科学出版社.
105. 张为民主编. 2003. 中国环境统计 2000. 北京：中国环境科学出版社.
106. 张钟宪等. 2005. 环境与绿色化学. 北京：清华大学出版社.
107. 赵运林，邹冬生编. 2005. 城市生态学. 北京：科学出版社.
108. 郑丹星等编. 2002. 环境保护与绿色技术. 北京：化学工业出版社.
109. 中国环境保护编委会编. 2000. 中国环境保护. 北京：中国环境科学出版社.
110. 中国环境年鉴编辑委员会. 1991. 中国环境年鉴 1991. 北京：中国环境科学出版社.
111. 中国环境年鉴编辑委员会. 1992. 中国环境年鉴. 北京：中国环境科学出版社.
112. 中国环境年鉴编辑委员会. 1993. 中国环境年鉴 1993. 北京：中国环境科学出版社.
113. 中国科学院国家计划委员会自然资源综合考察委员会. 1990. 中国自然资源手册. 北京：科学出版社.
114. 周宏春，刘燕华等. 2005. 循环经济学. 北京：中国发展出版社.

115. Adriaanse A. 1997. Resource flows: The material basis of industrial economies. World Resource Institute. Research Report. http://materials.wri.org/resourceflows-pub-2742.html.
116. Andersen M S. 1994. Governance by Green Taxes. Manchester: Manchester University Press.
117. Andersen M S. 2002. Ecological modernization or subversion? The effects of Europeanization on Eastern Europe. American Behavioral Scientist, 45(9), 1394—1416.
118. Andersen M S and Liefferink D. (Eds.). 1997. European Environmental Policy: the Pioneers, New York: Manchester University Press.
119. Andersen M A and Massa I. 2000. Ecological Modernisation: Origins, Dilemmas and Future Directions. Journal of Envi-

ronmental Policy and Planning 2, (4): 337—345.

120. Andersen M S. 1994. Governance by Green Taxes. Making Pollution Prevention Pay, Manchester: Manchester University Press.

121. Archambault S. 2003. Ecological Modernization of the Swedish Agriculture Industry Factors Promoting and Hindering the Reduction of Emissions to the Baltic Sea. IIIEE Reports 2003:1. Lund University, LUND, Sweden.

122. Archambault S. 2004. Ecological modernization of the agriculture industry in southern Sweden: reducing emissions to the Baltic Sea. Journal of Cleaner Production 12, 491—503.

123. Azar C. et al. 2002. Decoupling-Past Trends and Prospects for the Future. http://www.google.cn/search? hl = zh-CN&q = decoupling&meta = .

124. Banerjee S B. 2003. Who sustains whose development? Sustainable development and the reinvention of nature. Organization Studies, 24(1): 143—180.

125. Barrett B F D. (ed.). 2005. Ecological modernisation and Japan. New York: Routledge Curzon.

126. Barry J, Baxter B, Dunphy R. (Eds.). 2004. Europe, globalization and sustainable development. New York : Routledge.

127. Beck U, Giddens A and Lash S. 1994. Reflexive Modernisation. Politics, Tradition and Aesthetics in the Modern Social Order, Cambridge: Polity.

128. Beckerman W. 1994. Sustainable Development: is it a Useful Concept? Environmental Values 3(4): 191—209.

129. Berger G. et al. 2001. Ecological modernization as a basis for environmental policy: current environmental discourse and policy and the implications on environmental supply chain management. Innovation, 14(1): 55—72.

130. Binder M, Janicke M, Petschow U. (Eds.). 2001. Green Restructuring: International Case Studies and Theoretical Interpretations, New York: Springer.

131. Blowers A. 1997. Environmental policy: ecological modernisation or the risk society? Urban Studies, 34(5—6): 845—871.

132. Blühdorn I. 2000. Ecological modernization and post-ecologist politics. In Spaargaren G, Mol A P J, & Buttel F H (Eds.). Environment and global modernity (pp. 209—228). London: Sage.

133. Bookchin M. 1980. Towards an Ecological Society. Montreal: Black Rose.

134. Bookchin M. 2003. Reflections: An Overview of the Roots of Social Ecology. Journal of Social Ecology. Vol. 3, N. 1. http://www.harbinger.ws.

135. Bowden G. 2004. The Need for a Real Paradigm Shift: Moving from Environmental to Ecological Sociology. Paper Presented to Canadian Sociology and Anthropology Association, Winnipeg, Manitoba, June 6.

136. Brecher J. 1988. The Opening Shot of the Second Ecological Revolution. http://www.villageorpillage.org/globalization/openingshot.htm.

137. Bright C. et al., 2003. State of the world 2003. http://www.worldwatch.org/.

138. Brown L R, Gardner G and Halweil B. 1999. Beyond Malthus. http://www.worldwatch.org/.

139. Brown L R. et al., 2003. Vital Signs 2003. http://www.worldwatch.org/.

140. Brown S, Smith D, and Wilmanns E. 2003. Sustainability tools for buyer decision making, Paper presented at the Second Conference of the International Society for Industrial Ecology, Ann Arbor, 29 June-2 July.

141. Brulle R. 2000. Agency, Democracy, and Nature: The US Environmental Movement from a Critical Theory Perspective, Cambridge: MIT Press.

142. Bunker S G. 1996. Raw material and the global economy: Oversights and distortions in industrial ecology. Society and Natural Resources, 9, 419—429.

143. Buttel F. 1996. Environmental and Resource Sociology: Theoretical Issues and Opportunities for Synthesis. Rural Sociology 61: 56—76.

144. Buttel F H. 2000a. Ecological modernization as social theory. Geoforum, 31, 57—65.

145. Buttel F H. 2000b. World society, the nation-state, and environmental protection: Comment on Frank, Hironaka, and Schofer. American Sociological Review, 65, 117—121.

146. Carter N. 2000. The Politics of the Environment. Cambridge: Cambridge University Press.

147. Castells M. 1996. The Rise of the Network Society. Volume I of The Information Age: Economy, Society and Culture, Malden (Mass)/Oxford: Blackwell.

148. Castells M. 1997a. The Power of Identity. Volume II of The Information Age: Economy, Society and Culture, Malden (Mass)/Oxford (UK): Blackwell.

149. Castells M. 1997b. End of Millenium. Volume III of The Information Age: Economy, Society and Culture, Malden/Oxford: Blackwell.

150. Chapman J L and Reiss M J. 2001. 生态学：原理与应用(第二版). 北京：清华大学出版社.

151. Chopra K. et al. 2005. Ecosystems and Human Well-being: Policy Responses: findings of the Responses Working Group of the Millennium Ecosystem Assessment. (The Millennium Ecosystem Assessment series; v. 3). Washington, Covelo, London: Island Press.

152. Christoff P. 1996. Ecological modernisation, ecological modernities. Environmental Politics 5 (3): 476—500.

153. CNRC. Industrial Research Assistance Program. 2003. Design for Environment Guide. http://dfe-sce. nrc-cnrc. gc. ca/overview/overview_e. html.

154. Cohen M J. 2006. Ecological modernization and its discontents: The American environmental movement's resistance to an innovation-driven future. Futures 38: 528—547.

155. Cohen M J. 1997. Risk Society and ecological modernisation: Alternative visions for post-industrial nations. Futures, 29 (2), 105—119.

156. Cohen M J. 1999. Sustainable development and ecological modernization: National capacity for rigorous environmental reform. In Requier-Desjardins D, Spash C, & van der Straaten J. (Eds.). Environmental policy and societal aims (pp. 103—128). Dordrecht: Kluwer.

157. Cohen M J. 2000. Ecological modernization, environmental knowledge, and national character: a preliminary analysis of the Netherlands, Environmental Politics 9 (1): 77—106.

158. Cohen M and Howard J. 2006. Success and its price: the institutionalization and political relevance of industrial ecology, Journal of Industrial Ecology 10 (1—2): 79—88.

159. Common M S. 2005. Ecological Economics: An Introduction. Cambridge: Cambridge Univ. Press.

160. Commoner B. 1971. The closing circle. New York: Knopf.

161. Crane A. 2000. Corporate greening as amoralization. Organization Studies, 21(4): 673—696.

162. Daly H E and Farley J. 2004. Ecological Economics: Principles and applications. Washington: Island Press.

163. Davidson D J and Frickel S. 2004. Understanding Environmental Governance: A Critical Review. Organization & Environment, Vol. 17(4): 471—492.

164. Deutz P and Gibbs D. 2004. Eco-industrial development and economic development: industrial ecology or place promotion, Business Strategy and the Environment, 13, 347—362.

165. Devall B and Sessions G. 1985. Deep ecology: Living as if nature mattered. Salt Lake City: Peregrine Smith.

166. Dickens P. 1992. Society and Nature. Towards a Green Social Theory. New York: Harvester Wheatscheaf.

167. Dietz T, and Rosa E A. 1994. Rethinking the environmental impacts of population, affluence and technology. Human Ecology Review, 1, 277—300.

168. Dietz T, and Rosa E A. 1997. Effects of population and affluence on CO_2 emissions. Proceedings of the National Academy of Sciences of the USA, 94, 175—179.

169. Dietz T, and Kalof L. 1992. Environmentalism among nations states. Social Indicators Research, 26, 353—366.

170. Dobson A. 1995. Green Political Thought. 2nd ed., London: Routledge.

171. Dosi G. 1988. The nature of the innovative process. In Dosi G. et al. (Editors) Technical Change and Economic Theo-

ry. Pinter, London—New York, pp. 221—238.

172. Dowie M. 1995. Losing Ground: American Environmentalism at the Close of the Twentieth Century, Cambridge: MIT Press.

173. Driessen P, and Glasbergen P. (Eds.). 2000. Greening Society: The Paradigm Shift in Dutch Environmental Politics. Boston: Kluwer.

174. Dryzek J. et al. 2003. Green States and Social Movements: Environmentalism in the United States, United Kingdom, Germany, and Norway. New York: Oxford University Press.

175. Dryzek J S. et al. 2002. Environmental Transformation of the State: the USA, Norway, Germany and the UK. Political Studies: V. 50, 659—682.

176. Dunlap R, Mertig A. (Eds.). 1992. American Environmentalism: The US Environmental Movement, 1970 ~ 1990, Philadelphia: Taylor & Francis.

177. Dzioubinski O, and Chipman R. 1999. Trends in Consumption and Production: Selected Minerals. United Nations. DESA Discussion Paper No. 5. http://www.un.org/esa/sustdev/sdissues/consumption/cpp1221.htm.

178. Dzioubinski O, and Chipman R. 1999. Trends in Consumption and Production: Household Energy Consumption. United Nations. DESA Discussion Paper No. 6. http://www.un.org/esa/sustdev/sdissues/consumption/cpp1221.htm.

179. Ehrlich P, and Holdren J. 1971. Impact of population growth. Science, 171, 1212—1217.

180. Elkington J. 1987. The Green Capitalists: Industry's Search For Environmental Excellence. London: Gollancz.

181. ESL(European Statistical Laboratory). 2006. First Volume of the Environmental Pressure Indices Handbook: The Indicators. http://esl.jrc.it.

182. European Commission. 2006. Environment-related Indicators 2006. http://www.europa.eu.int/comm/environment/indicators_en.htm.

183. European Communities. 2001. Material use indicators for the European Union 1980 ~ 1997. Luxembourg: Office for Official Publications of the European Communities.

184. European Communities. 2002. Choices for a greener future: The European Union and the environment. http://www.europa.eu.int/comm/publications/booklets/move/32/index_en.htm.

185. European Communities. Eurostat. (Jesinghaus J and Montgomery R). 1999. Towards Environmental Pressure Indicators for the EU. Eurostat. Theme 8. Environment and Energy. http://esl.jrc.it/envind/tepi99rp.pdf.

186. FAO. 2005. State of the World's Forests 2005. Rome: FAO.

187. FAO. 2006. Global Forest Resources Assessment 2005. Rome: FAO.

188. Featherstone M. (ed.) 1990. Global Culture: Nationalism, Globalisation and Modernity. Newbury Park, CA: Sage.

189. Ferraro P. 1994. Reconstructing an Ecological Society: A Bioregional Vision. Trumpeter: 11, 1. http://www.icaap.org/iuicode? 6.11.1.6.

190. Ferriolo S, and Miller P. 2001. Recycled paper: old news or new deal? Catalog Age, December 1—21.

191. Fineman S. 1996. Emotional subtexts in corporate greening. Organization Studies, 17(3): 479—500.

192. Fineman S. 1997. Constructing the green manager. British Journal of Management, 8: 31—38.

193. Finnish Statistics Agency. Index of Environmental Friendliness, Executive Summary. http://tilastokeskus.fi/tk/yr/ye22.html.

194. Fisher D R. 2002. From the treadmill of production to ecological modernization? Applying a habermasian framework to society-environment relationships. Research in Social Problems and Public Policy. Vol. 10. 53—64.

195. Fisher D R and Freudenburg W R. 2001. Ecological Modernization and Its Critics: Assessing the Past and Looking Toward the Future. Society and Natural Resources, 14:701—709.

196. Forstner L J and Todd J H. 1971. The everlasting universe; readings on the ecological revolution. Lexington, Mass.: Heath.

197. Foster J B. 2005. Organizing Ecological Revolution. Monthly Review. V. 57, N. 5. http://www.monthlyreview.org/

1005jbf. htm.

198. Frank D J. 1999. The social bases of environmental treaty ratification, 1900 ~ 1990. Sociological Inquiry, 69, 523—550.

199. Frank D J, Hironaka A and Schofer E. 2000. The nation-state and the natural environment over the twentieth century. American Sociological Review, 65(1): 96—116.

200. Frijns J, et al. 1997. The Pollution Control of Small Scale Metal Industries in Narobi. WAU/HABRI (Wageningen/Norobi).

201. Frijns J, Phuong P T and Mol A P J. 2000. Ecological Modernisation Theory and Industrialising Economies. The case of Viet Nam. Environmental Politics 9, (1): 257—292.

202. Gibbs D. 2000. Ecological modernisation, regional economic development and regional development agencies. Geoforum 319—19.

203. Gibbs D. 2003. Ecological modernization and local economic development: the growth of eco-industrial development initiatives. Int. J. Environmental and Sustainable Development, 2(3): 250—266.

204. Giddens A. 1984. The Constitution of Society, Cambridge: Polity Press.

205. Giddens A. 1991. Modernity and Self-Identity. Cambridge: Polity Press.

206. Giddens A. 1994. Beyond Left and Right. The Future of Radical Politics, Cambridge: Polity Press.

207. Giddens A. 1998. The Third Way: The Renewal of Social Democracy. Cambridge: Polity Press.

208. Giovannini E and Linster M. 2005. Measuring Sustainable Development: Achievements and Challenges. http://www.un.org/esa/sustdev/natlinfo/indicators/egmIndicators/egm. htm.

209. Gonzalez G A. 2005. The politics of air pollution: urban growth, ecological modernization, and symbolic inclusion. Albany: State University of New York Press.

210. Gottlieb R. 1993. Forcing the Spring: The Transformation of the American Environmental Movement. Washington, DC: Island Press.

211. Gould K A, Schnaiberg A, and Weinberg A S. 1996. Local environmental struggles: Citizen activism in the treadmill of production. New York: Cambridge University Press.

212. Gouldson A and Murphy J. 1996. Ecological modernization and the European union. Geoforum 27 (1): 11—27.

213. Gouldson A and Murphy J. 1997. Ecological modernisation: economic restructuring and the environment. The Political Quarterly 68 (5): 74—86.

214. Gouldson A and Murphy J. 1997. Ecological modernisation: Restructuring Industrial Economies. In Jacobs M. (ed.) Greening the Millennium: the New Politics of the Environment. Oxford: Blackwell.

215. Gouldson A, and Murphy J. 1997. Regulatory Realities: the Implementation and Impact of Industrial Environmental Policy, London: Earthscan.

216. Graedel T, and Allenby B. 1995. Industrial ecology. Englewood Cliffs, NJ: Prentice Hall.

217. Grijp N. van der, and de Hond F. 1999. Green Supply Chain Initiatives in the European Food and Retailing Industry. Amsterdam: Institute for Environmental Studies.

218. Haas P M. (ed.) 2003. Environment In the New Global Economy. Vol. I. Cheltenham, UK. Northampton, MA, USA. An Elgar reference collection.

219. Hajer M. 1995. The Politics of Environmental Discourse: Ecological Modernization and the Policy Process. New York: Oxford University Press.

220. Hajer M. 1996. Ecological modernisation as cultural politics. In: Lash S, Szerszynski B, Wynne B. (Eds.). Risk, Environment and Modernity: Towards a New Ecology. London: Sage.

221. Hamilton K. 1997. The Genuine Progress Indicator—A new index of changes in well-being in Australia, The Australia Institute, Discussion Paper Number 14, October 1997, ISSN 1322—5421.

222. Hannigan J A. 1995. Environmental Sociology. A Social Constructivist Perspective, London and New York: Routledge.

223. Hardi P, and Pinter L. 1995. Models and Methods of Measuring Sustainable Development Performance.

224. Harris L. 2003. Tilting at Mills: Green Dreams, Dirty Dealings, and the Corporate Squeeze. New York: Houghton Mifflin.

225. Harris S. 1996. The Search for a Landfill Site in an Age of Risk: The Role of Trust, Risk and the Environment. Dissertation, McMaster University.

226. Hart R A. de J. 1984. Ecosociety, A Historical Study of Ecological Man. Dehra Dun, India: Natraj Publishers.

227. Harvey D. 1996. Justice, Nature and the Geography of Difference. Oxford: Blackwell.

228. Hawken P, Lovins A, and Lovins L H. 1999. Natural capitalism: Creating the next industrial revolution. New York: Little, Brown and Company.

229. Held D. et al. 1999. Global Transformations. Politics, Economics and Culture, Stanford (Cal.): Stanford University Press.

230. Hershkowitz A. 2002. Bronx Ecology: Blueprint for a New Environmentalism. Washington, DC: Island Press.

231. Hess D J. 2003. The Green Technopole and Green Localism: Ecological Modernization, the Treadmill of Production, and Regional Development. Paper prepared for presentation at the "Symposium on the Treadmill of Production," University of Wisconsin at Madison, October. http://home. earthlink. net/ ~ davidhesshomepage.

232. Ho P. 2001. Greening Without Conflict? Environmentalism, NGOs and Civil Society in China. Development and Change 32, 5, 893—921.

233. Holm J. Stauning, I. 2002. Ecological modernisation and "our daily bread". Journal of Transdisciplinary Environmental Studies, 1(1): 1—13.

234. Huber J. 1982. Die Verlorene Unschuld der Okologie: Neue Technologien und Superindustrielle Entwicklung (The Lost Innocence of Ecology: New Technologies and Superindustrialized Development). Frankfurt am Main: Fisher Verlag.

235. Huber J. 1984. Die Zwei Gesichter der Arbeit: Ungenutzte Moglichkeiten der Dualwirtschaft (The Two Faces of Labour: Unused Possibilities of the Dual Economy). Fisher Verlag, Frankfurt am Main.

236. Huber J. 1985. Die Regenbogengesellschaft: Okologie und Sozialpolitik (The Rainbow Society: Ecology and Social Politics). Frankfurt am Main: Fisher Verlag.

237. Huber J. 1991. Unternehmen Umwelt. Weichenstellungen für eine ökologische Marktwirtschaft, Frankfurt am Main: Fisher.

238. Huber J. 2000. Towards industrial ecology: Sustainable development as a concept of ecological modernization. Journal of Environmental Policy & Planning, 2, 269—285.

239. Huffschmid J. 2000. Social Democratic and Green "Modernization": Germany's Tax Reform Cuts Services, Retirement Benefits. http://njfac. org/gjfa-f-w2000. htm#Huff.

240. Humphrey C R, Lewis T L and Buttel F H. 2002. Environment, Energy, and Society: A New Synthesis, Belmont, CA: Wadsworth Group.

241. Hunold C and Dryzek J S. 2001. Greening the States? Ecological Modernization Between State and Movement in the USA, UK, Germany and Norway. Prepared for the Joint Sessions of the European Consortium for Political Research, Grenoble, 6—11 April 2001, workshop on The Nation-State and the Ecological Crisis: Sovereignty, Economy and Ecology.

242. Huq A. et al. 1999. The Asian Development Bank's Role in Promoting Cleaner Production in the People's Republic of China. Environmental Impact Assessment Review 19, 5/6, pp. 541—552.

243. IISD. 2006. The Sustainable Development Timeline 2006. http://www. iisd. org/publications/pub. aspx? pno = 764.

244. Inglehart R. 1971. The Silent Revolution in Europe: Intergenerational Change in Post-Industiral Societies. American Political Science Review, 65: 991—1017.

245. International Federation of Red Cross and Red Crescent Societies. 2005. World Disaster Report 2004. http://www. ifrc. org/publicat/wdr2004/index. asp.

246. International Federation of Red Cross and Red Crescent Societies. 2006. World Disaster Report 2005. http://www.ifrc.org/publicat/wdr2005/index.asp.

247. Jackson T and Roberts P. 1997. Greening the Fife Economy: ecological modernization as a pathway for local economic develepment. Journal of Environmental Planning and Management, 40(5): 615—629.

248. Jackson T and Roberts P. 1999. Ecological modernization as a model for regional development: the changing nature and context of the Eastern Scotland Structural Fund Programme. Journal of Environmental Policy & Planning, 1: 61—75.

249. Janicke M. 1985. Preventive environmental policy as ecological modernisation and structural policy, Discussion Paper Berlin: Berlin Science Center.

250. Jänicke M, Jacob K. 2004. Lead markets for environmental innovations: a new role for the nation state. Global Environmental Politics, 4(1): 29—46.

251. Janicke M, and Weidner H. (Eds.). 1997. National Environmental Policies: a Comparative Study of Capacity-Building. New York: Springer.

252. Janicke M. et al. 1988. Economic structure and environmental impact: empirical evidence on thirty-one countries in east and west, Working Paper FS II 88—402. Internationales Institut Fur Umwelt und Gesellschaft, Wissenschaftszentrum Berlin Fur Sozialforschung (WZB).

253. Janicke M. et al. 1989. Economic Structure and Environmental Impacts: East West Comparisons. The Environmentalist, 9 (3): 171—183.

254. Jenkins T. 1995. The ecologicalisation of economics and the democratisation of the global economy: the example of global warming. http://www.irs.aber.ac.uk/index.shtml.

255. Jonas A, While A and Gibbs D. 2004. State modernisation and local strategic selectivity after Local Agenda 21: Evidence from three northern English localities, Policy and Politics, 32(2), 151—168.

256. Kamppinen M. et al. 2001. Citizenship and ecological modernization in the information society. Futures 33, 219—223.

257. Kirby J. 1995. The Earthscan Reader in Sustainable Development. London: Earthscan.

258. Koppen K. van, and Mol A P J. 2002. Ecological modernization of industrial ecosystems. http://www.iwaponline.com/wio/2002/07/wio200207007.htm.

259. Korten D C. 1992. Development, Heresy, and the Ecological Revolution. An open letter to the industrialized world. http://www.context.org/ICLIB/IC32/Korten.htm.

260. Lafferty W and Meadowcroft J. (Eds.). 2000. Implementing Sustainable Development: Strategies and Initiatives in High Consumption Societies, New York: Oxford University Press.

261. Langhelle O. 2000. Why ecological modernization and sustainable development should not be conflated. Journal of Environmental Policy & Planning, 2: 303—322.

262. Liu Y, Mol A P J and Chen J. 2004. Material flow and ecological restructuring in China: the case of phosphorus Journal of Industrial Ecology 8, 103—120.

263. Liu J. et al. 2003. Effects of household dynamics on resource consumption and biodiversity. Nature, 421, 530—533.

264. Lundqvist L J. 2000. Capacity-building or social construction? Explaining Sweden's shift towards ecological modernization. Geoforum 31, 21—32.

265. Lutzenhiser L, and Hackett B. 1993. Social stratification and environmental degradation: Understanding household CO_2 production. Social Problems, 40(1): 50—73.

266. Ma X and Ortolano L. 2000. Environmental regulation in China. Institutions, Enforcement, and Compliance, Lanham etc.: Rowman & Littlefield.

267. Macy J. 1998. The Great Turning. Resurgence 186. http://www.resurgence.org/resurgence/186/macy186.htm.

268. Malmborg F. von, & Strachan P A. 2004. Compromising Ecological Modernisation? An Anlaysis of the UK Emissions trading Scheme. Paper for a panel on the use of 'New Modes of Environmental Governance' at the Political Studies Association's annual conference in Leeds, 5—7 April 2004.

269. Martens S, and Spaargaren G. 2005. The politics of sustainable consumption: the case of the Netherlands. http://ejournal. nbii. org/archives/vol1iss1/0410-009. martens. html.

270. Massa I and Andersen M S. 2000. Introduction: Ecological Modernization. J. Environ. Policy Planning. Special Issue. 2: 265—267.

271. Matthews E. et al. 2000. The weight of nations: Material outflows from industrial economies. Washington, DC: World Resources Institute.

272. MEA (Capistrano D. et al.) 2005. Ecosystems and human well-being: multiscale assessments: findings of the Sub-global Assessments Working Group of the Millennium Ecosystem Assessment. (The Millennium Ecosystem Assessment series; v. 4). Washington, Covelo, London: Island Press.

273. MEA (Carpenter S R. et al.) 2005. Ecosystems and Human Well-being: scenarios: findings of the Scenarios Working Group, Millennium Ecosystem Assessment. (The Millennium Ecosystem Assessment series; v. 2). Washington, Covelo, London: Island Press.

274. MEA. (Hassan R. Scholes R and Ash N) 2005. Ecosystems and Human Well-being: current state and trends: findings of the Condition and Trends Working Group. (The millennium ecosystem assessment series; v. 1). Washington, Covelo, London: Island Press.

275. MEA. 2005. Our human planet: summary for decision-makers. (The Millennium Ecosystem Assessment Series; v. 5). Washington, Covelo, London: Island Press.

276. Melosi M. 2000. The Sanitary City: Urban Infrastructure in America from Colonial Times to the Present. Baltimore: Johns Hopkins University Press.

277. Miller C. 2001. Gifford Pinchot and the Making of Modern Environmentalism. Washington, DC: Island Press.

278. Mol A P J. 1992. Sociology, environment, and modernity: ecological modernization as a theory of social change. Society and Natural Resources 5 (4): 323—344.

279. Mol A P J. 1994. Ecological modernization and institutional reflexivity: sociology and environmental reform in the late modern age. Paper presented at the XIIIth International Sociological Association Congress at Bielefeld, Germany, July.

280. Mol A P J. 1995. The refinement of production: Ecological modernization theory and the chemical industry. Utrecht, Netherlands: Van Arkel.

281. Mol A P J. 1996. Ecological modernisation and institutional reflexivity: Environmental reform in the late modern age. Environmental Politics, 5(2): 302—323.

282. Mol A P J. 1997. Ecological modernization: industrial transformations and environmental reform. In Redclift M (Editor) The International Handbook of Environmental Sociology. Edward Elgar, Cheltenham, pp. 138—149.

283. Mol A P J. 1999. Ecological modernization and the environmental transformation of Europe: Between national variations and common denominators. J. Environ. Policy Plan. 1:167—181.

284. Mol A P J. 2000. The environmental movement in an era of ecological modernisation, Geoforum 31 (1): 45—56.

285. Mol A P J. 2001. Globalization and Environmental Reform: the Ecological Modernization of the Global Economy. Cambridge: MIT Press.

286. Mol A P J. 2002. Ecological modernization and the global economy. Global Environmental Politics, 2(2): 92—115.

287. Mol A P J. 2003. Environment, modernity and transitional China. At the frontier of ecological modernization. In: Environmental Governance in Asia: New State-Society Relations, INREF-AGITS Conference, Chiang Mai, 10—12 October 2003. —Chiang Mai: Chiang Mai University, 62—82.

288. Mol A P J. 2003. Globalization and Environmental Reform: The Ecological Modernization of the Global Economy. Cambridge, MA: MIT Press.

289. Mol A P J and Buttel F H. (Eds.). 2002. The Environmental State under Pressure, London etc. : Elsevier.

290. Mol A P J and Opschoor J B. 1989. Developments in economic valuation of environmental resources in centrally planned economies. Environment and Planning A, Volume 21, 1205—1228.

291. Mol A P J and Sonnenfeld D A. (Eds.). 2000. Ecological modernization around the world: Perspectives and critical debates. London: Frank Cass.

292. Mol A P J and Spaargaren G. 1993. Environment, modernity, and the risk society: the apocalyptic horizon of environmental reform, International Sociology 8 (4): 431—459.

293. Mol A P J and Spaargaren G. 2004. Ecological Modernization and Consumption: A Reply. Society and Natural Resources 17, 261—265.

294. Mol A P J and Spaargaren G. 2002. Ecological Modernization and the Environmental State. Research in Social Problems and Public Policy. Vol. 10. 33—52.

295. Moore C and Miller A. 1994. Green Gold: Japan, Germany, the United States, and the Race for Environmental Technology, Boston: Beacon Press.

296. Murphy J and Gouldson A. 2000. Environmental policy and industrial innovation: integrating environment and economy through ecological modernisation. Geoforum, 31: 33—44.

297. Murphy J. 2000. Ecological modernisation—editorial. Geoforum, 31(1): 1—8.

298. Murphy J and Gouldson A. 2000. Environmental policy and industrial innovation: integrating environment and economy through ecological modernization. Geoforum 31(1): 33—44.

299. Nordström H, Vaughan S. 1999. Trade and environment. Geneva, Switzerland: World Trade Organization.

300. NRC Canada. 2003. Design for Environment Guide. Http://dfe-nrc. nrc-cnrc. gc. ca/home_e. html.

301. O'Rourke D, Connelly L and Koshland C. 1996. Industrial ecology: a critical review, International Journal of Environment and Pollution 6 (2—3): 89—112.

302. O'Connor J. 1994. Is sustainable capitalism possible? In M. O'Connor (Ed.), Is capitalism sustainable? Political economy and the politics of ecology (pp. 152—175). New York: Guilford Press.

303. OECD Environment Directorate. 2004. OECD Key Environmental Indicators 2004. Paris. OECD.

304. OECD. (Serret Y and Johnstone N. Ed.). 2006. The Distributional Effects of Environmental Policy. Edward Elgar Publishing, UK. Published in association with the OECD.

305. OECD. 1985. Environment and Economics: the Results of the International Conference on Environment and Economics. Paris: OECD.

306. OECD. 1989. The Application of Economic Instruments for Environmental Protection. Paris: OECD.

307. OECD. 2000. OECD Conference: Towards Sustainable Development Indicators to Measure Progress. Paris: OECD.

308. OECD. 2001a. OECD Environmental Outlook. Paris: OECD.

309. OECD. 2001b. Sustainable Development: critical issues. Paris: OECD.

310. OECD. 2002a. Aggregated Environmental Indices, Review of Aggregation Methodologies in Use. Paris: OECD.

311. OECD. 2002b. Indicators to Measure Decoupling of Environmental Pressure from Economic Growth. Paris: OECD.

312. OECD. 2002c. Towards Sustainable Household Consumption? Trends and Policies in OECD Countries. Paris: OECD.

313. OECD. 2003. OECD Environmental Indicators, Development, Measurement and Use, Reference Paper. Paris: OECD.

314. OECD. 2004a. Measuring Sustainable Development: Integrated Economic, Environmental and Social Frameworks. Paris: OECD.

315. OECD. 2005. OECD Environmental Data Compendium 2004. Paris: OECD.

316. OECD/ IEA. 2004. Energy Balances of OECD Countries 2001～2002. Paris: OECD.

317. OECD/ IEA. 2005. Energy Balances of Non-OECD Countries 2002～2003. Paris: OECD.

318. Paehlke R C. 1989. Environmentalism and the Future of Progressive Politics, New Haven/London: Yale University Press.

319. Pataki G. 2005. Ecological Modernization and Its Contradictions: Corporate Greening in Hungary in the 1990s. In Ketola T (Editor) Environmental Economy: What Research on Environmentally Economical Business Activities Can Give to Business Know-how. Publications of the Turku School of Economics and Business Administration, Series Research and

Reports, KR-4:2005, Turku, pp. 101—132.

320. Pataki G. 2005. The Theory of Ecological Modernisation from a Critical Organisation Theory Perspective. Paper for the 7th Conference of the European Sociological Association, Rethinking Inequalities, September 9—12, 2005, Torun, Poland. Session on "Nature-society relations, social science and interdisciplinarity" Environment & Society Research Network.

321. Paternoster R. 1991. Capital punishment in America. New York: Lexington Books.

322. Pearce D, Markandya A and Barbier E. 1989. Blueprint for a Green Economy. London: Earthscan.

323. Pellow D N, Schnaiberg A and Weinberg A S. 2000. Putting the ecological modernization thesis to the test: The promises and performances of urban recycling. In Mol A P J & Sonnenfeld D A. (Eds.), Ecological modernization around the world: Perspectives and critical debates (pp. 109—137). London: Frank Cass.

324. Pellow D N. 2005. Social Inequalities and Environmental Conflict. Paper to be Presented at the Environmental Politics Colloquium, UC Berkeley. October 2005.

325. Pepper D. 1999. Ecological Modernisation or the "Ideal Model" of Sustainable Development? Questions Prompted at Europe's Periphery. Environmental Politics, 8(4): 1—34.

326. Picou J S. 1999. Theoretical Trends in Environmental Sociology: Implications for Resource Management in the Modern World. The Social and Economic Planning Conference, Minerals Management Service, August 24—26, Park City, Utah. U. S. A.

327. Pinter L, Hardi P and Bartelmus P. 2005. Indicators of Sustainable Development: Proposals for a Way Forward. Discussion Paper Prepared under a Consulting Agreement on behalf of the UN Division for Sustainable Development. UNDSD/EGM/ISD/2005/CRP. 2.

328. Planet Ark Environmental Foundation. 2004. The "Recycling Olympics" Report: An international waste & recycling comparison of Australia and 10 other developed nations. Compiled by Planet Ark for National Recycling Week 2004. http://www. planetark. com.

329. Radelet M L and Borg M J. 2000. The changing nature of death penalty debates. Annual Review of Sociology, 26, 43—61.

330. Redclift M. 1993. Sustainable Development: Needs, Values, Rights. Environmental Values 2(1): 3—20.

331. Reid D. 1995. Sustainable Development: an Introductory Guide. London: Earthscan.

332. Rifkin J. 2004. The European Dream: How Europe's Vision of the Future is Quietly Eclipsing the American Dream, New York: Penguin.

333. Roberts J T. 1996. Predicting participation in environmental treaties: A world system analysis. Sociological Inquiry, 66 (1): 38—57.

334. Roberts J T and Vásquez A A. 2002. State environmentalism revisited: Structural predictors of nations' propensity to sign environmental treaties or who signs environmental treaties and why? A world-system analysis. Paper presented at International Studies Association Conference, New Orleans, LA.

335. Rock M T. 2002a. Pollution Control in East-Asia. Lessons from Newly Industrializing Economies, Washington D. C./Singapore: Resources For the Future/Institute of Southeast Asian Studies.

336. Rock M T. 2002b. Getting into the Environment Game: Integrating Environmental and Economic Policy-making in China and Taiwan. American Behavioral Scientist, 45(9): 1435—1455.

337. Rogers P P. et al. 1997. Measuring Environmental Quality in Asia. Division of Engineering and Applied Sciences, Harvard University and the Asian Development Bank, Harvard University Press.

338. Rosa E A, and York R. 2002. Internal and external sources of environmental impacts: A comparative analysis of the EU with other nation groupings. Paper presented at the European Union in International Affairs Conference, Sponsored by the National European Centre, at the Australian National University, Canberra, Australia.

339. Rosa E A and Dietz T. 1998. Climate change and society: Speculation, construction and scientific investigation. Interna-

tional Sociology, 13(4): 421—455.

340. Rosa E A, York R and Dietz T. 2001. Modernization and the environment: Modeling the impacts of economic. development. Paper presented at the International Sociological Association RC-24 "New Natures, New Cultures, New Technologies" conference, Cambridge University, Cambridge, England.

341. Rosa E and York R. 2003. Globalization and environmental reform: the ecological modernization of the global economy, American Journal of Sociology 108 (4): 920—922.

342. Rothman D S. 1998. Environmental Kuznets curves-Real progress or passing the buck? Ecological Economics, 25, 177—194.

343. Sachs W. (Ed.) 1992. Global Ecology: A New Arena of Political Conflict. 2nd edition. London: Zed Books.

344. Salsburg D. 2002. The lady tasting tea: How statistics revolutionized science in the twentieth century. New York: Owl Books.

345. Schellenberger M and Nordhaus T. 2004. The death of environmentalism, Paper Released at the 2004. Meeting of the Environmental Grantmakers Association. http://www.grist.org.

346. Schlosberg D and Dryzek J. 2002. Political strategies of American environmentalism: inclusion and beyond, Society and Natural Resources 15 (9): 787—804.

347. Schnaiberg A and Gould K A. 1994. Environment and society: The enduring conflict. New York: St. Martin's Press.

348. Schnaiberg A, Pellow D N and Weinberg A. 2002. The treadmill of production and the environmental state. In Mol A P J & Buttel F H. (Eds.). The environmental state under pressure (pp. 15—32). London: Elsevier Science.

349. Scialabba N E and Hattam C. (ed.) 2002. Organic Agriculture, Environment and Food Security. Rome: FAO.

350. Segnestam L. 1999. Environmental Performance Indicators, A Second Edition Note. Paper No. 71 Environmental Economics Series, World Bank Environment Department, Washington DC, October 1999.

351. Seippel Ø. 2000. Ecological Modernisation as a Theoretical Device: Strengths and Weaknesses. Journal of Environmental Policy and Planning 2, 4, pp. 287—302.

352. Shebecoff P. 2000. Earth Rising: American Environmentalism in the 21st Century. Washington, DC: Island Press.

353. Shi A. 2003. The impact of population pressure on global carbon dioxide emissions, 1975～1996: Evidence from pooled cross-country data. Ecological Economics, 44, 29—42.

354. Simonis U. 1988. Beyond Growth: Elements of Sustainable Development. Berlin: Edition Sigma.

355. Simonis U. 1989a. Industrial restructuring for sustainable development: three points of departure. Working Paper FS Ⅱ 89—401, Internationales Institut Fur Umwelt und Gesellschaft, Wissenschaftszentrum Berlin Fur Sozialforschung (WZB).

356. Simonis U. 1989b. Ecological modernization of industrial society: three strategic elements. International Social Science Journal 121: 347—361.

357. Skydel S. 2001. Environmentally progressive. Fleet Equipment, May 8—9.

358. Smink C K. et al. 2003. Ecological modernisation theory and the changing dynamics of the European automotive industry: the case of Dutch end-of-life vehicle policies. Int. J. Environmental and Sustainable Development, 2, (3), 284—304.

359. Smink C K. et al. 2003. Ecological modernisation theory and the changing dynamics of the European automotive industry: the case of Dutch end-of-life vehicle policies. Int. J. Environmental and Sustainable Development 2 (3): 284—304.

360. Søndergård B. et al. 2004. Ecological modernisation and institutional transformation in the Danish textile industry. Journal of Cleaner Production, 12: 337—352.

361. Søndergård B, Hansen O E and Holm J. 2004. Ecological modernisation and institutional transformations Danish textile industry. Journal of Cleaner Production 12: 337—352.

362. Sonnenfeld D A. 1998. From brown to green? Late industrialization, social conflict, and adoption of environmental tech-

nologies in Thailand's pulp industry. Organization & Environment, 11(1): 59—87.

363. Sonnenfeld D A. 2000. Contradictions of ecological modernization: Pulp and paper manufacturing in South-east Asia. In Mol A P J & Sonnenfeld D A. (Eds.), Ecological modernization around the world: Perspectives and critical debates (pp. 235—256). London: Frank Cass.

364. Sonnenfeld D A. 2002. Social Movements and Ecological Modernization: The Transformation of Pulp and Paper Manufacturing. Development and Change 33(1): 1—27.

365. Sonnenfeld D A and Mol A P J. 2002. Ecological Modernization, Governance, and Globalization: Epilogue. American Behavioral Scientist 45 (9): 1456—1461.

366. Spaargaren G. 1995. The Ecological Modernization of Production and Consumption, Wageningen Agricultural University, Wageningen.

367. Spaargaren G. 1997. The Ecological Modernisation of Production and Consumption. Essays in Environmental Sociology. Wageningen: Wageningen University (dissertation).

368. Spaargaren G. 2000. Ecological modernization theory and domestic consumption. Journal of Environmental Policy & Planning, 2, 323—335.

369. Spaargaren G. 2000. Ecological modernization theory and domestic consumption. Journal of Environmental Policy & Planning, 2: 323—335.

370. Spaargaren G. 2000. Ecological modernization theory and the changing discourse on environment and modernity. In Environment and global modernity, (Eds.) by Spaargaren G, Mol A P J and Buttel F H, 41—72. London: Sage Studies in International Sociology.

371. Spaargaren G. 2003. Sustainable consumption: A theoretical and environmental policy perspective. Society and Natural Resources 16(8): 687—701.

372. Spaargaren G. 2003. Sustainable consumption: a theoretical and environmental policy perspective. Society and Natural Resources, 16: 687—701.

373. Spaargaren G and van Vliet B. 2000. Lifestyles, Consumption and the Environment: The Ecological Modernisation of Domestic Consumption. Environmental Politics, 9(1): 50—76.

374. Spaargaren G and Mol A P J. 1992. Sociology, environment, and modernity: ecological modernisation as a theory of social change. Society and Natural Resources 5 (4): 323—344.

375. Spofford W O. et al. 1996. Assessment of the Regulatory Framework for Water Pollution Control in the Xiaoqing River Basin: A Case Study of Jinan Municipality, Washington D. C.: World Bank.

376. Stern D I. 1998. Progress on the environmental Kuznets curve? Environment and Development Economics, 3, 173—196.

377. Stø E. et al. 2005. Background: theoretical contributions, eco-labels and environmental policy. In Rublik F and Frankl P. (eds.) The Future of Eco-lablling: Making Environmental Product Information Systems Effective. UK. Greenleaf Publishing Ltd.

378. Taplin R. 2004. Australian Experience with Greenhouse NEPIs. In: Klaus Jacob, Manfred Binder and Anna Wieczorek (eds.). 2004. Governance for Industrial Transformation. Proceedings of the 2003 Berlin Conference on the Human Dimensions of Global Environmental Change, Environmental Policy Research Center: Berlin. pp. 491—501.

379. Tarr J. 1996. The Search for the Ultimate Sink: Urban Pollution in Historical Perspective, University of Akron Press, Akron.

380. Thompson G S. 2003. Who do you trust? http://www.sauer-thompson.com/archives/opinion/2003_12.php.

381. Thompson G S. 2004. Lobby groups. http://www.sauer-thompson.com/archives/opinion/2004/04/lobby_groups.php.

382. Torras M. 2003. Global structural change and its dematerialization implications. International Journal of Social Economics, 30(6): 700—719.

383. U. N. Commission on Sustainable Development. 1999. Comprehensive review of changing consumption and production

patterns. Report of the Secretary-General. http://www.un.org/esa/sustdev/sdissues/consumption/cpp13.htm.

384. UN et al (2003), Handbook of National Accounting, Integrated Environmental and Economic Accounting. 2003, UN, New York.

385. UNDESA. 2000. Indicators of Sustainable Development: framework and methodologies. Background Paper No. 3 for the Ninth Session of the Commission on Sustainable Development, 2000, UN Department of Economic and Social Affairs, Division for Sustainable Development http://www.un.org/esa/sustdev/info.htm#bgdocs.

386. UNDESA. 2000. Report on the Aggregation of Indicators for Sustainable Development. Background Paper for the Ninth Session of the Commission on Sustainable Development, 2000, Background Paper No. 2, UN Department of Economic and Social Affairs, Division for Sustainable Development http://www.un.org/esa/sustdev/info.htm#bgdocs.

387. UNEP 2006. GEO Year book 2006: An Overview of Our Changing Environment. http://www.unep.org/geo/yearbook.

388. United Nations. DESA. Population Division. 2004. World Population in 2300. (ESA/P/WP.187). New York: U.N.

389. United Nations Division for Sustainable Development. 2001. Indicators of Sustainable Development: Guidelines and Methodologies. New York: United Nations. http://www.un.org/esa/sustdev/publications/publications.htm#indicators.

390. United Nations Division for Sustainable Development. 2005. Indicators of Sustainable Development—Review and Assessment. New York: United Nations. http://www.un.org/esa/sustdev/natlinfo/indicators/egmIndicators/egm.htm.

391. United Nations, Department of Economic and Social Affairs. Division for Sustainable Development. 2006. Trends in Sustainable Development. New York: United Nations.

392. United Nations. 2002. Report of the World Summit on Sustainable Development. Johannesburg, South Africa. New York: United Nations. http://www.johannesburgsummit.org/.

393. United Nations. Commission on Sustainable Development. 1998. Measuring Changes in Consumption and Production Patterns. http://www.un.org/documents/ecosoc/cn17/1998/background/ecn171998-mccpp59text.htm.

394. Venetoulis J and Cobb C. 2004. The Genuine Progress Indicator 1950～2002 (2004 Update). http://www.rprogress.org/projects/gpi/.

395. Von Weizsäcker E, Lovins A and Lovins L H. 1998. Factor Four: Doubling wealth, having resource use. London: Earthscan.

396. Wackernagel M. et al. 1999. National natural capital accounting with the ecological footprint concept. Ecological Economics, 29, 375—390.

397. Wackernagel M and Rees W. 1996. Our ecological footprint: Reducing human impact on the earth. Gabriola Island, B.C., Canada: New Society.

398. WCED (World Commission on Environment and Development). 1987. Our Common Future. Oxford University Press.

399. WCFSD. 1999. The Final Report. Summary Report of the WCFSD. Our Forests Our Future. http://www.iisd.org/wcfsd/finalreport.htm.

400. Weale A. 1992. The New Politics of Pollution, Manchester: Manchester University Press.

401. Weinberg A, Schnaiberg A and Gould K A. 1995. Recycling: Conserving resources for accelerating the treadmill of production? In Freese L. (Ed.), Advances in Human Ecology (Vol. 4, pp. 173—205). Greenwich, CT: JAI Press.

402. Welfens M J. 1999. New Options for Environmental Policy in Central and Eastern Europe. International Journal of Social Economics. Volume. 26: 945—955.

403. Welford R. 1995. Environmental Strategy and Sustainable Development. London: Routledge.

404. Welford R and Peter H. 2003. Ecological modernisation, environmental policy and innovation: priorities for the Asia-Pacific region. Int. J. Enviromnental and Sustainable Developmem, 2 (3): 324—340.

405. Wells P and Orsato R J. 2004. The Ecological Modernisation of the Automotive Industry. In: Klaus Jacob, Manfred Binder and Anna Wieczorek (eds.). Governance for Industrial Transformation. Proceedings of the 2003 Berlin Conference on the Human Dimensions of Global Environmental Change, Environmental Policy Research Centre: Berlin. pp. 373—385.

406. Wernic I K. et al. 1997. Materialization and Dematerialization: Measures and Trends. Daedalus. 125(3): 171—198.

407. Wernick I K and Irwin F H. 2005. Material Flows Accounts: A Tool For Making Environmental Policy. Washington, D. C.: World Resources Institute.

408. White D F. 2000. A green industrial revolution? Sustainable technological innovation in a global age. Environmental Politics, 11(2):1—26.

409. Wiesenthal H. 1993. Realism in Green Politics: Social Movements and Ecological Reform in Germany. New York: St Martin's Press.

410. Woodhouse E and Breyman S. 2005. Green chemistry as social movement? Science, Technology and Human Values 30 (2) 199—222.

411. World Bank. 1997. Clear Water, Blue Skies, Washington D. C.: World Bank.

412. World Bank. 1997. Expanding the Measure of Wealth—Indicators of Environmentally Sustainable Development. Environmentally Sustainable Development Studies and Monographs Series No. 17, ISBN 0-8213-3956-7.

413. World Resources Institute (WRI), United Nations Development Programme, United Nations Environment Programme, and World Bank. 2003. World Resources 2002—2004: Decisions for the Earth-Balance, Voice, and Power. Washington, DC: WRI. Online at http://governance. wri. org/pubs_description. cfm? PubID = 3764.

414. World Resources Institute (WRI), United Nations Development Programme, United Nations Environment Programme, and World Bank. 2005. World Resources 2005: The Wealth of the Poor: Managing ecosystems to fight poverty. http://multimedia. wri. org/worldresources2005. cfm.

415. Worldwide Fund for Nature(WWF). 2000. Living Planet Report 2000. http://www. panda. org/news_facts/publications/key_publications/living_planet_report/index. cfm.

416. Worldwide Fund for Nature(WWF). 2004. Living Planet Report 2004. http://www. panda. org/news_facts/publications/key_publications/living_planet_report/index. cfm.

417. Yale Center for Environmental Law and Policy. (Esty, D. C., et al.). 2006. Pilot 2006 Environmental Performance Index. http://www. yale. edu/epi/.

418. Yale Center for Environmental Law and Policy. (Esty, D. C., et al.). 2005. 2005 Environmental Sustainability Index: Benchmarking National Environmental Stewardship. http://www. yale. edu/esi/.

419. York R and Rosa E A. 2003. Key challenges to ecological modernization theory. Organization & Environment, 16(3): 273—288.

420. York R. et al. 2003. Footprints on the Earth: the environmental consequences of modernity. American Sociological Review, 68: 279—300.

421. York R, Rosa E A and Dietz T. 2000. Footprints on the earth: The environmental consequences of modernity. American Sociological Review, 68(2), 279—300.

422. York R, Rosa E A and Dietz T. 2002a. Bridging environmental science with environmental policy: Plasticity of population, affluence, and technology. Social Science Quarterly, 83(1), 18—34.

423. York R, Rosa E A and Dietz T. 2002b. Eco-efficiency to the rescue? A cross-national analysis of environmental impact per unit of production. Paper presented at the Annual Pacific Sociological Association Meeting, Vancouver, Canada.

424. York R and Rosa E A. 2003. Key Challenges To Ecological Modernization Theory. Organization & Environment, 16 (3) 273—288.

425. York R, Rosa E A and Dietz T. 2003. STIRPAT, IPAT, and ImPACT: Analytic tools for modeling the driving forces of environmental impacts. Unpublished manuscript available from first author, sociology department, University of Oregon.

426. Young S. (Ed.). 2000. The Emergence of Ecological Modernization: Integrating the Environment and the Economy? New York: Routledge.

数据资料来源

本报告的统计数据和资料主要来自世界组织、有关国家和地区的官方统计出版物。如果没有相关世界组织、国家和地区的统计专家和工作人员通过长期的、艰苦的、系统的努力而积累的高质量的统计数据,本报告是无法完成的。特此向他们表示最诚挚的感谢!

本报告的数据资料来源主要包括:

1. International Labor Office. Yearbook of Labor Statistics,1945 ～2004. http://www.ilo.org/
2. OECD. 2000. OECD Historical Statistics 1970 ～1999. Paris: OECD.
3. OECD. OECD Environmental Data Compendium, 1987 ～2004. Paris: OECD.
4. World Resources Institute et al. World Resources 1986 ～2005. http://www.wri.org/
5. UNESCO. Statistics Yearbook, 1974 ～2004. http://www.unesco.org/
6. UNDP. Human Development Report, 1990 ～2006. http://www.undp.org/
7. United Nations. Statistics Yearbook, 1951 ～2005. New York: United Nations.
8. United Nations. 2003. Commodity Yearbook 1995 ～2000. New York: United Nations.
9. World Bank. World Development Indicators,1997 ～2006. Washington D.C.: World Bank.
10. World Bank. World Table,1983 ～1994. Washington D.C.: World Bank.
11. World Bank. World Development Report,1979 ～2006. Washington D.C.: World Bank.
12. 国家环境保护总局. 2006. 1998 ～2005 中国环境状况公报. http://www.zhb.gov.cn/plan/zkgb/
13. 国家统计局,国家环境保护总局编. 2005. 中国环境统计 2005. 北京:中国统计出版社.
14. 国家统计局. 中国统计年鉴, 1982 ～2006. 北京:中国统计出版社.
15. 国家统计局、国家科技部. 中国科技统计年鉴, 1991 ～2005. 北京:中国统计出版社.
16. 国家统计局. 中国能源统计年鉴,1991 ～2005. 北京:中国统计出版社.
17. 国家统计局国民经济综合统计司. 新中国五十年统计资料汇编,1999. 北京:中国统计出版社.
18. 张车伟主编. 中国人口年鉴, 2004 ～2005.
19. 中国卫生年鉴编辑委员会. 中国卫生年鉴, 2000 ～2005.
20. 北京市统计局. 北京统计年鉴, 1982 ～2005.
21. 天津市统计局. 天津统计年鉴, 1984 ～2005.
22. 河北省统计局. 河北统计年鉴, 2005.
23. 山西省统计局. 山西统计年鉴, 1996 ～2005.
24. 内蒙古自治区统计局. 内蒙古自治区统计年鉴, 1996 ～2005.
25. 辽宁省统计局. 辽宁统计年鉴, 1996 ～2005.
26. 吉林省统计局. 吉林统计年鉴, 1996 ～2005.
27. 黑龙江省统计局. 黑龙江统计年鉴, 1996 ～2005.
28. 上海市统计局. 上海统计年鉴, 1996 ～2005.

29. 江苏省统计局. 江苏统计年鉴，1996～2005.
30. 浙江省统计局. 浙江统计年鉴，1984～2005.
31. 安徽省统计局. 安徽统计年鉴，1996～2005.
32. 福建省统计局. 福建统计年鉴，1984～2005.
33. 江西省统计局. 江西统计年鉴，1996～2005.
34. 山东省统计局. 山东统计年鉴，1996～2005.
35. 河南省统计局. 河南统计年鉴，1996～2005.
36. 湖北省统计局. 湖北统计年鉴，1996～2005.
37. 湖南省统计局. 湖南统计年鉴，1996～2005.
38. 广东省统计局. 广东统计年鉴，1996～2005.
39. 广西壮族自治区统计局. 广西壮族自治区统计年鉴，1996～2005.
40. 海南省统计局. 海南统计年鉴，1996～2005.
41. 重庆市统计局. 重庆统计年鉴，1996～2005.
42. 四川省统计局. 四川统计年鉴，1996～2005.
43. 贵州省统计局. 贵州统计年鉴，1996～2005.
44. 云南省统计局. 云南统计年鉴，1996～2005.
45. 西藏自治区统计局. 西藏自治区统计年鉴，1996～2005.
46. 陕西省统计局. 陕西统计年鉴，1996～2005.
47. 甘肃省统计局. 甘肃统计年鉴，1984～1994.
48. 青海省统计局. 青海统计年鉴，1996～2005.
49. 宁夏回族自治区统计局. 宁夏回族自治区统计年鉴，1996～2005.
50. 新疆维吾尔自治区统计局. 新疆维吾尔自治区统计年鉴，1996～2005.

附录一　生态现代化的评价方法

附图

附表

《中国现代化报告 2004》系统分析了现代化评价的原理和方法。生态现代化评价，是评价现代化与自然环境的相互作用，是现代化评价的组成部分(附图 1-1)。一般而言，生态现代化评价可以采用定量评价和综合评价的方法，它的评价结果可以统称为"生态现代化指数"。由于篇幅有限，本报告将重点分析生态现代化的水平评价，一般介绍其他的评价。

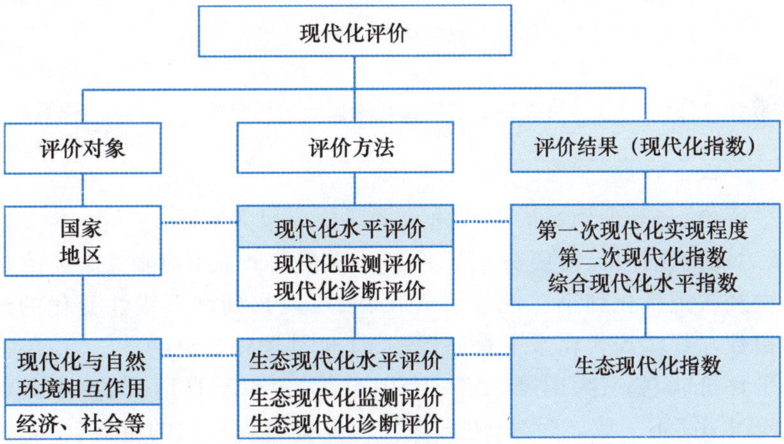

附图 1-1　现代化评价的结构

一、生态现代化评价的原理

生态现代化评价需要遵循两个规律，一是生态现代化的规律，二是评价的科学规范。评价是一种分析手段，一般包括六项内容。首先，明确评价的目的和要求；其次，认识评价对象的特点和规律；其三，寻求评价的理论基础和基本原理；其四，选择评价指标，建立指标体系；其五，建立评价模型，选择评价方法；其六，采集数据，进行评价。生态现代化评价是对生态现代化进程进行评价，其目的是认识生态现代化规律和为制定相关战略服务。

1. 生态现代化评价的理论基础

一般而言，生态现代化评价的理论基础有三个，即生态现代化理论、评价理论和系统科学理论。系统论认为世界是一个开放的大系统，这个系统是可以控制的，当然也是可以评价的。评价理论则为生态现代化评价提供了方法论。生态现代化理论为生态现代化评价提供了指导思想和基本要素。

生态现代化理论包括欧洲生态现代化理论和广义生态现代化理论。欧洲生态现代化理论解释了生态现代化的欧洲经验。广义生态现代化理论刻画了世界现代化的生态转型，包括全面生态现代化、综合生态现代化和第一次现代化的生态修正。显然，广义生态现代化理论可以成为生态现代化评价的理论基础。具体内容请参考第二章。这里不重复叙述。

2. 生态现代化评价的基本原理

生态现代化评价包括生态现代化水平评价、生态现代化进展评价和诊断评价等。其中，生态现代化进展评价，是为了监测生态现代化的政策目标的进展而进行的评价，评价指标和方法可以也应该因时因地而异；生态现代化诊断评价，是为了分析某个阶段生态现代化成败原因和对策而进行的评价，评价指标和方法可以因评价目的而调整，它们都具有政策性评价的特点(附表 1-1)。这两种评价需要专门研究。下面主要介绍生态现代化水平评价。

附表 1-1 生态现代化评价的主要类型

		目　的	评价方法的特点
生态现代化水平评价		评价生态现代化的国际水平	国际可比性、理论一致性
生态现代化政策性评价	监测评价（进展评价）	评价生态现代化的政策目标的进展	政策性、导向性 因时因地而异
	诊断评价	分析某个阶段生态现代化成败的原因	针对性、实用性 因具体评价目的而异
生态现代化理论的检验性评价		检验生态现代化理论假设的科学性	探索性 因研究工作需要而异

生态现代化水平评价，与其他领域的现代化水平评价有很大不同。

例如，经济领域的现代化评价，需要分别评价第一次经济现代化、第二次经济现代化和综合经济现代化等。从第一次经济现代化到第二次经济现代化，可以找到许多线性变化的经济指标作为评价指标。经济现代化指数与经济现代化水平是一致的，评价是逻辑自洽的。

生态现代化水平评价，面临三大困难。第一个困难是“逻辑不自洽”的技术困难，即“生态现代化指数”与“生态现代化水平”不一致。因为，生态现代化是世界现代化的生态转型，是从现代化的环境污染和生态破坏向环境保护和生态建设的转变，许多生态指标是转折变量或地域变量，是非线性的。例如，环境库兹涅茨曲线反映的变化（附图 1-2）。

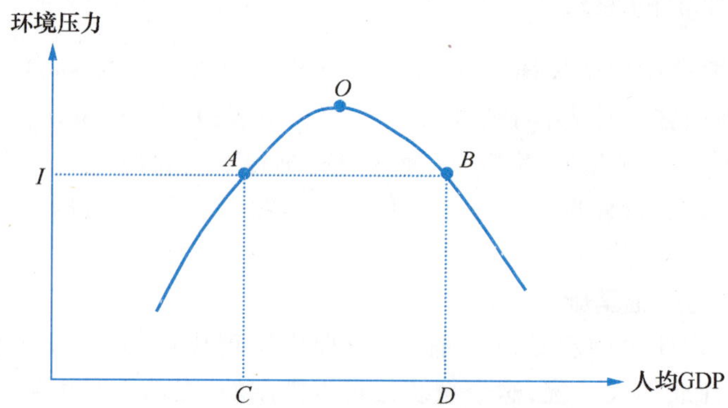

附图 1-2　环境库兹涅茨曲线（EKC）

在 EKC 曲线上，A 点和 B 点的环境压力都是 I，但它们的人均 GDP 分别为 C 和 D，D 大于 C。如果以环境压力为评价指标，尽管 A 点和 B 点评价结果是相同的，但它们的意义是不同的。A 点的环境压力代表了现代化的环境压力的增大程度，B 点的环境压力代表现代化的环境压力的下降程度，即生态现代化的水平。

由于世界现代化的进程不同步，发达国家已经进入到生态现代化阶段，环境压力的变化处于 EKC 曲线的 OB 段；许多发展中国家尚处于第一次现代化，尚没有进入生态现代化阶段，环境压力的变化处于 EKC 曲线的 OA 段。于是，就会出现一种情况，发达国家和发展中国家的“生态现代化指数”相等，但“生态现代化水平”不相等的逻辑矛盾。

所以，在评价生态现代化水平的时候，选择评价指标要非常谨慎，解释评价结果要非常慎重。特别是比较发达国家和发展中国家的生态现代化水平的时候，要非常小心。尽管存在技术困难，生态现代化水平评价，还是有意义的和有必要的。

一般而言，发达国家（已经进入生态现代化国家）和部分发展中国家（采用综合生态现代化的国家),生态现代化指数可以大致反映生态现代化水平;其他发展中国家(没有采用生态现代化和仅有现代化的生态修正的国家),生态现代化指数不能准确反映她的生态现代化的真实水平,而是反映她的一种相对状态。事实上,发展中国家尚没有进入生态现代化,她的生态现代化水平评价只有参考意义。

第二个困难是生态指标的两面性。例如,发展可再生能源是生态现代化的重要内容,水力发电是可再生能源的一种形式。一般而言,水力发电需要修建水坝,修建水坝会破坏自然环境。环境保护也是生态现代化的重要内容。环境保护要求避免修建水坝。所以,水力发电指标,既可以看成是生态进步(提高可再生能源比例),也可以看成是环境压力(破坏河流的自然环境)。

根据现代化理论,现代化是现代能源的大量采用。现代能源的采用,传统的可再生能源比例就会下降。所以,从现代化角度看,传统可再生能源比例高,现代化水平就低;从生态现代化角度看,可再生能源比例高(含传统可再生能源),生态现代化水平就高。同一个指标,从不同角度看,得到不同的结果。

第三个困难是数据的可获得性。环境统计不发达,许多重要生态指标没有统计数据。特别是广大发展中国家,环境统计就更加缺乏。相对而言,OECD 国家的环境统计比较强。在选择生态指标时,需要谨慎从事。

3. 生态现代化评价的复杂性

生态现代化评价,包含许多环境压力指标。这些指标具有非线性、波动性和地域差异等,它们给评价的稳定性和科学性带来很大挑战。如何才能保证生态现代化评价的科学性,是需要专题研究的课题。这里,以人均 CO_2 排放指标为例,予以说明。

(1) 环境压力指标的非线性和波动性

许多环境压力指标,具有非线性和波动性。这个现象,可以从一个国家环境压力指标的历史变化和世界不同国家的环境压力指标的历史截面两个方面来认识。

瑞典是生态现代化比较先进的国家。瑞典 1960～2002 年人均 CO_2 排放的数据显示,人均 CO_2 排放指标的变化(附图 1-3),具有非线性和波动性,完全符合环境库兹涅茨曲线(倒 U 形曲线)的特点。人均 CO_2 排放量,从上升到下降,曲线是波动的,而不是平滑的。

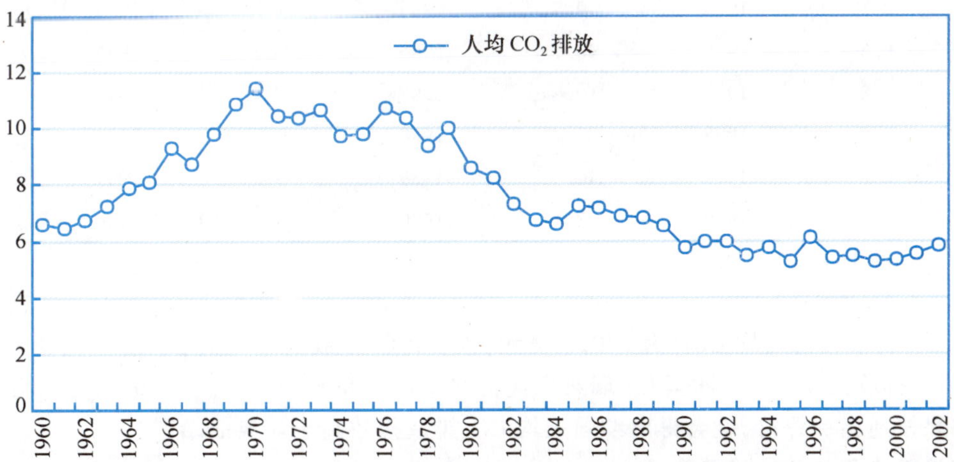

附图 1-3 瑞典 1960～2002 年人均 CO_2 排放量的变化(吨/人)

2000 年世界 129 个国家的人均 GDP 和人均 CO_2 排放量的关系如附图 1-4。可以看到大致的环境库兹涅茨曲线(倒 U 形曲线),人均 CO_2 排放波动性比较大。

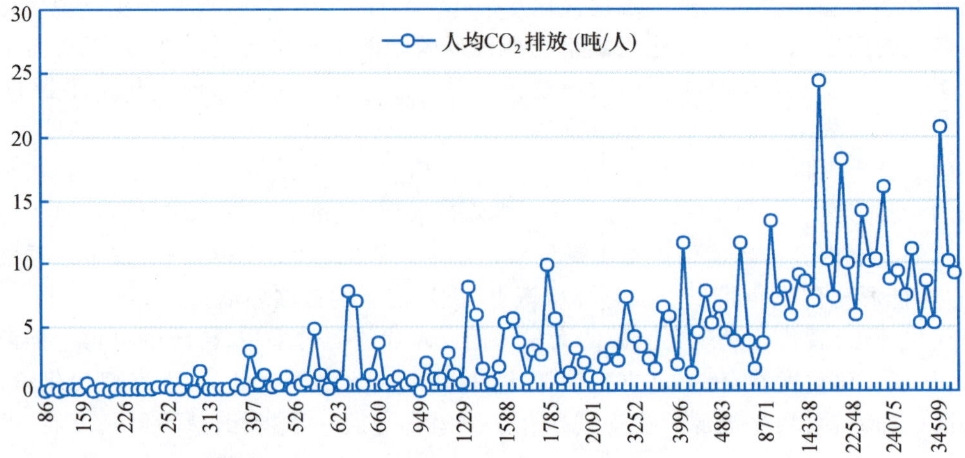

附图 1-4　2000 年 129 个国家人均 GDP 和人均 CO_2 排放的关系

环境压力指标的非线性和波动性，对生态现代化评价的科学性和稳定性的影响非常大。

例如，瑞典 1981 年人均 CO_2 排放为 8.2 吨，1961 年为 6.5 吨（附表 1-2）。如果按照逆指标进行评价，就会得出 1981 年人均 CO_2 指数低于 1961 年的结果。事实上，1971 年以来，瑞典人均 CO_2 排放呈下降趋势，这正是生态现代化起步的重要信号；而 1961 年，生态现代化尚没有出现。人均 CO_2 排放的年度波动，也会影响评价结果。

附表 1-2　瑞典 1961～2000 年人均 CO_2 排放量的变化（吨/人）

年	人均 CO_2 排放	年	人均 CO_2 排放	年	人均 CO_2 排放	年	人均 CO_2 排放
1961	6.5	1971	10.4	1981	8.2	1991	6.0
1962	6.8	1972	10.4	1982	7.3	1992	5.9
1963	7.3	1973	10.7	1983	6.8	1993	5.5
1964	7.9	1974	9.7	1984	6.6	1994	5.7
1965	8.1	1975	9.8	1985	7.2	1995	5.3
1966	9.3	1976	10.7	1986	7.2	1996	6.1
1967	8.8	1977	10.4	1987	6.9	1997	5.4
1968	9.8	1978	9.4	1988	6.8	1998	5.5
1969	10.8	1979	10.0	1989	6.5	1999	5.3
1970	11.5	1980	8.6	1990	5.8	2000	5.4

数据来源：World Bank 2006.

2000 年截面，瑞典的人均 GDP 为 27012 美元，人均 CO_2 排放为 5.4 吨；泰国的人均 GDP 为 1998 美元，人均 CO_2 排放为 3.3 吨。很显然，瑞典现代化水平远远高于泰国。但是，泰国的人均 CO_2 排放低于瑞典。如果按逆指标评价，就会得出泰国人均 CO_2 排放指数高于瑞典的结果。

（2）环境压力指标的地域差异

许多环境压力指标，具有国家差异和地区差异。国家大小和国家人口密度等，都对环境压力指标有影响（附表 1-3）。在选择评价指标时，对此需要特别关注。

例如，人均 CO_2 排放，美国大于日本、英国和法国；但单位国土面积的人均 CO_2 排放，美国小于日本、英国和法国;美国人口密度远远小于日本、英国和法国。人均 CO_2 排放,加拿大和澳大利亚大于意大利;但单位国土面积的人均 CO_2 排放,加拿大和澳大利亚小于意大利;加拿大和澳大利亚人口密度小于意大利。

附表 1-3 人均 CO_2 排放和单位面积的人均 CO_2 排放的差异

	1960	1970	1980	1990	2000	2001	2002
	人均 CO_2 排放(吨/人)						
美国	16.2	20.7	20.4	19.3	20.7	20.3	20.2
日本	2.5	7.1	7.9	8.7	9.3	9.3	9.4
英国	11.1	11.5	10.3	9.9	9.5	9.5	9.2
法国	5.9	8.4	9.0	6.4	6.0	6.3	6.2
澳大利亚	8.6	11.4	13.8	16.0	18.2	18.9	18.1
意大利	2.2	5.3	6.6	6.9	7.4	7.4	7.5
加拿大	10.8	15.3	17.1	15.0	16.0	15.4	16.5
中国	1.2	0.9	1.5	2.1	2.2	2.4	2.7
印度	0.3	0.4	0.5	0.8	1.1	1.1	1.2
	单位国土面积的人均 CO_2 排放(吨/人·千米^2)						
美国	1.8	2.3	2.2	2.1	2.3	2.2	2.2
日本	6.7	19.3	21.5	23.8	25.6	25.5	25.9
英国	46.1	47.5	42.7	40.9	39.3	39.3	37.8
法国	10.8	15.2	16.3	11.6	10.9	11.4	11.2
澳大利亚	1.1	1.5	1.8	2.1	2.4	2.5	2.4
意大利	7.4	18.0	22.4	23.4	25.2	25.2	25.5
加拿大	1.2	1.7	1.9	1.6	1.8	1.7	1.8
中国	0.1	0.1	0.2	0.2	0.2	0.3	0.3
印度	0.1	0.1	0.2	0.3	0.4	0.4	0.4

数据来源:World Bank 2006.

(3) 环境压力与经济脱钩的复杂性

许多环境压力指标,与经济增长关系紧密。当环境压力的增长慢于经济驱动因素的增长时,就是环境压力与经济的相对脱钩。环境压力指标下降,经济继续增长,是环境压力与经济的绝对脱钩。有些时候,环境压力指标的下降,可能不是环境进步的结果,或者主要不是环境进步的结果,而是经济下降(经济衰退)等因素的结果。这种情况,增加了评价的难度和可靠性。因为,我们很难一一区分,哪些是真正的环境进步的结果,哪些是经济衰退的结果,哪些是两者的合力作用。

例如,人均 GDP(2000 年不变价格)的增长和人均 CO_2 排放的增长的关系(附表 1-4)。当人均 GDP 增长时,人均 CO_2 排放有两种情况:多数时候增长,有时下降(脱钩)。当人均 GDP 下降时,人均 CO_2 排放有两种情况:多数时候下降,有时增长。

附表 1-4 人均 GDP 增长量和人均 CO_2 排放增长量的关系

		1975～1980	1985～1990	1995～2000	1996～2001	1997～2002
保加利亚	人均 CO_2 排放	0.3	-1.1	-1.5	-0.6	-0.4
	人均 GDP	NA	163.9	-0.8	233.9	397
哥伦比亚	人均 CO_2 排放	0.0	0.1	-0.1	-0.2	-0.3
	人均 GDP	221.7	246.9	-87.7	-95.5	-122.5
科威特	人均 CO_2 排放	1.5	3.3	-6.0	-1.4	-0.2
	人均 GDP	-5917	NA	-2292	-2611	-2125
罗马尼亚	人均 CO_2 排放	1.2	-1.7	-1.6	-1.3	-1.0
	人均 GDP	NA	-224	-90.7	-47.7	177.4
委内瑞拉	人均 CO_2 排放	0.9	0.1	-0.2	-1.0	-2.4
	人均 GDP	-292.1	22.5	-300.9	-114.4	-840.8
巴拉圭	人均 CO_2 排放	0.2	0.1	-0.2	-0.2	-0.1
	人均 GDP	476.8	51.3	-131.4	-108.5	-174.5
津巴布韦	人均 CO_2 排放	0.0	0.4	-0.2	-0.2	-0.3
	人均 GDP	-56.01	31.33	-17.3	-89.76	-126.46

注:NA 为无数据,人均 CO_2 排放量的单位为吨/人,人均 GDP 为 2000 年价格美元。数据来源:World Bank 2006.

(4) 环境压力与经济脱钩的不同步性和波动性

当环境压力的增长慢于经济驱动因素的增长时,就是环境压力与经济的脱钩。前面讲了环境压力与经济脱钩的复杂性,这里分析脱钩的不同步性和波动性。他们会影响评价结果。

例如,人均 CO_2 排放的下降,在 1975～1980 年期间有 30 个国家,在 1985～1990 年期间有 39 个国家,在 1995～2000 年期间有 59 个国家,在 1996～2001 年期间有 68 个国家,在 1997～2002 年期间有 67 个国家(附表 1-5)。国家出现人均 CO_2 排放下降的现象,既是不同步的,也是反复波动的。某段时期出现下降后,还有可能回升。

附表 1-5 人均 CO_2 排放的负增长(人均 CO_2 排放与经济的脱钩)

	1975～1980	1985～1990	1995～2000	1996～2001	1997～2002
脱钩的国家个数	30	39	59	68	67
不同国家的脱钩					
美国	0.6	0.7	1.1	0.6	-0.1
日本	0.3	1.1	0.3	0.0	0.2
德国	NA	NA	-0.4	-0.5	-0.5
英国	-0.3	0.1	0.2	-0.3	-0.1
法国	0.8	-0.5	0.0	-0.2	0.3
澳大利亚	1.9	1.8	1.8	1.7	-2.3
意大利	0.7	0.6	0.2	0.4	0.4
加拿大	0.6	-0.1	0.7	0.2	0.4
俄罗斯	NA	NA	-0.3	-0.2	0.1
墨西哥	1.7	0.6	-0.2	-0.1	0.1
巴西	0.2	0.1	0.2	0.1	0.0
中国	0.3	0.3	-0.5	-0.4	0.1
印度尼西亚	0.2	0.2	0.1	-0.1	0.2
印度	0.1	0.2	0.2	0.1	0.1
尼日利亚	0.2	-0.4	0.1	0.0	0.1

(5) 环境压力与经济脱钩的脱钩系数不等于生态化水平

环境压力与经济脱钩程度,是用脱钩比值和脱钩系数衡量的。脱钩系数 = 1 − 脱钩比值。脱钩比值 =(结束时的环境压力/经济要素)/(开始的环境压力/经济要素)。脱钩比值,反映的是某个时期前后环境压力的比值,而不是实际值。所以,它不是生态进步的实际水平。

综上所述,环境压力的表现、环境压力与经济的关系等都是非常复杂的。生态现代化的定量评价是一种"简单的线性的"评价。为了减少环境压力指标的复杂性的影响,在选择评价指标时,应该尽量减少那些非线性的环境压力指标。如果必须采用非线性的指标,应该采取合适的方法,降低非线性的影响。主要措施有三个。

第一种方法:实际指标与脱钩系数联合计算。首先找出脱钩的拐点(脱钩),然后计算脱钩后的实际指标的指数;没有脱钩时,不计算实际指标的指数。

第二种方法:有选择地计算一些比较发达国家的指标,如 OECD 国家的指标。其他国家,则不计算评价指标的指数。事实上,非 OECD 国家,多数是发展中国家,环境统计数据比较少,多数没有进入第二次现代化,环境指标处于 EKC 曲线的 *OA* 段(附图 1-2)。

第三种方法:控制非线性指标和脱钩指标的数量和比例。在评价指标体系中,非线性指标和脱钩指标的比例,一般不要超过 50%。这样可以减少非线性指标产生的不确定性。

4. 生态现代化水平评价的基本模型

根据广义生态现代化理论,生态现代化是生态进步、经济生态化、社会生态化和国际相关地位变化的交集,其中,经济生态化和社会生态化涉及生态效率、生态结构、生态制度和生态观念的变化。全面的生态现代化水平评价应该包括它们。由于生态制度和生态观念的变化难以定量,而生态现代化水平评价是一种定量评价,所以,暂时难以把生态制度和生态观念包括在评价范围之内。

根据广义生态现代化理论,生态现代化的简化数量模型为:

$$M_{\mathrm{elq}} = \{\Delta X_{\mathrm{t}}\} \cap \{\Delta Y_{\mathrm{t}}\} \cap \{\Delta Z_{\mathrm{t}}\} \cap \{\Delta(X_{\mathrm{t}}/X_{\mathrm{mt}}), \Delta(Y_{\mathrm{t}}/Y_{\mathrm{mt}}), \Delta(Z_{\mathrm{t}}/Z_{\mathrm{mt}})\}$$

$$M_{\mathrm{elt}} = (\Delta(X_{\mathrm{t}}/X_{\mathrm{mt}}) \times \Delta(Y_{\mathrm{t}}/Y_{\mathrm{mt}}) \times \Delta(Z_{\mathrm{t}}/Z_{\mathrm{mt}}))^{1/3}$$

其中,ΔX 指生态质量的提高,ΔY 指经济生态化的进步,ΔZ 指社会生态化的进步,Δ 指变化,t 为年份;$\Delta(X/X_{\mathrm{m}})$ 指生态质量相对水平的变化,X_{m} 指生态质量的世界先进水平;$\Delta(Y/Y_{\mathrm{m}})$ 指经济生态化相对水平的变化,Y_{m} 指经济生态化的世界最新水平;$\Delta(Z/Z_{\mathrm{m}})$ 指社会生态化相对水平的变化,Z_{m} 指社会生态化的世界先进水平;M_{elq} 指广义生态现代化的定量变化,M_{elt} 指广义生态现代化的相对水平。

数量模型:生态现代化是生态进步、经济生态化和社会生态化的几何平均值。

生态现代化水平评价的基本模型为:生态现代化水平等于生态进步、经济生态化和社会生态化的相对水平的几何平均值。它的数学模型如下:

$$\begin{cases} \mathrm{MI_{el}} = (\mathrm{ELI_P} \times \mathrm{ELI_E} \times \mathrm{ELI_S})^{1/3} \\ \mathrm{ELI_P} = (\sum P_i)/N_{\mathrm{P}} \quad (i = 1, 2, \cdots N_{\mathrm{P}}) \\ \mathrm{ELI_E} = (\sum E_k)/N_{\mathrm{E}} \quad (k = 1, 2, \cdots N_{\mathrm{E}}) \\ \mathrm{ELI_S} = (\sum S_j)/N_{\mathrm{S}} \quad (j = 1, 2, \cdots N_{\mathrm{S}}) \end{cases}$$

其中,$\mathrm{MI_{el}}$ 为广义生态现代化指数;$\mathrm{ELI_P}$ 为生态进步指数,$\mathrm{ELI_E}$ 为经济生态化指数,$\mathrm{ELI_S}$ 为社会生态化指数;P_i 为生态进步第 i 项指标的指数,i 为生态经济评价指标的编号,N_{P} 为参加评价的生态进步指标的总个数;E_k 为经济生态化第 k 项指标的指数,k 为经济生态化评价指标的编号,N_{E} 为参加评价的经济生态化指标的总个数;S_j 为社会生态化第 j 项指标的指数,j 为社会生态化评价指标的编号,N_{S} 为参加评价的社会生态化指标的总个数。

5. 生态现代化水平评价的指标体系

前面讨论了评价的原理和模型,现在讨论评价的指标和指标体系。指标和指标体系要反映和满足评价原理和模型的特点和要求。生态现代化水平评价的一个假设前提是,随着生态现代化水平的提高,其特征指标(评价指标)的数值也随之发生变化,生态现代化水平与特征指标数值的变化是线性相关的(部分是非线性相关)。所以,可以通过评价特征指标的变化,来反映生态现代化水平的变化。

(1) 选择评价指标的原则

生态指标非常多。第一章截面分析涉及 100 个生态指标,显然不能把它们都作为评价指标。如何选择评价指标呢?选择生态现代化水平评价指标,要注意如下的一般原则:

① 反映生态现代化的典型特征。生态现代化的典型特征是非物化、绿色化、生态化、经济增长和环境退化脱钩等。

② 具有代表性的关键指标。反映某个典型特征的指标可能有多个。应该尽量选择有代表性的关键指标。

③ 指标的内涵具有相对的独立性,避免指标相互重叠和重复评价。

④ 指标的变化具有较好的相关性,避免指标评价结果相互抵消。

⑤ 可以获得连续的官方统计数据,避免随机波动,保证评价可行性。

⑥ 具有可比性,能够反映发展水平。

⑦ 注意指标体系的系统性和开放性。不同指标的敏感性(弹性)不同,有些指标是相对惰性的(变化较慢),有些指标是相对活跃的(变化较快),指标体系要注意它们的平衡。

⑧ 容易理解和接受。注意选择学者常用的指标、人们比较关心的指标。

⑨ 指标数量不宜过多或过少。指标过多,评价难度大。指标过少,评价不稳定和失真。欧洲统计实验室认为,30 个指标就可以反映 90 %左右的政策需要(附图 1-5)。

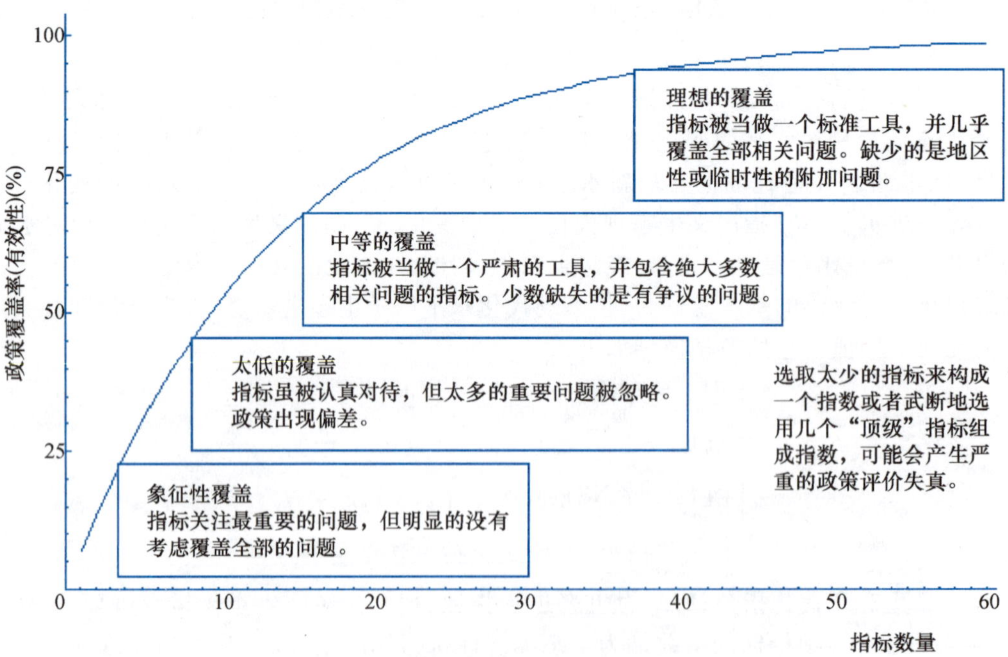

附图 1-5 指标数量和模型效果的函数关系

资料来源:ESL 2006.

（2）建立评价指标体系需要注意的问题

在建立评价指标体系和进行评价时，会遇到几个问题：

其一，评价和需求的不协调。有效的评价，评价指标不会太多。但研究者和政策制定者会关心很多生态问题和指标。需要从可行性和重要性的角度，去协调这对矛盾。

其二，有些生态指标非常重要，如河流水质指标等，但数据的获取比较困难。特别是发展中国家的数据获取，更是困难重重。数据不完备，就会影响评价结果。

其三，有些生态指标，如城市空气质量指标等，变化是非线性的，或者与其他指标相关性不好。如果参加评价，将影响评价结果；如果不参加评价，又会受到专家的质疑。

其四，有些生态指标，如废物循环利用率指标等，反映生态化的趋势，对于生态现代化非常重要，但尚没有统计数据，或者没有世界范围的、连续的统计数据。

其五，有些生态变量，如生态制度和生态观念等，对于生态现代化非常重要，但没有定量数据，也很难定量评价。

其六，有些生态指标，如人均淡水资源等，对反映生态状态很重要，但与生态现代化水平的相关性不明显；如果进行评价，将影响评价结果。

其七，有些生态指标是周期波动的，如人均 CO_2 排放的增长率等；尽管它们与生态现代化水平有关，但它们的随机性会影响评价结果。

其八，评价指标的政策意义。评价指标应该发挥和可以发挥生态现代化的引导作用。

（3）生态现代化水平评价的指标体系

综上所述，我们需要系统地、谨慎地选择生态现代化的评价指标。生态现代化评价的指标体系，包括反映生态进步、经济生态化和社会生态化的 30 个评价指标（附表 1-6）。这 30 个指标分别属于 12 个政策领域和 3 个指数（附图 1-6）。由于生态进步、经济生态化和社会生态化的特点不同，需要分别进行分析。

附表 1-6　生态现代化水平评价的指标体系

生态进步		经济生态化		社会生态化	
评价指标	指标意义	评价指标	指标意义	评价指标	指标意义
人均 CO_2 排放	气候变化	农业与化肥脱钩	生态农业	安全饮水比例	绿色化
人均 SO_2 排放	空气质量	有机农业比例	生态农业	卫生设施比例	绿色化
人均 NO_2 排放	空气质量	工业与污染脱钩	生态工业	城市空气污染	生态城市
工业淡水污染	水质量	工业能源密度	生态工业	能源使用效率	生态效率
生活废水处理	水质量	绿色生态旅游	绿色服务	可再生能源比例	绿色能源
城市废物处理	自然环境	物质经济效率	绿色经济	交通空气污染	绿色交通
自然资源损耗	自然资源	物质经济比例	非物化	长寿人口比例	绿色社会
生物多样性损失	自然资源	循环经济（玻璃）	绿色经济	服务收入比	非物化
森林覆盖率	生态系统	经济与能源脱钩	绿色化	服务消费比例	非物化
国家保护区比例	生态系统	经济与三废脱钩	绿色化	环境风险	生态安全

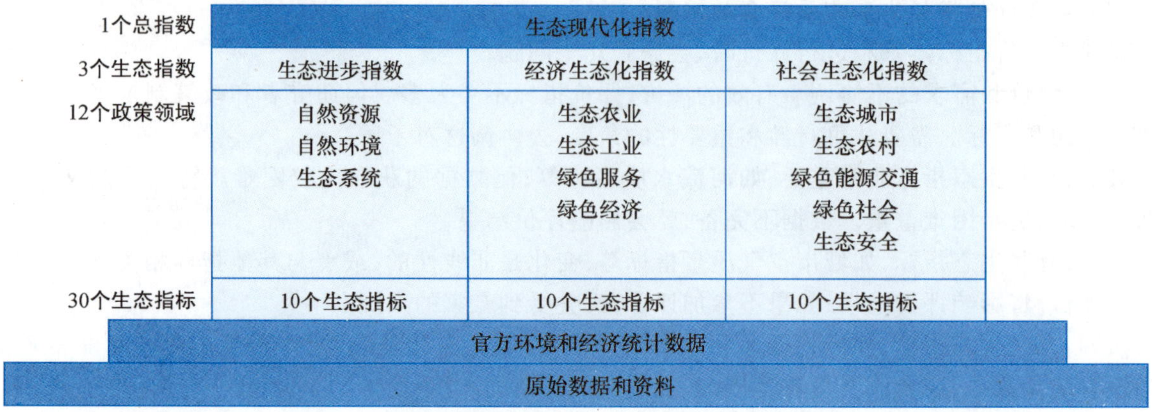

附图 1-6 生态现代化指数的结构

首先,生态进步的评价指标(附表 1-7)。现代化的生态响应涉及自然资源、自然环境和生态系统,第一章分析了生态响应的 20 多个相关指标,我们可以从中选用评价指标。

附表 1-7 生态进步的评价指标

指标分类	指 标 解 释	指标单位	数据来源	可能的问题
人均 CO_2 排放	人均 CO_2 排放量	吨/人	世界银行	非线性
人均 SO_2 排放	人均 SO_2 排放量(或 SO_x)	千克/人	OECD	数据有限、非线性
人均 NO_2 排放	人均 NO_2 排放量(或 NO_x)	千克/人	OECD	数据有限、非线性
工业淡水污染	工业有机废水/工业用水	万分之	世界银行	非线性
生活废水处理	生活废水处理率	%	联合国	部分国家无数据
城市废物处理	城市废物处理率	%	OECD	部分国家无数据
自然资源消耗	自然资源消耗价值/GNI	%	世界银行	地域差异
生物多样性损失	受威胁哺乳动物/哺乳动物	%	世界银行	地域差异
森林覆盖率	森林覆盖面积/国土面积	%	世界银行	非线性
国家保护区比例	国家保护区面积/国土面积	%	世界银行	地域差异

注:工业有机废水指工业废水的生化需氧量(BOD),或称为工业废水 BOD。生活废水处理率为家庭生活废水通过废水处理的人口占总人口的比例。后同。

在自然资源方面,生态进步的主要表现是:资源合理开发和永续利用、提高资源生产率、减少资源破坏、降低资源消耗。由于许多指标缺少统计数据,有些指标受地域差异的影响比较大,这里采用两个指标。第一个指标是自然资源损耗率,包括能源资源、矿产资源和森林资源的损耗价值占国民收入的比例。第二个指标是生物多样性损失,指受威胁哺乳动物占哺乳动物的比例,反映生物资源的状态。

在自然环境方面,生态进步的主要表现是:温室气体排放减少、空气和水质量改善、城市环境改善、废物和废水被无毒化和无害化处理、土地合理利用、环境压力下降等。这里采用了六个指标。它们分别是:人均温室气体(CO_2)排放、人均 SO_2 排放、人均 NO_2 排放、工业有机废水对工业用水的污染、生活废水和城市废物的处理等。

在生态系统方面,生态进步的主要表现是:生态系统的质量和活力提高、退化的生态系统的恢复、森林覆盖率上升、国家保护区扩大、生态压力下降等。这里选用两个指标。它们是:森林覆盖率、国家保护区比例。

其次,经济生态化的评价指标(附表1-8)。经济生态化包括经济的生态效率、生态结构、生态制度和生态观念的变化,具体表现是非物化、绿色化、高效率、经济增长与环境退化脱钩等。经济生态化的范围包括生态农业、生态工业、绿色服务和绿色经济等。第一章分析了经济生态化的40多个指标,可从中选用评价指标。

附表1-8 经济生态化的评价指标

评价指标	指 标 解 释	指标单位	数据来源	可能的问题
农业与化肥脱钩	农业生产与化肥脱钩,化肥/可耕地	千克/公顷	世界银行	非线性
有机农业比例	有机农业用地/农业用地	%	WRR	数据有限
工业与污染脱钩	工业有机废水与工业GDP脱钩	千克/万美元	世界银行	非线性
工业能源密度	工业能源消费/工业增加值	千克油/美元	世界银行	非线性
绿色生态旅游	国际旅游收入/人口	美元/人	世界银行	
物质经济效率	工农业增加值/工农业劳动力	美元/人	世界银行	
物质经济比例	工农业增加值/GDP	%	世界银行	
循环经济(玻璃)	玻璃的循环利用率	%	OECD	数据有限
经济与能源脱钩	人均能源消费与人均GDP脱钩	千克油/美元	世界银行	非线性
经济与三废脱钩	人均CO_2排放与人均GDP脱钩	千克/美元	世界银行	非线性

注:脱钩比值=(当年能源消费/GDP)/(前某年的能源消费/GDP),脱钩系数=1-脱钩比值;脱钩系数等于0~1时为脱钩;脱钩系数小于0时为没有脱钩;GDP为2000年价格美元;其余类推。

在生态农业方面,经济生态化的主要表现是:农业土地生产率提高、淡水利用效率提高、化肥和农药使用强度下降、土地使用强度下降、有机农业比例上升等。这里选用两个指标:农业与化肥脱钩(农业生产与化肥消费脱钩)和有机农业比例。

在生态工业方面,经济生态化的主要表现是:工业资源和能源使用效率提高、工业能耗和物耗下降、工业物质密度和资源密度下降、工业废物循环利用率提高、工业废物和废水排放强度下降、工业废物和废水处理率上升、环保产业扩大等。这里选用两个指标:工业能源密度、工业与污染脱钩(工业GDP与工业废水BOD的脱钩)等。

在绿色服务方面,经济生态化的主要表现是:环保投入增加、环保科技发展、服务业物质密度和能源密度下降、服务业废物循环利用率提高、绿色旅游服务和降低初级产品关税等。这里选用一个指标:绿色生态旅游。

在绿色经济方面,经济生态化的主要表现是:物质生产率和资源生产率提高、物质经济效率提高、物质经济比例下降、经济物质密度和资源密度下降(非物化)、经济能源密度下降、经济废物密度下降(绿色化)、废物循环利用率提高(循环经济)、经济增长与环境退化脱钩等。这里选用五个指标:物质经济效率、物质经济比重、循环经济、经济与能源脱钩(GDP与能源消费的脱钩)、经济与三废脱钩(GDP与CO_2排放的脱钩)等。

其三,社会生态化的评价指标(附表1-9)。社会生态化包括社会的生态效率、生态结构、生态制度和生态观念的变化,具体表现是非物化、绿色化、高效率、社会进步与环境退化脱钩等。社会生态化的范围包括生态城市、生态农村、绿色能源和交通、绿色社会和生态安全等。第一章分析了社会生态化的30多个指标的变化,可以从中选用评价指标。

附表 1-9 社会生态化的评价指标

评价指标	指 标 解 释	指标单位	数据来源	可能的问题
安全饮水比例	获得安全饮水人口/总人口	%	世界银行	
卫生设施比例	获得卫生设施人口/总人口	%	世界银行	
城市空气污染	代表性城市空气颗粒物浓度	微克/立方米	世界银行	非线性、数据有限
能源使用效率	GDP/能源消费	美元/千克油	世界银行	非线性
可再生能源比例	可再生能源/总能源	%	OECD/IEA	非线性、数据有限
交通空气污染	公路 CO 排放/汽车	千克/辆	OECD	非线性、数据有限
长寿人口比例	65 岁及以上人口/总人口	%	世界银行	
服务收入比	服务业增加值/工农业增加值		世界银行	
服务消费比例	服务消费/家庭总消费	%	联合国	
环境风险	自然灾害受灾人数/万人口	万分之	WDR	数据有限

注:可再生能源包括传统可再生能源(如木柴)和现代可再生能源(如太阳能、风能、潮汐能、海洋能等)。发展中国家现代化水平比较低,但传统可再生能源比例非常高。WDR 为世界灾害报告。

在生态城市方面,社会生态化的主要表现是:安全饮水和卫生设施的普及、城市废水处理和废物处理率达到 100 %、城市空气质量和室内污染明显改善(颗粒物、SO_2和 NO_2等的浓度下降)、人均绿地增加、人均废物也增加等。这里选用三个指标:城市安全饮水、城市卫生设施和城市空气污染等;安全饮水和卫生设施指标与生态农村的指标合并。

在生态农村方面,社会生态化的主要表现是:安全饮水和卫生设施的普及、生活废水处理率达到 100 %、家庭污染的改善、农村人口密度的下降等。这里选用两个指标:农村安全饮水和农村卫生设施,并与城市安全饮水和卫生设施指标合并。

在绿色能源和交通方面,社会生态化的主要表现是:能源使用效率提高、电力传输损耗下降、可再生能源比例上升、能源污染下降、交通效率提高、交通能耗下降、交通空气污染下降等。这里选用三个指标:能源使用效率、可再生能源比例和交通空气污染等。

在绿色社会方面,社会生态化的主要表现是:健康寿命延长、长寿人口比例增加、儿童死亡率下降、物质劳动比例下降、服务收入和服务消费比例上升、人均物质消费和能源消费会趋向某一合理值等。这里选用三个指标:长寿人口比例、服务收入比和服务消费比例。

在生态安全方面,社会生态化的主要表现是:粮食安全、资源安全、能源安全、卫生安全(传染性流行病的控制)、环境安全等的改善。这里选用一个指标:环境安全。

(4) 评价指标体系的相关性检验

《中国现代化报告 2004》比较详细地分析了评价指标的相关性检验的意义和方法。在评价前要对指标进行相关性检验,更换那些与其他指标的变化没有相关性或者相关性不显著的指标。在指标体系中,1 个合适的指标,至少需要与 3 个以上的其他指标是显著相关的。

生态现代化评价包括 3 类指标和 30 个评价指标。其中,生态进步、经济生态化和社会生态化评价各有 10 个指标。可以分析它们的相关性检验(附表 1-10、附表 1-11、附表 1-12)。

附表 1-10 生态进步评价指标之间的相关系数

	1	2	3	4	5	6	7	8	9	10
1	1.000	0.437***	0.843***	0.042	0.516***	0.532***	0.110	0.119	-0.015	0.084
2		1.000	0.533***	-0.140	-0.456***	-0.241***	0.334***	0.008	-0.025	-0.170
3			1.000	-0.132	0.192**	0.382***	0.346***	0.148*	-0.067	0.212**
4				1.000	0.153*	0.242***	0.153*	-0.127	-0.091	0.064
5					1.000	0.773***	-0.467***	-0.052	0.109	0.491***
6						1.000	-0.344***	0.061	0.098	0.339***
7							1.000	-0.110	-0.102	-0.049
8								1.000	-0.024	0.017
9									1.000	0.180**
10										1.000

注:1 至 10 为指标编号,顺序如附表 1-6。* 表示相关,** 表示显著相关,*** 表示非常显著相关。下同。4 号指标为工业淡水污染,8 号指标为生物多样性损失,9 号指标为森林覆盖率;虽然它们的相关性比较差,但意义非常明显。所以,仍保留这 3 个指标作为评价指标。此外,它们受地域差异和非工业化的影响。

附表 1-11 经济生态化评价指标之间的相关系数

	1	2	3	4	5	6	7	8	9	10
1	1.000	0.119	-0.199**	-0.097	0.408***	0.393***	-0.248***	0.325***	-0.248***	-0.111
2		1.000	-0.352***	-0.265***	0.697***	0.551***	-0.410***	0.471***	-0.295***	-0.218**
3			1.000	0.647***	-0.335***	-0.407***	0.367***	-0.448***	0.720***	0.517***
4				1.000	-0.254***	-0.230***	0.231***	-0.198**	0.844***	0.596***
5					1.000	0.679***	-0.521***	0.332***	-0.421***	-0.230***
6						1.000	-0.497***	0.624***	-0.424***	-0.245***
7							1.000	0.223***	0.562***	0.107
8								1.000	-0.400***	-0.564***
9									1.000	0.702***
10										1.000

注:1 至 10 为指标编号,顺序如附表 1-6。同附表 1-10。

附表 1-12 社会生态化评价指标之间的相关系数

	1	2	3	4	5	6	7	8	9	10
1	1.000	0.838***	-0.270***	0.515***	-0.664***	-0.401***	0.623***	0.611***	0.562***	-0.354***
2		1.000	-0.591***	0.537***	-0.593***	-0.520***	0.719***	0.647***	0.502***	-0.310***
3			1.000	-0.329***	0.186**	0.042	-0.436***	-0.470***	-0.155*	0.403***
4				1.000	-0.310***	-0.314***	0.533***	0.636***	0.423***	-0.335***
5					1.000	0.168*	-0.477***	-0.384***	-0.243***	0.230***
6						1.000	-0.552***	-0.005	0.255***	-0.133
7							1.000	0.655***	0.514***	-0.297***
8								1.000	0.457***	-0.208**
9									1.000	-0.211**
10										1.000

注:1 至 10 为指标编号,顺序如附表 1-6。同附表 1-10。

二、生态现代化的水平评价

(1) 生态现代化水平评价的评价模型

根据前面分析的生态现代化的基本模型,可以推导出生态现代化的评价模型。

$$
\begin{cases}
\mathrm{MI_{el}} = (\mathrm{ELI_P} \times \mathrm{ELI_E} \times \mathrm{ELI_S})^{1/3} \\
\mathrm{ELI_P} = (\sum P_i)/N_\mathrm{P} \quad (i = 1,2,\cdots N_\mathrm{P}) \\
\mathrm{ELI_E} = (\sum E_k)/N_\mathrm{E} \quad (k = 1,2,\cdots N_\mathrm{E}) \\
\mathrm{ELI_S} = (\sum S_j)/N_\mathrm{S} \quad (j = 1,2,\cdots N_\mathrm{S}) \\
P_i = 100 \times i_{\text{实际值}} \div I_{\text{基准值}} \quad (\text{正指标}, 0 \leqslant P_i \leqslant 100) \\
P_i = 100 \times I_{\text{基准值}} \div i_{\text{实际值}} \quad (\text{逆指标}, 0 \leqslant P_i \leqslant 100) \\
E_k = 100 \times k_{\text{实际值}} \div k_{\text{基准值}} \quad (\text{正指标}, 0 \leqslant E_k \leqslant 100) \\
E_k = 100 \times k_{\text{基准值}} \div k_{\text{实际值}} \quad (\text{逆指标}, 0 \leqslant E_k \leqslant 100) \\
S_j = 100 \times j_{\text{实际值}} \div j_{\text{基准值}} \quad (\text{正指标}, 0 \leqslant S_j \leqslant 100) \\
S_j = 100 \times j_{\text{基准值}} \div j_{\text{实际值}} \quad (\text{逆指标}, 0 \leqslant S_j \leqslant 100)
\end{cases}
$$

其中,$\mathrm{MI_{el}}$为生态现代化指数;$\mathrm{ELI_P}$为生态进步指数,$\mathrm{ELI_E}$为经济生态化指数,$\mathrm{ELI_S}$为社会生态化指数;

P_i为生态进步第 i 项指标的指数,i 为生态经济评价指标的编号,N_P为参加评价的生态进步指标的总个数,P_i取值范围为大于或等于 0、小于或等于 100,$i_{\text{实际值}}$为 i 号指标的实际值,$I_{\text{基准值}}$为 i 号指标的基准值;

E_k为经济生态化第 k 项指标的指数,k 为经济生态化评价指标的编号,N_E为参加评价的经济生态化指标的总个数;E_k取值范围为大于或等于 0、小于或等于 100,$k_{\text{实际值}}$为 k 号指标的实际值,$k_{\text{基准值}}$为 k 号指标的基准值;

S_j为社会生态化第 j 项指标的指数,j 为社会生态化评价指标的编号,N_S为参加评价的社会生态化指标的总个数,S_j取值范围为大于或等于 0、小于或等于 100,$j_{\text{实际值}}$为 j 号指标的实际值,$j_{\text{基准值}}$为 j 号指标的基准值;

$I_{\text{基准值}}$、$k_{\text{基准值}}$和 $j_{\text{基准值}}$的具体数值为当年生态现代化的世界先进水平(高收入国家该项指标的平均值)(附表 1-13)。

附表 1-13 生态现代化的评价指标及其基准值

	指　　标	单　位	评　价　特　点	指标性质	基准值
生态进步	人均 CO_2 排放	吨/人	先找脱钩拐点,后算指数	逆指标	10.7
	人均 SO_2 排放(或 SO_x)	千克/人	评价 OECD 国家指数	逆指标	25
	人均 NO_2 排放(或 NO_x)	千克/人	评价 OECD 国家指数	逆指标	38
	工业淡水污染	万分之	直接评价	逆指标	0.4
	生活废水处理率	%	直接评价	正指标	100
	城市废物处理率	%	直接评价	正指标	100
	自然资源损耗	%	直接评价	逆指标	1.5
	生物多样性损失	%	直接评价	逆指标	9
	森林覆盖率	%	直接评价	正指标	29
	国家保护区比例	%	直接评价	正指标	16

（续表）

	指 标	单 位	评 价 特 点	指标性质	基准值
经济生态化	农业与化肥脱钩	千克/公顷	先找脱钩拐点,后算指数	逆指标	121
	有机农业比例	%	直接评价	正指标	3.71
	工业与污染脱钩	千克/万美元	先找脱钩拐点,后算指数	逆指标	5.9
	工业能源密度	千克油/美元	直接评价	逆指标	0.19
	绿色生态旅游	美元/人	直接评价	正指标	552
	物质经济效率	美元/人	直接评价	正指标	54458
	物质经济比例	%	直接评价	逆指标	28
	循环经济(玻璃)	%	部分国家的评价	正指标	79
	经济与能源脱钩	千克油/美元	先找脱钩拐点,后算指数	逆指标	0.2
	经济与三废脱钩	千克/美元	先找脱钩拐点,后算指数	逆指标	0.44
社会生态化	安全饮水比例	%	直接评价	正指标	100
	卫生设施比例	%	直接评价	正指标	100
	城市空气污染	微克/立方米	代表性城市的评价	逆指标	26.7
	能源使用效率	美元/千克油	直接评价	正指标	5
	可再生能源比例	%	直接评价	正指标	10.1
	交通空气污染	千克/辆	评价 OECD 国家指数	逆指标	107
	长寿人口比例	%	直接评价	正指标	14.6
	服务收入比		直接评价	正指标	2.6
	服务消费比例	%	直接评价	正指标	39
	环境风险	万分之	直接评价	逆指标	39.4

注:指标性质是根据生态现代化要求决定的。基准值为高收入国家(或21个发达国家)最新年平均值。

(2) 生态现代化水平评价的方法

首先,如果是脱钩指标,先找出脱钩的时间拐点,然后计算拐点后的年代的指标的指数。拐点前的指标,不计算指数。由于数据有限,实际评价时,部分地可以灵活处理。

其次,采用"比值法"计算单个指标的指数。单个指标指数分值为0～100分;如果计算结果超过100,则取值100;达到100分,表明该指标已达到生态现代化的世界先进水平。

其三,采用"简单算术平均值法",计算生态进步、经济生态化和社会生态化指数。

其四,采用"几何平均值法",计算生态现代化指数。

其五,如果有效指标个数占指标总数的比例低于60%,则视为无效样本,不进行评价。

(3) 生态现代化的阶段评价

生态现代化是一个长期的历史过程。生态现代化可以分为四个阶段:起步、发展、成熟和稳定阶段。如何定量测定生态现代化的阶段,目前尚没有找到比较理想的方法。

根据广义现代化理论,生态现代化是第二次现代化的组成部分。发达国家,生态现代化的阶段,与第二次现代化的阶段,可以是大体一致的。发展中国家,如果没有完成第一次现代化,但是已经采用综合生态现代化,也可以算作生态现代化的起步。生态现代化起步的判据大致有两个。第一个是定性判据:国家建立环保机构,实施环保法律。第二个是定量判据:经济与环境退化相对脱钩。生态现代化的阶段,可以根据生态现代化要求实现程度来判断,分别是经济与环境相对脱钩、经济与环境绝对脱钩、经济与环境双赢等(附表1-14)。1960～2003年期间部分国家经济与环境脱钩的数据,可以部分支持上述观点(附表1-15)。

附表 1-14 生态现代化阶段的判断标准

标准项目	起步期	发展期	成熟期	稳定期
定性标准	国家成立了环境保护机构，制定实施了环境管理法规			
定量标准Ⅰ（已经进入第二次现代化的国家，多数为发达国家，采用全面生态现代化）				
参照第二次现代化标准	物质增加值比例小于 40％ 物质劳动力比例小于 40％	物质增加值和劳动力比例小于 30％	物质增加值和劳动力比例小于 20％	略
生态现代化的标准	经济与环境退化相对脱钩	经济与环境绝对脱钩	经济与环境双赢	略
定量标准Ⅱ（没有进入第二次现代化的国家，属于发展中国家，部分国家采用综合生态现代化）				
农业与化肥脱钩	相对脱钩	绝对脱钩	经济与环境双赢	略
工业与污染脱钩	相对脱钩	绝对脱钩	经济与环境双赢	
经济与能源脱钩	相对脱钩	绝对脱钩	经济与环境双赢	
经济与三废脱钩	相对脱钩	绝对脱钩	经济与环境双赢	

附表 1-15 1960～2003 年期间部分国家经济与环境脱钩的比较

国家	经济与能源消费脱钩（年和年代差）					经济与 CO_2 排放脱钩（年和年代差）				
	A	B	C	A－B	A－C	D	E	F	D－E	D－F
瑞典	1970	2002	2002	－32	－32	1970	1970	1970	0	0
美国	1970	2000	1978	－30	－8	1970		1973		－3
澳大利亚	1977		1997		－20	1982	2001	1997	－19	－15
瑞士	1986	2001	2001	－15	－15	1973	1973	1973	0	0
丹麦	1970	1996	1996	－26	－26	1970	1996	1996	－26	－26
德国	1973	1979	1979	－6	－6	1990	1990	1990	0	0
英国	1965	2001	1996	－36	－31	1965	1971	1971	－6	－6
法国	1973					1965	1979	1973	－14	－8
意大利	1973					1973				
爱尔兰	1971	2002	2001	－31	－30	1971		2001		－30
西班牙	1995					1981				
乌拉圭	1972	1999	1999	－27	－27	1972	1979	1972	－7	0
匈牙利	1978	1987	1987	－9	－9	1965	1984	1984	－19	－19
阿根廷	1990	2000	1998	－10	－8	1989	1999	1999	－10	－10
哥伦比亚	1971	1998	1996	－27	－25	1965	1994	1994	－29	－29
智利	1976	1999	1999	－23	－23	1973	1999	1999	－26	－26
巴西	1971		2002		－31	1998		1998		0
墨西哥	1989					1982	1992	1982	－10	0
秘鲁	1971	1999	1975	－28	－4	1970	1999	1977	－29	－7
中国	1977					1977		1996		－19

注：(1) 经济与能源消费脱钩（1960～2003 年期间）：A 为人均能源消费和人均 GDP（2000 年价格）脱钩的拐点年份（相对脱钩），B 为总能源消费的拐点年份（绝对脱钩），C 为人均能源消费的拐点年份（绝对脱钩）；(A－B) 为 A 与 B 的年代差，(A－C) 为 A 与 C 的年代差。绝对脱钩一般晚于相对脱钩。

(2) 经济与 CO_2 排放脱钩（1960～2003 年期间）：D 为 CO_2 排放和 GDP（2000 年价格）脱钩的拐点年份（相对脱钩），E 为总 CO_2 排放的拐点年份（绝对脱钩），F 为人均 CO_2 排放的拐点年份（绝对脱钩）；(D－E) 为 D 与 E 的年代差，(D－F) 为 D 与 F 的年代差。绝对脱钩一般晚于相对脱钩。

(3) 生态现代化评价的误差

生态现代化水平评价,由于评价指标、评价数据和评价方法等原因,会产生较大误差。

首先,评价指标大约包含14个非线性的生态指标,它们会产生评价误差。

其次,发展中国家的评价数据不完全,会产生评价误差。

其三,评价方法中,指数取值为0～100分;超过100分的指标,将被低估。

其四,评价方法中,没有数据的指标、没有脱钩的非线性的生态指标等,不参加评价。虽然没有评价,但从评价结果上,它们被看成是与其他参加评价指标的平均水平相等。事实上,没有参加评价的指标,不可能完全等于参加评价指标的平均水平。

其五,生态进步指标有3个指标的相关性比较差,会影响评价结果。

其六,国际贸易和污染转移,会影响评价结果。

所以,生态现代化水平评价,相对于其他现代化评价而言,具有更大的系统误差和随机误差。生态现代化水平评价的结果,只有参考意义。在引用评价结果时,要非常谨慎。

三、生态现代化的其他评价

1. 生态现代化的监测评价

生态现代化的监测评价(进展评价),指对评价对象的完成"生态现代化目标"的实际进展所进行的评价。一般而言,这个目标是国家、地区或某个领域为某一段时间制定的发展目标。不同国家和地区,可以对生态现代化水平评价模型进行扩展,建立自己的生态现代化的进展评价模型;模型的扩展包括评价指标、评价方法和标准值的调整等内容。

国家生态现代化的监测评价。如果这个生态现代化目标是国家某个阶段的目标,那么,这种评价就是国家生态现代化的监测评价。可以对生态现代化评价模型进行扩展,建立国家生态现代化的监测评价模型。地区、城市和农村的生态现代化的监测评价,可以类推。

当然,生态现代化的监测评价和水平评价的区分不是绝对的,而是相对的。

2. 生态现代化的分领域评价

生态现代化涉及生态响应、生态经济和生态社会等3大类12个分领域。每一类和每一个分领域的现代化,都可以分析进行评价。分领域评价,需要分别建立评价模型和方法。

生态现代化的分领域评价,比较重要的是农业生态现代化、工业生态现代化、经济生态现代化、社会生态现代化、交通能源的生态现代化评价等,它们有丰富的政策涵义。

3. 生态现代化的其他评价

关于生态现代化的评价有许多方法。这里简要介绍常见的三种评价。

(1) 生态现代化的诊断评价。如果想知道某个国家或地区某个阶段的生态现代化的成败及其原因,就需要进行诊断评价。诊断评价可以为优化和调整生态现代化的战略和政策提供依据和建议。这种评价可以在生态现代化水平评价的基础上扩展进行。

(2) 生态系统和环境管理评价。例如,环境压力指数、环境表现指数、生态足迹、生态系统评价、环境库兹涅茨曲线、环境政策评价等。

(3) 生态现代化的绩效评价。如果想知道某个国家或地区生态现代化的某个方面的绩效,就需要进行生态绩效评价等。例如,经济与环境退化脱钩指数(OECD 2002)等。

附录二　生态现代化水平评价的数据集

附表 2-1-1　1970～2004 年世界生态现代化指数和排名

国家	国家编号	生态现代化指数						排名					
		1970	1980	1990	2000	2002	2004	1970	1980	1990	2000	2002	2004
瑞典	1	64	72	81	93	96	96	8	3	4	2	2	2
美国	2	51	58	73	79	81	82	28	28	14	13	13	14
芬兰	3	57	60	72	87	89	90	15	25	16	5	7	7
澳大利亚	4	54	53	64	73	74	72	18	36	26	21	20	25
瑞士	5	77	79	82	95	97	97	1	1	2	1	1	1
挪威	6	65	68	82	86	88	88	6	10	3	7	9	11
日本	7	59	72	79	82	80	84	13	4	7	12	14	13
丹麦	8	55	64	73	84	92	94	16	14	12	10	4	4
德国	9	50	57	72	87	91	93	32	30	17	4	5	5
荷兰	10	52	59	76	82	88	89	23	26	9	11	8	9
加拿大	11	51	56	68	76	76	77	29	31	23	17	18	17
新加坡	12	52	50	62	70	68	73	22	38	32	26	26	24
英国	13	54	61	73	85	87	90	19	19	13	9	10	8
法国	14	61	68	80	87	89	91	11	9	6	6	6	6
比利时	15	43	59	70	76	82	85	43	27	21	18	12	12
奥地利	16	71	75	86	93	94	95	3	2	1	3	3	3
新西兰	17	67	69	71	74	71	73	5	8	19	19	24	23
韩国	18	40	42	57	67	68	68	49	59	44	31	28	29
以色列	19			69	65	63	67			22	34	41	31
意大利	20	55	67	80	85	86	88	17	12	5	8	11	10
爱尔兰	21	47	57	62	74	76	77	34	29	30	20	17	18
西班牙	22	62	64	75	77	79	79	9	15	10	14	16	16
爱沙尼亚	23				71	73	74						
斯洛文尼亚	24				67	71	73						
乌拉圭	25	65	72	72	71	75	76	7	5	15	25	19	19
俄罗斯	26				47	47	48						
斯洛伐克	27			35	62	66	67						
希腊	28	75	63	63	69	73	75	2	17	27	27	23	20
匈牙利	29	35	42	55	64	68	69	59	61	46	36	27	27
捷克	30			29	59	70	73						
葡萄牙	31	69	61	74	77	79	81	4	20	11	15	15	15
白俄罗斯	32				49	52	52						
拉脱维亚	33			51	62	70	71						
立陶宛	34				57	58	59						
格鲁吉亚	35				46	59	60						
乌克兰	36				40	45	46						
保加利亚	37		39	46	55	55	58		67	64	50	50	47
黎巴嫩	38			71	59	57	67			18	48	47	32
哈萨克斯坦	39				38	39	40						
波兰	40		64	53	65	64	65		16	51	35	35	35
阿根廷	41	58	67	65	72	64	65	14	11	24	22	33	34
巴拿马	42	62	69	78	76	73	74	10	7	8	16	22	22
克罗地亚	43				64	73	74						
沙特阿拉伯	44	46	60	48	51	45	46	36	24	60	63	73	72
哥伦比亚	45	38	48	58	60	64	59	52	43	40	43	36	46
科威特	46	42	45		60	61	61	47	50		46	43	44
智利	47	51	60	59	63	67	63	26	23	37	37	30	39
马其顿	48												
阿塞拜疆	49				35	35	35						
摩尔多瓦	50				43	45	46						
罗马尼亚	51		36	44	53	56	56		71	71	57	48	50
委内瑞拉	52		50	50	63	63	62		39	57	38	37	43
乌兹别克斯坦	53				30	30	33						
多米尼加	54	46	46	63	69	67	68	39	48	28	28	31	30
亚美尼亚	55				49	51	53						
巴拉圭	56	39	55	53	47	43	43	51	33	49	72	80	82
哥斯达黎加	57	52	69	71	72	74	75	24	6	20	23	21	21
巴西	58	47	51	62	60	55	55	35	37	31	44	53	51
墨西哥	59	50	65	61	69	66	66	30	13	34	29	32	33
博茨瓦纳	60			53	60	63	62			52	45	39	40
秘鲁	61	45	60	62	61	63	62	40	22	29	42	40	41
牙买加	62	51	46	54	67	64	63	27	49	48	30	34	37
约旦	63	49	45	43	45	45	47	33	52	74	79	75	67
南非	64		41	44	54	47	56		64	72	52	66	49
土耳其	65	60	55	60	62	62	64	12	34	36	39	42	36
厄瓜多尔	66	43	46	57	61	60	60	44	46	42	41	44	45
伊朗	67		41	43	37	38	38		62	75	93	94	94
蒙古	68			47	44	45	43						
摩洛哥	69		48	58	49	50	52		44	39	65	61	60
马来西亚	70	37	38	53	54	55	54	55	69	50	53	52	56

附表 2-1-1　1970～2004 年世界生态现代化指数和排名　（续表）

国家	国家编号	生态现代化指数						排名					
		1970	1980	1990	2000	2002	2004	1970	1980	1990	2000	2002	2004
萨尔瓦多	71	42	61	61	66	63	62	46	21	33	33	38	42
埃及	72	34	41	40	44	39	40	62	65	82	83	90	89
中国	73	25	33	34	42	42	42	75	80	92	87	84	84
阿尔及利亚	74	53	45	44	34	37	38	21	51	70	100	95	93
土库曼斯坦	75				36								
突尼斯	76	53	49	57	45	46	45	20	40	43	80	67	75
阿尔巴尼亚	77		42	33	66	68	69		60	93	32	29	28
吉尔吉斯	78				46	48	50						
塔吉克斯坦	79				33	32	33						
玻利维亚	80	40	47	49	53	55	52	48	45	58	55	51	61
缅甸	81												
菲律宾	82	37	55	50	52	51	52	56	32	56	58	58	57
泰国	83	37	49	57	52	48	49	57	41	41	60	64	64
纳米比亚	84				61	53	55				40	55	54
津巴布韦	85		36	41	40	43	41		72	77	90	82	86
洪都拉斯	86	40	43	53	46	44	44	50	55	53	78	76	78
尼加拉瓜	87	51	44	41	48	45	45	25	53	78	71	72	76
越南	88			36	36	33	33			89	97	100	97
肯尼亚	89	33	35	43	42	44	46	65	74	73	85	78	71
斯里兰卡	90	33	41	54	52	52	52	66	63	47	59	57	58
刚果共和国	91	46	54	60	55	50	54	38	35	35	49	60	55
印度尼西亚	92	28	34	46	46	43	44	72	78	61	75	81	79
赞比亚	93	32	34	41	39	36	36	67	77	80	92	96	96
危地马拉	94	50	63	64	72	71	70	31	18	25	24	25	26
毛里塔尼亚	95			29	32	35	39			95	101	98	91
科特迪瓦	96		44	48	54	55	55		54	59	54	54	52
印度	97	30	31	40	41	41	41	70	82	81	88	86	85
巴基斯坦	98	32	34	45	42	40	40	69	76	69	86	89	87
莱索托	99			38	44	43				85	82	79	
柬埔寨	100												
喀麦隆	101	38	43	45	49	50	49	53	56	68	64	59	62
厄立特里亚	102				37	40	40				94	88	88
叙利亚	103	44	43	37	46	45	45	41	57	87	77	70	77
加纳	104	34	33	39	43	39	39	61	79	84	84	91	92
乍得	105	42		32	36	36		45		94	95	97	
莫桑比克	106		29	45	47	46	46		84	66	73	68	68
几内亚	107			45	46		46			67	76		70
也门共和国	108			42	48	48	49			76	67	62	63
巴布亚新几内亚	109	35			36	39	39	58			96	92	90
海地	110		46		51	45	46		47		61	71	73
尼泊尔	111	23	29	41	48	48	43	76	83	79	69	65	81
塞内加尔	112	46	42	56	60	59	57	37	58	45	47	46	48
塞拉利昂	113		36						73				
刚果民主共和国	114			45	41	43	46						
老挝	115												
马拉维	116	29		36	51	44	42	71		90	62	77	83
多哥	117	34	38		34	34	33	63	68		99	99	98
马达加斯加	118	44					46	42					69
马里	119	26		46	48	48	48	73		63	66	63	66
尼日利亚	120		35	37	40	45	48		75	88	91	74	65
孟加拉国	121	26	31	35		40		74	81	91		87	
坦桑尼亚	122			52	53	52	52			55	56	56	59
贝宁	123	38	38	38	44	45	45	54	70	86	81	69	74
尼日尔	124	34						60					
安哥拉	125		48	39	47	43	43		42	83	74	83	80
乌干达	126	34		52	55	55	55	64		54	51	49	53
中非	127			58	48					38	68		
布基纳法索	128		40	46	48	59	63		66	62	70	45	38
埃塞俄比亚	129			22	36	38	37			96	98	93	95
布隆迪	130			46	41	41				65	89	85	
卢旺达	131	32						68					
高收入国家		64	67	78	91	96	99						
中等收入国家													
低收入国家													
世界平均													
国家样本		76	84	101	122	120	118	76	84	95	101	100	98

附表 2-1-2 2004 年世界生态现代化指数

国家	国家编号	生态进步指数	经济生态化指数	社会生态化指数	生态现代化指数	排名	排序
瑞典	1	94	97	97	96	2	2
美国	2	83	77	86	82	14	14
芬兰	3	92	87	91	90	7	7
澳大利亚	4	57	82	80	72	25	28
瑞士	5	99	94	99	97	1	1
挪威	6	79	91	95	88	11	11
日本	7	90	75	86	84	13	13
丹麦	8	87	99	96	94	4	4
德国	9	99	89	90	93	5	5
荷兰	10	92	87	87	89	9	9
加拿大	11	71	76	86	77	17	17
新加坡	12	62	77	81	73	24	26
英国	13	93	87	90	90	8	8
法国	14	95	86	92	91	6	6
比利时	15	86	80	88	85	12	12
奥地利	16	97	95	94	95	3	3
新西兰	17	88	53	85	73	23	25
韩国	18	87	53	69	68	29	34
以色列	19	61	64	78	67	31	36
意大利	20	86	90	89	88	10	10
爱尔兰	21	74	76	81	77	18	18
西班牙	22	77	78	83	79	16	16
爱沙尼亚	23	83	61	81	74		23
斯洛文尼亚	24	81	58	84	73		32
乌拉圭	25	64	75	91	76	19	19
俄罗斯	26	63	29	60	48		78
斯洛伐克	27	91	40	80	67		38
希腊	28	75	68	82	75	20	20
匈牙利	29	81	50	81	69	27	31
捷克	30	97	53	74	73		27
葡萄牙	31	82	68	96	81	15	15
白俄罗斯	32	85	27	62	52		68
拉脱维亚	33	87	48	86	71		29
立陶宛	34	83	35	70	59		53
格鲁吉亚	35	79	43	65	60		51
乌克兰	36	64	25	60	46		83
保加利亚	37	75	37	72	58	47	55
黎巴嫩	38	68	56	79	67	32	37
哈萨克斯坦	39		29	53	40		106
波兰	40	87	41	77	65	35	41
阿根廷	41	60	59	78	65	34	40
巴拿马	42	88	64	86	74	22	24
克罗地亚	43	92	57	79	74		22
沙特阿拉伯	44		57	37	46	72	87
哥伦比亚	45	71	39	74	59	46	54
科威特	46		60	62	61	44	50
智利	47	71	48	74	63	39	45
马其顿	48		40		0		
阿塞拜疆	49	50	25	34	35		114
摩尔多瓦	50	74	26	50	46		84
罗马尼亚	51	76	32	71	56	50	58
委内瑞拉	52	70	48	71	62	43	49
乌兹别克斯坦	53		24	44	33		117
多米尼加	54	86	56	64	68	30	35
亚美尼亚	55	72	34	62	53		65
巴拉圭	56		32	58	43	82	98
哥斯达黎加	57	89	64	72	75	21	21
巴西	58	69	38	65	55	51	59
墨西哥	59	70	57	72	66	33	39
博茨瓦纳	60	82	62	48	62	40	46
秘鲁	61	66	62	59	62	41	47
牙买加	62		55	73	63	37	43
约旦	63	48	41	51	47	67	79
南非	64	66	36	73	56	49	57
土耳其	65	72	52	69	64	36	42
厄瓜多尔	66	83	38	69	60	45	52
伊朗	67	54	25	41	38	94	111
蒙古	68	61	35	38	43		95
摩洛哥	69	54	40	63	52	60	70
马来西亚	70	61	38	67	54	56	64

附表 2-1-2　2004 年世界生态现代化指数　　（续表）

国家	国家编号	生态进步指数	经济生态化指数	社会生态化指数	生态现代化指数	排名	排序
萨尔瓦多	71	70	58	59	62	42	48
埃及	72		29	55	40	89	105
中国	73	72	22	47	42	84	100
阿尔及利亚	74	24	46	53	38	93	110
土库曼斯坦	75			37	0		
突尼斯	76	27	46	74	45	75	90
阿尔巴尼亚	77	85	55	70	69	28	33
吉尔吉斯	78	85	25	60	50		72
塔吉克斯坦	79		27	41	33		115
玻利维亚	80	65	39	55	52	61	71
缅甸	81			77	0		
菲律宾	82	72	39	52	52	57	66
泰国	83		40	60	49	64	75
纳米比亚	84		59	51	55	54	62
津巴布韦	85		34	49	41	86	102
洪都拉斯	86		36	54	44	78	93
尼加拉瓜	87		37	55	45	76	91
越南	88		25	43	33	97	116
肯尼亚	89	58	38	43	46	71	86
斯里兰卡	90	72	33	60	52	58	67
刚果共和国	91		56	53	54	55	63
印度尼西亚	92	53	28	55	44	79	94
赞比亚	93		33	40	36	96	113
危地马拉	94	95	52	71	70	26	30
毛里塔尼亚	95	45		34	39	91	108
科特迪瓦	96		53	58	55	52	60
印度	97	60	26	45	41	85	101
巴基斯坦	98		29	56	40	87	103
莱索托	99			37	0		
柬埔寨	100			20	0		
喀麦隆	101	58	36	56	49	62	73
厄立特里亚	102	70	54	29	40	88	104
叙利亚	103	63	34	42	45	77	92
加纳	104		28	54	39	92	109
乍得	105			24	0		
莫桑比克	106	75	38	35	46	68	80
几内亚	107		49	42	46	70	85
也门共和国	108		55	43	49	63	74
巴布亚新几内亚	109	52	42	28	39	90	107
海地	110		44	47	46	73	88
尼泊尔	111		35	53	43	81	97
塞内加尔	112	88	37	58	57	48	56
塞拉利昂	113				0		
刚果民主共和国	114		49	43	46		82
老挝	115			22	0		
马拉维	116	74	29	34	42	83	99
多哥	117		27	40	33	98	118
马达加斯加	118	67		32	46	69	81
马里	119		50	47	48	66	77
尼日利亚	120		48	49	48	65	76
孟加拉国	121			50	0		
坦桑尼亚	122	84	39	42	52	59	69
贝宁	123		47	44	45	74	89
尼日尔	124			23	0		
安哥拉	125		39	49	43	80	96
乌干达	126	77	49	44	55	53	61
中非	127			48	0		
布基纳法索	128	92		44	63	38	44
埃塞俄比亚	129	61	31	27	37	95	112
布隆迪	130			35	0		
卢旺达	131			35	0		
高收入国家		98	100	100	99		
中等收入国家				61			
低收入国家				49			
世界平均				63			

附表 2-1-3 2004 年世界生态进步指数

国家	国家编号	人均 CO_2 排放	人均 SO_x 排放	人均 NO_x 排放	淡水工业污染	生活废水处理	城市废物处理	自然资源消耗	生物多样性损失	森林覆盖率	国家保护区比例	生态进步指数
瑞典	1	100	100	100	100	86	100	100	100	100	57	94
美国	2	53	52	58	100	71	100	100	100	100	100	83
芬兰	3	89	100	94	100	81	100	100	100	100	58	92
澳大利亚	4	59	18	44	29			53	100	73	84	57
瑞士	5	100	100	100		96	99		100	100	100	99
挪威	6		100	81	100	73	99	14	100	100	43	79
日本	7		100	100	100	64	100	100	100	100	43	90
丹麦	8	100	100	100	42	89	100	100	100	41	100	87
德国	9	100	100	100	100	92	100	100	100	100	100	99
荷兰	10	100	100	100	100	98	100	100	100	37	89	92
加拿大	11	65	33	48	100	72	99	28	99	100	71	71
新加坡	12	78				99			95	10	28	62
英国	13	100	100	100	100	95	100	100	93	41	100	93
法国	14	100	100	100	100	79	100	100	92	98	83	95
比利时	15	100	100	100		38	100	100	83	70		86
奥地利	16	100	100	100	100	86	100	100	83	100	100	97
新西兰	17	100	100	73	48	80	100	100	82	100	100	88
韩国	18			100	92	78	99	100	80	100	43	87
以色列	19		51	64	24			100	67	27	94	61
意大利	20		100	100	100	69	100	100	59	100	49	86
爱尔兰	21	98	100	100	100	73		100	54	33	11	74
西班牙	22		66	100	100	55		100	42	100	53	77
爱沙尼亚	23	91	35	100		69		95	100	100	74	83
斯洛文尼亚	24		73	100	100	30	89	100	100	100	38	81
乌拉圭	25		100	100	14			100	100	30	2	64
俄罗斯	26				100			5	62	100	50	63
斯洛伐克	27	100	100	100		53	86	100	100			91
希腊	28		52	100	50	56	100	100	97	100	23	75
匈牙利	29	100	71	100	100	32	88	100	100	74	44	81
捷克	30	95	100	100	100	70	100	100	100	100	100	97
葡萄牙	31		86	100	100	46	98	100	63	100	41	82
白俄罗斯	32	100		100				71	100	100	39	85
拉脱维亚	33		100	100	36				100	100	84	87
立陶宛	34		100	100	14			100	100	100	67	83
格鲁吉亚	35			100				100	80	100	14	79
乌克兰	36			100	100			26	77	57	24	64
保加利亚	37	100	21	100	100	38	81	100	80	100	28	75
黎巴嫩	38	100			57			100	100	46	3	68
哈萨克斯坦	39							4	87	4	17	
波兰	40	100	66	100	100	55		100	83	100	77	87
阿根廷	41				100			18	100	42	41	60
巴拿马	42	100		100	30				100	100	100	88
克罗地亚	43		100	100	100			100	100	100	47	92
沙特阿拉伯	44							3	94	4	100	
哥伦比亚	45	100			42			19	100	100	64	71
科威特	46				9			3	100		9	
智利	47	100			100	42		14	65	74	100	71
马其顿	48							100	89	100	44	
阿塞拜疆	49				100			3	67	39	40	50
摩尔多瓦	50		100		100			100	100	35	9	74
罗马尼亚	51		89	100	100		90	45	61	96	29	76
委内瑞拉	52				48			4	100	100	100	70
乌兹别克斯坦	53							3	100	27	13	
多米尼加	54	100						68	65	98	100	86
亚美尼亚	55				100			100	78	35	48	72
巴拉圭	56								100	100	22	
哥斯达黎加	57	100			100	25	86	100	100	100	100	89
巴西	58	100						31	70	100	42	69
墨西哥	59	100			100	25	86	20	68	100	64	70
博茨瓦纳	60	100			42			75	100	73	100	82
秘鲁	61						65	42	86	100	38	66
牙买加	62							100	63	100		
约旦	63				18			100	100	3	21	48
南非	64				72			100	99	26	34	66
土耳其	65	100	80	100	100	17	77	100	87	46	10	72
厄瓜多尔	66	100			100			8	90	100	100	83
伊朗	67	100			100			4	68	23	30	54
蒙古	68	100						16	97	23	72	61
摩洛哥	69				36			100	97	34	4	54
马来西亚	70				100			11	61	100	36	61

附表 2-1-3　2004 年世界生态进步指数　　（续表）

国家	国家编号	人均 CO_2 排放	人均 SO_x 排放	人均 NO_x 排放	淡水工业污染	生活废水处理	城市废物处理	自然资源消耗	生物多样性损失	森林覆盖率	国家保护区比例	生态进步指数
萨尔瓦多	71	100			67			100	100	50	3	70
埃及	72				100			14	100		61	
中国	73	100	100		100		51	47	56	73	49	72
阿尔及利亚	74					4		4	75	3	31	24
土库曼斯坦	75								77	30	26	
突尼斯	76				6			33	70	23	2	27
阿尔巴尼亚	77	100						100	100	100	24	85
吉尔吉斯	78		100	100	100			100	87	16	94	85
塔吉克斯坦	79							100	98	10	26	
玻利维亚	80				31			9	100	100	84	65
缅甸	81				100				66	100	2	
菲律宾	82	100						100	40	83	36	72
泰国	83							57	75	98	87	
纳米比亚	84							100	100	32	85	
津巴布韦	85							78	100	100	76	
洪都拉斯	86							100	100	100	40	
尼加拉瓜	87							100	100	100	100	
越南	88							15	61	100	23	
肯尼亚	89				16			100	100	21	50	58
斯里兰卡	90				24			100	53	100	84	72
刚果共和国	91							3	100	100	41	
印度尼西亚	92				11			14	41	100	100	53
赞比亚	93							40	100	100	100	
危地马拉	94	100			100			71	100	100	100	95
毛里塔尼亚	95	100						13	100	1	11	45
科特迪瓦	96							42	90	100	38	
印度	97				100			43	45	79	33	60
巴基斯坦	98							26	100	9	31	
莱索托	99				77				100	1	1	
柬埔寨	100							100	50	100	100	
喀麦隆	101				78			14	69	100	28	58
厄立特里亚	102	100						100	70	53	27	70
叙利亚	103	100			100			4	100	9		63
加纳	104							58	100	84	35	
乍得	105							2	78	33	57	
莫桑比克	106	100			13			100	100	85	53	75
几内亚	107							41	100	94	4	
也门共和国	108				24			3	100	4		
巴布亚新几内亚	109	100						4	40	100	14	52
海地	110							100	92	13	3	
尼泊尔	111							53	63	88	56	
塞内加尔	112				70			100	100	100	73	88
塞拉利昂	113							35	100	100	13	
刚果民主共和国	114							40	100	100	31	
老挝	115							100	65	100	19	
马拉维	116				25			73	100	100	70	74
多哥	117							49	100	24	49	
马达加斯加	118						100	100	30	76	27	67
马里	119	100							100	36	23	
尼日利亚	120							3	100	42	21	
孟加拉国	121							48	54	23	5	
坦桑尼亚	122	100			7			100	99	100	100	84
贝宁	123							100	100	73	71	
尼日尔	124							50	100	3	48	
安哥拉	125							3	100	100	41	
乌干达	126	100						23	100	63	100	77
中非	127							100	100	100	54	
布基纳法索	128	100						100	100	86	72	92
埃塞俄比亚	129	100			33			13	74	45	100	61
布隆迪	130							10	100	20	36	
卢旺达	131							40	100	67	39	
高收入国家		100	99	100	100	79	100	100	98	100	100	98
中等收入国家								17		100	53	
低收入国家								19		86	48	
世界平均								51		100	67	

附表 2-1-4 2004 年世界经济生态化指数

国家	国家编号	农业与化肥脱钩	有机农业比例	工业与污染脱钩	工业能源密度	绿色生态旅游	物质经济效率	物质经济比例	循环经济（玻璃）	经济与能源脱钩	经济与三废脱钩	经济生态化指数
瑞典	1	100	100	96	89	100	100	92	100	97	100	97
美国	2	100	6	100	100	70	100	100	24	91	76	77
芬兰	3	91	100	84	58	99	100	82	100	68	87	87
澳大利亚	4	100	59	100	81	100	100	96	51	77	51	82
瑞士	5	53	100		100	100	100	92	100	100	100	94
挪威	6	57	84	100	100	100	100	68	100	100	100	91
日本	7	42	3	100	100	20	100	88	100	100	100	75
丹麦	8	93	100		100		100	100	96	100	100	99
德国	9	55	100	82	100	78	87	93	100	100	100	89
荷兰	10	33	59	100	85	100	100	100	99	93	100	87
加拿大	11	100	35	100	63	85	95	81		59	64	76
新加坡	12	5		100	100		100	79		84	71	77
英国	13	39	100	95	100	100	100	100	33	100	100	87
法国	14	56	46	100	100		100	100	70	100	100	86
比利时	15	37	39		67	100	100	100	100	79	100	80
奥地利	16	81	100	93	100	100	96	85	100	100	100	95
新西兰	17		9	43	42		48	81	57	67	73	53
韩国	18	29	1	100	62	30	49	63	87	57	56	53
以色列	19	51	24			75				100	72	64
意大利	20	70	100	89	100	100	82	92	66	100	100	90
爱尔兰	21	23	19			100	100	64	100	100	100	76
西班牙	22	77	61	66	96	100	66	86	46	93	89	78
爱沙尼亚	23	100	81		56	100	19	85		27	17	61
斯洛文尼亚	24	29	51	28	89	100	39	71		59	58	58
乌拉圭	25	100	100	56	100	30	19	70		100	100	75
俄罗斯	26	100		10	13	9	9	70		10	9	29
斯洛伐克	27		59		29	31	17	84	51	25	26	40
希腊	28	81	23	63	100	100	45	94	34	85	57	68
匈牙利	29	100	46	14	60	73	27	82	18	40	39	50
捷克	30		100		40	88	27	68		27	22	53
葡萄牙	31	96	59	33	68	100	29	92	44	83	77	68
白俄罗斯	32	91			12	7	3	55		12	10	27
拉脱维亚	33	100	22	11	56	27	10	100		44	62	48
立陶宛	34		7	16	51	46	15	70		32	45	35
格鲁吉亚	35	100			54	8	2	65		28	45	43
乌克兰	36	100	16		7	6	3	58		6	5	25
保加利亚	37	100		6	18	63	9	67		15	14	37
黎巴嫩	38		2		74	100	7	100		63	48	56
哈萨克斯坦	39	100			14	10	6	58		10	7	29
波兰	40	100	10	19	50	31	14	78		38	25	41
阿根廷	41	100	46			14	27	61		88	80	59
巴拿马	42	100	6	29	100	52	10	100		96	84	64
克罗地亚	43	100		19	52	100	18	73		48	42	57
沙特阿拉伯	44	100			46	49	100	45		31	25	57
哥伦比亚	45		6	37	59	5	6	66		64	67	39
科威特	46	100		100	100	30	37	47		35	27	60
智利	47	53	40	58	59	17	23	58		63	62	48
马其顿	48	100			41	7	7	68			15	40
阿塞拜疆	49	100	5	26	29	2	4	41		12	10	25
摩尔多瓦	50	100		2	19	5	1	62		10	10	26
罗马尼亚	51	100	7	50	24	5	7	55		22	21	32
委内瑞拉	52	100			64	4	22	50			45	48
乌兹别克斯坦	53	76			6		1	50		6	5	24
多米尼加	54	100	11		100		10	76		53	44	56
亚美尼亚	55	100		15	36	6	3	46		27	35	34
巴拉圭	56		10		30	3	4	54		40	83	32
哥斯达黎加	57	18	84	24	100	68	16	75		96	100	64
巴西	58		6		37	3	11	56		65	87	38
墨西哥	59	100	5	81	92	20	18	92	16	74	67	57
博茨瓦纳	60	100		84		47	26	52			62	62
秘鲁	61	100	11		97	8	15	70		97	96	62
牙买加	62	94	7		82	100	12	74		42	34	55
约旦	63			20	52	54	10	89		36	25	41
南非	64	100	1	29	31	27	14	80		25	18	36
土耳其	65	100	4	37	100		10	79	42	53	42	52
厄瓜多尔	66		20		84	5	10	74		39	31	38
伊朗	67			44	34	4	10	54		18	14	25
蒙古	68	100				15	2	55			5	35
摩洛哥	69		4	26	87	28	6	61		71		40
马来西亚	70	18		42	62	50	23	47			27	38

附表 2-1-4 2004 年世界经济生态化指数 （续表）

国家	国家编号	农业与化肥脱钩	有机农业比例	工业与污染脱钩	工业能源密度	绿色生态旅游	物质经济效率	物质经济比例	循环经济（玻璃）	经济与能源脱钩	经济与三废脱钩	经济生态化指数
萨尔瓦多	71	100	8		100	17	9	69		62	97	58
埃及	72		5	28	42	16	7	54		43	33	29
中国	73	44	2	16	39	4	3	47		22	18	22
阿尔及利亚	74	100			100	1	14	42		37	27	46
土库曼斯坦	75	100					3	43				
突尼斯	76	100	10	18	70	44	9	69		53	41	46
阿尔巴尼亚	77	100			59	44	4	64		42	70	55
吉尔吉斯	78	100		3	15	3	1	49		12	13	25
塔吉克斯坦	79	100			17	0	1	51		8	11	27
玻利维亚	80	100	28	27	48	5	2	61		40	38	39
缅甸	81	100				0		42				
菲律宾	82	95	1		58	5	4	61		40	48	39
泰国	83	100	1		49	37	6	52		32		40
纳米比亚	84				100	38	11	67		61	76	59
津巴布韦	85	100			25	3	2	69		13	24	34
洪都拉斯	86	100	2		41	10	3	63		36		36
尼加拉瓜	87	100	4		51	6	3	56		27	47	37
越南	88	40	2		44		1	45		17	24	25
肯尼亚	89	100		6	30	4	1	64		17	81	38
斯里兰卡	90		18	7	52	8	3	63		44	71	33
刚果共和国	91				100		3	45		69	66	56
印度尼西亚	92	83	2	18	47	4	4	47		23	26	28
赞比亚	93	100	2		14	2	1	59		11	76	33
危地马拉	94	93	9		83	12	8	67		57	86	52
毛里塔尼亚	95	100					1	54				16
科特迪瓦	96	100			100	1	2	66		31	70	53
印度	97	100	1	12	22	1	2	58		20	18	26
巴基斯坦	98	88	2		21	1	2	59		23	31	29
莱索托	99						2	48				
柬埔寨	100					9	1	45			100	
喀麦隆	101		2		37		2	47		30	100	36
厄立特里亚	102	100			100	3	0	71			47	54
叙利亚	103	100			19	18	5	56		23	18	34
加纳	104	100	4		28	4	1	43		13	32	28
乍得	105	100					1	47			100	
莫桑比克	106	100		14	21	1	0	53		12	100	38
几内亚	107	100				1	1	45			100	49
也门共和国	108	100		56	100		3	55		37	35	55
巴布亚新几内亚	109	100	11				2	39			59	42
海地	110	100			24		1	63		33		44
尼泊尔	111	100		7	79	2	1	44		14		35
塞内加尔	112	100	3	25	41	4	1	76		31	49	37
塞拉利昂	113							32			51	
刚果民主共和国	114	100			6			36		6	100	49
老挝	115		0				1	38				
马拉维	116		0			1	0	50			96	29
多哥	117				52	1	1	44			35	27
马达加斯加	118	100				1	1	63				
马里	119	100				2	1	46			100	50
尼日利亚	120	100			100		3	38		10	37	48
孟加拉国	121				61		1	59		49		
坦桑尼亚	122	100	4		22	3	1	46			100	39
贝宁	123	100			100	2	1	54		23		47
尼日尔	124					0	1	49			72	
安哥拉	125				100	1	3	42		24	62	39
乌干达	126	100	37			2	1	52		100	49	
中非	127						1	36		100		
布基纳法索	128						1	55		100		
埃塞俄比亚	129	100		4	30	1	0	50		7	52	31
布隆迪	130	100					0	39			100	
卢旺达	131						0	45			100	
高收入国家		100	100	100	99	100	100	100	99	100	100	100
中等收入国家						10	5	59				
低收入国家							1	55				
世界平均						21	11	89				

附表 2-1-5　2004 年世界社会生态化指数

国家	国家编号	安全饮水比例	卫生设施比例	城市空气污染	能源使用效率	可再生能源比例	交通空气污染	长寿人口比例	服务收入比	服务消费比例	环境风险	社会生态化指数
瑞典	1	100	100	100	97	100	100	100	87	89	100	97
美国	2	100	100	100	91	40	44	84	100	100	100	86
芬兰	3	100	100	100	68	100	73	100	74	93	100	91
澳大利亚	4	100	100	100	77	56		86	94	100	8	80
瑞士	5	100	100	100	100	100	100	100	88	100	100	99
挪威	6	100	100	100	100	100	100	100	55	98	100	95
日本	7	100	100	64	100	29	100	100	82	90	100	86
丹麦	8	100	100	100	100	100	80	100	100	84		96
德国	9	100		100	100	32	100	100	89	87	100	90
荷兰	10	100	100	67	93	23	100	96	99	94	100	87
加拿大	11	100	100	100	59	100	39	89	73	100	100	86
新加坡	12	100		56	84			56	71	100	100	81
英国	13	100		100	100	13	100	100	100	100	100	90
法国	14	100	100	100	100	62	100	100	100	98	59	92
比利时	15	100	100	89	79	20	100	100	100	89	100	88
奥地利	16	100	100	61	100	100	100	100	78	100	100	94
新西兰	17	97		100	67	100	49	83	73	97	100	85
韩国	18	92		58	57	6	100	62	48	100	100	69
以色列	19	100	100		100	1		69		77	100	78
意大利	20	100	100	76	100	33	100	100	88	93	100	89
爱尔兰	21	100		100	100	15	90	75	50	96	100	81
西班牙	22	100	100	72	93	60	100	100	79	100	26	83
爱沙尼亚	23				27	100		100	78	82	100	81
斯洛文尼亚	24				59	100		100	59		100	84
乌拉圭	25	98	94		100	100		90	58		100	91
俄罗斯	26	96	87	100	10	30		93	57		6	60
斯洛伐克	27	100	100	100	25	34	100	80	77	86	100	80
希腊	28	100		52	85	46	66	100	91	100	100	82
匈牙利	29	99	95	100	40	31	76	100	74	100	100	81
捷克	30			100	27	29	100	96	55	88	100	74
葡萄牙	31	100		95	83	100	100	100	88	100	100	96
白俄罗斯	32	100			12	42		100	38	44	100	62
拉脱维亚	33				44	100		100	100	85		86
立陶宛	34				32	78		100	58	84		70
格鲁吉亚	35	76	84		28	100		96	51		17	65
乌克兰	36	98	99	70	6	8		100	41	20	94	60
保加利亚	37	100	100	35	15	49		100	53	100	100	72
黎巴嫩	38	100	99		63	41		50	100		100	79
哈萨克斯坦	39	86	72		10	16		57	42		91	53
波兰	40	100		62	38	57	100	88	69	78	100	77
阿根廷	41	94		46	88	100		69	45		100	78
巴拿马	42	91	73		96	100		40	100		100	86
克罗地亚	43			72	48	90		100	62		100	79
沙特阿拉伯	44	90			31	0		20	23	57		37
哥伦比亚	45	92	86	83	64	100		34	53	87	65	74
科威特	46	100	100		35			11	27		100	62
智利	47	95	92	43	63	100		54	41		100	74
马其顿	48							75	55		100	
阿塞拜疆	49	77	55		12	17		48	18	30	13	34
摩尔多瓦	50	92	66		10	20		69	47	89	6	50
罗马尼亚	51	57	52	100	22	100		100	37		100	71
委内瑞拉	52	83	68	100	38	100		34	30	83	100	71
乌兹别克斯坦	53	89	57		6	10		32	30		86	44
多米尼加	54	93	59		53	100		28	65	85	31	64
亚美尼亚	55	92	85		27	85		81	25		38	62
巴拉圭	56	83	79		40	100		25	36		41	58
哥斯达黎加	57	97	92		96	100		39	64		17	72
巴西	58	89	75	64	65	100		41	38		53	65
墨西哥	59	91	77	49	74	61	51	36	88	97	100	72
博茨瓦纳	60	95	41					22	33	49	46	48
秘鲁	61	81	62		97	100		35	58	12	28	59
牙买加	62	93	81		42	100		52	63	51	100	73
约旦	63	91	92		36	1		21	83	27	58	51
南非	64	87	69	89	25	100		28	71	91	100	73
土耳其	65	93	83	42	53	100	41	37	70		100	69
厄瓜多尔	66	86	73	100	39	100		39	63	23	100	69
伊朗	67	93	83	39	18	13		31	35	53	4	41
蒙古	68	62	59					26	37		4	38
摩洛哥	69	80	61		71	52		33	45		100	63
马来西亚	70	95		95	35	54		31	26	97	100	67

附表 2-1-5　2004 年世界社会生态化指数　（续表）

国家	国家编号	安全饮水比例	卫生设施比例	城市空气污染	能源使用效率	可再生能源比例	交通空气污染	长寿人口比例	服务收入比	服务消费比例	环境风险	社会生态化指数
萨尔瓦多	71	82	64		62	100		36	57		12	59
埃及	72	98	68	17	43	47		32	36		100	55
中国	73	77	44	27	22	100		51	26	70	4	47
阿尔及利亚	74	87	92		37	3		31	19		100	53
土库曼斯坦	75	71	62			0		32	20			37
突尼斯	76	82	81		53	100		43	57		100	74
阿尔巴尼亚	77	97	89		42	100		56	49		56	70
吉尔吉斯	78	76	59		12	100		42	28		100	60
塔吉克斯坦	79	58	54		8	100		26	32		7	41
玻利维亚	80	85	45		40	100		31	45		36	55
缅甸	81	80	73			100		33			100	77
菲律宾	82	85	73	64	40	100		26	45	18	14	52
泰国	83	85	99	32	32	100		47	33	100	8	60
纳米比亚	84	80	31		61	100		24	54		6	51
津巴布韦	85	83	58		13	100		24	56	57	3	49
洪都拉斯	86	90	73		36	100		26	48		7	54
尼加拉瓜	87	81	66		27	100		22	48	85	12	55
越南	88	73	41		17	100		37	24		10	43
肯尼亚	89	62	48		17	100		19	49		9	43
斯里兰卡	90	78	91		44	100		49	48	58	14	60
刚果共和国	91	46	10		69	100		20	23		100	53
印度尼西亚	92	78	53	23	23	100		37	27		100	55
赞比亚	93	55	47		11	100		20	42		7	40
危地马拉	94	95	60		57	100		29	54		100	71
毛里塔尼亚	95	56	43					23	36		13	34
科特迪瓦	96	84	40		31	100		22	52	35	100	58
印度	97	86	29	15	20	100		36	41	71	6	45
巴基斯坦	98	90	54		23	100		26	43		54	56
莱索托	99	76	41					36	28		6	37
柬埔寨	100	34	16					23	24		3	20
喀麦隆	101	63	48		30	100		25	25		100	56
厄立特里亚	102	57	9					16	59		6	29
叙利亚	103	79	78		23	14		21	38			42
加纳	104	79	56	67	13	100		25	23		66	54
乍得	105	34	7					21	27		33	24
莫桑比克	106	42	27		12	100		23	34		10	35
几内亚	107	51	11					24	24		100	42
也门共和国	108	69	30		37	13		16	36		100	43
巴布亚新几内亚	109	39	46					16	16		21	28
海地	110	71	34		33	100		27	48		18	47
尼泊尔	111	84	26		14	100		25	22		100	53
塞内加尔	112	72	52		31	100		21	66		60	58
塞拉利昂	113	57	39					23			99	
刚果民主共和国	114	46	23		6	100		18	11		100	43
老挝	115	43	24					25	13		7	22
马拉维	116	67	46					21	31		6	34
多哥	117	51	35		11	100		21	22			40
马达加斯加	118	45	34					21	47		14	32
马里	119	48	45					19	24		100	47
尼日利亚	120	60	38		10	100		21	14		100	49
孟加拉国	121	75	49		49	100		24	42		9	50
坦桑尼亚	122	73	46		13	100		22	24		13	42
贝宁	123	68	32		23	100		19	36		29	44
尼日尔	124	46	13					13	29		11	23
安哥拉	125	50	30		24	100		17	19		100	49
乌干达	126	56	41					17	34		72	44
中非	127	75	27					28	11		100	48
布基纳法索	128	51	12					19	37		100	44
埃塞俄比亚	129	22	6		7	100		20	30		5	27
布隆迪	130	79	36					19	15		23	35
卢旺达	131	73	39					17	24		23	35
高收入国家		100	100	100	100	100	100	100	100	99	100	100
中等收入国家		83	62		28	100		49	43			61
低收入国家		75	35		17	100		30	37			49
世界平均		82	56		62	100		50	83		9	63

附表 2-1-6 世界生态现代化的发展期

国家	国家编号	化肥消费	每天有机废水	能源消费总量	CO_2总量	绝对脱钩最后时间	发展期
阿尔巴尼亚	77	1989	1990	1980	1989	1990	1990
丹麦	8	1973	1990	1996	1996	1996	1996
新加坡	12	1988	1994	1997	1994	1997	1997
乌拉圭	25	1996	1989	1999	1979	1999	1999
津巴布韦	85	1999	1992	1999	1994	1999	1999
德国	9	1979	2000	1979	1990	2000	2000
阿根廷	41	2000	1980	2000	1999	2000	2000
智利	47	2000	1996	1999	1999	2000	2000
菲律宾	82	1997	1990	2000	2000	2000	2000
瑞典	1	1973	1980		1970		
美国	2	1980	1980	2000			
芬兰	3	1974	1981				
澳大利亚	4		1981				
瑞士	5	1979	1990		1973		
挪威	6	1979	1980				
日本	7	1979	1991	2000			
荷兰	10	1984	1980		1979		
加拿大	11	1997	1989				
英国	13	1986	1980		1971		
法国	14	1989	1980		1979		
比利时	15		1980		1973		
奥地利	16	1971	1980				
新西兰	17		1983				
韩国	18	1997	1988				
以色列	19	1998	1995				
意大利	20	1979	2000				
爱尔兰	21	1994	2000				
西班牙	22	1998	1980				
爱沙尼亚	23	1992		1992	1992		
斯洛文尼亚	24	1994	1989		1997		
俄罗斯	26	1992	1993	1992	1992	1993	
斯洛伐克	27		1991	1987	1992		
希腊	28	1985	1980				
匈牙利	29	1983	1980	1987	1984	1987	
捷克	30		1987	1987	1992		
葡萄牙	31	1988	1991				
白俄罗斯	32	1992		1992	1992		
拉脱维亚	33	1992	1986	1995	1992	1995	
立陶宛	34		1992	1992	1992		
格鲁吉亚	35	1992		1992	1992		
乌克兰	36	1992	1988	1992	1992	1992	
保加利亚	37	1981	1989	1988	1987	1989	
黎巴嫩	38	1973	1998				
哈萨克斯坦	39	1992		1992	1992		
波兰	40	1975	1981	1987	1987	1987	
巴拿马	42	1996	1998				
克罗地亚	43	1997	1988				
沙特阿拉伯	44	1992	1992				
哥伦比亚	45		1994	1998	1994		
科威特	46	1996			1999		
马其顿	48	1994	1990		1998		
阿塞拜疆	49	1992	1990	1992	1992	1992	
摩尔多瓦	50	1992	1987	1992	1992	1992	
罗马尼亚	51	1984	1990	1988	1989	1990	
委内瑞拉	52	1988	1991		1994		
乌兹别克斯坦	53	1997					
多米尼加	54	1997	1983		1999		
亚美尼亚	55	1992	1987	1992	1992	1992	
巴拉圭	56		1991	1997	1999		
哥斯达黎加	57	1998	1999				
巴西	58		1985				
墨西哥	59	1987	2000		1992		
博茨瓦纳	60						
秘鲁	61		1988	1999	1999		
牙买加	62	1989	1992		1998		
约旦	63		1999				
南非	64	1981	1993				
土耳其	65	1993	1998		2000		
厄瓜多尔	66						
伊朗	67	2000					
蒙古	68	1987	1987		1991		
摩洛哥	69		2000				
马来西亚	70	1998	2000				
萨尔瓦多	71	1978	1998				
埃及	72		1991				
中国	73		1997				
阿尔及利亚	74	1985	1991		1998		
土库曼斯坦	75	1997					
突尼斯	76	1998	1999				
吉尔吉斯	78	1992	1987	1992	1992	1992	
塔吉克斯坦	79	1992		1992	1992		
玻利维亚	80		2000	2000	1997		
缅甸	81	2000	1993		2000		
泰国	83	1999	1994				
纳米比亚	84	1999	1994				
洪都拉斯	86	2000	1995				
尼加拉瓜	87	1988	1984				
越南	88	2000					
肯尼亚	89	1996			2000		
斯里兰卡	90		2000				
刚果共和国	91	1971	1984	1993			
印度尼西亚	92						
赞比亚	93	1987	1990		1967		
危地马拉	94	2000	1988				
毛里塔尼亚	95	1992			1987		
科特迪瓦	96	1997	1980	1999	1999	1999	
印度	97	1999	1997				
巴基斯坦	98		1991				
莱索托	99		1996				
柬埔寨	100	1997	1987		1969		
喀麦隆	101		1981		1989		
厄立特里亚	102	2000					
叙利亚	103	1999	1982		1999		
加纳	104	1977	1987				
乍得	105	1999			1984		
莫桑比克	106	1981	1988	1971	1971	1988	
几内亚	107	1995					
也门共和国	108	1990	2000				
巴布亚新几内亚	109	1989	1983		1991		
海地	110	2000	1986				
尼泊尔	111	1998	1994				
塞内加尔	112	1975	1996				
塞拉利昂	113	1986	1993		1969		
刚果民主共和国	114	1976			1989		
老挝	115						
马拉维	116		1980				
多哥	117	2000	1982		2000		
马达加斯加	118	1996	1984				
马里	119	1984					
尼日利亚	120	1993	1995		1986		
孟加拉国	121		1997				
坦桑尼亚	122	1989	1999				
贝宁	123	1999	1981	1999			
尼日尔	124	1995	1982				
安哥拉	125	1977	1991		1995		
乌干达	126		1989				
中非	127	1974	1985				
布基纳法索	128	1998	1998				
埃塞俄比亚	129	1996	1989				
布隆迪	130	1992	1991		2000		
卢旺达	131		1984				
高收入国家							
中等收入国家							
低收入国家							
世界平均							
国家数		104	110	38	65	22	9

注：表中的年份为各指标达到最大值的年份，国家数为各指标达到最大年份的国家数目。

附表 2-1-7 世界生态现代化的起步期

国家	国家编号	每公顷化肥	废水密度	能源密度	经济废气密度	相对脱钩最后时间	起步期
瑞典	1	1973	1980	1970	1970	1980	1980
美国	2	1980	1980	1970	1970	1980	1980
芬兰	3	1974	1980	1969	1973	1980	1980
澳大利亚	4	1999	1982	1977	1982	1999	1999
瑞士	5	1979	1990	1986	1973	1990	1990
挪威	6	1979	1980	1970	1980	1980	1980
日本	7	1979	1980	1974	1973	1980	1980
丹麦	8	1973	1990	1970	1970	1990	1990
德国	9	1979	2000	1973	1990	2000	2000
荷兰	10	1979	1980	1973	1966	1980	1980
加拿大	11	1997	1980	1970	1972	1997	1997
新加坡	12	1989	1980	1994	1970	1994	1994
英国	13	1996	1980	1965	1965	1996	1996
法国	14	1973	1980	1973	1965	1980	1980
比利时	15	1987	1981	1970	1968	1987	1987
奥地利	16	1971	1981	1973	1973	1981	1981
新西兰	17		1980	1992	1992		
韩国	18	1997	1980	1997	1980	1997	1997
以色列	19	1998		1973	1966		
意大利	20	1987	1980	1973	1973	1987	1987
爱尔兰	21	1994		1971	1971		
西班牙	22	1998	1980	1995	1981	1998	1998
爱沙尼亚	23	1992		1992	1992		
斯洛文尼亚	24	1999	1992	1997	1996	1999	1999
乌拉圭	25	1996	1989	1972	1972	1996	1996
俄罗斯	26	1992	1994	1996	1996	1996	
斯洛伐克	27		1993	1985	1992		
希腊	28	1985	1982	1998	1996	1998	1998
匈牙利	29	1983	1991	1978	1965	1991	1991
捷克	30		1991	1992	1992		
葡萄牙	31	1998	1991	1999	1999	1999	1999
白俄罗斯	32	1992		1992	1992		
拉脱维亚	33	1990	1993	1995	1992	1995	
立陶宛	34		1997	1996	1994		
格鲁吉亚	35	1992		1993	1992		
乌克兰	36	1992	1998	1995	1996	1998	
保加利亚	37	1981	1997	1980	1982	1997	
黎巴嫩	38		1998	1989	1989		
哈萨克斯坦	39	1992		1992	1992		
波兰	40	1975	1994	1991	1991	1994	1994
阿根廷	41	1996	1985	1990	1989	1996	1996
巴拿马	42	1996	1990	1973	1997	1997	1997
克罗地亚	43	1997	1993	1993	1993	1997	
沙特阿拉伯	44	1987	1989		1995		
哥伦比亚	45		1980	1971	1965		
科威特	46	1979		1988	1999		
智利	47	2000	1990	1976	1973	2000	2000
马其顿	48	1994	1995		1996		
阿塞拜疆	49	1992	1995	1994	1994	1995	
摩尔多瓦	50	1992	1998	1996	1992	1998	
罗马尼亚	51	1984	1992	1980	1981	1992	
委内瑞拉	52	1988	1983		1994		
乌兹别克斯坦	53	1997		1998	1993		
多米尼加	54	1974	1985	1972	1998	1998	1998
亚美尼亚	55	1992	1992	1992	1992	1992	
巴拉圭	56		1991	1971	1999		
哥斯达黎加	57	1998	1985	1971	1994	1998	1998
巴西	58		1982	1971	1998		
墨西哥	59	1987	1995	1989	1982	1995	1995
博茨瓦纳	60	1999	1990		1977		
秘鲁	61	1999	1989	1971	1970	1999	1999
牙买加	62	1989	1986		1978		
约旦	63		1999	1990	1994		
南非	64	1981	1993	1995	1995	1995	1995
土耳其	65	1999	1980	2000	2000	2000	2000
厄瓜多尔	66			2000	1984		
伊朗	67		1996		1994		
蒙古	68	1987	1981		1992		
摩洛哥	69		1993				
马来西亚	70	1998	1981		1995		
萨尔瓦多	71	1973	1997	1982	1998	1998	1998
埃及	72		1980	1987	1965		
中国	73	1996	1982	1977	1977	1996	1996
阿尔及利亚	74	1985	1991	1993	1998	1998	1998
土库曼斯坦	75	1992		1997	1997		
突尼斯	76	1998	1998	1990	1991	1998	1998
阿尔巴尼亚	77	1989	1990	1980	1984	1990	1990
吉尔吉斯	78	1992	1994	1992	1992	1994	
塔吉克斯坦	79	1992		1992	1992		
玻利维亚	80	1992	1996	1996	1997	1997	1997
缅甸	81	2000					
菲律宾	82	1997	1991	1997	1997	1997	1997
泰国	83	1999	1989	1972			
纳米比亚	84	1999	1994	1996	1996	1999	1999
津巴布韦	85	1980	1983	1978	1966	1983	1983
洪都拉斯	86	2000	1995	1971			
尼加拉瓜	87	1983	1982	1992			
越南	88	2000		1987	1987		
肯尼亚	89	1996	2000	1971	1965	2000	2000
斯里兰卡	90		1982	1972	1969		
刚果共和国	91	1971	1986	1971	1974	1986	1986
印度尼西亚	92	1996	1985	1971	1978	1996	1996
赞比亚	93	1987	1990	1995	1967	1995	1995
危地马拉	94	1997	1988	1971	1998	1998	1998
毛里塔尼亚	95	1992			1987		
科特迪瓦	96	1997	1982		1988		
印度	97	1999	1980	1974	1992	1999	1999
巴基斯坦	98	2000	1980	1975	1968	2000	2000
莱索托	99		1990				
柬埔寨	100	1981			1994		
喀麦隆	101		1980	1971	1989		
厄立特里亚	102	1999					
叙利亚	103	2000	1981	1991	1991	2000	2000
加纳	104	1977	1982	1982	1983	1983	1983
乍得	105	1999			1980		
莫桑比克	106	1981	1988	1986	1980	1988	1988
几内亚	107	1995			1986		
也门共和国	108	1990	1993	1992	1992	1993	1993
巴布亚新几内亚	109	1989	1982		1990		
海地	110	2000	1986				
尼泊尔	111	1998	1982	1980			
塞内加尔	112	1975	1981	1980	1980	1981	1981
塞拉利昂	113	1986			1969		
刚果民主共和国	114	1976			1999		
老挝	115						
马拉维	116		1980		1966		
多哥	117		1982		1979		
马达加斯加	118	1970	1983				
马里	119	1984			1985		
尼日利亚	120	1993	1985	1984	1984	1993	1993
孟加拉国	121		1989	1989			
坦桑尼亚	122	1989	1995		1995		
贝宁	123	1999	1980	1975			
尼日尔	124	1995	1982		1984		
安哥拉	125	1977	1991	1993	1995	1995	1995
乌干达	126	1971	1989		1988		
中非	127	1974	1985		1987		
布基纳法索	128	1998	1981		1990		
埃塞俄比亚	129	1996	1992	1992	1993	1996	1996
布隆迪	130	1992	1990		2000		
卢旺达	131		1984		1994		
高收入国家							
中等收入国家							
低收入国家							
世界平均							

注:表中的年份为各指标达到最大值的年份。

附表 2-2-1 人均 CO_2 排放(吨/人)

国家	国家编号	最大值年份	指标					指数				
			1970	1980	1990	2000	2002	1970	1980	1990	2000	2002
瑞典	1	1970	11.5	8.6	5.8	5.4	5.8	93	100	100	100	100
美国	2	1973	20.7	20.4	19.3	20.7	20.2	52	53	55	52	53
芬兰	3	1996	8.7	11.9	10.3	10.3	12.0	100	90	100	100	89
澳大利亚	4	1997	11.4	13.8	16.0	18.2	18.1	94	78	67	59	59
瑞士	5	1973	6.3	6.5	6.4	5.4	5.6	100	100	100	100	100
挪威	6		6.5	10.3	11.1	10.2	13.9					
日本	7		7.1	7.9	8.7	9.3	9.4					
丹麦	8	1996	12.6	12.3	9.7	8.7	8.8	85	87	100	100	100
德国	9	1990			12.3	10.2	10.3			87	100	100
荷兰	10	1979	9.8	10.8	9.3	8.8	9.3	100	99	100	100	100
加拿大	11	1979	15.3	17.1	15.0	16.0	16.5	70	62	72	67	65
新加坡	12	1994	8.8	12.5	14.8	14.1	13.7	100	86	72	76	78
英国	13	1971	11.5	10.3	9.9	9.5	9.2	93	100	100	100	100
法国	14	1973	8.4	9.0	6.4	6.0	6.2	100	100	100	100	100
比利时	15	1973	13.0	13.3	10.1	10.0	8.9	82	80	100	100	100
奥地利	16	1979	6.8	6.9	7.5	7.6	7.9	100	100	100	100	100
新西兰	17	2001	5.0	5.6	6.8	8.6	8.6	100	100	100	100	100
韩国	18		1.6	3.3	5.6	9.1	9.4					
以色列	19		5.6	5.4	7.1	10.3	10.6					
意大利	20		5.3	6.6	6.9	7.4	7.5					
爱尔兰	21	2001	6.5	7.7	8.7	11.1	11.0	100	100	100	96	98
西班牙	22		3.2	5.4	5.5	7.0	7.4					
爱沙尼亚	23	1992				11.7	11.7				92	91
斯洛文尼亚	24					7.3	7.7					
乌拉圭	25		2.0	2.0	1.3	1.7	1.2					
俄罗斯	26					9.9	9.8					
斯洛伐克	27	1992				6.6	6.8				100	100
希腊	28		2.7	5.4	7.1	8.2	8.5					
匈牙利	29	1984	6.8	7.7	5.8	5.4	5.6	100	100	100	100	100
捷克	30	1992				11.6	11.2				93	95
葡萄牙	31		1.5	2.8	4.3	5.9	6.0					
白俄罗斯	32	1992				5.9	6.0				100	100
拉脱维亚	33					2.5	2.7					
立陶宛	34					3.4	3.6					
格鲁吉亚	35					1.2	0.7					
乌克兰	36					7.0	6.4					
保加利亚	37	1986	7.1	8.5	8.6	5.3	5.3	100	100	100	100	100
黎巴嫩	38	1998	1.6	2.3	3.3	4.5	4.7	100	100	100	100	100
哈萨克斯坦	39					8.1	9.9					
波兰	40	1980	9.3	12.8	9.1	7.8	7.7	100	83	100	100	100
阿根廷	41		3.4	3.8	3.4	3.7	3.5					
巴拿马	42	1997	1.4	1.8	1.3	2.1	2.0	100	100	100	100	100
克罗地亚	43					4.5	4.7					
沙特阿拉伯	44		6.3	14.9	11.0	13.4	15.0					
哥伦比亚	45	1994	1.1	1.4	1.6	1.4	1.3	100	100	100	100	100
科威特	46		35.7	19.7	21.3	24.4	25.6					
智利	47	1999	2.6	2.5	2.7	3.9	3.6	100	100	100	100	100
马其顿	48					5.7	5.1					
阿塞拜疆	49					3.7	3.4					
摩尔多瓦	50					1.5	1.6					
罗马尼亚	51		5.7	8.6	6.7	3.8	4.0					
委内瑞拉	52		6.6	5.8	5.9	6.6	4.3					
乌兹别克斯坦	53					4.8	4.8					
多米尼加	54	1999	0.7	1.1	1.3	2.5	2.5	100	100	100	100	100
亚美尼亚	55					1.1	1.0					
巴拉圭	56		0.3	0.5	0.5	0.7	0.7					
哥斯达黎加	57	1994	0.7	1.0	0.9	1.4	1.4	100	100	100	100	100
巴西	58	1998	0.9	1.5	1.4	1.8	1.8	100	100	100	100	100
墨西哥	59	1982	2.1	4.2	4.5	3.9	3.8	100	100	100	100	100
博茨瓦纳	60	2000		0.9	1.5	2.3	2.3		100	100	100	100
秘鲁	61		1.3	1.4	1.0	1.1	1.0					
牙买加	62		2.7	4.0	3.3	4.2	4.1					
约旦	63		1.0	2.2	3.2	3.2	3.2					
南非	64		6.7	7.7	8.1	7.4	7.6					
土耳其	65	2000	1.2	1.7	2.6	3.3	3.0	100	100	100	100	100
厄瓜多尔	66	1984	0.7	1.7	1.6	1.7	2.0	100	100	100	100	100
伊朗	67	2000	3.1	3.0	4.0	5.6	5.5	100	100	100	100	100
蒙古	68	1991	2.2	4.1	4.7	3.1	3.4	100	100	100	100	100
摩洛哥	69		0.5	0.8	1.0	1.3	1.5					
马来西亚	70		1.3	2.0	3.1	5.8	6.3					

附表 2-2-1　人均 CO_2 排放(吨/人)　　（续表）

国家	国家编号	最大值年份	指标					指数				
			1970	1980	1990	2000	2002	1970	1980	1990	2000	2002
萨尔瓦多	71	1998	0.4	0.5	0.5	1.0	1.0	100	100	100	100	100
埃及	72		0.6	1.0	1.4	1.9	2.1					
中国	73	1996	0.9	1.5	2.1	2.2	2.7	100	100	100	100	100
阿尔及利亚	74		1.1	3.5	3.0	2.8	2.9					
土库曼斯坦	75					7.9	9.1					
突尼斯	76		0.7	1.5	1.6	2.2	2.3					
阿尔巴尼亚	77	1979	1.7	1.8	2.2	0.7	0.8	100	100	100	100	100
吉尔吉斯	78					0.9	1.0					
塔吉克斯坦	79					0.6	0.7					
玻利维亚	80		0.6	0.8	0.8	1.0	1.2					
缅甸	81		0.2	0.1	0.1	0.2	0.2					
菲律宾	82	1997	0.7	0.8	0.7	1.0	0.9	100	100	100	100	100
泰国	83		0.4	0.9	1.8	3.3	3.7					
纳米比亚	84				0.0	0.9	1.1					
津巴布韦	85		1.6	1.3	1.6	1.2	1.0					
洪都拉斯	86		0.5	0.6	0.5	0.8	0.9					
尼加拉瓜	87		0.6	0.7	0.7	0.8	0.7					
越南	88		0.7	0.3	0.3	0.7	0.8					
肯尼亚	89		0.2	0.4	0.2	0.3	0.2					
斯里兰卡	90		0.3	0.2	0.2	0.5	0.5					
刚果共和国	91		0.4	0.2	0.5	0.0	0.6					
印度尼西亚	92		0.3	0.6	0.9	1.1	1.4					
赞比亚	93		0.9	0.6	0.3	0.2	0.2					
危地马拉	94	1998	0.4	0.6	0.6	0.9	0.9	100	100	100	100	100
毛里塔尼亚	95	1987	0.3	0.4	1.3	1.2	1.1	100	100	100	100	100
科特迪瓦	96		0.5	0.7	0.4	0.5	0.4					
印度	97		0.4	0.5	0.8	1.1	1.2					
巴基斯坦	98		0.4	0.4	0.6	0.8	0.7					
莱索托	99											
柬埔寨	100		0.2	0.0	0.0	0.0	0.0					
喀麦隆	101		0.1	0.4	0.1	0.2	0.2					
厄立特里亚	102	1999				0.2	0.2				100	100
叙利亚	103	1993	1.0	2.2	2.8	3.0	2.8	100	100	100	100	100
加纳	104		0.3	0.2	0.2	0.3	0.4					
乍得	105		0.0	0.0	0.0	0.0	0.0					
莫桑比克	106	1971	0.3	0.3	0.1	0.1	0.1	100	100	100	100	100
几内亚	107		0.2	0.2	0.2	0.2	0.1					
也门共和国	108		0.4	0.4	0.8	0.5	0.7					
巴布亚新几内亚	109	1991	0.3	0.6	0.6	0.5	0.4	100	100	100	100	100
海地	110		0.1	0.1	0.1	0.2	0.2					
尼泊尔	111		0.0	0.0	0.0	0.1	0.2					
塞内加尔	112		0.3	0.6	0.4	0.4	0.4					
塞拉利昂	113		0.3	0.2	0.1	0.1	0.1					
刚果民主共和国	114		0.1	0.1	0.1	0.0	0.0					
老挝	115		0.2	0.1	0.1	0.2	0.2					
马拉维	116		0.1	0.1	0.1	0.1	0.1					
多哥	117		0.1	0.2	0.2	0.3	0.3					
马达加斯加	118		0.1	0.2	0.1	0.1	0.1					
马里	119	1977	0.0	0.1	0.0	0.0	0.0	100	100	100	100	100
尼日利亚	120		0.4	1.0	0.5	0.4	0.4					
孟加拉国	121			0.1	0.1	0.2	0.3					
坦桑尼亚	122	1973	0.1	0.1	0.1	0.1	0.1	100	100	100	100	100
贝宁	123		0.1	0.1	0.1	0.2	0.3					
尼日尔	124		0.0	0.1	0.1	0.1	0.1					
安哥拉	125		0.6	0.7	0.4	0.5	0.5					
乌干达	126	1970	0.2	0.1	0.0	0.1	0.1	100	100	100	100	100
中非	127		0.1	0.0	0.1	0.1	0.1					
布基纳法索	128	1990	0.0	0.1	0.1	0.1	0.1	100	100	100	100	100
埃塞俄比亚	129	1993	0.1	0.0	0.1	0.1	0.1	100	100	100	100	100
布隆迪	130		0.0	0.0	0.0	0.0	0.0					
卢旺达	131		0.0	0.1	0.1	0.1	0.1					
高收入国家			9.5	10.4	10.1	10.4	10.7	100	100	100	100	100
中等收入国家												
低收入国家												
世界平均												
基准值			10.7	10.7	10.7	10.7	10.7					

注：最大值年份为在1970年至2002年期间的最大值的年，如果有最大年，表明已经出现拐点和相对脱钩，就可以计算指数。

附表 2-2-2 人均 SO_x 排放(千克/人)

国家	国家编号	指标					指数				
		1970	1980	1990	2000	2002	1970	1980	1990	2000	2002
瑞典	1	116	59	12	6	6	22	42	100	100	100
美国	2	138	103	84	52	48	18	24	30	48	52
芬兰	3	112	122	48	15	16	22	20	53	100	100
澳大利亚	4		101	96	126	143		25	26	20	18
瑞士	5	20	18	7	3	3	100	100	100	100	100
挪威	6		34	12	6	5		73	100	100	100
日本	7		11	8	7	7		100	100	100	100
丹麦	8	116	88	34	5	4	21	28	73	100	100
德国	9	48	96	67	8	7	52	26	37	100	100
荷兰	10	59	35	14	6	5	42	72	100	100	100
加拿大	11	313	189	117	77	76	8	13	21	32	33
新加坡	12										
英国	13	109	86	65	20	17	23	29	39	100	100
法国	14	58	62	23	11	9	43	40	100	100	100
比利时	15		84	36	16	15		30	70	100	100
奥地利	16		53	10	4	4		47	100	100	100
新西兰	17		28	18	16	17		89	100	100	100
韩国	18			38	20				67	100	
以色列	19			43		49			58		51
意大利	20		67	31	13	12		38	80	100	100
爱尔兰	21		65	52	34	24		38	48	73	100
西班牙	22		89	56	38	38		28	45	67	66
爱沙尼亚	23					72					35
斯洛文尼亚	24		123	97		34		20	26		73
乌拉圭	25				16	16				100	100
俄罗斯	26		52	30				49	83		
斯洛伐克	27		156	103	23	19		16	24	100	100
希腊	28		41	48	46	48		60	52	54	52
匈牙利	29		153	97	48	35		16	26	52	71
捷克	30		221	181	26	23		11	14	97	100
葡萄牙	31	13	27	33	31	29	100	92	77	81	86
白俄罗斯	32		77	63				33	40		
拉脱维亚	33			45		5			56		100
立陶宛	34		91	60		13		27	42		100
格鲁吉亚	35										
乌克兰	36		77	54				33	47		
保加利亚	37		231	232		121		11	11		21
黎巴嫩	38										
哈萨克斯坦	39										
波兰	40		115	84	39	38		22	30	64	66
阿根廷	41										
巴拿马	42										
克罗地亚	43		33	38		15		76	66		100
沙特阿拉伯	44										
哥伦比亚	45										
科威特	46										
智利	47										
马其顿	48										
阿塞拜疆	49										
摩尔多瓦	50		77	53		7		32	47		100
罗马尼亚	51		48	56		28		53	44		89
委内瑞拉	52										
乌兹别克斯坦	53										
多米尼加	54										
亚美尼亚	55			20					100		
巴拉圭	56										
哥斯达黎加	57										
巴西	58										
墨西哥	59				12					100	
博茨瓦纳	60										
秘鲁	61										
牙买加	62										
约旦	63										
南非	64										
土耳其	65		19	28	31	31		100	88	80	80
厄瓜多尔	66										
伊朗	67										
蒙古	68										
摩洛哥	69										
马来西亚	70										

附表 2-2-2　人均 SO_x 排放(千克/人)　　（续表）

国家	国家编号	指标					指数				
		1970	1980	1990	2000	2002	1970	1980	1990	2000	2002
萨尔瓦多	71										
埃及	72										
中国	73				16	15				100	100
阿尔及利亚	74										
土库曼斯坦	75										
突尼斯	76										
阿尔巴尼亚	77										
吉尔吉斯	78			23	6	6			100	100	100
塔吉克斯坦	79										
玻利维亚	80										
缅甸	81										
菲律宾	82										
泰国	83										
纳米比亚	84										
津巴布韦	85										
洪都拉斯	86										
尼加拉瓜	87										
越南	88										
肯尼亚	89										
斯里兰卡	90										
刚果共和国	91										
印度尼西亚	92										
赞比亚	93										
危地马拉	94										
毛里塔尼亚	95										
科特迪瓦	96										
印度	97										
巴基斯坦	98										
莱索托	99										
柬埔寨	100										
喀麦隆	101										
厄立特里亚	102										
叙利亚	103										
加纳	104										
乍得	105										
莫桑比克	106										
几内亚	107										
也门共和国	108										
巴布亚新几内亚	109										
海地	110										
尼泊尔	111										
塞内加尔	112										
塞拉利昂	113										
刚果民主共和国	114										
老挝	115										
马拉维	116										
多哥	117										
马达加斯加	118										
马里	119										
尼日利亚	120										
孟加拉国	121										
坦桑尼亚	122										
贝宁	123										
尼日尔	124										
安哥拉	125										
乌干达	126										
中非	127										
布基纳法索	128										
埃塞俄比亚	129										
布隆迪	130										
卢旺达	131										
高收入国家			78	42	24	25		32	60	100	99
中等收入国家											
低收入国家											
世界平均											
基准值			25	25	25	25					

附表 2-2-3 人均 NO_x 排放(千克/人)

国家	国家编号	指标					指数				
		1970	1980	1990	2000	2002	1970	1980	1990	2000	2002
瑞典	1	38	49	38	28	27	100	78	100	100	100
美国	2	88	99	92	72	65	43	38	42	53	58
芬兰	3		62	62	46	41		62	61	83	94
澳大利亚	4		62	82	86	86		61	46	44	44
瑞士	5	24	27	25	14	12	100	100	100	100	100
挪威	6		46	53	50	47		82	72	76	81
日本	7		11	17	16	16		100	100	100	100
丹麦	8		55	54	37	36		69	71	100	100
德国	9	30	43	35	19	17	100	89	100	100	100
荷兰	10	33	41	40	28	27	100	92	95	100	100
加拿大	11	64	80	94	83	78	59	48	40	46	48
新加坡	12										
英国	13	39	45	48	29	27	97	85	79	100	100
法国	14	26	34	33	24	23	100	100	100	100	100
比利时	15		45	37	30	28		85	100	100	100
奥地利	16		31	27	23	25		100	100	100	100
新西兰	17		28	40	49	52		100	95	78	73
韩国	18			22	24	24			100	100	100
以色列	19			23		59			100		64
意大利	20		29	34	24	22		100	100	100	100
爱尔兰	21		21	33	32	31		100	100	100	100
西班牙	22		25	32	35	35		100	100	100	100
爱沙尼亚	23					35					100
斯洛文尼亚	24		27	31		30		100	100		100
乌拉圭	25			9		14			100		100
俄罗斯	26		12	24				100	100		
斯洛伐克	27			41	20	19			93	100	100
希腊	28			28	30	30			100	100	100
匈牙利	29		25	23	18	18		100	100	100	100
捷克	30		92	52	31	31		41	72	100	100
葡萄牙	31	8	18	26	29	28	100	100	100	100	100
白俄罗斯	32		24	28		17		100	100		100
拉脱维亚	33			35		17			100		100
立陶宛	34		45	43		17		85	89		100
格鲁吉亚	35			22		3			100		100
乌克兰	36		23	21		17		100	100		100
保加利亚	37			43		14			88		100
黎巴嫩	38										
哈萨克斯坦	39										
波兰	40		35	34	22	21		100	100	100	100
阿根廷	41										
巴拿马	42					13					100
克罗地亚	43			18		21			100		100
沙特阿拉伯	44										
哥伦比亚	45										
科威特	46										
智利	47										
马其顿	48										
阿塞拜疆	49										
摩尔多瓦	50		14	9				100	100		
罗马尼亚	51		24	24		16		100	100		100
委内瑞拉	52										
乌兹别克斯坦	53										
多米尼加	54										
亚美尼亚	55			13					100		
巴拉圭	56										
哥斯达黎加	57										
巴西	58										
墨西哥	59			12	12				100	100	
博茨瓦纳	60										
秘鲁	61										
牙买加	62										
约旦	63										
南非	64										
土耳其	65			11	14	14			100	100	100
厄瓜多尔	66										
伊朗	67										
蒙古	68										
摩洛哥	69										
马来西亚	70										

附表 2-2-3　人均 NO_x 排放(千克/人)　　（续表）

国家	国家编号	指标					指数				
		1970	1980	1990	2000	2002	1970	1980	1990	2000	2002
萨尔瓦多	71										
埃及	72										
中国	73										
阿尔及利亚	74										
土库曼斯坦	75										
突尼斯	76										
阿尔巴尼亚	77										
吉尔吉斯	78			27		15			100		100
塔吉克斯坦	79										
玻利维亚	80										
缅甸	81										
菲律宾	82										
泰国	83										
纳米比亚	84										
津巴布韦	85										
洪都拉斯	86										
尼加拉瓜	87										
越南	88										
肯尼亚	89										
斯里兰卡	90										
刚果共和国	91										
印度尼西亚	92										
赞比亚	93										
危地马拉	94										
毛里塔尼亚	95										
科特迪瓦	96										
印度	97										
巴基斯坦	98										
莱索托	99										
柬埔寨	100										
喀麦隆	101										
厄立特里亚	102										
叙利亚	103										
加纳	104										
乍得	105										
莫桑比克	106										
几内亚	107										
也门共和国	108										
巴布亚新几内亚	109										
海地	110										
尼泊尔	111										
塞内加尔	112										
塞拉利昂	113										
刚果民主共和国	114										
老挝	115										
马拉维	116										
多哥	117										
马达加斯加	118										
马里	119										
尼日利亚	120										
孟加拉国	121										
坦桑尼亚	122										
贝宁	123										
尼日尔	124										
安哥拉	125										
乌干达	126										
中非	127										
布基纳法索	128										
埃塞俄比亚	129										
布隆迪	130										
卢旺达	131										
高收入国家			46	45	38	38		83	85	100	100
中等收入国家											
低收入国家											
世界平均											
基准值		38	38	38	38	38					

附表 2-2-4　工业淡水污染(工业废水 BOD/工业用水,万分之)

国家	国家编号	指标					指数				
		1980	1990	2000	2002	2003	1980	1990	2000	2002	2003
瑞典	1	0.2	0.2	0.2	0.2	0.2	100	100	100	100	100
美国	2	0.0	0.0	0.0	0.0	0.0	100	100	100	100	100
芬兰	3	0.1	0.2	0.1	0.1	0.1	100	100	100	100	100
澳大利亚	4	2.6		0.2	0.2	1.4	16		100	100	29
瑞士	5		0.6	0.2	0.2			65	100	100	
挪威	6	0.2		0.1	0.1	0.1	100		100	100	100
日本	7	0.1	0.1	0.3	0.3	0.3	100	100	100	100	100
丹麦	8	0.7	1.0	0.9	0.9	0.9	53	39	44	43	42
德国	9			0.1	0.1	0.1			100	100	100
荷兰	10		0.1	0.1	0.1	0.1		100	100	100	100
加拿大	11	0.0	0.0	0.0	0.0	0.0	100	100	100	100	100
新加坡	12	1.1					37				
英国	13	0.3	0.3	0.3	0.3	0.2	100	100	100	100	100
法国	14		0.4	0.0	0.0	0.0		95	100	100	100
比利时	15	0.1					100				
奥地利	16	0.2	0.3	0.3	0.3	0.2	100	100	100	100	100
新西兰	17	1.6	0.9	0.9	0.8	0.8	24	44	45	50	48
韩国	18	0.1	0.1	0.4	0.4	0.4	100	100	100	100	92
以色列	19		0.1	1.4	1.3	1.7		100	28	31	24
意大利	20	0.0	0.0	0.1	0.1	0.1	100	100	100	100	100
爱尔兰	21	0.3		0.2	0.2	0.3	100		100	100	100
西班牙	22	0.1	0.1	0.2	0.2	0.2	100	100	100	100	100
爱沙尼亚	23										
斯洛文尼亚	24		0.2			0.1		100			100
乌拉圭	25	6.4		1.9	1.9	2.8	6		21	21	14
俄罗斯	26			0.1	0.1	0.1			100	100	100
斯洛伐克	27										
希腊	28	0.2	0.9	0.9	0.9	0.8	100	45	45	45	50
匈牙利	29	0.3	0.2	0.1	0.1	0.2	100	100	100	100	100
捷克	30		0.5	0.4	0.4	0.4		83	100	100	100
葡萄牙	31		0.2	0.4	0.4	0.2		100	100	100	100
白俄罗斯	32										
拉脱维亚	33		1.5	1.1	1.1	1.1		27	37	37	36
立陶宛	34			2.9	3.0	2.8			14	13	14
格鲁吉亚	35										
乌克兰	36		0.2	0.1	0.1	0.1		100	100	100	100
保加利亚	37		0.1	0.0	0.0	0.0		100	100	100	100
黎巴嫩	38	1.8		3.9	3.9	0.7	23		10	10	57
哈萨克斯坦	39										
波兰	40	0.2	0.2	0.1	0.1	0.2	100	100	100	100	100
阿根廷	41	0.2	0.3	0.2	0.2	0.2	100	100	100	100	100
巴拿马	42	0.2	1.1	1.1	1.1	1.3	100	37	37	37	30
克罗地亚	43		0.8			0.4		52			100
沙特阿拉伯	44										
哥伦比亚	45		0.1	0.8	0.8	1.0		100	50	50	42
科威特	46	0.2	3.1	3.5	5.4	4.3	100	13	11	7	9
智利	47	0.2	0.1	0.1	0.1	0.1	100	100	100	100	100
马其顿	48		0.4					94			
阿塞拜疆	49		0.0	0.0	0.0	0.0		100	100	100	100
摩尔多瓦	50		0.1	0.1	0.1	0.0		100	100	100	100
罗马尼亚	51		0.2	0.0	0.0	0.0		100	100	100	100
委内瑞拉	52	0.7		0.6	0.6	0.8	58		68	68	48
乌兹别克斯坦	53										
多米尼加	54										
亚美尼亚	55		0.1	0.2	0.2	0.2		100	100	100	100
巴拉圭	56										
哥斯达黎加	57		0.2	0.3	0.2	0.3		100	100	100	100
巴西	58		0.1					100			
墨西哥	59	0.0	0.0	0.3	0.2	0.3	100	100	100	100	100
博茨瓦纳	60		0.7	1.0	0.5	0.9		55	39	76	42
秘鲁	61		0.2					100			
牙买加	62	1.8	1.1				22	37			
约旦	63	0.6	1.0	1.7	1.7	2.3	71	39	23	24	18
南非	64		0.7	0.6	1.1	0.6		61	68	37	72
土耳其	65	0.1	0.0	0.2	0.2	0.2	100	100	100	100	100
厄瓜多尔	66		0.0	0.1	0.2	0.1		100	100	100	100
伊朗	67	0.1	0.3	0.4	0.4	0.4	100	100	100	100	100
蒙古	68		0.1					100			
摩洛哥	69		0.0	1.3	0.7	1.1		100	32	60	36
马来西亚	70	0.1	0.2	0.4	0.3	0.4	100	100	100	100	100

附表 2-2-4　工业淡水污染(工业废水 BOD/工业用水,万分之)　　(续表)

国家	国家编号	指标					指数				
		1980	1990	2000	2002	2003	1980	1990	2000	2002	2003
萨尔瓦多	71	0.9		0.4	0.4	0.6	47		100	100	67
埃及	72		0.0	0.1	0.2	0.1		100	100	100	100
中国	73	0.4	0.3	0.1	0.1	0.2	100	100	100	100	100
阿尔及利亚	74		0.1					100			
土库曼斯坦	75										
突尼斯	76			3.9	1.9	7.1			10	21	6
阿尔巴尼亚	77										
吉尔吉斯	78		0.0	0.2	0.3	0.3		100	100	100	100
塔吉克斯坦	79										
玻利维亚	80		0.8	1.1	0.5	1.3		47	36	84	31
缅甸	81		0.2	0.1	0.1	0.2		100	100	100	100
菲律宾	82	0.1	0.4				100	100			
泰国	83		0.8					50			
纳米比亚	84										
津巴布韦	85		1.6					25			
洪都拉斯	86		0.9					47			
尼加拉瓜	87	0.2					100				
越南	88										
肯尼亚	89		1.9	2.0	2.1	2.5		21	20	19	16
斯里兰卡	90	0.9	1.0	1.3	0.9	1.7	46	40	31	47	24
刚果共和国	91										
印度尼西亚	92		2.4	3.3	3.2	3.5		16	12	13	11
赞比亚	93		0.5					82			
危地马拉	94	0.6		0.3	0.3	0.3	65		100	100	100
毛里塔尼亚	95										
科特迪瓦	96										
印度	97	0.3	0.3	0.2	0.1	0.4	100	100	100	100	100
巴基斯坦	98	0.2	0.1				100	100			
莱索托	99		1.0	0.3	0.3	0.5		41	100	100	77
柬埔寨	100		8.3					5			
喀麦隆	101		0.7	0.5	0.5	0.5		60	82	82	78
厄立特里亚	102										
叙利亚	103	0.4	0.3	0.1	0.1	0.2	100	100	100	100	100
加纳	104	1.5					27				
乍得	105										
莫桑比克	106		6.2	3.1	3.1	3.1		6	13	13	13
几内亚	107										
也门共和国	108		0.9	0.7	0.7	1.6		47	54	55	24
巴布亚新几内亚	109										
海地	110										
尼泊尔	111		0.0	1.0	1.0			100	42	42	
塞内加尔	112		0.9	0.4	0.4	0.6		43	100	100	70
塞拉利昂	113										
刚果民主共和国	114										
老挝	115										
马拉维	116		1.3	0.9	0.9	1.6		31	46	46	25
多哥	117										
马达加斯加	118										
马里	119										
尼日利亚	120										
孟加拉国	121		2.1					19			
坦桑尼亚	122		4.9	6.4	2.5	5.3		8	6	16	7
贝宁	123										
尼日尔	124										
安哥拉	125										
乌干达	126										
中非	127		1.0					38			
布基纳法索	128				1.2					34	
埃塞俄比亚	129		1.0	0.5		1.2		39	79		33
布隆迪	130										
卢旺达	131										
高收入国家		0.5	0.3	0.3	0.3	0.4	83	100	100	100	100
中等收入国家											
低收入国家											
世界平均											
基准值		0.4	0.4	0.4	0.4	0.4					

附表 2-2-5 生活废水处理率(生活废水处理人口比例,%)

国家	国家编号	指标				指数			
		1970	1980	1990	2002	1970	1980	1990	2002
瑞典	1	78	82	95	86	78	82	95	86
美国	2	42	70	72	71	42	70	72	71
芬兰	3	27	65	77	81	27	65	77	81
澳大利亚	4								
瑞士	5	35	73	91	96	35	73	91	96
挪威	6	21	34	57	73	21	34	57	73
日本	7	16	30	50	64	16	30	50	64
丹麦	8	54		98	89	54		98	89
德国	9	62	80	86	92	62	80	86	92
荷兰	10		73	93	98		73	93	98
加拿大	11		64	63	72		64	63	72
新加坡	12				99				99
英国	13		82	87	95		82	87	95
法国	14	19	62	68	79	19	62	68	79
比利时	15	4	23		38	4	23		38
奥地利	16	16	38	72	86	16	38	72	86
新西兰	17	52	59		80	52	59		80
韩国	18			43	78			43	78
以色列	19								
意大利	20	14	30	61	69	14	30	61	69
爱尔兰	21				73				73
西班牙	22		18	59	55		18	59	55
爱沙尼亚	23				69				69
斯洛文尼亚	24				30				30
乌拉圭	25								
俄罗斯	26								
斯洛伐克	27		27	42	53		27	42	53
希腊	28		1	11	56		1	11	56
匈牙利	29		19	31	32		19	31	32
捷克	30			51	70			51	70
葡萄牙	31	3	2	21	46	3	2	21	46
白俄罗斯	32								
拉脱维亚	33								
立陶宛	34								
格鲁吉亚	35								
乌克兰	36								
保加利亚	37				38				38
黎巴嫩	38								
哈萨克斯坦	39								
波兰	40			37	55			37	55
阿根廷	41								
巴拿马	42								
克罗地亚	43								
沙特阿拉伯	44								
哥伦比亚	45								
科威特	46								
智利	47				42				42
马其顿	48								
阿塞拜疆	49								
摩尔多瓦	50								
罗马尼亚	51								
委内瑞拉	52								
乌兹别克斯坦	53								
多米尼加	54								
亚美尼亚	55								
巴拉圭	56								
哥斯达黎加	57								
巴西	58								
墨西哥	59			22	25			22	25
博茨瓦纳	60								
秘鲁	61								
牙买加	62								
约旦	63								
南非	64								
土耳其	65		0	6	17		0	6	17
厄瓜多尔	66								
伊朗	67								
蒙古	68								
摩洛哥	69								
马来西亚	70								

附表 2-2-5　生活废水处理率(生活废水处理人口比例,%)　（续表）

国家	国家编号	指标 1970	指标 1980	指标 1990	指标 2002	指数 1970	指数 1980	指数 1990	指数 2002
萨尔瓦多	71								
埃及	72								
中国	73								
阿尔及利亚	74				4				4
土库曼斯坦	75								
突尼斯	76								
阿尔巴尼亚	77								
吉尔吉斯	78								
塔吉克斯坦	79								
玻利维亚	80								
缅甸	81								
菲律宾	82								
泰国	83								
纳米比亚	84								
津巴布韦	85								
洪都拉斯	86								
尼加拉瓜	87								
越南	88								
肯尼亚	89								
斯里兰卡	90								
刚果共和国	91								
印度尼西亚	92								
赞比亚	93								
危地马拉	94								
毛里塔尼亚	95								
科特迪瓦	96								
印度	97								
巴基斯坦	98								
莱索托	99								
柬埔寨	100								
喀麦隆	101								
厄立特里亚	102								
叙利亚	103								
加纳	104								
乍得	105								
莫桑比克	106								
几内亚	107								
也门共和国	108								
巴布亚新几内亚	109								
海地	110								
尼泊尔	111								
塞内加尔	112								
塞拉利昂	113								
刚果民主共和国	114								
老挝	115								
马拉维	116								
多哥	117								
马达加斯加	118								
马里	119								
尼日利亚	120								
孟加拉国	121								
坦桑尼亚	122								
贝宁	123								
尼日尔	124								
安哥拉	125								
乌干达	126								
中非	127								
布基纳法索	128								
埃塞俄比亚	129								
布隆迪	130								
卢旺达	131								
高收入国家			55	75	79		55	75	79
中等收入国家									
低收入国家									
世界平均									
基准值		79	79	79	79				

附表 2-2-6 城市废物处理率(%)

国家	国家编号	指标 1995	指标 1998	指标 2002	指数 1995	指数 1998	指数 2002
瑞典	1	36	35	100	36	35	100
美国	2	57	55	100	57	55	100
芬兰	3	64	65	100	64	65	100
澳大利亚	4						
瑞士	5	13	12	99	13	12	99
挪威	6	73	67	99	73	67	99
日本	7			100			100
丹麦	8	17	13	100	17	13	100
德国	9	45	43	100	45	43	100
荷兰	10	23	19	100	23	19	100
加拿大	11			99			99
新加坡	12						
英国	13	83	85	100	83	85	100
法国	14	47	48	100	47	48	100
比利时	15	47	41	100	47	41	100
奥地利	16	36	27	100	36	27	100
新西兰	17	100	100	100	100	100	100
韩国	18	72	68	99	72	68	99
以色列	19	0	0		0	0	
意大利	20	93	83	100	93	83	100
爱尔兰	21						
西班牙	22						
爱沙尼亚	23						
斯洛文尼亚	24			89			89
乌拉圭	25						
俄罗斯	26						
斯洛伐克	27			86			86
希腊	28			100			100
匈牙利	29	91	79	88	91	79	88
捷克	30			100			100
葡萄牙	31	52	58	98	52	58	98
白俄罗斯	32						
拉脱维亚	33						
立陶宛	34						
格鲁吉亚	35						
乌克兰	36						
保加利亚	37			81			81
黎巴嫩	38						
哈萨克斯坦	39						
波兰	40	98	98		98	98	
阿根廷	41						
巴拿马	42						
克罗地亚	43						
沙特阿拉伯	44						
哥伦比亚	45						
科威特	46						
智利	47						
马其顿	48						
阿塞拜疆	49						
摩尔多瓦	50						
罗马尼亚	51			90			90
委内瑞拉	52						
乌兹别克斯坦	53						
多米尼加	54						
亚美尼亚	55						
巴拉圭	56						
哥斯达黎加	57						
巴西	58						
墨西哥	59	99	99	86	99	99	86
博茨瓦纳	60						
秘鲁	61			65			65
牙买加	62						
约旦	63						
南非	64						
土耳其	65	96	96	77	96	96	77
厄瓜多尔	66						
伊朗	67						
蒙古	68						
摩洛哥	69						
马来西亚	70						
萨尔瓦多	71						
埃及	72						
中国	73			51			51
阿尔及利亚	74						
土库曼斯坦	75						
突尼斯	76						
阿尔巴尼亚	77						
吉尔吉斯	78						
塔吉克斯坦	79						
玻利维亚	80						
缅甸	81						
菲律宾	82						
泰国	83						
纳米比亚	84						
津巴布韦	85						
洪都拉斯	86						
尼加拉瓜	87						
越南	88						
肯尼亚	89						
斯里兰卡	90						
刚果共和国	91						
印度尼西亚	92						
赞比亚	93						
危地马拉	94						
毛里塔尼亚	95						
科特迪瓦	96						
印度	97						
巴基斯坦	98						
莱索托	99						
柬埔寨	100						
喀麦隆	101						
厄立特里亚	102						
叙利亚	103						
加纳	104						
乍得	105						
莫桑比克	106						
几内亚	107						
也门共和国	108						
巴布亚新几内亚	109						
海地	110						
尼泊尔	111						
塞内加尔	112						
塞拉利昂	113						
刚果民主共和国	114						
老挝	115						
马拉维	116						
多哥	117						
马达加斯加	118			100			100
马里	119						
尼日利亚	120						
孟加拉国	121						
坦桑尼亚	122						
贝宁	123						
尼日尔	124						
安哥拉	125						
乌干达	126						
中非	127						
布基纳法索	128						
埃塞俄比亚	129						
布隆迪	130						
卢旺达	131						
高收入国家		49	46	100	49	46	100
中等收入国家							
低收入国家							
世界平均							
基准值		100	100	100			

附表 2-2-7　自然资源消耗(自然资源消耗/GNI,%)

国家	国家编号	指标						指数					
		1970	1980	1990	2000	2002	2004	1970	1980	1990	2000	2002	2004
瑞典	1	0.5	0.5	0.2	0.1	0.0	0.1	100	100	100	100	100	100
美国	2	2.0	6.7	1.5	1.1	0.9	1.3	73	22	99	100	100	100
芬兰	3	0.4	0.2	0.1	0.0	0.0	0.0	100	100	100	100	100	100
澳大利亚	4	2.8	6.7	3.2	3.0	2.7	2.8	53	22	47	50	56	53
瑞士	5	0.0	0.0	0.0	0.0	0.0	0.0	100	100	100	100		
挪威	6	0.3	11.4	4.2	8.4	4.7	10.9	100	13	35	18	32	14
日本	7	0.1	0.1	0.0	0.0	0.0	0.0	100	100	100	100	100	100
丹麦	8		0.1	0.3	0.9	0.4	1.3		100	100	100	100	100
德国	9		0.8	0.2	0.1	0.1	0.1		100	100	100	100	100
荷兰	10	0.2	3.4	0.7	0.6	0.3	1.0	100	44	100	100	100	100
加拿大	11	3.7	10.4	3.0	4.9	4.1	5.3	41	14	50	31	37	28
新加坡	12	0.0	0.0	0.0	0.0	0.0	0.0						
英国	13		4.1	0.7	1.2	0.7	1.1		37	100	100	100	100
法国	14	0.2	0.2	0.1	0.0	0.0	0.1	100	100	100	100	100	100
比利时	15	0.2	0.1	0.0	0.0	0.0	0.0	100	100	100	100	100	100
奥地利	16	0.2	0.7	0.1	0.1	0.1	0.1	100	100	100	100	100	100
新西兰	17		1.3	1.0	1.6	1.1	0.9		100	100	94	100	100
韩国	18	0.4	0.9	0.2	0.0	0.0	0.0	100	100	100	100	100	100
以色列	19	1.7	0.3	0.0	0.0	0.0	0.1	90	100	100	100	100	100
意大利	20	0.1	0.3	0.1	0.1	0.1	0.1	100	100	100	100	100	100
爱尔兰	21	0.6	0.7	0.4	0.1	0.1	0.1	100	100	100	100	100	100
西班牙	22	0.2	0.5	0.1	0.0	0.0	0.0	100	100	100	100	100	100
爱沙尼亚	23				1.7	2.0	1.6				89	74	95
斯洛文尼亚	24				0.2	0.2	0.2				100	100	100
乌拉圭	25	0.3	0.2	0.4	0.0	0.0	0.3	100	100	100			100
俄罗斯	26				42.8	27.6	30.3				4	5	5
斯洛伐克	27				0.6	0.4	0.4				100	100	100
希腊	28	0.2	0.5	0.4	0.1	0.1	0.1	100	100	100	100	100	100
匈牙利	29		5.3	1.4	0.7	0.3	0.5		28	100	100	100	100
捷克	30				0.1	0.1	0.1				100	100	100
葡萄牙	31	0.1	0.0	0.1	0.0	0.0	0.0	100	100	100	100	100	100
白俄罗斯	32				2.9	2.1	2.1				52	71	71
拉脱维亚	33			0.0	0.0	0.0							
立陶宛	34				0.7	0.7	0.8				100	100	100
格鲁吉亚	35				0.8	0.3	0.6				100	100	100
乌克兰	36				8.3	5.8	5.7				18	26	26
保加利亚	37		2.1	1.0	1.0	0.5	0.9		70	100	100	100	100
黎巴嫩	38			0.0	0.0	0.0	0.0			100		100	100
哈萨克斯坦	39				39.1	33.5	41.5				4	4	4
波兰	40			4.9	0.6	0.5	0.8			31	100	100	100
阿根廷	41	0.6	8.3	2.0	2.7	5.7	8.5	100	18	74	56	26	18
巴拿马	42	0.0	0.0	0.0	0.0	0.0	0.0						
克罗地亚	43				1.6	1.0	1.3				91	100	100
沙特阿拉伯	44	63.5	82.1	43.8	47.2	38.7	50.1	2	2	3	3	4	3
哥伦比亚	45	1.5	6.6	9.6	8.9	6.8	8.0	100	23	16	17	22	19
科威特	46	77.5	68.4	28.2	47.5	43.4	46.8	2	2	5	3	3	3
智利	47	10.8	10.1	11.8	6.3	4.7	11.0	14	15	13	24	32	14
马其顿	48				0.4	0.2	0.2				100	100	100
阿塞拜疆	49				55.6	41.7	54.6				3	4	3
摩尔多瓦	50				0.1	0.0	0.0				100	100	100
罗马尼亚	51			5.5	4.4	2.6	3.3			27	34	59	45
委内瑞拉	52	12.7	46.2	37.9	27.6	28.2	35.1	12	3	4	5	5	4
乌兹别克斯坦	53				43.4	44.9	59.3				3	3	3
多米尼加	54	0.6	3.6	2.2	0.7	0.2	2.2	100	42	69	100	100	68
亚美尼亚	55				0.1	0.2	0.7				100	100	100
巴拉圭	56	0.0	0.0	0.0	0.0	0.0	0.0						
哥斯达黎加	57	0.9	1.2	0.7	0.4	0.3	0.3	100	100	100	100	100	100
巴西	58	1.1	2.3	2.1	2.9	3.9	4.8	100	64	71	52	39	31
墨西哥	59	1.2	16.6	9.0	5.6	4.5	7.6	100	9	17	27	34	20
博茨瓦纳	60	0.0	5.4	1.8	1.4	1.0	2.0		28	83	100	100	75
秘鲁	61	5.2	17.5	8.8	2.8	2.4	3.6	29	9	17	53	64	42
牙买加	62	7.6	12.3	4.1	1.7	1.1	1.3	20	12	36	87	100	100
约旦	63	1.0	1.7	0.3	0.5	0.5	0.5	100	86	100	100	100	100
南非	64	4.0	17.5	5.9	1.2	2.7	0.9	37	9	26	100	56	100
土耳其	65	0.6	1.2	0.6	0.4	0.3	0.3	100	100	100	100	100	100
厄瓜多尔	66	0.3	23.3	23.7	25.6	13.7	19.1	100	6	6	6	11	8
伊朗	67		21.6	21.5	40.8	28.4	36.2		7	7	4	5	4
蒙古	68				3.1	4.3	9.3				48	35	16
摩洛哥	69	0.6	2.8	1.4	0.4	0.4	0.3	100	54	100	100	100	100
马来西亚	70	2.3	19.5	13.9	11.1	9.3	14.1	64	8	11	13	16	11

附表 2-2-7　自然资源消耗(自然资源消耗/GNI,%)　　（续表）

国家	国家编号	指标 1970	指标 1980	指标 1990	指标 2000	指标 2002	指标 2004	指数 1970	指数 1980	指数 1990	指数 2000	指数 2002	指数 2004
萨尔瓦多	71	1.5	1.6	1.3	0.7	0.6	0.6	100	94	100	100	100	100
埃及	72	2.6	31.9	10.9	5.4	4.7	10.9	58	5	14	28	32	14
中国	73	1.4	25.0	12.0	3.6	2.6	3.2	100	6	13	42	58	47
阿尔及利亚	74	7.3	33.3	13.3	35.3	29.2	35.3	21	5	11	4	5	4
土库曼斯坦	75												
突尼斯	76	4.1	18.5	6.5	5.3	4.2	4.5	37	8	23	28	36	33
阿尔巴尼亚	77			9.9	1.4	1.2	1.2			15	100	100	100
吉尔吉斯	78				1.3	1.0	1.0				100	100	100
塔吉克斯坦	79				0.7	0.4	0.4				100	100	100
玻利维亚	80	4.5	30.2	7.9	6.5	7.8	16.4	33	5	19	23	19	9
缅甸	81												
菲律宾	82	4.8	4.3	1.9	0.9	0.5	0.9	31	35	79	100	100	100
泰国	83	0.9	1.9	0.9	1.8	1.5	2.6	100	80	100	83	98	57
纳米比亚	84		10.0	13.1	0.3	0.5	0.6		15	11	100	100	100
津巴布韦	85	2.9	5.0	2.8	0.7	0.2	1.9	51	30	53	100	100	78
洪都拉斯	86	0.7	1.6	1.5	0.1	0.2	0.2	100	93	100	100	100	100
尼加拉瓜	87	0.5	1.3	1.3	1.0	1.0	1.1	100	100	100	100	100	100
越南	88			12.3	9.7	7.6	10.2			12	15	20	15
肯尼亚	89	2.1	1.7	0.0	0.1	0.1	0.2	72	89	100	100	100	100
斯里兰卡	90	0.9	1.8	0.9	0.5	0.4	0.4	100	83	100	100	100	100
刚果共和国	91	0.5	47.6	31.0	63.6	42.9	54.1	100	3	5	2	4	3
印度尼西亚	92	0.7	28.3	10.2	12.7	8.2	11.0	100	5	15	12	18	14
赞比亚	93	29.7	17.8	16.2	2.7	2.3	3.7	5	8	9	56	64	40
危地马拉	94	0.9	2.0	2.3	2.1	1.8	2.1	100	75	66	71	85	71
毛里塔尼亚	95	39.5	28.8	22.0	17.3	13.0	11.6	4	5	7	9	12	13
科特迪瓦	96	0.0	0.2	0.1	2.7	2.7	3.5		100	100	56	55	42
印度	97	2.5	5.7	5.0	3.4	3.3	3.5	60	26	30	44	45	43
巴基斯坦	98	0.9	4.0	3.3	4.3	3.9	5.8	100	37	46	35	39	26
莱索托	99	7.1	2.6	1.5	2.1	2.4		21	57	100	72	62	
柬埔寨	100	2.2		5.6	1.2	0.9	0.8	69		27	100	100	100
喀麦隆	101	0.0	16.0	10.6	15.5	10.4	10.8	100	9	14	10	14	14
厄立特里亚	102				1.3	0.0	1.2				100	100	100
叙利亚	103	2.7	18.2	29.2	37.1	31.3	38.7	55	8	5	4	5	4
加纳	104	0.3	3.9	2.7	4.8	4.1	2.6	100	38	57	32	37	58
乍得	105	0.0	0.0	0.0	0.0	0.0	79.1						2
莫桑比克	106		0.2	0.0	0.0	0.0	0.0		100	100	100	100	100
几内亚	107			9.4	5.5	3.6	3.7			16	27	42	41
也门共和国	108			26.9	41.8	34.0	44.2			6	4	4	3
巴布亚新几内亚	109	0.1	21.4	38.2	30.7	26.3	35.8	100	7	4	5	6	4
海地	110	5.0	2.7	0.9	0.9	0.9	1.0	30	56	100	100	100	100
尼泊尔	111	3.2	8.2	3.7	3.3	2.8	2.8	47	18	40	46	54	53
塞内加尔	112	1.0	1.0	0.2	0.4	0.4	0.3	100	100	100	100	100	100
塞拉利昂	113	7.2	4.0	8.7	6.3	4.4	4.3	21	38	17	24	34	35
刚果民主共和国	114	8.4	6.9	8.6	3.5	1.9	3.7	18	22	17	43	80	40
老挝	115			0.1	0.0	0.0	0.0			100	100	100	100
马拉维	116	0.0	0.0	1.4	1.6	1.4	2.1			100	91	100	73
多哥	117	7.7	7.7	3.8	4.6	3.9	3.1	20	20	39	33	38	49
马达加斯加	118	0.0	0.0	0.0	0.0	0.0	0.0	100	100	100	100		100
马里	119	0.0	0.0	0.0	0.0	0.0	0.0						
尼日利亚	120	2.8	42.3	48.7	55.1	39.0	49.2	54	4	3	3	4	3
孟加拉国	121		2.7	1.7	2.1	1.9	3.1		55	89	71	78	48
坦桑尼亚	122			0.1	0.2	0.4	0.2			100	100	100	100
贝宁	123	0.0	0.2	2.2	1.6	0.1	0.1		100	69	91	100	100
尼日尔	124	0.5	0.9	2.3	4.1	3.7	3.0	100	100	66	36	40	50
安哥拉	125			25.1	53.8	38.2	45.0			6	3	4	3
乌干达	126	3.7	12.2	7.5	6.1	5.6	6.4	41	12	20	25	27	23
中非	127	0.0	0.1	0.1	0.0	0.0	0.0		100	100	100	100	100
布基纳法索	128	0.7	1.2	0.3	0.0	0.0	1.2	100	100	100			100
埃塞俄比亚	129				12.5	12.9	12.0				12	12	13
布隆迪	130	4.6	3.7	4.7	8.7	12.2	14.6	33	40	32	17	12	10
卢旺达	131	6.0	4.9	1.0	3.0	3.0	3.7	25	31	100	49	50	40
高收入国家		1.7	5.5	1.2	1.3	1.0	1.5	90	28	100	100	100	100
中等收入国家		3.0	18.7	10.1	8.0	6.8	9.0	50	8	15	19	22	17
低收入国家		3.1	11.3	6.8	7.5	5.8	7.8	48	13	22	20	26	19
世界平均		1.9	7.7	2.7	2.5	2.1	2.9	78	20	56	60	72	51
基准值		1.5	1.5	1.5	1.5	1.5	1.5						

附表 2-2-8　生物多样性损失(受威胁哺乳动物比例,%)

国家	国家编号	指标				指数			
		1993	2000	2002	2004	1993	2000	2002	2004
瑞典	1	5.0	6.7	8.3	3.8	100	100	100	100
美国	2	6.7	7.1	3.5	4.1	100	100	100	100
芬兰	3	2.7	8.0	6.7	4.3	100	100	100	100
澳大利亚	4	2.3	7.0	11.6	4.9	100	100	77	100
瑞士	5	3.6	8.4	8.4	5.0	100	100	100	100
挪威	6	5.0	8.3	11.7	5.9	100	100	77	100
日本	7	0.0	8.0	20.0	6.3		100	45	100
丹麦	8	2.6	10.5	14.5	7.1	100	86	62	100
德国	9	3.1	3.6	7.3	7.6	100	100	100	100
荷兰	10	5.1	8.1	8.6	8.5	100	100	100	100
加拿大	11	4.4	11.1	15.6	9.1	100	81	58	99
新加坡	12	3.6	10.9	18.2	9.5	100	83	50	95
英国	13	2.0	8.0	24.0	9.7	100	100	38	93
法国	14	3.4	10.3	19.0	9.8	100	87	47	92
比利时	15	5.4	14.0	19.4	10.8	100	64	47	83
奥地利	16	5.6	7.4	18.5	10.8	100	100	49	83
新西兰	17	30.0	30.0	40.0	11.0	30	30	23	82
韩国	18	7.6	11.2	12.1	11.3	100	80	75	80
以色列	19	12.2	12.2	26.5	13.5	74	74	34	67
意大利	20	8.5	23.2	29.3	15.2	100	39	31	59
爱尔兰	21	17.1	22.3	25.0	16.8	53	40	36	54
西班牙	22	12.9	15.4	19.7	21.6	70	58	46	42
爱沙尼亚	23	7.7	6.2	6.2	6.0	100	100	100	100
斯洛文尼亚	24	4.3	13.3	12.0	8.0	100	68	75	100
乌拉圭	25	4.9	6.2	7.4	5.1	100	100	100	100
俄罗斯	26		11.5	16.7	14.5		78	54	62
斯洛伐克	27		9.4	10.6	8.0		96	85	100
希腊	28	5.3	13.7	13.7	9.3	100	66	66	97
匈牙利	29	2.8	9.6	10.8	8.0	100	93	83	100
捷克	30		8.6	9.9	6.8		100	91	100
葡萄牙	31	9.5	20.6	27.0	14.3	95	44	33	63
白俄罗斯	32		5.4	9.5	8.5		100	95	100
拉脱维亚	33	4.8	4.8	4.8	5.9	100	100	100	100
立陶宛	34	5.9	7.4	7.4	7.0	100	100	100	100
格鲁吉亚	35		9.3	12.1	11.2		96	74	80
乌克兰	36		13.9	14.8	11.7		65	61	77
保加利亚	37	1.2	16.0	17.3	11.3	100	56	52	80
黎巴嫩	38	9.3	8.8	8.8	7.1	97	100	100	100
哈萨克斯坦	39		8.4	9.0	10.3		100	100	87
波兰	40	5.1	11.9	17.9	10.9	100	76	50	83
阿根廷	41	6.3	0.8	10.6	8.5	100	100	85	100
巴拿马	42	3.0	7.8	9.2	7.1	100	100	98	100
克罗地亚	43		13.2	11.8	7.3		68	76	100
沙特阿拉伯	44	7.8	11.7	10.4	9.6	100	77	87	94
哥伦比亚	45	6.7	9.7	11.4	8.4	100	92	79	100
科威特	46	9.5	4.8	4.8	4.3	95	100	100	100
智利	47	12.1	17.6	23.1	13.8	74	51	39	65
马其顿	48		12.8	14.1	10.1		70	64	89
阿塞拜疆	49		11.1	13.1	13.4		81	69	67
摩尔多瓦	50	1.5	2.9	8.8	8.0	100	100	100	100
罗马尼亚	51	3.6	19.0	20.2	14.9	100	47	44	61
委内瑞拉	52	3.9	7.4	8.0	7.4	100	100	100	100
乌兹别克斯坦	53		7.2	9.3	7.7		100	97	100
多米尼加	54	15.0	20.0	25.0	13.9	60	45	36	65
亚美尼亚	55		4.8	13.1	11.5		100	69	78
巴拉圭	56	2.6	3.3	3.3	6.5	100	100	100	100
哥斯达黎加	57	3.9	6.8	6.8	5.6	100	100	100	100
巴西	58	11.4	17.0	20.6	12.8	79	53	44	70
墨西哥	59	5.3	13.0	14.3	13.2	100	69	63	68
博茨瓦纳	60	4.9	3.0	3.7	3.6	100	100	100	100
秘鲁	61	8.4	2.2	10.7	10.4	100	100	84	86
牙买加	62	8.3	16.7	20.8	14.3	100	54	43	63
约旦	63	11.3	9.9	14.1	7.5	80	91	64	100
南非	64	10.1	12.9	17.0	9.1	89	70	53	99
土耳其	65	3.4	12.9	14.7	10.3	100	70	61	87
厄瓜多尔	66	6.6	9.3	10.9	10.0	100	97	82	90
伊朗	67	6.4	14.3	15.7	13.3	100	63	57	68
蒙古	68	6.0	9.0	10.5	9.3	100	100	86	97
摩洛哥	69	6.7	17.1	15.2	9.3	100	53	59	97
马来西亚	70	7.0	14.0	16.7	14.8	100	64	54	61

附表 2-2-8 生物多样性损失(受威胁哺乳动物比例,%) (续表)

国家	国家编号	指标 1993	指标 2000	指标 2002	指标 2004	指数 1993	指数 2000	指数 2002	指数 2004
萨尔瓦多	71	1.5	1.5	1.5	1.5	100	100	100	100
埃及	72	7.1	15.3	13.3	5.1	100	59	68	100
中国	73	10.7	18.8	20.1	15.9	84	48	45	56
阿尔及利亚	74	12.0	16.3	14.1	12.0	75	55	64	75
土库曼斯坦	75		10.7	12.6	11.7		84	71	77
突尼斯	76	6.4	14.1	14.1	12.8	100	64	64	70
阿尔巴尼亚	77	4.4	2.9	4.4	1.4	100	100	100	100
吉尔吉斯	78		7.2	8.4	10.3		100	100	87
塔吉克斯坦	79		6.0	10.7	9.2		100	84	98
玻利维亚	80	6.6	7.6	7.6	7.2	100	100	100	100
缅甸	81	8.0	12.4	13.0	13.5	100	73	69	66
菲律宾	82	14.4	31.0	32.7	22.5	63	29	28	40
泰国	83	8.3	12.8	14.0	12.0	100	70	64	75
纳米比亚	84	7.8	4.4	6.0	5.2	100	100	100	100
津巴布韦	85	3.3	3.3	4.1	3.6	100	100	100	100
洪都拉斯	86	2.9	4.0	5.8	5.0	100	100	100	100
尼加拉瓜	87	3.0	2.0	3.0	3.3	100	100	100	100
越南	88	11.7	17.8	18.8	14.7	77	50	48	61
肯尼亚	89	4.5	12.0	14.2	8.1	100	75	63	100
斯里兰卡	90	4.5	15.9	25.0	17.1	100	57	36	53
刚果共和国	91		5.0	7.5	8.4		100	100	100
印度尼西亚	92	13.1	28.0	28.5	21.9	69	32	32	41
赞比亚	93	3.1	4.7	4.7	4.3	100	100	100	100
危地马拉	94	2.0	3.2	2.4	3.6	100	100	100	100
毛里塔尼亚	95	16.4	23.0	16.4	7.4	55	39	55	100
科特迪瓦	96	7.0	7.0	8.3	10.0	100	100	100	90
印度	97	12.7	23.7	22.6	20.1	71	38	40	45
巴基斯坦	98	6.6	8.6	10.1	8.7	100	100	89	100
莱索托	99	6.1	6.1	9.1	5.1	100	100	99	100
柬埔寨	100	15.4	18.7	19.5	18.1	58	48	46	50
喀麦隆	101	7.1	7.8	9.8	13.0	100	100	92	69
厄立特里亚	102	2.7	5.4	10.7	12.9	100	100	84	70
叙利亚	103		6.3	6.3	3.7		100	100	100
加纳	104	5.4	5.9	6.3	6.0	100	100	100	100
乍得	105	9.7	10.4	12.7	11.5	93	86	71	78
莫桑比克	106	5.0	7.3	7.8	5.3	100	100	100	100
几内亚	107	6.8	2.1	6.3	8.4	100	100	100	100
也门共和国	108	6.1	7.6	7.6	8.1	100	100	100	100
巴布亚新几内亚	109	15.4	25.7	27.1	22.3	58	35	33	40
海地	110	100.0	9.8	20.0	9.8	9	92	45	92
尼泊尔	111	13.8	15.5	17.1	14.3	65	58	53	63
塞内加尔	112	5.8	6.8	6.3	5.8	100	100	100	100
塞拉利昂	113	8.2	6.1	8.2	6.1	100	100	100	100
刚果民主共和国	114	6.5	8.4	8.9	6.7	100	100	100	100
老挝	115	14.5	17.4	18.0	14.0	62	52	50	65
马拉维	116	3.1	3.6	4.1	3.4	100	100	100	100
多哥	117	4.1	4.1	4.6	4.0	100	100	100	100
马达加斯加	118	31.4	32.6	35.5	29.7	29	28	25	30
马里	119	8.8	9.5	9.5	9.0	100	95	95	100
尼日利亚	120	8.0	9.5	9.9	8.6	100	95	91	100
孟加拉国	121	14.7	16.5	18.4	16.8	61	55	49	54
坦桑尼亚	122	5.0	10.4	6.0	9.1	100	86	100	99
贝宁	123	3.7	4.8	4.3	3.8	100	100	100	100
尼日尔	124	7.6	8.4	8.4	8.1	100	100	100	100
安哥拉	125	5.8	2.5	6.9	3.7	100	100	100	100
乌干达	126	4.4	5.3	5.8	8.1	100	100	100	100
中非	127	4.3	5.3	6.7	5.9	100	100	100	100
布基纳法索	128	4.1	4.1	4.8	4.7	100	100	100	100
埃塞俄比亚	129	8.2	13.7	12.6	12.2	100	66	71	74
布隆迪	130	5.6	4.7	5.6	6.0	100	100	100	100
卢旺达	131	9.3	6.0	6.0	6.3	97	100	100	100
高收入国家		6.5	11.4	16.2	9.2	100	79	55	98
中等收入国家									
低收入国家									
世界平均									
基准值		9.0	9.0	9.0	9.0				

附表 2-2-9　森林覆盖率(%)

国家	国家编号	指标					指数				
		1970	1980	1990	2000	2005	1970	1980	1990	2000	2005
瑞典	1	66	68	67	67	67	100	100	100	100	100
美国	2	33	21	33	33	33	100	74	100	100	100
芬兰	3	73	76	73	74	74	100	100	100	100	100
澳大利亚	4	18	14	22	21	21	62	48	75	74	73
瑞士	5	30	28	29	30	31	100	96	100	100	100
挪威	6	37	12	30	30	31	100	42	100	100	100
日本	7	69	69	68	68	68	100	100	100	100	100
丹麦	8	12	12	10	11	12	42	41	36	39	41
德国	9	29	21	31	32	32	100	71	100	100	100
荷兰	10	9	12	10	11	11	30	41	35	37	37
加拿大	11	48	47	34	34	34	100	100	100	100	100
新加坡	12			3	3	3			10	10	10
英国	13	8	9	11	12	12	27	31	37	40	41
法国	14	28	27	26	28	28	98	95	91	96	98
比利时	15	22	26	21	20	20	75	91	71	70	70
奥地利	16	41	46	46	47	47	100	100	100	100	100
新西兰	17	27	35	29	31	31	94	100	99	100	100
韩国	18	63	50	65	64	63	100	100	100	100	100
以色列	19		5	7	8	8		16	24	26	27
意大利	20	21	28	29	32	34	72	95	98	100	100
爱尔兰	21	4	6	6	9	10	15	20	22	30	33
西班牙	22	28	22	27	33	36	98	75	93	100	100
爱沙尼亚	23				53	54				100	100
斯洛文尼亚	24				62	63				100	100
乌拉圭	25		3	5	8	9		10	18	28	30
俄罗斯	26				49	49				100	100
斯洛伐克	27	38	94				100	100			
希腊	28	23	45	26	28	29	79	100	88	96	100
匈牙利	29	16	17	20	21	21	55	60	67	71	74
捷克	30				34	34				100	100
葡萄牙	31	31	33	34	39	41	100	100	100	100	100
白俄罗斯	32				38	38				100	100
拉脱维亚	33			45	46	47			100	100	100
立陶宛	34				32	33				100	100
格鲁吉亚	35				40	40				100	100
乌克兰	36				16	17				57	57
保加利亚	37		33	30	31	33		100	100	100	100
黎巴嫩	38			12	13	13			41	44	46
哈萨克斯坦	39				1	1				4	4
波兰	40	28	29	29	30	30	97	99	100	100	100
阿根廷	41		16	13	12	12		56	44	43	42
巴拿马	42		56	59	58	58		100	100	100	100
克罗地亚	43				38	38				100	100
沙特阿拉伯	44			1	1	1			4	4	4
哥伦比亚	45		50	59	59	58		100	100	100	100
科威特	46										
智利	47		10	20	21	22		35	70	73	74
马其顿	48				36	36				100	100
阿塞拜疆	49				11	11				39	39
摩尔多瓦	50				10	10				34	35
罗马尼亚	51		29	28	28	28		100	96	96	96
委内瑞拉	52		38	59	56	54		100	100	100	100
乌兹别克斯坦	53				8	8				26	27
多米尼加	54		12	28	28	28		43	98	98	98
亚美尼亚	55				11	10				37	35
巴拉圭	56		50	53	49	47		100	100	100	100
哥斯达黎加	57		35	50	47	47		100	100	100	100
巴西	58		61	61	58	56		100	100	100	100
墨西哥	59	36	25	36	34	34	100	87	100	100	100
博茨瓦纳	60		58	24	22	21		100	83	76	73
秘鲁	61		55	55	54	54		100	100	100	100
牙买加	62		9	32	31	31		32	100	100	100
约旦	63		1	1	1	1		4	3	3	3
南非	64		0	8	8	8		1	26	26	26
土耳其	65	26	26	13	13	13	91	91	43	45	46
厄瓜多尔	66		53	50	43	39		100	100	100	100
伊朗	67		2	7	7	7		8	23	23	23
蒙古	68		6	7	7	7		21	25	23	23
摩洛哥	69		7	10	10	10		25	33	33	34
马来西亚	70		64	68	66	64		100	100	100	100

附表 2-2-9 森林覆盖率(%) （续表）

国家	国家编号	指标					指数				
		1970	1980	1990	2000	2005	1970	1980	1990	2000	2005
萨尔瓦多	71		5	18	16	14		17	62	54	50
埃及	72										
中国	73		12	17	19	21		43	58	65	73
阿尔及利亚	74		1	1	1	1		3	3	3	3
土库曼斯坦	75				9	9				30	30
突尼斯	76		2	4	6	7		7	14	21	23
阿尔巴尼亚	77			29	28	29			99	97	100
吉尔吉斯	78				4	5				15	16
塔吉克斯坦	79				3	3				10	10
玻利维亚	80		62	58	55	54		100	100	100	100
缅甸	81		49	60	53	49		100	100	100	100
菲律宾	82		32	35	27	24		100	100	92	83
泰国	83		31	31	29	28		100	100	100	98
纳米比亚	84		22	11	10	9		77	37	34	32
津巴布韦	85		51	57	49	45		100	100	100	100
洪都拉斯	86		36	66	49	42		100	100	100	100
尼加拉瓜	87		37	54	46	43		100	100	100	100
越南	88		31	29	36	40		100	99	100	100
肯尼亚	89		4	7	6	6		15	22	22	21
斯里兰卡	90		26	36	32	30		91	100	100	100
刚果共和国	91		62	67	66	66		100	100	100	100
印度尼西亚	92		65	64	54	49		100	100	100	100
赞比亚	93		40	66	60	57		100	100	100	100
危地马拉	94		42	44	39	36		100	100	100	100
毛里塔尼亚	95		1	0	0	0		2	1	1	1
科特迪瓦	96		31	32	32	33		100	100	100	100
印度	97		22	22	23	23		74	74	78	79
巴基斯坦	98		3	3	3	2		11	11	9	9
莱索托	99			0	0	0			1	1	1
柬埔寨	100		71	73	65	59		100	100	100	100
喀麦隆	101		50	53	48	46		100	100	100	100
厄立特里亚	102				16	15				54	53
叙利亚	103		1	2	2	3		4	7	8	9
加纳	104		38	33	27	24		100	100	92	84
乍得	105		11	10	10	9		37	36	34	33
莫桑比克	106		20	26	25	25		68	88	86	85
几内亚	107		44	30	28	27		100	100	97	94
也门共和国	108			1	1	1			4	4	4
巴布亚新几内亚	109		84	70	67	65		100	100	100	100
海地	110		0	4	4	4			15	14	13
尼泊尔	111		15	34	27	25		51	100	94	88
塞内加尔	112		57	49	46	45		100	100	100	100
塞拉利昂	113		29	43	40	38		100	100	100	100
刚果民主共和国	114			62	60	59			100	100	100
老挝	115		59	75	72	70		100	100	100	100
马拉维	116		46	41	38	36		100	100	100	100
多哥	117		31	13	9	7		100	43	31	24
马达加斯加	118		23	24	22	22		78	81	77	76
马里	119		6	12	11	10		21	40	37	36
尼日利亚	120		16	19	14	12		56	65	50	42
孟加拉国	121		7	7	7	7		24	23	23	23
坦桑尼亚	122		48	47	42	40		100	100	100	100
贝宁	123		35	30	24	21		100	100	83	73
尼日尔	124		2	2	1	1		7	5	4	3
安哥拉	125		43	49	48	47		100	100	100	100
乌干达	126		30	25	21	18		100	86	71	63
中非	127		58	37	37	37		100	100	100	100
布基纳法索	128		17	26	25	25		59	90	87	86
埃塞俄比亚	129				14	13				47	45
布隆迪	130			11	8	6			39	27	20
卢旺达	131		8	13	14	19		28	44	48	67
高收入国家				29	29	29			100	100	100
中等收入国家				32	34	34			100	100	100
低收入国家				28	26	25			98	88	86
世界平均				30	31	31			100	100	100
基准值		29	29	29	29	29					

附表 2-2-10　国家保护区比例(保护区面积/国土面积,%)

国家	国家编号	指标						指数					
		1970	1980	1990	2000	2002	2004	1970	1980	1990	2000	2002	2004
瑞典	1	1	3	4	8	9	9	8	16	26	51	57	57
美国	2	3	5	9	13	26	26	16	32	54	82	100	100
芬兰	3	2	2	3	6	9	9	10	10	16	34	58	58
澳大利亚	4	1	3	5	7	13	13	9	20	30	44	84	84
瑞士	5	0	0	3	26	30	30	3	3	19	100	100	100
挪威	6	1	2	16	7	7	7	4	15	97	41	43	43
日本	7	5	6	6	7	7	7	34	36	40	43	43	43
丹麦	8	0	0	7	32	34	34	1	1	42	100	100	100
德国	9	0	1	11	27	32	33	2	5	71	100	100	100
荷兰	10	3	3	4	6	14	14	17	20	28	36	89	89
加拿大	11	4	6	4	9	11	11	27	39	23	57	69	71
新加坡	12			5	5	5	5			30	29	31	28
英国	13	5	5	11	20	21	21	34	34	66	100	100	100
法国	14	1	2	8	14	13	13	5	15	51	84	83	83
比利时	15	0	0	3	3			1	1	16	18		
奥地利	16	3	3	19	29	33	33	19	20	100	100	100	100
新西兰	17	10	10	11	23	30	30	60	61	66	100	100	100
韩国	18			6	7	7	7			36	43	43	43
以色列	19			12	16	16	15			73	97	99	94
意大利	20	1	1	4	7	8	8	6	9	27	46	49	49
爱尔兰	21	0	0	0	1	2	2	1	1	3	6	11	11
西班牙	22	2	3	5	8	9	9	12	21	32	53	53	53
爱沙尼亚	23				11	12	12				69	74	74
斯洛文尼亚	24				6	6	6				37	38	38
乌拉圭	25			0	0	0	0			1	2	2	2
俄罗斯	26				3	8	8				19	49	50
斯洛伐克	27			16	22	23				99	100	100	
希腊	28	0	0	4	4	4	4	2	3	26	23	23	23
匈牙利	29			6	7	7	7			34	44	44	44
捷克	30				16	16	16				99	100	100
葡萄牙	31	1	3	7	7	7	7	5	17	43	41	41	41
白俄罗斯	32				6	6	6				39	39	39
拉脱维亚	33				13	13	13				78	84	84
立陶宛	34				10	10	11				62	64	67
格鲁吉亚	35				3	2	2				18	14	14
乌克兰	36				2	4	4				10	24	24
保加利亚	37			1	5	5	5			8	28	28	28
黎巴嫩	38			0	1	1	1			2	3	3	3
哈萨克斯坦	39				3	3	3				17	17	17
波兰	40			7	9	12	12			45	57	78	77
阿根廷	41			4	2	7	7			25	11	41	41
巴拿马	42			17	19	22	22			100	100	100	100
克罗地亚	43				7	8	8				46	47	47
沙特阿拉伯	44			0	2	38	38			1	14	100	100
哥伦比亚	45			5	8	10	10			34	51	64	64
科威特	46			0	2	2	2				9	9	9
智利	47			16	19	19	19			100	100	100	100
马其顿	48				7	7	7				44	44	44
阿塞拜疆	49				6	6	6				34	38	40
摩尔多瓦	50				1	1	1				9	9	9
罗马尼亚	51			1	5	5	5			4	29	29	29
委内瑞拉	52			10	35	64	64			61	100	100	100
乌兹别克斯坦	53				2	2	2				11	13	13
多米尼加	54			11	31	52	52			71	100	100	100
亚美尼亚	55				8	8	8				48	48	48
巴拉圭	56			3	3	4	4			18	21	22	22
哥斯达黎加	57			12	14	23	23			75	89	100	100
巴西	58			2	4	7	7			15	28	42	42
墨西哥	59			3	3	10	10			18	21	64	64
博茨瓦纳	60			18	18	19	19			100	100	100	100
秘鲁	61			4	3	6	6			27	17	38	38
牙买加	62			0	0	85					1	100	
约旦	63			1	3	3	3			6	21	21	21
南非	64			5	5	6	6			30	34	34	34
土耳其	65	0	0	0	1	2	2	0	2	2	8	10	10
厄瓜多尔	66			38	43	18	18			100	100	100	100
伊朗	67			2	5	5	5			14	32	30	30
蒙古	68			0	12	12	12			1	72	72	72
摩洛哥	69			1	1	1	1			4	4	4	4
马来西亚	70			3	5	6	6			21	29	36	36

附表 2-2-10 国家保护区比例(保护区面积/国土面积,%) (续表)

国家	国家编号	指标						指数					
		1970	1980	1990	2000	2002	2004	1970	1980	1990	2000	2002	2004
萨尔瓦多	71			1	0	0	0			7	1	3	3
埃及	72			1	1	10	10			4	5	61	61
中国	73			1	6	8	8			5	39	49	49
阿尔及利亚	74			0	3	5	5			1	16	31	31
土库曼斯坦	75				4	4	4				26	26	26
突尼斯	76			0	0	0	0			2	2	2	2
阿尔巴尼亚	77				3	4	4				18	24	24
吉尔吉斯	78				4	4	15				22	23	94
塔吉克斯坦	79				4	4	4				26	26	26
玻利维亚	80			5	14	13	13			28	89	84	84
缅甸	81			0	0	0	0			2	2	2	2
菲律宾	82			2	5	6	6			11	30	36	36
泰国	83			9	14	14	14			57	86	87	87
纳米比亚	84				13	14	14				81	85	85
津巴布韦	85			7	8	12	12			44	49	76	76
洪都拉斯	86			5	6	6	6			33	38	40	40
尼加拉瓜	87			0	7	18	18			3	44	100	100
越南	88			3	3	4	4			16	19	23	23
肯尼亚	89			5	6	8	8			34	38	50	50
斯里兰卡	90			11	13	14	14			71	83	84	84
刚果共和国	91			4	5	5	7			25	28	31	41
印度尼西亚	92			8	10	21	21			49	63	100	100
赞比亚	93			9	9	32	32			54	53	100	100
危地马拉	94			4	17	20	20			25	100	100	100
毛里塔尼亚	95			1	2	2	2			9	11	11	11
科特迪瓦	96			6	6	6	6			39	39	38	38
印度	97			4	4	5	5			28	28	33	33
巴基斯坦	98			10	5	5	5			61	29	31	31
莱索托	99			0	0	0	0			1	1	1	1
柬埔寨	100			0	16	19	19				99	100	100
喀麦隆	101			4	4	5	5			23	28	28	28
厄立特里亚	102				4	4	4				27	27	27
叙利亚	103			0	0								
加纳	104			5	5	6	6			32	29	35	35
乍得	105			0	9	9	9			1	56	57	57
莫桑比克	106			0	6	8	8				38	53	53
几内亚	107			0	1	1	1			1	4	4	4
也门共和国	108			0	0								
巴布亚新几内亚	109			0	0	2	2				1	14	14
海地	110			0	0	0	0			2	2	3	3
尼泊尔	111			7	8	9	9			44	48	56	56
塞内加尔	112			11	11	12	12			71	69	73	73
塞拉利昂	113			1	1	2	2			9	7	13	13
刚果民主共和国	114				4	7	5				27	41	31
老挝	115			0	0	13	3					78	19
马拉维	116			11	9	11	11			71	56	70	70
多哥	117			9	8	8	8			53	48	49	49
马达加斯加	118			2	2	4	4			11	12	27	27
马里	119			1	4	4	4			4	23	23	23
尼日利亚	120			1	3	3	3			7	21	21	21
孟加拉国	121			1	1	1	1			4	4	5	5
坦桑尼亚	122			13	15	98	30			84	91	100	100
贝宁	123			8	7	11	11			48	43	71	71
尼日尔	124			1	8	8	8			8	48	48	48
安哥拉	125			1	7	7	7			4	41	41	41
乌干达	126			7	8	25	25			42	49	100	100
中非	127			6	8	9	9			39	51	54	54
布基纳法索	128			3	10	12	12			17	65	72	72
埃塞俄比亚	129			6	5	17	17			39	31	100	100
布隆迪	130			0	5	6	6				33	36	36
卢旺达	131			11	14	6	6			66	86	39	39
高收入国家				7	7	12	16			44	45	75	100
中等收入国家					6	11	9				36	67	53
低收入国家						11	8					71	48
世界平均		1	3		6	6	11				40	40	67
基准值		16	16	16	16	16	16						

附表 2-2-11　农业与化肥脱钩(化肥使用量/可耕地,千克/公顷)

国家	国家编号	最大值年份	指标					指数				
			1970	1980	1990	2000	2002	1970	1980	1990	2000	2002
瑞典	1	1973	165	162	115	104	100	73	74	100	100	100
美国	2	1980	82	114	100	107	111	100	100	100	100	100
芬兰	3	1974	189	206	195	137	133	64	59	62	88	91
澳大利亚	4	1999	23	26	24	45	47	100	100	100	100	100
瑞士	5	1979	402	463	429	215	227	30	26	28	56	53
挪威	6	1979	244	317	243	219	211	50	38	50	55	57
日本	7	1979	376	373	385	325	291	32	32	31	37	42
丹麦	8	1973	225	238	247	153	130	54	51	49	79	93
德国	9	1979	399	430	280	232	220	30	28	43	52	55
荷兰	10	1979	788	860	638	459	367	15	14	19	26	33
加拿大	11	1997	19	43	46	53	57	100	100	100	100	100
新加坡	12	1989	750	2200	5600	3005	2418	16	6	2	4	5
英国	13	1996	267	297	361	300	311	45	41	34	40	39
法国	14	1973	267	321	316	225	215	45	38	38	54	56
比利时	15	1987	524	587	501	333	331	23	21	24	36	37
奥地利	16	1971	257	265	213	155	150	47	46	57	78	81
新西兰	17		151	177	137	542	569					
韩国	18	1997	261	390	490	456	415	46	31	25	27	29
以色列	19	1998	176	244	299	278	238	69	50	40	44	51
意大利	20	1987	112	223	216	204	173	100	54	56	59	70
爱尔兰	21	1994	307	542	665	557	524	39	22	18	22	23
西班牙	22	1998	78	107	129	160	157	100	100	94	75	77
爱沙尼亚	23	1992				42	44				100	100
斯洛文尼亚	24	1999				437	416				28	29
乌拉圭	25	1996	50	58	57	76	94	100	100	100	100	100
俄罗斯	26	1992				11	12				100	100
斯洛伐克	27											
希腊	28	1985	112	181	240	166	149	100	67	50	73	81
匈牙利	29	1983	161	278	135	91	109	75	43	90	100	100
捷克	30					107	120					
葡萄牙	31	1998	52	107	119	122	126	100	100	100	99	96
白俄罗斯	32	1992				131	133				92	91
拉脱维亚	33	1990			100	27	27			100	100	100
立陶宛	34					52	66					
格鲁吉亚	35	1992				53	36				100	100
乌克兰	36	1992				14	18				100	100
保加利亚	37	1981	154	217	178	43	49	78	56	68	100	100
黎巴嫩	38		187	127	139	275	232					
哈萨克斯坦	39	1992				2	3				100	100
波兰	40	1975	170	239	107	113	116	71	51	100	100	100
阿根廷	41	1996	3	4	6	31	27	100	100	100	100	100
巴拿马	42	1996	49	70	77	58	52	100	100	100	100	100
克罗地亚	43	1997				153	118				79	100
沙特阿拉伯	44	1987	3	22	144	108	106	100	100	84	100	100
哥伦比亚	45		40	84	182	234	302					
科威特	46	1979	0	440	0	63	70		28		100	100
智利	47	2000	33	35	109	244	230	100	100	100	50	53
马其顿	48	1994				72	39				100	100
阿塞拜疆	49	1992				2	10				100	100
摩尔多瓦	50	1992				3	5				100	100
罗马尼亚	51	1984	61	124	128	32	35	100	97	94	100	100
委内瑞拉	52	1988	20	82	153	109	115	100	100	79	100	100
乌兹别克斯坦	53	1997				163	160				74	76
多米尼加	54	1974	46	48	88	84	82	100	100	100	100	100
亚美尼亚	55	1992				14	23				100	100
巴拉圭	56		11	4	8	23	51					
哥斯达黎加	57	1998	173	260	418	742	674	70	47	29	16	18
巴西	58		29	93	63	114	130					
墨西哥	59	1987	25	54	75	74	69	100	100	100	100	100
博茨瓦纳	60	1999	4	3	2	12	12	100	100	100	100	100
秘鲁	61	1999	33	37	30	69	74	100	100	100	100	100
牙买加	62	1989	151	130	161	129	129	80	93	75	94	94
约旦	63		10	48	58	85	114					
南非	64	1981	45	86	58	50	65	100	100	100	100	100
土耳其	65	1999	17	57	77	88	73	100	100	100	100	100
厄瓜多尔	66		20	47	42	102	142					
伊朗	67		6	47	76	97	86					
蒙古	68	1987	2	7	11	3	4	100	100	100	100	100
摩洛哥	69		12	27	40	42	48					
马来西亚	70	1998	210	453	535	653	683	58	27	23	19	18

附表 2-2-11　农业与化肥脱钩(化肥使用量/可耕地,千克/公顷)　(续表)

国家	国家编号	最大值年份	指标					指数				
			1970	1980	1990	2000	2002	1970	1980	1990	2000	2002
萨尔瓦多	71	1973	144	108	136	122	84	84	100	89	100	100
埃及	72	2001	137	290	420	450	434					
中国	73	1996	44	158	221	250	278	100	76	55	48	44
阿尔及利亚	74	1985	18	34	18	12	13	100	100	100	100	100
土库曼斯坦	75	1992				57	53				100	100
突尼斯	76	1998	11	19	29	39	37	100	100	100	100	100
阿尔巴尼亚	77	1989	85	160	176	32	61	100	76	69	100	100
吉尔吉斯	78	1992				22	21				100	100
塔吉克斯坦	79	1992				10	30				100	100
玻利维亚	80	1992	1	2	2	3	5	100	100	100	100	100
缅甸	81	2000	2	10	8	21	13	100	100	100	100	100
菲律宾	82	1997	43	64	107	130	127	100	100	100	93	95
泰国	83	1999	7	17	60	98	107	100	100	100	100	100
纳米比亚	84	1999	0	0	0	0	0				100	100
津巴布韦	85	1980	46	69	58	51	34	100	100	100	100	100
洪都拉斯	86	2000	18	19	10	169	47	100	100	100	72	100
尼加拉瓜	87	1983	25	51	31	15	28	100	100	100	100	100
越南	88	2000	55	26	105	366	299	100	100	100	33	40
肯尼亚	89	1996	14	16	25	32	31	100	100	100	100	100
斯里兰卡	90		130	194	196	276	310					
刚果共和国	91	1971	14	1	3	10	0	100	100	100	100	100
印度尼西亚	92	1996	13	65	123	122	146	100	100	98	99	83
赞比亚	93	1987	7	15	11	6	12	100	100	100	100	100
危地马拉	94	1997	42	67	90	152	131	100	100	100	80	93
毛里塔尼亚	95	1992	1	6	10	0	6	100	100	100		100
科特迪瓦	96	1997	12	27	15	22	33	100	100	100	100	100
印度	97	1999	14	34	74	104	101	100	100	100	100	100
巴基斯坦	98	2000	15	54	92	139	137	100	100	100	87	88
莱索托	99		1	15	15	24	34					
柬埔寨	100	1981	1	4	1	0	0	100	100	100		
喀麦隆	101		4	5	4	8	6					
厄立特里亚	102	1999				19	7				100	100
叙利亚	103	2000	7	24	62	80	70	100	100	100	100	100
加纳	104	1977	2	6	5	3	7	100	100	100	100	100
乍得	105	1999	1	0	2	5	5	100	100	100	100	100
莫桑比克	106	1981	2	10	1	4	6	100	100	100	100	100
几内亚	107	1995	4	0	2	3	3	100	100	100	100	100
也门共和国	108	1990	0	8	15	10	8	100	100	100	100	100
巴布亚新几内亚	109	1989	20	32	64	57	54	100	100	100	100	100
海地	110	2000	0	1	1	18	18	100	100	100	100	100
尼泊尔	111	1998	3	10	32	31	38	100	100	100	100	100
塞内加尔	112	1975	3	8	5	16	14	100	100	100	100	100
塞拉利昂	113	1986	6	4	3	0	1	100	100	100	100	100
刚果民主共和国	114	1976	1	1	1	0	2	100	100	100	100	100
老挝	115		0	5	2	7	8					
马拉维	116		9	22	26	24	84					
多哥	117		0	1	5	8	7					
马达加斯加	118	1970	7	3	4	3	3	100	100	100	100	100
马里	119	1984	3	7	7	9	9	100	100	100	100	100
尼日利亚	120	1993	0	6	14	7	6	100	100	100	100	100
孟加拉国	121		16	47	102	163	178					
坦桑尼亚	122	1989	7	11	13	6	2	100	100	100	100	100
贝宁	123	1999	5	1	7	15	19	100	100	100	100	100
尼日尔	124	1995	0	0	0	0	0	100	100	100	100	100
安哥拉	125	1977	4	6	3	0	0	100	100	100	100	
乌干达	126	1971	2	0	0	1	2	100	100	100	100	100
中非	127	1974	1	1	0	0	0	100	100	100	100	100
布基纳法索	128	1998	0	2	6	8	0	100	100	100	100	100
埃塞俄比亚	129	1996				16	15				100	100
布隆迪	130	1992	1	1	2	4	3	100	100	100	100	100
卢旺达	131		0	0	3	0	14					
高收入国家			105	134	123	120	121	100	91	98	100	100
中等收入国家			40	96	110	102	112					
低收入国家			11	26	54	67	65					
世界平均			53	87	99	97	101					
基准值			121	121	121	121	121					

注:最大值年份为在1970年至2002年期间的最大值的年,如果有最大年,表明已经出现拐点和相对脱钩,就可以计算指数。

附表 2-2-12　有机农业比例(有机农业用地/农业用地,%)

国家	国家编号	指标 1990	指标 2000	指标 2003	指数 1990	指数 2000	指数 2003
瑞典	1	1.14	9.00	6.09	31	100	100
美国	2	0.09	0.15	0.23	2	4	6
芬兰	3	0.26	3.95	7.00	7	100	100
澳大利亚	4			2.20			59
瑞士	5	1.20	7.00	10.00	32	100	100
挪威	6			3.13			84
日本	7		0.02	0.10		1	3
丹麦	8	0.30	0.77	6.65	8	21	100
德国	9	0.24	2.25	4.10	6	61	100
荷兰	10	0.37	0.66	2.19	10	18	59
加拿大	11			1.30			35
新加坡	12						
英国	13	0.12	0.28	4.22	3	8	100
法国	14	0.21	0.32	1.70	6	9	46
比利时	15	0.09	0.37	1.45	2	10	39
奥地利	16	0.62	10.03	11.60	17	100	100
新西兰	17			0.33			9
韩国	18		0.03	0.05		1	1
以色列	19			0.90			24
意大利	20	0.54	4.15	8.00	15	100	100
爱尔兰	21	0.08	0.22	0.70	2	6	19
西班牙	22	0.03	0.46	2.28	1	12	61
爱沙尼亚	23			3.00			81
斯洛文尼亚	24			1.91			51
乌拉圭	25			4.00			100
俄罗斯	26						
斯洛伐克	27			2.20			59
希腊	28		0.09	0.86		2	23
匈牙利	29		0.37	1.70		10	46
捷克	30	0.08	0.47	5.09	2	13	100
葡萄牙	31		0.78	2.20		21	59
白俄罗斯	32						
拉脱维亚	33			0.81			22
立陶宛	34			0.25			7
格鲁吉亚	35						
乌克兰	36			0.58			16
保加利亚	37						
黎巴嫩	38			0.07			2
哈萨克斯坦	39						
波兰	40			0.36			10
阿根廷	41			1.70			46
巴拿马	42			0.24			6
克罗地亚	43						
沙特阿拉伯	44						
哥伦比亚	45			0.24			6
科威特	46						
智利	47			1.50			40
马其顿	48						
阿塞拜疆	49			0.20			5
摩尔多瓦	50						
罗马尼亚	51			0.27			7
委内瑞拉	52						
乌兹别克斯坦	53						
多米尼加	54			0.40			11
亚美尼亚	55						
巴拉圭	56			0.38			10
哥斯达黎加	57			3.11			84
巴西	58			0.24			6
墨西哥	59			0.20			5
博茨瓦纳	60						
秘鲁	61			0.42			11
牙买加	62			0.26			7
约旦	63						
南非	64			0.05			1
土耳其	65			0.14			4
厄瓜多尔	66			0.74			20
伊朗	67						
蒙古	68						
摩洛哥	69			0.14			4
马来西亚	70						
萨尔瓦多	71			0.31			8
埃及	72			0.19			5
中国	73			0.06			2
阿尔及利亚	74						
土库曼斯坦	75						
突尼斯	76			0.36			10
阿尔巴尼亚	77						
吉尔吉斯	78						
塔吉克斯坦	79						
玻利维亚	80			1.04			28
缅甸	81						
菲律宾	82			0.02			1
泰国	83			0.02			1
纳米比亚	84						
津巴布韦	85						
洪都拉斯	86			0.06			2
尼加拉瓜	87			0.14			4
越南	88			0.08			2
肯尼亚	89						
斯里兰卡	90			0.65			18
刚果共和国	91						
印度尼西亚	92			0.09			2
赞比亚	93			0.06			2
危地马拉	94			0.33			9
毛里塔尼亚	95						
科特迪瓦	96						
印度	97			0.03			1
巴基斯坦	98			0.08			2
莱索托	99						
柬埔寨	100						
喀麦隆	101			0.09			2
厄立特里亚	102						
叙利亚	103						
加纳	104			0.16			4
乍得	105						
莫桑比克	106						
几内亚	107						
也门共和国	108						
巴布亚新几内亚	109			0.41			11
海地	110						
尼泊尔	111						
塞内加尔	112			0.10			3
塞拉利昂	113						
刚果民主共和国	114						
老挝	115			0.01			0
马拉维	116			0.01			0
多哥	117						
马达加斯加	118						
马里	119						
尼日利亚	120						
孟加拉国	121						
坦桑尼亚	122			0.14			4
贝宁	123						
尼日尔	124						
安哥拉	125						
乌干达	126			1.39			37
中非	127						
布基纳法索	128						
埃塞俄比亚	129						
布隆迪	130						
卢旺达	131						
高收入国家		0.38	2.64	3.71	10	71	100
中等收入国家							
低收入国家							
世界平均							
基准值		3.71	3.71	3.71			

附表 2-2-13 工业与污染脱钩(工业废水 BOD/工业增加值,千克/万美元)

国家	国家编号	最大值年份	指标				指数			
			1980	1990	2000	2002	1980	1990	2000	2002
瑞典	1	1980	13	9	6	6	44	64	96	96
美国	2	1980	8	6	3	3	77	100	100	100
芬兰	3	1980	17	11	7	7	35	55	84	84
澳大利亚	4	1982	13	9	4	4	45	63	100	100
瑞士	5	1990		8				70		
挪威	6	1980	8	5	3	3	75	100	100	100
日本	7	1980	5	4	3	3	100	100	100	100
丹麦	8	1990	9	11			67	53		
德国	9	2000			7	7			82	82
荷兰	10	1980	9	7	5	5	65	90	100	100
加拿大	11	1980	9	7	5	5	67	84	100	100
新加坡	12	1980	14	9	4	4	42	69	100	100
英国	13	1980	14	8	6	6	43	72	95	95
法国	14	1980	13	10	4	4	46	59	100	100
比利时	15	1981	12	9			48	67		
奥地利	16	1981	12	8	6	6	51	70	93	93
新西兰	17	1980	24	18	14	14	25	32	43	43
韩国	18	1980	29	14	6	6	20	43	96	100
以色列	19									
意大利	20	1980	8	5	7	7	79	100	89	89
爱尔兰	21									
西班牙	22	1980	14	9	9	9	41	63	66	66
爱沙尼亚	23									
斯洛文尼亚	24	1992		35	23	21		17	26	28
乌拉圭	25	1989	21	27	11	11	27	22	56	56
俄罗斯	26	1994			61	57			10	10
斯洛伐克	27	1993								
希腊	28	1982	13	12	9	9	45	51	63	63
匈牙利	29	1991	66	59	42	42	9	10	14	14
捷克	30	1991		31				19		
葡萄牙	31	1991	25	25	18	18	24	24	33	33
白俄罗斯	32									
拉脱维亚	33	1993		30	66	56		20	9	11
立陶宛	34	1997			43	37			14	16
格鲁吉亚	35									
乌克兰	36	1998		79	177			7	3	
保加利亚	37	1997	151	99	104	97	4	6	6	6
黎巴嫩	38	1998								
哈萨克斯坦	39									
波兰	40	1994			31	31			19	19
阿根廷	41	1985	14	13			44	44		
巴拿马	42	1990	25	31	20	20	24	19	29	29
克罗地亚	43	1993		38	35	32		16	17	19
沙特阿拉伯	44	1989								
哥伦比亚	45	1980	26	17	16	16	23	35	37	37
科威特	46	2001			2	2			100	100
智利	47	1990	16	18	10	10	37	33	58	58
马其顿	48	1995		84				7		
阿塞拜疆	49	1995			33	23			18	26
摩尔多瓦	50	1998			295	261			2	2
罗马尼亚	51	1992	62	101	12	12	9	6	50	50
委内瑞拉	52	1983	8	8			75	76		
乌兹别克斯坦	53									
多米尼加	54	1985	82				7			
亚美尼亚	55	1992		70	47	39		8	12	15
巴拉圭	56	1991								
哥斯达黎加	57	1985		39	26	25		15	23	24
巴西	58	1982	31	27			19	22		
墨西哥	59	1995	6	6	7	7	100	92	81	81
博茨瓦纳	60	1990	9	10	8	7	68	60	74	84
秘鲁	61	1989	17	20			36	29		
牙买加	62	1986	21	27			28	22		
约旦	63	1999	20	27	37	29	30	22	16	20
南非	64	1993	25	27	23	20	24	22	25	29
土耳其	65	1980	39	21	16	16	15	27	37	37
厄瓜多尔	66		25	22	22	26				
伊朗	67	1996	12	10	14	13	50	60	42	44
蒙古	68	1981		176				3		
摩洛哥	69	1993	17	19	30	23	36	31	19	26
马来西亚	70	1981	28	19	15	14	21	31	40	42

附表 2-2-13　工业与污染脱钩(工业废水 BOD/工业增加值,千克/万美元)　(续表)

国家	国家编号	最大值年份	指标				指数			
			1980	1990	2000	2002	1980	1990	2000	2002
萨尔瓦多	71	1997	13				44			
埃及	72	1980	51	45		21	12	13		28
中国	73	1982	198	166	41	37	3	4	14	16
阿尔及利亚	74	1991	11	15			53	38		
土库曼斯坦	75									
突尼斯	76	1998	30		38	33	20		16	18
阿尔巴尼亚	77	1990		137				4		
吉尔吉斯	78	1994		106	130	202		6	5	3
塔吉克斯坦	79									
玻利维亚	80	1996	20	20	22	22	30	29	27	27
缅甸	81									
菲律宾	82	1991	38	46			16	13		
泰国	83	1989		37				16		
纳米比亚	84	1994								
津巴布韦	85	1983	97	79			6	7		
洪都拉斯	86	1995	57	58			10	10		
尼加拉瓜	87	1982	41				14			
越南	88									
肯尼亚	89	2000	82	89	101	99	7	7	6	6
斯里兰卡	90	1982	82	93	81	81	7	6	7	7
刚果共和国	91	1986								
印度尼西亚	92	1985	35	40	36	32	17	15	16	18
赞比亚	93	1990	56	57			11	10		
危地马拉	94	1988	29				20			
毛里塔尼亚	95									
科特迪瓦	96	1982	46				13			
印度	97	1980	161	80	53	48	4	7	11	12
巴基斯坦	98	1980	56	37			10	16		
莱索托	99	1990		58				10		
柬埔寨	100									
喀麦隆	101	1980	52	26			11	22		
厄立特里亚	102									
叙利亚	103	1981	103	30			6	19		
加纳	104	1982	67				9			
乍得	105									
莫桑比克	106	1988		242	41	41		2	14	14
几内亚	107									
也门共和国	108	1993		10	11	10		61	53	56
巴布亚新几内亚	109	1982	24				25			
海地	110	1986	15				38			
尼泊尔	111	1982		142		86		4		7
塞内加尔	112	1981	90	60	27	23	7	10	22	25
塞拉利昂	113									
刚果民主共和国	114									
老挝	115									
马拉维	116	1980	255	155			2	4		
多哥	117	1982	16				36			
马达加斯加	118	1983	72				8			
马里	119									
尼日利亚	120	1985	16				38			
孟加拉国	121	1989	72	106			8	6		
坦桑尼亚	122	1995		117				5		
贝宁	123	1980	52				11			
尼日尔	124	1982	4				100			
安哥拉	125	1991								
乌干达	126	1989								
中非	127	1985	21	23			27	25		
布基纳法索	128	1981	35				17			
埃塞俄比亚	129	1992		132	138	132		4	4	4
布隆迪	130	1990	29	37			20	16		
卢旺达	131	1984								
高收入国家			12	9	6	6	50	69	100	100
中等收入国家										
低收入国家										
世界平均										
基准值			5.9	5.9	5.9	5.9				

注:最大值年份为在 1970 年至 2002 年期间的最大值的年,如果有最大年,表明已经出现拐点和相对脱钩,就可以计算指数。

附表 2-2-14 工业能源密度(工业能源消费/工业增加值,千克油/美元)

国家	国家编号	指标 1971	指标 1980	指标 1989	指标 1999	指标 2002	指数 1971	指数 1980	指数 1989	指数 1999	指数 2002
瑞典	1	0.48	0.44	0.43	0.22	0.21	45	42	46	85	89
美国	2	0.51	0.47	0.36	0.17	0.19	53	51	64	100	100
芬兰	3	0.58	0.57	0.48	0.35	0.33	40	36	36	54	58
澳大利亚	4	0.55	0.53	0.43	0.26	0.24	44	42	45	73	81
瑞士	5				0.06	0.06			100	100	100
挪威	6	0.32	0.27	0.20	0.12	0.13	94	79	100	100	100
日本	7	0.23	0.18	0.14	0.09	0.09	100	100	100	100	100
丹麦	8	0.18	0.15	0.12	0.08	0.08	100	100	100	100	100
德国	9	0.31	0.30	0.26	0.14	0.14	72	63	85	100	100
荷兰	10	0.34	0.39	0.34	0.22	0.22	56	55	59	85	85
加拿大	11	0.45	0.53	0.47	0.33	0.30	40	40	40	57	63
新加坡	12	0.68	0.70	0.29	0.14	0.18	66	70	57	100	100
英国	13	0.39	0.26	0.19	0.12	0.11	100	87	100	100	100
法国	14	0.44	0.35	0.29	0.18	0.17	65	58	67	100	100
比利时	15	0.64	0.50	0.42	0.29	0.28	45	43	47	65	67
奥地利	16	0.25	0.23	0.19	0.12	0.12	100	92	100	100	100
新西兰	17		0.32	0.47	0.42	0.45	40	51	47	46	42
韩国	18	0.29	0.28	0.39	0.32	0.31	48	49	39	59	62
以色列	19										
意大利	20	0.34	0.25	0.21	0.16	0.15	88	88	91	100	100
爱尔兰	21										
西班牙	22	0.29	0.32	0.28	0.18	0.20	67	61	69	100	96
爱沙尼亚	23				0.57	0.34			12	33	56
斯洛文尼亚	24				0.22	0.21			50	86	89
乌拉圭	25	0.17	0.13	0.11	0.10	0.09	100	100	100	100	100
俄罗斯	26				1.77	1.51			6	11	13
斯洛伐克	27				0.95	0.66			12	20	29
希腊	28	0.23	0.31	0.31	0.20	0.19	62	64	62	97	100
匈牙利	29		0.82	0.96	0.34	0.32	20	20	30	55	60
捷克	30				0.55	0.48			18	34	40
葡萄牙	31	0.26	0.29	0.37	0.27	0.28	51	56	52	70	68
白俄罗斯	32				1.81	1.55			6	11	12
拉脱维亚	33				0.51	0.34			28	37	56
立陶宛	34				0.41	0.38			18	46	51
格鲁吉亚	35				0.67	0.35			5	28	54
乌克兰	36				3.70	2.76			2	5	7
保加利亚	37		2.26	1.18	1.45	1.07	16	6	5	13	18
黎巴嫩	38				0.33	0.26			69	57	74
哈萨克斯坦	39				1.83	1.33			5	10	14
波兰	40				0.42	0.38			18	45	50
阿根廷	41	0.21	0.21	0.22	0.17	0.00	88	82	91	100	
巴拿马	42		0.30	0.32	0.18	0.16	60	53	59	100	100
克罗地亚	43				0.40	0.36			26	47	52
沙特阿拉伯	44	0.10	0.16	0.32	0.19	0.41	59	63	100	100	46
哥伦比亚	45	0.35	0.32	0.40	0.31	0.32	47	43	52	62	59
科威特	46				0.23	0.07			92	81	100
智利	47	0.30	0.33	0.42	0.27	0.32	46	49	47	71	59
马其顿	48					0.47					41
阿塞拜疆	49				0.79	0.66			6	24	29
摩尔多瓦	50				1.83	1.03			6	10	19
罗马尼亚	51		2.01	1.60	0.84	0.78	12	9	9	23	24
委内瑞拉	52	0.16	0.33	0.39	0.30	0.30	49	43	48	63	64
乌兹别克斯坦	53				3.51	3.34			25	5	6
多米尼加	54				0.16	0.16		39	79	100	100
亚美尼亚	55				0.86	0.53			19	22	36
巴拉圭	56		0.13	0.34	0.67	0.63	55	100	74	28	30
哥斯达黎加	57				0.10	0.12		85	100	100	100
巴西	58	0.52	0.42	0.47	0.51	0.51	41	41	39	37	37
墨西哥	59	0.43	0.43	0.54	0.24	0.21	35	35	38	80	92
博茨瓦纳	60					0.00					
秘鲁	61	0.32	0.34	0.34	0.20	0.20	55	57	100	96	97
牙买加	62	0.47	0.90	0.42	0.22	0.23	46	36	49	85	82
约旦	63		0.25	0.56	0.44	0.36	34	36	35	43	52
南非	64		1.20	1.62	0.72	0.62	12	13	14	26	31
土耳其	65	0.53	0.57	0.56	0.41	0.05	34	36	36	46	100
厄瓜多尔	66	0.35	0.23	0.27	0.20	0.23	72	81	97	96	84
伊朗	67		0.73	0.81	0.77	0.56	24	29	27	25	34
蒙古	68					0.00					
摩洛哥	69	0.25	0.35	0.27	0.21	0.22	71	59	89	90	87
马来西亚	70	0.00	0.55	0.50	0.27	0.30	38	39	41	69	62

附表 2-2-14　工业能源密度(工业能源消费/工业增加值,千克油/美元)　　　　（续表）

国家	国家编号	指标					指数				
		1971	1980	1989	1999	2002	1971	1980	1989	1999	2002
萨尔瓦多	71				0.19	0.17		64	66	100	100
埃及	72	0.80	0.70	0.91	0.39	0.46	21	26	25	49	42
中国	73		6.15	3.52	0.64	0.49	5	4	9	30	39
阿尔及利亚	74	0.14	0.19	0.20	0.13	0.15	95	96	78	100	100
土库曼斯坦	75				0.15				65	100	
突尼斯	76	0.38	0.37	0.47	0.27	0.27	40	36	41	72	70
阿尔巴尼亚	77		1.08	0.79	0.41	0.32	24	17	42	46	59
吉尔吉斯	78				1.16	1.24			9	16	15
塔吉克斯坦	79				1.50	1.14			10	13	17
玻利维亚	80	0.10	0.23	0.39	0.39	0.40	48	46	37	49	48
缅甸	81										
菲律宾	82	0.45	0.30	0.46	0.35	0.33	42	32	35	55	58
泰国	83	1.96	1.44	0.38	0.38	0.39	50	42	44	50	49
纳米比亚	84				0.06	0.07				100	100
津巴布韦	85	1.38	1.81	3.00	0.66	0.75	6	7	6	29	25
洪都拉斯	86				0.34	0.46		28	28	56	41
尼加拉瓜	87				0.40	0.37		39	31	48	51
越南	88			4.03	0.31	0.43	5	5	9	61	44
肯尼亚	89	0.70	0.66	1.77	0.61	0.63	11	10	10	31	30
斯里兰卡	90	0.00	0.64	0.37	0.43	0.36	52	45	64	44	52
刚果共和国	91		0.08	0.06	0.00	0.01	100	100	100	100	100
印度尼西亚	92	0.44	0.36	0.76	0.28	0.41	25	26	31	69	47
赞比亚	93	1.73	1.71	0.00	1.43	1.35		5	4	13	14
危地马拉	94	0.00	0.44	0.17	0.23	0.23	100	56	45	84	83
毛里塔尼亚	95					0.00					
科特迪瓦	96	0.00	0.57	0.53	0.13	0.15	36	44	32	100	100
印度	97	1.87	2.03	3.12	0.97	0.86	6	5	7	20	22
巴基斯坦	98	1.64	1.62	1.99	0.90	0.90	10	9	11	21	21
莱索托	99					0.00					
柬埔寨	100					0.00					
喀麦隆	101	0.00	0.76	0.46	0.60	0.51	42	62	25	32	37
厄立特里亚	102					0.11					100
叙利亚	103		1.92	1.56	0.67	1.03	12	10	26	28	19
加纳	104				0.64	0.68		10	8	30	28
乍得	105					0.00					
莫桑比克	106			2.18	1.95	0.89	9	6	8	10	21
几内亚	107					0.00					
也门共和国	108				0.05	0.10				100	100
巴布亚新几内亚	109					0.00					
海地	110				0.24	0.80		25	59	78	24
尼泊尔	111		5.77	2.98	0.35	0.24	6	5	8	55	79
塞内加尔	112		1.35	1.13	0.42	0.46	17	18	19	45	41
塞拉利昂	113										
刚果民主共和国	114				3.24	3.38		53	17	6	6
老挝	115										
马拉维	116										
多哥	117				0.37	0.36				51	52
马达加斯加	118										
马里	119										
尼日利亚	120	0.11	0.25	0.78	0.56	0.05	25	22	24	34	100
孟加拉国	121	0.00	0.58	1.20	0.35	0.31	16	17	20	54	61
坦桑尼亚	122				1.11	0.88			10	17	22
贝宁	123	0.00	0.71	0.79	0.21	0.17	24	35	17	89	100
尼日尔	124					0.00					
安哥拉	125			0.29	0.10	0.12	66	57	47	100	100
乌干达	126					0.00					
中非	127					0.00					
布基纳法索	128					0.00					
埃塞俄比亚	129			4.65	0.65	0.63	4	4	2	29	30
布隆迪	130										
卢旺达	131										
高收入国家		0.41	0.38	0.31	0.19	0.19	61	59	67	98	99
中等收入国家											
低收入国家											
世界平均											
基准值		0.19	0.19	0.19	0.19	0.19					

附表 2-2-15 绿色生态旅游(人均国际旅游收入,美元/人)

国家	国家编号	指标				指数			
		1995	2000	2002	2004	1995	2000	2002	2004
瑞典	1	497	544	635	731	90	99	100	100
美国	2	352	420	353	384	64	76	64	70
芬兰	3	467	393	431	548	85	71	78	99
澳大利亚	4	645	637	623	892	100	100	100	100
瑞士	5	1613	1409	1337	1652	100	100	100	100
挪威	6	626	561	569	741	100	100	100	100
日本	7	39	47	48	112	7	9	9	20
丹麦	8								
德国	9	295	303	323	431	53	55	59	78
荷兰	10	686	709	727	727	100	100	100	100
加拿大	11	313	424	406	467	57	77	74	85
新加坡	12								
英国	13	474	502	469	621	86	91	85	100
法国	14	541				98			
比利时	15			735	964			100	100
奥地利	16	1827	1433	1614	2251	100	100	100	100
新西兰	17								
韩国	18	148	181	160	164	27	33	29	30
以色列	19	630	729	354	415	100	100	64	75
意大利	20	532	498	489	658	96	90	89	100
爱尔兰	21	749	922	1076	1466	100	100	100	100
西班牙	22	702	835	906	1198	100	100	100	100
爱沙尼亚	23	315	478	542	817	57	87	98	100
斯洛文尼亚	24	567	511	578	864	100	93	100	100
乌拉圭	25	225	247	121	168	41	45	22	30
俄罗斯	26			37	48			7	9
斯洛伐克	27	117	82	138	173	21	15	25	31
希腊	28	393	848	909	1158	71	100	100	100
匈牙利	29	284	373	371	404	52	68	67	73
捷克	30			331	485			60	88
葡萄牙	31	563	589	633	850	100	100	100	100
白俄罗斯	32	3	19	30	39	0	3	5	7
拉脱维亚	33	15	73	86	148	3	13	15	27
立陶宛	34	28	123	160	254	5	22	29	46
格鲁吉亚	35		23	31	46		4	6	8
乌克兰	36		11	21	32		2	4	6
保加利亚	37	79	169	186	350	14	31	34	63
黎巴嫩	38	223	218		1675	40	40		100
哈萨克斯坦	39	10	27	46	53	2	5	8	10
波兰	40	180	159	130	170	33	29	24	31
阿根廷	41	73	87	46	78	13	16	8	14
巴拿马	42	139	213	232	284	25	39	42	52
克罗地亚	43		655	890	1619		100	100	100
沙特阿拉伯	44			151	273			27	49
哥伦比亚	45	23	31	28	30	4	6	5	5
科威特	46	171	180	138	168	31	33	25	30
智利	47	82	76	77	96	15	14	14	17
马其顿	48		44	27	38		8	5	7
阿塞拜疆	49	11	8	8	10	2	2	1	2
摩尔多瓦	50	16	13	17	28	3	2	3	5
罗马尼亚	51	30	18	18	28	6	3	3	5
委内瑞拉	52	45	19	19	20	8	3	3	4
乌兹别克斯坦	53		3	3			0	0	
多米尼加	54								
亚美尼亚	55	4	17	27	34	1	3	5	6
巴拉圭	56	34	16	13	14	6	3	2	3
哥斯达黎加	57	220	376	315	373	40	68	57	68
巴西	58	7	11	12	18	1	2	2	3
墨西哥	59	75	93	95	111	14	17	17	20
博茨瓦纳	60	109	129	183	259	20	23	33	47
秘鲁	61	22	33	32	42	4	6	6	8
牙买加	62	483	609	566	655	88	100	100	100
约旦	63	232	191	242	298	42	35	44	54
南非	64	68	76	81	148	12	14	15	27
土耳其	65								
厄瓜多尔	66	28	37	35	28	5	7	6	5
伊朗	67	3	11	25	20	1	2	4	4
蒙古	68	15	18	58	82	3	3	11	15
摩洛哥	69	56	82	111	152	10	15	20	28
马来西亚	70	248	255	337	278	45	46	61	50

附表 2-2-15　绿色生态旅游(人均国际旅游收入,美元/人)　（续表）

国家	国家编号	指标				指数			
		1995	2000	2002	2004	1995	2000	2002	2004
萨尔瓦多	71	27	70	80	93	5	13	14	17
埃及	72	48	69	59	87	9	13	11	16
中国	73		14	17	21		2	3	4
阿尔及利亚	74	1	3	4	4	0	1	1	1
土库曼斯坦	75								
突尼斯	76	205	207	187	245	37	37	34	44
阿尔巴尼亚	77	22	130	160	243	4	24	29	44
吉尔吉斯	78		4	11	19		1	2	3
塔吉克斯坦	79			1	1			0	0
玻利维亚	80	12	12	17	29	2	2	3	5
缅甸	81	4	4	3	2	1	1	1	0
菲律宾	82	17	31	23	30	3	6	4	5
泰国	83	159	162	166	205	29	29	30	37
纳米比亚	84			128	212			23	38
津巴布韦	85	12	10	6	15	2	2	1	3
洪都拉斯	86	15	41	45	57	3	7	8	10
尼加拉瓜	87	11	27	27	36	2	5	5	6
越南	88								
肯尼亚	89	22	16	16	24	4	3	3	4
斯里兰卡	90	20	20	31	42	4	4	6	8
刚果共和国	91	5	4	7		1	1	1	
印度尼西亚	92			27	24			5	4
赞比亚	93	5	10	12	13	1	2	2	2
危地马拉	94	22	45	55	66	4	8	10	12
毛里塔尼亚	95								
科特迪瓦	96	7	3	3	4	1	1	1	1
印度	97		4	3	4		1	1	1
巴基斯坦	98	5	4	4	5	1	1	1	1
莱索托	99	17				3			
柬埔寨	100	6	27	38	49	1	5	7	9
喀麦隆	101	6	3			1	0		
厄立特里亚	102	19	10	19	17	3	2	3	3
叙利亚	103				102				18
加纳	104	2	18	18	23	0	3	3	4
乍得	105	6	2	3		1	0	1	
莫桑比克	106			3	5			1	1
几内亚	107	0	2		4	0	0		1
也门共和国	108								
巴布亚新几内亚	109								
海地	110								
尼泊尔	111	11	9	5	10	2	2	1	2
塞内加尔	112	18	15	19	24	3	3	4	4
塞拉利昂	113								
刚果民主共和国	114								
老挝	115	11				2			
马拉维	116	2	3	4	3	0	0	1	1
多哥	117		2	3	4		0	1	1
马达加斯加	118	8	9	4	7	1	2	1	1
马里	119	3	4	8	11	0	1	2	2
尼日利亚	120	1	2	2		0	0	0	
孟加拉国	121			0				0	
坦桑尼亚	122		11	12	16		2	2	3
贝宁	123		11	12	14		2	2	2
尼日尔	124				2				0
安哥拉	125	2	2	3	5	0	0	1	1
乌干达	126			8	11			1	2
中非	127	1	1	1		0	0	0	
布基纳法索	128		2				0		
埃塞俄比亚	129	3	3	4	7	1	1	1	1
布隆迪	130	0	0	0		0	0	0	
卢旺达	131	1	3			0	1		
高收入国家		418	456	439	552	76	83	80	100
中等收入国家			42	45	57		8	8	10
低收入国家			5	5			1	1	
世界平均		88	95	93	117	16	17	17	21
基准值		552	552	552	552				

附表 2-2-16 物质经济效率(工农业增加值/工农业劳动力,美元/人)

国家	国家编号	指标						指数					
		1970	1980	1990	2000	2002	2003	1970	1980	1990	2000	2002	2003
瑞典	1	8076	25343	47820	52557	53630	67590	15	47	88	97	98	100
美国	2	11341	24386	42616	61020	62440	66141	21	45	78	100	100	100
芬兰	3	4079	18867	47649	45129	46866	58105	7	35	87	83	86	100
澳大利亚	4	7917	26143	36367	40707	43878	55555	15	48	67	75	81	100
瑞士	5			60728	57883	67016	68920			100	100	100	100
挪威	6	6108	32680	57525	102121	103901	119613	11	60	100	100	100	100
日本	7	3653	18189	47565	64023	53237	59283	7	33	87	100	98	100
丹麦	8	4780	19191	36560	47287	51884	64658	9	35	67	87	95	100
德国	9		19637	37790	36672	38731	47316		36	69	67	71	87
荷兰	10	6399	28830	43755	44387	48909	59361	12	53	80	82	90	100
加拿大	11	9109	25705	43606	56740	52348	51864	17	47	80	100	96	95
新加坡	12	2303			44346	55409	56838	4			81	100	100
英国	13	4450	19690	31846	45610	48598	57351	8	36	58	84	89	100
法国	14	5809	21457	41978	44822	46546	56230	11	39	77	82	85	100
比利时	15	6515	28415	48591	48221	51136	62237	12	52	89	89	94	100
奥地利	16	3985	18279	32803	40479	44492	52313	7	34	60	74	82	96
新西兰	17	5586	14068	23723	26644	26090	26392	10	26	44	49	48	48
韩国	18	690	3179	11733	23615	23838	26881	1	6	22	43	44	49
以色列	19												
意大利	20	3704	17031	38127	33813	36803	44752	7	31	70	62	68	82
爱尔兰	21	3459	14152	32603	59015	73800	90220	6	26	60	100	100	100
西班牙	22	2643	12904	27552	25031	28772	36059	5	24	51	46	53	66
爱沙尼亚	23			6279	5734	7887	10150			12	11	14	19
斯洛文尼亚	24			15560	14483	15801	21389			29	27	29	39
乌拉圭	25	2137	9284	8955	14850	9832	10095	4	17	16	27	18	19
俄罗斯	26			7438	3421	4178	5039			14	6	8	9
斯洛伐克	27			8879	6092	6636	9072			16	11	12	17
希腊	28	2146	8950	13836	15418	18692	24546	4	16	25	28	34	45
匈牙利	29	922	4257	6344	8912	11335	14441	2	8	12	16	21	27
捷克	30			5577	9279	12092	14921			10	17	22	27
葡萄牙	31		4747	10122	12425	13432	15948		9	19	23	25	29
白俄罗斯	32			3533	1220	1271	1531			6	2	2	3
拉脱维亚	33			6142	4284	4850	5610			11	8	9	10
立陶宛	34			5445	5046	6324	8335			10	9	12	15
格鲁吉亚	35			2886	870	981	1147			5	2	2	2
乌克兰	36			2459	1194	1598	1892			5	2	3	3
保加利亚	37		4438	5139	2787	3071	5023		8	9	5	6	9
黎巴嫩	38				3569	3642	3697				7	7	7
哈萨克斯坦	39				2773	2704	3266				5	5	6
波兰	40			2886	6165	6720	7616			5	11	12	14
阿根廷	41	3584	7794	10910	22565	11183	14535	7	14	20	41	21	27
巴拿马	42	1244	3384	3299	6591	5880	5368	2	6	6	12	11	10
克罗地亚	43			9935	6975	8179	9948			18	13	15	18
沙特阿拉伯	44	2716	80126	32048	63306	57576	68199	5	100	59	100	100	100
哥伦比亚	45	943	5446	4687	6098	3591	3502	2	10	9	11	7	6
科威特	46	21881	139007	43356	19634	15346	19967	40	100	80	36	28	37
智利	47	3218	8113	6459	12893	11408	12738	6	15	12	24	21	23
马其顿	48			3906	2920	2689	3634			7	5	5	7
阿塞拜疆	49			2198	1624	1890	2190			4	3	3	4
摩尔多瓦	50			1844	430	507	618			3	1	1	1
罗马尼亚	51			3257	1999	3048	3884			6	4	6	7
委内瑞拉	52	3458	15674	10869	17259	13401	12132	6	29	20	32	25	22
乌兹别克斯坦	53			1844	1084	707	730			3	2	1	1
多米尼加	54	653	3026	2231	6605	7166	5264	1	6	4	12	13	10
亚美尼亚	55			1199	1297	1636	1843			2	2	3	3
巴拉圭	56	530	3537	5697	3089	2128	2439	1	6	10	6	4	4
哥斯达黎加	57	1371	5207	3908	8703	8357	8679	3	10	7	16	15	16
巴西	58	828	4115	6455	4555	5331	6087	2	8	12	8	10	11
墨西哥	59	1495	4903	4885	9614	10378	9985	3	9	9	18	19	18
博茨瓦纳	60	233	2049	6858	10002	10192	14308	0	4	13	18	19	26
秘鲁	61	1276		3263	6620	7503	8343	2		6	12	14	15
牙买加	62	1756	2761	4140	6375	6756	6369	3	5	8	12	12	12
约旦	63	1018	4727	3174	4526	5041	5475	2	9	6	8	9	10
南非	64	1576	7398	6883	5812	5216	7891	3	14	13	11	10	14
土耳其	65	772	2537	4653	4949	4058	5185	1	5	9	9	7	10
厄瓜多尔	66	556	4427	4259	3998	5241	5563	1	8	8	7	10	10
伊朗	67		4129	7167	4184	4527	5415		8	13	8	8	10
蒙古	68				727	733	885				1	1	2
摩洛哥	69	494	2216	4242	3890	2584	3047	1	4	8	7	5	6
马来西亚	70	930	5151	6628	10988	11240	12548	2	9	12	20	21	23

附表 2-2-16 物质经济效率(工农业增加值/工农业劳动力,美元/人) (续表)

国家	国家编号	指标		标				指	数				
		1970	1980	1990	2000	2002	2003	1970	1980	1990	2000	2002	2003
萨尔瓦多	71	815	2326	2933	4561	4818	4925	1	4	5	8	9	9
埃及	72	448	1614	1988	4535	4171	3931	1	3	4	8	8	7
中国	73	180	333	416	1129	1342	1522	0	1	1	2	2	3
阿尔及利亚	74	1222	8632	8132	7584	6033	7551	2	16	15	14	11	14
土库曼斯坦	75			1300	965	1351	1818			2	2	2	3
突尼斯	76	497	3104	3816	4272	4185	5034	1	6	7	8	8	9
阿尔巴尼亚	77			1449	1701	1933	2350			3	3	4	4
吉尔吉斯	78			1615	655	687	814			3	1	1	1
塔吉克斯坦	79			1198	426	483	605			2	1	1	1
玻利维亚	80	500	943	3369	2756	807	836	1	2	6	5	1	2
缅甸	81												
菲律宾	82	435	1728	1768	2215	2009	1981	1	3	3	4	4	4
泰国	83	238	902	1810	2803	2899	3425	0	2	3	5	5	6
纳米比亚	84		7651	3322	4531	4390	5975		14	6	8	8	11
津巴布韦	85	479	1203	1195	994	3393	883	1	2	2	2	6	2
洪都拉斯	86	525	1290	1230	1734	1642	1744	1	2	2	3	3	3
尼加拉瓜	87	859	1893	673	1592	1536	1564	2	3	1	3	3	3
越南	88			129	619	679	766			0	1	1	1
肯尼亚	89	156	1096	921	408	368	416	0	2	2	1	1	1
斯里兰卡	90	373	532	746	1268	1352	1478	1	1	1	2	2	3
刚果共和国	91	318	2029	2463	1774	1404	1580	1	4	5	3	3	3
印度尼西亚	92	180	1309	1342	1773	2051	2307	0	2	2	3	4	4
赞比亚	93	753	998	723	305	345	421	1	2	1	1	1	1
危地马拉	94	620	2204	1763	4032	4149	4418	1	4	3	7	8	8
毛里塔尼亚	95	226	757	1011	555	482	566	0	1	2	1	1	1
科特迪瓦	96	315	2092	1878	762	803	932	1	4	3	1	1	2
印度	97	183	449	605	676	698	822	0	1	1	1	1	2
巴基斯坦	98	307	576	725	1072	974	1123	1	1	1	2	2	2
莱索托	99	87	540	697	718	582	885	0	1	1	1	1	2
柬埔寨	100			207	439	466	516			0	1	1	1
喀麦隆	101	211	1309	1735	962	981	1242	0	2	3	2	2	2
厄立特里亚	102				155	134	166				0	0	0
叙利亚	103	749	3614	3030	1528	2886	2957	1	7	6	3	5	5
加纳	104	475	865	741	513	409	509	1	2	1	1	1	1
乍得	105	136	330	379	227	316	453	0	1	1	0	1	1
莫桑比克	106		424	219	209	215	264		1	0	0	0	0
几内亚	107			593	444	448	508			1	1	1	1
也门共和国	108			1068	1834	1621	1739			2	3	3	3
巴布亚新几内亚	109	339	1305	1261	1345	804	980	1	2	2	2	1	2
海地	110				781	693	585				1	1	1
尼泊尔	111	113	240	379	447	422	440	0	0	1	1	1	1
塞内加尔	112	185	502	838	430	418	655	0	1	2	1	1	1
塞拉利昂	113	243	494	288	269			0	1	1	0		
刚果民主共和国	114	282	883	447	178	203		1	2	1	0	0	
老挝	115			498	642	627	721			1	1	1	1
马拉维	116	76	278	267	168	171	156	0	1	0	0	0	0
多哥	117	186	721	798	329	374	495	0	1	1	1	1	1
马达加斯加	118	126	480	255	254	287	336	0	1	0	0	1	1
马里	119	91	370	436	291	392	507	0	1	1	1	1	1
尼日利亚	120	371	2620	1276	1065	1171	1488	1	5	2	2	2	3
孟加拉国	121	174	307	385	528	375	400	0	1	1	1	1	1
坦桑尼亚	122			217	294	358	379			0	1	1	1
贝宁	123	185	621	632	407	456	589	0	1	1	1	1	1
尼日尔	124	237	670	377	199	229	289	0	1	1	0	0	1
安哥拉	125			1606	1168	1241	1480			3	2	2	3
乌干达	126	170	186	358	306	261	361	0	0	1	1	0	1
中非	127	105	488	815	382	422	535	0	1	1	1	1	1
布基纳法索	128	75	328	419	265	300	399	0	1	1	0	1	1
埃塞俄比亚	129			269	133	109	116			0	0	0	0
布隆迪	130	102	326	291	134	130	127	0	1	1	0	0	0
卢旺达	131	82	359	506	311	278	270	0	1	1	1	1	0
高收入国家		2998	20827	38819	48848	48421	54458	6	38	71	90	89	100
中等收入国家		383	1503	1758	2177	2404	2718	1	3	3	4	4	5
低收入国家		170	526	572	673	689	793	0	1	1	1	1	1
世界平均		811	3363	4748	5413	5185	5846	1	6	9	10	10	11
基准值		54458	54458	54458	54458	54458	54458						

附表 2-2-17 物质经济比例(工农业增加值/GDP,%)

国家	国家编号	指标						指数					
		1970	1980	1990	2000	2002	2004	1970	1980	1990	2000	2002	2004
瑞典	1	43	37	36	31	30	31	66	75	78	90	93	92
美国	2	37	36	30	25	23	23	76	77	94	100	100	100
芬兰	3	50	48	41	38	35	34	56	58	68	73	80	82
澳大利亚	4	45	44	33	29	29	29	62	64	85	95	96	96
瑞士	5			36	30	30	30			78	92	92	92
挪威	6	38	45	39	45	40	41	74	63	71	62	70	68
日本	7	51	45	42	34	32	32	55	63	67	83	88	88
丹麦	8	37	34	31	30	29	27	75	83	90	93	98	100
德国	9	52	44	39	32	30	30	54	64	71	89	93	93
荷兰	10	45	39	35	30	28	28	62	73	80	94	98	100
加拿大	11	41	42	35	36	35	35	69	67	81	78	81	81
新加坡	12	30			37	35	35	93			75	79	79
英国	13	44	45	37	30	27	27	63	63	76	95	100	100
法国	14	45	37	30	26	25	24	63	75	92	100	100	100
比利时	15	48	39	35	30	28	27	59	71	80	95	100	100
奥地利	16	47	42	36	33	32	33	59	67	78	84	86	85
新西兰	17	45	43	35	34	35	35	62	66	80	81	81	81
韩国	18	57	53	51	46	43	45	49	53	55	61	66	63
以色列	19												
意大利	20	49	47	37	32	31	30	57	60	75	88	90	92
爱尔兰	21	53	48	44	46	45	44	52	59	64	61	63	64
西班牙	22	54	46	41	34	33	33	52	60	68	83	85	86
爱沙尼亚	23			66	32	32	33			42	88	87	85
斯洛文尼亚	24			48	41	40	39			58	69	71	71
乌拉圭	25	52	47	42	32	34	40	54	59	67	88	83	70
俄罗斯	26			65	44	40	40			43	63	70	70
斯洛伐克	27			67	34	32	33			42	81	87	84
希腊	28	42	47	39	30	30	30	66	60	72	92	92	94
匈牙利	29	63	66	54	38	34	34	44	42	52	73	82	82
捷克	30			55	43	42	41			51	65	67	68
葡萄牙	31	60	51	40	34	32	30	47	55	69	83	87	92
白俄罗斯	32			71	53	49	51			40	53	57	55
拉脱维亚	33		63	68	28	27	27		45	41	100	100	100
立陶宛	34			58	38	37	40			48	73	75	70
格鲁吉亚	35		60	65	44	45	43		47	43	63	62	65
乌克兰	36			70	53	49	49			40	52	57	58
保加利亚	37		69	66	45	42	42		41	42	62	67	67
黎巴嫩	38				31	31	28				92	91	100
哈萨克斯坦	39				49	47	48				57	59	58
波兰	40			58	37	33	36			48	76	84	78
阿根廷	41	52	48	44	33	43	46	54	59	63	85	65	61
巴拿马	42	36	28	25	26	24	26	78	98	100	100	100	100
克罗地亚	43			44	39	39	38			63	71	72	73
沙特阿拉伯	44	67	73	55	59	57	63	42	39	51	48	49	45
哥伦比亚	45	54	52	55	41	40	42	52	53	51	68	70	66
科威特	46	67	75	53	61	54	59	41	37	53	46	52	47
智利	47	49	45	50	43	44	48	57	63	56	65	64	58
马其顿	48			53	46	43	41			53	61	66	68
阿塞拜疆	49			62	62	65	68			45	45	43	41
摩尔多瓦	50			73	51	47	45			38	55	59	62
罗马尼亚	51			74	49	51	51			38	57	55	55
委内瑞拉	52	45	51	66	54	54	56	62	55	42	52	52	50
乌兹别克斯坦	53			66	57	56	56			43	49	50	50
多米尼加	54	49	48	45	45	44	37	57	58	62	62	64	76
亚美尼亚	55			69	61	63	60			40	46	44	46
巴拉圭	56	53	56	53	46	49	51	53	50	53	60	57	54
哥斯达黎加	57	53	51	47	42	38	37	53	55	60	67	74	75
巴西	58	51	55	47	35	47	50	55	51	60	79	60	56
墨西哥	59	45	43	36	32	30	31	62	66	77	87	92	92
博茨瓦纳	60	62	65	66	54	54	54	45	43	43	52	52	52
秘鲁	61	50		36	40	40	40	56		78	70	70	70
牙买加	62	49	52	54	38	37	38	57	54	52	74	75	74
约旦	63	31	36	36	28	30	32	91	78	77	100	94	89
南非	64	45	55	45	35	37	35	62	51	63	80	75	80
土耳其	65	60	49	48	41	37	35	47	58	58	69	76	79
厄瓜多尔	66	47	55	51	45	37	38	60	51	55	62	75	74
伊朗	67	62	50	52	50	52	52	45	55	54	55	54	54
蒙古	68			48	51	43	51			59	55	65	55
摩洛哥	69	47	49	50	46	46	46	60	57	56	61	60	61
马来西亚	70	57	64	57	60	56	60	49	44	49	47	50	47

附表 2-2-17 物质经济比例(工农业增加值/GDP,%) (续表)

国家	国家编号	指标 1970	指标 1980	指标 1990	指标 2000	指标 2002	指标 2004	指数 1970	指数 1980	指数 1990	指数 2000	指数 2002	指数 2004
萨尔瓦多	71	65		45	42	42	40	43		63	67	67	69
埃及	72	58	55	48	50	51	52	49	51	58	56	55	54
中国	73	76	79	69	61	58	59	37	36	41	46	48	47
阿尔及利亚	74	55	66	60	69	63	66	51	42	47	41	45	42
土库曼斯坦	75			62	70	64	66			45	40	43	43
突尼斯	76	38	45	46	41	40	40	74	62	62	68	71	69
阿尔巴尼亚	77		79	84	48	44	44		36	33	58	63	64
吉尔吉斯	78			70	68	61	58			40	41	46	49
塔吉克斯坦	79			71	66	64	55			39	42	44	51
玻利维亚	80	54	51	52	45	44	46	52	54	54	63	63	61
缅甸	81	52	59	68	67	67	67	54	47	41	42	42	42
菲律宾	82	61	64	56	48	47	46	46	44	50	58	60	61
泰国	83	51	52	50	51	52	54	55	54	56	55	54	52
纳米比亚	84		67	50	39	43	42		42	56	71	65	67
津巴布韦	85	48	45	50	43	34	41	58	63	56	64	82	69
洪都拉斯	86	55	48	49	48	44	45	51	58	57	59	63	63
尼加拉瓜	87	51	57	62	49	49	50	55	49	45	57	57	56
越南	88			61	61	62	62			46	46	46	45
肯尼亚	89	53	53	49	49	45	44	53	52	58	57	62	64
斯里兰卡	90	52	57	52	47	47	45	54	49	54	59	60	63
刚果共和国	91	42	58	54	77	70	63	67	48	52	36	40	45
印度尼西亚	92	64	66	59	62	61	59	44	43	48	46	46	47
赞比亚	93	71	57	72	48	48	48	39	49	39	59	58	59
危地马拉	94	46	47	46	43	42	42	61	60	61	66	67	67
毛里塔尼亚	95	68	56	58	57	52	52	41	50	48	49	54	54
科特迪瓦	96	50	46	56	45	45	43	56	61	50	62	62	66
印度	97	67	63	59	51	49	48	42	44	48	55	57	58
巴基斯坦	98	59	54	51	49	47	47	47	51	55	57	60	59
莱索托	99	59	51	57	60	60	58	47	55	50	47	47	48
柬埔寨	100				61	61	62				46	46	45
喀麦隆	101	50	57	54	64	61	60	56	49	52	44	46	47
厄立特里亚	102				38	38	39				74	74	71
叙利亚	103	45	44	52	51	54	50	62	64	53	55	52	56
加纳	104	65	70	62	61	60	63	43	40	45	46	46	45
乍得	105	53	54	47	53	54	59	53	52	60	53	52	47
莫桑比克	106		72	56	53	51	53		39	50	53	55	53
几内亚	107			57	59	61	62			49	47	46	45
也门共和国	108			51	61	56	51			55	46	50	55
巴布亚新几内亚	109	59	60	59	72	71	71	47	47	47	39	39	39
海地	110				45	45	45				62	62	63
尼泊尔	111	79	74	68	63	62	63	36	38	41	44	45	44
塞内加尔	112	37	34	39	40	36	37	76	82	73	70	78	76
塞拉利昂	113	59	55	66	87	87	87	48	51	42	32	32	32
刚果民主共和国	114	56	62	60	84	78	78	50	45	47	34	36	36
老挝	115			76	75	75	74			37	37	37	38
马拉维	116	61	66	74	57	55	56	46	42	38	49	51	50
多哥	117	55	52	56	52	57	64	51	54	50	54	49	44
马达加斯加	118	41	46	41	44	46	45	69	61	68	64	61	63
马里	119	78	62	61	62	64	61	36	46	46	45	44	46
尼日利亚	120	55	66	74	72	75	74	51	42	38	39	37	38
孟加拉国	121	64	52	52	51	49	48	44	54	54	55	57	59
坦桑尼亚	122	58		64	61	61	61	48		44	46	46	46
贝宁	123	48	48	49	50	50	52	58	59	57	56	56	54
尼日尔	124	72	66	51	56	57	57	39	42	54	50	50	49
安哥拉	125			59	78	73	67			48	36	38	42
乌干达	126	67	77	68	58	53	53	41	37	41	49	53	52
中非	127	62	60	67	75	79	77	46	47	42	37	36	36
布基纳法索	128	53	48	48	50	49	51	53	58	58	56	57	55
埃塞俄比亚	129	70		62	57	53	56	40		45	49	52	50
布隆迪	130	81	75	75	69	69	71	35	37	37	40	41	39
卢旺达	131	70	67	57	62	63	62	40	42	49	45	45	45
高收入国家		43	41	35	30	28	28	65	68	79	94	100	100
中等收入国家		58	59	54	46	47	47	48	47	52	61	60	59
低收入国家		64	61	59	54	52	51	44	46	48	52	54	55
世界平均		46	44	39	33	31	32	61	63	72	85	89	89
基准值		28	28	28	28	28	28						

附表 2-2-18 循环经济(铝)(铝循环利用率,%)

国家	国家编号	指标				指数			
		1980	1990	2000	2002	1980	1990	2000	2002
瑞典	1	20	44	86	88	25	56	100	100
美国	2	5	20	21	19	6	25	27	24
芬兰	3	10	36	89	92	13	46	100	100
澳大利亚	4		36	40	40		46	51	51
瑞士	5	46	65	91	94	58	82	100	100
挪威	6		22	85	88		28	100	100
日本	7	35	48	78	83	44	61	99	100
丹麦	8	19	35	65	76	24	44	82	96
德国	9	23	54	83	90	29	68	100	100
荷兰	10	17	67	78	78	22	85	99	99
加拿大	11	12	17			15	22		
新加坡	12								
英国	13	5	21	26	26	6	27	33	33
法国	14	26	41	55	55	33	52	70	70
比利时	15	42	55	87	95	53	70	100	100
奥地利	16	38	60	84	87	48	76	100	100
新西兰	17		36	42	45		46	53	57
韩国	18	47	46	67	69	59	58	85	87
以色列	19								
意大利	20	20	53	40	52	25	67	51	66
爱尔兰	21			80	85			100	100
西班牙	22	26	27	31	36	33	34	39	46
爱沙尼亚	23								
斯洛文尼亚	24								
乌拉圭	25								
俄罗斯	26								
斯洛伐克	27			40	40			51	51
希腊	28	15	15	26	27	19	19	33	34
匈牙利	29			14	14			18	18
捷克	30								
葡萄牙	31	10	27	40	35	13	34	51	44
白俄罗斯	32								
拉脱维亚	33								
立陶宛	34								
格鲁吉亚	35								
乌克兰	36								
保加利亚	37								
黎巴嫩	38								
哈萨克斯坦	39								
波兰	40								
阿根廷	41								
巴拿马	42								
克罗地亚	43								
沙特阿拉伯	44								
哥伦比亚	45								
科威特	46								
智利	47								
马其顿	48								
阿塞拜疆	49								
摩尔多瓦	50								
罗马尼亚	51								
委内瑞拉	52								
乌兹别克斯坦	53								
多米尼加	54								
亚美尼亚	55								
巴拉圭	56								
哥斯达黎加	57								
巴西	58								
墨西哥	59		13	13	13		16	16	16
博茨瓦纳	60								
秘鲁	61								
牙买加	62								
约旦	63								
南非	64								
土耳其	65	33	31	31	33	42	39	39	42
厄瓜多尔	66								
伊朗	67								
蒙古	68								
摩洛哥	69								
马来西亚	70								

附表 2-2-18　循环经济(铝)(铝循环利用率,%)　　(续表)

国家	国家编号	指标 1980	指标 1990	指标 2000	指标 2002	指数 1980	指数 1990	指数 2000	指数 2002
萨尔瓦多	71								
埃及	72								
中国	73								
阿尔及利亚	74								
土库曼斯坦	75								
突尼斯	76								
阿尔巴尼亚	77								
吉尔吉斯	78								
塔吉克斯坦	79								
玻利维亚	80								
缅甸	81								
菲律宾	82								
泰国	83								
纳米比亚	84								
津巴布韦	85								
洪都拉斯	86								
尼加拉瓜	87								
越南	88								
肯尼亚	89								
斯里兰卡	90								
刚果共和国	91								
印度尼西亚	92								
赞比亚	93								
危地马拉	94								
毛里塔尼亚	95								
科特迪瓦	96								
印度	97								
巴基斯坦	98								
莱索托	99								
柬埔寨	100								
喀麦隆	101								
厄立特里亚	102								
叙利亚	103								
加纳	104								
乍得	105								
莫桑比克	106								
几内亚	107								
也门共和国	108								
巴布亚新几内亚	109								
海地	110								
尼泊尔	111								
塞内加尔	112								
塞拉利昂	113								
刚果民主共和国	114								
老挝	115								
马拉维	116								
多哥	117								
马达加斯加	118								
马里	119								
尼日利亚	120								
孟加拉国	121								
坦桑尼亚	122								
贝宁	123								
尼日尔	124								
安哥拉	125								
乌干达	126								
中非	127								
布基纳法索	128								
埃塞俄比亚	129								
布隆迪	130								
卢旺达	131								
高收入国家		16	41	65	79	20	52	82	99
中等收入国家									
低收入国家									
世界平均									
基准值		79	79	79	79				

附表 2-2-19 经济与能源脱钩(人均能源消费/人均 GDP,千克油/美元)

国家	国家编号	最大值年份	指标 1970	指标 1980	指标 1990	指标 2000	指标 2002	指标 2003	指数 1970	指数 1980	指数 1990	指数 2000	指数 2002	指数 2003
瑞典	1	1970	0.29	0.26	0.24	0.20	0.21	0.21	69	78	83	99	93	97
美国	2	1970	0.42	0.35	0.27	0.24	0.23	0.22	48	57	73	85	88	91
芬兰	3	1969	0.35	0.34	0.29	0.28	0.29	0.30	57	58	68	73	70	68
澳大利亚	4	1977	0.34	0.35	0.32	0.28	0.27	0.26	59	58	62	71	74	77
瑞士	5	1986	0.10	0.12	0.11	0.11	0.11	0.11	100	100	100	100	100	100
挪威	6	1970	0.24	0.21	0.19	0.15	0.17	0.13	83	96	100	100	100	100
日本	7	1974	0.14	0.12	0.11	0.11	0.11	0.11	100	100	100	100	100	100
丹麦	8	1970	0.23	0.18	0.14	0.12	0.12	0.13	88	100	100	100	100	100
德国	9	1973		0.29	0.23	0.18	0.18	0.18		68	87	100	100	100
荷兰	10	1973	0.29	0.29	0.24	0.20	0.21	0.22	68	69	84	98	96	93
加拿大	11	1970	0.51	0.47	0.39	0.35	0.33	0.34	39	42	51	57	60	59
新加坡	12	1994		0.28	0.30	0.24	0.27	0.24		71	66	82	75	84
英国	13	1965	0.29	0.23	0.19	0.16	0.15	0.15	69	87	100	100	100	100
法国	14	1973	0.26	0.23	0.21	0.19	0.19	0.20	78	87	95	100	100	100
比利时	15	1970	0.37	0.31	0.27	0.26	0.24	0.25	54	64	75	78	82	79
奥地利	16	1973	0.22	0.19	0.17	0.15	0.16	0.17	93	100	100	100	100	100
新西兰	17	1992	0.26	0.28	0.35	0.33	0.32	0.30	76	71	57	60	63	67
韩国	18	1997		0.34	0.33	0.37	0.35	0.35		59	61	54	57	57
以色列	19	1973		0.18	0.18	0.17	0.18	0.18		100	100	100	100	100
意大利	20	1973	0.21	0.18	0.16	0.16	0.16	0.16	94	100	100	100	100	100
爱尔兰	21	1971	0.30	0.26	0.22	0.15	0.14	0.14	67	78	91	100	100	100
西班牙	22	1995	0.16	0.21	0.20	0.21	0.21	0.21	100	97	98	93	94	93
爱沙尼亚	23	1992				0.83	0.72	0.74				24	28	27
斯洛文尼亚	24	1997				0.34	0.34	0.34				58	58	59
乌拉圭	25	1972		0.17	0.15	0.15	0.14	0.14		100	100	100	100	100
俄罗斯	26	1996				2.36	2.16	2.08				8	9	10
斯洛伐克	27	1985			1.10	0.88	0.84	0.81			18	23	24	25
希腊	28	1998	0.15	0.19	0.25	0.25	0.24	0.24	100	100	80	81	84	85
匈牙利	29	1978	0.74	0.74	0.67	0.54	0.51	0.50	27	27	30	37	39	40
捷克	30	1992			0.87	0.73	0.72	0.74			23	28	28	27
葡萄牙	31	1999	0.16	0.17	0.22	0.24	0.24	0.24	100	100	91	84	82	83
白俄罗斯	32	1992				1.91	1.77	1.72				10	11	12
拉脱维亚	33	1995				0.50	0.47	0.46				40	42	44
立陶宛	34	1996				0.63	0.66	0.63				32	30	32
格鲁吉亚	35	1993				0.95	0.76	0.73				21	26	28
乌克兰	36	1995				4.16	3.68	3.37				5	5	6
保加利亚	37	1980		2.43	1.92	1.49	1.38	1.36		8	10	13	14	15
黎巴嫩	38	1989			0.27	0.30	0.30	0.32			73	66	66	63
哈萨克斯坦	39	1992				2.17	2.06	2.00				9	10	10
波兰	40	1991				0.54	0.52	0.53				37	38	38
阿根廷	41	1990		0.20	0.25	0.22	0.23	0.23		100	79	92	86	88
巴拿马	42	1973		0.23	0.21	0.22	0.22	0.21		88	95	90	92	96
克罗地亚	43	1993				0.42	0.41	0.42				47	49	48
沙特阿拉伯	44	2002		0.21	0.45	0.61	0.66	0.64		94	44	33	31	31
哥伦比亚	45	1971		0.42	0.38	0.34	0.32	0.31		48	52	59	63	64
科威特	46	1988		0.54		0.55	0.51	0.57		37		36	39	35
智利	47	1976		0.34	0.35	0.34	0.33	0.32		58	58	59	61	63
马其顿	48													
阿塞拜疆	49	1994				2.18	1.82	1.72				9	11	12
摩尔多瓦	50	1996				2.23	2.03	2.08				9	10	10
罗马尼亚	51	1980		1.59	1.42	0.98	0.91	0.90		13	14	20	22	22
委内瑞拉	52			0.41	0.46	0.48	0.51	0.53						
乌兹别克斯坦	53	1998				3.64	3.47	3.36				5	6	6
多米尼加	54	1972		0.41	0.37	0.40	0.38	0.37		49	53	51	52	53
亚美尼亚	55	1992				1.08	0.82	0.74				18	25	27
巴拉圭	56	1971		0.44	0.49	0.50	0.50	0.50		46	41	40	40	40
哥斯达黎加	57	1971		0.20	0.21	0.21	0.21	0.21		99	95	96	93	96
巴西	58	1971		0.28	0.29	0.31	0.31	0.31		71	69	65	65	65
墨西哥	59	1989		0.28	0.30	0.26	0.27	0.27		71	66	77	75	74
博茨瓦纳	60													
秘鲁	61	1971		0.30	0.28	0.24	0.22	0.21		67	72	85	93	97
牙买加	62	2001		0.43	0.41	0.49	0.48	0.48		46	49	41	42	42
约旦	63	1990		0.41	0.68	0.61	0.57	0.56		49	29	33	35	36
南非	64	1995		0.68	0.82	0.82	0.78	0.82		29	24	24	26	25
土耳其	65	2000	0.32	0.37	0.38	0.39	0.38	0.38	62	54	53	51	53	53
厄瓜多尔	66	2000		0.48	0.46	0.52	0.50	0.51		42	44	38	40	39
伊朗	67	2001		0.74	1.01	1.17	1.14	1.14		27	20	17	17	18
蒙古	68													
摩洛哥	69	2001		0.26	0.25	0.30	0.30	0.28		77	79	67	67	71
马来西亚	70			0.48	0.50	0.54	0.55	0.57						

附表 2-2-19 经济与能源脱钩(人均能源消费/人均 GDP,千克油/美元) (续表)

国家	国家编号	最大值年份	指标 1970	指标 1980	指标 1990	指标 2000	指标 2002	指标 2003	指数 1970	指数 1980	指数 1990	指数 2000	指数 2002	指数 2003
萨尔瓦多	71	1982		0.29	0.30	0.31	0.31	0.32		69	66	64	64	62
埃及	72	1987		0.40	0.49	0.45	0.47	0.47		51	41	44	43	43
中国	73	1977		3.27	1.98	0.95	0.87	0.90		6	10	21	23	22
阿尔及利亚	74	1993		0.35	0.53	0.55	0.54	0.54		57	38	37	37	37
土库曼斯坦	75	1997				5.07						4		
突尼斯	76	1990		0.44	0.45	0.39	0.39	0.38		46	44	51	52	53
阿尔巴尼亚	77	1980		1.07	0.83	0.46	0.47	0.48		19	24	44	42	42
吉尔吉斯	78	1992				1.79	1.76	1.72				11	11	12
塔吉克斯坦	79	1992				2.96	2.56	2.45				7	8	8
玻利维亚	80	1996		0.42	0.48	0.59	0.49	0.50		47	42	34	41	40
缅甸	81													
菲律宾	82	1997		0.43	0.47	0.56	0.53	0.50		47	43	36	38	40
泰国	83	1972		0.61	0.55	0.61	0.63	0.63		33	36	33	32	32
纳米比亚	84	1996				0.30	0.32	0.33				66	62	61
津巴布韦	85	1978		1.50	1.39	1.38	1.43	1.57		13	14	14	14	13
洪都拉斯	86	1971		0.56	0.56	0.51	0.55	0.55		36	36	40	37	36
尼加拉瓜	87	1992		0.48	0.75	0.70	0.69	0.74		42	27	29	29	27
越南	88	1987			1.62	1.20	1.19	1.16			12	17	17	17
肯尼亚	89	1971		1.38	1.18	1.23	1.15	1.18		14	17	16	17	17
斯里兰卡	90	1972		0.70	0.56	0.49	0.47	0.46		29	36	40	42	44
刚果共和国	91	1971		0.50	0.38	0.26	0.26	0.29		40	52	76	77	69
印度尼西亚	92	1971		0.95	0.88	0.87	0.88	0.86		21	23	23	23	23
赞比亚	93	1995		1.73	1.81	1.93	1.87	1.81		12	11	10	11	11
危地马拉	94	1971		0.33	0.35	0.37	0.37	0.35		61	58	54	55	57
毛里塔尼亚	95													
科特迪瓦	96	2002		0.48	0.53	0.66	0.68	0.65		42	38	30	30	31
印度	97	1974		1.59	1.36	1.13	1.08	1.02		13	15	18	19	20
巴基斯坦	98	1975		0.94	0.87	0.87	0.86	0.86		21	23	23	23	23
莱索托	99													
柬埔寨	100													
喀麦隆	101	1971		0.66	0.65	0.72	0.68	0.66		30	31	28	30	30
厄立特里亚	102													
叙利亚	103	1991		0.59	1.04	0.97	0.89	0.88		34	19	21	22	23
加纳	104	1982		1.54	1.63	1.58	1.54	1.49		13	12	13	13	13
乍得	105													
莫桑比克	106	1986		3.74	3.29	1.90	1.74	1.65		5	6	11	11	12
几内亚	107													
也门共和国	108	1992			0.46	0.52	0.52	0.54			43	39	38	37
巴布亚新几内亚	109													
海地	110	2002		0.48	0.38	0.55	0.64	0.61		42	53	36	31	33
尼泊尔	111	1980		2.15	1.73	1.49	1.48	1.47		9	12	13	14	14
塞内加尔	112	1980		0.79	0.68	0.67	0.66	0.65		25	29	30	31	31
塞拉利昂	113													
刚果民主共和国	114	2001		1.22	1.55	3.39	3.53	3.45		16	13	6	6	6
老挝	115													
马拉维	116													
多哥	117			0.92	1.35	1.56	1.62	1.83						
马达加斯加	118													
马里	119													
尼日利亚	120	1984		1.82	2.19	2.15	2.19	2.01		11	9	9	9	10
孟加拉国	121	1989		0.43	0.45	0.41	0.42	0.41		47	44	49	48	49
坦桑尼亚	122				1.44	1.48	1.53	1.55						
贝宁	123	1975		1.26	1.19	0.89	0.90	0.89		16	17	22	22	23
尼日尔	124													
安哥拉	125	1993		0.69	0.74	0.87	0.81	0.82		29	27	23	25	24
乌干达	126													
中非	127													
布基纳法索	128													
埃塞俄比亚	129	1992			3.13	2.87	2.75	2.94			6	7	7	7
布隆迪	130													
卢旺达	131													
高收入国家			0.28	0.25	0.23	0.20	0.20	0.20	72	79	88	98	99	100
中等收入国家														
低收入国家														
世界平均														
基准值			0.20	0.20	0.20	0.20	0.20	0.20						

注:最大值年份为在 1970 年至 2003 年期间的最大值的年,如果有最大年,表明已经出现拐点和相对脱钩,就可以计算指数。

附表 2-2-20　经济与三废脱钩(人均 CO_2 排放/人均 GDP,千克/美元)

国家	国家编号	最大值年份	指标					指数				
			1970	1980	1990	2000	2002	1970	1980	1990	2000	2002
瑞典	1	1970	0.71	0.45	0.25	0.20	0.21	62	98	100	100	100
美国	2	1970	1.14	0.90	0.68	0.60	0.58	39	49	64	74	76
芬兰	3	1973	0.78	0.77	0.51	0.45	0.51	56	57	86	99	87
澳大利亚	4	1982	0.95	1.00	1.00	0.90	0.86	47	44	44	49	51
瑞士	5	1973	0.25	0.23	0.19	0.16	0.16	100	100	100	100	100
挪威	6	1980	0.45	0.47	0.40	0.27	0.36	98	94	100	100	100
日本	7	1973	0.41	0.33	0.26	0.25	0.25	100	100	100	100	100
丹麦	8	1970	0.70	0.58	0.40	0.29	0.30	63	75	100	100	100
德国	9	1990			0.64	0.44	0.44			69	99	100
荷兰	10	1966	0.76	0.69	0.50	0.38	0.40	58	64	88	100	100
加拿大	11	1972	1.20	1.03	0.78	0.69	0.69	37	43	57	64	64
新加坡	12	1970	1.98	1.40	1.03	0.62	0.62	22	31	43	71	71
英国	13	1965	0.89	0.67	0.50	0.39	0.36	49	66	88	100	100
法国	14	1965	0.70	0.57	0.34	0.27	0.27	63	77	100	100	100
比利时	15	1968	1.16	0.87	0.55	0.45	0.39	38	51	81	98	100
奥地利	16	1973	0.60	0.43	0.38	0.31	0.32	74	100	100	100	100
新西兰	17	1992	0.52	0.54	0.60	0.63	0.60	85	82	73	69	73
韩国	18	1980	0.85	1.02	0.85	0.84	0.78	52	43	52	53	56
以色列	19	1966	0.61	0.45	0.49	0.56	0.61	72	99	90	79	72
意大利	20	1973	0.55	0.51	0.42	0.40	0.39	79	87	100	100	100
爱尔兰	21	1971	0.91	0.78	0.65	0.45	0.40	48	56	68	99	100
西班牙	22	1981	0.47	0.60	0.48	0.49	0.49	94	73	93	90	89
爱沙尼亚	23	1992				2.92	2.55				15	17
斯洛文尼亚	24	1996				0.77	0.76				57	58
乌拉圭	25	1972	0.50	0.38	0.25	0.28	0.23	88	100	100	100	100
俄罗斯	26	1996				5.56	5.00				8	9
斯洛伐克	27	1992				1.75	1.68				25	26
希腊	28	1996	0.46	0.62	0.81	0.80	0.77	97	71	54	55	57
匈牙利	29	1965	2.88	2.15	1.40	1.16	1.12	15	20	31	38	39
捷克	30	1992				2.13	1.97				21	22
葡萄牙	31	1999	0.37	0.46	0.52	0.56	0.57	100	96	84	78	77
白俄罗斯	32	1992				4.64	4.27				9	10
拉脱维亚	33	1992				0.78	0.71				57	62
立陶宛	34	1994				1.05	0.97				42	45
格鲁吉亚	35	1992				1.89	0.98				23	45
乌克兰	36	1996				10.94	8.53				4	5
保加利亚	37	1982		6.37	5.02	3.36	3.04		7	9	13	14
黎巴嫩	38	1989			1.08	0.91	0.92			41	48	48
哈萨克斯坦	39	1992				6.62	6.48				7	7
波兰	40	1991			2.99	1.81	1.74			15	24	25
阿根廷	41	1989	0.51	0.51	0.60	0.48	0.55	86	87	73	91	80
巴拿马	42	1997	0.51	0.56	0.44	0.54	0.52	85	79	100	81	84
克罗地亚	43	1993				1.06	1.04				41	42
沙特阿拉伯	44	1995	0.82	0.93	1.25	1.53	1.79	54	47	35	29	25
哥伦比亚	45	1965	0.95	0.87	0.87	0.70	0.66	46	51	51	63	67
科威特	46	1999	0.89	0.96		1.45	1.62	49	46		30	27
智利	47	1973	1.16	0.98	0.87	0.79	0.71	38	45	51	56	62
马其顿	48	1996				3.18	2.97				14	15
阿塞拜疆	49	1994				5.64	4.36				8	10
摩尔多瓦	50	1992				5.10	4.56				9	10
罗马尼亚	51	1981		4.68	3.53	2.33	2.10		9	12	19	21
委内瑞拉	52	1994	1.06	1.00	1.23	1.36	0.98	42	44	36	32	45
乌兹别克斯坦	53	1993				8.62	8.19				5	5
多米尼加	54	1998	0.71	0.74	0.87	1.04	1.01	62	59	51	42	44
亚美尼亚	55	1992				1.81	1.24				24	35
巴拉圭	56	1999	0.35	0.30	0.36	0.47	0.53	100	100	100	93	83
哥斯达黎加	57	1994	0.28	0.33	0.30	0.34	0.35	100	100	100	100	100
巴西	58	1998	0.49	0.46	0.44	0.51	0.50	89	95	100	86	87
墨西哥	59	1982	0.59	0.83	0.91	0.65	0.65	74	53	48	67	67
博茨瓦纳	60	1977		0.87	0.68	0.78	0.71		50	64	56	62
秘鲁	61	1970	0.65	0.61	0.60	0.54	0.46	68	73	73	82	96
牙买加	62	1978	0.84	1.53	1.11	1.36	1.31	52	29	40	32	34
约旦	63	1994		1.12	1.99	1.83	1.77		39	22	24	25
南非	64	1995	2.16	2.21	2.57	2.46	2.44	20	20	17	18	18
土耳其	65	2000	0.74	0.90	1.03	1.11	1.04	59	49	43	40	42
厄瓜多尔	66	1984	0.75	1.23	1.24	1.35	1.43	59	36	35	33	31
伊朗	67	1994		2.22	3.19	3.52	3.16		20	14	12	14
蒙古	68	1992			12.55	7.92	8.33			4	6	5
摩洛哥	69		0.64	0.87	0.88	1.12	1.19					
马来西亚	70	1995	1.20	1.10	1.22	1.49	1.60	37	40	36	30	27

附表 2-2-20 经济与三废脱钩(人均 CO_2 排放/人均 GDP,千克/美元) (续表)

国家	国家编号	最大值年份	指标					指数				
			1970	1980	1990	2000	2002	1970	1980	1990	2000	2002
萨尔瓦多	71	1998	0.20	0.24	0.31	0.46	0.46	100	100	100	96	97
埃及	72	1965	1.04	1.17	1.15	1.28	1.31	42	38	38	34	33
中国	73	1977	7.67	8.07	5.40	2.31	2.48	6	5	8	19	18
阿尔及利亚	74	1998	0.78	1.92	1.71	1.62	1.61	56	23	26	27	27
土库曼斯坦	75	1997				12.49					4	
突尼斯	76	1991	0.86	1.09	1.08	1.06	1.06	51	40	41	42	41
阿尔巴尼亚	77	1984		1.70	2.26	0.57	0.63		26	20	77	70
吉尔吉斯	78	1992				3.39	3.43				13	13
塔吉克斯坦	79	1992				4.05	3.98				11	11
玻利维亚	80	1997	0.63	0.79	0.95	0.99	1.15	70	56	46	45	38
缅甸	81											
菲律宾	82	1997	0.92	0.77	0.78	1.03	0.91	48	57	56	43	48
泰国	83	2002	0.80	1.07	1.21	1.64	1.75					
纳米比亚	84	1996			0.00	0.51	0.58			100	86	76
津巴布韦	85	1966	2.54	2.20	2.47	2.00	1.81	17	20	18	22	24
洪都拉斯	86		0.65	0.60	0.60	0.86	0.95					
尼加拉瓜	87	2001	0.44	0.63	0.94	0.95	0.95	99	70	47	46	47
越南	88	1987			1.42	1.87	1.86			31	24	24
肯尼亚	89	1965	0.85	0.87	0.55	0.76	0.54	52	50	80	58	81
斯里兰卡	90	1969	0.85	0.51	0.38	0.62	0.62	52	86	100	71	71
刚果共和国	91	1974	0.58	0.21	0.42	0.02	0.67	75	100	100	100	66
印度尼西亚	92	1978	1.20	1.61	1.52	1.37	1.71	37	27	29	32	26
赞比亚	93	1967	1.58	1.29	0.81	0.56	0.58	28	34	55	78	76
危地马拉	94	1998	0.33	0.38	0.39	0.51	0.51	100	100	100	86	86
毛里塔尼亚	95	1987	0.87	1.05	3.84	2.84	2.70	51	42	11	15	16
科特迪瓦	96	1988	0.53	0.78	0.65	0.76	0.62	83	57	68	58	70
印度	97	1992	1.70	2.28	2.53	2.53	2.43	26	19	17	17	18
巴基斯坦	98	1968	1.38	1.17	1.37	1.44	1.41	32	38	32	31	31
莱索托	99											
柬埔寨	100	1994				0.15	0.14				100	100
喀麦隆	101	1989	0.21	0.69	0.21	0.38	0.36	100	63	100	100	100
厄立特里亚	102	2001				0.94	0.94				47	47
叙利亚	103	1991	1.74	2.14	3.19	2.75	2.44	25	21	14	16	18
加纳	104	1983	1.03	0.94	1.15	1.19	1.38	43	47	38	37	32
乍得	105	1980	0.15	0.31	0.13	0.09	0.08	100	100	100	100	100
莫桑比克	106	1980		1.48	0.46	0.34	0.32		30	97	100	100
几内亚	107	1986			0.48	0.42	0.39			92	100	100
也门共和国	108	1992			1.74	0.96	1.26			25	46	35
巴布亚新几内亚	109	1990	0.47	0.97	1.14	0.71	0.75	94	45	39	62	59
海地	110		0.14	0.17	0.24	0.39	0.49					
尼泊尔	111		0.13	0.26	0.19	0.62	0.67					
塞内加尔	112	1980	0.61	1.37	0.95	0.88	0.90	72	32	46	50	49
塞拉利昂	113	1969	0.90	0.39	0.30	0.89	0.86	49	73	100	49	31
刚果民主共和国	114	1999	0.40	0.49	0.52	0.54	0.41	100	89	85	81	100
老挝	115				0.24	0.58	0.66					
马拉维	116	1966	0.76	0.71	0.48	0.44	0.46	58	62	91	100	96
多哥	117	1979	0.42	0.69	0.70	1.35	1.25	100	64	63	33	35
马达加斯加	118		0.32	0.52	0.29	0.58	0.64					
马里	119	1985	0.19	0.26	0.26	0.22	0.20	100	100	100	100	100
尼日利亚	120	1984	1.17	2.34	1.40	1.11	1.18	38	19	31	40	37
孟加拉国	121			0.39	0.54	0.66	0.69					
坦桑尼亚	122	1995			0.34	0.31	0.35			100	100	100
贝宁	123		0.34	0.48	0.51	0.71	0.76					
尼日尔	124	1984	0.16	0.38	0.70	0.66	0.61	100	100	63	67	72
安哥拉	125	1995		0.79	0.55	0.73	0.71		56	80	60	62
乌干达	126	1988			0.26	0.26	0.25			100	100	100
中非	127	1987	0.32	0.15	0.24	0.28	0.29	100	100	100	100	100
布基纳法索	128	1990	0.16	0.34	0.57	0.40	0.38	100	100	78	100	100
埃塞俄比亚	129	1993			0.61	0.85	0.85			72	51	52
布隆迪	130	2000	0.12	0.22	0.24	0.39	0.35	100	100	100	100	100
卢旺达	131	1994	0.07	0.22	0.30	0.32	0.28	100	100	100	100	100
高收入国家			0.79	0.66	0.53	0.44	0.44	56	66	84	100	100
中等收入国家												
低收入国家												
世界平均												
基准值			0.44	0.44	0.44	0.44	0.44					

注:最大值年份为在 1970 年至 2002 年期间的最大值的年,如果有最大年,表明已经出现拐点和相对脱钩,就可以计算指数。

附表 2-2-21 安全饮水比例(%)

国家	国家编号	指标					指数				
		1975	1980	1990	2000	2002	1975	1980	1990	2000	2002
瑞典	1		100	100		100		100	100		100
美国	2			100		100			100		100
芬兰	3		95	100		100		95	100		100
澳大利亚	4		99	100		100		99	100		100
瑞士	5		100	100		100		100	100		100
挪威	6		100	100		100		100	100		100
日本	7		100	100		100		100	100		100
丹麦	8		100	100		100		100	100		100
德国	9		100	100		100		100	100		100
荷兰	10		100	100		100		100	100		100
加拿大	11		97	100		100		97	100		100
新加坡	12	100	100	100		100	100	100	100		100
英国	13		100	100		100		100	100		100
法国	14		100	100		100		100	100		100
比利时	15		100	100		100		100	100		100
奥地利	16		100	100		100		100	100		100
新西兰	17		87	97		97		87	97		97
韩国	18	71	75	78		92	71	75	78		92
以色列	19		100	100		100		100	100		100
意大利	20		99	100		100		99	100		100
爱尔兰	21		100	100		100		100	100		100
西班牙	22		98	100		100		98	100		100
爱沙尼亚	23										
斯洛文尼亚	24										
乌拉圭	25	84	81			98	84	81			98
俄罗斯	26			94		96			94		96
斯洛伐克	27		100	100		100		100	100		100
希腊	28		98	100		100		98	100		100
匈牙利	29		98	99		99		98	99		99
捷克	30										
葡萄牙	31	65	57	100		100	65	57	100		100
白俄罗斯	32		100	100		100		100	100		100
拉脱维亚	33										
立陶宛	34										
格鲁吉亚	35					76					76
乌克兰	36					98					98
保加利亚	37		96	100		100		96	100		100
黎巴嫩	38		92	100		100		92	100		100
哈萨克斯坦	39			86		86			86		86
波兰	40		67	100		100		67	100		100
阿根廷	41	66	54	94		94	66	54	94		94
巴拿马	42	79	81	83		91	79	81	83		91
克罗地亚	43										
沙特阿拉伯	44	84	91	90		90	84	91	90		90
哥伦比亚	45	64	86	92		92	64	86	92		92
科威特	46	89	87	100		100	89	87	100		100
智利	47	84	84	90		95	84	84	90		95
马其顿	48										
阿塞拜疆	49			66		77			66		77
摩尔多瓦	50					92					92
罗马尼亚	51		77	100		57		77	100		57
委内瑞拉	52			89		83			89		83
乌兹别克斯坦	53			89		89			89		89
多米尼加	54	55	60	86		93	55	60	86		93
亚美尼亚	55					92					92
巴拉圭	56	13	21	62		83	13	21	62		83
哥斯达黎加	57	77	90	94		97	77	90	94		97
巴西	58	77	72	83		89	77	72	83		89
墨西哥	59	62	73	80		91	62	73	80		91
博茨瓦纳	60			93		95			93		95
秘鲁	61	48	50	74		81	48	50	74		81
牙买加	62	86	51	92		93	86	51	92		93
约旦	63	61	89	98		91	61	89	98		91
南非	64			83		87			83		87
土耳其	65	75	67	81		93	75	67	81		93
厄瓜多尔	66	42	50	69		86	42	50	69		86
伊朗	67	51	66	91		93	51	66	91		93
蒙古	68			62		62			62		62
摩洛哥	69		32	75		80		32	75		80
马来西亚	70	62	2	78		95	62	2	78		95

附表 2-2-21　安全饮水比例(%)　　（续表）

国家	国家编号	指标					指数				
		1975	1980	1990	2000	2002	1975	1980	1990	2000	2002
萨尔瓦多	71	53	50	67		82	53	50	67		82
埃及	72	66	75	94		98	66	75	94		98
中国	73			70		77			70		77
阿尔及利亚	74	77	77	95		87	77	77	95		87
土库曼斯坦	75					71					71
突尼斯	76	70	72	77		82	70	72	77		82
阿尔巴尼亚	77		92	97		97		92	97		97
吉尔吉斯	78					76					76
塔吉克斯坦	79					58					58
玻利维亚	80	34	36	72		85	34	36	72		85
缅甸	81	17	21	48		80	17	21	48		80
菲律宾	82	43	45	87		85	43	45	87		85
泰国	83	22	63	81		85	22	63	81		85
纳米比亚	84			58		80			58		80
津巴布韦	85			77		83			77		83
洪都拉斯	86	46	59	83		90	46	59	83		90
尼加拉瓜	87	70	39	69		81	70	39	69		81
越南	88			72		73			72		73
肯尼亚	89	17	26	45		62	17	26	45		62
斯里兰卡	90	20	28	68		78	20	28	68		78
刚果共和国	91	17	20			46	17	20			46
印度尼西亚	92	12	23	71		78	12	23	71		78
赞比亚	93	42		50		55	42		50		55
危地马拉	94	40	46	77		95	40	46	77		95
毛里塔尼亚	95		84	41		56		84	41		56
科特迪瓦	96		20	69		84		20	69		84
印度	97	33	42	68		86	33	42	68		86
巴基斯坦	98	29	38	83		90	29	38	83		90
莱索托	99	17	15	46		76	17	15	46		76
柬埔寨	100					34					34
喀麦隆	101	26		50		63	26		50		63
厄立特里亚	102			40		57			40		57
叙利亚	103	75	71	79		79	75	71	79		79
加纳	104	35	45	54		79	35	45	54		79
乍得	105	26		20		34	26		20		34
莫桑比克	106		9	22		42		9	22		42
几内亚	107	10	15	42		51	10	15	42		51
也门共和国	108	4	31	69		69	4	31	69		69
巴布亚新几内亚	109	20	16	39		39	20	16	39		39
海地	110	14	19	53		71	14	19	53		71
尼泊尔	111	9	11	69		84	9	11	69		84
塞内加尔	112	37	43	66		72	37	43	66		72
塞拉利昂	113		14	43		57		14	43		57
刚果民主共和国	114			43		46			43		46
老挝	115		21			43		21			43
马拉维	116	33	41	41		67	33	41	41		67
多哥	117	16	38	49		51	16	38	49		51
马达加斯加	118	25	21	40		45	25	21	40		45
马里	119	9		34		48	9		34		48
尼日利亚	120			49		60			49		60
孟加拉国	121	53	39	71		75	53	39	71		75
坦桑尼亚	122	39		38		73	39		38		73
贝宁	123	21	18	60		68	21	18	60		68
尼日尔	124	27	33	40		46	27	33	40		46
安哥拉	125		26	32		50		26	32		50
乌干达	126	35		44		56	35		44		56
中非	127	16	16	48		75	16	16	48		75
布基纳法索	128		31	39		51		31	39		51
埃塞俄比亚	129	6	4	25		22	6	4	25		22
布隆迪	130		23	69		79		23	69		79
卢旺达	131	35	55	58		73	35	55	58		73
高收入国家			99	100		100		99	100		100
中等收入国家		50		77		83	50		77		83
低收入国家		31		64		75	31		64		75
世界平均				75		82			75		82
基准值		100	100	100	100	100					

附表 2-2-22 卫生设施比例(%)

国家	国家编号	指标					指数				
		1980	1990	2000	2002	2003	1980	1990	2000	2002	2003
瑞典	1	85	100		100	100	85	100		100	100
美国	2	98	100		100	100	98	100		100	100
芬兰	3	100	100		100	100	100	100		100	100
澳大利亚	4	99	100		100	100	99	100		100	100
瑞士	5	85	100		100	100	85	100		100	100
挪威	6	100	100		100	100	100	100		100	100
日本	7		100		100	100		100		100	100
丹麦	8	100	100		100	100	100	100		100	100
德国	9										
荷兰	10	100	100		100	100	100	100		100	100
加拿大	11	60	100		100	100	60	100		100	100
新加坡	12										
英国	13										
法国	14	85	100		100	100	85	100		100	100
比利时	15	99	100		100	100	99	100		100	100
奥地利	16	85	100		100	100	85	100		100	100
新西兰	17										
韩国	18	100					100				
以色列	19				100	100				100	100
意大利	20	99	100		100	100	99	100		100	100
爱尔兰	21										
西班牙	22	95	100		100	100	95	100		100	100
爱沙尼亚	23										
斯洛文尼亚	24										
乌拉圭	25	51			94	94	51			94	94
俄罗斯	26		87		87	87		87		87	87
斯洛伐克	27	43	100		100	100	43	100		100	100
希腊	28										
匈牙利	29				95	95				95	95
捷克	30										
葡萄牙	31										
白俄罗斯	32										
拉脱维亚	33										
立陶宛	34										
格鲁吉亚	35				83	84				83	84
乌克兰	36		99		99	99		99		99	99
保加利亚	37		100		100	100		100		100	100
黎巴嫩	38	59			98	99	59			98	99
哈萨克斯坦	39		72		72	72		72		72	72
波兰	40	50					50				
阿根廷	41		82					82			
巴拿马	42	71			72	73	71			72	73
克罗地亚	43										
沙特阿拉伯	44	76					76				
哥伦比亚	45	61	82		86	86	61	82		86	86
科威特	46	100	100		100	100	100	100		100	100
智利	47	83	85		92	92	83	85		92	92
马其顿	48										
阿塞拜疆	49				55	55				55	55
摩尔多瓦	50				68	66				68	66
罗马尼亚	51	50			51	52	50			51	52
委内瑞拉	52				68	68				68	68
乌兹别克斯坦	53		58		57	57		58		57	57
多米尼加	54	15	48		57	59	15	48		57	59
亚美尼亚	55				84	85				84	85
巴拉圭	56	86	58		78	79	86	58		78	79
哥斯达黎加	57	91			92	92	91			92	92
巴西	58	32	70		75	75	32	70		75	75
墨西哥	59	55	66		77	77	55	66		77	77
博茨瓦纳	60		38		41	41		38		41	41
秘鲁	61	36	52		62	62	36	52		62	62
牙买加	62	7	75		80	81	7	75		80	81
约旦	63	76			93	92	76			93	92
南非	64		63		67	69		63		67	69
土耳其	65		84		83	83		84		83	83
厄瓜多尔	66	43	56		72	73	43	56		72	73
伊朗	67	69	83		84	83	69	83		84	83
蒙古	68				59	59				59	59
摩洛哥	69	50	57		61	61	50	57		61	61
马来西亚	70	75	96				75	96			

附表 2-2-22　卫生设施比例(%)　（续表）

国家	国家编号	指标					指数				
		1980	1990	2000	2002	2003	1980	1990	2000	2002	2003
萨尔瓦多	71	35	51		63	64	35	51		63	64
埃及	72	70	54		68	68	70	54		68	68
中国	73		23		44	44		23		44	44
阿尔及利亚	74		88		92	92		88		92	92
土库曼斯坦	75				62	62				62	62
突尼斯	76	46	75		80	81	46	75		80	81
阿尔巴尼亚	77				89	89				89	89
吉尔吉斯	78				60	59				60	59
塔吉克斯坦	79				53	54				53	54
玻利维亚	80	18	33		45	45	18	33		45	45
缅甸	81	20	21		73	73	20	21		73	73
菲律宾	82	72	54		73	73	72	54		73	73
泰国	83	45	80		99	99	45	80		99	99
纳米比亚	84		24		30	31		24		30	31
津巴布韦	85		49		57	58		49		57	58
洪都拉斯	86	35	49		68	73	35	49		68	73
尼加拉瓜	87		47		66	66		47		66	66
越南	88		22		41	41		22		41	41
肯尼亚	89	30	42		48	48	30	42		48	48
斯里兰卡	90	67	70		91	91	67	70		91	91
刚果共和国	91				9	10				9	10
印度尼西亚	92	23	46		52	53	23	46		52	53
赞比亚	93		41		45	47		41		45	47
危地马拉	94	30	50		61	60	30	50		61	60
毛里塔尼亚	95		28		42	43		28		42	43
科特迪瓦	96	17	31		40	40	17	31		40	40
印度	97	7	12		30	29	7	12		30	29
巴基斯坦	98	16	38		54	54	16	38		54	54
莱索托	99	14	37		37	41	14	37		37	41
柬埔寨	100				16	16				16	16
喀麦隆	101		21		48	48		21		48	48
厄立特里亚	102		8		9	9		8		9	9
叙利亚	103	45	76		77	78	45	76		77	78
加纳	104	26	43		58	56	26	43		58	56
乍得	105		6		8	7		6		8	7
莫桑比克	106	10			27	27	10			27	27
几内亚	107	11	17		13	11	11	17		13	11
也门共和国	108		21		30	30		21		30	30
巴布亚新几内亚	109	15	45		45	46	15	45		45	46
海地	110	19	15		34	34	19	15		34	34
尼泊尔	111		12		27	26		12		27	26
塞内加尔	112	36	35		52	52	36	35		52	52
塞拉利昂	113	12			39	39	12			39	39
刚果民主共和国	114		18		29	23		18		29	23
老挝	115	5			24	24	5			24	24
马拉维	116	83	36		46	46	83	36		46	46
多哥	117	13	37		34	35	13	37		34	35
马达加斯加	118		12		33	34		12		33	34
马里	119		36		45	45		36		45	45
尼日利亚	120		39		38	38		39		38	38
孟加拉国	121	3	23		48	49	3	23		48	49
坦桑尼亚	122		47		46	46		47		46	46
贝宁	123	16	11		32	32	16	11		32	32
尼日尔	124	7	7		12	13	7	7		12	13
安哥拉	125	20	30		30	30	20	30		30	30
乌干达	126		43		41	41		43		41	41
中非	127		23		27	27		23		27	27
布基纳法索	128	7	13		12	12	7	13		12	12
埃塞俄比亚	129		4		6	6		4		6	6
布隆迪	130	35	44		36	36	35	44		36	36
卢旺达	131	51	37		41	39	51	37		41	39
高收入国家		92	100		100	100	92	100		100	100
中等收入国家			48		61	62		48		61	62
低收入国家			20		36	35		20		36	35
世界平均			43		54	56		43		54	56
基准值		100	100	100	100	100					

附表 2-2-23　城市空气污染(可吸入颗粒物浓度,微克/立方米)

国家	国家编号	指标					指数				
		1975	1980	1990	1999	2002	1975	1980	1990	1999	2002
瑞典	1		12	9	15	13		100	100	100	100
美国	2	51	56	32	23	22	52	48	84	100	100
芬兰	3		63	59	22	23		42	45	100	100
澳大利亚	4	112	87	28	22	22	24	31	97	100	100
瑞士	5		46	38	24	26		58	70	100	100
挪威	6	37	30	50	23	19	72	89	54	100	100
日本	7	71	48	53	43	42	38	56	51	62	64
丹麦	8		57	66	24	23		47	40	100	100
德国	9	108	68	72	25	25	25	39	37	100	100
荷兰	10	70	66	41	37	40	38	40	65	72	67
加拿大	11	60	68	32	15	14	45	39	84	100	100
新加坡	12				41	48				65	56
英国	13	44	22	17	23	23	61	100	100	100	100
法国	14	57	51	58	15	12	47	52	46	100	100
比利时	15	137	156	93	31	30	19	17	29	86	89
奥地利	16			43	39	44			62	68	61
新西兰	17		38	25	15	15		71	100	100	100
韩国	18		216	149	45	46		12	18	59	58
以色列	19										
意大利	20	146	139	139	35	35	18	19	19	76	76
爱尔兰	21	44	43	26	23	21	61	62	100	100	100
西班牙	22			42	37	37			64	72	72
爱沙尼亚	23										
斯洛文尼亚	24										
乌拉圭	25										
俄罗斯	26			101	27	25			27	99	100
斯洛伐克	27			93	22	19			29	100	100
希腊	28			48	50	51			55	53	52
匈牙利	29			82	26	23			33	100	100
捷克	30			64	27	25			41	99	100
葡萄牙	31	162	232	72	30	28	16	12	37	89	95
白俄罗斯	32										
拉脱维亚	33										
立陶宛	34										
格鲁吉亚	35										
乌克兰	36				45	38				59	70
保加利亚	37					76					35
黎巴嫩	38										
哈萨克斯坦	39										
波兰	40			53	49	43			50	54	62
阿根廷	41				52	58				51	46
巴拿马	42										
克罗地亚	43				39	37				68	72
沙特阿拉伯	44										
哥伦比亚	45				33	32				81	83
科威特	46										
智利	47				73	62				37	43
马其顿	48										
阿塞拜疆	49										
摩尔多瓦	50										
罗马尼亚	51				25	22				100	100
委内瑞拉	52				18	17				100	100
乌兹别克斯坦	53										
多米尼加	54										
亚美尼亚	55										
巴拉圭	56										
哥斯达黎加	57										
巴西	58					42					64
墨西哥	59				69	55				39	49
博茨瓦纳	60										
秘鲁	61										
牙买加	62										
约旦	63										
南非	64				30	30				89	89
土耳其	65			101	62	64			26	43	42
厄瓜多尔	66				26	25				100	100
伊朗	67				71	68				38	39
蒙古	68										
摩洛哥	69										
马来西亚	70				24	28				100	95

附表 2-2-23　城市空气污染(可吸入颗粒物浓度,微克/立方米)　　(续表)

国家	国家编号	指标					指数				
		1975	1980	1990	1999	2002	1975	1980	1990	1999	2002
萨尔瓦多	71										
埃及	72				178	159				15	17
中国	73				106	99				25	27
阿尔及利亚	74										
土库曼斯坦	75										
突尼斯	76										
阿尔巴尼亚	77										
吉尔吉斯	78										
塔吉克斯坦	79										
玻利维亚	80										
缅甸	81										
菲律宾	82				60	42				45	64
泰国	83				82	83				33	32
纳米比亚	84										
津巴布韦	85										
洪都拉斯	86										
尼加拉瓜	87										
越南	88										
肯尼亚	89				49					54	
斯里兰卡	90										
刚果共和国	91										
印度尼西亚	92				103	115				26	23
赞比亚	93										
危地马拉	94										
毛里塔尼亚	95										
科特迪瓦	96										
印度	97				187	177				14	15
巴基斯坦	98										
莱索托	99										
柬埔寨	100										
喀麦隆	101										
厄立特里亚	102										
叙利亚	103										
加纳	104				31	40				86	67
乍得	105										
莫桑比克	106										
几内亚	107										
也门共和国	108										
巴布亚新几内亚	109										
海地	110										
尼泊尔	111										
塞内加尔	112										
塞拉利昂	113										
刚果民主共和国	114										
老挝	115										
马拉维	116										
多哥	117										
马达加斯加	118										
马里	119										
尼日利亚	120										
孟加拉国	121										
坦桑尼亚	122										
贝宁	123										
尼日尔	124										
安哥拉	125										
乌干达	126										
中非	127										
布基纳法索	128										
埃塞俄比亚	129										
布隆迪	130										
卢旺达	131										
高收入国家					26.6	26.7				100	100
中等收入国家											
低收入国家											
世界平均											
基准值		26.7	26.7	26.7	26.7	26.7					

附表 2-2-24　能源使用效率(GDP/能源消费,美元/千克油)

国家	国家编号	指标						指数					
		1970	1980	1990	2000	2002	2003	1970	1980	1990	2000	2002	2003
瑞典	1	3.4	3.9	4.1	4.9	4.7	4.9	69	78	83	99	93	97
美国	2	2.4	2.8	3.7	4.2	4.4	4.5	48	57	73	85	88	91
芬兰	3	2.8	2.9	3.4	3.6	3.5	3.4	57	58	68	73	70	68
澳大利亚	4	2.9	2.9	3.1	3.5	3.7	3.8	59	58	62	71	74	77
瑞士	5	9.6	8.5	8.8	9.3	9.2	9.2	100	100	100	100	100	100
挪威	6	4.1	4.8	5.4	6.5	6.0	7.5	83	96	100	100	100	100
日本	7	7.1	8.1	9.3	9.0	9.1	9.3	100	100	100	100	100	100
丹麦	8	4.4	5.4	7.0	8.1	8.2	7.8	88	100	100	100	100	100
德国	9		3.4	4.3	5.5	5.6	5.5		68	87	100	100	100
荷兰	10	3.4	3.4	4.2	4.9	4.8	4.6	68	69	84	98	96	93
加拿大	11	2.0	2.1	2.6	2.8	3.0	2.9	39	42	51	57	60	59
新加坡	12		3.6	3.3	4.1	3.8	4.2		71	66	82	75	84
英国	13	3.5	4.3	5.3	6.2	6.6	6.6	69	87	100	100	100	100
法国	14	3.9	4.3	4.7	5.2	5.2	5.1	78	87	95	100	100	100
比利时	15	2.7	3.2	3.8	3.9	4.1	4.0	54	64	75	78	82	79
奥地利	16	4.6	5.2	6.0	6.7	6.3	6.0	93	100	100	100	100	100
新西兰	17	3.8	3.6	2.9	3.0	3.2	3.4	76	71	57	60	63	67
韩国	18		3.0	3.1	2.7	2.8	2.9		59	61	54	57	57
以色列	19		5.5	5.6	6.0	5.7	5.6		100	100	100	100	100
意大利	20	4.7	5.6	6.2	6.2	6.3	6.1	94	100	100	100	100	100
爱尔兰	21	3.3	3.9	4.6	6.6	7.0	7.3	67	78	91	100	100	100
西班牙	22	6.1	4.9	4.9	4.7	4.7	4.7	100	97	98	93	94	93
爱沙尼亚	23				1.2	1.4	1.4				24	28	27
斯洛文尼亚	24				2.9	2.9	3.0				58	58	59
乌拉圭	25		5.8	6.8	6.7	7.1	7.2		100	100	100	100	100
俄罗斯	26				0.4	0.5	0.5				8	9	10
斯洛伐克	27			0.9	1.1	1.2	1.2			18	23	24	25
希腊	28	6.5	5.3	4.0	4.0	4.2	4.2	100	100	80	81	84	85
匈牙利	29	1.4	1.3	1.5	1.9	2.0	2.0	27	27	30	37	39	40
捷克	30			1.1	1.4	1.4	1.4			23	28	28	27
葡萄牙	31	6.2	5.7	4.6	4.2	4.1	4.2	100	100	91	84	82	83
白俄罗斯	32				0.5	0.6	0.6				10	11	12
拉脱维亚	33				2.0	2.1	2.2				40	42	44
立陶宛	34				1.6	1.5	1.6				32	30	32
格鲁吉亚	35				1.1	1.3	1.4				21	26	28
乌克兰	36				0.2	0.3	0.3				5	5	6
保加利亚	37		0.4	0.5	0.7	0.7	0.7		8	10	13	14	15
黎巴嫩	38			3.7	3.3	3.3	3.1			73	66	66	63
哈萨克斯坦	39				0.5	0.5	0.5				9	10	10
波兰	40			1.2	1.9	1.9	1.9			23	37	38	38
阿根廷	41		5.1	4.0	4.6	4.3	4.4		100	79	92	86	88
巴拿马	42		4.4	4.8	4.5	4.6	4.8		88	95	90	92	96
克罗地亚	43				2.4	2.5	2.4				47	49	48
沙特阿拉伯	44		4.7	2.2	1.6	1.5	1.6		94	44	33	31	31
哥伦比亚	45		2.4	2.6	3.0	3.2	3.2		48	52	59	63	64
科威特	46		1.8		1.8	1.9	1.8		37		36	39	35
智利	47		2.9	2.9	2.9	3.0	3.2		58	58	59	61	63
马其顿	48												
阿塞拜疆	49				0.5	0.5	0.6				9	11	12
摩尔多瓦	50				0.4	0.5	0.5				9	10	10
罗马尼亚	51		0.6	0.7	1.0	1.1	1.1		13	14	20	22	22
委内瑞拉	52		2.5	2.2	2.1	2.0	1.9		49	43	41	40	38
乌兹别克斯坦	53				0.3	0.3	0.3				5	6	6
多米尼加	54		2.5	2.7	2.5	2.6	2.7		49	53	51	52	53
亚美尼亚	55				0.9	1.2	1.3				18	25	27
巴拉圭	56		2.3	2.1	2.0	2.0	2.0		46	41	40	40	40
哥斯达黎加	57		5.0	4.7	4.8	4.7	4.8		99	95	96	93	96
巴西	58		3.5	3.5	3.3	3.3	3.2		71	69	65	65	65
墨西哥	59		3.6	3.3	3.9	3.8	3.7		71	66	77	75	74
博茨瓦纳	60												
秘鲁	61		3.4	3.6	4.2	4.6	4.8		67	72	85	93	97
牙买加	62		2.3	2.4	2.0	2.1	2.1		46	49	41	42	42
约旦	63		2.5	1.5	1.6	1.8	1.8		49	29	33	35	36
南非	64		1.5	1.2	1.2	1.3	1.2		29	24	24	26	25
土耳其	65	3.1	2.7	2.6	2.6	2.6	2.7	62	54	53	51	53	53
厄瓜多尔	66		2.1	2.2	1.9	2.0	2.0		42	44	38	40	39
伊朗	67		1.3	1.0	0.9	0.9	0.9		27	20	17	17	18
蒙古	68												
摩洛哥	69		3.8	4.0	3.3	3.4	3.5		77	79	67	67	71
马来西亚	70		2.1	2.0	1.9	1.8	1.8		42	40	37	36	35

附表 2-2-24 能源使用效率(GDP/能源消费,美元/千克油) （续表）

国家	国家编号	指标						指数					
		1970	1980	1990	2000	2002	2003	1970	1980	1990	2000	2002	2003
萨尔瓦多	71		3.4	3.3	3.2	3.2	3.1		69	66	64	64	62
埃及	72		2.5	2.1	2.2	2.1	2.2		51	41	44	43	43
中国	73		0.3	0.5	1.1	1.2	1.1		6	10	21	23	22
阿尔及利亚	74		2.8	1.9	1.8	1.8	1.8		57	38	37	37	37
土库曼斯坦	75				0.2						4		
突尼斯	76		2.3	2.2	2.6	2.6	2.7		46	44	51	52	53
阿尔巴尼亚	77		0.9	1.2	2.2	2.1	2.1		19	24	44	42	42
吉尔吉斯	78				0.6	0.6	0.6				11	11	12
塔吉克斯坦	79				0.3	0.4	0.4				7	8	8
玻利维亚	80		2.4	2.1	1.7	2.0	2.0		47	42	34	41	40
缅甸	81												
菲律宾	82		2.3	2.1	1.8	1.9	2.0		47	43	36	38	40
泰国	83		1.6	1.8	1.6	1.6	1.6		33	36	33	32	32
纳米比亚	84				3.3	3.1	3.1				66	62	61
津巴布韦	85		0.7	0.7	0.7	0.7	0.6		13	14	14	14	13
洪都拉斯	86		1.8	1.8	2.0	1.8	1.8		36	36	40	37	36
尼加拉瓜	87		2.1	1.3	1.4	1.5	1.3		42	27	29	29	27
越南	88			0.6	0.8	0.8	0.9			12	17	17	17
肯尼亚	89		0.7	0.8	0.8	0.9	0.8		14	17	16	17	17
斯里兰卡	90		1.4	1.8	2.0	2.1	2.2		29	36	40	42	44
刚果共和国	91		2.0	2.6	3.8	3.8	3.4		40	52	76	77	69
印度尼西亚	92		1.1	1.1	1.2	1.1	1.2		21	23	23	23	23
赞比亚	93		0.6	0.6	0.5	0.5	0.6		12	11	10	11	11
危地马拉	94		3.1	2.9	2.7	2.7	2.8		61	58	54	55	57
毛里塔尼亚	95												
科特迪瓦	96		2.1	1.9	1.5	1.5	1.5		42	38	30	30	31
印度	97		0.6	0.7	0.9	0.9	1.0		13	15	18	19	20
巴基斯坦	98		1.1	1.1	1.1	1.2	1.2		21	23	23	23	23
莱索托	99												
柬埔寨	100												
喀麦隆	101		1.5	1.5	1.4	1.5	1.5		30	31	28	30	30
厄立特里亚	102												
叙利亚	103		1.7	1.0	1.0	1.1	1.1		34	19	21	22	23
加纳	104		0.6	0.6	0.6	0.6	0.7		13	12	13	13	13
乍得	105												
莫桑比克	106		0.3	0.3	0.5	0.6	0.6		5	6	11	11	12
几内亚	107												
也门共和国	108			2.2	1.9	1.9	1.9			43	39	38	37
巴布亚新几内亚	109												
海地	110		2.1	2.6	1.8	1.6	1.6		42	53	36	31	33
尼泊尔	111		0.5	0.6	0.7	0.7	0.7		9	12	13	14	14
塞内加尔	112		1.3	1.5	1.5	1.5	1.5		25	29	30	31	31
塞拉利昂	113												
刚果民主共和国	114		0.8	0.6	0.3	0.3	0.3		16	13	6	6	6
老挝	115												
马拉维	116												
多哥	117		1.1	0.7	0.6	0.6	0.5		22	15	13	12	11
马达加斯加	118												
马里	119												
尼日利亚	120		0.6	0.5	0.5	0.5	0.5		11	9	9	9	10
孟加拉国	121		2.3	2.2	2.4	2.4	2.4		47	44	49	48	49
坦桑尼亚	122			0.7	0.7	0.7	0.6			14	14	13	13
贝宁	123		0.8	0.8	1.1	1.1	1.1		16	17	22	22	23
尼日尔	124												
安哥拉	125		1.4	1.3	1.1	1.2	1.2		29	27	23	25	24
乌干达	126												
中非	127												
布基纳法索	128												
埃塞俄比亚	129			0.3	0.3	0.4	0.3			6	7	7	7
布隆迪	130												
卢旺达	131												
高收入国家		3.0	3.7	4.5	4.9	4.9	5.0	61	75	90	97	99	100
中等收入国家			1.0	1.0	1.4	1.4	1.4		20	21	28	29	28
低收入国家			0.6	0.7	0.8	0.8	0.9		12	14	16	17	17
世界平均			2.4	2.7	3.1	3.1	3.1		48	54	62	62	62
基准值		5	5	5	5	5	5						

附表 2-2-25 可再生能源比例(可再生能源/能源产量,%)

国家	国家编号	指标						指数					
		1970	1980	1990	2000	2002	2003	1970	1980	1990	2000	2002	2003
瑞典	1	17.1	22.6	24.7	31.5	26.4	25.9	100	100	100	100	100	100
美国	2	3.6	4.3	4.4	4.1	3.9	4.0	36	43	44	41	38	40
芬兰	3	27.5	17.1	18.8	24.3	22.5	21.7	100	100	100	100	100	100
澳大利亚	4	8.4	6.7	5.9	5.9	6.0	5.7	83	66	59	58	59	56
瑞士	5	17.6	15.8	14.3	18.0	17.3	17.2	100	100	100	100	100	100
挪威	6	36.7	41.7	53.3	51.6	43.6	45.4	100	100	100	100	100	100
日本	7	2.5	2.2	3.0	2.7	2.7	2.9	25	22	30	27	26	29
丹麦	8	1.6	3.3	6.4	8.9	10.2	10.7	16	32	63	88	100	100
德国	9	1.3	1.7	1.8	2.8	3.3	3.3	13	16	17	28	32	32
荷兰	10	0.0	0.3	1.3	2.3	2.5	2.4		3	13	23	25	23
加拿大	11	15.2	15.2	16.1	16.8	16.8	15.6	100	100	100	100	100	100
新加坡	12		0.1	0.0	0.0	0.0	0.0		1				
英国	13	0.2	0.2	0.5	1.0	1.2	1.3	2	2	5	10	12	13
法国	14	9.2	7.6	6.9	6.6	6.1	6.3	91	75	68	65	61	62
比利时	15	0.1	0.2	1.5	1.5	1.7	2.0	1	2	15	15	17	20
奥地利	16	13.5	15.5	20.7	22.9	22.0	20.5	100	100	100	100	100	100
新西兰	17	13.5	23.5	18.6	16.5	16.7	16.5	100	100	100	100	100	100
韩国	18		0.4	0.6	1.3	0.5	0.6		4	6	13	5	6
以色列	19		0.0	0.0	0.1	0.1	0.1		0	0	1	1	1
意大利	20	3.4	3.6	2.5	3.5	3.4	3.3	34	36	24	35	34	33
爱尔兰	21	1.1	0.8	1.6	1.7	1.7	1.5	11	8	16	16	16	15
西班牙	22	6.3	4.1	6.9	5.3	4.8	6.1	62	41	68	53	47	60
爱沙尼亚	23				11.1	11.6	10.6				100	100	100
斯洛文尼亚	24				12.0	10.4	10.5				100	100	100
乌拉圭	25		29.0	51.0	33.4	49.4	46.1		100	100	100	100	100
俄罗斯	26				3.4	3.4	3.1				34	33	30
斯洛伐克	27		1.8	1.6	4.6	4.1	3.5		18	16	45	41	34
希腊	28	8.4	4.7	4.7	4.8	4.4	4.6	83	47	47	47	43	46
匈牙利	29	2.8	1.8	1.4	1.7	3.1	3.2	28	18	14	17	31	31
捷克	30		0.4	0.3	2.0	2.5	2.9		4	3	19	25	29
葡萄牙	31	20.8	13.7	18.4	14.8	13.3	16.3	100	100	100	100	100	100
白俄罗斯	32				4.1	4.4	4.3				40	44	42
拉脱维亚	33				34.8	34.6	33.4				100	100	100
立陶宛	34				9.0	8.1	7.9				89	80	78
格鲁吉亚	35				39.7	47.9	44.2				100	100	100
乌克兰	36				1.0	0.8	0.8				9	8	8
保加利亚	37		1.8	1.2	4.2	4.4	4.9		18	11	42	44	49
黎巴嫩	38		7.1	6.3	3.3	3.5	4.1		71	63	32	34	41
哈萨克斯坦	39				1.8	1.8	1.6				18	18	16
波兰	40	1.5	1.2	2.4	4.7	5.2	5.8	15	11	23	47	51	57
阿根廷	41		8.3	7.1	8.8	10.8	10.2		82	70	87	100	100
巴拿马	42		37.6	41.1	29.3	28.5	26.4		100	100	100	100	100
克罗地亚	43				11.3	9.2	9.1				100	91	90
沙特阿拉伯	44		0.0	0.0	0.0	0.0	0.0		0	0	0	0	0
哥伦比亚	45		32.0	32.7	28.3	28.6	28.4		100	100	100	100	100
科威特	46		0.0	0.1	0.0	0.0	0.0		0	1			
智利	47		25.6	25.2	22.9	24.0	22.8		100	100	100	100	100
马其顿	48												
阿塞拜疆	49				1.2	1.5	1.8				12	15	17
摩尔多瓦	50				2.2	2.3	2.0				22	23	20
罗马尼亚	51		3.1	2.5	11.4	10.2	10.4		31	25	100	100	100
委内瑞拉	52		4.5	8.5	10.5	10.1	10.6		45	84	100	100	100
乌兹别克斯坦	53				1.0	1.1	1.0				10	10	10
多米尼加	54		38.0	24.9	18.2	18.5	19.4		100	100	100	100	100
亚美尼亚	55				5.3	7.5	8.6				52	74	85
巴拉圭	56		76.4	148.1	177.0	161.2	166.0		100	100	100	100	100
哥斯达黎加	57		50.2	51.0	22.2	21.9	22.0		100	100	100	100	100
巴西	58		44.0	44.1	37.0	37.0	39.5		100	100	100	100	100
墨西哥	59		8.6	7.5	7.2	6.6	6.2		85	75	71	65	61
博茨瓦纳	60												
秘鲁	61		34.9	35.9	28.9	31.7	32.0		100	100	100	100	100
牙买加	62		9.4	16.5	12.4	11.8	11.5		93	100	100	100	100
约旦	63		0.1	0.1	0.1	0.1	0.1		1	1	1	1	1
南非	64		9.8	11.5	11.7	12.0	11.2		97	100	100	100	100
土耳其	65	34.2	27.5	17.3	11.9	11.8	11.2	100	100	100	100	100	100
厄瓜多尔	66		20.4	20.5	16.2	15.9	13.9		100	100	100	100	100
伊朗	67		2.7	1.8	0.9	1.1	1.3		27	17	9	11	13
蒙古	68												
摩洛哥	69		8.2	6.3	5.0	4.8	5.3		81	62	49	48	52
马来西亚	70		14.2	10.9	6.5	5.6	5.5		100	100	64	56	54

附表 2-2-25 可再生能源比例(可再生能源/能源产量,%) (续表)

国家	国家编号	指标 1970	1980	1990	2000	2002	2003	指数 1970	1980	1990	2000	2002	2003
萨尔瓦多	71		58.7	53.8	36.5	35.4	34.9		100	100	100	100	100
埃及	72		10.7	6.0	5.4	5.0	4.8		100	59	54	50	47
中国	73		30.9	24.0	20.5	19.7	17.3		100	100	100	100	100
阿尔及利亚	74		0.3	0.1	0.3	0.3	0.3		3	1	3	3	3
土库曼斯坦	75				0.0	0.0	0.0				0	0	0
突尼斯	76		21.7	18.8	12.4	12.6	12.8		100	100	100	100	100
阿尔巴尼亚	77		20.6	22.8	30.8	22.5	28.1		100	100	100	100	100
吉尔吉斯	78				48.3	36.7	42.2				100	100	100
塔吉克斯坦	79				41.3	42.6	43.5				100	100	100
玻利维亚	80		34.0	30.8	18.1	21.2	21.2		100	100	100	100	100
缅甸	81		81.0	85.4	73.8	75.6	74.9		100	100	100	100	100
菲律宾	82		35.9	31.2	24.1	25.1	26.1		100	100	100	100	100
泰国	83		47.2	34.4	19.8	17.2	17.2		100	100	100	100	100
纳米比亚	84				28.3	25.0	24.4				100	100	100
津巴布韦	85		61.0	54.4	57.5	62.0	65.2		100	100	100	100	100
洪都拉斯	86		69.5	70.1	50.5	47.2	46.1		100	100	100	100	100
尼加拉瓜	87		58.4	54.9	52.3	52.7	50.7		100	100	100	100	100
越南	88		78.9	79.6	63.8	58.1	56.6		100	100	100	100	100
肯尼亚	89		80.6	80.1	76.4	81.6	79.3		100	100	100	100	100
斯里兰卡	90		70.7	75.9	56.1	53.4	53.0		100	100	100	100	100
刚果共和国	91		68.6	73.4	72.3	72.1	64.9		100	100	100	100	100
印度尼西亚	92		53.3	39.4	29.2	27.7	27.3		100	100	100	100	100
赞比亚	93		81.4	85.9	93.0	93.2	93.0		100	100	100	100	100
危地马拉	94		61.7	71.2	57.3	54.8	56.3		100	100	100	100	100
毛里塔尼亚	95												
科特迪瓦	96		64.0	74.6	63.8	63.0	68.1		100	100	100	100	100
印度	97		62.6	49.8	40.2	39.7	39.3		100	100	100	100	100
巴基斯坦	98		58.0	46.6	39.9	41.0	40.6		100	100	100	100	100
莱索托	99												
柬埔寨	100												
喀麦隆	101		83.2	80.5	82.9	83.4	83.3		100	100	100	100	100
厄立特里亚	102												
叙利亚	103		4.2	2.0	1.6	1.7	1.4		42	20	16	17	14
加纳	104		81.3	82.3	74.6	71.6	70.5		100	100	100	100	100
乍得	105												
莫桑比克	106		90.3	94.7	102.6	99.5	97.2		100	100	100	100	100
几内亚	107												
也门共和国	108		4.5	3.0	1.6	1.4	1.4		44	30	16	14	13
巴布亚新几内亚	109												
海地	110		89.4	79.0	75.6	73.8	74.8		100	100	100	100	100
尼泊尔	111		96.2	94.7	87.3	89.4	89.0		100	100	100	100	100
塞内加尔	112		54.5	60.6	53.6	54.4	53.9		100	100	100	100	100
塞拉利昂	113												
刚果民主共和国	114		88.3	88.1	96.7	96.9	96.9		100	100	100	100	100
老挝	115												
马拉维	116												
多哥	117		84.5	83.1	76.1	81.4	72.1		100	100	100	100	100
马达加斯加	118												
马里	119												
尼日利亚	120		81.8	80.3	80.5	79.3	80.1		100	100	100	100	100
孟加拉国	121		67.4	54.1	41.1	37.9	37.4		100	100	100	100	100
坦桑尼亚	122		90.4	92.4	94.0	93.1	93.2		100	100	100	100	100
贝宁	123		88.9	93.2	71.9	68.7	68.6		100	100	100	100	100
尼日尔	124												
安哥拉	125		77.9	69.8	70.5	68.6	67.5		100	100	100	100	100
乌干达	126												
中非	127												
布基纳法索	128												
埃塞俄比亚	129		94.9	93.4	93.8	92.5	92.2		100	100	100	100	100
布隆迪	130												
卢旺达	131												
高收入国家		9.4	8.9	10.0	10.9	10.1	10.1	93	88	99	100	100	100
中等收入国家			14.2	13.1	14.2	14.0	13.3		100	100	100	100	100
低收入国家			64.1	56.5	51.3	51.0	50.7		100	100	100	100	100
世界平均		4.2	13.5	12.7	12.8	12.7	12.6	42	100	100	100	100	100
基准值		10	10	10	10	10	10						

附表 2-2-26　交通空气污染(公路 CO/汽车,千克/辆)

国家	国家编号	指标					指数				
		1970	1980	1990	2000	2002	1970	1980	1990	2000	2002
瑞典	1	605	400	227	119	97	18	27	47	90	100
美国	2	662	338	529	279	242	16	32	20	38	44
芬兰	3		277	186	113	147		39	57	95	73
澳大利亚	4			457					23		
瑞士	5	378	210	180	71	56	28	51	59	100	100
挪威	6	400	323	289	124	105	27	33	37	86	100
日本	7			41	26	23			100	100	100
丹麦	8		350	253	149	134		31	42	72	80
德国	9	595	360	209	54	43	18	30	51	100	100
荷兰	10	525	213	122	63	57	20	50	88	100	100
加拿大	11	947	561	511	330	278	11	19	21	32	39
新加坡	12										
英国	13	232	242	235	111	83	46	44	46	97	100
法国	14	384	193	227	81	61	28	56	47	100	100
比利时	15			185	85	67			58	100	100
奥地利	16		309	134	48	46		35	80	100	100
新西兰	17			224	180	219			48	60	49
韩国	18			313	79	79			34	100	100
以色列	19										
意大利	20	417	262	191	107	91	26	41	56	100	100
爱尔兰	21	752	522	317	139	119	14	20	34	77	90
西班牙	22	965	419	164	67	55	11	26	65	100	100
爱沙尼亚	23										
斯洛文尼亚	24										
乌拉圭	25										
俄罗斯	26										
斯洛伐克	27			184	79	75			58	100	100
希腊	28			355	224	161			30	48	66
匈牙利	29		263	147	159	141		41	73	67	76
捷克	30			176	62	49			61	100	100
葡萄牙	31	387	295	209	90	78	28	36	51	100	100
白俄罗斯	32										
拉脱维亚	33										
立陶宛	34										
格鲁吉亚	35										
乌克兰	36										
保加利亚	37										
黎巴嫩	38										
哈萨克斯坦	39										
波兰	40			230	58	60			47	100	100
阿根廷	41										
巴拿马	42										
克罗地亚	43										
沙特阿拉伯	44										
哥伦比亚	45										
科威特	46										
智利	47										
马其顿	48										
阿塞拜疆	49										
摩尔多瓦	50										
罗马尼亚	51										
委内瑞拉	52										
乌兹别克斯坦	53										
多米尼加	54										
亚美尼亚	55										
巴拉圭	56										
哥斯达黎加	57										
巴西	58										
墨西哥	59			849	209	209			13	51	51
博茨瓦纳	60										
秘鲁	61										
牙买加	62										
约旦	63										
南非	64										
土耳其	65			430	260	260			25	41	41
厄瓜多尔	66										
伊朗	67										
蒙古	68										
摩洛哥	69										
马来西亚	70										

附表 2-2-26　交通空气污染(公路 CO/汽车,千克/辆)　（续表）

国家	国家编号	指标					指数				
		1970	1980	1990	2000	2002	1970	1980	1990	2000	2002
萨尔瓦多	71										
埃及	72										
中国	73										
阿尔及利亚	74										
土库曼斯坦	75										
突尼斯	76										
阿尔巴尼亚	77										
吉尔吉斯	78										
塔吉克斯坦	79										
玻利维亚	80										
缅甸	81										
菲律宾	82										
泰国	83										
纳米比亚	84										
津巴布韦	85										
洪都拉斯	86										
尼加拉瓜	87										
越南	88										
肯尼亚	89										
斯里兰卡	90										
刚果共和国	91										
印度尼西亚	92										
赞比亚	93										
危地马拉	94										
毛里塔尼亚	95										
科特迪瓦	96										
印度	97										
巴基斯坦	98										
莱索托	99										
柬埔寨	100										
喀麦隆	101										
厄立特里亚	102										
叙利亚	103										
加纳	104										
乍得	105										
莫桑比克	106										
几内亚	107										
也门共和国	108										
巴布亚新几内亚	109										
海地	110										
尼泊尔	111										
塞内加尔	112										
塞拉利昂	113										
刚果民主共和国	114										
老挝	115										
马拉维	116										
多哥	117										
马达加斯加	118										
马里	119										
尼日利亚	120										
孟加拉国	121										
坦桑尼亚	122										
贝宁	123										
尼日尔	124										
安哥拉	125										
乌干达	126										
中非	127										
布基纳法索	128										
埃塞俄比亚	129										
布隆迪	130										
卢旺达	131										
高收入国家				246	119	107			43	90	100
中等收入国家											
低收入国家											
世界平均											
基准值		107	107	107	107	107					

附表 2-2-27 长寿人口比例(65 岁以上人口比例,%)

国家	国家编号	指标						指数					
		1970	1980	1990	2000	2002	2004	1970	1980	1990	2000	2002	2004
瑞典	1	14	16	18	17	17	17	94	100	100	100	100	100
美国	2	10	11	12	12	12	12	67	77	84	85	84	84
芬兰	3	9	12	13	15	15	16	63	82	92	100	100	100
澳大利亚	4	8	10	11	12	12	13	57	66	76	83	85	86
瑞士	5	11	14	14	15	15	16	78	95	98	100	100	100
挪威	6	13	15	16	15	15	15	88	100	100	100	100	100
日本	7	7	9	12	17	18	19	48	62	82	100	100	100
丹麦	8	12	14	16	15	15	15	84	99	100	100	100	100
德国	9	14	16	15	16	17	18	94	100	100	100	100	100
荷兰	10	10	12	13	14	14	14	70	79	88	93	94	96
加拿大	11	8	9	11	13	13	13	54	64	77	86	88	89
新加坡	12	3	5	6	7	8	8	23	32	38	49	52	56
英国	13	13	15	16	16	16	16	89	100	100	100	100	100
法国	14	13	14	14	16	16	17	88	96	96	100	100	100
比利时	15	13	14	15	17	17	17	92	98	100	100	100	100
奥地利	16	14	15	15	16	16	16	96	100	100	100	100	100
新西兰	17	8	10	11	12	12	12	58	68	76	81	82	83
韩国	18	3	4	5	7	8	9	23	26	34	50	56	62
以色列	19	7	9	9	10	10	10	46	59	62	68	68	69
意大利	20	11	13	15	18	19	20	75	90	100	100	100	100
爱尔兰	21	11	11	11	11	11	11	77	74	78	77	76	75
西班牙	22	10	11	14	17	17	16	67	73	95	100	100	100
爱沙尼亚	23	12	12	11	15	16	16	80	86	77	100	100	100
斯洛文尼亚	24	10	11	11	14	15	15	68	78	76	97	100	100
乌拉圭	25	9	10	12	13	13	13	61	72	79	89	90	90
俄罗斯	26	8	10	10	12	13	14	53	70	69	85	89	93
斯洛伐克	27	9	10	10	11	12	12	63	71	71	78	79	80
希腊	28	11	13	14	17	17	18	76	90	94	100	100	100
匈牙利	29	12	13	13	15	15	15	79	92	91	100	100	100
捷克	30	12	13	13	14	14	14	83	92	86	95	95	96
葡萄牙	31	9	10	13	16	17	17	63	72	92	100	100	100
白俄罗斯	32	9	11	11	14	14	15	62	74	73	93	97	100
拉脱维亚	33	12	13	12	15	16	17	82	89	82	100	100	100
立陶宛	34	10	11	11	14	15	15	68	78	75	96	100	100
格鲁吉亚	35	8	9	9	12	13	14	56	62	64	85	91	96
乌克兰	36	9	12	12	14	15	16	63	82	83	96	100	100
保加利亚	37	10	12	13	16	17	17	66	81	89	100	100	100
黎巴嫩	38	5	5	6	7	7	7	34	37	38	47	49	50
哈萨克斯坦	39	5	6	5	7	8	8	37	42	36	48	52	57
波兰	40	8	10	10	12	13	13	56	69	69	83	86	88
阿根廷	41	7	8	9	10	10	10	48	56	61	68	69	69
巴拿马	42	4	5	5	6	6	6	29	31	34	38	39	40
克罗地亚	43	10	12	11	16	16	17	66	80	78	100	100	100
沙特阿拉伯	44	3	3	2	3	3	3	22	19	16	18	19	20
哥伦比亚	45	3	4	4	5	5	5	23	26	29	33	34	34
科威特	46	2	1	1	1	2	2	12	10	8	9	10	11
智利	47	5	6	6	7	8	8	35	38	42	50	52	54
马其顿	48	6	7	7	10	10	11	40	47	51	69	72	75
阿塞拜疆	49	5	5	4	6	6	7	38	37	29	40	44	48
摩尔多瓦	50	6	8	8	9	10	10	43	53	57	64	66	69
罗马尼亚	51	9	10	10	13	14	15	59	70	71	92	97	100
委内瑞拉	52	3	3	4	5	5	5	20	22	25	31	33	34
乌兹别克斯坦	53	6	5	4	4	5	5	40	35	27	30	31	32
多米尼加	54	3	3	3	4	4	4	20	21	21	26	27	28
亚美尼亚	55	6	6	6	10	11	12	38	41	39	69	75	81
巴拉圭	56	6	5	4	4	4	4	39	31	25	24	25	25
哥斯达黎加	57	5	5	5	5	6	6	32	32	34	37	38	39
巴西	58	4	4	4	5	6	6	25	28	30	37	39	41
墨西哥	59	4	4	4	5	5	5	29	26	27	33	34	36
博茨瓦纳	60	3	3	3	3	3	3	23	17	18	19	20	22
秘鲁	61	3	4	4	5	5	5	24	25	27	33	34	35
牙买加	62	6	7	7	8	8	8	38	46	50	52	52	52
约旦	63	3	3	3	3	3	3	21	21	22	19	20	21
南非	64	3	3	3	4	4	4	23	21	22	25	26	28
土耳其	65	4	5	4	5	5	5	29	31	27	35	36	37
厄瓜多尔	66	4	4	4	5	5	6	29	28	28	35	37	39
伊朗	67	4	3	4	4	5	5	25	23	24	30	31	31
蒙古	68	3	3	4	4	4	4	21	20	28	26	26	26
摩洛哥	69	4	4	4	4	5	5	29	29	26	30	32	33
马来西亚	70	3	4	4	4	4	4	23	25	25	28	29	31

附表 2-2-27　长寿人口比例(65 岁以上人口比例,%)　（续表）

国家	国家编号	指标						指数					
		1970	1980	1990	2000	2002	2004	1970	1980	1990	2000	2002	2004
萨尔瓦多	71	3	3	4	5	5	5	19	22	29	35	36	36
埃及	72	4	4	4	4	5	5	30	27	27	31	32	32
中国	73	4	5	6	7	7	7	30	33	38	47	49	51
阿尔及利亚	74	4	4	4	4	4	5	28	28	25	29	30	31
土库曼斯坦	75	5	4	4	4	5	5	32	29	26	30	31	32
突尼斯	76	4	4	5	6	6	6	26	26	31	40	41	43
阿尔巴尼亚	77	4	5	5	7	8	8	30	36	36	50	53	56
吉尔吉斯	78	6	6	5	6	6	6	43	40	34	39	40	42
塔吉克斯坦	79	5	5	4	3	4	4	35	31	26	23	25	26
玻利维亚	80	3	4	4	4	4	4	23	24	26	29	30	31
缅甸	81	4	4	4	5	5	5	27	28	31	32	33	33
菲律宾	82	3	3	3	4	4	4	20	22	22	24	25	26
泰国	83	3	3	4	6	6	7	21	23	27	41	44	47
纳米比亚	84	4	4	3	3	3	3	24	24	23	23	23	24
津巴布韦	85	3	3	3	3	3	4	22	20	20	23	24	24
洪都拉斯	86	2	3	3	3	4	4	17	18	20	24	25	26
尼加拉瓜	87	2	3	3	3	3	3	17	18	19	21	22	22
越南	88	5	5	5	5	5	5	33	34	34	37	37	37
肯尼亚	89	3	3	3	3	3	3	23	20	18	19	20	19
斯里兰卡	90	4	4	5	7	7	7	25	29	36	45	47	49
刚果共和国	91	3	3	3	3	3	3	23	22	21	21	20	20
印度尼西亚	92	3	3	4	5	5	5	21	24	26	34	35	37
赞比亚	93	2	3	3	3	3	3	17	18	18	20	20	20
危地马拉	94	3	3	3	4	4	4	20	20	23	28	29	29
毛里塔尼亚	95	3	3	3	3	3	3	19	21	22	23	23	23
科特迪瓦	96	3	3	3	3	3	3	17	17	18	21	21	22
印度	97	4	4	4	5	5	5	25	28	30	34	35	36
巴基斯坦	98	4	3	3	4	4	4	24	23	23	25	26	26
莱索托	99	4	4	4	5	5	5	29	28	29	34	35	36
柬埔寨	100	3	3	3	3	3	3	19	19	19	22	22	23
喀麦隆	101	4	4	4	4	4	4	24	24	24	25	25	25
厄立特里亚	102	3	4	3	2	2	2	17	26	18	16	16	16
叙利亚	103	3	3	3	3	3	3	21	19	18	20	21	21
加纳	104	3	3	3	3	4	4	19	20	21	23	24	25
乍得	105	4	3	3	3	3	3	25	24	23	22	21	21
莫桑比克	106	3	3	3	3	3	3	20	21	22	22	22	23
几内亚	107	3	3	3	3	3	4	20	21	22	23	24	24
也门共和国	108	2	2	2	2	2	2	17	15	13	16	16	16
巴布亚新几内亚	109	2	2	3	2	2	2	15	14	18	16	16	16
海地	110	5	4	4	4	4	4	32	30	26	26	27	27
尼泊尔	111	3	3	3	3	4	4	24	23	23	24	24	25
塞内加尔	112	3	4	3	3	3	3	19	25	21	21	21	21
塞拉利昂	113	3	3	3	3	3	3	22	23	23	23	23	23
刚果民主共和国	114	3	3	3	3	3	3	19	19	19	18	18	18
老挝	115	3	3	4	3	4	4	18	19	26	24	24	25
马拉维	116	2	2	3	3	3	3	16	15	18	20	20	21
多哥	117	3	3	3	3	3	3	21	21	21	21	21	21
马达加斯加	118	3	3	3	3	3	3	20	21	21	21	21	21
马里	119	2	2	3	3	3	3	15	16	18	19	19	19
尼日利亚	120	3	3	3	3	3	3	21	20	20	20	20	21
孟加拉国	121	3	4	3	3	3	4	23	24	22	23	24	24
坦桑尼亚	122	2	3	3	3	3	3	17	18	19	21	21	22
贝宁	123	5	3	3	3	3	3	33	23	20	18	18	19
尼日尔	124	2	2	2	2	2	2	16	16	15	14	14	13
安哥拉	125	3	3	3	2	2	2	18	18	17	17	17	17
乌干达	126	3	3	3	3	3	2	18	17	17	18	18	17
中非	127	4	4	4	4	4	4	28	28	27	27	27	28
布基纳法索	128	4	4	3	3	3	3	24	25	23	20	20	19
埃塞俄比亚	129	3	3	3	3	3	3	18	19	19	19	20	20
布隆迪	130	3	3	3	3	3	3	22	24	21	20	19	19
卢旺达	131	2	2	2	2	2	2	16	15	15	16	16	17
高收入国家		10.0	11.4	12.5	14.0	14.3	14.6	69	78	86	96	98	100
中等收入国家		4.8	5.3	5.6	6.7	7.0	7.2	33	36	38	46	48	49
低收入国家		3.5	3.7	3.8	4.1	4.2	4.3	24	25	26	28	29	30
世界平均		5.5	5.9	6.2	6.9	7.1	7.3	38	41	42	47	49	50
基准值		14.6	14.6	14.6	14.6	14.6	14.6						

附表 2-2-28 服务收入比(服务业增加值/工农业增加值)

国家	国家编号	指标						指数					
		1970	1980	1990	2000	2002	2004	1970	1980	1990	2000	2002	2004
瑞典	1	1.3	1.7	1.8	2.2	2.3	2.3	51	65	69	84	90	87
美国	2	1.7	1.7	2.3	2.9	3.3	3.3	66	67	90	100	100	100
芬兰	3	1.0	1.1	1.4	1.6	1.9	1.9	39	41	56	62	71	74
澳大利亚	4	1.2	1.3	2.0	2.4	2.4	2.4	48	49	79	92	94	94
瑞士	5			1.8	2.3	2.3	2.3			69	88	88	88
挪威	6	1.7	1.2	1.5	1.2	1.5	1.4	64	48	60	47	57	55
日本	7	1.0	1.2	1.4	2.0	2.2	2.1	37	48	53	76	83	82
丹麦	8	1.7	2.0	2.2	2.3	2.5	2.7	65	75	86	89	96	100
德国	9	0.9	1.3	1.6	2.2	2.3	2.3	36	50	60	84	89	89
荷兰	10	1.2	1.6	1.8	2.4	2.5	2.6	47	61	71	91	97	99
加拿大	11	1.5	1.4	1.9	1.8	1.9	1.9	56	54	72	68	73	73
新加坡	12	2.1			1.7	1.8	1.8	82			65	71	71
英国	13	1.1	1.2	1.7	2.4	2.7	2.7	41	48	65	92	100	100
法国	14	1.2	1.7	2.3	2.9	3.1	3.1	46	64	88	100	100	100
比利时	15	1.0	1.5	1.9	2.4	2.6	2.7	39	59	72	92	99	100
奥地利	16	1.1	1.4	1.8	2.0	2.1	2.0	42	53	69	77	80	78
新西兰	17	1.2	1.3	1.9	1.9	1.9	1.9	47	52	72	73	73	73
韩国	18	0.8	0.9	1.0	1.2	1.4	1.2	29	34	38	46	52	48
以色列	19												
意大利	20	1.0	1.1	1.7	2.1	2.2	2.3	39	44	64	82	86	88
爱尔兰	21	0.9	1.1	1.3	1.2	1.2	1.3	35	42	49	45	48	50
西班牙	22	1.0	1.2	1.4	2.0	2.0	2.1	38	44	55	76	78	79
爱沙尼亚	23			0.5	2.1	2.1	2.0			20	82	81	78
斯洛文尼亚	24			1.1	1.5	1.5	1.5			42	56	59	59
乌拉圭	25	0.9	1.1	1.4	2.1	2.0	1.5	36	43	54	82	75	58
俄罗斯	26			0.5	1.3	1.5	1.5			21	48	58	57
斯洛伐克	27			0.5	1.9	2.1	2.0			19	73	81	77
希腊	28	1.4	1.1	1.6	2.3	2.3	2.4	54	44	60	88	88	91
匈牙利	29	0.6	0.5	0.9	1.6	1.9	1.9	23	20	33	62	74	74
捷克	30			0.8	1.3	1.4	1.4			31	51	54	55
葡萄牙	31	1.2	1.0	1.5	2.0	2.1	2.3	47	37	57	76	80	88
白俄罗斯	32			0.4	0.9	1.1	1.0			16	34	40	38
拉脱维亚	33		0.6	0.5	2.6	2.7	2.8		23	18	100	100	100
立陶宛	34			0.7	1.6	1.7	1.5			28	62	64	58
格鲁吉亚	35		0.7	0.5	1.3	1.2	1.3		26	21	48	47	51
乌克兰	36			0.4	0.9	1.0	1.1			16	34	40	41
保加利亚	37		0.4	0.5	1.2	1.4	1.4		17	20	47	53	53
黎巴嫩	38				2.3	2.2	2.6				88	86	100
哈萨克斯坦	39				1.0	1.1	1.1				40	43	42
波兰	40			0.7	1.7	2.0	1.8			27	66	77	69
阿根廷	41	0.9	1.1	1.3	2.0	1.3	1.2	36	42	49	78	51	45
巴拿马	42	1.8	2.5	3.0	2.8	3.2	2.9	68	97	100	100	100	100
克罗地亚	43			1.3	1.5	1.6	1.6			49	59	61	62
沙特阿拉伯	44	0.5	0.4	0.8	0.7	0.8	0.6	19	15	32	27	30	23
哥伦比亚	45	0.9	0.9	0.8	1.4	1.5	1.4	33	35	32	56	57	53
科威特	46	0.5	0.3	0.9	0.6	0.9	0.7	19	13	34	25	33	27
智利	47	1.0	1.2	1.0	1.3	1.3	1.1	40	48	38	51	49	41
马其顿	48			0.9	1.2	1.4	1.4			34	46	52	55
阿塞拜疆	49			0.6	0.6	0.5	0.5			24	23	20	18
摩尔多瓦	50			0.4	1.0	1.1	1.2			14	37	43	47
罗马尼亚	51			0.4	1.0	1.0	1.0			14	40	37	37
委内瑞拉	52	1.2	1.0	0.5	0.9	0.9	0.8	46	37	20	33	33	30
乌兹别克斯坦	53			0.5	0.7	0.8	0.8			20	28	30	30
多米尼加	54	1.0	1.1	1.2	1.2	1.3	1.7	39	41	47	47	50	65
亚美尼亚	55			0.4	0.6	0.6	0.7			17	25	23	25
巴拉圭	56	0.9	0.8	0.9	1.2	1.1	0.9	34	30	34	44	40	36
哥斯达黎加	57	0.9	1.0	1.1	1.4	1.7	1.7	35	37	43	54	64	64
巴西	58	1.0	0.8	1.1	1.8	1.1	1.0	37	32	44	71	44	38
墨西哥	59	1.2	1.3	1.8	2.1	2.3	2.3	47	52	68	81	88	88
博茨瓦纳	60	0.6	0.5	0.5	0.9	0.9	0.9	23	20	20	33	33	33
秘鲁	61	1.0		1.8	1.5	1.5	1.5	38		69	57	58	58
牙买加	62	1.0	1.5	1.5	1.6	1.7	1.6	40	56	56	63	65	63
约旦	63	2.3	1.8	1.8	2.6	2.4	2.2	87	69	68	99	91	83
南非	64	1.2	0.8	1.2	1.9	1.7	1.8	47	32	48	71	65	71
土耳其	65	0.7	1.1	1.1	1.5	1.7	1.8	26	41	42	56	66	70
厄瓜多尔	66	1.1	0.8	1.0	1.2	1.7	1.6	44	31	37	46	64	63
伊朗	67	0.6	1.0	0.9	1.0	0.9	0.9	24	38	35	38	36	35
蒙古	68			1.1	1.0	1.3	1.0			42	37	51	37
摩洛哥	69	1.1	1.0	1.0	1.2	1.2	1.2	44	39	38	46	44	45
马来西亚	70	0.8	0.6	0.7	0.7	0.8	0.7	29	22	29	26	30	26

附表 2-2-28　服务收入比(服务业增加值/工农业增加值)　　（续表）

国家	国家编号	指标						指数					
		1970	1980	1990	2000	2002	2004	1970	1980	1990	2000	2002	2004
萨尔瓦多	71	0.5		1.2	1.4	1.4	1.5	21		48	53	54	57
埃及	72	0.7	0.8	1.1	1.0	1.0	0.9	28	31	42	39	37	36
中国	73	0.3	0.3	0.5	0.6	0.7	0.7	12	10	18	25	28	26
阿尔及利亚	74	0.8	0.5	0.7	0.5	0.6	0.5	32	20	26	18	23	19
土库曼斯坦	75			0.6	0.4	0.6	0.5			24	16	21	20
突尼斯	76	1.7	1.2	1.2	1.4	1.5	1.5	64	47	46	56	59	57
阿尔巴尼亚	77		0.3	0.2	1.1	1.3	1.3		10	7	41	48	49
吉尔吉斯	78			0.4	0.5	0.6	0.7			16	18	25	28
塔吉克斯坦	79			0.4	0.5	0.6	0.8			16	20	22	32
玻利维亚	80	0.9	0.9	0.9	1.2	1.3	1.2	33	36	36	47	48	45
缅甸	81	0.9	0.7	0.5	0.5			35	26	18	19		
菲律宾	82	0.6	0.6	0.8	1.1	1.1	1.2	24	22	30	42	44	45
泰国	83	1.0	0.9	1.0	1.0	0.9	0.9	37	36	39	37	36	33
纳米比亚	84		0.5	1.0	1.5	1.3	1.4		19	39	59	51	54
津巴布韦	85	1.1	1.2	1.0	1.3	1.9	1.5	41	48	39	50	74	56
洪都拉斯	86	0.8	1.1	1.0	1.1	1.3	1.2	32	42	40	42	49	48
尼加拉瓜	87	1.0	0.9	1.3	1.2	1.2	1.2	37	34	49	46	48	48
越南	88			0.6	0.6	0.6	0.6			24	24	24	24
肯尼亚	89	0.9	0.9	1.1	1.0	1.2	1.3	34	34	41	40	47	49
斯里兰卡	90	0.9	0.7	0.9	1.1	1.1	1.2	35	29	35	43	44	48
刚果共和国	91	1.4	0.7	0.9	0.3	0.4	0.6	53	28	33	11	17	23
印度尼西亚	92	0.6	0.5	0.7	0.6	0.6	0.7	22	20	27	24	25	27
赞比亚	93	0.4	0.7	0.4	1.1	1.1	1.1	15	29	15	42	41	42
危地马拉	94	1.2	1.1	1.2	1.3	1.4	1.4	45	44	46	52	54	54
毛里塔尼亚	95	0.5	0.8	0.7	0.8	0.9	0.9	18	30	27	29	36	36
科特迪瓦	96	1.0	1.2	0.8	1.2	1.2	1.4	38	46	31	47	47	52
印度	97	0.5	0.6	0.7	1.0	1.0	1.1	19	22	27	37	40	41
巴基斯坦	98	0.7	0.8	1.0	1.0	1.1	1.1	27	32	37	40	44	43
莱索托	99	0.7	1.0	0.8	0.7	0.7	0.7	27	37	30	26	26	28
柬埔寨	100				0.6	0.6	0.6				25	25	24
喀麦隆	101	1.0	0.8	0.9	0.6	0.6	0.7	38	29	33	22	25	25
厄立特里亚	102				1.6	1.6	1.5				63	63	59
叙利亚	103	1.2	1.3	0.9	1.0	0.8	1.0	46	50	35	37	33	38
加纳	104	0.5	0.4	0.6	0.6	0.7	0.6	21	17	24	24	25	23
乍得	105	0.9	0.9	1.1	0.9	0.8	0.7	34	33	43	34	33	27
莫桑比克	106		0.4	0.8	0.9	1.0	0.9		15	31	35	37	34
几内亚	107			0.8	0.7	0.6	0.6			29	27	25	24
也门共和国	108			1.0	0.6	0.8	0.9			37	24	30	36
巴布亚新几内亚	109	0.7	0.7	0.7	0.4	0.4	0.4	26	26	26	15	16	16
海地	110				1.2	1.2	1.2				47	47	48
尼泊尔	111	0.3	0.4	0.5	0.6	0.6	0.6	10	14	18	23	23	22
塞内加尔	112	1.7	1.9	1.6	1.5	1.8	1.7	65	74	61	58	69	66
塞拉利昂	113	0.7	0.8	0.5	0.2			27	32	20	6		
刚果民主共和国	114	0.8	0.6	0.7	0.2	0.3	0.3	30	24	26	8	11	11
老挝	115			0.3	0.3	0.3	0.3			12	13	13	13
马拉维	116	0.6	0.5	0.4	0.7	0.8	0.8	24	20	14	28	31	31
多哥	117	0.8	0.9	0.8	0.9	0.8	0.6	32	35	30	35	29	22
马达加斯加	118	1.5	1.2	1.4	1.3	1.2	1.2	56	45	54	50	45	47
马里	119	0.3	0.6	0.6	0.6	0.6	0.6	11	24	24	23	22	24
尼日利亚	120	0.8	0.5	0.3	0.4	0.3	0.4	31	20	13	15	13	14
孟加拉国	121	0.6	0.9	0.9	1.0	1.0	1.1	22	35	36	37	40	42
坦桑尼亚	122	0.7		0.6	0.6	0.6	0.6	28		22	25	25	24
贝宁	123	1.1	1.1	1.0	1.0	1.0	0.9	42	42	40	38	38	36
尼日尔	124	0.4	0.5	0.9	0.8	0.8	0.8	15	20	36	31	30	29
安哥拉	125			0.7	0.3	0.4	0.5			27	11	14	19
乌干达	126	0.5	0.3	0.5	0.7	0.9	0.9	19	12	18	28	35	34
中非	127	0.6	0.7	0.5	0.3	0.3	0.3	24	26	19	13	10	11
布基纳法索	128	0.9	1.1	1.1	1.0	1.0	1.0	34	41	42	38	40	37
埃塞俄比亚	129	0.4		0.6	0.8	0.9	0.8	16		24	29	33	30
布隆迪	130	0.2	0.3	0.3	0.4	0.5	0.4	9	13	13	17	18	15
卢旺达	131	0.4	0.5	0.7	0.6	0.6	0.6	16	19	29	24	23	24
高收入国家		1.3	1.4	1.8	2.3	2.6	2.6	51	55	70	90	100	100
中等收入国家		0.7	0.7	0.8	1.2	1.1	1.1	27	27	33	45	44	43
低收入国家		0.6	0.6	0.7	0.9	0.9	1.0	22	25	27	33	36	37
世界平均		1.2	1.3	1.6	2.0	2.2	2.2	45	49	60	78	84	83
基准值		2.6	2.6	2.6	2.6	2.6	2.6						

附表 2-2-29 服务消费比例(服务消费/家庭消费,%)

国家	国家编号	指标				指数			
		1980	1990	2000	2002	1980	1990	2000	2002
瑞典	1	29	28	35	35	74	71	90	89
美国	2	36	42	49	49	92	100	100	100
芬兰	3	31	28	38	36	79	71	96	93
澳大利亚	4	31	32	42	42	79	82	100	100
瑞士	5	32	31	40	41	82	80	100	100
挪威	6	32	27	39	38	82	68	99	98
日本	7	26	30	35	35	67	78	90	90
丹麦	8	30	28	33	33	77	71	85	84
德国	9	32	31	34	34	82	79	88	87
荷兰	10	29	36	36	37	74	92	93	94
加拿大	11	31	30	41	41	79	76	100	100
新加坡	12	32	39	45	45	82	100	100	100
英国	13	28	28	42	42	72	72	100	100
法国	14	33	34	38	38	85	87	98	98
比利时	15	30	31	36	35	77	80	92	89
奥地利	16	33	32	43	44	85	82	100	100
新西兰	17	34	30	37	38	87	76	95	97
韩国	18		29	42	42		75	100	100
以色列	19	25	28	32	30	64	71	83	77
意大利	20	28	28	37	36	72	72	95	93
爱尔兰	21	28	29	39	37	72	74	100	96
西班牙	22	25	28	51	50	64	71	100	100
爱沙尼亚	23			31	32			80	82
斯洛文尼亚	24								
乌拉圭	25	23				59			
俄罗斯	26								
斯洛伐克	27			34	34			87	86
希腊	28	24	26	43	45	62	66	100	100
匈牙利	29	21	23	40	40	54	59	100	100
捷克	30			35	34			90	88
葡萄牙	31	24	28	44	44	62	72	100	100
白俄罗斯	32			14	17			35	44
拉脱维亚	33			33	33			85	85
立陶宛	34			32	33			82	84
格鲁吉亚	35								
乌克兰	36			8	8			20	20
保加利亚	37			38	42			98	100
黎巴嫩	38								
哈萨克斯坦	39								
波兰	40	21		31	31	54		80	78
阿根廷	41	23				59			
巴拿马	42	19				49			
克罗地亚	43								
沙特阿拉伯	44			22	22			57	57
哥伦比亚	45	25	30	34	34	64	77	87	87
科威特	46								
智利	47	22				56			
马其顿	48								
阿塞拜疆	49			12	12			30	30
摩尔多瓦	50			35	35			89	89
罗马尼亚	51								
委内瑞拉	52	24	13	32	32	62	33	82	83
乌兹别克斯坦	53								
多米尼加	54	15		33	33	38		85	85
亚美尼亚	55								
巴拉圭	56	15				38			
哥斯达黎加	57	23				59			
巴西	58	19				49			
墨西哥	59	22	22	38	38	56	55	98	97
博茨瓦纳	60	21		17	19	54		43	49
秘鲁	61	20	29	5	5	51	75	12	12
牙买加	62	20	22	20	20	51	55	51	51
约旦	63	18	16	11	11	46	42	27	27
南非	64	21	26	36	36	54	67	91	91
土耳其	65	10				26			
厄瓜多尔	66	21	8	9	9	54	22	23	23
伊朗	67	17	11	19	21	44	27	50	53
蒙古	68								
摩洛哥	69	14				36			
马来西亚	70	29		37	38	74		95	97

附表 2-2-29　服务消费比例(服务消费/家庭消费,%)　(续表)

国家	国家编号	指标				指数			
		1980	1990	2000	2002	1980	1990	2000	2002
萨尔瓦多	71	23				59			
埃及	72	13				33			
中国	73	3	11	24	27	8	29	62	70
阿尔及利亚	74								
土库曼斯坦	75								
突尼斯	76	16				41			
阿尔巴尼亚	77								
吉尔吉斯	78								
塔吉克斯坦	79								
玻利维亚	80	24	23			62	58		
缅甸	81								
菲律宾	82	10	5	6	7	26	12	16	18
泰国	83	23	27	40	42	59	69	100	100
纳米比亚	84								
津巴布韦	85	14	15	22	22	36	37	57	57
洪都拉斯	86	16	12			41	32		
尼加拉瓜	87	11		33	33	28		85	85
越南	88								
肯尼亚	89	11				28			
斯里兰卡	90	17	19	23	23	44	49	58	58
刚果共和国	91	21				54			
印度尼西亚	92	10				26			
赞比亚	93	13				33			
危地马拉	94	20				51			
毛里塔尼亚	95								
科特迪瓦	96	23		14	14	59		35	35
印度	97	14	19	27	28	36	48	68	71
巴基斯坦	98	7				18			
莱索托	99								
柬埔寨	100								
喀麦隆	101	27				69			
厄立特里亚	102								
叙利亚	103								
加纳	104	11				28			
乍得	105								
莫桑比克	106	13				33			
几内亚	107								
也门共和国	108								
巴布亚新几内亚	109								
海地	110								
尼泊尔	111	5				13			
塞内加尔	112	11				28			
塞拉利昂	113	13	11			33	27		
刚果民主共和国	114								
老挝	115								
马拉维	116	14				36			
多哥	117								
马达加斯加	118	10				26			
马里	119	16				41			
尼日利亚	120	11				28			
孟加拉国	121	6				15			
坦桑尼亚	122	8				21			
贝宁	123	23				59			
尼日尔	124								
安哥拉	125								
乌干达	126								
中非	127								
布基纳法索	128	16				41			
埃塞俄比亚	129	13				33			
布隆迪	130								
卢旺达	131	15				38			
高收入国家		30	31	39	39	78	79	100	99
中等收入国家									
低收入国家									
世界平均									
基准值		39	39	39	39				

附表 2-2-30 环境风险(自然灾害受灾率,万分之)

国家	国家编号	指标 1990	指标 2000	指标 2003	指数 1990	指数 2000	指数 2003
瑞典	1	0	0		100	100	
美国	2	7	10	9	100	100	100
芬兰	3		0			100	
澳大利亚	4	384	476	3	10	8	100
瑞士	5	0	1	0	100	100	100
挪威	6		1			100	
日本	7	5	22	2	100	100	100
丹麦	8	0			100		
德国	9	1	6	0	100	100	100
荷兰	10	1	16		100	100	
加拿大	11	3	19	1	100	100	100
新加坡	12	0	0		100	100	
英国	13	4	5		100	100	
法国	14	0	66	5	100	59	100
比利时	15	0	0	0	100	100	100
奥地利	16	0	9		100	100	
新西兰	17	6	1		100	100	
韩国	18	26	19	17	100	100	100
以色列	19	0	0		100	100	
意大利	20	0	4	0	100	100	100
爱尔兰	21	1	0		100	100	
西班牙	22	2	150	0	100	26	100
爱沙尼亚	23		0			100	
斯洛文尼亚	24		0			100	
乌拉圭	25	0	0	0	100	100	100
俄罗斯	26	13	665	1860	100	6	2
斯洛伐克	27		24	0		100	100
希腊	28	5	20	0	100	100	100
匈牙利	29	0	15	0		100	100
捷克	30		29	0		100	100
葡萄牙	31	0	0	1	100	100	100
白俄罗斯	32	4	2		100	100	
拉脱维亚	33						
立陶宛	34						
格鲁吉亚	35	49	235		81	17	
乌克兰	36	8	42	0	100	94	100
保加利亚	37	1	0		100	100	
黎巴嫩	38	29	0	0	100	100	100
哈萨克斯坦	39	2	43	25	100	91	100
波兰	40	0	6		100	100	
阿根廷	41	198	25	45	20	100	88
巴拿马	42	22	15	8	100	100	100
克罗地亚	43	0	1		100	100	
沙特阿拉伯	44	0	0	0			
哥伦比亚	45	25	60	9	100	65	100
科威特	46		0			100	
智利	47	175	38	0	22	100	100
马其顿	48	5	4	23	100	100	100
阿塞拜疆	49	0	309	38	100	13	100
摩尔多瓦	50		621			6	
罗马尼亚	51	1	11	0	100	100	100
委内瑞拉	52	2	29	0	100	100	100
乌兹别克斯坦	53	2	46		100	86	
多米尼加	54	172	128	68	23	31	58
亚美尼亚	55	367	103		11	38	
巴拉圭	56	30	96		100	41	
哥斯达黎加	57	129	229	7	31	17	100
巴西	58	41	75	46	96	53	86
墨西哥	59	10	25	24	100	100	100
博茨瓦纳	60	2624	86		2	46	
秘鲁	61	183	139	702	21	28	6
牙买加	62	599	1		7	100	
约旦	63	6	68	0	100	58	100
南非	64	151	12	1	26	100	100
土耳其	65	20	26	2	100	100	100
厄瓜多尔	66	47	33	25	85	100	100
伊朗	67	31	1010	51	100	4	78
蒙古	68	285	989	7	14	4	100
摩洛哥	69	0	14	0	100	100	100
马来西亚	70	6	3	8	100	100	100
萨尔瓦多	71	160	338		25	12	
埃及	72	1	3	0	100	100	100
中国	73	468	1095	1679	8	4	2
阿尔及利亚	74	2	12	66	100	100	60
土库曼斯坦	75	0			100		
突尼斯	76	12	3	27	100	100	100
阿尔巴尼亚	77	990	70		4	56	
吉尔吉斯	78	45	14	0	89	100	100
塔吉克斯坦	79	26	540	13	100	7	100
玻利维亚	80	99	110	66	40	36	59
缅甸	81	13	10		100	100	
菲律宾	82	687	275	46	6	14	85
泰国	83	145	476	18	27	8	100
纳米比亚	84	177	630	3249	22	6	1
津巴布韦	85	937	1349	14	4	3	100
洪都拉斯	86	36	573	4	100	7	100
尼加拉瓜	87	246	325		16	12	
越南	88	252	387	52	16	10	75
肯尼亚	89	141	453	313	28	9	13
斯里兰卡	90	364	286	361	11	14	11
刚果共和国	91	0	24		100	100	
印度尼西亚	92	10	33	16	100	100	100
赞比亚	93	321	541	11	12	7	100
危地马拉	94	16	31	0	100	100	100
毛里塔尼亚	95	1030	311	1549	4	13	3
科特迪瓦	96	1	0		100	100	
印度	97	649	670	76	6	6	52
巴基斯坦	98	187	73	89	21	54	44
莱索托	99	541	633	1506	7	6	3
柬埔寨	100	94	1218		42	3	
喀麦隆	101	68	0	0	58	100	100
厄立特里亚	102	515	701	2050	8	6	2
叙利亚	103	0	0	0			
加纳	104	1	60		100	66	
乍得	105	581	119		7	33	
莫桑比克	106	507	404	379	8	10	10
几内亚	107	1	30		100	100	
也门共和国	108	77	15	0	52	100	100
巴布亚新几内亚	109	56	185	1	70	21	100
海地	110	319	224	193	12	18	20
尼泊尔	111	73	28	24	54	100	100
塞内加尔	112	3	65	8	100	60	100
塞拉利昂	113		40			99	
刚果民主共和国	114	9	6	5	100	100	100
老挝	115	332	606		12	7	
马拉维	116	2167	698	18	2	6	100
多哥	117	0		0	100		
马达加斯加	118	158	278	465	25	14	8
马里	119	39	5	9	100	100	100
尼日利亚	120	34	9	15	100	100	100
孟加拉国	121	2140	437	40	2	9	98
坦桑尼亚	122	131	292	530	30	13	7
贝宁	123	403	134	0	10	29	100
尼日尔	124	812	352	26	5	11	100
安哥拉	125	394	15	1	10	100	100
乌干达	126	55	54	5	72	72	100
中非	127		22	1		100	100
布基纳法索	128	319	16	10	12	100	100
埃塞俄比亚	129	803	867	1940	5	5	2
布隆迪	130	1	169	0	100	23	100
卢旺达	131	72	174	50	55	23	79
高收入国家		22	39	2	100	100	100
中等收入国家							
低收入国家							
世界平均		309	427	406	13	9	10
基准值		39	39	39			

附表 2-3-1　2004 年和 2000 年中国地区生态现代化指数和排名

地区	地区编号	2004 年					2000 年				
		生态进步指数	经济生态化指数	社会生态化指数	生态现代化指数	排名	生态进步指数	经济生态化指数	社会生态化指数	生态现代化指数	排名
北京	1	77	44	68	61	1	70	31	66	52	1
天津	2	65	25	60	46	8	67	21	59	44	5
河北	3	46	17	49	33	29	57	17	47	36	27
山西	4	36	20	45	32	31	47	21	46	36	26
内蒙古	5	51	27	45	40	16	64	27	43	42	9
辽宁	6	70	22	51	43	12	76	20	52	43	7
吉林	7	67	19	48	39	17	74	21	47	42	12
黑龙江	8	67	31	47	46	6	71	29	47	46	3
上海	9	63	38	69	55	2	53	27	69	46	2
江苏	10	67	22	57	44	10	57	20	56	40	15
浙江	11	73	23	61	47	5	69	20	60	44	6
安徽	12	60	18	45	36	25	63	17	43	36	24
福建	13	73	23	57	46	7	68	21	54	43	8
江西	14	64	20	48	39	18	63	20	46	39	18
山东	15	57	20	51	39	20	60	19	54	39	17
河南	16	53	16	47	34	28	57	16	44	34	30
湖北	17	67	18	47	38	23	64	17	48	37	23
湖南	18	63	18	50	38	22	57	18	50	38	22
广东	19	69	24	57	45	9	69	22	57	44	4
广西	20	55	17	48	36	26	54	18	46	36	25
海南	21	72	19	57	43	13	61	22	52	41	13
重庆	22	68	17	50	38	21	62	14	48	34	29
四川	23	70	21	46	41	15	65	20	43	38	20
贵州	24	56	25	41	39	19	52	23	37	35	28
云南	25	77	22	47	43	11	71	23	44	42	10
西藏	26	85	39	37	50	3	65	33	29	40	16
陕西	27	55	20	44	37	24	64	20	43	38	21
甘肃	28	64	26	41	41	14	65	26	40	41	14
青海	29	71	34	47	48	4	53	30	45	42	11
宁夏	30	40	21	40	32	30	41	20	40	32	31
新疆	31	48	20	44	35	27	63	21	43	39	19

附表 2-3-2 2004 年中国地区生态进步指数

地区	地区编号	人均 CO_2 排放	人均 SO_2 排放	人均 NO_2 排放	淡水工业污染	生活废水处理率	城市废物处理率	自然资源损耗	生物多样性损失	森林覆盖率	国家保护区比例	生态进步指数
北京	1		100		100	60	80			73	47	77
天津	2		100		51	56	61			28	91	65
河北	3		100		27	28	42			61	16	46
山西	4		59		35	19	15			46	43	36
内蒙古	5		51		30	40	41			61	84	51
辽宁	6		100		58	34	49			100	75	70
吉林	7		100		48	23	53			100	76	67
黑龙江	8		100		100	15	26			100	58	67
上海	9		92		100	63	20			11	92	63
江苏	10		100		100	41	91			26	42	67
浙江	11		100		89	49	86			100	16	73
安徽	12		100		100	26	26			83	26	60
福建	13		100		100	36	81			100	19	73
江西	14		100		100	5	49			100	31	64
山东	15		100		32	49	86			46	29	57
河南	16		100		48	28	55			56	28	53
湖北	17		100		100	19	58			92	35	67
湖南	18		100		100	14	33			100	30	63
广东	19		100		100	36	48			100	28	69
广西	20		100		24	11	61			100	37	55
海南	21		100		100	32	68			100	33	72
重庆	22		98		100	18	49			77	67	68
四川	23		100		58	19	45			100	99	70
贵州	24		74		100	6	40			82	34	56
云南	25		100		73	51	75			100	65	77
西藏	26		100		100					39	100	85
陕西	27		100		41	22	36			100	31	55
甘肃	28		100		100	25	39			23	100	64
青海	29		100		100	15	95			15	100	71
宁夏	30		50		27	48	29			21	62	40
新疆	31		100		22	36	36			10	84	48

附表 2-3-3　2004 年中国地区经济生态化指数

地区	地区编号	农业与化肥脱钩	有机农业比例	工业与污染脱钩	工业能源密度	绿色生态旅游	物质经济效率	物质经济比重	循环经济（玻璃）	经济与能源脱钩	经济与三废脱钩	经济生态化指数
北京	1	29		90		39	13	70		27		44
天津	2	26		25		7	15	49		26		25
河北	3	29		8		1	5	41		18		17
山西	4	59		7		0	4	41		8		20
内蒙古	5	95		6		2	6	41		14		27
辽宁	6	43		15		3	7	48		18		22
吉林	7	42		6		1	6	43		17		19
黑龙江	8	99		16		1	7	40		23		31
上海	9	25		64		32	22	54		32		38
江苏	10	18		19		4	9	43		39		22
浙江	11	28		15		5	7	46		38		23
安徽	12	26		11		0	3	43		23		18
福建	13	14		21		5	7	45		46		23
江西	14	29		10		0	4	42		32		20
山东	15	21		16		1	7	41		33		20
河南	16	20		9		0	3	40		25		16
湖北	17	21		11		1	5	44		24		18
湖南	18	24		5		1	3	47		29		18
广东	19	20		23		12	8	44		36		24
广西	20	27		1		1	3	44		27		17
海南	21	22		10		2	4	46		29		19
重庆	22			6		1	3	46		26		17
四川	23	52		4		1	3	45		20		21
贵州	24	80		20		0	2	43		8		25
云南	25	57		9		2	2	43		20		22
西藏	26	100		31		2	2	59				39
陕西	27	43		7		2	3	45		21		20
甘肃	28	84		13		0	2	42		13		26
青海	29	100		44		0	4	46		12		34
宁夏	30	56		3		0	3	42				21
新疆	31	49		4		1	6	42		16		20

附表 2-3-4 2004 年中国地区社会生态化指数

地区	地区编号	安全饮水比例	卫生设施比例	城市空气污染	能源使用效率	可再生能源比例	交通空气污染	长寿人口比例	服务收入比	服务消费比例	环境风险	社会生态化指数
北京	1	100	95	18	28			76	58	100		68
天津	2	96	87	24	28			74	29	81		60
河北	3	87	63	22	19			55	18	77		49
山西	4	80	60	15	9			48	18	82		45
内蒙古	5	56	56	33	15			51	18	84		45
辽宁	6	76	74	19	19			65	27	77		51
吉林	7	62	68	31	18			51	20	82		48
黑龙江	8	70	68	24	24			47	16	81		47
上海	9	100	99	27	34			100	35	89		69
江苏	10	93	71	22	41			73	21	78		57
浙江	11	93	88	24	40			67	25	90		61
安徽	12	53	65	24	25			58	21	70		45
福建	13	82	72	36	48			58	24	77		57
江西	14	61	70	27	34			55	20	71		48
山东	15	70	70	18	35			63	18	83		51
河南	16	61	69	24	27			56	17	77		47
湖北	17	61	67	21	26			56	22	76		47
湖南	18	67	67	19	30			60	26	83		50
广东	19	86	86	27	38			54	22	88		57
广西	20	61	57	34	29			58	22	74		48
海南	21	70	68	81	31			51	25	72		57
重庆	22	70	53	19	27			78	25	79		50
四川	23	61	55	23	21			60	23	77		46
贵州	24	61	41	32	9			52	20	74		41
云南	25	67	58	31	22			53	21	78		47
西藏	26	14	14	51				44	42	60		37
陕西	27	53	56	19	22			52	23	86		44
甘肃	28	54	57	16	13			45	19	79		41
青海	29	81	74	21	13			40	24	75		47
宁夏	30	46	40	22				39	20	76		40
新疆	31	73	56	23	17			43	20	77		44

附表 2-3-5　2000 年中国地区生态进步指数

地区	地区编号	人均 CO_2 排放	人均 SO_2 排放	人均 NO_2 排放	淡水工业污染	生活废水处理率	城市废物处理率	自然资源损耗	生物多样性损失	森林覆盖率	国家保护区比例	生态进步指数
北京	1		100		100	53				73	25	70
天津	2		70		100	67				28	71	67
河北	3		100		100	19				61	4	57
山西	4		69		100	17				46	5	47
内蒙古	5		89		100	34				61	35	64
辽宁	6		100		100	32				100	47	76
吉林	7		100		77	27				100	64	74
黑龙江	8		100		100	12				100	44	71
上海	9		90		100	19				11	44	53
江苏	10		100		100	29				26	32	57
浙江	11		100		100	36				100	8	69
安徽	12		100		100	16				83	16	63
福建	13		100		100	27				100	11	68
江西	14		100		100	4				100	9	63
山东	15		100		100	38				46	17	60
河南	16		100		100	20				56	9	57
湖北	17		100		100	8				92	19	64
湖南	18		100		54	8				100	24	57
广东	19		100		100	21				100	22	69
广西	20		100		16	10				100	42	54
海南	21		100		42	34				100	32	61
重庆	22		92		100	6				77	36	62
四川	23		100		40	15				100	71	65
贵州	24		61		100	5				82	12	52
云南	25		100		76	44				100	35	71
西藏	26		100		23					39	100	65
陕西	27		100		100	12				100	11	64
甘肃	28		100		100	31				23	69	65
青海	29		100		100	4				15	47	53
宁夏	30		68		68	25				21	25	41
新疆	31		100		100	42				10	62	63

附表 2-3-6　2000 年中国地区经济生态化指数

地区	地区编号	农业与化肥脱钩	有机农业比例	工业与污染脱钩	工业能源密度	绿色生态旅游	物质经济效率	物质经济比例	循环经济（玻璃）	经济与能源脱钩	经济与三废脱钩	经济生态化指数
北京	1	23		31		36	8	67		21		31
天津	2	35		8		4	8	51		21		21
河北	3	31		4		0	3	42		21		17
山西	4	64		4		0	2	46		9		21
内蒙古	5	100		3		1	3	43		14		27
辽宁	6	46		5		2	5	46		16		20
吉林	7	60		3		0	4	43		18		21
黑龙江	8	100		8		1	4	41		19		29
上海	9	20		22		17	13	57		30		27
江苏	10	18		13		2	5	44		36		20
浙江	11	29		6		2	5	44		37		20
安徽	12	29		6		0	2	42		23		17
福建	13	14		10		5	4	47		48		21
江西	14	34		6		0	2	47		33		20
山东	15	22		6		1	3	43		38		19
河南	16	23		4		0	2	40		24		16
湖北	17	24		6		0	4	43		25		17
湖南	18	26		3		1	2	46		33		18
广东	19	22		12		9	5	46		37		22
广西	20	34		1		1	2	45		28		18
海南	21	35		3		3	3	49		39		22
重庆	22			4		1	2	47		14		14
四川	23	52		2		0	2	42		22		20
贵州	24	83		5		0	1	42		8		23
云南	25	69		3		1	1	43		22		23
西藏	26	100		7		4	1	52				33
陕西	27	47		3		1	2	46		22		20
甘肃	28	94		5		0	2	43		12		26
青海	29	100		21		0	2	48		11		30
宁夏	30	65		1		0	2	45		10		20
新疆	31	61		4		1	4	44		15		21

附表 2-3-7 2000 年中国地区社会生态化指数

地区	地区编号	安全饮水比例	卫生设施比例	城市空气污染	能源使用效率	可再生能源比例	交通空气污染	长寿人口比例	服务收入比	服务消费比例	环境风险	社会生态化指数
北京	1	95	91		21			57	54	75		66
天津	2	91	84		21			57	32	69		59
河北	3	74	51		21			47	19	72		47
山西	4	74	57		9			42	24	71		46
内蒙古	5	54	54		14			37	21	79		43
辽宁	6	73	72		16			54	25	70		52
吉林	7	63	67		18			40	20	71		47
黑龙江	8	67	66		19			37	18	74		47
上海	9	98	97		30			79	39	70		69
江苏	10	84	65		36			60	22	68		56
浙江	11	84	80		37			61	22	74		60
安徽	12	47	56		23			51	19	62		43
福建	13	75	67		48			45	26	63		54
江西	14	52	60		33			42	27	62		46
山东	15	70	70		38			55	21	72		54
河南	16	53	59		24			48	17	64		44
湖北	17	65	70		25			43	21	65		48
湖南	18	61	61		33			50	25	70		50
广东	19	81	81		37			41	25	74		57
广西	20	58	55		28			49	23	64		46
海南	21	66	65		39			45	28	67		52
重庆	22	67	53		14			54	27	70		48
四川	23	52	47		22			51	20	65		43
贵州	24	53	37		8			40	20	62		37
云南	25	61	53		22			41	20	67		44
西藏	26	16	16					31	33	50		29
陕西	27	47	49		22			41	25	74		43
甘肃	28	48	51		12			34	21	71		40
青海	29	70	64		11			30	28	68		45
宁夏	30	52	47		10			31	23	76		40
新疆	31	65	51		15			31	22	73		43

附表 2-4-1 中国地区生态进步指标

地区	地区编号	人均 SO_2 排放		淡水工业污染(工业废水 COD/工业用水)		生活废水处理率		城市废物处理率	森林覆盖率	国家保护区比例	
		2000	2004	2000	2004	2002	2004	2004	2004	2000	2004
北京	1	16	13	0.04	0.15	53	60	80	21	4	8
天津	2	36	22	0.17	0.78	67	56	61	8	11	15
河北	3	20	21	0.38	1.49	19	28	42	18	1	3
山西	4	36	42	0.16	1.14	17	19	15	13	1	7
内蒙古	5	28	49	0.18	1.33	34	40	41	18	6	13
辽宁	6	22	20	0.27	0.68	32	34	49	33	8	12
吉林	7	10	11	0.52	0.83	27	23	53	38	10	12
黑龙江	8	8	10	0.20	0.24	12	15	26	40	7	9
上海	9	28	27	0.05	0.05	19	63	20	3	7	15
江苏	10	16	17	0.14	0.16	29	41	91	8	5	7
浙江	11	13	17	0.34	0.45	36	49	86	54	1	3
安徽	12	7	8	0.19	0.20	16	26	26	24	3	4
福建	13	6	9	0.37	0.15	27	36	81	63	2	3
江西	14	8	12	0.26	0.19	4	5	49	56	2	5
山东	15	20	20	0.32	1.23	38	49	86	13	3	5
河南	16	9	13	0.31	0.83	20	28	55	16	1	5
湖北	17	9	12	0.36	0.21	8	19	58	27	3	6
湖南	18	12	13	0.74	0.36	8	14	33	41	4	5
广东	19	10	14	0.20	0.18	21	36	48	46	3	4
广西	20	18	19	2.55	1.67	10	11	61	41	7	6
海南	21	3	3	0.96	0.39	34	32	68	49	5	5
重庆	22	27	25	0.26	0.38	6	18	49	22	6	11
四川	23	15	14	1.00	0.69	15	19	45	30	11	16
贵州	24	41	34	0.12	0.09	5	6	40	24	2	5
云南	25	9	11	0.53	0.55	44	51	75	41	6	10
西藏	26	0	0	1.75	0.34				11	33	34
陕西	27	17	22	0.38	0.99	12	22	36	33	2	5
甘肃	28	14	18	0.15	0.24	31	25	39	7	11	19
青海	29	6	14	0.12	0.06	4	15	95	4	7	29
宁夏	30	37	50	0.59	1.48	25	48	29	6	4	10
新疆	31	16	25	0.40	1.80	42	36	36	3	10	13

附表 2-4-2　中国地区经济生态化指标

地区	地区编号	化肥强度（千克化肥/公顷可耕地）		工业与污染脱钩（工业废水COD/工业增加值）		绿色生态旅游（人均国际旅游收入）		物质经济效率（工农业增加值/工农业劳动力）		物质经济比例（工农业增加值/GDP）		经济与能源脱钩（人均能源消费/人均GDP）	
		2000	2004	2000	2004	2000	2004	2000	2004	2000	2004	2000	2003
北京	1	521	420	19	7	200	213	4551	6944	42	40	0.94	0.75
天津	2	343	471	71	24	23	40	4358	8004	55	57	0.94	0.76
河北	3	393	421	159	76	2	3	1602	2792	67	68	0.98	1.10
山西	4	190	204	158	82	2	2	1197	2443	61	68	2.26	2.46
内蒙古	5	91	127	191	97	5	11	1519	3139	65	68	1.39	1.41
辽宁	6	263	282	116	39	9	15	2964	4066	61	59	1.27	1.11
吉林	7	201	285	225	92	2	4	1936	3228	66	66	1.11	1.15
黑龙江	8	103	122	74	38	5	8	2325	4005	68	71	1.05	0.88
上海	9	613	477	27	9	96	175	7211	12083	49	52	0.67	0.62
江苏	10	663	665	45	32	10	24	2579	4843	64	65	0.55	0.52
浙江	11	422	439	93	39	11	28	2506	4022	64	61	0.55	0.53
安徽	12	424	465	107	54	1	2	961	1496	67	64	0.89	0.86
福建	13	860	848	61	27	26	30	2396	3557	60	62	0.41	0.44
江西	14	357	413	102	58	1	2	1116	2002	59	66	0.61	0.62
山东	15	550	586	100	37	3	6	1862	3568	65	68	0.53	0.61
河南	16	517	608	152	69	1	2	950	1696	70	70	0.85	0.79
湖北	17	499	570	104	55	2	3	2022	2978	65	64	0.81	0.82
湖南	18	461	514	183	116	3	5	1039	1589	61	60	0.61	0.70
广东	19	538	615	48	26	48	65	2726	4377	61	63	0.54	0.56
广西	20	358	443	839	502	7	6	848	1394	63	63	0.72	0.73
海南	21	345	539	218	61	14	10	1527	2247	58	60	0.51	0.69
重庆	22			154	93	4	7	966	1703	59	60	1.40	0.77
四川	23	232	234	274	135	1	3	973	1557	66	62	0.90	0.98
贵州	24	145	152	110	30	2	2	508	842	66	66	2.40	2.38
云南	25	175	214	174	69	8	10	811	1200	65	65	0.91	0.98
西藏	26	69	110	83	19	20	13	782	1237	54	48	0.00	0.00
陕西	27	255	278	184	81	8	10	933	1696	61	63	0.91	0.96
甘肃	28	128	144	109	47	2	2	880	1314	64	67	1.69	1.57
青海	29	104	95	28	13	1	2	1040	1932	58	61	1.84	1.67
宁夏	30	186	218	968	184	1	0	962	1730	63	66	1.91	0.00
新疆	31	199	249	142	133	5	5	2199	3501	64	66	1.34	1.25

附表 2-4-3 中国地区社会生态化指标

地区	地区编号	安全饮水比例		卫生设施比例		城市空气污染	能源使用效率		长寿人口比例		服务收入比		服务消费比例	
		2000	2004	2000	2004	2004	2000	2003	2000	2004	2000	2004	2000	2004
北京	1	95	100	91	95	149	1.07	1.41	8.36	11.1	1.4	1.5	29	39
天津	2	91	96	84	87	111	1.06	1.38	8.33	10.8	0.8	0.8	27	32
河北	3	74	87	51	63	123	1.03	0.95	6.86	8.0	0.5	0.5	28	30
山西	4	74	80	57	60	175	0.44	0.43	6.2	7.1	0.6	0.5	28	32
内蒙古	5	54	56	54	56	80	0.72	0.75	5.35	7.5	0.5	0.5	31	33
辽宁	6	73	76	72	74	137	0.79	0.95	7.83	9.5	0.6	0.7	27	30
吉林	7	63	62	67	68	85	0.90	0.92	5.85	7.5	0.5	0.5	28	32
黑龙江	8	67	70	66	68	113	0.96	1.20	5.42	6.8	0.5	0.4	29	32
上海	9	98	100	97	99	99	1.50	1.69	11.53	15.4	1.0	0.9	27	35
江苏	10	84	93	65	71	121	1.81	2.04	8.76	10.7	0.6	0.5	26	30
浙江	11	84	93	80	88	110	1.83	2.00	8.84	9.8	0.6	0.6	29	35
安徽	12	47	53	56	65	110	1.13	1.23	7.45	8.5	0.5	0.6	24	27
福建	13	75	82	67	72	74	2.41	2.41	6.54	8.5	0.7	0.6	24	30
江西	14	52	61	60	70	99	1.63	1.69	6.11	8.0	0.7	0.5	24	28
山东	15	70	70	70	70	149	1.89	1.73	8.03	9.2	0.5	0.5	28	32
河南	16	53	61	59	69	111	1.18	1.34	6.96	8.1	0.4	0.4	25	30
湖北	17	65	61	70	67	130	1.24	1.28	6.31	8.2	0.5	0.6	25	30
湖南	18	61	67	61	67	140	1.64	1.51	7.29	8.8	0.6	0.7	27	32
广东	19	81	86	81	86	99	1.85	1.88	6.05	7.9	0.6	0.6	29	34
广西	20	58	61	55	57	78	1.39	1.45	7.12	8.4	0.6	0.6	25	29
海南	21	66	70	65	68	33	1.96	1.53	6.58	7.5	0.7	0.7	26	28
重庆	22	67	70	53	53	142	0.72	1.37	7.9	11.4	0.7	0.7	27	31
四川	23	52	61	47	55	115	1.11	1.07	7.45	8.8	0.5	0.6	25	30
贵州	24	53	61	37	41	83	0.42	0.44	5.79	7.5	0.5	0.5	24	29
云南	25	61	67	53	58	85	1.10	1.08	6	7.7	0.5	0.5	26	31
西藏	26	16	14	16	14	52			4.5	6.4	0.8	1.1	19	23
陕西	27	47	53	49	56	142	1.10	1.10	5.93	7.7	0.6	0.6	29	33
甘肃	28	48	54	51	57	172	0.59	0.67	5	6.6	0.6	0.5	28	31
青海	29	70	81	64	74	127	0.54	0.63	4.33	5.9	0.7	0.6	26	29
宁夏	30	52	46	47	40	122	0.52		4.47	5.7	0.6	0.5	30	30
新疆	31	65	73	51	56	114	0.75	0.84	4.53	6.3	0.6	0.5	28	30

附录三　世界现代化水平评价的数据集

附表 3-1-1 2004 年世界现代化水平

国家	国家编号	人口（百万）	第一次现代化 实现程度	第一次现代化 排名[a]	第一次现代化 阶段[b]	第二次现代化 指数	第二次现代化 排名	第二次现代化 阶段[c]	综合现代化水平指数	排名
瑞典	1	9	100	1	4	113	1	2	99	1
美国	2	294	100	1	4	107	2	2	96	3
芬兰	3	5	100	1	4	103	4	1	93	8
澳大利亚	4	20	100	1	4	99	7	2	91	10
瑞士	5	7	100	1	4	101	6	2	95	5
挪威	6	5	100	1	4	96	11	1	86	14
日本	7	128	100	1	4	102	5	1	94	6
丹麦	8	5	100	1	4	106	3	2	98	2
德国	9	83	100	1	4	98	8	2	95	4
荷兰	10	16	100	1	4	95	12	2	91	9
加拿大	11	32	100	1	4	93	14	2	84	17
新加坡	12	4	100	1	4	87	18	2	79	21
英国	13	60	100	1	4	96	10	2	93	7
法国	14	60	100	1	4	94	13	2	90	12
比利时	15	10	100	1	4	97	9	2	90	11
奥地利	16	8	100	1	4	90	16	1	89	13
新西兰	17	4	100	1	3	90	17		84	16
韩国	18	48	100	1	4	92	15	1	83	18
以色列	19	7	100	1	4	86	19	1	84	15
意大利	20	58	100	1	4	77	22	1	82	19
爱尔兰	21	4	100	1	4	81	20	1	80	20
西班牙	22	43	100	1	4	78	21	1	79	22
爱沙尼亚	23	1	100		4	71		1	66	
斯洛文尼亚	24	2	100		4	76		1	72	
乌拉圭	25	3	96	34	3	54	33		59	26
俄罗斯	26	144	94		3	66			57	
斯洛伐克	27	5	99		4	64			58	
希腊	28	11	100	1	3	69	23		71	23
匈牙利	29	10	100	1	4	64	27		64	25
捷克	30	10	100		4	69			65	
葡萄牙	31	11	100	1	4	69	24	1	69	24
白俄罗斯	32	10	93		3	56			50	
拉脱维亚	33	2	98		4	61			62	
立陶宛	34	3	98		3	64			60	
格鲁吉亚	35	5	81		2	45			43	
乌克兰	36	47	92		3	55			51	
保加利亚	37	8	94	38	3	55	31		53	33
黎巴嫩	38	4	99	29	3	67	25		56	30
哈萨克斯坦	39	15	86		2	46			44	
波兰	40	38	99	28	4	60	28		58	27
阿根廷	41	38	95	36	4	56	30		58	28
巴拿马	42	3	96	33	3	44	42		53	32
克罗地亚	43	4	100		3	59			60	
沙特阿拉伯	44	24	98	30	4	64	26		48	41
哥伦比亚	45	45	93	46	3	40	49		46	44
科威特	46	2	99	1	4	60	29		56	29
智利	47	16	97	31	4	52	35		54	31
马其顿	48	2	93		3	45			48	
阿塞拜疆	49	8	80		2	40			37	
摩尔多瓦	50	4	84		2	39			42	
罗马尼亚	51	22	93	48	3	45	40		45	45
委内瑞拉	52	26	96	35	4	46	39		48	40
乌兹别克斯坦	53	26	76		2	47			33	
多米尼加	54	9	93	47	3	52	34		51	37
亚美尼亚	55	3	83		2	43			41	
巴拉圭	56	6	87	54	2	33	61		38	54
哥斯达黎加	57	4	96	32	3	44	44		51	36
巴西	58	184	94	39	3	46	36		50	38
墨西哥	59	104	100	1	4	45	41		52	35
博茨瓦纳	60	2	73	66	4	35	60		32	64
秘鲁	61	28	93	40	4	41	47		50	39
牙买加	62	3	93	42	3	40	48		44	47
约旦	63	5	93	44	4	54	32		53	34
南非	64	46	85	57	4	39	50		41	51
土耳其	65	72	94	37	3	43	45		48	42
厄瓜多尔	66	13	93	43	3	37	52		44	48
伊朗	67	67	87	53	3	37	53		37	57
蒙古	68	3	82		2	40			47	
摩洛哥	69	30	75	65	3	32	63		39	53
马来西亚	70	25	92	49	3	46	37		47	43

附表 3-1-1　2004 年世界现代化水平　　（续表）

国家	国家编号	人口（百万）	第一次现代化 实现程度	排名[a]	阶段[b]	第二次现代化 指数	排名	阶段[c]	综合现代化水平指数	排名
萨尔瓦多	71	7	93	41	3	35	59		42	50
埃及	72	73	82	59	3	35	58		34	62
中国	73	1296	86	55	3	39	51		35	59
阿尔及利亚	74	32	88	51	3	46	38		38	55
土库曼斯坦	75	5	74		2	49			31	
突尼斯	76	10	93	45	3	42	46		45	46
阿尔巴尼亚	77	3	88	52	3	44	43		37	56
吉尔吉斯	78	5	73		2	36			37	
塔吉克斯坦	79	6	71		2	38			29	
玻利维亚	80	9	86	56	3	36	56		42	49
缅甸	81	50	61	71	0	22	85		29	69
菲律宾	82	82	90	50	2	35	57		39	52
泰国	83	64	80	62	2	36	55		35	60
纳米比亚	84	2	70	68	2	33	62		34	61
津巴布韦	85	13	60	74	3	26	72		24	79
洪都拉斯	86	7	84	58	3	26	74		32	66
尼加拉瓜	87	5	82	61	2	29	65		32	65
越南	88	82	69	69	2	36	54		25	77
肯尼亚	89	33	58	76	2	28	66		27	73
斯里兰卡	90	19	72	67	2	27	69		29	67
刚果共和国	91	4	61		2	22			25	
印度尼西亚	92	218	78	64	2	27	68		29	68
赞比亚	93	11	49	87	1	21	89		19	94
危地马拉	94	12	80	63	2	27	67		36	58
毛里塔尼亚	95	3	56	77	2	26	71		26	74
科特迪瓦	96	18	53	80	1	25	78		24	78
印度	97	1080	63	70	2	26	73		28	70
巴基斯坦	98	152	60	72	2	21	86		27	71
莱索托	99	2	51	82	2	15	104		16	103
柬埔寨	100	14	45	90	1	21	87		20	91
喀麦隆	101	16	52	81	1	24	81		24	81
厄立特里亚	102	4	50	86	1	22	84		21	86
叙利亚	103	19	82	60	2	32	64		34	63
加纳	104	22	51	83	1	24	79		22	83
乍得	105	9	34	105	0	17	98		17	99
莫桑比克	106	19	44	94	1	17	97		18	98
几内亚	107	9	43	97	1	21	88		21	89
也门共和国	108	20	60	73	2	27	70		26	75
巴布亚新几内亚	109	6	41	98	1	19	93		18	95
海地	110	8	50	85	2	24	80		25	76
尼泊尔	111	27	45	91	1	19	92		21	87
塞内加尔	112	11	54	78	1	25	75		27	72
塞拉利昂	113	5	32	108	0	18	94		14	106
刚果民主共和国	114	56	37		0	16			13	
老挝	115	6	45	93	1	24	82		18	96
马拉维	116	13	37	100	0	16	101		14	107
多哥	117	6	45	92	1	25	76		21	90
马达加斯加	118	18	50	84	1	16	100		22	84
马里	119	13	37	101	1	20	90		19	93
尼日利亚	120	129	59	75	2	25	77		23	82
孟加拉国	121	139	54	79	2	19	91		24	80
坦桑尼亚	122	38	43	96	0	17	96		17	101
贝宁	123	8	46	89	1	22	83		22	85
尼日尔	124	13	34	106	0	16	102		17	100
安哥拉	125	15	47	88	1	17	95		18	97
乌干达	126	28	44	95	1	16	99		21	88
中非	127	4	37	102	0	13	107		17	102
布基纳法索	128	13	37	103	1	14	106		19	92
埃塞俄比亚	129	70	36	104	0	16	103		14	108
布隆迪	130	7	33	107	0	15	105		14	105
卢旺达	131	9	39	99	1	12	108		16	104
高收入国家		1004	100		4	100		2	100	
中等收入国家		3018	92		3	41			40	
低收入国家		2343	59		2	22			26	
世界平均		6365	92		3	51			53	

a　20 世纪 90 年代新出现的国家和数据不全的国家暂不参加排名，实现程度达到 100% 时，排名不分先后。

b　4 代表过渡期，3 代表成熟期，2 代表发展期，1 代表起步期，0 代表传统农业社会。

c　2 代表发展期，1 代表起步期。

附表 3-1-2　2004 年根据第二次现代化指数的国家分组

分组	国家	国家编号	第二次现代化指数	第一次现代化实现程度	综合现代化指数	人均GNP（美元）	人类发展指数	国家	国家编号	第二次现代化指数	第一次现代化实现程度	综合现代化指数	人均GNP（美元）	人类发展指数
发达国家20个	瑞典	1	113	100	99	35840	0.951	挪威	6	96	100	86	51810	0.965
	美国	2	107	100	96	41440	0.948	荷兰	10	95	100	91	32130	0.947
	丹麦	8	106	100	98	40750	0.943	法国	14	94	100	90	30370	0.942
	芬兰	3	103	100	93	32880	0.947	加拿大	11	93	100	84	28310	0.95
	日本	7	102	100	94	37050	0.949	韩国	18	92	100	83	14000	0.912
	瑞士	5	101	100	95	49600	0.947	奥地利	16	90	100	89	32280	0.944
	澳大利亚	4	99	100	91	27070	0.957	新西兰	17	90	100	84	19990	0.936
	德国	9	98	100	95	30690	0.932	新加坡	12	87	100	79	24760	0.916
	比利时	15	97	100	90	31280	0.945	以色列	19	86	100	84	17360	0.927
	英国	13	96	100	93	33630	0.940	爱尔兰	21	81	100	80	34310	0.956
中等发达国家25个	西班牙	22	78	100	79	21530	0.938	拉脱维亚	33	61	98	62	5580	0.845
	意大利	20	77	100	82	26280	0.94	波兰	40	60	99	58	6100	0.862
	斯洛文尼亚	24	76	100	72	14770	0.91	科威特	46	60	99	56	22470	0.871
	爱沙尼亚	23	71	100	66	7080	0.858	克罗地亚	43	59	100	60	6820	0.846
	希腊	28	69	100	71	16730	0.921	阿根廷	41	56	95	58	3580	0.863
	葡萄牙	31	69	100	69	14220	0.904	白俄罗斯	32	56	93	50	2140	0.794
	捷克	30	69	100	65	9130	0.885	乌克兰	36	55	92	51	1270	0.774
	黎巴嫩	38	67	99	56	6010	0.774	保加利亚	37	55	94	53	2750	0.816
	俄罗斯	26	66	94	57	3400	0.797	约旦	63	54	93	53	2190	0.76
	沙特阿拉伯	44	64	98	48	10140	0.777	乌拉圭	25	54	96	59	3900	0.851
	匈牙利	29	64	100	64	8370	0.869	多米尼加	54	52	93	51	2100	0.751
	斯洛伐克	27	64	99	58	6480	0.856	智利	47	52	97	54	5220	0.859
	立陶宛	34	64	98	60	5740	0.857							
初等发达国家40个	土库曼斯坦	75	49	74	31	1120	0.724	哥伦比亚	45	40	93	46	2020	0.79
	乌兹别克斯坦	53	47	76	33	450	0.696	蒙古	68	40	82	47	600	0.691
	巴西	58	46	94	50	3000	0.792	南非	64	39	85	41	3630	0.653
	马来西亚	70	46	92	47	4520	0.805	中国	73	39	86	35	1500	0.768
	哈萨克斯坦	39	46	86	44	2250	0.774	摩尔多瓦	50	39	84	42	720	0.694
	阿尔及利亚	74	46	88	38	2270	0.728	塔吉克斯坦	79	38	71	29	280	0.652
	委内瑞拉	52	46	96	48	4030	0.784	厄瓜多尔	66	37	93	44	2210	0.765
	罗马尼亚	51	45	93	45	2960	0.805	伊朗	67	37	87	37	2320	0.746
	墨西哥	59	45	100	52	6790	0.821	吉尔吉斯	78	36	73	37	400	0.705
	格鲁吉亚	35	45	81	43	1060	0.743	越南	88	36	69	25	540	0.709
	马其顿	48	45	93	48	2420	0.796	泰国	83	36	80	35	2490	0.784
	巴拿马	42	44	96	53	4210	0.809	玻利维亚	80	36	86	42	960	0.692
	阿尔巴尼亚	77	44	88	37	2120	0.784	菲律宾	82	35	90	39	1170	0.763
	哥斯达黎加	57	44	96	51	4470	0.841	埃及	72	35	82	34	1250	0.702
	亚美尼亚	55	43	83	41	1060	0.768	萨尔瓦多	71	35	93	42	2320	0.729
	土耳其	65	43	94	48	3750	0.757	博茨瓦纳	60	35	73	32	4360	0.57
	突尼斯	76	42	93	45	2650	0.76	巴拉圭	56	33	87	38	1140	0.757
	秘鲁	61	41	93	50	2360	0.767	纳米比亚	84	33	70	34	2380	0.626
	阿塞拜疆	49	40	80	37	940	0.736	摩洛哥	69	32	75	39	1570	0.64
	牙买加	62	40	93	44	3300	0.724	叙利亚	103	32	82	34	1230	0.716
欠发达国家46个	尼加拉瓜	87	29	82	32	830	0.698	柬埔寨	100	21	45	20	350	0.583
	肯尼亚	89	28	58	27	480	0.491	几内亚	107	21	43	21	410	0.445
	危地马拉	94	27	80	36	2190	0.673	赞比亚	93	21	49	19	400	0.407
	印度尼西亚	92	27	78	29	1140	0.711	马里	119	20	37	19	330	0.338
	斯里兰卡	90	27	72	29	1010	0.755	孟加拉国	121	19	54	24	440	0.53
	也门共和国	108	27	60	26	550	0.492	尼泊尔	111	19	45	21	250	0.527
	毛里塔尼亚	95	26	56	26	530	0.486	巴布亚新几内亚	109	19	41	18	560	0.523
	津巴布韦	85	26	60	24	620	0.491	塞拉利昂	113	18	32	14	210	0.335
	印度	97	26	63	28	620	0.611	安哥拉	125	17	47	18	930	0.439
	洪都拉斯	86	26	84	32	1040	0.683	坦桑尼亚	122	17	43	17	320	0.43
	塞内加尔	112	25	54	27	630	0.46	莫桑比克	106	17	44	18	270	0.39
	多哥	117	25	45	21	310	0.495	乍得	105	17	34	17	250	0.368
	尼日利亚	120	25	59	23	430	0.448	乌干达	126	16	44	21	250	0.502
	科特迪瓦	96	25	53	24	760	0.421	马达加斯加	118	16	50	22	290	0.509
	加纳	104	24	51	22	380	0.532	马拉维	116	16	37	14	160	0.4
	海地	110	24	50	25	400	0.482	刚果民主共和国	114	16	37	13	110	0.391
	喀麦隆	101	24	52	24	810	0.506	尼日尔	124	16	34	17	210	0.311
	老挝	115	24	45	18	390	0.553	埃塞俄比亚	129	16	36	14	110	0.371
	刚果共和国	91	22	61	25	760	0.52	莱索托	99	15	51	16	730	0.494
	贝宁	123	22	46	22	450	0.428	布隆迪	130	15	33	14	90	0.384
	厄立特里亚	102	22	50	21	190	0.454	布基纳法索	128	14	37	19	350	0.342
	缅甸	81	22	61	29	n	0.581	中非	127	13	37	17	310	0.353
	巴基斯坦	98	21	60	27	600	0.539	卢旺达	131	12	39	16	210	0.45
	高收入国家		100	100	100	32112	0.942							
	中等收入国家		41	92	40	2274	0.768							
	低收入国家		22	59	26	507	0.556							
	世界平均		51	92	53	6329	0.741							

附表 3-1-3　2004 年根据综合现代化水平的国家分组

分组	国家	国家编号	2004	2003	2002	2001	2000	1990	1980	国家	国家编号	2004	2003	2002	2001	2000	1990	1980
发达国家20个	瑞典	1	99	97	97	98	98	98	98	比利时	15	90	90	87	86	86	94	91
	丹麦	8	98	98	96	95	95	98	93	法国	14	90	89	90	87	86	90	89
	美国	2	96	97	97	96	95	91	92	奥地利	16	89	88	90	87	87	92	87
	德国	9	95	94	95	94	95	94	93	挪威	6	86	87	91	90	90	91	91
	瑞士	5	95	95	96	94	96	92	89	以色列	19	84	82	82	84	84	81	82
	日本	7	94	92	94	94	94	93	94	新西兰	17	84	77	75	75	74	78	87
	英国	13	93	90	94	89	88	89	88	加拿大	11	84	81	84	83	82	85	93
	芬兰	3	93	89	91	90	89	92	87	韩国	18	83	80	80	79	79	63	47
	荷兰	10	91	90	93	92	90	96	91	意大利	20	82	80	80	78	78	85	75
	澳大利亚	4	91	86	87	86	86	88	91	爱尔兰	21	80	78	79	74	75	71	68
中等发达国家22个	新加坡	12	79	77	77	85	88	64	60	乌拉圭	25	59	60	61	62	63	66	64
	西班牙	22	79	75	74	74	74	83	73	斯洛伐克	27	58	56	54	53	53	69	n
	斯洛文尼亚	24	72	69	70	67	65	71	n	波兰	40	58	57	58	53	53	51	65
	希腊	28	71	70	69	66	60	67	69	阿根廷	41	58	55	63	64	64	55	67
	葡萄牙	31	69	67	68	68	69	61	53	俄罗斯	26	57	56	56	54	54	56	85
	爱沙尼亚	23	66	63	63	61	62	56	76	科威特	46	56	55	55	57	54	62	74
	捷克	30	65	62	61	58	57	59	73	黎巴嫩	38	56	54	53	55	57	54	72
	匈牙利	29	64	61	70	57	58	58	63	智利	47	54	55	55	54	54	48	59
	拉脱维亚	33	62	61	58	55	56	57	75	巴拿马	42	53	51	51	51	51	49	56
	克罗地亚	43	60	57	57	49	49	62	n	保加利亚	37	53	50	49	48	48	52	63
	立陶宛	34	60	59	66	53	54	57	n	约旦	63	53	51	51	49	49	56	49
初等发达国家44个	墨西哥	59	52	52	53	51	51	53	57	摩尔多瓦	50	42	37	39	39	40	43	59
	哥斯达黎加	57	51	53	52	49	47	50	54	亚美尼亚	55	41	41	40	37	37	21	n
	多米尼加	54	51	51	50	61	60	63	50	南非	64	41	38	35	36	36	45	51
	乌克兰	36	51	46	48	46	46	51	91	菲律宾	82	39	38	40	39	39	40	40
	巴西	58	50	50	51	47	48	56	51	摩洛哥	69	39	38	38	37	37	38	35
	秘鲁	61	50	50	50	49	50	54	47	巴拉圭	56	38	36	38	55	55	40	41
	白俄罗斯	32	50	49	48	47	47	63	n	阿尔及利亚	74	38	31	32	31	30	40	46
	马其顿	48	48	45	48	47	47	44	n	阿尔巴尼亚	77	37	35	36	31	30	32	35
	委内瑞拉	52	48	48	50	49	50	52	58	吉尔吉斯	78	37	33	36	36	36	22	n
	沙特阿拉伯	44	48	43	45	44	43	56	57	伊朗	67	37	37	35	32	33	37	39
	土耳其	65	48	43	44	41	42	45	42	阿塞拜疆	49	37	36	38	36	38	n	n
	蒙古	68	47	41	42	35	35	39	65	危地马拉	94	36	34	35	31	31	37	41
	马来西亚	70	47	47	46	44	43	37	39	中国	73	35	33	33	32	31	28	21
	哥伦比亚	45	46	44	45	46	46	51	50	泰国	83	35	35	33	32	32	37	34
	罗马尼亚	51	45	41	40	39	39	40	50	纳米比亚	84	34	32	33	30	31	32	n
	突尼斯	76	45	42	42	43	42	40	41	埃及	72	34	39	40	40	40	40	38
	牙买加	62	44	46	48	42	42	44	42	叙利亚	103	34	29	31	30	29	39	45
	厄瓜多尔	66	44	42	44	39	38	43	56	乌兹别克斯坦	53	33	31	30	29	29	20	n
	哈萨克斯坦	39	44	44	45	44	43	53	n	博茨瓦纳	60	32	31	31	32	37	33	20
	格鲁吉亚	35	43	43	43	41	41	48	77	尼加拉瓜	87	32	35	33	36	34	37	42
	玻利维亚	80	42	40	39	40	41	54	33	洪都拉斯	86	32	33	35	34	33	38	37
	萨尔瓦多	71	42	42	42	51	49	49	43	土库曼斯坦	75	31	28	30	26	26	n	n
欠发达国家45个	斯里兰卡	90	29	28	28	28	28	35	32	乌干达	126	21	20	23	19	22	24	21
	印度尼西亚	92	29	27	31	27	30	27	31	几内亚	107	21	18	19	27	28	43	14
	塔吉克斯坦	79	29	28	30	29	30	5	n	多哥	117	21	22	21	21	21	34	29
	缅甸	81	29	28	30	30	24	30	26	柬埔寨	100	20	19	20	20	20	31	n
	印度	97	28	29	30	27	29	27	30	布基纳法索	128	19	18	18	17	19	22	33
	巴基斯坦	98	27	26	29	31	31	26	30	马里	119	19	17	17	17	18	22	23
	塞内加尔	112	27	26	25	24	24	30	30	赞比亚	93	19	18	19	19	19	21	30
	肯尼亚	89	27	26	27	27	26	27	26	巴布亚新几内亚	109	18	18	18	18	19	24	26
	毛里塔尼亚	95	26	26	26	26	26	38	33	老挝	115	18	18	18	17	18	20	19
	也门共和国	108	26	26	27	25	23	31	13	安哥拉	125	18	16	16	16	15	44	20
	海地	110	25	25	22	23	22	43	24	莫桑比克	106	18	16	19	21	22	21	18
	刚果共和国	91	25	25	25	26	25	37	34	乍得	105	17	18	23	19	24	26	28
	越南	88	25	24	23	23	22	21	n	尼日尔	124	17	17	17	17	17	24	26
	科特迪瓦	96	24	24	24	24	23	50	62	坦桑尼亚	122	17	16	16	16	16	23	18
	津巴布韦	85	24	27	26	24	24	26	30	中非	127	17	16	16	17	17	28	27
	孟加拉国	121	24	24	24	24	24	31	25	莱索托	99	16	18	18	19	19	45	27
	喀麦隆	101	24	22	22	21	21	32	34	卢旺达	131	16	14	15	14	16	21	19
	尼日利亚	120	23	26	21	16	19	31	30	布隆迪	130	14	14	18	14	18	24	25
	加纳	104	22	19	19	19	19	33	34	塞拉利昂	113	14	14	14	15	15	27	27
	马达加斯加	118	22	22	23	23	22	28	27	马拉维	116	14	16	20	16	19	32	21
	贝宁	123	22	22	22	21	21	36	29	埃塞俄比亚	129	14	14	16	13	15	24	17
	厄立特里亚	102	21	21	21	21	20	n	n	刚果民主共和国	114	13	12	12	13	14	33	35
	尼泊尔	111	21	20	17	17	17	23	20									
	高收入国家		100	100	100	100	100	100	100									
	中等收入国家		40	40	44	42	42	44	52									
	低收入国家		26	25	26	23	24	32	28									
	世界平均		53	52	55	51	50	53	60									

附表 3-2-1 2004 年世界第一次现代化实现程度和排名

国家	国家编号	经济指标达标程度				社会指标达标程度						实现程度	排名	达标个数
		人均 GNP	农业劳动力比重	农业增加值比重	服务业增加值比重	城市人口比例	医疗服务	婴儿存活率	预期寿命	成人识字率	大学入学率			
瑞典	1	100	100	100	100	100	100	100	100	100	100	100	1	
美国	2	100	100	100	100	100	100	100	100	100	100	100	1	
芬兰	3	100	100	100	100	100	100	100	100	100	100	100	1	
澳大利亚	4	100	100	100	100	100	100	100	100	100	100	100	1	
瑞士	5	100	100	100	100	100	100	100	100	100	100	100	1	
挪威	6	100	100	100	100	100	100	100	100	100	100	100	1	
日本	7	100	100	100	100	100	100	100	100	100	100	100	1	
丹麦	8	100	100	100	100	100	100	100	100	100	100	100	1	
德国	9	100	100	100	100	100	100	100	100	100	100	100	1	
荷兰	10	100	100	100	100	100	100	100	100	100	100	100	1	
加拿大	11	100	100	100	100	100	100	100	100	100	100	100	1	
新加坡	12	100	100	100	100	100	100	100	100	100	100	100	1	
英国	13	100	100	100	100	100	100	100	100	100	100	100	1	
法国	14	100	100	100	100	100	100	100	100	100	100	100	1	
比利时	15	100	100	100	100	100	100	100	100	100	100	100	1	
奥地利	16	100	100	100	100	100	100	100	100	100	100	100	1	
新西兰	17	100	100	100	100	100	100	100	100	100	100	100	1	
韩国	18	100	100	100	100	100	100	100	100	100	100	100	1	
以色列	19	100	100	n	n	100	100	100	100	100	100	100	1	
意大利	20	100	100	100	100	100	100	100	100	100	100	100	1	
爱尔兰	21	100	100	100	100	100	100	100	100	100	100	100	1	
西班牙	22	100	100	100	100	100	100	100	100	100	100	100	1	
爱沙尼亚	23	100	100	100	100	100	100	100	100	100	100	100		
斯洛文尼亚	24	100	100	100	100	100	100	100	100	100	100	100		
乌拉圭	25	56	100	100	100	100	100	100	100	100	100	96	34	9
俄罗斯	26	49	100	100	100	100	100	100	93	100	100	94		8
斯洛伐克	27	93	100	100	100	100	100	100	100	100	100	99		9
希腊	28	100	100	100	100	100	100	100	100	100	100	100	1	
匈牙利	29	100	100	100	100	100	100	100	100	100	100	100	1	
捷克	30	100	100	100	100	100	100	100	100	100	100	100		
葡萄牙	31	100	100	100	100	100	100	100	100	100	100	100	1	
白俄罗斯	32	31	100	100	100	100	100	100	98	100	100	93		8
拉脱维亚	33	80	100	100	100	100	100	100	100	100	100	98		9
立陶宛	34	82	100	100	100	100	100	100	100	100	100	98		9
格鲁吉亚	35	15	55	84	100	100	100	73	100	n	100	81		5
乌克兰	36	18	100	100	100	100	100	100	97	100	100	92		8
保加利亚	37	39	100	100	100	100	100	100	100	100	100	94	38	9
黎巴嫩	38	86	100	100	100	100	100	100	100	100	100	99	29	9
哈萨克斯坦	39	32	85	100	100	100	100	48	93	100	100	86		6
波兰	40	88	100	100	100	100	100	100	100	100	100	99	28	9
阿根廷	41	51	100	100	100	100	100	100	100	100	100	95	36	9
巴拿马	42	60	100	100	100	100	100	100	100	100	100	96	33	9
克罗地亚	43	98	100	100	100	100	100	100	100	100	100	100		9
沙特阿拉伯	44	100	100	100	83	100	100	100	100	99	100	98	30	8
哥伦比亚	45	29	100	100	100	100	100	100	100	100	100	93	46	9
科威特	46	100	100	100	91	100	100	100	100	100	100	99	1	9
智利	47	75	100	100	100	100	100	100	100	100	100	97	31	9
马其顿	48	35	100	100	100	100	100	100	100	n	100	93		8
阿塞拜疆	49	13	75	100	72	100	100	40	100	100	98	80		5
摩尔多瓦	50	10	70	70	100	92	100	100	98	100	100	84		5
罗马尼亚	51	43	84	100	100	100	100	100	100	100	100	93	48	8
委内瑞拉	52	58	100	100	98	100	100	100	100	100	100	96	35	8
乌兹别克斯坦	53	6	87	48	97	73	100	52	96	100	100	76		3
多米尼加	54	30	100	100	100	100	100	100	97	100	100	93	47	8
亚美尼亚	55	15	68	64	88	100	100	100	100	100	100	83		6
巴拉圭	56	16	95	55	100	100	100	100	100	100	100	87	54	7
哥斯达黎加	57	64	100	100	100	100	100	100	100	100	100	96	32	9
巴西	58	43	100	100	100	100	100	94	100	100	100	94	39	8
墨西哥	59	98	100	100	100	100	100	100	100	100	100	100	1	9
博茨瓦纳	60	63	100	100	100	100	40	36	51	100	41	73	66	5
秘鲁	61	34	100	100	100	100	100	100	100	100	100	93	40	9
牙买加	62	47	100	100	100	100	85	100	100	100	100	93	42	8
约旦	63	31	100	100	100	100	100	100	100	100	100	93	44	9
南非	64	52	100	100	100	100	77	56	64	100	100	85	57	6
土耳其	65	54	88	100	100	100	100	100	100	100	100	94	37	8
厄瓜多尔	66	32	100	100	100	100	100	100	100	100	100	93	43	9
伊朗	67	33	100	100	100	100	45	94	100	96	100	87	53	6
蒙古	68	9	72	72	100	100	100	73	92	100	100	82		5
摩洛哥	69	23	68	95	100	100	51	79	100	65	71	75	65	3
马来西亚	70	65	100	100	89	100	70	100	100	100	100	92	49	7

附表 3-2-1 2004 年世界第一次现代化实现程度和排名 （续表）

国家	国家编号	经济指标达标程度				社会指标达标程度						实现程度	排名	达标个数
		人均 GNP	农业劳动力比重	农业增加值比重	服务业增加值比重	城市人口比例	医疗服务	婴儿存活率	预期寿命	成人识字率	大学入学率			
萨尔瓦多	71	33	100	100	100	100	100	100	100	100	100	93	41	9
埃及	72	18	100	99	100	84	54	100	100	69	100	82	59	5
中国	73	22	68	100	90	79	100	100	100	100	100	86	55	6
阿尔及利亚	74	33	100	100	75	100	100	87	100	87	100	88	51	6
土库曼斯坦	75	16	62	71	76	91	100	37	90	100	100	74		3
突尼斯	76	38	100	100	100	100	100	100	100	93	100	93	45	8
阿尔巴尼亚	77	30	100	61	100	89	100	100	100	100	100	88	52	7
吉尔吉斯	78	6	69	41	94	68	100	51	97	100	100	73		3
塔吉克斯坦	79	4	65	62	100	49	100	40	91	100	100	71		4
玻利维亚	80	14	100	96	100	100	100	56	92	100	100	86	56	6
缅甸	81	n	48	26	73	60	36	40	87	100	75	61	71	1
菲律宾	82	17	80	100	100	100	100	100	100	100	100	90	50	8
泰国	83	36	67	100	100	64	37	100	100	100	100	80	62	6
纳米比亚	84	34	96	100	100	66	30	64	68	100	41	70	68	3
津巴布韦	85	9	100	84	100	71	16	38	53	100	24	60	74	3
洪都拉斯	86	15	80	100	100	92	57	96	97	100	100	84	58	4
尼加拉瓜	87	12	98	78	100	100	37	97	100	96	100	82	61	4
越南	88	8	50	69	85	52	53	100	100	100	68	69	69	3
肯尼亚	89	7	100	56	100	81	14	38	69	92	19	58	76	2
斯里兰卡	90	15	87	84	100	42	55	100	100	100	35	72	67	4
刚果共和国	91	11	62	100	83	100	20	37	75	100	24	61		3
印度尼西亚	92	16	69	97	91	93	13	100	96	100	100	78	64	3
赞比亚	93	6	40	72	100	72	12	29	54	85	16	49	87	1
危地马拉	94	31	78	67	100	94	90	90	97	86	64	80	63	1
毛里塔尼亚	95	8	54	82	100	100	11	38	76	64	23	56	77	2
科特迪瓦	96	11	50	68	100	91	12	26	66	61	45	53	80	1
印度	97	9	45	71	100	57	60	49	91	76	77	63	70	1
巴基斯坦	98	9	71	67	100	69	74	37	93	62	20	60	72	1
莱索托	99	10	75	85	93	36	5	38	51	100	18	51	82	1
柬埔寨	100	5	43	46	84	38	16	31	81	92	19	45	90	0
喀麦隆	101	12	43	34	88	100	19	34	66	85	35	52	81	1
厄立特里亚	102	3	37	99	100	41	5	57	78	70	7	50	86	1
叙利亚	103	18	99	65	100	100	100	100	100	99	38	82	60	5
加纳	104	5	55	40	83	92	15	44	82	72	21	51	83	0
乍得	105	4	36	33	91	51	4	26	63	32	5	34	105	0
莫桑比克	106	4	36	69	100	74	3	29	60	58	8	44	94	1
几内亚	107	6	34	60	85	71	11	30	77	37	15	43	97	0
也门共和国	108	8	55	100	100	52	33	37	88	61	63	60	73	2
巴布亚新几内亚	109	8	41	52	64	26	5	44	80	72	14	41	98	0
海地	110	6	59	55	100	76	16	41	75	65	8	50	85	1
尼泊尔	111	4	38	37	82	31	21	51	89	61	38	45	91	0
塞内加尔	112	9	39	88	100	100	6	39	80	49	33	54	78	2
塞拉利昂	113	3	45	26	29	79	3	18	59	44	14	32	108	0
刚果民主共和国	114	2	44	26	49	65	11	23	62	84	9	37		0
老挝	115	6	38	32	57	42	23	46	79	86	39	45	93	0
马拉维	116	2	32	38	98	33	2	27	57	80	3	37	100	0
多哥	117	4	46	36	80	72	4	38	78	66	24	45	92	0
马达加斯加	118	4	38	52	100	54	29	39	79	88	17	50	84	1
马里	119	5	35	42	86	66	8	25	69	24	14	37	101	0
尼日利亚	120	6	70	90	59	95	28	30	62	84	68	59	75	0
孟加拉国	121	6	48	71	100	49	26	53	91	51	43	54	79	1
坦桑尼亚	122	5	37	33	86	73	2	38	66	87	8	43	96	0
贝宁	123	6	47	41	100	91	4	33	78	43	20	46	89	1
尼日尔	124	3	33	38	96	45	3	20	64	36	5	34	106	0
安哥拉	125	13	40	100	74	73	4	19	59	84	6	47	88	1
乌干达	126	4	43	47	100	25	8	37	70	84	23	44	95	1
中非	127	4	37	27	50	87	8	26	56	61	12	37	102	0
布基纳法索	128	5	32	49	100	36	6	31	69	27	10	37	103	1
埃塞俄比亚	129	2	38	32	97	32	3	27	61	52	17	36	104	0
布隆迪	130	1	33	29	64	21	3	26	63	74	16	33	107	0
卢旺达	131	3	33	37	85	40	5	25	63	81	18	39	99	0
高收入国家		100	100	100	100	100	100	100	100	100	100	100		10
中等收入国家		33	85	100	100	100	100	100	100	100	100	92		8
低收入国家		7	53	65	100	61	47	38	84	77	58	59		1
世界平均		91	80	100	100	98	100	55	96	99	100	92		4

附表 3-2-2 2004 年世界第一次现代化评价指标

国家	国家编号	经济指标[a]				社会指标					
		人均 GNP[b]	农业劳动力比重[c]	农业增加值比重	服务业增加值比重	城市人口比例	医疗服务[d]	婴儿死亡率[e]	预期寿命	成人识字率[f]	大学入学率[g]
瑞典	1	35840	2	2	69	83	3.3	3	80	a	82
美国	2	41440	3	1	77	80	2.3	7	77	a	83
芬兰	3	32880	5	3	66	61	2.6	3	79	a	87
澳大利亚	4	27070	4	3	71	92	2.5	5	80	a	74
瑞士	5	49600	4	1	70	68	3.6	5	81	86	45
挪威	6	51810	4	2	59	80	3.1	4	80	a	80
日本	7	37050	5	1	68	66	2.0	3	82	a	52
丹麦	8	40750	3	2	73	85	2.9	4	77	a	67
德国	9	30690	3	1	70	88	3.3	4	78	a	50
荷兰	10	32130	3	2	72	66	3.1	5	79	a	58
加拿大	11	28310	3	2	65	81	2.1	5	80	a	57
新加坡	12	24760	0	0	65	100	1.4	3	79	93	44
英国	13	33630	1	1	73	89	2.2	5	79	a	63
法国	14	30370	2	2	76	76	3.4	4	80	a	55
比利时	15	31280	2	1	73	97	3.9	4	79	a	61
奥地利	16	32280	6	2	67	66	3.4	5	79	a	49
新西兰	17	19990	8	10	65	86	2.2	5	79	a	72
韩国	18	14000	9	4	55	81	1.6	5	77	a	89
以色列	19	17360	2	n	n	92	3.8	5	79	97	57
意大利	20	26280	5	3	70	67	4.2	4	80	98	59
爱尔兰	21	34310	6	3	56	60	2.8	5	78	a	55
西班牙	22	21530	6	3	67	77	3.2	3	80	98	64
爱沙尼亚	23	7080	6	4	67	70	3.2	6	72	100	64
斯洛文尼亚	24	14770	8	3	61	51	2.3	4	77	100	70
乌拉圭	25	3900	5	11	60	93	3.7	15	75	98	38
俄罗斯	26	3400	10	5	60	73	4.3	17	65	99	65
斯洛伐克	27	6480	6	4	67	58	3.1	6	74	100	34
希腊	28	16730	16	7	70	61	4.4	4	79	97	72
匈牙利	29	8370	6	3	66	66	3.2	7	73	99	52
捷克	30	9130	5	3	59	74	3.5	4	76	a	37
葡萄牙	31	14220	13	4	70	55	3.3	4	77	93	56
白俄罗斯	32	2140	22	11	49	71	4.6	9	68	100	61
拉脱维亚	33	5580	14	4	73	66	3.0	10	71	100	71
立陶宛	34	5740	18	6	60	67	4.0	8	72	100	69
格鲁吉亚	35	1060	55	18	57	52	4.1	41	71	n	41
乌克兰	36	1270	19	12	51	67	3.0	14	68	99	66
保加利亚	37	2750	10	11	58	70	3.6	12	72	98	41
黎巴嫩	38	6010	7	7	72	88	3.3	27	72	86	48
哈萨克斯坦	39	2250	35	8	52	56	3.5	63	65	100	48
波兰	40	6100	18	3	64	62	2.5	7	74	100	59
阿根廷	41	3580	1	10	54	90	2.7	16	75	97	61
巴拿马	42	4210	18	8	74	57	1.5	19	75	92	46
克罗地亚	43	6820	17	8	62	59	2.4	6	75	98	39
沙特阿拉伯	44	10140	5	4	37	88	1.4	21	72	79	28
哥伦比亚	45	2020	22	11	58	77	1.4	18	73	93	27
科威特	46	22470	1	1	41	96	1.5	10	77	93	22
智利	47	5220	14	4	52	87	1.1	8	78	96	43
马其顿	48	2420	22	13	59	60	2.2	13	74	n	27
阿塞拜疆	49	940	40	12	32	50	3.5	75	72	99	15
摩尔多瓦	50	720	43	21	55	46	2.6	23	68	98	32
罗马尼亚	51	2960	36	14	49	55	1.9	17	71	97	36
委内瑞拉	52	4030	11	5	44	88	1.9	16	74	93	39
乌兹别克斯坦	53	450	34	31	44	37	2.7	57	67	99	15
多米尼加	54	2100	16	11	63	60	1.9	27	68	87	33
亚美尼亚	55	1060	44	23	40	64	3.6	29	71	99	26
巴拉圭	56	1140	32	27	49	58	1.1	21	71	92	26
哥斯达黎加	57	4470	15	9	63	61	1.3	11	79	95	19
巴西	58	3000	20	10	50	84	2.1	32	71	89	20
墨西哥	59	6790	16	4	69	76	1.5	23	75	91	22
博茨瓦纳	60	4360	12	3	46	52	0.4	84	35	81	6
秘鲁	61	2360	1	10	60	74	1.1	24	70	88	32
牙买加	62	3300	20	5	62	52	0.8	17	71	80	19
约旦	63	2190	6	3	68	79	2.0	23	72	90	35
南非	64	3630	10	3	65	57	0.8	54	45	82	15
土耳其	65	3750	34	13	65	67	1.4	28	70	98	28
厄瓜多尔	66	2210	9	7	62	62	1.5	23	75	91	18
伊朗	67	2320	23	11	48	67	0.4	32	71	77	22
蒙古	68	600	42	21	49	57	2.6	41	65	98	39
摩洛哥	69	1570	44	16	54	58	0.5	38	70	52	11
马来西亚	70	4520	15	9	40	64	0.7	10	73	89	29

附表 3-2-2　2004 年世界第一次现代化评价指标　　（续表）

国家	国家编号	经济指标[a]				社会指标					
		人均 GNP[b]	农业劳动力比重[c]	农业增加值比重	服务业增加值比重	城市人口比例	医疗服务[d]	婴儿死亡率[e]	预期寿命	成人识字率[f]	大学入学率[g]
萨尔瓦多	71	2320	18	10	60	60	1.2	24	71	80	18
埃及	72	1250	28	15	48	42	0.5	26	70	55	29
中国	73	1500	44	13	41	40	1.6	26	71	91	15
阿尔及利亚	74	2270	21	10	34	59	1.1	35	71	70	20
土库曼斯坦	75	1120	49	21	34	46	4.2	80	63	99	19
突尼斯	76	2650	21	13	60	64	1.3	21	73	74	26
阿尔巴尼亚	77	2120	24	25	56	44	1.3	17	74	99	16
吉尔吉斯	78	400	43	37	42	34	2.5	58	68	99	40
塔吉克斯坦	79	280	46	24	45	25	2.0	75	64	99	16
玻利维亚	80	960	5	16	54	64	1.2	54	65	87	41
缅甸	81	n	63	57	33	30	0.4	76	61	90	11
菲律宾	82	1170	37	14	54	62	1.2	26	71	93	29
泰国	83	2490	45	10	46	32	0.4	18	71	93	41
纳米比亚	84	2380	31	10	58	33	0.3	47	47	85	6
津巴布韦	85	620	29	18	59	35	0.2	79	37	90	4
洪都拉斯	86	1040	37	14	55	46	0.6	31	68	80	16
尼加拉瓜	87	830	31	19	55	58	0.4	31	70	77	18
越南	88	540	60	22	38	26	0.5	17	70	90	10
肯尼亚	89	480	19	27	56	40	0.1	79	48	74	3
斯里兰卡	90	1010	34	18	55	21	0.5	12	74	91	5
刚果共和国	91	760	49	6	37	54	0.2	81	52	83	4
印度尼西亚	92	1140	43	15	41	47	0.1	30	67	90	16
赞比亚	93	400	75	21	52	36	0.1	102	38	68	2
危地马拉	94	2190	39	22	58	47	0.9	33	68	69	10
毛里塔尼亚	95	530	55	18	48	63	0.1	78	53	51	3
科特迪瓦	96	760	60	22	57	45	0.1	117	46	49	7
印度	97	620	67	21	52	29	0.6	62	63	61	11
巴基斯坦	98	600	42	22	53	34	0.7	80	65	50	3
莱索托	99	730	40	18	42	18	0.0	80	36	82	3
柬埔寨	100	350	70	33	38	19	0.2	97	57	74	3
喀麦隆	101	810	70	44	40	52	0.2	87	46	68	5
厄立特里亚	102	190	81	15	61	20	0.1	52	54	56	1
叙利亚	103	1230	30	23	50	50	1.4	15	74	80	6
加纳	104	380	55	38	37	46	0.2	68	57	58	3
乍得	105	250	83	46	41	25	0.0	117	44	26	1
莫桑比克	106	270	83	22	47	37	0.0	104	42	46	1
几内亚	107	410	87	25	38	36	0.1	101	54	29	2
也门共和国	108	550	54	14	49	26	0.3	82	61	49	9
巴布亚新几内亚	109	560	72	29	29	13	0.1	68	56	57	2
海地	110	400	51	27	55	38	0.2	74	52	52	1
尼泊尔	111	250	79	40	37	15	0.2	59	62	49	6
塞内加尔	112	630	77	17	63	50	0.1	78	56	39	5
塞拉利昂	113	210	67	58	13	40	0.0	165	41	35	2
刚果民主共和国	114	110	68	58	22	32	0.1	129	44	67	1
老挝	115	390	78	47	26	21	0.2	65	55	69	6
马拉维	116	160	95	39	44	17	0.0	110	40	64	0
多哥	117	310	66	41	36	36	0.0	78	55	53	4
马达加斯加	118	290	78	29	55	27	0.3	76	56	71	3
马里	119	330	86	36	39	33	0.1	121	48	19	2
尼日利亚	120	430	43	17	26	47	0.3	101	44	67	10
孟加拉国	121	440	62	21	52	25	0.3	56	63	41	7
坦桑尼亚	122	320	82	45	39	36	0.0	78	46	69	1
贝宁	123	450	64	37	48	45	0.0	90	55	35	3
尼日尔	124	210	91	40	43	23	0.0	152	45	29	1
安哥拉	125	930	75	9	33	36	0.0	154	41	67	1
乌干达	126	250	69	32	47	12	0.1	80	49	67	3
中非	127	310	80	56	23	43	0.1	115	39	49	2
布基纳法索	128	350	92	31	49	18	0.1	97	48	22	1
埃塞俄比亚	129	110	80	47	44	16	0.0	110	42	42	2
布隆迪	130	90	92	51	29	10	0.0	114	44	59	2
卢旺达	131	210	92	40	38	20	0.0	118	44	65	3
高收入国家		32112	4	2	72	78	2.6	6	79	a	67
中等收入国家		2274	35	10	53	53	1.5	30	70	90	24
低收入国家		507	57	23	49	31	0.5	79	59	62	9
世界平均		6329	38	4	68	49	1.4	54	67	79	24
标准值		6963	30	15	45	50	1.0	30	70	80	15

a　n 表示没有数据，后同。

b　2004 年数据来自世界银行《世界发展指标 2006》，后同，数据为 gross national income per capita。

c　为 1998～2004 年期间最近年的数据。

d　为 2000～2004 年期间最近年的数据。

e　婴儿存活率 =1 - 婴儿死亡率。

f　栏中 a 表示成人识字率高于 95%。

g　在校大学生占 20～24 岁人口比例（%）。

附表 3-2-3 2004 年世界第一次现代化发展阶段

国家	国家编号	产业结构信号				劳动力结构信号				平均值	发展阶段[a]
		农业增加值占 GDP 比例	赋值	农业增加值/工业增加值	赋值	农业劳动力占总劳动力比例	赋值	农业劳动力/工业劳动力	赋值		
瑞典	1	2	4	0.06	4	2	4	0.09	4	4.0	4
美国	2	1	4	0.05	4	3	4	0.12	4	4.0	4
芬兰	3	3	4	0.10	4	5	4	0.19	4	4.0	4
澳大利亚	4	3	4	0.13	4	4	4	0.19	4	4.0	4
瑞士	5	1	4	0.05	4	4	4	0.17	4	4.0	4
挪威	6	2	4	0.04	4	4	4	0.17	4	4.0	4
日本	7	1	4	0.04	4	5	4	0.15	4	4.0	4
丹麦	8	2	4	0.09	4	3	4	0.13	4	4.0	4
德国	9	1	4	0.04	4	3	4	0.08	4	4.0	4
荷兰	10	2	4	0.10	4	3	4	0.13	4	4.0	4
加拿大	11	2	4	0.07	4	3	4	0.12	4	4.0	4
新加坡	12	0	4	0.00	4	0	4	0.01	4	4.0	4
英国	13	1	4	0.04	4	1	4	0.05	4	4.0	4
法国	14	2	4	0.11	4	2	4	0.07	4	4.0	4
比利时	15	1	4	0.06	4	2	4	0.07	4	4.0	4
奥地利	16	2	4	0.06	4	6	4	0.19	4	4.0	4
新西兰	17	10	3	0.38	3	8	4	0.36	3	3.3	3
韩国	18	4	4	0.09	4	9	4	0.32	3	3.8	4
以色列	19	n	n	n	n	2	4	0.08	4	4.0	4
意大利	20	3	4	0.09	4	5	4	0.15	4	4.0	4
爱尔兰	21	3	4	0.06	4	6	4	0.23	3	3.8	4
西班牙	22	3	4	0.12	4	6	4	0.19	4	4.0	4
爱沙尼亚	23	4	4	0.15	4	6	4	0.19	4	4.0	4
斯洛文尼亚	24	3	4	0.07	4	8	4	0.22	3	3.8	4
乌拉圭	25	11	3	0.40	3	5	4	0.21	3	3.3	3
俄罗斯	26	5	3	0.14	4	10	3	0.32	3	3.3	3
斯洛伐克	27	4	4	0.12	4	6	4	0.15	4	4.0	4
希腊	28	7	3	0.29	3	16	3	0.70	3	3.0	3
匈牙利	29	3	4	0.11	4	6	4	0.16	4	4.0	4
捷克	30	3	4	0.08	4	5	4	0.11	4	4.0	4
葡萄牙	31	4	4	0.14	4	13	3	0.39	3	3.5	4
白俄罗斯	32	11	3	0.28	3	22	3	0.51	3	3.0	3
拉脱维亚	33	4	4	0.18	4	14	3	0.51	3	3.5	4
立陶宛	34	6	3	0.18	4	18	3	0.64	3	3.3	3
格鲁吉亚	35	18	2	0.70	3	55	1	6.46	0	1.5	2
乌克兰	36	12	3	0.33	3	19	3	0.63	3	3.0	3
保加利亚	37	11	3	0.36	3	10	3	0.31	3	3.0	3
黎巴嫩	38	7	3	0.33	3	7	4	n		2.5	3
哈萨克斯坦	39	8	3	0.21	3	35	2	2.09	1	2.3	2
波兰	40	3	4	0.10	4	18	3	0.64	3	3.5	4
阿根廷	41	10	3	0.29	3	1	4	0.06	4	3.5	4
巴拿马	42	8	3	0.43	3	18	3	1.01	2	2.8	3
克罗地亚	43	8	3	0.27	3	17	3	0.56	3	3.0	3
沙特阿拉伯	44	4	4	0.07	4	5	4	0.22	3	3.8	4
哥伦比亚	45	11	3	0.37	3	22	3	1.13	2	2.8	3
科威特	46	1	4	0.01	n	1	4	n		4.0	4
智利	47	4	4	0.09	4	14	3	0.58	3	3.5	4
马其顿	48	13	3	0.48	3	22	3	0.64	3	3.0	3
阿塞拜疆	49	12	3	0.22	3	40	2	3.45	1	2.3	2
摩尔多瓦	50	21	2	0.89	2	43	2	2.67	1	1.8	2
罗马尼亚	51	14	3	0.39	3	36	2	1.20	2	2.5	3
委内瑞拉	52	5	4	0.09	4	11	3	0.53	3	3.5	4
乌兹别克斯坦	53	31	1	1.24	2	34	2	1.13	2	1.8	2
多米尼加	54	11	3	0.44	3	16	3	0.75	3	3.0	3
亚美尼亚	55	23	2	0.63	3	44	2	2.41	1	2.0	2
巴拉圭	56	27	2	1.12	2	32	2	1.99	2	2.0	2
哥斯达黎加	57	9	3	0.29	3	15	3	0.66	3	3.0	3
巴西	58	10	3	0.26	3	20	3	0.91	2	2.8	3
墨西哥	59	4	4	0.15	4	16	3	0.64	3	3.5	4
博茨瓦纳	60	3	4	0.05	4	12	3	0.47	3	3.5	4
秘鲁	61	10	3	0.34	3	1	4	0.03	4	3.5	4
牙买加	62	5	3	0.17	4	20	3	1.09	2	3.0	3
约旦	63	3	4	0.10	4	6	4	0.24	3	3.8	4
南非	64	3	4	0.11	4	10	3	0.42	3	3.5	4
土耳其	65	13	3	0.58	3	34	2	1.49	2	2.5	3
厄瓜多尔	66	7	3	0.23	3	9	4	0.42	3	3.3	3
伊朗	67	11	3	0.26	3	23	3	0.73	3	3.0	3
蒙古	68	21	2	0.70	3	42	2	2.68	1	2.0	2
摩洛哥	69	16	2	0.52	3	44	2	2.17	1	2.0	3
马来西亚	70	9	3	0.19	4	15	3	0.47	3	3.3	3

附表 3-2-3　2004 年世界第一次现代化发展阶段　（续表）

国家	国家编号	产业结构信号				劳动力结构信号				平均值	发展阶段[a]
		农业增加值占 GDP 比例	赋值	农业增加值/工业增加值	赋值	农业劳动力占总劳动力比例	赋值	农业劳动力/工业劳动力	赋值		
萨尔瓦多	71	10	3	0.31	3	18	3	0.74	3	3.0	3
埃及	72	15	2	0.41	3	28	3	1.33	2	2.5	3
中国	73	13	3	0.28	3	44	2	1.11	2	2.5	3
阿尔及利亚	74	10	3	0.17	4	21	3	0.87	2	3.0	3
土库曼斯坦	75	21	2	0.47	3	49	2	n		1.8	2
突尼斯	76	13	3	0.45	3	21	3	0.60	3	3.0	3
阿尔巴尼亚	77	25	2	1.29	2	24	3	0.53	3	2.5	3
吉尔吉斯	78	37	1	1.73	2	43	2	2.86	1	1.5	2
塔吉克斯坦	79	24	2	0.79	3	46	2	1.87	2	2.3	2
玻利维亚	80	16	2	0.51	3	5	4	0.17	4	3.3	3
缅甸	81	57	0	5.91	0	63	1	2.89	1	0.5	0
菲律宾	82	14	3	0.42	3	37	2	2.40	1	2.3	2
泰国	83	10	3	0.23	3	45	2	2.27	1	2.3	2
纳米比亚	84	10	3	0.31	3	31	2	2.41	1	2.3	2
津巴布韦	85	18	2	0.78	3	29	3	1.26	2	2.5	3
洪都拉斯	86	14	3	0.44	3	37	2	1.75	2	2.5	3
尼加拉瓜	87	19	2	0.75	3	31	2	1.03	2	2.3	2
越南	88	22	2	0.54	3	60	1	3.64	1	1.8	2
肯尼亚	89	27	2	1.56	2	19	3	1.01	2	2.3	2
斯里兰卡	90	18	2	0.66	3	34	2	1.27	2	2.3	2
刚果共和国	91	6	3	0.11	4	49	2	n		2.3	2
印度尼西亚	92	15	2	0.35	3	43	2	2.66	1	2.0	2
赞比亚	93	21	2	0.78	3	75	1	n		1.5	1
危地马拉	94	22	2	1.18	2	39	2	1.63	2	2.0	2
毛里塔尼亚	95	18	2	0.54	3	55	1	n		1.5	2
科特迪瓦	96	22	2	1.08	2	60	1	n		1.3	1
印度	97	21	2	0.78	3	67	1	5.13	0	1.5	2
巴基斯坦	98	22	2	0.90	2	42	2	2.02	1	1.8	2
莱索托	99	18	2	0.43	3	40	2	n		1.8	2
柬埔寨	100	33	1	1.13	2	70	1	6.56	0	1.0	1
喀麦隆	101	44	1	2.76	1	70	1	9.68	0	0.8	1
厄立特里亚	102	15	2	0.63	3	81	0	n		1.3	1
叙利亚	103	23	2	0.85	2	30	2	1.13	2	2.0	2
加纳	104	38	1	1.53	2	33	1	3.96	1	1.3	1
乍得	105	46	1	3.38	1	83	0	n		0.5	0
莫桑比克	106	22	2	0.69	3	83	0	n		1.3	1
几内亚	107	25	2	0.68	3	87	0	n		1.3	1
也门共和国	108	14	3	0.37	3	54	1	4.83	1	2.0	2
巴布亚新几内亚	109	29	2	0.69	3	72	1	14.46	0	1.5	1
海地	110	27	2	1.58	2	51	1	4.73	1	1.5	2
尼泊尔	111	40	1	1.75	2	79	1	157.00	0	1.0	1
塞内加尔	112	17	2	0.86	2	77	1	n		1.3	1
塞拉利昂	113	58	0	2.06	1	67	1	n		0.5	0
刚果民主共和国	114	58	0	3.00	1	68	1	n		0.5	0
老挝	115	47	1	1.70	2	78	1	n		1.0	1
马拉维	116	39	1	2.35	1	95	0	19.00	0	0.5	0
多哥	117	41	1	1.81	2	66	1	n		1.0	1
马达加斯加	118	29	2	1.81	2	78	1	11.64	0	1.3	1
马里	119	36	1	1.38	2	86	0	n		0.8	1
尼日利亚	120	17	2	0.29	3	43	2	6.14	0	1.8	2
孟加拉国	121	21	2	0.79	3	62	1	4.31	1	1.8	2
坦桑尼亚	122	45	1	2.69	1	82	0	31.58	0	0.5	0
贝宁	123	37	1	2.48	1	64	1	n		0.8	1
尼日尔	124	40	1	2.38	1	91	0	n		0.5	0
安哥拉	125	9	3	0.16	4	75	1	n		2.0	1
乌干达	126	32	1	1.52	2	69	1	8.86	0	1.0	1
中非	127	56	0	2.55	1	80	0	n		0.3	0
布基纳法索	128	31	1	1.55	2	92	0	n		0.8	1
埃塞俄比亚	129	47	1	4.93	1	80	0	7.27	0	0.5	0
布隆迪	130	51	0	2.58	1	92	0	n		0.3	0
卢旺达	131	40	1	1.88	2	92	0	n		0.8	1
高收入国家		2	4	0.06	4	4	4	0.15	4	4.0	4
中等收入国家		10	3	0.26	3	35	2	1.10	2	2.5	3
低收入国家		23	2	0.83	2	57	1	3.51	1	1.5	2
世界平均		4	4	0.13	4	38	2	1.35	2	3.0	3

a　4 代表过渡期，3 代表成熟期，2 代表发展期，1 代表起步期，0 代表传统农业社会。

附表 3-2-4 世界第一次现代化增长率和预期完成时间

国家	国家编号	1980 年实现程度(%)	2004 年实现程度(%)	1980～2004 年均增长率(%)	实现程度达到100%需要的年数(按 1980～2004 年速度)
瑞典	1	100	100	0.00	
美国	2	100	100	0.00	
芬兰	3	100	100	0.00	
澳大利亚	4	100	100	0.00	
瑞士	5	100	100	0.00	
挪威	6	100	100	0.00	
日本	7	100	100	0.00	
丹麦	8	100	100	0.00	
德国	9	100	100	0.00	
荷兰	10	100	100	0.00	
加拿大	11	100	100	0.00	
新加坡	12	94	100	0.24	
英国	13	100	100	0.00	
法国	14	100	100	0.00	
比利时	15	100	100	0.00	
奥地利	16	100	100	0.00	
新西兰	17	100	100	0.00	
韩国	18	87	100	0.60	
以色列	19	100	100	0.00	
意大利	20	100	100	0.00	
爱尔兰	21	100	100	0.00	
西班牙	22	100	100	0.00	
爱沙尼亚	23	n	100	n	n
斯洛文尼亚	24	n	100	n	n
乌拉圭	25	96	96	-0.01	
俄罗斯	26	n	94	n	n
斯洛伐克	27	n	99	n	n
希腊	28	100	100		
匈牙利	29	95	100	0.22	
捷克	30	96	100	0.18	
葡萄牙	31	86	100	0.64	
白俄罗斯	32	n	93	n	n
拉脱维亚	33	97	98	0.02	
立陶宛	34	n	98	n	n
格鲁吉亚	35	92	81	-0.54	
乌克兰	36	n	92	n	n
保加利亚	37	97	94	-0.12	
黎巴嫩	38	93	99	0.25	5
哈萨克斯坦	39	n	86	n	n
波兰	40	100	99	-0.05	
阿根廷	41	94	95	0.03	169
巴拿马	42	94	96	0.07	58
克罗地亚	43	n	100	n	n
沙特阿拉伯	44	66	98	1.68	1
哥伦比亚	45	78	93	0.75	10
科威特	46	91	99	0.35	3
智利	47	92	97	0.26	10
马其顿	48	n	93	n	n
阿塞拜疆	49	n	80	n	n
摩尔多瓦	50	n	84	n	n
罗马尼亚	51	90	93	0.11	
委内瑞拉	52	96	96	0.00	
乌兹别克斯坦	53	n	76	n	n
多米尼加	54	76	93	0.85	9
亚美尼亚	55	n	83	n	n
巴拉圭	56	68	87	1.03	14
哥斯达黎加	57	90	96	0.31	12
巴西	58	81	94	0.62	10
墨西哥	59	88	100	0.53	
博茨瓦纳	60	47	73	1.84	17
秘鲁	61	79	93	0.69	10
牙买加	62	81	93	0.60	12
约旦	63	85	93	0.36	20
南非	64	78	85	0.34	48
土耳其	65	61	94	1.84	3
厄瓜多尔	66	82	93	0.56	13
高收入国家		100	100	0.00	
中等收入国家		84	92	0.37	23
低收入国家		45	59	1.14	47
世界平均		80	92	0.59	14

国家	国家编号	1980 年实现程度(%)	2004 年实现程度(%)	1980～2004 年均增长率(%)	实现程度达到100%需要的年数(按 1980～2004 年速度)
伊朗	67	72	87	0.80	18
蒙古	68	87	82	-0.28	
摩洛哥	69	54	75	1.38	21
马来西亚	70	69	92	1.25	6
萨尔瓦多	71	60	93	1.83	4
埃及	72	71	82	0.60	33
中国	73	54	86	1.96	8
阿尔及利亚	74	72	88	0.85	15
土库曼斯坦	75	n	74	n	n
突尼斯	76	68	93	1.34	5
阿尔巴尼亚	77	58	88	1.73	7
吉尔吉斯	78	n	73	n	n
塔吉克斯坦	79	n	71	n	n
玻利维亚	80	61	86	1.40	11
缅甸	81	40	61	1.71	30
菲律宾	82	61	90	1.62	7
泰国	83	62	80	1.08	20
纳米比亚	84	n	70	n	n
津巴布韦	85	52	60	0.53	98
洪都拉斯	86	57	84	1.62	11
尼加拉瓜	87	70	82	0.66	31
越南	88	n	69	n	n
肯尼亚	89	42	58	1.32	42
斯里兰卡	90	52	72	1.32	25
刚果共和国	91	62	61	-0.06	
印度尼西亚	92	43	78	2.45	10
赞比亚	93	52	49	-0.27	
危地马拉	94	62	80	1.06	22
毛里塔尼亚	95	44	56	0.99	59
科特迪瓦	96	54	53	-0.05	
印度	97	44	63	1.56	29
巴基斯坦	98	45	60	1.26	41
莱索托	99	49	51	0.14	478
柬埔寨	100	n	45	n	n
喀麦隆	101	48	52	0.32	208
厄立特里亚	102	n	50	n	n
叙利亚	103	75	82	0.39	51
加纳	104	42	51	0.77	88
乍得	105	37	34	-0.27	
莫桑比克	106	23	44	2.67	31
几内亚	107	27	43	1.96	44
也门共和国	108	26	60	3.59	15
巴布亚新几内亚	109	39	41	0.15	613
海地	110	30	50	2.08	34
尼泊尔	111	26	45	2.30	35
塞内加尔	112	47	54	0.65	95
塞拉利昂	113	38	32	-0.74	
刚果民主共和国	114	46	37	-0.86	
老挝	115	34	45	1.20	67
马拉维	116	28	37	1.19	83
多哥	117	42	45	0.30	268
马达加斯加	118	39	50	1.02	68
马里	119	31	37	0.76	131
尼日利亚	120	46	59	1.10	48
孟加拉国	121	32	54	2.19	28
坦桑尼亚	122	39	43	0.46	183
贝宁	123	40	46	0.64	120
尼日尔	124	30	34	0.50	213
安哥拉	125	29	47	2.07	37
乌干达	126	30	44	1.61	51
中非	127	37	37	-0.06	
布基纳法索	128	32	37	0.61	165
埃塞俄比亚	129	26	36	1.31	79
布隆迪	130	27	33	0.76	147
卢旺达	131	29	39	1.27	75

附表 3-2-5　1950～2004 年世界第一次现代化实现程度

国家	国家编号	1950	1960	1970	1980	1990	2000	2003	2004
瑞典	1	81	96	100	100	100	100	100	100
美国	2	100	100	100	100	100	100	100	100
芬兰	3	61	84	100	100	100	100	100	100
澳大利亚	4	86	99	100	100	100	100	100	100
瑞士	5	84	93	100	100	100	100	100	100
挪威	6	85	91	100	100	100	100	100	100
日本	7	63	88	100	100	100	100	100	100
丹麦	8	84	97	100	100	100	100	100	100
德国	9	75	92	100	100	100	100	100	100
荷兰	10	80	97	100	100	100	100	100	100
加拿大	11	90	100	100	100	100	100	100	100
新加坡	12	55	77	90	94	94	100	100	100
英国	13	84	96	100	100	100	100	100	100
法国	14	76	97	100	100	100	100	100	100
比利时	15	83	95	100	100	100	100	100	100
奥地利	16	73	90	100	100	100	100	100	100
新西兰	17	85	98	100	100	100	100	100	100
韩国	18	35	52	71	87	97	100	100	100
以色列	19	85	95	91	100	100	100	100	100
意大利	20	63	87	100	100	100	100	100	100
爱尔兰	21	65	85	96	100	100	100	100	100
西班牙	22	58	73	95	100	100	100	100	100
爱沙尼亚	23	n		n	n	n	95	98	100
斯洛文尼亚	24	n		n	n	n	100	100	100
乌拉圭	25	n	81	85	96	94	99	96	96
俄罗斯	26	n	90	n	n	n	91	93	94
斯洛伐克	27	n		n	n	n	95	97	99
希腊	28	63	74	92	100	99	100	100	100
匈牙利	29	72	79	92	95	95	97	99	100
捷克	30	n		100	96	93	98	100	100
葡萄牙	31	48	60	73	86	95	100	100	100
白俄罗斯	32	n		n	n	n	93	92	93
拉脱维亚	33	n		n	97	n	95	96	98
立陶宛	34	n		n	n	n	95	97	98
格鲁吉亚	35	n		n	92	n	82	79	81
乌克兰	36	n		n	n	n	90	91	92
保加利亚	37	n	81	93	97	87	92	93	94
黎巴嫩	38	n	77	85	93	n	96	96	99
哈萨克斯坦	39	n		n	n	n	90	86	86
波兰	40	50	80	95	100	93	96	98	99
阿根廷	41	81	86	91	94	93	100	96	95
巴拿马	42	48	63	83	94	94	95	96	96
克罗地亚	43	n		n	n	n	97	98	100
沙特阿拉伯	44	n	27	52	66	91	99	99	98
哥伦比亚	45	36	54	66	78	87	92	93	93
科威特	46	n	77	88	91	98	100	100	99
智利	47	68	73	77	92	86	97	96	97
马其顿	48	n		n	n	n	92	92	93
阿塞拜疆	49	n		n	n	n	84	77	80
摩尔多瓦	50	n		n	n	n	79	81	84
罗马尼亚	51	n	68	82	90	83	89	90	93
委内瑞拉	52	52	75	89	96	94	96	95	96
乌兹别克斯坦	53	n		n	n	n	77	75	76
多米尼加	54	40	48	62	76	82	90	93	93
亚美尼亚	55	n		n	n	n	82	83	83
巴拉圭	56	47	56	69	68	73	88	87	87
哥斯达黎加	57	55	58	73	90	92	94	96	96
巴西	58	53	59	72	81	87	94	93	94
墨西哥	59	53	64	79	88	91	98	99	100
博茨瓦纳	60	n	25	29	47	66	70	70	73
秘鲁	61	36	59	72	79	82	92	93	93
牙买加	62	47	68	78	81	83	90	93	93
约旦	63	n	44	55	85	87	92	93	93
南非	64	56	63	76	78	80	80	83	85
土耳其	65	34	45	54	61	79	88	92	94
厄瓜多尔	66	48	53	65	82	86	91	93	93
高收入国家		n	100	100	100	100	100	100	100
中等收入国家		n	51	n	84	84	93	93	92
低收入国家		n	34	33	45	52	58	59	59
世界平均		n		68	80	81	89	91	92
伊朗	67	n	42	57	72	65	84	90	87
蒙古	68	n	66	n	87	87	78	77	82
摩洛哥	69	36	41	49	54	66	75	77	75
马来西亚	70	n	46	55	69	77	91	92	92
萨尔瓦多	71	43	47	54	60	81	92	93	93
埃及	72	32	48	60	71	73	84	86	82
中国	73	26	37	40	54	63	76	82	86
阿尔及利亚	74	38	43	54	72	80	85	87	88
土库曼斯坦	75	n		n	n	n	72	70	74
突尼斯	76	n	43	54	68	78	89	89	93
阿尔巴尼亚	77	n	48	n	58	n	75	87	88
吉尔吉斯	78	n		n	n	n	71	66	73
塔吉克斯坦	79	n		n	n	n	78	72	71
玻利维亚	80	37	45	61	61	72	79	82	86
缅甸	81	n	40	25	40	n	55	59	61
菲律宾	82	43	58	53	61	71	88	90	90
泰国	83	37	41	55	62	73	77	84	80
纳米比亚	84	n		n	n	64	65	69	70
津巴布韦	85	n	44	48	52	59	64	60	60
洪都拉斯	86	31	40	52	57	66	82	86	84
尼加拉瓜	87	n	49	65	70	n	76	86	82
越南	88	n	37	n	n	n	66	69	69
肯尼亚	89	24	31	37	42	48	58	61	58
斯里兰卡	90	n	50	54	52	66	72	69	72
刚果共和国	91	n	41	55	62	64	63	60	61
印度尼西亚	92	16	30	41	43	59	68	75	78
赞比亚	93	n	42	47	52	52	50	50	49
危地马拉	94	27	46	46	62	65	78	77	80
毛里塔尼亚	95	n	26	32	44	53	53	54	56
科特迪瓦	96	n		37	54	51	51	51	53
印度	97	30	33	39	44	51	59	63	63
巴基斯坦	98	20	34	42	45	49	60	57	60
莱索托	99	n	23	34	49	54	51	54	51
柬埔寨	100	n	25	n	n	n	44	44	45
喀麦隆	101	n	35	35	48	52	52	50	52
厄立特里亚	102	n		n	n	n	48	50	50
叙利亚	103	n	48	62	75	79	79	81	82
加纳	104	n	37	39	42	53	55	52	51
乍得	105	n	26	28	37	38	43	38	34
莫桑比克	106	n	24	13	23	36	48	41	44
几内亚	107	n	15	n	27	44	47	40	43
也门共和国	108	n	19	n	26	61	56	59	60
巴布亚新几内亚	109	n	31	36	39	48	46	43	41
海地	110	17	31	30	30	47	53	50	50
尼泊尔	111	n	16	23	26	32	39	42	45
塞内加尔	112	n	34	42	47	48	55	53	54
塞拉利昂	113	n	19	39	38	42	34	31	32
刚果民主共和国	114	n		n	46	n	42	34	37
老挝	115	n	24	25	34	34	38	43	45
马拉维	116	n	26	28	28	37	37	37	37
多哥	117	n	27	34	42	48	46	46	45
马达加斯加	118	n	33	41	39	47	47	49	50
马里	119	n	24	28	31	37	37	35	37
尼日利亚	120	21	25	37	46	48	50	56	59
孟加拉国	121	n	29	n	32	43	51	55	54
坦桑尼亚	122	n	27	35	39	32	42	43	43
贝宁	123	n	30	38	40	55	46	47	46
尼日尔	124	n	21	24	30	35	37	33	34
安哥拉	125	n	30	n	29	59	40	42	47
乌干达	126	n	28	24	30	33	39	42	44
中非	127	n	31	35	37	43	38	36	37
布基纳法索	128	n		25	32	32	39	35	37
埃塞俄比亚	129	n	18	26	26	33	33	37	36
布隆迪	130	n	17	21	27	34	31	32	33
卢旺达	131	n	20	24	29	35	34	36	39

附表 3-2-6 1950～2004 年世界第一次现代化实现程度的排名

国家	国家编号	1950	1960	1970	1980	1990	2000	2003	2004
瑞典	1	12	9	1	1	1	1	1	1
美国	2	1	1	1	1	1	1	1	1
芬兰	3	23	20	1	1	1	1	1	1
澳大利亚	4	3	3	1	1	1	1	1	1
瑞士	5	8	12	1	1	1	1	1	1
挪威	6	4	14	1	1	1	1	1	1
日本	7	22	16	1	1	1	1	1	1
丹麦	8	7	5	1	1	1	1	1	1
德国	9	15	13	1	1	1	1	1	1
荷兰	10	13	7	1	1	1	1	1	1
加拿大	11	2	1	1	1	1	1	1	1
新加坡	12	27	26	26	29	27	1	1	1
英国	13	9	8	1	1	1	1	1	1
法国	14	14	6	1	1	1	1	1	1
比利时	15	10	11	1	1	1	1	1	1
奥地利	16	16	15	1	1	1	1	1	1
新西兰	17	5	4	1	1	1	1	1	1
韩国	18	46	45	41	36	23	1	1	1
以色列	19	6	10	24	1	1	1	1	1
意大利	20	21	17	1	1	1	1	1	1
爱尔兰	21	19	19	18	1	1	1	1	1
西班牙	22	24	31	19	1	1	1	1	1
爱沙尼亚	23								
斯洛文尼亚	24								
乌拉圭	25		22	29	24	26	27	34	34
俄罗斯	26								
斯洛伐克	27								
希腊	28	20	29	23	1	21	1	1	1
匈牙利	29	17	24	22	26	25	30	27	1
捷克	30								
葡萄牙	31	32	37	37	37	24	1	1	1
白俄罗斯	32								
拉脱维亚	33								
立陶宛	34								
格鲁吉亚	35								
乌克兰	36								
保加利亚	37		21	21	23	36	39	38	38
黎巴嫩	38		25	30	30		34	33	29
哈萨克斯坦	39								
波兰	40	31	23	20	1	31	33	29	28
阿根廷	41	11	18	25	27	30	1	35	36
巴拿马	42	33	35	31	28	29	35	32	33
克罗地亚	43								
沙特阿拉伯	44		84	61	54	34	28	26	30
哥伦比亚	45	43	43	43	44	35	38	45	46
科威特	46		27	28	32	22	1	1	27
智利	47	18	30	35	31	40	31	30	31
马其顿	48								
阿塞拜疆	49								
摩尔多瓦	50								
罗马尼亚	51		33	32	33	41	48	48	48
委内瑞拉	52	30	28	27	25	28	32	36	35
乌兹别克斯坦	53								
多米尼加	54	39	50	46	45	44	46	42	47
亚美尼亚	55								
巴拉圭	56	36	42	42	52	54	49	54	54
哥斯达黎加	57	26	41	38	34	32	36	31	32
巴西	58	29	38	39	40	37	37	39	39
墨西哥	59	28	34	33	35	33	29	28	1
博茨瓦纳	60		90	86	71	60	66	66	66
秘鲁	61	45	39	40	42	43	41	37	40
牙买加	62	35	32	34	41	42	45	40	42
约旦	63		57	51	38	38	42	43	44
南非	64	25	36	36	43	46	56	59	57
土耳其	65	47	55	58	59	49	50	47	37
厄瓜多尔	66	34	44	45	39	39	43	44	43
伊朗	67		62	50	48	61	53	49	53
蒙古	68								
摩洛哥	69	44	64	62	63	59	64	64	65
马来西亚	70		53	52	51	51	44	46	49

国家	国家编号	1950	1960	1970	1980	1990	2000	2003	2004
萨尔瓦多	71	37	52	57	60	45	40	41	41
埃及	72	48	48	49	49	53	54	57	59
中国	73	52	69	70	64	64	61	60	55
阿尔及利亚	74	40	59	55	47	47	52	53	51
土库曼斯坦	75								
突尼斯	76		60	54	53	50	47	51	45
阿尔巴尼亚	77		49		61		63	52	52
吉尔吉斯	78								
塔吉克斯坦	79								
玻利维亚	80	42	56	48	57	55	58	61	56
缅甸	81		66	93	81		75	73	71
菲律宾	82	38	40	59	58	56	51	50	50
泰国	83	41	63	53	55	52	60	58	62
纳米比亚	84					63	69	69	68
津巴布韦	85		58	63	67	67	70	72	74
洪都拉斯	86	49	65	60	62	57	55	55	58
尼加拉瓜	87		47	44	50		62	56	61
越南	88		67				68	68	69
肯尼亚	89	53	77	77	79	78	73	71	76
斯里兰卡	90		46	56	66	58	65	67	67
刚果共和国	91								
印度尼西亚	92	57	81	69	77	68	67	65	64
赞比亚	93		61	64	68	73	84	86	87
危地马拉	94	51	54	65	56	62	59	63	63
毛里塔尼亚	95		87	84	75	71	79	79	77
科特迪瓦	96			76	65	75	81	82	80
印度	97	50	73	73	76	76	72	70	70
巴基斯坦	98	55	72	66	74	77	71	75	72
莱索托	99		96	83	69	70	83	78	82
柬埔寨	100		92				93	90	90
喀麦隆	101		70	79	70	74	80	84	81
厄立特里亚	102						87	83	86
叙利亚	103		51	47	46	48	57	62	60
加纳	104		68	72	78	72	76	81	83
乍得	105		89	88	88	89	94	99	105
莫桑比克	106		93	99	104	92	86	97	94
几内亚	107		104		100	85	88	98	97
也门共和国	108		100		103	65	74	74	73
巴布亚新几内亚	109		75	78	84	81	92	91	98
海地	110	56	76	85	93	83	78	85	85
尼泊尔	111		103	97	102	101	98	95	91
塞内加尔	112		71	67	72	82	77	80	78
塞拉利昂	113		99	71	86	88	105	108	108
刚果民主共和国	114								
老挝	115		94	91	89	96	100	92	93
马拉维	116		88	87	98	91	103	100	100
多哥	117		85	82	80	79	90	89	92
马达加斯加	118		74	68	83	84	89	87	84
马里	119		95	89	92	90	102	105	101
尼日利亚	120	54	91	75	73	80	85	76	75
孟加拉国	121		82		90	86	82	77	79
坦桑尼亚	122		86	80	85	99	95	93	96
贝宁	123		80	74	82	69	91	88	89
尼日尔	124		97	95	94	93	104	106	106
安哥拉	125		79		96	66	96	96	88
乌干达	126		83	94	95	98	97	94	95
中非	127		78	81	87	87	101	102	102
布基纳法索	128			92	91	100	99	104	103
埃塞俄比亚	129		101	90	101	97	107	101	104
布隆迪	130		102	98	99	95	108	107	107
卢旺达	131		98	96	97	94	106	103	99

附表 3-3-1　2004 年世界第二次现代化指数和排名

国家	国家编号	知识创新指数	知识传播指数	生活质量指数	经济质量指数	第二次现代化指数	排名	国家	国家编号	知识创新指数	知识传播指数	生活质量指数	经济质量指数	第二次现代化指数	排名
瑞典	1	120	114	111	105	113	1	伊朗	67	11	52	50	35	37	53
美国	2	101	108	100	120	107	2	蒙古	68	13	49	68	29	40	
芬兰	3	102	112	104	94	103	4	摩洛哥	69	16	41	41	31	32	63
澳大利亚	4	78	112	108	99	99	7	马来西亚	70	13	72	61	39	46	37
瑞士	5	111	87	99	109	101	6	萨尔瓦多	71	1	47	50	41	35	59
挪威	6	68	102	107	106	96	11	埃及	72	8	59	40	33	35	58
日本	7	120	97	92	97	102	5	中国	73	25	50	50	30	39	51
丹麦	8	102	110	102	109	106	3	阿尔及利亚	74	n	54	49	34	46	38
德国	9	104	91	106	92	98	8	土库曼斯坦	75	n	60	67	20	49	
荷兰	10	67	105	103	105	95	12	突尼斯	76	19	56	54	39	42	46
加拿大	11	70	102	104	97	93	14	阿尔巴尼亚	77	n	50	50	33	44	43
新加坡	12	73	86	99	91	87	18	吉尔吉斯	78	8	61	49	27	36	
英国	13	74	108	97	107	96	10	塔吉克斯坦	79	n	47	42	26	38	
法国	14	76	92	105	105	94	13	玻利维亚	80	5	51	46	41	36	56
比利时	15	74	96	113	104	97	9	缅甸	81	n	15	28	n	22	85
奥地利	16	75	90	100	93	90	16	菲律宾	82	4	54	49	34	35	57
新西兰	17	71	112	98	78	90	17	泰国	83	7	63	41	33	36	55
韩国	18	107	107	92	64	92	15	纳米比亚	84	n	29	28	42	33	62
以色列	19	69	90	103	84	86	19	津巴布韦	85	n	20	24	34	26	72
意大利	20	30	95	97	86	77	22	洪都拉斯	86	1	30	39	32	26	74
爱尔兰	21	54	85	94	91	81	20	尼加拉瓜	87	1	39	41	33	29	65
西班牙	22	41	94	100	79	78	21	越南	88	n	47	38	24	36	54
爱沙尼亚	23	38	95	94	57	71		肯尼亚	89	n	20	27	37	28	66
斯洛文尼亚	24	53	101	87	63	76		斯里兰卡	90	4	31	40	33	27	69
乌拉圭	25	8	74	78	57	54	33	刚果共和国	91	n	11	31	24	22	
俄罗斯	26	57	78	83	46	66		印度尼西亚	92	1	42	37	28	27	68
斯洛伐克	27	30	81	90	55	64		赞比亚	93	n	15	23	25	21	89
希腊	28	25	84	94	74	69	23	危地马拉	94	3	29	42	35	27	67
匈牙利	29	31	81	85	59	64	27	毛里塔尼亚	95	n	12	40	27	26	71
捷克	30	35	82	102	56	69		科特迪瓦	96	n	18	27	29	25	78
葡萄牙	31	33	86	91	66	69	24	印度	97	17	28	32	27	26	73
白俄罗斯	32	31	77	83	33	56		巴基斯坦	98	4	19	34	29	21	86
拉脱维亚	33	20	88	77	59	61		莱索托	99	1	16	19	26	15	104
立陶宛	34	32	89	85	49	64		柬埔寨	100	n	14	27	23	21	87
格鲁吉亚	35	32	57	60	31	45		喀麦隆	101	n	18	29	24	24	81
乌克兰	36	33	76	76	36	55		厄立特里亚	102	n	12	27	28	22	84
保加利亚	37	21	78	79	43	55	31	叙利亚	103	4	41	54	31	32	64
黎巴嫩	38	n	72	76	54	67	25	加纳	104	n	18	31	24	24	79
哈萨克斯坦	39	9	68	69	36	46		乍得	105	n	5	24	22	17	98
波兰	40	26	83	80	50	60	28	莫桑比克	106	n	5	23	23	17	97
阿根廷	41	13	79	76	58	56	30	几内亚	107	n	10	31	22	21	88
巴拿马	42	6	59	55	58	44	42	也门共和国	108	n	27	27	26	27	70
克罗地亚	43	32	74	79	49	59		巴布亚新几内亚	109	n	11	25	22	19	93
沙特阿拉伯	44	n	56	78	59	64	26	海地	110	n	17	27	27	24	80
哥伦比亚	45	3	56	58	42	40	49	尼泊尔	111	14	16	25	22	19	92
科威特	46	5	67	92	75	60	29	塞内加尔	112	n	16	30	30	25	75
智利	47	13	75	72	47	52	35	塞拉利昂	113	n	9	27	18	18	94
马其顿	48	9	56	75	38	43		刚果民主共和国	114	n	7	22	19	16	
阿塞拜疆	49	17	54	62	29	40		老挝	115	n	22	29	20	24	82
摩尔多瓦	50	12	54	57	30	39		马拉维	116	n	8	20	21	16	101
罗马尼亚	51	21	67	60	34	45	40	多哥	117	n	26	27	22	25	76
委内瑞拉	52	6	60	71	45	46	39	马达加斯加	118	2	7	31	25	16	100
乌兹别克斯坦	53	n	55	57	28	47		马里	119	n	10	28	21	20	90
多米尼加	54	n	56	55	46	52	34	尼日利亚	120	n	20	29	26	25	77
亚美尼亚	55	21	58	65	29	43		孟加拉国	121	1	23	27	27	19	91
巴拉圭	56	3	45	50	34	33	61	坦桑尼亚	122	n	6	24	21	17	96
哥斯达黎加	57	8	58	60	50	44	44	贝宁	123	n	13	28	25	22	83
巴西	58	18	64	63	41	46	36	尼日尔	124	n	4	23	21	16	102
墨西哥	59	9	58	61	54	45	41	安哥拉	125	n	7	23	22	17	95
博茨瓦纳	60	n	26	34	44	35	60	乌干达	126	11	8	22	24	16	99
秘鲁	61	4	56	52	54	41	47	中非	127	1	4	28	19	13	107
牙买加	62	2	65	51	44	40	48	布基纳法索	128	4	6	23	23	14	106
约旦	63	36	65	63	54	54	32	埃塞俄比亚	129	n	9	17	21	16	103
南非	64	13	46	44	53	39	50	布隆迪	130	n	7	19	18	15	105
土耳其	65	13	63	54	42	43	45	卢旺达	131	1	5	22	20	12	108
厄瓜多尔	66	1	47	54	48	37	52								
高收入国家		100	101	100	101	100									
中等收入国家		21	55	52	35	41									
低收入国家		13	20	30	26	22									
世界平均		56	53	49	47	51									

附表 3-3-2 2004 年世界知识创新指数

国家	国家编号	知识创新指标			指数			知识创新指数
		经费投入[a]	人员投入[b]	专利产出[c]	经费指数	人员指数	专利指数	
瑞典	1	4.0	54	1058	120	120	120	120
美国	2	2.6	41	688	104	120	80	101
芬兰	3	3.5	80	566	120	120	66	102
澳大利亚	4	1.6	34	551	65	104	64	78
瑞士	5	2.6	36	1095	103	109	120	111
挪威	6	1.7	46	111	70	120	13	68
日本	7	3.1	53	2916	120	120	120	120
丹麦	8	2.5	50	721	101	120	84	102
德国	9	2.5	33	978	100	99	113	104
荷兰	10	1.8	25	464	72	75	54	67
加拿大	11	1.9	36	189	78	109	22	70
新加坡	12	2.2	47	123	86	120	14	73
英国	13	1.9	27	568	76	81	66	74
法国	14	2.2	32	368	88	97	43	76
比利时	15	2.3	35	205	93	105	24	74
奥地利	16	2.2	30	410	89	90	48	75
新西兰	17	1.2	34	543	47	103	63	71
韩国	18	2.6	32	1614	106	97	120	107
以色列	19	4.9	16	354	120	47	41	69
意大利	20	1.2	12	71	46	37	8	30
爱尔兰	21	1.1	27	319	44	81	37	54
西班牙	22	1.1	22	105	44	67	12	41
爱沙尼亚	23	0.8	25	24	33	76	3	38
斯洛文尼亚	24	1.5	25	166	61	77	19	53
乌拉圭	25	0.3	4	13	11	11	2	8
俄罗斯	26	1.3	33	166	51	101	19	57
斯洛伐克	27	0.6	20	51	23	60	6	30
希腊	28	0.6	14	56	26	43	6	25
匈牙利	29	0.9	15	95	38	45	11	31
捷克	30	1.3	16	60	51	48	7	35
葡萄牙	31	0.9	19	18	37	59	2	33
白俄罗斯	32	0.6	19	91	25	57	11	31
拉脱维亚	33	0.4	14	3	15	43	0	20
立陶宛	34	0.7	21	26	27	65	3	32
格鲁吉亚	35	0.3	26	44	12	79	5	32
乌克兰	36	1.2	18	1	46	54	0	33
保加利亚	37	0.5	13	39	20	38	5	21
黎巴嫩	38	n	n	0	n	n	0	n
哈萨克斯坦	39	0.2	6	0	9	19	0	9
波兰	40	0.6	16	61	22	48	7	26
阿根廷	41	0.4	7	0	16	22	0	13
巴拿马	42	0.3	1	2	14	3	0	6
克罗地亚	43	1.1	13	100	46	39	12	32
沙特阿拉伯	44	n	n	3	n	n	0	n
哥伦比亚	45	0.2	1	1	7	3	0	3
科威特	46	0.2	1	n	8	2	n	5
智利	47	0.6	4	14	24	13	2	13
马其顿	48	0.3	5	21	10	15	2	9
阿塞拜疆	49	0.3	12	0	12	37	0	17
摩尔多瓦	50	0.6	2	57	25	5	7	12
罗马尼亚	51	0.6	10	68	25	30	8	21
委内瑞拉	52	0.3	2	2	11	7	0	6
乌兹别克斯坦	53	n	n	28	n	n	3	n
多米尼加	54	n	n	n	n	n	n	n
亚美尼亚	55	0.3	15	67	10	47	8	21
巴拉圭	56	0.1	1	n	4	2	n	3
哥斯达黎加	57	0.4	n	0	15	n	0	8
巴西	58	1.0	3	36	39	10	4	18
墨西哥	59	0.4	3	6	17	8	1	9
博茨瓦纳	60	n	n	0	n	n	0	n
秘鲁	61	0.1	2	2	4	7	0	4
牙买加	62	0.1	n	6	3	n	1	2
约旦	63	0.3	19	n	12	59	n	36
南非	64	0.8	3	4	30	9	0	13
土耳其	65	0.7	3	8	27	10	1	13
厄瓜多尔	66	0.1	1	1	3	2	0	1
高收入国家		2.5	33	862	102	100	100	100
中等收入国家		0.9	9	27	35	26	3	21
低收入国家		0.7	3	1	29	9	0	13
世界平均		2.4	n	151	94	n	17	56
标准值		2.5	33	862				
伊朗	67	0.5	5		19	14	0	11
蒙古	68	0.3	7	49	11	21	6	13
摩洛哥	69	0.6	8	0	25	24	0	16
马来西亚	70	0.7	3	7	28	9	1	13
萨尔瓦多	71	0.0	0	0	0	1	0	1
埃及	72	0.2	5	9	8	14	1	8
中国	73	1.3	7	32	53	20	4	25
阿尔及利亚	74	n	n	1	n	n	0	n
土库曼斯坦	75	n	n	0	n	n	0	n
突尼斯	76	0.6	10	0	25	31	0	19
阿尔巴尼亚	77	n	n	0	n	n	0	n
吉尔吉斯	78	0.2	4	25	8	12	3	8
塔吉克斯坦	79	n	n	6	n	n	1	n
玻利维亚	80	0.3	1	1	11	4	0	5
缅甸	81	n	n	n	n	n	n	n
菲律宾	82	0.2	n	0	9	n	0	4
泰国	83	0.2	3	17	10	9	2	7
纳米比亚	84	n	n	n	n	n	n	n
津巴布韦	85	n	n	0	n	n	0	n
洪都拉斯	86	0.0	1	1	2	2	0	1
尼加拉瓜	87	0.0	0	2	2	1	0	1
越南	88	n	n	0	n	n	0	n
肯尼亚	89	n	n	0	n	n	0	n
斯里兰卡	90	0.2	n	0	7	n	0	4
刚果共和国	91	n	0	n	n	1	n	n
印度尼西亚	92	0.1	n	0	3	n	0	1
赞比亚	93	n	n	0	n	n	0	n
危地马拉	94	0.2	n	0	6	n	0	3
毛里塔尼亚	95	n	n	n	n	n	n	n
科特迪瓦	96	n	n		n	n	0	n
印度	97	0.8	n	0	34	n	0	17
巴基斯坦	98	0.2	1	0	9	3	0	4
莱索托	99	0.0	0	0	0	1	0	1
柬埔寨	100	n	n	n	n	n	n	n
喀麦隆	101	n	0	n	n	0	n	n
厄立特里亚	102	n	n	n	n	n	n	n
叙利亚	103	0.2	n	0	7	n	0	4
加纳	104	n	n	0	n	n	0	n
乍得	105	n	n	n	n	n	n	n
莫桑比克	106	n	n	0	n	n	0	n
几内亚	107	n	3	n	n	8	n	n
也门共和国	108	n	n	n	n	n	n	n
巴布亚新几内亚	109	n	n	n	n	n	n	n
海地	110	n	n	0	n	n	0	n
尼泊尔	111	0.7	1	n	27	2	n	14
塞内加尔	112	0.0	n	n	0	n	n	n
塞拉利昂	113	n	n	0	n	n	0	n
刚果民主共和国	114	n	n	0	n	n	0	n
老挝	115	n	n	n	n	n	n	n
马拉维	116	n	n	0	n	n	0	n
多哥	117	0.5	n	n	20	n	n	n
马达加斯加	118	0.1	0	0	5	0	0	2
马里	119	n	n	n	n	n	n	n
尼日利亚	120	0.1	n	n	4	n	n	n
孟加拉国	121	0.0	1	0	0	2	0	1
坦桑尼亚	122	n	n	0	n	n	0	n
贝宁	123	0.0	n	n	0	n	n	n
尼日尔	124	n	n	n	n	n	n	n
安哥拉	125	n	n	n	n	n	n	n
乌干达	126	0.8	0	0	32	1	0	11
中非	127	0.0	0	n	1	1	n	1
布基纳法索	128	0.2	0	n	8	0	n	4
埃塞俄比亚	129	n	n	0	n	n	0	n
布隆迪	130	0.3	n	n	12	n	n	n
卢旺达	131	0.0	n	0	2	n	0	1

a 指 R&D/GNP(%),其数据为 1990～2003 年期间最近年的数据。
b 指从事研究与发展活动的科学家和工程师全时当量/万人口,其数据为 1990～2004 年期间最近年的数据。
c 指知识创新活动中的发明专利产出,数值为居民申请国内发明专利数/百万人,其数据为 2002 年数据。

附表 3-3-3　2004 年世界知识传播指数

国家	国家编号	知识传播指标的实际值[a]				知识传播指标的指数				知识传播指数
		中学普及率[b]	大学普及率[c]	电视普及率[d]	因特网普及率[e]	中学普及指数	大学普及指数	电视普及指数	因特网普及指数	
瑞典	1	137	82	94	756	120	120	97	120	114
美国	2	95	83	97	630	95	120	100	116	108
芬兰	3	127	87	91	629	120	120	94	115	112
澳大利亚	4	154	74	96	646	120	110	99	119	112
瑞士	5	93	45	99	474	93	67	102	87	87
挪威	6	114	80	100	390	114	120	103	72	102
日本	7	102	52	99	587	102	78	102	108	97
丹麦	8	127	67	98	696	120	100	101	120	110
德国	9	100	50	94	500	100	75	97	92	91
荷兰	10	122	58	99	614	120	87	102	113	105
加拿大	11	105	57	99	626	105	85	102	115	102
新加坡	12	74	44	98	571	74	65	101	105	86
英国	13	170	63	99	628	120	94	102	115	108
法国	14	110	55	95	414	110	83	98	76	92
比利时	15	160	61	97	403	120	91	100	74	96
奥地利	16	100	49	97	477	100	73	100	88	90
新西兰	17	119	72	98	788	119	107	101	120	112
韩国	18	91	89	93	657	91	120	96	120	107
以色列	19	93	57	93	471	93	85	95	86	90
意大利	20	99	59	97	501	99	88	100	92	95
爱尔兰	21	109	55	95	265	109	83	98	49	85
西班牙	22	117	64	99	336	117	95	103	62	94
爱沙尼亚	23	96	64	93	497	96	96	96	91	95
斯洛文尼亚	24	112	70	98	476	112	105	101	87	101
乌拉圭	25	106	38	93	198	106	56	96	36	74
俄罗斯	26	93	65	98	111	93	97	101	20	78
斯洛伐克	27	92	34	100	423	92	51	103	78	81
希腊	28	96	72	98	177	96	108	101	32	84
匈牙利	29	103	52	92	267	103	77	95	49	81
捷克	30	97	37	88	470	97	55	91	86	82
葡萄牙	31	109	56	99	281	109	83	102	52	86
白俄罗斯	32	93	61	91	163	93	90	94	30	77
拉脱维亚	33	95	71	85	350	95	106	88	64	88
立陶宛	34	103	69	97	282	103	103	100	52	89
格鲁吉亚	35	82	41	76	39	82	62	78	7	57
乌克兰	36	93	66	97	79	93	98	100	15	76
保加利亚	37	99	41	97	283	99	61	100	52	78
黎巴嫩	38	89	48	93	169	89	71	96	31	72
哈萨克斯坦	39	98	48	95	27	98	72	97	5	68
波兰	40	105	59	92	236	105	89	95	43	83
阿根廷	41	99	61	97	133	99	91	100	24	79
巴拿马	42	70	46	77	94	70	68	80	17	59
克罗地亚	43	88	39	93	293	88	58	96	54	74
沙特阿拉伯	44	68	28	99	66	68	41	102	12	56
哥伦比亚	45	75	27	92	80	75	40	95	15	56
科威特	46	90	22	95	244	90	33	98	45	67
智利	47	88	43	95	267	88	65	98	49	75
马其顿	48	84	27	82	78	84	41	85	14	56
阿塞拜疆	49	83	15	99	49	83	22	102	9	54
摩尔多瓦	50	74	32	75	96	74	47	77	18	54
罗马尼亚	51	85	36	87	208	85	54	89	38	67
委内瑞拉	52	72	39	90	89	72	59	93	16	60
乌兹别克斯坦	53	95	15	93	34	95	23	95	6	55
多米尼加	54	68	33	88	91	68	49	91	17	56
亚美尼亚	55	91	26	91	50	91	39	93	9	58
巴拉圭	56	65	26	69	25	65	39	71	5	45
哥斯达黎加	57	68	19	91	235	68	28	94	43	58
巴西	58	110	20	90	120	110	30	93	22	64
墨西哥	59	79	22	92	135	79	34	95	25	58
博茨瓦纳	60	74	6	15	34	74	9	16	6	26
秘鲁	61	90	32	65	117	90	47	67	21	56
牙买加	62	84	19	70	403	84	28	72	74	65
约旦	63	88	35	97	110	88	52	100	20	65
南非	64	90	15	54	78	90	23	55	14	46
土耳其	65	85	28	98	142	85	42	101	26	63
厄瓜多尔	66	61	18	89	48	61	26	92	9	47
伊朗	67	82	22	77	82	82	34	79	15	52
蒙古	68	93	39	29	80	93	58	30	15	49
摩洛哥	69	47	11	76	117	47	16	78	22	41
马来西亚	70	70	29	98	397	70	43	101	73	72

附表 3-3-3 2004 年世界知识传播指数 （续表）

国家	国家编号	知识传播指标的实际值[a]				知识传播指标的指数				知识传播指数
		中学普及率[b]	大学普及率[c]	电视普及率[d]	因特网普及率[e]	中学普及指数	大学普及指数	电视普及指数	因特网普及指数	
萨尔瓦多	71	60	18	85	87	60	26	87	16	47
埃及	72	87	29	95	54	87	43	98	10	59
中国	73	70	15	91	73	70	23	94	13	50
阿尔及利亚	74	81	20	98	26	81	29	101	5	54
土库曼斯坦	75	112	19	94	8	112	29	97	1	60
突尼斯	76	77	26	90	84	77	39	93	15	56
阿尔巴尼亚	77	78	16	90	24	78	24	93	4	50
吉尔吉斯	78	88	40	85	52	88	59	88	9	61
塔吉克斯坦	79	82	16	79	1	82	24	82	0	47
玻利维亚	80	89	41	46	39	89	61	47	7	51
缅甸	81	38	11	3	1	38	17	3	0	15
菲律宾	82	84	29	76	54	84	44	79	10	54
泰国	83	77	41	92	109	77	61	95	20	63
纳米比亚	84	58	6	39	37	58	9	40	7	29
津巴布韦	85	36	4	27	63	36	5	27	12	20
洪都拉斯	86	32	16	58	32	32	25	59	6	30
尼加拉瓜	87	64	18	60	23	64	27	62	4	39
越南	88	73	10	83	71	73	15	85	13	47
肯尼亚	89	48	3	19	45	48	4	20	8	20
斯里兰卡	90	81	5	32	14	81	8	33	3	31
刚果共和国	91	32	4	6	9	32	5	6	2	11
印度尼西亚	92	62	16	66	67	62	24	68	12	42
赞比亚	93	26	2	26	20	26	3	27	4	15
危地马拉	94	49	10	40	61	49	14	42	11	29
毛里塔尼亚	95	20	3	21	5	20	5	21	1	12
科特迪瓦	96	25	7	35	17	25	10	36	3	18
印度	97	52	11	37	32	52	17	38	6	28
巴基斯坦	98	27	3	39	13	27	4	41	2	19
莱索托	99	36	3	17	24	36	4	18	4	16
柬埔寨	100	26	3	23	3	26	4	24	1	14
喀麦隆	101	44	5	18	10	44	8	18	2	18
厄立特里亚	102	28	1	14	12	28	2	15	2	12
叙利亚	103	63	6	80	43	63	9	83	8	41
加纳	104	42	3	21	17	42	5	22	3	18
乍得	105	15	1	2	6	15	1	2	1	5
莫桑比克	106	11	1	6	7	11	2	6	1	5
几内亚	107	26	2	9	5	26	3	10	1	10
也门共和国	108	48	9	43	9	48	14	44	2	27
巴布亚新几内亚	109	26	2	8	29	26	3	8	5	11
海地	110	29	1	26	59	29	2	27	11	17
尼泊尔	111	43	6	13	7	43	8	14	1	16
塞内加尔	112	19	5	29	42	19	7	29	8	16
塞拉利昂	113	26	2	7	2	26	3	7	0	9
刚果民主共和国	114	23	1	2	1	23	2	2	0	7
老挝	115	46	6	30	4	46	9	31	1	22
马拉维	116	29	0	2	4	29	1	2	1	8
多哥	117	39	4	51	37	39	5	53	7	26
马达加斯加	118	14	3	8	5	14	4	8	1	7
马里	119	22	2	15	4	22	3	15	1	10
尼日利亚	120	35	10	26	14	35	15	26	3	20
孟加拉国	121	51	7	29	2	51	10	30	0	23
坦桑尼亚	122	6	1	14	9	6	2	15	2	6
贝宁	123	26	3	20	12	26	5	20	2	13
尼日尔	124	8	1	5	2	8	1	6	0	4
安哥拉	125	17	1	9	11	17	1	9	2	7
乌干达	126	20	3	6	7	20	5	6	1	8
中非	127	12	2	2	2	12	3	2	0	4
布基纳法索	128	12	1	7	4	12	2	7	1	6
埃塞俄比亚	129	28	2	2	2	28	4	2	0	9
布隆迪	130	12	2	14	3	12	3	14	1	7
卢旺达	131	14	3	2	4	14	4	3	1	5
高收入国家		105	67	97	545	105	99	100	100	101
中等收入国家		75	24	89	92	75	36	92	17	55
低收入国家		46	9	16	24	46	13	16	4	20
世界平均		66	24	84	140	66	35	87	26	53
标准值		100	67	97	545					

a 部分发达国家中学普及率的数据包括职业培训的人数。

b 为 2002～2004 年期间最近年的数据。

c 指在校大学生占 20～24 岁人口比例，为 2002～2004 年期间的数。

d 指电视机用户占总户数的比例(%)其数据为 2000～2004 年期间最近年的数据。

e 因特网/千人。

附表 3-3-4　2004 年世界生活质量指数

国家	国家编号	生活质量指标的实际值					生活质量指标的指数					生活质量指数
		城镇人口比例[a]	医疗服务[b]	婴儿死亡率[c]	预期寿命	人均能源消费	城镇化指数	医疗服务指数	婴儿存活指数	预期寿命指数	能源消费指数	
瑞典	1	83	3.3	3	80	5754	107	120	120	102	106	111
美国	2	80	2.3	7	77	7843	103	88	90	98	120	100
芬兰	3	61	2.6	3	79	7204	78	100	120	100	120	104
澳大利亚	4	92	2.5	5	80	5668	118	96	120	101	105	108
瑞士	5	68	3.6	5	81	3689	87	120	120	103	68	99
挪威	6	80	3.1	4	80	5100	102	119	120	101	94	107
日本	7	66	2.0	3	82	4053	84	77	120	104	75	92
丹麦	8	85	2.9	4	77	3853	110	112	120	98	71	102
德国	9	88	3.3	4	78	4205	113	120	120	99	78	106
荷兰	10	66	3.1	5	79	4982	85	119	120	100	92	103
加拿大	11	81	2.1	5	80	8240	104	81	115	101	120	104
新加坡	12	100	1.4	3	79	5359	120	54	120	100	99	99
英国	13	89	2.2	5	79	3893	114	85	113	99	72	97
法国	14	76	3.4	4	80	4519	98	120	120	101	84	105
比利时	15	97	3.9	4	79	5701	120	120	120	100	105	113
奥地利	16	66	3.4	5	79	4086	84	120	120	100	76	100
新西兰	17	86	2.2	5	79	4333	110	85	113	100	80	98
韩国	18	81	1.6	5	77	4291	103	62	118	98	79	92
以色列	19	92	3.8	5	79	3086	118	120	120	100	57	103
意大利	20	67	4.2	4	80	3140	86	120	120	101	58	97
爱尔兰	21	60	2.8	5	78	3777	77	107	118	99	70	94
西班牙	22	77	3.2	3	80	3240	98	120	120	102	60	100
爱沙尼亚	23	70	3.2	6	72	3631	89	120	105	91	67	94
斯洛文尼亚	24	51	2.3	4	77	3518	65	87	120	97	65	87
乌拉圭	25	93	3.7	15	75	738	119	120	40	95	14	78
俄罗斯	26	73	4.3	17	65	4424	94	120	36	83	82	83
斯洛伐克	27	58	3.1	6	74	3443	74	119	100	94	64	90
希腊	28	61	4.4	4	79	2709	78	120	120	100	50	94
匈牙利	29	66	3.2	7	73	2600	84	120	83	92	48	85
捷克	30	74	3.5	4	76	4324	95	120	120	96	80	102
葡萄牙	31	55	3.3	4	77	2469	71	120	120	98	46	91
白俄罗斯	32	71	4.6	9	68	2613	91	120	70	87	48	83
拉脱维亚	33	66	3.0	10	71	1881	85	116	61	90	35	77
立陶宛	34	67	4.0	8	72	2585	86	120	80	91	48	85
格鲁吉亚	35	52	4.1	41	71	597	66	120	13	89	11	60
乌克兰	36	67	3.0	14	68	2772	86	114	44	86	51	76
保加利亚	37	70	3.6	12	72	2494	90	120	49	92	46	79
黎巴嫩	38	88	3.3	27	72	1700	112	120	23	92	31	76
哈萨克斯坦	39	56	3.5	63	65	3342	72	120	10	83	62	69
波兰	40	62	2.5	7	74	2452	79	96	85	94	45	80
阿根廷	41	90	2.7	16	75	1575	116	103	37	94	29	76
巴拿马	42	57	1.5	19	75	836	74	58	32	95	15	55
克罗地亚	43	59	2.4	6	75	1977	76	94	95	95	37	79
沙特阿拉伯	44	88	1.4	21	72	5607	113	53	28	92	104	78
哥伦比亚	45	77	1.4	18	73	642	99	52	34	92	12	58
科威特	46	96	1.5	10	77	9566	120	59	63	98	120	92
智利	47	87	1.1	8	78	1647	112	42	79	99	30	72
马其顿	48	60	2.2	13	74	n	76	84	47	93	n	75
阿塞拜疆	49	50	3.5	75	72	1493	64	120	8	92	28	62
摩尔多瓦	50	46	2.6	23	68	772	59	101	26	86	14	57
罗马尼亚	51	55	1.9	17	71	1794	70	73	35	90	33	60
委内瑞拉	52	88	1.9	16	74	2112	113	75	38	93	39	71
乌兹别克斯坦	53	37	2.7	57	67	2023	47	106	10	85	37	57
多米尼加	54	60	1.9	27	68	923	77	72	22	86	17	55
亚美尼亚	55	64	3.6	29	71	660	82	120	21	90	12	65
巴拉圭	56	58	1.1	21	71	679	74	43	29	90	13	50
哥斯达黎加	57	61	1.3	11	79	880	78	51	53	100	16	60
巴西	58	84	2.1	32	71	1065	107	79	19	90	20	63
墨西哥	59	76	1.5	23	75	1564	97	58	27	95	29	61
博茨瓦纳	60	52	0.4	84	35	n	67	15	7	45	n	34
秘鲁	61	74	1.1	24	70	442	95	41	25	89	8	52
牙买加	62	52	0.8	17	71	1543	67	33	35	90	29	51
约旦	63	79	2.0	23	72	1027	102	78	27	91	19	63
南非	64	57	0.8	54	45	2587	74	30	11	57	48	44
土耳其	65	67	1.4	28	70	1117	86	54	21	89	21	54
厄瓜多尔	66	62	1.5	23	75	708	80	57	26	94	13	54
伊朗	67	67	0.4	32	71	2055	86	17	19	90	38	50
蒙古	68	57	2.6	41	65	n	73	101	15	82	n	68
摩洛哥	69	58	0.5	38	70	378	74	20	16	89	7	41
马来西亚	70	64	0.7	10	73	2318	83	27	59	93	43	61

附表 3-3-4 2004 年世界生活质量指数 （续表）

国家	国家编号	生活质量指标的实际值					生活质量指标的指数					生活质量指数
		城镇人口比例[a]	医疗服务[b]	婴儿死亡率[c]	预期寿命	人均能源消费	城镇化指数	医疗服务指数	婴儿存活指数	预期寿命指数	能源消费指数	
萨尔瓦多	71	60	1.2	24	71	675	77	48	25	90	12	50
埃及	72	42	0.5	26	70	735	54	21	23	89	14	40
中国	73	40	1.6	26	71	1094	51	63	23	90	20	50
阿尔及利亚	74	59	1.1	35	71	1036	76	44	17	90	19	49
土库曼斯坦	75	46	4.2	80	63	3662	58	120	7	79	68	67
突尼斯	76	64	1.3	21	73	837	82	52	29	93	15	54
阿尔巴尼亚	77	44	1.3	17	74	674	57	50	36	94	12	50
吉尔吉斯	78	34	2.5	58	68	528	43	96	10	86	10	49
塔吉克斯坦	79	25	2.0	75	64	501	31	78	8	81	9	42
玻利维亚	80	64	1.2	54	65	504	82	47	11	82	9	46
缅甸	81	30	0.4	76	61	276	39	14	8	77	5	28
菲律宾	82	62	1.2	26	71	525	79	45	23	90	10	49
泰国	83	32	0.4	18	71	1406	41	14	33	89	26	41
纳米比亚	84	33	0.3	47	47	635	42	11	13	60	12	28
津巴布韦	85	35	0.2	79	37	752	45	6	8	47	14	24
洪都拉斯	86	46	0.6	31	68	522	59	22	19	86	10	39
尼加拉瓜	87	58	0.4	31	70	588	74	14	19	89	11	41
越南	88	26	0.5	17	70	544	34	21	34	89	10	38
肯尼亚	89	40	0.1	79	48	494	52	5	8	61	9	27
斯里兰卡	90	21	0.5	12	74	421	27	21	50	94	8	40
刚果共和国	91	54	0.2	81	52	273	69	8	7	66	5	31
印度尼西亚	92	47	0.1	30	67	753	60	5	20	85	14	37
赞比亚	93	36	0.1	102	38	592	46	4	6	48	11	23
危地马拉	94	47	0.9	33	68	608	60	34	18	86	11	42
毛里塔尼亚	95	63	0.1	78	53	n	81	4	8	67	n	40
科特迪瓦	96	45	0.1	117	46	374	58	5	5	58	7	27
印度	97	29	0.6	62	63	520	37	23	10	80	10	32
巴基斯坦	98	34	0.7	80	65	467	44	28	7	82	9	34
莱索托	99	18	0.0	80	36	n	23	2	8	45	n	19
柬埔寨	100	19	0.2	97	57	n	25	6	6	72	n	27
喀麦隆	101	52	0.2	87	46	429	67	7	7	58	8	29
厄立特里亚	102	20	0.1	52	54	n	26	2	11	69	n	27
叙利亚	103	50	1.4	15	74	986	64	54	40	93	18	54
加纳	104	46	0.2	68	57	400	59	6	9	72	7	31
乍得	105	25	0.0	117	44	n	33	1	5	56	n	24
莫桑比克	106	37	0.0	104	42	430	47	1	6	53	8	23
几内亚	107	36	0.1	101	54	n	46	4	6	68	n	31
也门共和国	108	26	0.3	82	61	289	33	13	7	78	5	27
巴布亚新几内亚	109	13	0.1	68	56	n	17	2	9	71	n	25
海地	110	38	0.2	74	52	270	49	6	8	66	5	27
尼泊尔	111	15	0.2	59	62	336	20	8	10	79	6	25
塞内加尔	112	50	0.1	78	56	287	65	2	8	71	5	30
塞拉利昂	113	40	0.0	165	41	n	51	1	4	52	n	27
刚果民主共和国	114	32	0.1	129	44	293	41	4	5	55	5	22
老挝	115	21	0.2	65	55	n	27	9	9	70	n	29
马拉维	116	17	0.0	110	40	n	21	1	5	51	n	20
多哥	117	36	0.0	78	55	445	46	2	8	69	8	27
马达加斯加	118	27	0.3	76	56	n	34	11	8	70	n	31
马里	119	33	0.1	121	48	n	42	3	5	61	n	28
尼日利亚	120	47	0.3	101	44	777	61	11	6	55	14	29
孟加拉国	121	25	0.3	56	63	159	32	10	11	80	3	27
坦桑尼亚	122	36	0.0	78	46	465	47	1	8	58	9	24
贝宁	123	45	0.0	90	55	292	58	2	7	69	5	28
尼日尔	124	23	0.0	152	45	n	29	1	4	57	n	23
安哥拉	125	36	0.0	154	41	606	47	2	4	52	11	23
乌干达	126	12	0.1	80	49	n	16	3	7	62	n	22
中非	127	43	0.1	115	39	n	55	3	5	50	n	28
布基纳法索	128	18	0.1	97	48	n	23	2	6	61	n	23
埃塞俄比亚	129	16	0.0	110	42	299	20	1	5	54	6	17
布隆迪	130	10	0.0	114	44	n	13	1	5	56	n	19
卢旺达	131	20	0.0	118	44	n	26	2	5	56	n	22
高收入国家		78	2.6	6	79	5410	101	100	98	100	100	100
中等收入国家		53	1.5	30	70	1373	68	59	20	89	25	52
低收入国家		31	0.5	79	59	501	39	18	8	74	9	30
世界平均		49	1.4	54	67	1734	63	56	11	85	32	49
标准值		78	2.6	6	79	5410						

a 城镇人口比例数据用城市人口比例数据代替。

b 指医生数/千人，其数据为 2000～2004 年期间最近年的数据。

c 婴儿存活率 =1 - 婴儿死亡率。

附表 3-3-5　2004 年世界经济质量指数

国家	国家编号	经济质量指标的实际值				经济质量指标的指数				经济质量指数
		人均 GNP	人均 PPP[a]	物质产业增加值比例[b]	物质产业劳动力比例[c]	人均 GNP 指数	人均 PPP 指数	物质产业增加值指数	物质产业劳动力指数	
瑞典	1	35840	29881	31	25	112	96	92	120	105
美国	2	41440	39824	23	24	120	120	119	120	120
芬兰	3	32880	29804	34	31	102	96	82	96	94
澳大利亚	4	27070	29339	29	25	84	95	96	119	99
瑞士	5	49600	35661	30	28	120	115	92	107	109
挪威	6	51810	38680	41	26	120	120	68	116	106
日本	7	37050	29814	32	33	115	96	88	90	97
丹麦	8	40750	31768	27	27	120	102	104	110	109
德国	9	30690	28168	30	34	96	91	93	87	92
荷兰	10	32130	31362	28	23	100	101	100	120	105
加拿大	11	28310	30757	35	25	88	99	81	119	97
新加坡	12	24760	27372	35	24	77	88	79	120	91
英国	13	33630	31431	27	25	105	101	103	120	107
法国	14	30370	29456	24	26	95	95	116	116	105
比利时	15	31280	31535	27	27	97	102	104	113	104
奥地利	16	32280	31803	33	35	101	103	85	85	93
新西兰	17	19990	22257	35	31	62	72	81	98	78
韩国	18	14000	20526	45	36	44	66	63	82	64
以色列	19	17360	23775	n	24	54	77	n	120	84
意大利	20	26280	28019	30	37	82	90	92	81	86
爱尔兰	21	34310	32926	44	34	107	106	64	88	91
西班牙	22	21530	24750	33	37	67	80	86	82	79
爱沙尼亚	23	7080	13631	33	39	22	44	85	78	57
斯洛文尼亚	24	14770	20828	39	45	46	67	71	66	63
乌拉圭	25	3900	9026	40	26	12	29	70	115	57
俄罗斯	26	3400	9684	40	41	11	31	70	73	46
斯洛伐克	27	6480	14477	33	44	20	47	84	68	55
希腊	28	16730	22229	30	38	52	72	94	78	74
匈牙利	29	8370	15801	34	39	26	51	82	77	59
捷克	30	9130	18423	41	44	28	59	68	68	56
葡萄牙	31	14220	19241	30	45	44	62	92	66	66
白俄罗斯	32	2140	6966	51	64	7	22	55	47	33
拉脱维亚	33	5580	11816	27	41	17	38	105	74	59
立陶宛	34	5740	12693	40	46	18	41	70	65	49
格鲁吉亚	35	1060	2895	43	63	3	9	65	47	31
乌克兰	36	1270	6331	49	49	4	20	58	61	36
保加利亚	37	2750	7936	42	43	9	26	67	70	43
黎巴嫩	38	6010	5547	28	38	19	18	101	79	54
哈萨克斯坦	39	2250	6933	48	52	7	22	58	57	36
波兰	40	6100	12730	36	47	19	41	78	64	50
阿根廷	41	3580	12526	46	21	11	40	61	120	58
巴拿马	42	4210	6726	26	35	13	22	109	86	58
克罗地亚	43	6820	11917	38	47	21	38	73	65	49
沙特阿拉伯	44	10140	13811	63	26	32	45	45	117	59
哥伦比亚	45	2020	6945	42	41	6	22	66	74	42
科威特	46	22470	21610	59	26	70	70	47	114	75
智利	47	5220	10608	48	37	16	34	58	81	47
马其顿	48	2420	6562	41	56	8	21	68	54	38
阿塞拜疆	49	940	3811	68	52	3	12	41	58	29
摩尔多瓦	50	720	1953	45	59	2	6	62	51	30
罗马尼亚	51	2960	8329	51	66	9	27	55	46	34
委内瑞拉	52	4030	5830	56	31	13	19	50	98	45
乌兹别克斯坦	53	450	1862	56	55	1	6	50	55	28
多米尼加	54	2100	6863	37	37	7	22	76	81	46
亚美尼亚	55	1060	4157	60	59	3	13	46	51	29
巴拉圭	56	1140	4817	51	47	4	16	54	63	34
哥斯达黎加	57	4470	9217	37	37	14	30	75	80	50
巴西	58	3000	7935	50	41	9	26	56	72	41
墨西哥	59	6790	9645	31	41	21	31	92	73	54
博茨瓦纳	60	4360	9581	54	38	14	31	52	79	44
秘鲁	61	2360	5395	40	21	7	17	70	120	54
牙买加	62	3300	3951	38	37	10	13	74	81	44
约旦	63	2190	4765	32	29	7	15	89	103	54
南非	64	3630	10964	35	35	11	35	80	86	53
土耳其	65	3750	7724	35	57	12	25	79	53	42
厄瓜多尔	66	2210	3768	38	31	7	12	74	97	48
伊朗	67	2320	7533	52	54	7	24	54	56	35
蒙古	68	600	2042	51	57	2	7	55	52	29
摩洛哥	69	1570	4253	46	64	5	14	61	47	31
马来西亚	70	4520	9715	60	46	14	31	47	65	39

附表 3-3-5　2004 年世界经济质量指数　（续表）

国家	国家编号	经济质量指标的实际值				经济质量指标的指数				经济质量指数
		人均 GNP	人均 PPP[a]	物质产业增加值比例[b]	物质产业劳动力比例[c]	人均 GNP 指数	人均 PPP 指数	物质产业增加值指数	物质产业劳动力指数	
萨尔瓦多	71	2320	4894	40	43	7	16	69	70	41
埃及	72	1250	4200	52	48	4	14	54	62	33
中国	73	1500	5885	59	62	5	19	47	49	30
阿尔及利亚	74	2270	6322	66	45	7	20	42	66	34
土库曼斯坦	75	1120	4183	66	n	3	13	43	n	20
突尼斯	76	2650	7427	40	56	8	24	69	54	39
阿尔巴尼亚	77	2120	5072	44	69	7	16	64	43	33
吉尔吉斯	78	400	1856	58	58	1	6	49	52	27
塔吉克斯坦	79	280	1155	55	64	1	4	51	47	26
玻利维亚	80	960	2600	46	33	3	8	61	91	41
缅甸	81	n	n	67	75	n	n	42	40	n
菲律宾	82	1170	4946	46	53	4	16	61	57	34
泰国	83	2490	7933	54	65	8	26	52	46	33
纳米比亚	84	2380	7515	42	43	7	24	67	69	42
津巴布韦	85	620	2041	41	52	2	7	69	58	34
洪都拉斯	86	1040	2760	45	59	3	9	63	51	32
尼加拉瓜	87	830	3481	50	49	3	11	56	62	33
越南	88	540	2702	62	76	2	9	45	39	24
肯尼亚	89	480	1130	44	38	1	4	64	79	37
斯里兰卡	90	1010	4208	45	58	3	14	63	52	33
刚果共和国	91	760	739	63	63	2	2	45	47	24
印度尼西亚	92	1140	3485	59	60	4	11	47	50	28
赞比亚	93	400	890	48	83	1	3	59	36	25
危地马拉	94	2190	4263	42	59	7	14	67	51	35
毛里塔尼亚	95	530	2048	52	66	2	7	54	46	27
科特迪瓦	96	760	1474	43	70	2	5	66	43	29
印度	97	620	3116	48	80	2	10	58	38	27
巴基斯坦	98	600	2174	47	63	2	7	59	48	29
莱索托	99	730	3254	58	68	2	10	48	44	26
柬埔寨	100	350	2311	62	81	1	7	45	37	23
喀麦隆	101	810	2117	60	79	3	7	47	38	24
厄立特里亚	102	190	962	39	86	1	3	71	35	28
叙利亚	103	1230	3496	50	57	4	11	56	52	31
加纳	104	380	2221	63	69	1	7	45	43	24
乍得	105	250	1337	59	87	1	4	47	34	22
莫桑比克	106	270	1168	53	91	1	4	53	33	23
几内亚	107	410	2158	62	89	1	7	45	34	22
也门共和国	108	550	809	51	66	2	3	55	46	26
巴布亚新几内亚	109	560	2277	71	76	2	7	39	40	22
海地	110	400	1812	45	77	1	6	63	39	27
尼泊尔	111	250	1485	63	79	1	5	44	38	22
塞内加尔	112	630	1662	37	84	2	5	76	36	30
塞拉利昂	113	210	547	87	83	1	2	32	36	18
刚果民主共和国	114	110	675	78	81	0	2	36	37	19
老挝	115	390	1878	74	84	1	6	38	36	20
马拉维	116	160	631	56	100	0	2	50	30	21
多哥	117	310	1508	64	76	1	5	44	40	22
马达加斯加	118	290	843	45	85	1	3	63	35	25
马里	119	330	953	61	88	1	3	46	34	21
尼日利亚	120	430	966	74	50	1	3	38	60	26
孟加拉国	121	440	1969	48	72	1	6	59	41	27
坦桑尼亚	122	320	671	61	85	1	2	46	35	21
贝宁	123	450	1085	52	72	1	3	54	42	25
尼日尔	124	210	776	57	95	1	3	49	32	21
安哥拉	125	930	1930	67	83	3	6	42	36	22
乌干达	126	250	1448	53	77	1	5	52	39	24
中非	127	310	1103	77	84	1	4	36	36	19
布基纳法索	128	350	1168	51	94	1	4	55	32	23
埃塞俄比亚	129	110	750	56	90	0	2	50	33	21
布隆迪	130	90	662	71	95	0	2	39	32	18
卢旺达	131	210	1241	62	95	1	4	45	32	20
高收入国家		32112	31009	28	30	100	100	101	102	101
中等收入国家		2274	6644	47	55	7	21	59	54	35
低收入国家		507	2258	51	71	2	7	55	42	26
世界平均		6329	8844	32	59	20	29	89	51	47
标准值		32112	31009	28	30					

a　按购买力平价 PPP 计算的人均 GNP(国际美元)。
b　为 2004 年或最近年的数据。
c　为 1998 ～2003 年期间最近年的数据。

附表 3-3-6　2004 年世界第二次现代化阶段

国家	国家编号	第一次现代化阶段	产业结构信号：物质产业增加值占 GDP 比例	产业结构信号：赋值	劳动力结构信号：物质产业劳动力占总劳动力比例	劳动力结构信号：赋值	平均值	第二次现代化的阶段[a]	2004 年第二次现代化指数
瑞典	1	4	31	1	25	2	1.5	2	113
美国	2	4	23	2	24	2	2.0	2	107
芬兰	3	4	34	1	31	1	1.0	1	103
澳大利亚	4	4	29	2	25	2	2.0	2	99
瑞士	5	4	30	2	28	2	2.0	2	101
挪威	6	4	41		26	2	1.0	1	96
日本	7	4	32	1	33	1	1.0	1	102
丹麦	8	4	27	2	27	2	2.0	2	106
德国	9	4	30	2	34	1	1.5	2	98
荷兰	10	4	28	2	23	2	2.0	2	95
加拿大	11	4	35	1	25	2	1.5	2	93
新加坡	12	4	35	1	24	2	1.5	2	87
英国	13	4	27	2	25	2	2.0	2	96
法国	14	4	24	2	26	2	2.0	2	94
比利时	15	4	27	2	27	2	2.0	2	97
奥地利	16	4	33	1	35	1	1.0	1	90
新西兰	17	3	35		31				90
韩国	18	4	45		36	1	0.5	1	92
以色列	19	4	n		24	2	1.0	1	86
意大利	20	4	30	1	37	1	1.0	1	77
爱尔兰	21	4	44		34	1	0.5	1	81
西班牙	22	4	33	1	37	1	1.0	1	78
爱沙尼亚	23	4	33	1	39		0.5	1	71
斯洛文尼亚	24	4	39	1	45		0.5	1	76
乌拉圭	25	3	40		26				54
俄罗斯	26	3	40		41				66
斯洛伐克	27	4	33	1	44		0.5		64
希腊	28	3	30		38				69
匈牙利	29	4	34	1	39		0.5		64
捷克	30	4	41		44				69
葡萄牙	31	4	30	1	45		0.5	1	69
白俄罗斯	32	3	51		64				56
拉脱维亚	33	4	27	2	41		1.0		61
立陶宛	34	3	40		46				64
格鲁吉亚	35	2	43		63				45
乌克兰	36	3	49		49				55
保加利亚	37	3	42		43				55
黎巴嫩	38	3	28	2	38		1.0		67
哈萨克斯坦	39	2	48		52				46
波兰	40	4	36	1	47		0.5		60
阿根廷	41	4	46		21	2	1.0		56
巴拿马	42	3	26		35				44
克罗地亚	43	3	38		47				39
沙特阿拉伯	44	4	63		26	2	1.0		64
哥伦比亚	45	3	42		41				40
科威特	46	4	59		26	2	1.0		60
智利	47	4	48		37	1	0.5		52
马其顿	48	3	41		56				45
阿塞拜疆	49	2	68		52				40
摩尔多瓦	50	2	45		59				39
罗马尼亚	51	3	51		66				45
委内瑞拉	52	4	56		31	1	0.5		46
乌兹别克斯坦	53	2	56		55				47
多米尼加	54	3	37		37				52
亚美尼亚	55	2	60		59				43
巴拉圭	56	2	51		47				33
哥斯达黎加	57	3	37		37				44
巴西	58	3	50		41				46
墨西哥	59	4	31	1	41		0.5		45
博茨瓦纳	60	4	54		38				35
秘鲁	61	4	40		21	2	1.0		41
牙买加	62	3	38		37				40
约旦	63	4	32	1	29	2	1.5		54
南非	64	4	35	1	35	1	1.0		39
土耳其	65	3	35		57				43
厄瓜多尔	66	3	38		31				37
伊朗	67	3	52		54				37
蒙古	68	2	51		57				40
摩洛哥	69	3	46		64				32
马来西亚	70	3	60		46				46

附表 3-3-6 2004 年世界第二次现代化阶段 （续表）

国家	国家编号	第一次现代化阶段	产业结构信号：物质产业增加值占 GDP 比例	产业结构信号：赋值	劳动力结构信号：物质产业劳动力占总劳动力比例	劳动力结构信号：赋值	平均值	第二次现代化的阶段[a]	2004 年第二次现代化指数
萨尔瓦多	71	3	40		43				35
埃及	72	3	52		48				35
中国	73	3	59		62				39
阿尔及利亚	74	3	66		45				46
土库曼斯坦	75	2	66		n				49
突尼斯	76	3	40		56				42
阿尔巴尼亚	77	3	44		69				44
吉尔吉斯	78	2	58		58				36
塔吉克斯坦	79	2	55		64				38
玻利维亚	80	3	46		33				36
缅甸	81	0	67		75				22
菲律宾	82	2	46		53				35
泰国	83	2	54		65				36
纳米比亚	84	2	42		43				33
津巴布韦	85	3	41		52				26
洪都拉斯	86	3	45		59				26
尼加拉瓜	87	2	50		49				29
越南	88	2	62		76				36
肯尼亚	89	2	44		38				28
斯里兰卡	90	2	45		58				27
刚果共和国	91	2	63		63				22
印度尼西亚	92	2	59		60				27
赞比亚	93	1	48		83				21
危地马拉	94	2	42		59				27
毛里塔尼亚	95	2	52		66				26
科特迪瓦	96	1	43		70				25
印度	97	2	48		80				26
巴基斯坦	98	2	47		63				21
莱索托	99	2	58		68				15
柬埔寨	100	1	62		81				21
喀麦隆	101	1	60		79				24
厄立特里亚	102	1	39		86				22
叙利亚	103	2	50		57				32
加纳	104	1	63		69				24
乍得	105	0	59		87				17
莫桑比克	106	1	53		91				17
几内亚	107	1	62		89				21
也门共和国	108	2	51		66				27
巴布亚新几内亚	109	1	71		76				19
海地	110	2	45		77				24
尼泊尔	111	1	63		79				19
塞内加尔	112	1	37		84				25
塞拉利昂	113	0	87		83				18
刚果民主共和国	114	0	78		81				16
老挝	115	1	74		84				24
马拉维	116	0	56		100				16
多哥	117	1	64		76				25
马达加斯加	118	1	45		85				16
马里	119	1	61		88				20
尼日利亚	120	2	74		50				25
孟加拉国	121	2	48		72				19
坦桑尼亚	122	0	61		85				17
贝宁	123	1	52		72				22
尼日尔	124	0	57		95				16
安哥拉	125	1	67		83				17
乌干达	126	1	53		77				16
中非	127	0	77		84				13
布基纳法索	128	1	51		94				14
埃塞俄比亚	129	0	56		90				16
布隆迪	130	0	71		95				15
卢旺达	131	1	62		95				12
高收入国家		4	28	2	30	2	2.0	2	100
中等收入国家		3	47		55				41
低收入国家		2	51		71				22
世界平均		3	32		59				51

a 第一次现代化过渡期时，再判断第二次现代化阶段，并根据第二次现代化指数进行调整（必须大于 60 分）。2 代表发展期，1 代表起步期。

附表 3-3-7 1970～2004 年世界第二次现代化指数和排名[a]

国家	国家编号	指数 1970	指数 1980	指数 1990	指数 2000	指数 2003	指数 2004	排名 1970	排名 1980	排名 1990	排名 2000	排名 2003	排名 2004
瑞典	1	58	75	93	109	111	113	6	2	3	1	1	1
美国	2	71	79	97	108	109	107	1	1	2	2	2	2
芬兰	3	49	62	85	103	101	103	17	14	10	4	5	4
澳大利亚	4	54	61	77	99	96	99	12	17	15	7	9	7
瑞士	5	51	65	98	99	99	101	14	10	1	8	6	6
挪威	6	56	65	87	100	97	96	7	11	7	6	8	11
日本	7	58	72	88	103	102	102	5	4	6	3	4	5
丹麦	8	54	66	87	102	104	106	11	9	8	5	3	3
德国	9	56	62	80	97	97	98	8	15	12	9	7	8
荷兰	10	60	68	85	93	93	95	2	6	9	10	12	12
加拿大	11	59	69	89	92	90	93	3	5	5	12	14	14
新加坡	12	41	41	69	76	84	87	22	30	18	19	17	18
英国	13	54	64	75	92	94	96	10	13	16	11	10	10
法国	14	48	67	78	90	91	94	18	8	13	13	13	13
比利时	15	53	74	83	90	93	97	13	3	11	14	11	9
奥地利	16	44	55	78	82	86	90	21	19	14	16	16	16
新西兰	17	47	62	69	77	84	90	19	16	17	18	18	17
韩国	18	25	35	55	84	87	92	44	39	25	15	15	15
以色列	19	45	64	65	81	76	86	20	12	20	17	20	19
意大利	20	39	47	66	74	73	77	25	27	19	21	21	22
爱尔兰	21	38	44	59	76	77	81	26	28	24	20	19	20
西班牙	22	31	55	62	72	73	78	33	20	22	22	22	21
爱沙尼亚	23	n	81	n	66	65	71						
斯洛文尼亚	24	n	n	n	67	70	76						
乌拉圭	25	34	48	59	69	50	54	30	25	23	23	32	33
俄罗斯	26	n	97	n	57	63	66						
斯洛伐克	27	n	n	n	57	57	64						
希腊	28	35	56	52	62	67	69	29	18	29	25	23	23
匈牙利	29	50	53	51	57	59	64	16	22	30	26	25	27
捷克	30	66	70	62	60	64	69						
葡萄牙	31	24	28	39	68	64	69	49	51	40	24	24	24
白俄罗斯	32	n	70	n	51	53	56						
拉脱维亚	33	n	60	n	56	62	61						
立陶宛	34	n	79	n	55	59	64						
格鲁吉亚	35	n	63	n	49	41	45						
乌克兰	36	n	75	n	49	49	55						
保加利亚	37	50	68	63	48	49	55	15	7	21	34	34	31
黎巴嫩	38	n	52	n	54	57	67		23		27	26	25
哈萨克斯坦	39	n	74	n	41	42	46						
波兰	40	55	31	47	51	55	60	9	24	32	31	28	28
阿根廷	41	36	40	54	54	51	56	28	31	26	28	30	30
巴拿马	42	41	48	53	52	40	44	23	26	27	30	42	42
克罗地亚	43	n	n	n	51	55	59						
沙特阿拉伯	44	26	40	52	50	52	64	38	32	28	32	29	26
哥伦比亚	45	23	27	43	47	35	40	53	52	36	35	49	49
科威特	46	59	53	90	54	57	60	4	21	4	29	27	29
智利	47	30	36	38	48	50	52	36	35	43	33	33	35
马其顿	48	n	n	n	41	40	45						
阿塞拜疆	49	n	65	n	43	35	40						
摩尔多瓦	50	n	61	n	39	34	39						
罗马尼亚	51	36	42	41	42	43	45	27	29	38	38	38	40
委内瑞拉	52	32	34	39	40	41	46	32	40	41	41	40	39
乌兹别克斯坦	53	n	60	n	40	39	47						
多米尼加	54	26	35	44	42	44	52	40	37	34	37	37	34
亚美尼亚	55	n	n	n	36	38	43						
巴拉圭	56	24	22	31	40	29	33	48	69	57	40	63	61
哥斯达黎加	57	33	31	35	37	40	44	31	45	51	49	43	44
巴西	58	30	29	43	40	46	46	35	48	35	42	36	36
墨西哥	59	26	33	46	40	41	45	39	41	33	43	41	41
博茨瓦纳	60	11	23	28	33	33	35	94	68	67	52	53	60
秘鲁	61	25	29	37	38	38	41	45	49	47	46	45	47
牙买加	62	25	39	42	46	50	40	43	34	37	36	31	48
约旦	63	20	32	50	38	49	54	67	43	31	47	35	32
南非	64	39	33	38	37	33	39	24	42	45	48	52	50
土耳其	65	20	25	32	36	38	43	63	60	55	50	46	45
厄瓜多尔	66	25	40	28	33	33	37	46	33	68	53	54	52
伊朗	67	21	22	30	33	34	37	59	71	60	55	50	53
蒙古	68	n	55	52	30	35	40						
摩洛哥	69	23	26	30	33	34	32	52	55	59	51	51	63
马来西亚	70	25	24	29	39	42	46	42	66	63	45	39	37

附表 3-3-7　1970～2004 年世界第二次现代化指数和排名[a]　　（续表）

国家	国家编号	指数						排名					
		1970	1980	1990	2000	2003	2004	1970	1980	1990	2000	2003	2004
萨尔瓦多	71	22	25	29	40	30	35	55	59	65	39	60	59
埃及	72	25	26	35	40	32	35	47	54	52	44	58	58
中国	73	21	25	26	31	33	39	58	63	71	58	55	51
阿尔及利亚	74	19	30	39	33	36	46	70	46	42	54	48	38
土库曼斯坦	75	n	n	n	35	41	49						
突尼斯	76	20	29	28	33	36	42	61	47	66	56	47	46
阿尔巴尼亚	77	n	35	n	22	38	44		36		73	44	43
吉尔吉斯	78	n	56	n	32	30	36						
塔吉克斯坦	79	n	n	n	32	36	38						
玻利维亚	80	29	25	36	29	29	36	37	62	48	60	62	56
缅甸	81	16	21	21	27	20	22	80	77	88	63	85	85
菲律宾	82	25	26	29	32	31	35	41	58	64	57	59	57
泰国	83	18	26	24	30	33	36	72	57	78	59	57	55
纳米比亚	84	n	n	35	28	33	33			49	62	56	62
津巴布韦	85	20	21	27	26	25	26	62	73	69	65	71	72
洪都拉斯	86	17	27	29	28	23	26	77	53	62	61	74	74
尼加拉瓜	87	22	31	34	25	27	29	56	44	54	66	65	65
越南	88	n	17	n	22	30	36		84		74	61	54
肯尼亚	89	16	15	24	26	26	28	78	94	80	64	67	66
斯里兰卡	90	22	21	34	24	25	27	54	75	53	68	69	69
刚果共和国	91	33	28	23	22	23	22						
印度尼西亚	92	19	19	29	22	23	27	71	82	61	72	75	68
赞比亚	93	15	22	22	20	19	21	84	72	85	78	87	89
危地马拉	94	17	25	38	22	24	27	76	61	46	75	73	67
毛里塔尼亚	95	21	21	25	24	25	26	57	76	73	70	70	71
科特迪瓦	96	9	28	31	20	22	25	96	50	58	77	77	78
印度	97	17	19	24	21	25	26	75	78	79	76	72	73
巴基斯坦	98	16	17	18	25	19	21	82	86	92	67	86	86
莱索托	99	20	24	32	19	15	15	65	65	56	82	102	104
柬埔寨	100	n	4	n	19	19	21		106		79	91	87
喀麦隆	101	16	23	24	19	21	24	79	67	76	81	81	81
厄立特里亚	102	n	n	n	19	21	22				80	82	84
叙利亚	103	31	35	38	24	26	32	34	38	44	69	66	64
加纳	104	18	25	22	18	22	24	73	64	84	84	79	79
乍得	105	16	26	18	16	17	17	81	56	91	91	97	98
莫桑比克	106	8	11	18	18	16	17	98	104	94	85	98	97
几内亚	107	8	14	26	18	19	21	97	100	70	87	90	88
也门共和国	108	4	14	40	23	26	27	101	99	39	71	68	70
巴布亚新几内亚	109	13	19	19	19	19	19	92	81	90	83	88	93
海地	110	14	15	24	17	22	24	88	91	77	90	80	80
尼泊尔	111	15	13	21	18	19	19	86	102	87	88	89	92
塞内加尔	112	24	19	25	16	23	25	51	80	75	95	76	75
塞拉利昂	113	24	19	23	14	17	18	50	79	83	104	95	94
刚果民主共和国	114	n	17	n	14	14	16						
老挝	115	6	15	17	18	21	24	99	96	96	86	84	82
马拉维	116	21	15	23	16	17	16	60	95	82	96	96	101
多哥	117	19	22	23	17	22	25	69	70	81	89	78	76
马达加斯加	118	18	15	17	16	16	16	74	97	97	92	99	100
马里	119	20	17	17	16	17	20	64	85	98	94	94	90
尼日利亚	120	15	16	25	15	28	25	85	89	74	101	64	77
孟加拉国	121	5	16	21	16	18	19	100	88	86	93	92	91
坦桑尼亚	122	15	14	17	14	16	17	83	101	100	102	100	96
贝宁	123	20	21	25	15	21	22	66	74	72	98	83	83
尼日尔	124	13	16	18	15	16	16	90	87	93	97	101	102
安哥拉	125	19	16	35	15	18	17	68	90	50	99	93	95
乌干达	126	11	15	17	14	15	16	93	98	99	103	104	99
中非	127	13	15	20	12	13	13	89	93	89	106	107	107
布基纳法索	128	2	17	16	13	13	14	102	83	101	105	106	106
埃塞俄比亚	129	14	15	18	15	15	16	87	92	95	100	103	103
布隆迪	130	10	12	16	11	14	15	95	103	103	107	105	105
卢旺达	131	13	10	16	9	11	12	91	105	102	108	108	108
高收入国家		72	76	89	100	100	100						
中等收入国家		20	36	33	38	38	41						
低收入国家		9	20	22	20	21	22						
世界平均		33	44	47	46	48	51						

a　1970～2000 年是以 2000 年高收入国家平均值为基准值的评价。2001 年以来是以当年高收入国家平均值为基准值的评价，数据不全的国家和 1990 年以来新成立的国家不参加排名，后同。

附表 3-4-1　2004 年世界综合现代化水平指数和排名

国家	国家编号	经济发展指数	社会发展指数	知识发展指数	综合现代化水平指数	排名	国家	国家编号	经济发展指数	社会发展指数	知识发展指数	综合现代化水平指数	排名
瑞典	1	98	100	100	99	1	萨尔瓦多	71	47	69	11	42	49
美国	2	100	93	95	96	3	埃及	72	40	48	15	34	61
芬兰	3	96	89	91	92	8	中国	73	26	56	23	35	59
澳大利亚	4	94	95	82	91	10	阿尔及利亚	74	38	62	11	37	55
瑞士	5	99	97	89	95	5	土库曼斯坦	75	22	61	10	31	
挪威	6	95	100	64	86	14	突尼斯	76	44	70	20	45	45
日本	7	96	90	94	94	6	阿尔巴尼亚	77	36	63	10	36	57
丹麦	8	100	100	96	98	2	吉尔吉斯	78	31	60	20	37	
德国	9	94	100	92	95	4	塔吉克斯坦	79	27	50	8	29	
荷兰	10	100	96	78	91	9	玻利维亚	80	45	61	20	42	50
加拿大	11	95	85	71	84	16	缅甸	81	34	43	9	29	69
新加坡	12	89	82	66	79	21	菲律宾	82	40	62	16	39	52
英国	13	100	96	84	93	7	泰国	83	37	44	23	35	60
法国	14	97	100	72	90	11	纳米比亚	84	48	45	8	34	62
比利时	15	99	98	70	89	12	津巴布韦	85	40	28	6	25	77
奥地利	16	96	96	74	89	13	洪都拉斯	86	37	50	8	32	65
新西兰	17	81	92	77	83	17	尼加拉瓜	87	37	50	8	32	66
韩国	18	69	78	100	83	18	越南	88	24	40	9	25	78
以色列	19	77	99	78	85	15	肯尼亚	89	43	34	4	27	73
意大利	20	90	97	59	82	19	斯里兰卡	90	37	46	4	29	67
爱尔兰	21	93	94	53	80	20	刚果共和国	91	19	52	4	25	
西班牙	22	83	100	53	79	22	印度尼西亚	92	32	44	10	29	68
爱沙尼亚	23	62	78	56	65		赞比亚	93	26	28	2	19	94
斯洛文尼亚	24	69	80	67	72		危地马拉	94	39	60	8	36	58
乌拉圭	25	56	94	26	59	26	毛里塔尼亚	95	25	51	3	26	74
俄罗斯	26	52	72	47	57		科特迪瓦	96	29	40	4	24	79
斯洛伐克	27	60	75	39	58		印度	97	28	40	14	27	70
希腊	28	77	95	41	71	23	巴基斯坦	98	34	44	4	27	72
匈牙利	29	64	83	44	64	25	莱索托	99	24	23	2	16	103
捷克	30	62	82	50	65		柬埔寨	100	22	34	2	20	91
葡萄牙	31	70	92	43	69	24	喀麦隆	101	24	42	5	24	81
白俄罗斯	32	37	73	39	50		厄立特里亚	102	29	32	2	21	86
拉脱维亚	33	60	80	45	62		叙利亚	103	36	58	6	34	63
立陶宛	34	55	78	46	60		加纳	104	26	38	3	22	83
格鲁吉亚	35	36	71	21	43		乍得	105	21	30	1	17	99
乌克兰	36	42	70	40	51		莫桑比克	106	23	28	1	17	97
保加利亚	37	49	75	34	53	33	几内亚	107	21	39	2	21	89
黎巴嫩	38	46	88	34	56	29	也门共和国	108	30	40	8	26	75
哈萨克斯坦	39	42	66	21	43		巴布亚新几内亚	109	20	30	4	18	95
波兰	40	56	78	40	58	27	海地	110	35	36	4	25	76
阿根廷	41	57	83	33	58	28	尼泊尔	111	22	30	12	21	87
巴拿马	42	57	79	25	54	31	塞内加尔	112	32	45	5	27	71
克罗地亚	43	55	81	42	60		塞拉利昂	113	7	35	1	14	106
沙特阿拉伯	44	57	69	18	48	40	刚果民主共和国	114	11	27	1	13	
哥伦比亚	45	48	73	15	46	44	老挝	115	14	35	5	18	96
科威特	46	66	72	29	56	30	马拉维	116	16	24	0	14	107
智利	47	53	73	35	54	32	多哥	117	19	32	11	21	90
马其顿	48	43	83	17	48		马达加斯加	118	26	39	2	22	84
阿塞拜疆	49	32	67	11	37		马里	119	19	35	2	19	93
摩尔多瓦	50	36	64	24	41		尼日利亚	120	28	34	7	23	82
罗马尼亚	51	38	65	31	45	46	孟加拉国	121	29	41	3	24	80
委内瑞拉	52	48	74	22	48	41	坦桑尼亚	122	20	29	1	17	101
乌兹别克斯坦	53	30	59	11	33		贝宁	123	24	39	2	22	85
多米尼加	54	52	68	33	51	37	尼日尔	124	21	29	1	17	100
亚美尼亚	55	31	75	17	41		安哥拉	125	18	32	2	17	98
巴拉圭	56	40	59	16	38	54	乌干达	126	26	27	10	21	88
哥斯达黎加	57	55	79	22	52	36	中非	127	12	36	1	17	102
巴西	58	47	79	24	50	38	布基纳法索	128	24	29	4	19	92
墨西哥	59	58	81	19	53	35	埃塞俄比亚	129	19	20	1	14	108
博茨瓦纳	60	49	42	5	32	64	布隆迪	130	14	23	5	14	105
秘鲁	61	52	79	18	50	39	卢旺达	131	19	28	2	16	104
牙买加	62	50	57	26	44	47							
约旦	63	54	76	28	53	34							
南非	64	57	46	17	40	51							
土耳其	65	47	71	24	47	42							
厄瓜多尔	66	51	71	9	44	48							
伊朗	67	41	53	17	37	56	高收入国家		100	100	100	100	
蒙古	68	34	85	22	47		中等收入国家		37	61	23	40	
摩洛哥	69	36	64	16	39	53	低收入国家		29	37	12	26	
马来西亚	70	44	59	36	47	43	世界平均		48	66	43	53	

附表 3-4-2 2004 年世界经济发展指数

国家	国家编号	经济发展指标的实际值				经济发展指标的指数				经济发展指数
		人均 GNP	人均 PPP	服务业增加值比重	服务业劳动力比重	人均 GNP	人均 PPP	农业增加值比重	服务业劳动力比重	
瑞典	1	35840	29881	69	75	100	96	96	100	98
美国	2	41440	39824	77	76	100	100	100	100	100
芬兰	3	32880	29804	66	68	100	96	92	97	96
澳大利亚	4	27070	29339	71	75	84	95	99	100	94
瑞士	5	49600	35661	70	72	100	100	97	100	99
挪威	6	51810	38680	59	74	100	100	82	100	95
日本	7	37050	29814	68	66	100	96	95	94	96
丹麦	8	40750	31768	73	73	100	100	100	100	100
德国	9	30690	28168	70	66	96	91	97	94	94
荷兰	10	32130	31362	72	74	100	100	100	100	100
加拿大	11	28310	30757	65	75	88	99	91	100	95
新加坡	12	24760	27372	65	76	77	88	90	100	89
英国	13	33630	31431	73	75	100	100	100	100	100
法国	14	30370	29456	76	74	95	95	100	100	97
比利时	15	31280	31535	73	73	97	100	100	100	99
奥地利	16	32280	31803	67	65	100	100	93	92	96
新西兰	17	19990	22257	65	69	62	72	91	99	81
韩国	18	14000	20526	55	64	44	66	77	91	69
以色列	19	17360	23775	n	75	54	77	n	100	77
意大利	20	26280	28019	70	63	82	90	97	90	90
爱尔兰	21	34310	32926	56	65	100	100	78	93	93
西班牙	22	21530	24750	67	64	67	80	93	91	83
爱沙尼亚	23	7080	13631	67	61	22	44	93	88	62
斯洛文尼亚	24	14770	20828	61	54	46	67	84	77	69
乌拉圭	25	3900	9026	60	74	12	29	83	100	56
俄罗斯	26	3400	9684	60	59	11	31	83	84	52
斯洛伐克	27	6480	14477	67	56	20	47	93	80	60
希腊	28	16730	22229	70	62	52	72	98	88	77
匈牙利	29	8370	15801	66	61	26	51	92	87	64
捷克	30	9130	18423	59	56	28	59	82	80	62
葡萄牙	31	14220	19241	70	55	44	62	97	78	70
白俄罗斯	32	2140	6966	49	36	7	22	69	52	37
拉脱维亚	33	5580	11816	73	59	17	38	100	85	60
立陶宛	34	5740	12693	60	54	18	41	84	77	55
格鲁吉亚	35	1060	2895	57	37	3	9	79	52	36
乌克兰	36	1270	6331	51	51	4	20	71	73	42
保加利亚	37	2750	7936	58	57	9	26	81	82	49
黎巴嫩	38	6010	5547	72	n	19	18	100	n	46
哈萨克斯坦	39	2250	6933	52	48	7	22	72	68	42
波兰	40	6100	12730	64	53	19	41	89	76	56
阿根廷	41	3580	12526	54	78	11	40	75	100	57
巴拿马	42	4210	6726	74	65	13	22	100	93	57
克罗地亚	43	6820	11917	62	53	21	38	86	76	55
沙特阿拉伯	44	10140	13811	37	74	32	45	52	100	57
哥伦比亚	45	2020	6945	58	59	6	22	80	85	48
科威特	46	22470	21610	41	n	70	70	57	n	66
智利	47	5220	10608	52	63	16	34	72	90	53
马其顿	48	2420	6562	59	44	8	21	82	63	43
阿塞拜疆	49	940	3811	32	48	3	12	45	69	32
摩尔多瓦	50	720	1953	55	41	2	6	76	58	36
罗马尼亚	51	2960	8329	49	35	9	27	68	49	38
委内瑞拉	52	4030	5830	44	69	13	19	61	99	48
乌兹别克斯坦	53	450	1862	44	35	1	6	61	50	30
多米尼加	54	2100	6863	63	63	7	22	88	90	52
亚美尼亚	55	1060	4157	40	37	3	13	55	53	31
巴拉圭	56	1140	4817	49	53	4	16	67	75	40
哥斯达黎加	57	4470	9217	63	62	14	30	87	89	55
巴西	58	3000	7935	50	58	9	26	69	83	47
墨西哥	59	6790	9645	69	58	21	31	97	83	58
博茨瓦纳	60	4360	9581	46	61	14	31	65	88	49
秘鲁	61	2360	5395	60	79	7	17	83	100	52
牙买加	62	3300	3951	62	62	10	13	86	89	50
约旦	63	2190	4765	68	71	7	15	95	100	54
南非	64	3630	10964	65	65	11	35	90	93	57
土耳其	65	3750	7724	65	43	12	25	90	62	47
厄瓜多尔	66	2210	3768	62	69	7	12	86	99	51
伊朗	67	2320	7533	48	45	7	24	66	65	41
蒙古	68	600	2042	49	43	2	7	68	61	34
摩洛哥	69	1570	4253	54	36	5	14	75	51	36
马来西亚	70	4520	9715	40	54	14	31	56	77	44

附表 3-4-2　2004 年世界经济发展指数　（续表）

国家	国家编号	经济发展指标的实际值				经济发展指标的指数				经济发展指数
		人均 GNP	人均 PPP	服务业增加值比重	服务业劳动力比重	人均 GNP	人均 PPP	农业增加值比重	服务业劳动力比重	
萨尔瓦多	71	2320	4894	60	57	7	16	83	82	47
埃及	72	1250	4200	48	52	4	14	67	74	40
中国	73	1500	5885	41	16	5	19	56	23	26
阿尔及利亚	74	2270	6322	34	55	7	20	47	78	38
土库曼斯坦	75	1120	4183	34	n	3	13	48	n	22
突尼斯	76	2650	7427	60	44	8	24	83	63	44
阿尔巴尼亚	77	2120	5072	56	31	7	16	78	44	36
吉尔吉斯	78	400	1856	42	42	1	6	59	60	31
塔吉克斯坦	79	280	1155	45	29	1	4	63	42	27
玻利维亚	80	960	2600	54	67	3	8	75	95	45
缅甸	81	n	n	33	16	n	n	46	22	34
菲律宾	82	1170	4946	54	47	4	16	75	67	40
泰国	83	2490	7933	46	35	8	26	65	50	37
纳米比亚	84	2380	7515	58	56	7	24	81	80	48
津巴布韦	85	620	2041	59	48	2	7	83	69	40
洪都拉斯	86	1040	2760	55	41	3	9	77	59	37
尼加拉瓜	87	830	3481	55	40	3	11	77	57	37
越南	88	540	2702	38	24	2	9	53	34	24
肯尼亚	89	480	1130	56	62	1	4	78	89	43
斯里兰卡	90	1010	4208	55	39	3	14	77	55	37
刚果共和国	91	760	739	37	n	2	2	52	n	19
印度尼西亚	92	1140	3485	41	40	4	11	57	58	32
赞比亚	93	400	890	52	n	1	3	73	n	26
危地马拉	94	2190	4263	58	38	7	14	81	54	39
毛里塔尼亚	95	530	2048	48	n	2	7	67	n	25
科特迪瓦	96	760	1474	57	n	2	5	80	n	29
印度	97	620	3116	52	20	2	10	72	29	28
巴基斯坦	98	600	2174	53	37	2	7	73	53	34
莱索托	99	730	3254	42	n	2	10	58	n	24
柬埔寨	100	350	2311	38	19	1	7	53	27	22
喀麦隆	101	810	2117	40	23	3	7	55	33	24
厄立特里亚	102	190	962	61	n	1	3	84	n	29
叙利亚	103	1230	3496	50	43	4	11	69	61	36
加纳	104	380	2221	37	31	1	7	52	44	26
乍得	105	250	1337	41	n	1	4	57	n	21
莫桑比克	106	270	1168	47	n	1	4	66	n	23
几内亚	107	410	2158	38	n	1	7	53	n	21
也门共和国	108	550	809	49	35	2	3	68	50	30
巴布亚新几内亚	109	560	2277	29	23	2	7	40	32	20
海地	110	400	1812	55	39	1	6	77	55	35
尼泊尔	111	250	1485	37	21	1	5	51	30	22
塞内加尔	112	630	1662	63	n	2	5	88	n	32
塞拉利昂	113	210	547	13	n	1	2	18	n	7
刚果民主共和国	114	110	675	22	n	0	2	31	n	11
老挝	115	390	1878	26	n	1	6	36	n	14
马拉维	116	160	631	44	0	0	2	62	0	16
多哥	117	310	1508	36	n	1	5	50	n	19
马达加斯加	118	290	843	55	15	1	3	77	22	26
马里	119	330	953	39	n	1	3	54	n	19
尼日利亚	120	430	966	26	50	1	3	37	71	28
孟加拉国	121	440	1969	52	24	1	6	73	34	29
坦桑尼亚	122	320	671	39	15	1	2	54	22	20
贝宁	123	450	1085	48	n	1	3	67	n	24
尼日尔	124	210	776	43	n	1	3	60	n	21
安哥拉	125	930	1930	33	n	3	6	46	n	18
乌干达	126	250	1448	47	23	1	5	65	33	26
中非	127	310	1103	23	n	1	4	31	n	12
布基纳法索	128	350	1168	49	n	1	4	69	n	24
埃塞俄比亚	129	110	750	44	9	0	2	61	13	19
布隆迪	130	90	662	29	n	0	2	40	n	14
卢旺达	131	210	1241	38	n	1	4	53	n	19
高收入国家		32112	31009	72	70	100	100	100	100	100
中等收入国家		2274	6644	53	33	7	21	73	47	37
低收入国家		507	2258	49	27	2	7	68	38	29
世界平均		6329	8844	68	35	20	29	95	50	48
参考值		32112	31009	72	70					

附表 3-4-3　2004 年世界社会发展指数

国家	国家编号	社会发展指标的实际值：城市人口比例	医疗服务	预期寿命	生态效益	社会发展指标的指数：城市人口比例	医疗服务	预期寿命	生态效益	社会发展指数
瑞典	1	83	3.3	80	5.9	100	100	100	100	100
美国	2	80	2.3	77	4.8	100	88	98	87	93
芬兰	3	61	2.6	79	4.3	78	100	100	78	89
澳大利亚	4	92	2.5	80	4.7	100	96	100	85	95
瑞士	5	68	3.6	81	11.9	87	100	100	100	97
挪威	6	80	3.1	80	9.4	100	100	100	100	100
日本	7	66	2.0	82	8.3	84	77	100	100	90
丹麦	8	85	2.9	77	10.2	100	100	98	100	100
德国	9	88	3.3	78	7.0	100	100	99	100	100
荷兰	10	66	3.1	79	6.3	85	100	100	100	96
加拿大	11	81	2.1	80	3.3	100	81	100	60	85
新加坡	12	100	1.4	79	4.1	100	54	100	75	82
英国	13	89	2.2	79	7.8	100	85	99	100	96
法国	14	76	3.4	80	6.6	98	100	100	100	100
比利时	15	97	3.9	79	5.1	100	100	100	94	98
奥地利	16	66	3.4	79	7.7	84	100	100	100	96
新西兰	17	86	2.2	79	4.6	100	85	100	84	92
韩国	18	81	1.6	77	3.0	100	62	98	54	78
以色列	19	92	3.8	79	5.3	100	100	100	97	99
意大利	20	67	4.2	80	8.1	86	100	100	100	97
爱尔兰	21	60	2.8	78	10.1	77	100	99	100	94
西班牙	22	77	3.2	80	6.5	98	100	100	100	100
爱沙尼亚	23	70	3.2	72	1.9	89	100	91	34	78
斯洛文尼亚	24	51	2.3	77	4.0	65	87	97	72	80
乌拉圭	25	93	3.7	75	4.4	100	100	95	81	94
俄罗斯	26	73	4.3	65	0.7	94	100	83	12	72
斯洛伐克	27	58	3.1	74	1.8	74	100	94	32	75
希腊	28	61	4.4	79	5.8	78	100	100	100	95
匈牙利	29	66	3.2	73	3.2	84	100	92	57	83
捷克	30	74	3.5	76	2.1	95	100	96	37	82
葡萄牙	31	55	3.3	77	5.7	71	100	98	100	92
白俄罗斯	32	71	4.6	68	0.7	91	100	87	13	73
拉脱维亚	33	66	3.0	71	2.5	85	100	90	46	80
立陶宛	34	67	4.0	72	2.1	86	100	91	37	78
格鲁吉亚	35	52	4.1	71	1.5	66	100	89	27	71
乌克兰	36	67	3.0	68	0.4	86	100	86	7	70
保加利亚	37	70	3.6	72	1.0	90	100	92	19	75
黎巴嫩	38	88	3.3	72	3.3	100	100	92	61	88
哈萨克斯坦	39	56	3.5	65	0.6	72	100	83	11	66
波兰	40	62	2.5	74	2.2	79	96	94	41	78
阿根廷	41	90	2.7	75	2.2	100	100	94	39	83
巴拿马	42	57	1.5	75	4.9	74	58	95	90	79
克罗地亚	43	59	2.4	75	3.3	76	94	95	60	81
沙特阿拉伯	44	88	1.4	72	1.6	100	53	92	30	69
哥伦比亚	45	77	1.4	73	2.8	99	52	92	51	73
科威特	46	96	1.5	77	1.8	100	59	98	33	72
智利	47	87	1.1	78	2.8	100	42	99	51	73
马其顿	48	60	2.2	74		76	84	93		85
阿塞拜疆	49	50	3.5	72	0.6	64	100	92	11	67
摩尔多瓦	50	46	2.6	68	0.6	59	100	86	11	64
罗马尼亚	51	55	1.9	71	1.5	70	73	90	27	65
委内瑞拉	52	88	1.9	74	1.5	100	75	93	28	74
乌兹别克斯坦	53	37	2.7	67	0.2	47	100	85	4	59
多米尼加	54	60	1.9	68	2.1	77	72	86	38	68
亚美尼亚	55	64	3.6	71	1.4	82	100	90	25	75
巴拉圭	56	58	1.1	71	1.5	74	43	90	27	59
哥斯达黎加	57	61	1.3	79	4.8	78	51	100	87	79
巴西	58	84	2.1	71	2.6	100	79	90	48	79
墨西哥	59	76	1.5	75	4.0	97	58	95	73	81
博茨瓦纳	60	52	0.4	35		67	15	45		42
秘鲁	61	74	1.1	70	5.1	95	41	89	92	79
牙买加	62	52	0.8	71	2.0	67	33	90	37	57
约旦	63	79	2.0	72	1.9	100	78	91	34	76
南非	64	57	0.8	45	1.4	74	30	57	25	46
土耳其	65	67	1.4	70	3.0	86	54	89	55	71
厄瓜多尔	66	62	1.5	75	3.0	80	57	94	54	71
伊朗	67	67	0.4	71	1.0	86	17	90	19	53
蒙古	68	57	2.6	65		73	100	82		85
摩洛哥	69	58	0.5	70	4.0	74	20	89	73	64
马来西亚	70	64	0.7	73	1.8	83	27	93	33	59

附表 3-4-3 2004 年世界社会发展指数 （续表）

国家	国家编号	社会发展指标的实际值				社会发展指标的指数				社会发展指数
		城市人口比例	医疗服务	预期寿命	生态效益	城市人口比例	医疗服务	预期寿命	生态效益	
萨尔瓦多	71	60	1.2	71	3.3	77	48	90	61	69
埃及	72	42	0.5	70	1.6	54	21	89	29	48
中国	73	40	1.6	71	1.2	51	63	90	21	56
阿尔及利亚	74	59	1.1	71	2.1	76	44	90	37	62
土库曼斯坦	75	46	4.2	63	0.3	58	100	79	6	61
突尼斯	76	64	1.3	73	3.0	82	52	93	55	70
阿尔巴尼亚	77	44	1.3	74	2.7	57	50	94	50	63
吉尔吉斯	78	34	2.5	68	0.7	43	96	86	13	60
塔吉克斯坦	79	25	2.0	64	0.5	31	78	81	9	50
玻利维亚	80	64	1.2	65	1.8	82	47	82	33	61
缅甸	81	30	0.4	61		39	14	77		43
菲律宾	82	62	1.2	71	1.8	79	45	90	34	62
泰国	83	32	0.4	71	1.6	41	14	89	29	44
纳米比亚	84	33	0.3	47	3.5	42	11	60	64	45
津巴布韦	85	35	0.2	37	0.8	45	6	47	15	28
洪都拉斯	86	46	0.6	68	1.9	59	22	86	35	50
尼加拉瓜	87	58	0.4	70	1.3	74	14	89	24	50
越南	88	26	0.5	70	0.9	34	21	89	16	40
肯尼亚	89	40	0.1	48	0.9	52	5	61	17	34
斯里兰卡	90	21	0.5	74	2.2	27	21	94	41	46
刚果共和国	91	54	0.2	52	3.5	69	8	66	63	52
印度尼西亚	92	47	0.1	67	1.5	60	5	85	27	44
赞比亚	93	36	0.1	38	0.6	46	4	48	12	28
危地马拉	94	47	0.9	68	3.4	60	34	86	62	60
毛里塔尼亚	95	63	0.1	53		81	4	67		51
科特迪瓦	96	45	0.1	46	2.1	58	5	58	38	40
印度	97	29	0.6	63	1.1	37	23	80	20	40
巴基斯坦	98	34	0.7	65	1.2	44	28	82	22	44
莱索托	99	18	0.0	36		23	2	45		23
柬埔寨	100	19	0.2	57		25	6	72		34
喀麦隆	101	52	0.2	46	1.8	67	7	58	34	42
厄立特里亚	102	20	0.1	54		26	2	69		32
叙利亚	103	50	1.4	74	1.2	64	54	93	22	58
加纳	104	46	0.2	57	0.9	59	6	72	16	38
乍得	105	25	0.0	44		33	1	56		30
莫桑比克	106	37	0.0	42	0.6	47	1	53	11	28
几内亚	107	36	0.1	54		46	4	68		39
也门共和国	108	26	0.3	61	1.9	33	13	78	35	40
巴布亚新几内亚	109	13	0.1	56		17	2	71		30
海地	110	38	0.2	52	1.3	49	6	66	24	36
尼泊尔	111	15	0.2	62	0.7	20	8	79	12	30
塞内加尔	112	50	0.1	56	2.3	65	2	71	43	45
塞拉利昂	113	40	0.0	41		51	1	52		35
刚果民主共和国	114	32	0.1	44	0.4	41	4	55	6	27
老挝	115	21	0.2	55		27	9	70		35
马拉维	116	17	0.0	40		21	1	51		24
多哥	117	36	0.0	55	0.7	46	2	69	12	32
马达加斯加	118	27	0.3	56		34	11	70		39
马里	119	33	0.1	48		42	3	61		35
尼日利亚	120	47	0.3	44	0.6	61	11	55	11	34
孟加拉国	121	25	0.3	63	2.4	32	10	80	44	41
坦桑尼亚	122	36	0.0	46	0.6	47	1	58	11	29
贝宁	123	45	0.0	55	1.5	58	2	69	28	39
尼日尔	124	23	0.0	45		29	1	57		29
安哥拉	125	36	0.0	41	1.5	47	2	52	28	32
乌干达	126	12	0.1	49		16	3	62		27
中非	127	43	0.1	39		55	3	50		36
布基纳法索	128	18	0.1	48		23	2	61		29
埃塞俄比亚	129	16	0.0	42	0.3	20	1	54	6	20
布隆迪	130	10	0.0	44		13	1	56		23
卢旺达	131	20	0.0	44		26	2	56		28
高收入国家		78	2.6	79	5.5	100	100	100	100	100
中等收入国家		53	1.5	70	1.5	68	59	89	27	61
低收入国家		31	0.5	59	0.9	39	18	74	17	37
世界平均		49	1.4	67	3.4	63	56	85	61	66
参考值		78	2.6	79	5.5					

附表 3-4-4 2004 年世界知识发展指数

国家	国家编号	知识发展指标的实际值				知识发展指标的指数				知识发展指数
		知识创新经费投入	知识创新专利产出	大学普及率	因特网普及率	知识创新经费投入	知识创新专利产出	大学普及率	因特网普及率	
瑞典	1	4.0	1058	82	756	100	100	100	100	100
美国	2	2.6	688	83	630	100	80	100	100	95
芬兰	3	3.5	566	87	629	100	66	100	100	91
澳大利亚	4	1.6	551	74	646	65	64	100	100	82
瑞士	5	2.6	1095	45	474	100	100	67	87	89
挪威	6	1.7	111	80	390	70	13	100	72	64
日本	7	3.1	2916	52	587	100	100	78	100	94
丹麦	8	2.5	721	67	696	100	84	100	100	96
德国	9	2.5	978	50	500	100	100	75	92	92
荷兰	10	1.8	464	58	614	72	54	87	100	78
加拿大	11	1.9	189	57	626	78	22	85	100	71
新加坡	12	2.2	123	44	571	86	14	65	100	66
英国	13	1.9	568	63	628	76	66	94	100	84
法国	14	2.2	368	55	414	88	43	83	76	72
比利时	15	2.3	205	61	403	93	24	91	74	70
奥地利	16	2.2	410	49	477	89	48	73	88	74
新西兰	17	1.2	543	72	788	47	63	100	100	77
韩国	18	2.6	1614	89	657	100	100	100	100	100
以色列	19	4.9	354	57	471	100	41	85	86	78
意大利	20	1.2	71	59	501	46	8	88	92	59
爱尔兰	21	1.1	319	55	265	44	37	83	49	53
西班牙	22	1.1	105	64	336	44	12	95	62	53
爱沙尼亚	23	0.8	24	64	497	33	3	96	91	56
斯洛文尼亚	24	1.5	166	70	476	61	19	100	87	67
乌拉圭	25	0.3	13	38	198	11	2	56	36	26
俄罗斯	26	1.3	166	65	111	51	19	97	20	47
斯洛伐克	27	0.6	51	34	423	23	6	51	78	39
希腊	28	0.6	56	72	177	26	6	100	32	41
匈牙利	29	0.9	95	52	267	38	11	77	49	44
捷克	30	1.3	60	37	470	51	7	55	86	50
葡萄牙	31	0.9	18	56	281	37	2	83	52	43
白俄罗斯	32	0.6	91	61	163	25	11	90	30	39
拉脱维亚	33	0.4	3	71	350	15	0	100	64	45
立陶宛	34	0.7	26	69	282	27	3	100	52	46
格鲁吉亚	35	0.3	44	41	39	12	5	62	7	21
乌克兰	36	1.2	1	66	79	46	0	98	15	40
保加利亚	37	0.5	39	41	283	20	5	61	52	34
黎巴嫩	38	n	0	48	169	n	0	71	31	34
哈萨克斯坦	39	0.2	0	48	27	9	0	72	5	21
波兰	40	0.6	61	59	236	22	7	89	43	40
阿根廷	41	0.4	0	61	133	16	0	91	24	33
巴拿马	42	0.3	2	46	94	14	0	68	17	25
克罗地亚	43	1.1	100	39	293	46	12	58	54	42
沙特阿拉伯	44	n	3	28	66	n	0	41	12	18
哥伦比亚	45	0.2	1	27	80	7	0	40	15	15
科威特	46	0.2	n	22	244	8	n	33	45	29
智利	47	0.6	14	43	267	24	2	65	49	35
马其顿	48	0.3	21	27	78	10	2	41	14	17
阿塞拜疆	49	0.3	0	15	49	12	0	22	9	11
摩尔多瓦	50	0.6	57	32	96	25	7	47	18	24
罗马尼亚	51	0.6	68	36	208	25	8	54	38	31
委内瑞拉	52	0.3	2	39	89	11	0	59	16	22
乌兹别克斯坦	53	n	28	15	34	n	3	23	6	11
多米尼加	54	n	n	33	91	n	n	49	17	33
亚美尼亚	55	0.3	67	26	50	10	8	39	9	17
巴拉圭	56	0.1	n	26	25	4	n	39	5	16
哥斯达黎加	57	0.4	0	19	235	15	0	28	43	22
巴西	58	1.0	36	20	120	39	4	30	22	24
墨西哥	59	0.4	6	22	135	17	1	34	25	19
博茨瓦纳	60	n	0	6	34	n	0	9	6	5
秘鲁	61	0.1	2	32	117	4	0	47	21	18
牙买加	62	0.1	6	19	403	3	1	28	74	26
约旦	63	0.3	n	35	110	12	n	52	20	28
南非	64	0.8	4	15	78	30	0	23	14	17
土耳其	65	0.7	8	28	142	27	1	42	26	24
厄瓜多尔	66	0.1	1	18	48	3	0	26	9	9
伊朗	67	0.5		22	82	19	0	34	15	17
蒙古	68	0.3	49	39	80	11	6	58	15	22
摩洛哥	69	0.6	0	11	117	25	0	16	22	16
马来西亚	70	0.7	7	29	397	28	1	43	73	36

附表 3-4-4　2004 年世界知识发展指数　　（续表）

国家	国家编号	知识发展指标的实际值				知识发展指标的指数				知识发展指数
		知识创新经费投入	知识创新专利产出	大学普及率	因特网普及率	知识创新经费投入	知识创新专利产出	大学普及率	因特网普及率	
萨尔瓦多	71	0.0	0	18	87	0	0	26	16	11
埃及	72	0.2	9	29	54	8	1	43	10	15
中国	73	1.3	32	15	73	53	4	23	13	23
阿尔及利亚	74	n	1	20	26	n	0	29	5	11
土库曼斯坦	75	n	0	19	8	n	0	29	1	10
突尼斯	76	0.6	0	26	84	25	0	39	15	20
阿尔巴尼亚	77	n	0	16	24	n	0	24	4	10
吉尔吉斯	78	0.2	25	40	52	8	3	59	9	20
塔吉克斯坦	79	n	6	16	1	n	1	24	0	8
玻利维亚	80	0.3	1	41	39	11	0	61	7	20
缅甸	81	n	n	11	1	n	n	17	0	9
菲律宾	82	0.2	0	29	54	9	0	44	10	16
泰国	83	0.2	17	41	109	10	2	61	20	23
纳米比亚	84	n	n	6	37	n	n	9	7	8
津巴布韦	85	n	0	4	63	n	0	5	12	6
洪都拉斯	86	0.0	1	16	32	2	0	25	6	8
尼加拉瓜	87	0.0	2	18	23	2	0	27	4	8
越南	88	n	0	10	71	n	0	15	13	9
肯尼亚	89	n	0	3	45	n	0	4	8	4
斯里兰卡	90	0.2	0	5	14	7	0	8	3	4
刚果共和国	91	n	n	4	9	n	n	5	2	4
印度尼西亚	92	0.1	0	16	67	3	0	24	12	10
赞比亚	93	n	0	2	20	n	0	3	4	2
危地马拉	94	0.2	0	10	61	6	0	14	11	8
毛里塔尼亚	95	n	n	3	5	n	n	5	1	3
科特迪瓦	96	n		7	17	n	0	10	3	4
印度	97	0.8	0	11	32	34	0	17	6	14
巴基斯坦	98	0.2	0	3	13	9	0	4	2	4
莱索托	99	0.0	0	3	24	0	0	4	4	2
柬埔寨	100	n	n	3	3	n	n	4	1	2
喀麦隆	101	n	n	5	10	n	n	8	2	5
厄立特里亚	102	n	n	1	12	n	n	2	2	2
叙利亚	103	0.2	0	6	43	7	0	9	8	6
加纳	104	n	0	3	17	n	0	5	3	3
乍得	105	n	n	1	6	n	n	1	1	1
莫桑比克	106	n	0	1	7	n	0	2	1	1
几内亚	107	n	n	2	5	n	n	3	1	2
也门共和国	108	n	n	9	9	n	n	14	2	8
巴布亚新几内亚	109	n	n	2	29	n	n	3	5	4
海地	110	n	0	1	59	n	0	2	11	4
尼泊尔	111	0.7	n	6	7	27	n	8	1	12
塞内加尔	112	0.0	n	5	42	0	n	7	8	5
塞拉利昂	113	n	0	2	2	n	0	3	0	1
刚果民主共和国	114	n	0	1	1	n	0	2	0	1
老挝	115	n	n	6	4	n	n	9	1	5
马拉维	116	n	0	0	4	n	0	1	1	0
多哥	117	0.5	n	4	37	20	n	5	7	11
马达加斯加	118	0.1	0	3	5	5	0	4	1	2
马里	119	n	n	2	4	n	n	3	1	2
尼日利亚	120	0.1	n	10	14	4	n	15	3	7
孟加拉国	121	0.0	0	7	2	0	0	10	0	3
坦桑尼亚	122	n	0	1	9	n	0	2	2	1
贝宁	123	0.0	n	3	12	0	n	5	2	2
尼日尔	124	n	n	1	2	n	n	1	0	1
安哥拉	125	n	n	1	11	n	n	1	2	2
乌干达	126	0.8	0	3	7	32	0	5	1	10
中非	127	0.0	n	2	2	1	n	3	0	1
布基纳法索	128	0.2	n	1	4	8	n	2	1	4
埃塞俄比亚	129	n	0	2	2	n	0	4	0	1
布隆迪	130	0.3	n	2	3	12	n	3	1	5
卢旺达	131	0.0	0	3	4	2	0	4	1	2
高收入国家		2.5	862	67	545	100	100	99	100	100
中等收入国家		0.9	27	24	92	35	3	36	17	23
低收入国家		0.7	1	9	24	29	0	13	4	12
世界平均		2.4	151	24	140	94	17	35	26	43
参考值		2.5	862	67	545					

附表 3-4-5 1980～2004 年世界综合现代化水平指数和排名

国家	国家编号	指数						排名					
		1980	1990	2000	2002	2003	2004	1980	1990	2000	2002	2003	2004
瑞典	1	98	98	98	97	97	99	1	1	1	1	3	1
美国	2	92	91	95	97	97	96	6	11	3	2	2	3
芬兰	3	87	92	89	91	89	92	16	9	9	9	11	8
澳大利亚	4	91	88	86	87	86	91	10	14	13	13	14	10
瑞士	5	89	92	96	96	95	95	12	7	2	4	4	5
挪威	6	91	91	90	91	87	86	7	10	7	10	13	14
日本	7	94	93	94	94	92	94	2	6	6	7	6	6
丹麦	8	93	98	95	96	98	98	4	2	4	3	1	2
德国	9	93	94	95	95	94	95	3	5	5	5	5	4
荷兰	10	91	96	90	93	90	91	8	3	8	8	7	9
加拿大	11	93	85	82	84	81	84	5	15	17	15	16	16
新加坡	12	60	64	88	77	77	79	30	23	11	20	21	21
英国	13	88	89	88	94	90	93	13	13	10	6	8	7
法国	14	89	90	86	90	89	90	11	12	15	12	10	11
比利时	15	91	94	86	87	90	89	9	4	14	14	9	12
奥地利	16	87	92	87	90	88	89	15	8	12	11	12	13
新西兰	17	87	78	74	75	77	83	14	19	21	21	20	17
韩国	18	47	63	79	80	80	83	46	25	18	18	18	18
以色列	19	82	81	84	82	82	85	17	18	16	16	15	15
意大利	20	75	85	78	80	80	82	18	16	19	17	17	19
爱尔兰	21	68	71	75	79	78	80	23	20	20	19	19	20
西班牙	22	73	83	74	74	75	79	20	17	22	22	22	22
爱沙尼亚	23	76	56	62	63	63	65						
斯洛文尼亚	24	n	71	65	70	69	72						
乌拉圭	25	64	66	63	61	60	59	26	22	25	27	26	26
俄罗斯	26	85	56	54	56	56	57						
斯洛伐克	27	n	69	53	54	56	58						
希腊	28	69	67	60	69	70	71	22	21	26	24	23	23
匈牙利	29	63	58	58	70	61	64	27	28	28	23	25	25
捷克	30	73	59	57	61	62	65						
葡萄牙	31	53	61	69	68	67	69	38	27	23	25	24	24
白俄罗斯	32	n	63	47	48	49	50						
拉脱维亚	33	75	57	56	58	61	62						
立陶宛	34	n	57	54	66	59	60						
格鲁吉亚	35	77	48	41	43	43	43						
乌克兰	36	91	51	46	48	46	51						
保加利亚	37	63	52	48	49	50	53	28	37	40	40	39	33
黎巴嫩	38	72	54	57	53	54	56	21	34	29	31	31	29
哈萨克斯坦	39	n	53	43	45	44	43						
波兰	40	65	51	53	58	57	58	25	40	33	28	27	27
阿根廷	41	67	55	64	63	55	58	24	32	24	26	28	28
巴拿马	42	56	49	51	51	51	54	35	43	35	34	34	31
克罗地亚	43	n	62	49	57	57	60						
沙特阿拉伯	44	57	56	43	45	43	48	33	31	45	43	45	40
哥伦比亚	45	50	51	46	45	44	46	41	39	43	44	43	44
科威特	46	74	62	54	55	55	56	19	26	32	30	29	30
智利	47	59	48	54	55	55	54	31	45	31	29	30	32
马其顿	48	n	44	47	48	45	48						
阿塞拜疆	49	n	n	38	38	36	37						
摩尔多瓦	50	59	43	40	39	37	41						
罗马尼亚	51	50	40	39	40	41	45	42	55	52	49	49	46
委内瑞拉	52	58	52	50	50	48	48	32	38	36	39	40	41
乌兹别克斯坦	53	n	20	29	30	31	33						
多米尼加	54	50	63	60	50	51	51	43	24	27	38	36	37
亚美尼亚	55	n	21	37	40	41	41						
巴拉圭	56	41	40	55	38	36	38	53	54	30	54	56	54
哥斯达黎加	57	54	50	47	52	53	52	37	41	42	33	32	36
巴西	58	51	56	48	51	50	50	39	30	41	36	37	38
墨西哥	59	57	53	51	53	52	53	34	36	34	32	33	35
博茨瓦纳	60	20	33	37	31	31	32	96	73	55	66	65	64
秘鲁	61	47	54	50	50	50	50	45	33	37	37	38	39
牙买加	62	42	44	42	48	46	44	52	50	47	41	42	47
约旦	63	49	56	49	51	51	53	44	29	39	35	35	34
南非	64	51	45	36	35	38	40	40	48	56	57	53	51
土耳其	65	42	45	42	44	43	47	51	46	46	46	44	42
厄瓜多尔	66	56	43	38	44	42	44	36	51	53	45	46	48
伊朗	67	39	37	33	35	37	37	58	66	58	58	55	56
蒙古	68	65	39	35	42	41	47						
摩洛哥	69	35	38	37	38	38	39	61	61	54	53	54	53
马来西亚	70	39	37	43	46	47	47	57	64	44	42	41	43

附表 3-4-5　1980～2004 年世界综合现代化水平指数和排名　（续表）

国家	国家编号	指数						排名					
		1980	1990	2000	2002	2003	2004	1980	1990	2000	2002	2003	2004
萨尔瓦多	71	43	49	49	42	42	42	49	44	38	47	47	49
埃及	72	38	40	40	40	39	34	59	59	50	50	51	61
中国	73	21	28	31	33	33	35	93	86	61	60	62	59
阿尔及利亚	74	46	40	30	32	31	37	47	57	65	64	64	55
土库曼斯坦	75	n	n	26	30	28	31						
突尼斯	76	41	40	42	42	42	45	55	58	48	48	48	45
阿尔巴尼亚	77	35	32	30	36	35	36	62	75	66	55	59	57
吉尔吉斯	78	n	22	36	36	33	37						
塔吉克斯坦	79	n	5	30	30	28	29						
玻利维亚	80	33	54	41	39	40	42	67	35	49	52	50	50
缅甸	81	26	30	24	30	28	29	87	83	78	68	69	69
菲律宾	82	40	40	39	40	38	39	56	56	51	51	52	52
泰国	83	34	37	32	33	35	35	64	68	60	62	57	60
纳米比亚	84	n	32	31	33	32	34		74	64	63	63	62
津巴布韦	85	30	26	24	26	27	25	71	91	75	75	71	77
洪都拉斯	86	37	38	33	35	33	32	60	62	59	56	61	65
尼加拉瓜	87	42	37	34	33	35	32	50	67	57	61	58	66
越南	88	n	21	22	23	24	25		104	82	81	81	78
肯尼亚	89	26	27	26	27	26	27	84	90	72	73	72	73
斯里兰卡	90	32	35	28	28	28	29	69	70	71	71	68	67
刚果共和国	91	34	37	25	25	25	25						
印度尼西亚	92	31	27	30	31	27	29	70	89	67	65	70	68
赞比亚	93	30	21	19	19	18	19	76	105	95	94	92	94
危地马拉	94	41	37	31	35	34	36	54	65	63	59	60	58
毛里塔尼亚	95	33	38	26	26	26	26	68	63	73	74	75	74
科特迪瓦	96	62	50	23	24	24	24	29	42	79	78	79	79
印度	97	30	27	29	30	29	27	72	87	68	69	66	70
巴基斯坦	98	30	26	31	29	26	27	74	92	62	70	74	72
莱索托	99	27	45	19	18	18	16	81	47	97	95	95	103
柬埔寨	100	n	31	20	20	19	20		79	89	90	90	91
喀麦隆	101	34	32	21	22	22	24	63	77	86	85	84	81
厄立特里亚	102	n	n	20	21	21	21			90	87	86	86
叙利亚	103	45	39	29	31	29	34	48	60	69	67	67	63
加纳	104	34	33	19	19	19	22	65	72	92	91	89	83
乍得	105	28	26	24	23	18	17	79	93	77	79	93	99
莫桑比克	106	18	21	22	19	16	17	101	106	85	92	103	97
几内亚	107	14	43	28	19	18	21	103	53	70	93	91	89
也门共和国	108	13	31	23	27	26	26	104	80	80	72	73	75
巴布亚新几内亚	109	26	24	19	18	18	18	86	98	93	96	96	95
海地	110	24	43	22	22	25	25	90	52	81	83	78	76
尼泊尔	111	20	23	17	17	20	21	95	99	103	102	87	87
塞内加尔	112	30	30	24	25	26	27	73	82	76	76	77	71
塞拉利昂	113	27	27	15	14	14	14	82	88	106	108	107	106
刚果民主共和国	114	35	33	14	12	12	13						
老挝	115	19	20	18	18	18	18	99	107	100	99	97	96
马拉维	116	21	32	19	20	16	14	94	76	91	89	100	107
多哥	117	29	34	21	21	22	21	78	71	87	86	85	90
马达加斯加	118	27	28	22	23	22	22	80	85	83	82	82	84
马里	119	23	22	18	17	17	19	91	102	99	100	99	93
尼日利亚	120	30	31	19	21	26	23	75	81	94	88	76	82
孟加拉国	121	25	31	24	24	24	24	88	78	74	77	80	80
坦桑尼亚	122	18	23	16	16	16	17	100	100	105	105	101	101
贝宁	123	29	36	21	22	22	22	77	69	88	84	83	85
尼日尔	124	26	24	17	17	17	17	85	97	101	101	98	100
安哥拉	125	20	44	15	16	16	17	97	49	108	106	104	98
乌干达	126	21	24	22	23	20	21	92	94	84	80	88	88
中非	127	27	28	17	16	16	17	83	84	102	103	102	102
布基纳法索	128	33	22	19	18	18	19	66	101	96	97	94	92
埃塞俄比亚	129	17	24	15	16	14	14	102	96	107	104	106	108
布隆迪	130	25	24	18	18	14	14	89	95	98	98	105	105
卢旺达	131	19	21	16	15	14	16	98	103	104	107	108	104
高收入国家		100	100	100	100	100	100						
中等收入国家		52	44	42	44	40	40						
低收入国家		28	32	24	26	25	26						
世界平均		60	53	50	55	52	53						

附录四　中国地区现代化水平评价的数据集

附表 4-1-1　2005 年中国地区现代化水平

地区	地区编号	人口（万）	2005 年第一次现代化				2004 年第二次现代化			2004 年综合现代化	
			实现程度%	排名	达标个数	发展阶段[a]	指数	排名	发展阶段[b]	指数	排名
北京	1	1538	98	2	9	4	85	1	1	73	1
天津	2	1043	95	3	8	4	65	3		58	3
河北	3	6851	84	16	5	2	34	17		31	24
山西	4	3355	86	13	6	3	38	12		34	15
内蒙古	5	2386	86	15	3	2	34	18		33	16
辽宁	6	4221	90	7	7	3	48	4		44	4
吉林	7	2716	86	12	6	2	41	9		40	9
黑龙江	8	3820	86	11	7	2	40	10		36	13
上海	9	1778	99	1	9	4	76	2		66	2
江苏	10	7475	92	5	7	3	44	6		41	7
浙江	11	4898	94	4	8	3	46	5		43	5
安徽	12	6120	82	19	5	2	31	25		30	25
福建	13	3535	89	8	6	3	37	13		36	10
江西	14	4311	79	23	3	2	31	26		31	22
山东	15	9248	87	10	6	3	38	11		36	11
河南	16	9380	78	24	4	2	30	27		27	28
湖北	17	5710	86	14	5	2	37	14		36	12
湖南	18	6326	81	20	5	2	32	21		32	20
广东	19	9194	91	6	6	3	44	7		42	6
广西	20	4660	76	28	4	2	28	28		29	27
海南	21	828	77	27	4	1	32	22		32	18
重庆	22	2798	87	9	5	2	35	16		34	14
四川	23	8212	80	21	5	2	34	19		33	17
贵州	24	3730	69	30	1	2	26	31		25	31
云南	25	4450	68	31	1	2	27	29		26	30
西藏	26	277	69	29	2	2	27	30		27	29
陕西	27	3720	83	18	5	2	44	8		40	8
甘肃	28	2594	77	26	1	2	32	24		29	26
青海	29	543	78	25	2	2	32	23		31	23
宁夏	30	596	84	17	4	2	36	15		31	21
新疆	31	2010	79	22	3	2	32	20		32	19
香港	32	694	100			4	92		2	78	
澳门	33	48	100			4	91		2	80	
台湾	34	2277	100			4	85		1	76	
中国		130756	87		6	3	39			35	
高收入国家							100			100	
中等收入国家							41			40	
低收入国家							22			26	
世界平均							51			52	

a　4 代表过渡期,3 代表成熟期,2 代表发展期,1 代表起步期。

b　2 代表发展期,1 代表起步期,香港的发展阶段根据第二次现代化指数进行了调整。

附表 4-1-2　2005 年根据第一次现代化实现程度的地区分组

分组	地区	地区编号	2005 年第一次现代化实现程度(%)	2005 年人均 GDP(美元)	2004 年第一次现代化实现程度(%)	2004 年第二次现代化指数	2004 年综合现代化水平指数
发达和中等发达地区	香港	32	100	25622	100	92	78
	澳门	33	100	24274	100	91	80
	台湾	34	100	15676	100	85	76
	上海	9	99	6286	97	76	66
	北京	1	98	5467	95	85	73
	天津	2	95	4329	95	65	58
	浙江	11	94	3350	93	46	43
	江苏	10	92	2990	90	44	41
	广东	19	91	2970	87	44	42
	辽宁	6	90	2317	90	48	44
初等发达地区	福建	13	89	2269	85	37	36
	重庆	22	87	1340	83	35	34
	山东	15	87	2445	86	38	36
	黑龙江	8	86	1762	85	40	36
	吉林	7	86	1628	84	41	40
	山西	4	86	1521	83	38	34
	湖北	17	86	1394	85	37	36
	内蒙古	5	86	1993	80	34	33
	河北	3	84	1799	81	34	31
	宁夏	30	84	1242	79	36	31
	陕西	27	83	1206	83	44	40
	安徽	12	82	1072	79	31	30
	湖南	18	81	1257	80	32	32
	四川	23	80	1098	79	34	33
欠发达地区	新疆	31	79	1582	77	32	32
	江西	14	79	1149	76	31	31
	河南	16	78	1378	75	30	27
	青海	29	78	1222	77	32	31
	甘肃	28	77	910	73	32	29
	海南	21	77	1319	74	32	32
	广西	20	76	1068	72	28	29
	西藏	26	69	1107	66	27	27
	贵州	24	69	648	65	26	25
	云南	25	68	953	65	27	26
	中国		87	1714	86	39	35
	高收入国家				100	100	100
	中等收入国家				92	41	40
	低收入国家				59	22	26
	世界平均				92	51	52

附表 4-1-3　2004 年根据第二次现代化指数的地区分组

分组	地区	地区编号	2004 年第二次现代化指数	2004 年第一次现代化实现程度(%)	2004 年综合现代化水平指数	2004 年人均 GDP(美元)
发达和中等发达地区6个	香港	32	92	100	78	24096
	澳门	33	91	100	80	22615
	台湾	34	85	100	76	14032
	北京	1	85	95	73	4902
	上海	9	76	97	66	5597
	天津	2	65	95	58	3669
初等发达地区24个	辽宁	6	48	90	44	1911
	浙江	11	46	93	43	2981
	江苏	10	44	90	41	2438
	广东	19	44	87	42	2744
	陕西	27	44	83	40	1035
	吉林	7	41	84	40	1392
	黑龙江	8	40	85	36	1503
	山东	15	38	86	36	1976
	山西	4	38	83	34	1293
	福建	13	37	85	36	1983
	湖北	17	37	85	36	1131
	宁夏	30	36	79	31	1103
	重庆	22	35	83	34	1042
	河北	3	34	81	31	1504
	内蒙古	5	34	80	33	1541
	四川	23	34	79	33	883
	新疆	31	32	77	32	1359
	湖南	18	32	80	32	1017
	海南	21	32	74	32	1180
	青海	29	32	77	31	1044
	甘肃	28	32	73	29	779
	安徽	12	31	79	30	890
	江西	14	31	76	31	975
	河南	16	30	75	27	1063
欠发达地区	广西	20	28	72	29	848
	云南	25	27	65	26	843
	西藏	26	27	66	27	971
	贵州	24	26	65	25	519
	中国		39	86	35	1500
	高收入国家		100	100	100	28600
	中等收入国家		41	92	40	1930
	低收入国家		22	59	26	440
	世界平均		51	92	52	5510

附表 4-1-4　2004 年根据综合现代化水平的地区分组

分组	地区	地区编号	2004	2003	2002	2001	2000	1990	1980
发达和中等发达地区6个	澳门	33	80	79	72	65	65	75	n
	香港	32	78	75	78	77	76	77	64
	台湾	34	76	78	78	74	74	78	n
	北京	1	73	70	70	67	65	52	42
	上海	9	66	64	65	63	62	49	42
	天津	2	58	54	54	50	50	43	36
初等发达地区22个	辽宁	6	44	42	42	40	39	38	29
	浙江	11	43	41	39	37	36	31	23
	广东	19	42	40	40	39	37	32	26
	江苏	10	41	39	38	36	35	32	28
	陕西	27	40	39	39	38	37	29	27
	吉林	7	40	37	39	36	35	33	28
	福建	13	36	36	35	34	34	29	24
	山东	15	36	35	33	32	32	29	20
	湖北	17	36	35	35	34	33	30	25
	黑龙江	8	36	34	35	34	33	34	28
	重庆	22	34	33	31	30	30	n	n
	山西	4	34	31	31	32	32	31	26
	内蒙古	5	33	30	31	31	30	31	27
	四川	23	33	32	31	31	30	28	21
	海南	21	32	30	32	32	31	33	n
	新疆	31	32	30	31	31	30	31	26
	湖南	18	32	31	30	30	30	26	22
	宁夏	30	31	30	29	29	29	29	25
	江西	14	31	30	30	29	29	26	23
	青海	29	31	30	30	28	29	29	28
	河北	3	31	29	29	28	28	29	25
	安徽	12	30	29	28	27	27	24	22
欠发达地区	甘肃	28	29	28	28	27	27	26	17
	广西	20	29	28	28	28	28	25	22
	河南	16	27	26	26	25	25	25	19
	西藏	26	27	25	31	25	25	28	27
	云南	25	26	25	25	25	25	24	21
	贵州	24	25	24	24	24	24	23	19
	中国		35	33	34	32	32	28	23
	高收入国家		100	100	100	100	100	100	100
	中等收入国家		40	40	44	42	43	48	52
	低收入国家		26	25	26	23	24	38	28
	世界平均		52	52	55	51	50	59	60

附表 4-2-1　2005 年中国地区第一次现代化实现程度和排名

地区	地区编号	经济指标达标程度				社会指标达标程度						实现程度	排名	达标个数
		人均GNP	农业劳动力比例	农业增加值比例	服务业增加值比例	城市人口比例	医疗服务	婴儿死亡率	预期寿命	成人识字率	大学入学率			
北京	1	76	100	100	100	100	100	100	100	100	100	98	2	9
天津	2	60	100	100	92	100	100	100	100	100	100	95	3	8
河北	3	25	67	100	74	75	100	100	100	100	99	84	16	5
山西	4	21	69	100	83	84	100	100	100	100	100	86	13	6
内蒙古	5	28	56	99	88	94	100	100	100	100	92	86	15	3
辽宁	6	32	83	100	88	100	100	100	100	100	100	90	7	7
吉林	7	23	63	87	87	100	100	100	100	100	100	86	12	6
黑龙江	8	24	62	100	75	100	100	100	100	100	100	86	11	7
上海	9	87	100	100	100	100	100	100	100	100	100	99	1	9
江苏	10	42	100	100	79	100	100	100	100	100	100	92	5	7
浙江	11	47	100	100	89	100	100	100	100	100	100	94	4	8
安徽	12	15	59	83	90	71	100	100	100	100	100	82	19	5
福建	13	31	80	100	86	95	100	100	100	100	100	89	8	6
江西	14	16	65	84	77	74	100	72	99	100	100	79	23	3
山东	15	34	75	100	71	90	100	100	100	100	100	87	10	6
河南	16	19	54	84	67	61	100	100	100	100	97	78	24	4
湖北	17	19	71	90	90	86	100	100	100	100	100	86	14	5
湖南	18	17	56	77	90	74	100	100	100	100	100	81	20	5
广东	19	41	91	100	95	100	100	100	100	100	82	91	6	6
广西	20	15	53	67	90	67	100	100	100	100	63	76	28	4
海南	21	18	53	45	93	90	100	100	100	100	74	77	27	4
重庆	22	19	66	99	98	90	100	100	100	100	100	87	9	5
四川	23	15	59	75	85	66	100	100	100	100	100	80	21	5
贵州	24	9	52	81	88	54	100	53	94	98	62	69	30	1
云南	25	13	43	78	88	59	100	51	94	100	60	68	31	1
西藏	26	15	49	79	100	53	100	81	92	69	57	69	29	2
陕西	27	17	59	100	84	74	100	100	100	100	100	83	18	5
甘肃	28	13	52	94	90	60	100	73	96	99	96	77	26	1
青海	29	17	61	100	87	79	100	78	94	95	68	78	25	2
宁夏	30	17	62	100	93	85	100	100	100	100	81	84	17	4
新疆	31	22	56	77	79	74	100	100	96	100	88	79	22	3
香港	32	100	100	100	100	100	100	100	100	100		100		
澳门	33	100	100	100	100	100	100	100	100	100		100		
台湾	34	100	100	100	100	100	100	100	100	100	100	100		
中国	73	24	67	100	89	86	100	100	100	100	100	87		6

附表 4-2-2　2005 年中国地区第一次现代化评价指标

地区	地区编号	经济指标				社会和知识指标					
		人均GNP	农业劳动力比例	农业增加值比例	服务业增加值比例	城市人口比例[a]	医疗服务	婴儿死亡率[b]	预期寿命[b]	成人识字率	大学入学率
北京	1	5467	7	1	69	84	3.3	4	80	96	55.5
天津	2	4329	19	3	42	75	2.4	4	75	95	46.8
河北	3	1799	45	15	33	38	1.5	18	73	93	14.8
山西	4	1521	43	6	37	42	2.0	17	72	94	18.8
内蒙古	5	1993	54	15	39	47	2.1	28	70	89	13.8
辽宁	6	2317	36	11	40	59	2.2	10	73	95	28.2
吉林	7	1628	48	17	39	53	2.1	16	73	94	24.4
黑龙江	8	1762	48	12	34	53	1.7	9	72	94	23.3
上海	9	6286	7	1	51	89	2.5	4	80	95	42.7
江苏	10	2990	28	8	35	50	1.5	12	74	90	27.9
浙江	11	3350	25	7	40	56	1.8	11	75	88	23.6
安徽	12	1072	51	18	41	36	1.1	27	72	81	16.8
福建	13	2269	38	13	39	47	1.3	18	73	87	15.3
江西	14	1149	46	18	35	37	1.2	42	69	89	24.8
山东	15	2445	40	11	32	45	1.5	14	74	88	19.7
河南	16	1378	55	18	30	31	1.2	20	72	90	14.5
湖北	17	1394	42	17	40	43	1.6	17	71	88	24.0
湖南	18	1257	54	20	41	37	1.5	23	71	91	17.6
广东	19	2970	33	6	43	61	1.3	14	73	94	12.3
广西	20	1068	56	22	41	34	1.2	24	71	91	9.5
海南	21	1319	57	34	42	45	1.4	17	73	90	11.1
重庆	22	1340	45	15	44	45	1.3	21	72	88	23.2
四川	23	1098	51	20	38	33	1.4	20	71	83	18.7
贵州	24	648	57	19	40	27	1.1	56	66	79	9.2
云南	25	953	69	19	40	30	1.3	59	65	80	9.0
西藏	26	1107	61	19	56	27	1.7	37	64	55	8.5
陕西	27	1206	51	12	38	37	1.6	29	70	90	27.6
甘肃	28	910	57	16	41	30	1.4	41	67	79	14.5
青海	29	1222	49	12	39	39	1.6	39	66	76	10.2
宁夏	30	1242	48	12	42	42	1.8	22	70	81	12.1
新疆	31	1582	53	20	36	37	2.1	27	67	92	13.1
香港	32	25622	0.2	0.1	91	100	1.7	2.4	82	94	
澳门	33	24274	0.1	0.0	88	99	2.3	3.3	80	91	
台湾	34	15676	5.9	1.8	74	83	1.9	6.0	77	97	82.0
中国		1714	45	13	40	43	1.5	26	71	89	18.0
标准值		7203	30	15	45	50	1.0	30	70	80	15

a　为 2005 年的值。

b　为 2000 年或最近年的值。

附表 4-2-3　2005 年中国地区第一次现代化发展阶段

地区	地区编号	产业结构信号				劳动力结构信号				平均值	发展阶段[a]
		农业增加产值占GDP比例	赋值	农业增加值/工业增加值	赋值	农业劳动力占总劳动力比例	赋值	农业劳动力/工业劳动力	赋值		
北京	1	1	4	0.05	4	7	4	0.27	3	3.8	4
天津	2	3	4	0.05	4	19	3	0.46	3	3.5	4
河北	3	15	2	0.29	3	45	2	1.49	2	2.3	2
山西	4	6	3	0.11	4	43	2	1.66	2	2.8	3
内蒙古	5	15	2	0.33	3	54	1	3.44	1	1.8	2
辽宁	6	11	3	0.22	3	36	2	1.43	2	2.5	3
吉林	7	17	2	0.40	3	48	2	2.60	1	2.0	2
黑龙江	8	12	3	0.23	3	48	2	2.32	1	2.3	2
上海	9	1	4	0.02	4	7	4	0.18	4	4.0	4
江苏	10	8	3	0.14	4	28	3	0.72	3	3.3	3
浙江	11	7	3	0.12	4	25	3	0.59	3	3.3	3
安徽	12	18	2	0.44	3	51	1	2.33	1	1.8	2
福建	13	13	3	0.26	3	38	2	1.21	2	2.5	3
江西	14	18	2	0.38	3	46	2	2.08	1	2.0	2
山东	15	11	3	0.18	4	40	2	1.32	2	2.8	3
河南	16	18	2	0.34	3	55	1	2.51	1	1.8	2
湖北	17	17	2	0.39	3	42	2	2.17	1	2.0	2
湖南	18	20	2	0.49	3	54	1	3.07	1	1.8	2
广东	19	6	3	0.13	4	33	2	1.07	2	2.8	3
广西	20	22	2	0.60	3	56	1	5.03	0	1.5	2
海南	21	34	1	1.37	2	57	1	5.36	0	1.0	1
重庆	22	15	2	0.37	3	45	2	2.10	1	2.0	2
四川	23	20	2	0.48	3	51	1	2.75	1	1.8	2
贵州	24	19	2	0.44	3	57	1	5.57	0	1.5	2
云南	25	19	2	0.47	3	69	1	6.97	0	1.5	2
西藏	26	19	2	0.75	3	61	1	6.66	0	1.5	2
陕西	27	12	3	0.24	3	51	1	2.75	1	2.0	2
甘肃	28	16	2	0.37	3	57	1	4.17	1	1.8	2
青海	29	12	3	0.25	3	49	2	2.83	1	2.3	2
宁夏	30	12	3	0.26	3	48	2	2.17	1	2.3	2
新疆	31	20	2	0.44	3	53	1	4.00	1	1.8	2
香港	32	0	4	0.01	4	0.2	4	0.01	4	4.0	4
澳门	33	0	4	0.00	4	0.1	4	0.00	4	4.0	4
台湾	34	2	4	0.07	4	5.9	4	0.17	4	4.0	4
中国	73	13	3	0.27	3	45	2	1.88	2	2.5	3

a　4 代表过渡期,3 代表成熟期,2 代表发展期,1 代表起步期。

附表 4-2-4　中国地区第一次现代化实现程度的增长率和预期完成时间

地区	地区编号	1980 年实现程度（%）	1990 年实现程度（%）	2005 年实现程度（%）	1990～2005 年均增长率（%）	实现 100 需要的年数（按 1990～2005 年速度）	1980～2005 年均增长率（%）	实现 100 需要的年数（按 1980～2005 年速度）
北京	1	83	91	98	0.50	5	0.65	4
天津	2	78	84	95	0.82	6	0.82	6
河北	3	56	63	84	1.95	9	1.60	11
山西	4	62	69	86	1.46	11	1.27	12
内蒙古	5	59	65	86	1.82	9	1.52	10
辽宁	6	69	79	90	0.87	12	1.05	10
吉林	7	65	69	86	1.51	10	1.14	13
黑龙江	8	64	72	86	1.20	13	1.21	12
上海	9	82	89	99	0.67	2	0.73	2
江苏	10	56	64	92	2.43	3	1.99	4
浙江	11	53	66	94	2.32	3	2.32	3
安徽	12	52	57	82	2.48	8	1.87	11
福建	13	55	65	89	2.13	5	1.96	6
江西	14	52	56	79	2.26	11	1.70	14
山东	15	51	63	87	2.13	7	2.14	7
河南	16	51	59	78	1.89	13	1.76	14
湖北	17	54	63	86	2.10	7	1.87	8
湖南	18	51	58	81	2.34	9	1.90	11
广东	19	59	69	91	1.84	5	1.73	6
广西	20	53	56	76	1.97	14	1.40	20
海南	21	31	62	77	1.52	17	3.69	7
重庆	22	n	n	87				
四川	23	49	57	80	2.29	10	2.00	11
贵州	24	45	51	69	2.01	19	1.70	22
云南	25	44	50	68	2.14	18	1.77	22
西藏	26	38	44	69	3.04	12	2.39	15
陕西	27	53	64	83	1.75	10	1.79	10
甘肃	28	46	60	77	1.73	15	2.10	12
青海	29	53	57	78	2.10	12	1.54	16
宁夏	30	54	62	84	2.06	9	1.76	10
新疆	31	51	60	79	1.85	13	1.81	13
香港	32	n	100	100				
澳门	33	n	100	100				
台湾	34	n	100	100				
中国		54	63	87	2.14	7	1.90	8
高收入国家		100	100					
中等收入国家		84	84					
低收入国家		45	52					
世界平均		80	81					

附表 4-2-5　1970～2005 年中国地区第一次现代化实现程度和排名

地区	地区编号	第一次现代化实现程度							第一次现代化排名						
		1970	1980	1990	2000	2002	2004	2005	1970	1980	1990	2000	2002	2004	2005
北京	1	64	83	91	94	95	95	98	3	1	1	2	2	2	2
天津	2	66	78	84	93	94	95	95	2	3	3	3	3	3	3
河北	3	35	56	63	74	77	81	84	19	10	15	16	16	16	16
山西	4	43	62	69	77	79	83	86	9	7	7	13	15	14	13
内蒙古	5	46	59	65	72	75	80	86	8	9	10	20	20	18	15
辽宁	6	60	69	79	87	90	90	90	4	4	4	4	5	6	7
吉林	7	49	65	69	79	83	84	86	6	5	8	10	10	12	12
黑龙江	8	56	64	72	81	85	85	86	5	6	5	8	7	10	11
上海	9	70	82	89	97	97	97	99	1	2	2	1	1	1	1
江苏	10	41	56	64	83	87	90	92	11	11	13	5	6	5	5
浙江	11	36	53	66	83	90	93	94	17	18	9	6	4	4	4
安徽	12	34	52	57	69	73	79	82	22	20	25	24	23	20	19
福建	13	41	55	65	79	81	85	89	13	12	11	11	13	9	8
江西	14	34	52	56	68	72	76	79	21	19	27	25	24	24	23
山东	15	33	51	63	77	81	86	87	24	21	14	14	14	8	10
河南	16	38	51	59	67	70	75	78	15	24	21	27	27	25	24
湖北	17	38	54	63	79	84	85	86	14	14	16	9	9	11	14
湖南	18	32	51	58	73	76	80	81	26	22	22	18	18	17	20
广东	19	42	59	69	81	84	87	91	10	8	6	7	8	7	6
广西	20	33	53	56	68	70	72	76	23	16	26	26	26	28	28
海南	21	n	31	62	70	71	74	77		30	17	22	25	26	27
重庆	22	n	n	n	77	82	83	87				15	12	13	9
四川	23	31	49	57	69	74	79	80	27	25	23	23	21	21	21
贵州	24	34	45	51	60	62	65	69	20	27	28	30	29	31	30
云南	25	33	44	50	61	62	65	68	25	28	29	29	31	30	31
西藏	26	n	38	44	59	62	66	69		29	30	31	30	29	29
陕西	27	37	53	64	78	82	83	83	16	15	12	12	11	15	18
甘肃	28	28	46	60	67	70	73	77	28	26	20	28	28	27	26
青海	29	41	53	57	71	74	77	78	12	17	24	21	22	23	25
宁夏	30	47	54	62	73	76	79	84	7	13	18	17	19	19	17
新疆	31	35	51	60	72	76	77	79	18	23	19	19	17	22	22
香港	32	n	n	100	100	100	100	100							
澳门	33	n	n	100	100	100	100	100							
台湾	34	n	n	100	100	100	100	100							
中国		40	54	63	76	81	86	87							
高收入国家		100	100	100	100	100	100								
中等收入国家		n	84	84	93	93	92								
低收入国家		33	45	52	58	61	59								
世界平均		68	80	81	89	89	92								

附表 4-3-1　2004 年中国地区第二次现代化指数和排名

地区	地区编号	知识创新指数	知识传播指数	生活质量指数	经济质量指数	第二次现代化指数	排名
北京	1	102	79	98	59	85	1
天津	2	62	71	89	40	65	3
河北	3	11	49	51	26	34	17
山西	4	15	50	60	26	38	12
内蒙古	5	8	46	56	27	34	18
辽宁	6	35	56	70	32	48	4
吉林	7	24	52	61	28	41	9
黑龙江	8	19	53	62	27	40	10
上海	9	74	77	100	51	76	2
江苏	10	31	56	56	32	44	6
浙江	11	26	61	62	35	46	5
安徽	12	14	45	42	25	31	25
福建	13	18	52	50	30	37	13
江西	14	12	45	41	25	31	26
山东	15	20	51	54	29	38	11
河南	16	10	42	43	24	30	27
湖北	17	20	49	51	27	37	14
湖南	18	14	44	45	26	32	21
广东	19	31	54	57	34	44	7
广西	20	8	38	42	25	28	28
海南	21	6	44	51	27	32	22
重庆	22	18	47	47	27	35	16
四川	23	22	44	45	25	34	19
贵州	24	9	35	37	23	26	31
云南	25	9	38	38	23	27	29
西藏	26	3	27	48	29	27	30
陕西	27	50	52	47	26	44	8
甘肃	28	17	44	41	24	32	24
青海	29	13	40	47	27	32	23
宁夏	30	14	47	57	25	36	15
新疆	31	7	43	53	27	32	20
香港	32		82	90	104	92	
澳门	33		85	88	100	91	
台湾	34	85	96	92	69	85	
中国		28	50	50	30	39	
高收入国家		100	101	100	101	100	
中等收入国家		21	55	52	35	41	
低收入国家		13	20	30	26	22	
世界平均		56	53	49	47	51	

附表 4-3-2　2004 年中国地区知识创新指数

地区	地区编号	知识创新指标的实际值			知识创新指标的指数			知识创新指数
		知识创新经费投入[a]	知识创新人员投入[b]	知识创新专利产出[c]	知识创新经费指数	知识创新人员指数	知识创新专利指数	
北京	1	7.4	88.2	576.6	120	120	67	102
天津	2	1.8	22.4	391.9	73	68	45	62
河北	3	0.5	4.2	14.4	20	13	2	11
山西	4	0.8	4.5	17.1	31	14	2	15
内蒙古	5	0.3	4.0	12.0	11	12	1	8
辽宁	6	1.6	11.2	68.9	62	34	8	35
吉林	7	1.2	6.9	38.7	48	21	4	24
黑龙江	8	0.7	8.8	34.7	27	27	4	19
上海	9	2.3	28.1	386.7	92	85	45	74
江苏	10	1.4	10.3	59.5	56	31	7	31
浙江	11	1.0	9.7	75.8	41	29	9	26
安徽	12	0.8	2.9	10.2	32	9	1	14
福建	13	0.8	6.8	24.2	30	21	3	18
江西	14	0.6	3.4	15.5	25	10	2	12
山东	15	0.9	6.3	35.2	37	19	4	20
河南	16	0.5	3.4	12.5	19	10	1	10
湖北	17	0.9	6.7	27.8	36	20	3	20
湖南	18	0.7	3.9	25.9	26	12	3	14
广东	19	1.3	9.5	97.5	53	29	11	31
广西	20	0.4	2.6	10.1	14	8	1	8
海南	21	0.3	1.6	16.7	11	5	2	6
重庆	22	0.9	5.4	18.0	35	16	2	18
四川	23	1.2	5.3	18.8	48	16	2	22
贵州	24	0.5	1.6	11.5	22	5	1	9
云南	25	0.4	2.6	16.8	17	8	2	9
西藏	26	0.2	0.6	7.3	7	2	1	3
陕西	27	2.9	10.2	29.7	116	31	3	50
甘肃	28	0.9	4.3	12.8	37	13	1	17
青海	29	0.7	4.0	9.1	26	12	1	13
宁夏	30	0.7	4.8	15.1	27	14	2	14
新疆	31	0.3	2.7	13.9	11	8	2	7
香港	32	0.6	15.6	58.6	24	47	7	26
澳门	33			15.3			2	
台湾	34	2.4	40.3	304.2	97	122	35	85
中国		1.4	7	51	57	22	6	28
高收入国家		2.5	33	862	102	100	100	100
中等收入国家		0.9	9	27	35	26	3	21
低收入国家		0.7	3	1	29	9	0	13
世界平均		2.4	n	151	94		17	56
基准值		2.5	33	862				

a　指 R&D/GNP(%)。

b　指从事研究与发展活动的科学家和工程师全时当量/万人。

c　指知识创新活动中发明专利产生,数值为居民申请国内发明专利数/百万人。

附表 4-3-3 2004 年中国地区知识传播指数

地区	地区编号	知识传播指标的实际值				知识传播指标的指数				知识传播指数
		中学普及率	大学普及率	电视普及率	因特网普及率	中学普及指数	大学普及指数	电视普及指数	因特网普及指数	
北京	1	89	51	100	269	89	76	103	49	79
天津	2	84	40	100	188	84	60	103	35	71
河北	3	73	13	90	57	73	20	93	10	49
山西	4	76	16	87	63	76	24	90	12	50
内蒙古	5	73	12	84	39	73	18	87	7	46
辽宁	6	73	25	97	76	73	37	100	14	56
吉林	7	65	22	94	66	65	32	97	12	52
黑龙江	8	72	20	92	73	72	30	95	13	53
上海	9	100	40	100	253	100	60	103	46	77
江苏	10	78	24	92	89	78	36	95	16	56
浙江	11	88	21	100	113	88	31	103	21	61
安徽	12	69	14	79	37	69	21	82	7	45
福建	13	70	12	100	93	70	18	103	17	52
江西	14	66	19	76	36	66	28	79	7	45
山东	15	70	16	89	92	70	24	92	17	51
河南	16	67	12	74	31	67	18	77	6	42
湖北	17	67	21	82	71	67	31	84	13	49
湖南	18	70	15	73	47	70	22	75	9	44
广东	19	72	10	98	143	72	15	102	26	54
广西	20	58	8	69	58	58	12	72	11	38
海南	21	62	9	87	57	62	14	90	11	44
重庆	22	67	20	80	58	67	30	82	11	47
四川	23	63	15	76	60	63	23	78	11	44
贵州	24	58	8	61	25	58	12	63	5	35
云南	25	55	8	74	47	55	11	77	9	38
西藏	26	42	7	50	26	42	10	52	5	27
陕西	27	74	24	83	70	74	36	85	13	52
甘肃	28	63	13	83	46	63	19	86	8	44
青海	29	60	9	78	37	60	14	80	7	40
宁夏	30	64	10	95	53	64	15	98	10	47
新疆	31	70	12	69	61	70	18	72	11	43
香港	32	85	32	99	506	85	48	102	93	82
澳门	33	96	69	80	328	96	103	83	60	85
台湾	34	98	79	100	354	98	117	103	65	96
中国		70	15	91	73	70	23	94	13	50
高收入国家		105	67	97	545	105	99	100	100	101
中等收入国家		75	24	89	92	75	36	92	17	55
低收入国家		46	9	16	24	46	13	16	4	20
世界平均		66	24	84	140	66	35	87	26	53
基准值		100	67	97	545					

附表 4-3-4　2004 年中国地区生活质量指数

地区	地区编号	生活质量指标的实际值					生活质量指标的指数					生活质量指数
		城市人口比例[a]	医疗服务[b]	婴儿死亡率[c]	预期寿命[c]	人均能源消费	城镇化指数	医疗服务指数	婴儿存活指数	预期寿命指数	能源消费指数	
北京	1	84	3.3	4	80	2155	107	120	120	101	40	98
天津	2	75	2.5	4	75	2119	96	95	120	95	39	89
河北	3	38	1.5	18	73	1327	48	57	34	92	25	51
山西	4	42	2.0	17	72	2089	54	79	36	91	39	60
内蒙古	5	47	2.1	28	70	1462	61	81	21	88	27	56
辽宁	6	59	2.2	10	73	1813	75	84	63	93	34	70
吉林	7	53	2.2	16	73	1231	67	83	38	93	23	61
黑龙江	8	53	1.7	9	72	1173	68	64	66	92	22	62
上海	9	89	2.5	4	80	2610	114	97	141	101	48	100
江苏	10	50	1.4	12	74	996	64	54	51	94	18	56
浙江	11	56	1.8	11	75	1215	72	68	55	95	22	62
安徽	12	36	1.0	27	72	608	46	38	22	91	11	42
福建	13	47	1.2	18	73	750	61	48	34	92	14	50
江西	14	37	1.2	42	69	476	47	45	14	87	9	41
山东	15	45	1.5	14	74	952	58	58	43	94	18	54
河南	16	31	1.1	20	72	659	39	43	30	91	12	43
湖北	17	43	1.5	17	71	849	55	57	36	90	16	51
湖南	18	37	1.3	23	71	557	47	52	26	89	10	45
广东	19	61	1.4	14	73	1098	78	52	42	93	20	57
广西	20	34	1.1	24	71	470	43	42	25	90	9	42
海南	21	45	1.5	17	73	655	58	57	35	92	12	51
重庆	22	45	1.2	21	72	633	58	45	29	91	12	47
四川	23	33	1.3	20	71	705	42	50	30	90	13	45
贵州	24	27	0.9	56	66	955	34	36	11	83	18	37
云南	25	30	1.2	59	65	632	38	46	10	83	12	38
西藏	26	27	1.6	37	64		34	61	16	81		48
陕西	27	37	1.6	29	70	714	48	62	21	89	13	47
甘肃	28	30	1.3	41	67	903	38	51	15	85	17	41
青海	29	39	1.6	39	66	1403	50	62	16	84	26	47
宁夏	30	42	1.8	22	70	2431	54	70	27	89	45	57
新疆	31	37	2.2	27	67	1392	48	84	23	85	26	53
香港	32	100	1.6	2.5	82	2428	120	63	120	103	45	90
澳门	33	99	2.2	3	79	727	120	86	120	100	13	88
台湾	34	83	1.9	6.2	77	4580	106	73	97	97	85	92
中国		40	1.6	26	71	1094	51	63	23	90	20	50
高收入国家		78	2.6	6	79	5410	101	100	98	100	100	100
中等收入国家		53	1.5	30	70	1373	68	59	20	89	25	52
低收入国家		31	0.5	79	59	501	39	18	8	74	9	30
世界平均		49	1.4	54	67	1734	63	56	11	85	32	49
基准值		78	2.6	6	79	5410						

a　为 2005 年的值。

b　世界银行调整了医疗服务数据(每千人医生数),高收入国家平均值由原来的 3.8 下调到 2.6。

c　为 2000 年或最近年的值。

附表 4-3-5　2004 年中国地区经济质量指数

地区	地区编号	经济质量指标的实际值				经济质量指标的指数				经济质量指数
		人均GNP	人均 PPP	物质产业增加值比例	物质产业劳动力比例	人均GNP指数	人均PPP指数	物质产业增加值指数	物质产业劳动力指数	
北京	1	4902	19413	40	33	15	63	70	90	59
天津	2	3669	14530	57	59	11	47	49	50	40
河北	3	1504	5955	68	76	5	19	41	39	26
山西	4	1293	5122	68	69	4	17	41	43	26
内蒙古	5	1541	6101	68	69	5	20	41	43	27
辽宁	6	1911	7567	59	62	6	24	48	49	32
吉林	7	1392	5512	66	65	4	18	43	46	28
黑龙江	8	1503	5952	71	70	5	19	40	43	27
上海	9	5597	22164	52	48	17	71	54	63	51
江苏	10	2438	9654	65	67	8	31	43	45	32
浙江	11	2981	11803	61	67	9	38	46	45	35
安徽	12	890	3523	64	73	3	11	43	41	25
福建	13	1983	7851	62	70	6	25	45	43	30
江西	14	975	3859	66	68	3	12	42	44	25
山东	15	1976	7826	68	72	6	25	41	42	29
河南	16	1063	4210	70	79	3	14	40	38	24
湖北	17	1131	4478	64	63	4	14	44	48	27
湖南	18	1017	4029	60	71	3	13	47	42	26
广东	19	2744	10865	63	65	9	35	44	46	34
广西	20	848	3359	63	69	3	11	44	44	25
海南	21	1180	4671	60	68	4	15	46	44	27
重庆	22	1042	4125	60	68	3	13	46	44	27
四川	23	883	3497	62	70	3	11	45	43	25
贵州	24	519	2055	66	69	2	7	43	43	23
云南	25	843	3339	65	80	3	11	43	37	23
西藏	26	971	3846	48	73	3	12	59	41	29
陕西	27	1035	4099	63	68	3	13	45	44	26
甘肃	28	779	3083	67	72	2	10	42	41	24
青海	29	1044	4136	61	68	3	13	46	44	27
宁夏	30	1103	4369	66	71	3	14	42	42	25
新疆	31	1359	5382	66	67	4	17	42	45	27
香港	32	24096	31558	9	16	75	102	120	120	104
澳门	33	22615	28269	12	26	70	91	120	117	100
台湾	34	14032	22760	32	42	44	73	88	72	69
中国		1500	5885	59	62	5	19	47	49	30
高收入国家		32112	31009	28	30	100	100	101	102	101
中等收入国家		2274.1	6644.2	47	55	7	21	59	54	35
低收入国家		506.91	2258.1	51	71	2	7	55	42	26
世界平均		6328.7	8843.5	32	59	20	29	89	51	47
基准值		32112	31009	28	30					

附表 4-3-6 2004 年中国地区第二次现代化发展阶段

地区	地区编号	第一次现代化的阶段	产业结构信号		劳动力结构信号		平均值	第二次现代化的阶段[a]
			物质产业增加值占 GDP 比例	赋值	物质产业劳动力占总劳动力比例	赋值		
北京	1	4	40	1	33	1	1.0	1
天津	2	4	57		59			
河北	3	2	68		76			
山西	4	3	68		69			
内蒙古	5	2	68		69			
辽宁	6	3	59		62			
吉林	7	2	66		65			
黑龙江	8	2	71		70			
上海	9	4	52		48			
江苏	10	3	65		67			
浙江	11	3	61		67			
安徽	12	2	64		73			
福建	13	3	62		70			
江西	14	2	66		68			
山东	15	3	68		72			
河南	16	2	70		79			
湖北	17	2	64		63			
湖南	18	2	60		71			
广东	19	3	63		65			
广西	20	2	63		69			
海南	21	1	60		68			
重庆	22	2	60		68			
四川	23	2	62		70			
贵州	24	2	66		69			
云南	25	2	65		80			
西藏	26	2	48		73			
陕西	27	2	63		68			
甘肃	28	2	67		72			
青海	29	2	61		68			
宁夏	30	2	66		71			
新疆	31	2	66		67			
香港	32	4	9.1	3	16	3	3.0	2
澳门	33	4	11.6	3	26	2	2.5	2
台湾	34	4	32	1	42	0	0.5	1
中国		3	59		62			
高收入国家		4	28	2	30	2	2	2
中等收入国家			47		55			
低收入国家			51		71			
世界平均			32		59			

a 2 代表发展期,1 代表起步期,香港的发展阶段根据第二次现代化指数进行了调整。

附表 4-3-7 1970～2004 年中国地区第二次现代化指数和排名[a]

地区	地区编号	指数							排名						
		1970	1980	1990	2000	2002	2003	2004	1970	1980	1990	2000	2002	2003	2004
北京	1	31	44	55	74	78	78	85	3	1	1	1	1	1	1
天津	2	31	40	43	54	57	59	65	2	3	3	3	3	3	3
河北	3	17	29	25	29	30	30	34	23	11	17	16	18	17	17
山西	4	24	36	28	32	32	32	38	9	4	8	12	13	14	12
内蒙古	5	26	31	27	29	30	29	34	6	9	13	17	17	18	18
辽宁	6	28	34	35	40	43	42	48	4	5	4	4	4	4	4
吉林	7	25	34	30	34	36	35	41	8	6	7	9	9	10	9
黑龙江	8	25	33	30	35	36	35	40	7	7	6	7	10	9	10
上海	9	39	44	49	66	69	69	76	1	2	2	2	2	2	2
江苏	10	20	29	32	35	37	39	44	14	12	5	8	7	7	6
浙江	11	17	24	27	35	38	40	46	24	24	10	6	6	5	5
安徽	12	16	25	22	27	27	28	31	26	22	25	21	24	22	25
福建	13	18	26	23	31	31	33	37	18	19	22	14	14	13	13
江西	14	18	25	22	26	26	28	31	20	21	24	26	25	25	26
山东	15	18	26	28	32	33	34	38	17	18	9	11	12	11	11
河南	16	18	27	23	26	26	26	30	16	16	23	25	26	26	27
湖北	17	17	28	27	31	33	34	37	22	14	12	13	11	12	14
湖南	18	17	25	24	28	28	29	32	25	20	21	20	21	20	21
广东	19	22	26	27	34	36	38	44	10	17	11	10	8	8	7
广西	20	17	25	21	25	25	25	28	21	23	27	28	28	28	28
海南	21	n	n	21	26	26	26	32			26	27	27	27	22
重庆	22	n	n	n	27	30	30	35				22	16	16	16
四川	23	n	22	24	30	31	32	34		26	19	15	15	15	19
贵州	24	20	23	19	22	23	23	26	13	25	30	30	31	29	31
云南	25	19	22	20	23	23	23	27	15	27	28	29	30	30	29
西藏	26	n	15	20	22	24	23	27		29	29	31	29	31	30
陕西	27	22	31	26	39	39	39	44	11	8	15	5	5	6	8
甘肃	28	12	22	24	27	27	28	32	27	28	20	23	23	23	24
青海	29	20	28	24	27	28	28	32	12	15	18	24	22	24	23
宁夏	30	26	28	26	29	29	29	36	5	13	16	18	20	19	15
新疆	31	18	30	26	28	29	28	32	19	10	14	19	19	21	20
香港	32	n	n	75	93	89	91	92							
澳门	33	n	n	51	79	86	94	91							
台湾	34	n	n	65	80	82	81	85							
中国		22	26	26	31	32	33	39							
高收入国家		72	76	89	100	100	100	100							
中等收入国家		20	36	32	38	39	38	41							
低收入国家		9	20	27	20	20	21	22							
世界平均		33	44	47	46	49	48	51							

a 1970～2000 年是以 2000 年高收入国家平均值为基准值的评价,2001 年以来是以当年高收入国家平均值为基准值的评价,中国 1970 年和 1980 年评价结果与世界现代化进程评价的结果略有出入,原因是这里的评价数据来自最近年《中国统计年鉴》的数据(它对历史数据作了修正),世界现代化进程评价是用历史数据。

附表 4-4-1 2004 年中国地区综合现代化指数和排名

地区	地区编号	经济指数	社会指数	知识指数	综合现代化水平指数[a]	排名
北京	1	64	81	73	73	1
天津	2	44	77	53	58	3
河北	3	25	53	13	31	24
山西	4	27	58	17	34	15
内蒙古	5	28	61	9	33	16
辽宁	6	36	67	30	44	4
吉林	7	30	64	24	40	9
黑龙江	8	27	61	18	36	13
上海	9	57	81	61	66	2
江苏	10	33	61	29	41	7
浙江	11	37	67	25	43	5
安徽	12	26	49	15	30	25
福建	13	32	60	17	36	10
江西	14	27	52	15	31	22
山东	15	29	60	20	36	11
河南	16	22	49	11	27	28
湖北	17	30	56	21	36	12
湖南	18	28	53	15	32	20
广东	19	36	64	26	42	6
广西	20	27	50	9	29	27
海南	21	30	58	9	32	18
重庆	22	29	54	19	34	14
四川	23	27	50	21	33	17
贵州	24	25	40	10	25	31
云南	25	23	46	10	26	30
西藏	26	32	44	6	27	29
陕西	27	28	54	38	40	8
甘肃	28	25	46	16	29	26
青海	29	29	52	12	31	23
宁夏	30	26	55	13	31	21
新疆	31	29	58	10	32	19
香港	32	94	91	49	78	
澳门	33	90	96	54	80	
台湾	34	74	79	74	76	
中国[a]		26	54	24	35	
高收入国家		100	100	100	100	
中等收入国家		37	60	23	40	
低收入国家		29	37	12	26	
世界平均		48	65	43	52	

a 此处的中国综合现代化水平指数与世界综合现代化评价结果略有不同，原因是数据来源不同，这里采用《中国统计年鉴》的数据。

附表 4-4-2 2004 年中国地区综合现代化经济指数

地区	地区编号	经济指标的实际值				经济指标的指数				经济指数
		人均 GDP[a]	人均 PPP[b]	服务业增加值比重	服务业劳动力比重	人均 GDP	人均 PPP	服务业增加值比重	服务业劳动力比重	
北京	1	4902	19413	60	67	15	63	83	95	64
天津	2	3669	14530	43	41	11	47	60	58	44
河北	3	1504	5955	32	24	5	19	44	34	25
山西	4	1293	5122	32	31	4	17	45	44	27
内蒙古	5	1541	6101	32	31	5	20	45	44	28
辽宁	6	1911	7567	41	38	6	24	57	55	36
吉林	7	1392	5512	34	35	4	18	48	50	30
黑龙江	8	1503	5952	29	30	5	19	41	44	27
上海	9	5597	22164	48	52	17	71	66	75	57
江苏	10	2438	9654	35	33	8	31	48	47	33
浙江	11	2981	11803	39	33	9	38	54	48	37
安徽	12	890	3523	36	27	3	11	49	39	26
福建	13	1983	7851	38	30	6	25	53	43	32
江西	14	975	3859	34	32	3	12	47	45	27
山东	15	1976	7826	32	28	6	25	45	40	29
河南	16	1063	4210	30	21	3	14	42	31	22
湖北	17	1131	4478	36	37	4	14	51	53	30
湖南	18	1017	4029	40	29	3	13	55	41	28
广东	19	2744	10865	37	35	9	35	51	50	36
广西	20	848	3359	37	31	3	11	51	45	27
海南	21	1180	4671	40	32	4	15	55	46	30
重庆	22	1042	4125	40	32	3	13	55	46	29
四川	23	883	3497	38	30	3	11	52	42	27
贵州	24	519	2055	34	31	2	7	47	44	25
云南	25	843	3339	35	20	3	11	49	28	23
西藏	26	971	3846	52	27	3	12	73	38	32
陕西	27	1035	4099	37	32	3	13	52	45	28
甘肃	28	779	3083	33	28	2	10	46	40	25
青海	29	1044	4136	39	32	3	13	54	46	29
宁夏	30	1103	4369	34	29	3	14	47	41	26
新疆	31	1359	5382	34	33	4	17	47	47	29
香港	32	24096	31558	91	84	75	100	100	100	94
澳门	33	22615	28269	88	74	70	91	100	100	90
台湾	34	14032	22760	69	58	44	73	95	83	74
中国		1500	5885	41	16	5	19	56	23	26
高收入国家		32112	31009	72	70	100	100	100	100	100
中等收入国家		2274	6644	53	33	7	21	73	47	37
低收入国家		507	2258	49	27	2	7	68	38	29
世界平均		6329	8844	68	35	20	29	95	50	48
参考值		32112	31009	72	70					

a 单位为当年价格美元,后同。

b 根据《世界发展指标 2006》中国人均 GDP 和人均 PPP 的比例,换算成地区人均 GDP 的人均 PPP。

附表 4-4-3　2004 年中国地区综合现代化社会指数

地区	地区编号	社会指标的实际值				社会指标的指数				
		城市人口比例[a]	医疗服务	预期寿命[b]	生态效益[c]	城市人口比例	医疗服务	预期寿命	生态效益	社会指数
北京	1	84	3.3	80	1.4	100	100	100	23	81
天津	2	75	2.5	75	1.4	96	95	95	23	77
河北	3	38	1.5	73	1.0	48	57	92	16	53
山西	4	42	2.0	72	0.4	54	79	91	7	58
内蒙古	5	47	2.1	70	0.7	61	81	88	12	61
辽宁	6	59	2.2	73	0.9	75	84	93	16	67
吉林	7	53	2.2	73	0.9	67	83	93	15	64
黑龙江	8	53	1.7	72	1.2	68	64	92	20	61
上海	9	89	2.5	80	1.7	100	97	100	28	81
江苏	10	50	1.4	74	2.0	64	54	94	34	61
浙江	11	56	1.8	75	2.0	72	68	95	33	67
安徽	12	36	1.0	72	1.2	46	38	91	21	49
福建	13	47	1.2	73	2.4	61	48	92	40	60
江西	14	37	1.2	69	1.7	47	45	87	28	52
山东	15	45	1.5	74	1.7	58	58	94	29	60
河南	16	31	1.1	72	1.3	39	43	91	22	49
湖北	17	43	1.5	71	1.3	55	57	90	21	56
湖南	18	37	1.3	71	1.5	47	52	89	25	53
广东	19	61	1.4	73	1.9	78	52	93	31	64
广西	20	34	1.1	71	1.4	43	42	90	24	50
海南	21	45	1.5	73	1.5	58	57	92	25	58
重庆	22	45	1.2	72	1.4	58	45	91	23	54
四川	23	33	1.3	71	1.1	42	50	90	18	50
贵州	24	27	0.9	66	0.4	34	36	83	7	40
云南	25	30	1.2	65	1.1	38	46	83	18	46
西藏	26	27	1.6	64		34	61	81	0	44
陕西	27	37	1.6	70	1.1	48	62	89	18	54
甘肃	28	30	1.3	67	0.7	38	51	85	11	46
青海	29	39	1.6	66	0.6	50	62	84	10	52
宁夏	30	42	1.8	70	0.3	54	70	89	5	55
新疆	31	37	2.2	67	0.8	48	84	85	14	58
香港	32	100	1.6	82	9.6	100	63	100	100	91
澳门	33	99	2.2	79		100	86	100	100	97
台湾	34	83	1.9	77	2.9	100	73	97	48	79
中国		40	1.5	71	1.2	51	56	90	19	54
高收入国家		78	2.6	79	5.5	100	100	100	100	100
中等收入国家		53	1.5	70	1.5	68	59	89	25	60
低收入国家		31	0.5	59	0.9	39	18	74	16	37
世界平均		49	1.4	67	3.4	63	56	85	56	65
参考值		78	2.6	79	5.5					

a　为 2005 年数据。

b　为 2000 年或最近年的数据。

c　为 2003 年数据,为能源使用效率。

附表 4-4-4　2004 年中国地区综合现代化知识指数

地区	地区编号	知识指标的实际值 知识创新经费投入[a]	知识创新专利产出[b]	大学普及率[c]	因特网普及率	知识指标的指数 知识创新经费投入	知识创新专利产出	大学普及率	因特网普及率	知识指数
北京	1	7.4	577	51	269	100	67	76	49	73
天津	2	1.8	392	40	188	73	45	60	35	53
河北	3	0.5	14	13	57	20	2	20	10	13
山西	4	0.8	17	16	63	31	2	24	12	17
内蒙古	5	0.3	12	12	39	11	1	18	7	9
辽宁	6	1.6	69	25	76	62	8	37	14	30
吉林	7	1.2	39	22	66	48	4	32	12	24
黑龙江	8	0.7	35	20	73	27	4	30	13	18
上海	9	2.3	387	40	253	92	45	60	46	61
江苏	10	1.4	60	24	89	56	7	36	16	29
浙江	11	1.0	76	21	113	41	9	31	21	25
安徽	12	0.8	10	14	37	32	1	21	7	15
福建	13	0.8	24	12	93	30	3	18	17	17
江西	14	0.6	15	19	36	25	2	28	7	15
山东	15	0.9	35	16	92	37	4	24	17	20
河南	16	0.5	12	12	31	19	1	18	6	11
湖北	17	0.9	28	21	71	36	3	31	13	21
湖南	18	0.7	26	15	47	26	3	22	9	15
广东	19	1.3	97	10	143	53	11	15	26	26
广西	20	0.4	10	8	58	14	1	12	11	9
海南	21	0.3	17	9	57	11	2	14	11	9
重庆	22	0.9	18	20	58	35	2	30	11	19
四川	23	1.2	19	15	60	48	2	23	11	21
贵州	24	0.5	12	8	25	22	1	12	5	10
云南	25	0.4	17	8	47	17	2	11	9	10
西藏	26	0.2	7	7	26	7	1	10	5	6
陕西	27	2.9	30	24	70	100	3	36	13	38
甘肃	28	0.9	13	13	46	37	1	19	8	16
青海	29	0.7	9	9	37	26	1	14	7	12
宁夏	30	0.7	15	10	53	27	2	15	10	13
新疆	31	0.3	14	12	61	11	2	18	11	10
香港	32	0.6	59	32	506		7	48	93	49
澳门	33		15	69	328		2	100	60	54
台湾	34	2.4	304	79	354	97	35	100	65	74
中国		1.3	51	15	73	53	6	23	13	24
高收入国家		2.5	862	67	545	100	100	99	100	100
中等收入国家		0.9	27	24	92	35	3	36	17	23
低收入国家		0.7	1	9	24	29	0	13	4	12
世界平均		2.4	151	24	140	94	17	35	26	43
参考值		2.5	862	66.633	545					

a　指 R&D 经费/GDP。

b　指知识创新活动中的发明专利产出，数值为居民申请国内发明专利数/百万人。

c　为在校大学生占 19～22 岁人口比例。

附表 4-4-5　1980～2004 年中国地区综合现代化指数和排名

地区	地区编号	指数						排名					
		1980	1990	2000	2002	2003	2004	1980	1990	2000	2002	2003	2004
北京	1	42	52	65	70	70	73	1	1	1	1	1	1
天津	2	36	43	50	54	54	58	3	3	3	3	3	3
河北	3	25	29	28	29	29	31	16	15	24	25	24	24
山西	4	26	31	32	31	31	34	12	11	13	15	17	15
内蒙古	5	27	31	30	31	30	33	9	12	16	18	20	16
辽宁	6	29	38	39	42	42	44	4	4	4	4	4	4
吉林	7	28	33	35	39	37	40	5	6	8	6	9	9
黑龙江	8	28	34	33	35	34	36	6	5	11	12	13	13
上海	9	42	49	62	65	64	66	2	2	2	2	2	2
江苏	10	28	32	35	38	39	41	8	8	9	9	7	7
浙江	11	23	31	36	39	41	43	19	10	7	7	5	5
安徽	12	22	24	27	28	29	30	22	28	26	28	25	25
福建	13	24	29	34	35	36	36	18	18	10	10	10	10
江西	14	23	26	29	30	30	31	20	25	21	23	18	22
山东	15	20	29	32	33	35	36	26	17	14	13	12	11
河南	16	19	25	25	26	26	27	28	27	28	29	28	28
湖北	17	25	30	33	35	35	36	17	14	12	11	11	12
湖南	18	22	26	30	30	31	32	23	24	20	22	16	20
广东	19	26	32	37	40	40	42	13	9	5	5	6	6
广西	20	22	25	28	28	28	29	21	26	25	27	27	27
海南	21	n	33	31	32	30	32		7	15	14	19	18
重庆	22	n	n	30	31	33	34			18	17	14	14
四川	23	21	28	30	31	32	33	24	22	19	16	15	17
贵州	24	19	23	24	24	24	25	27	30	31	31	31	31
云南	25	21	24	25	25	25	26	25	29	30	30	29	30
西藏	26	27	28	25	31	25	27	11	21	29	19	30	29
陕西	27	27	29	37	39	39	40	10	16	6	8	8	8
甘肃	28	17	26	27	28	28	29	29	23	27	26	26	26
青海	29	28	29	29	30	30	31	7	20	22	21	22	23
宁夏	30	25	29	29	29	30	31	15	19	23	24	23	21
新疆	31	26	31	30	31	30	32	14	13	17	20	21	19
香港	32	64	77	76	76	75	78						
澳门	33	n	75	65	72	79	80						
台湾	34	n	74	74	78	78	76						
中国		23	28	32	34	33	35						
高收入国家		100	100	100	100	100	100						
中等收入国家		52	48	43	44	40	40						
低收入国家		28	38	24	24	25	26						
世界平均		60	59	50	53	52	52						

《中国现代化报告》系列

读者服务卡　　　编号：________

尊敬的读者，您手中的《中国现代化报告 2007》，是中国现代化系列报告的第七本，她是我国学者 9 年理论探索和一年实证研究的智慧结晶。它提供了世界生态现代化的大量数据，为你判断世界现代化趋势提供了信息。

亲爱的读者，促进民族复兴是我们的宗旨。我们将集中精力，关注世界现代化趋势、前沿和中国现代化进程，并将理论探索和实证研究的成果汇集在每年出版的《中国现代化报告》中，不断奉献给您。我们期待收到您的意见和建议。

1. 您填写本服务卡的时间是　　　年　　　月　　　日。
2. 您获得本书的途径是
   □ 书店购买　□ 邮购　□ 他人赠送　□ 借阅　□ 学习材料　□ 其他
3. 您阅读了本书的哪一部分？
   □ 全部　□ 正文和部分附录　□ 正文　□ 附录　□ 部分内容
4. 您对本书哪一部分内容比较满意？
   □ 全部　□ 第一章　□ 第二章　□ 第三章　□ 附录　□ 评价数据
5. 您对本书哪一部分内容不太满意？
   □ 全部　□ 第一章　□ 第二章　□ 第三章　□ 附录　□ 评价数据
6. 您认为本书需要加强或增加哪些方面的内容？
   ____
7. 对您来说，本书的主要价值是什么？
   □ 了解世界发展趋势　□ 了解世界经济现代化　□ 了解中国现代化
   □ 了解生态现代化　□ 理解第二次现代化　□ 评价方法和数据
8. 关于现代化研究，您希望进一步了解哪些方面的内容？
   □ 第二次现代化理论　□ 经典现代化理论　□ 人的现代化
   □ 社会现代化　□ 经济现代化　□ 科技现代化
   □ 国家创新系统　□ 知识创新　□ 现代化战略
   □ 其他________________________________
9. 您对我们的工作有哪些建议？
   ____
   ____

10. 如果您不介意，请将您的个人资料告诉我们（个人资料将被妥善保管）

姓名 ________ 性别 ______ 出生 ______年____月

学历 □初中 □高中/中专/技校 □大专 □大学 □硕士 □博士

职业 □企业管理 □政府管理 □科研 □教师 □学生 □其他

职称 ________________ 职务 ________

单位全名 ____

联系地址 ______________________________________ 邮编 _____________

联系电话 ____________ E-mail ____________________________________

中国现代化战略研究课题组

2006 年 11 月 9 日

联系单位：中国科学院中国现代化研究中心

地址：北京中关村北四环西路 33 号 726 室 邮政编码：100080

联系单位：北京同响时代现代化管理咨询中心

地址：北京中关村 944 楼 606 室 邮政编码：100086

电话：62539187 传真：62539103 E-mail：ccmr@ mail. las. ac. cn

网址：http://www. modernization. com. cn

中国科学院中国现代化研究中心成立于 2002 年，她是中国科学院所属的非营利的研究机构。北京同响时代现代化管理咨询中心（简称同响）成立于 2000 年，是中国第一家民营专业现代化战略研究与咨询机构。我们近期的主要成果有：

《第二次现代化——人类文明进程的启示》，高等教育出版社，1999

《国家创新系统——第二次现代化的发动机》，高等教育出版社，1999

《第二次现代化的行动议程 I：公民意识现代化》，中国经济出版社，2000

《第二次现代化的行动议程 Ⅱ：K 管理——企业管理现代化》，中国经济出版社，2000

《第二次现代化前沿 I：知识创新——竞争新焦点》，经济管理出版社，2001

《第二次现代化前沿 Ⅱ：分配革命——按贡献分配》，经济管理出版社，2001

《东方复兴——现代化的三条道路》，商务印书馆，2003

《中国现代化报告 2001——现代化与评价》，北京大学出版社，2001

《中国现代化报告 2002——知识经济与现代化》，北京大学出版社，2002

《中国现代化报告 2003——现代化理论与展望》，北京大学出版社，2003

《中国现代化报告 2004——地区现代化之路》，北京大学出版社，2004

《中国现代化报告 2005——经济现代化研究》，北京大学出版社，2005

《中国现代化报告 2006——社会现代化研究》，北京大学出版社，2006

《中国现代化报告 2007——生态现代化研究》，北京大学出版社，2007